Maria-Anna Rose · Rudolf Kretschmann · Ute Meinders

Schuleingangsphase: Sprachförderung

Eva und Billi kommen in die Schule

Materialien zur Vorbereitung und Gestaltung des Schulanfangs
für Kindergarten und Schule

Mit Kopiervorlagen und Arbeitskarteien

Illustrationen von Michael Schuster

Beltz Verlag · Weinheim und Basel

Maria-Anna Rose, Grund-, Haupt-, Real- und Sonderschullehrerin.
Lehrbeauftragte an der Universität Bremen im Fachbereich Behindertenpädagogik,
Fortbildnerin.

Dr. *Rudolf Kretschmann*, Professor für Behindertenpädagogik,
Fachbereich Bildungs- und Erziehungswissenschaften, Universität Bremen,
Lehrgebiet: »Pädagogik bei Lern- und Entwicklungsstörungen«.

Ute Meinders, Fachleiterin für Erziehungswissenschaften am Landesinstitut
für Schule in Bremen.

Lektorat: Peter E. Kalb

www.beltz.de
Herstellung: Klaus Kaltenberg
Satz: Druckhaus »Thomas Müntzer«, Bad Langensalza
Druck: Druckhaus Beltz, Hemsbach
Umschlaggestaltung: Federico Luci, Odenthal
Umschlagabbildung: Caro Fotoagentur, Berlin
Printed in Germany

ISBN 3-407-62502-2

Inhaltsverzeichnis

Liebe Benutzerin, lieber Benutzer,

in diesem Inhaltsverzeichnis sehen Sie für die Kapitel I bis IV keine Seitenzahlen: Überwiegend finden Sie hier Materialien in Form von je 2 Karteikarten pro Seite, die ein eigenes Ordnungssystem haben, das für Ihren Karteikasten angelegt ist.

Übersicht

Das vorliegende Material soll Kindern zu einem erfolgreichen Schulanfang verhelfen, und zwar um

- Kinder erfolgreicher werden zu lassen bei der Aneignung der wichtigsten schulischen Lerninhalte;
- erfolgszuversichtlich und motiviert zu sein im Hinblick auf die schulischen Leistungsanforderungen;
- angstfrei und kompetent im Umgang mit der spezifischen Situation des Lebens und Lernens in einer großen Gruppe zu werden.

Mit den Angeboten soll ein Spektrum an Kompetenzen abgedeckt werden, welches Kindern helfen kann, in ihrer Schulzeit glücklich, zufrieden und erfolgreich zu sein. Dazu gehört, die Emotionen von Kindern anzusprechen, sie ernst zu nehmen mit ihren Sorgen, Freuden, Ängsten und ihnen Ventile und Ausdrucksmöglichkeiten zu geben. Gleichermaßen gilt es, den Kindern die Chance zu geben, noch nicht Erfahrenes und Gelerntes lernen zu dürfen, mit Anforderungen konfrontiert zu werden, die sie erfüllen können ... und das Fehlermachen als normal zu erleben. Ziel dieser Einschulungsmaterialien ist somit auch, die Lernatmosphäre und Lernkultur zu fördern, Lernfreude zu entwickeln und zu erhalten und den Schulanfang so zu gestalten, dass er für alle Beteiligten – Kinder, Lehrkräfte und Eltern – zu einem positiven Erlebnis wird.

Das Material besteht aus einem theoretischen und einem praktischen Teil:

Theoretische Grundlagen

Hier geht es um

- die Bedeutung des Übergangs zwischen Kindergarten und Schule;
- die Konsequenzen für den Schulanfang in heterogenen Gruppen;
- die Unterstützung der Eltern in ihrer Erziehungsarbeit;
- die Verzahnung von Kindergartenarbeit und schulischem Lernen;
- die Anforderungen an beide Institutionen und ihre Veränderungsmöglichkeiten.

Arbeitsmaterial

I. Eva und Billi kommen bald in die Schule

1. Bärenbriefe aus dem Waldkindergarten

Die **Bärenbriefe** sollen die Kindergartenkinder auf den Schulanfang und seine Anforderungen emotional einstimmen. Die Kinder bekommen Briefe von Tierkindern aus dem Waldkindergarten, vor allem von den Bärenzwillingen Eva und Billi, die sich auf den Schulanfang vorbereiten und dabei die gleichen Ängste, Freuden, Aufregungen und Sorgen haben wie die Menschenkinder. Durch Identifikation werden Ventile geschaffen; die Kinder spüren, erleben, verbalisieren, dass sie nicht allein sind mit ihren Gefühlen anlässlich des neuen Lebensabschnittes. In den dazugehörigen Arbeitsanregungen geht es um Ideen zur Förderung motorischer, kognitiver und sozialer Fähigkeiten und Fertigkeiten, die mitunter auf die im Brief genannten Erlebnisse, Probleme und Sorgen der Bärenkinder Bezug nehmen und Lösungs- und Übungsmöglichkeiten anbieten.

2. Karteikarten zu den Bärenbriefen aus dem Waldkindergarten

Kindergarten/Arbeitskartei (Kiga AK)
Die in den Bärenbriefen angeregten Ideen, Fragen, Probleme werden umgesetzt in Lernanlässe, Aktivitäten, Spiele, Lieder.

Die **Karteikarten** mit den Arbeitsaufträgen sind als Vorschläge für ein »Basisprogramm« zu sehen. Thematisch können sie jeweils in die Systematik der Arbeitskartei in Kapitel IV (LE AK) eingefügt werden. Es hat sich aber als sinnvoll erwiesen, sich einen Satz Karten für die Arbeit im Kindergarten bzw. für das Nachholen der entsprechenden Inhalte in den ersten Schulwochen zusammenzustellen.

II. Eva und Billi kommen in die Schule

1. Eine Bärengeschichte für den Schulanfang

In dieser Geschichte erleben die Bärenzwillinge Eva und Billi zusammen mit ihren Freunden aus dem Kindergarten den Tag vor der Einschulung und die Einschulung selbst. Die Geschichte kann im A5-Format kopiert werden und wird den Kindern vorgelesen. Sicherlich gibt es auch den einen oder anderen Schulanfänger, der sie selbst lesen kann. Außerdem gibt es kleine Aufgaben zum Sprechen, Überlegen und Malen und es entsteht ein kleines Bilder-, Lese- und Arbeitsbuch, das auch in der späteren Schulzeit für das Kind interessant ist und Erinnerungen birgt.

Praktische Hinweise für die Erarbeitung der Geschichte im Unterricht finden sich auf den Karteikarten im Kapitel IV (LE AK).

Die **Bärengeschichte** kann sowohl im Kindergarten, als auch in der Schule eingesetzt werden. Sie kann aber auch zum Abschluss der Kindergartenzeit den Eltern in die Hand gegeben werden zur individuellen Vorbereitung auf die Schule während der Sommerferien.

2. Türkische Übersetzung von »Eva und Billi kommen in die Schule« (s. Kapitel II.2)

Für diese Geschichte gibt es eine türkische Übersetzung, um Kindern und Eltern türkischer Muttersprache den Zugang zu erleichtern. Er kann auch dazu dienen, mit türkischen Eltern die Erwartungen und Anforderungen der Einschulung und kulturelle Unterschiede zu thematisieren.

III. Unterrichtsmaterialien für die ersten Schulwochen

Kopiervorlagen (GS KV)
Arbeitskartei (GS AK)

Die **Kopiervorlagen und Karteikarten** mit Arbeitsanregungen, Ideen und methodischen Hinweisen sind speziell für die ersten Schultage gedacht. Signalkarten für verschiedene Phasen des Unterrichts, Sprech-, Schreib- und Leseanlässe, Bastelanregungen sind als Grundstock für ganzheitliche Unterrichtsarbeit zu sehen. Wir haben diese Materialien für ein fächerübergreifendes Projekt in den ersten 3-6 Schulwochen eingesetzt und dafür auf den Einsatz von Lehrgängen zu dieser Zeit verzichtet. Aber die Unterrichtsideen und Vorlagen werden auch von Lehrkräften parallel zum Schreib-, Lese- und Mathematiklehrgang eingesetzt, dann vor allem als Differenzierungsmaterial sowohl für Kinder mit erhöhtem Förderbedarf (z.B. Ideen zum spielerischen Umgang mit Lauten und Buchstaben) als auch für leistungsstarke Kinder (z.B. ein Lese- und Malbuch selbst herstellen: Schreibe eine Geschichte zum Bärenbild!).

Die Kopiervorlagen (GS KV) werden auf den Karteikarten im Kapitel III.2 einzeln und chronologisch erläutert.

IV. Arbeitskartei für die Hand der Lehrkraft/Erzieherin

Sie besteht aus Karteikarten mit Anregungen, Differenzierungsangeboten, Ideen zu verschiedenen Fach- und Förderbereichen. Bezogen auf die Bärenbriefe für den Kindergarten (s. Kapitel I.1: Kiga KV) und die Kopiervorlagen für die ersten Schultage (s. Kapitel III.1: GS KV) gab es schon Karteikarten mit unterrichtspraktischen Anregungen. In dieser Arbeitskartei geht es nun um ein breit gefächertes Spektrum bezogen auf die Arbeit auch in u.U. extrem heterogenen Gruppen und die Förderung aller Kinder dieser Gruppe. Da gilt es, z.B. immer wieder Angebote zu machen für die ganze Spannbreite in einer ersten Klasse, sowohl Arbeitsaufträge zu finden für Kinder mit starken Problemen im Schriftspracherwerb und wenig Vorerfahrungen mit Sprache und Schrift als auch für Kinder, die bereits kleine Texte lesen und schreiben können (s. auch »Leitfaden zur Gestaltung von Angeboten in heterogenen Lerngruppen« in den »Theoretischen Grundlagen«). Die Arbeitskartei soll in Zusammenhang mit den anderen Karteikarten aus Kapitel I.2 und III.2 der Pädagogin/dem Pädagogen einen Ideenpool bieten, aus dem frei gewählt werden kann und soll. Erfahrungsgemäß reichen die Ideen mitunter bis in die 3./4. Klasse, in der dann Tiergeschichten geschrieben werden und ggf. für die neuen Erstklässler Bücher mit Bärengeschichten hergestellt werden.

Die **Karteikarten der Arbeitskartei** für die Hand der Lehrkraft/Erzieherin (LE AK) sind in folgende Themen-, Fach- und Förderbereiche aufgeteilt:

- **Bärengeschichte:** Zu jedem Textsegment des Buches »Eva und Billi kommen in die Schule« gibt es Anregungen zur Vertiefung der angesprochenen Themen.
- **Sprache/Laute/Buchstaben/Wörter:** Es geht um das spielerische Sammeln von Erfahrungen mit Sprache und Schrift.
- **Mathematik:** Auch hier sollen Grundkenntnisse und Grunderfahrungen spielerisch erlebt werden.
- **Entspannungsübungen:** Durch verschiedene Arten von Entspannungsübungen sollen die Kinder sich sammeln, zur Ruhe kommen, sich selbst wahrnehmen und den Wechsel von Anspannung und Entspannung erleben.
- **Bewegung:** Körperkoordination und Körperwahrnehmung, aber auch soziales Lernen stehen im Mittelpunkt.
- **Spiele und Musik:** Für das Lernen durch und im Spielen, für Rollenspiele, Fingerspiele, Spiellieder werden Anregungen gegeben.
- **Aktivitäten:** Was unsere Hände alles können, Malen und Basteln, soziales Lernen, Gemeinschaftsarbeiten stehen im Vordergrund.
- **Neue Geschichten:** Eva und Billi erleben neue Geschichten zum Weitererzählen, Träumen und zum Nachspielen.

Zur praktischen Handhabung

- Arbeitsaufträge für den Unterricht befinden sich auf Karteikarten. Die Karten enthalten u.a. Ausführungen, welche (Zusatz-)Angebote den Kindern gemacht werden können, sowie Hinweise für den Einsatz von Arbeitsblättern, Ideen für Aktivitäten, Spiele und Lieder. Die Erfahrung hat gezeigt, dass es praktikabel ist, die Arbeitsanregungen auf Karton zu kopieren, durchzuschneiden und als Karteikarten in einem Kasten aufzubewahren. Kolleginnen heften sich Merkzettel mit Anregungen, Veränderungen oder eigenen Ideen auf die Karteikarten, um sie in ihrem nächsten 1. Schuljahr noch ökonomischer nutzen zu können.
- Die »Bärengeschichte« (s. Kapitel II.1) ist zum Kopieren im DIN-A5-Format gedacht, kann dann gelocht und zusammengeheftet oder gebunden werden. Wir binden es mit Spiralbindung. Der Aufwand wird gerechtfertigt durch die bessere Haltbarkeit. Es finden sich immer Eltern, die bereit sind, sich an der Arbeit und den Kosten zu beteiligen. Als sinnvoll hat es sich erwiesen, die Rückseiten der Blätter freizuhalten für die Gestaltung durch die Kinder, seien es Zeichnungen, Fotos oder Gesammeltes zum Thema »Wald« oder »Bären«, Unterschriften, Stempel, Farbcollagen oder auch die kleinen Lese- und Malgeschichten aus den Kopiervorlagen.

Schulanfang mit Eva und Billi, ein Beispiel:

In einem Kindergarten mit jahrgangsgemischten Gruppen wurden die Schulanfänger aus allen Gruppen nach den Osterferien zweimal pro Woche eine Doppelstunde in die »Bärenhöhle« eingeladen. Rituale und klare Strukturen erleichterten den Kindern die neue Situation: Mitbringen des eigenen Teddybären, Vorstellen mit Namensschildern, Entspannungsübung am Anfang, Vorlesen eines Bärenbriefes, Gespräch über die Tierkinder, Wechsel von Einzel- und Gemeinschaftsarbeit.

In der »Bärenhöhle« erzählte die Erzieherin von den Kindern im Waldkindergarten, las Briefe vor, nicht nur die vorgefertigten, sondern auch selbst verfasste, die direkt auf die angesprochenen Kinder Bezug nahmen und in denen Fragen und Aufgaben gestellt wurden. Sie suchte Aufgaben aus dem Karteikartenangebot heraus, die den Bedürfnissen der einzelnen Kinder gemäß waren. So gab es z.B. immer einige Stationen zum Schneiden, Schleife binden, Nachschreiben von Zeichen, Ziffern und Buchstaben, da einige der Kinder im Elternhaus wenig Vorerfahrungen sammeln konnten. Außerdem legte sie in dieser Gruppe besonderen Wert auf die sprachliche Förderung: Es wurden Gegenstände benannt, sortiert, Oberbegriffe gefunden, Gesprächssituationen und das Erzählen kleiner Sachverhalte eingeübt.

Jedes Kind bekam eine »Bärenschulmappe« aus farbigem Karton, die nach und nach gestaltet und gefüllt wurde: Anfangsbuchstaben und Zahlen wurden mit dicken Nadeln ausgeprickelt und aufgeklebt, Farbcollagen gestaltet, Handabdrücke hergestellt, Kordeln zum Zubinden der Mappe gedreht. In den Mappen gab es zugebundene »Geheimfächer« für Nachrichten und Briefe, die nicht jeder sehen sollte: Es wurde z.B. ein »Angstbild« gemalt. Fotos der Kinder mit ihrem Lieblingskuscheltier, mit dem besten Freund und bei den Turnkunststücken wurden aufgeklebt. Ein Vater, der gern fotografierte, hatte sie gemacht und entwickeln lassen. Die Texte der Lieder, Gedichte und Sprüche wurden gesammelt und angemalt bzw. bunt gestaltet und jedes Kind hatte mindestens einen persönlichen Brief von Eva und Billi bekommen. Mitunter bekamen auch die Eltern »Hausaufgaben«, z.B. als »Sekretärin« des Kindes viele Namen aufzuschreiben, mit dem Kind ein Fingerspiel oder Gedicht auswendig zu lernen oder das Schleife binden zu üben. Es entstand eine lustvolle Atmosphäre der gemeinsamen Einstimmung auf schulisches Lernen und viel Neugier auf den gemeinsamen Besuch in der Schule.

Die zukünftigen »ABC-Schützen« besuchten die ersten Klassen ihrer Schule, unterm Arm die »Bärenschulmappe«, die sie stolz vorzeigten: »Das kann ich schon alles!« Sie erzählten, was sie schon über die Schule wussten und hatten viele Fragen. Die Erstklässler hatten kleine Geschichten geschrieben und Bilder gemalt von ihrem ersten Schultag und von dem, was sie schon alles im Laufe des ersten Schuljahres gelernt hatten. Jedes Kindergartenkind bekam so einen Bericht, wegen der großen Kostbarkeit in einen sorgfältig gefalteten und bemalten Umschlag gesteckt, geschenkt.

Den Abschluss des Bärenprojektes im Kindergarten hätte ggf. dann noch ein Bärenfrühstück bilden können, zu dem die zukünftigen Erstklasslehrerinnen eingeladen werden könnten. Diese gute Idee war aus zeitlichen und personellen Gründen nicht umsetzbar. Zeit für die gemeinsame Planung des übergreifenden Projektes wäre ideal. Die gegenseitigen Besuche und Informationen sind eigentlich unerlässlich, jedoch die Alltagsrealität in den Institutionen sieht oft anders aus. Zu Formen der Zusammenarbeit bei den Institutionen findet sich in den Theoretischen Grundlagen, S. 20 ff, ein Erfahrungsbericht.

Im obigen Beispiel nutzte die Lehrkraft die Bärengeschichte aus Kapitel II.1 an den ersten beiden Schultagen als Vorleselektüre. Beim ersten Elternabend vor dem Schulanfang hatte ein Vater sich bereit erklärt, die Geschichte mit Bildern und Aufgaben im Klassensatz zu kopieren und mit Spiralbindung zu versehen. Die Eltern bezahlten die Unkosten. Am ersten Schultag fand jedes Kind das Bärenbuch in seiner Schultüte. Es diente in den ersten Schulwochen als (freiwillige) Hausaufgabe und wurde auch während der Unterrichtszeit individuell weiterbearbeitet.

Am nächsten Elternabend waren alle Bärenbücher und alle Arbeiten des Bärenthemas ausgestellt: Es gab eine Riesencollage mit gesammelten Wörtern, einen Geburtstagskalender, eine Reihe von Hampelbären, eine Kuscheltierausstellung, in der alle Tiere Namensschilder hatten. An der Tafel hingen die Signalkarten. Einige Kinder hatten ein Bärenwald-Szenario aufgebaut mit Teddys und Bärenhäusern aus beklebten Schuhkartons.

Die Klassenlehrerin hatte z.T. die den Kindern bekannten Regeln und Strukturen aus dem Kindergarten übernommen und dadurch den Kindern das Einleben in die Schule erleichtert. Gleichermaßen gab das Auftauchen der Identifikationsfiguren von Eva, Billi, Fidi Fuchs und Lili Eichhorn – und das Lesen-, Schreiben- und Rechnenlernen mit ihnen – den Kindern viel Geborgenheit und Sicherheit. Die Lehrerin verstand es, auftauchende Schwierigkeiten im Sozialverhalten, Konflikte, Misserfolgserlebnisse, aber auch die Fortschritte der Kinder zu spiegeln: Sie schrieb an die Bärenkinder Briefe über die Erlebnisse und Vorkommnisse in der Klasse und sie bekam Antwort darauf. Beides las sie den Kindern regelmäßig vor. Die Kinder schalteten sich bald selbst in den Briefwechsel ein, auch an den Kindergarten, ihre Erzieherinnen, schrieben sie Bärenbriefe.

Nach einigen Wochen erlahmte das Interesse der Kinder mehr und mehr. Dafür tauchten bei Freiarbeitsphasen die Sachthemen »Bären« und »Waldtiere« auf, an dem einige Kinder lange arbeiteten.

Theoretische Grundlagen

1. PISA, SCHOLASTIK und die Bedeutung der vorschulischen Erziehung
2. Vorschulpädagogik und Schulpädagogik – zwei getrennte Arbeitsfelder?
3. Neue Akzente in der Kindergartenarbeit
4. Die Unterstützung von Eltern bei ihrer Erziehungsarbeit
5. Eine stärkere Abstimmung und Verzahnung von Vorschul- und Grundschulpädagogik
6. Was Grundschule ändern kann
7. Kein Rollback zum Schulreifekonzept!
8. Literaturverzeichnis

1. PISA, SCHOLASTIK und die Bedeutung der vorschulischen Erziehung

In den zurückliegenden Jahrzehnten war in den Sozialwissenschaften im Allgemeinen und in den Erziehungswissenschaften im Besonderen ein geradezu dramatischer Wandel der Leitvorstellungen zu beobachten: Die bis in die Sechzigerjahre hinein vorherrschende Meinung, Schulerfolg sei in erster Linie eine Folge angeborener Begabung, wurde im Zuge der Aufbruchstimmung der späten Sechziger- und der Siebzigerjahre des zurückliegenden Dezenniums abgelöst durch die Vorstellung, man könne durch schulische Angebote Sozialisationsunterschiede ausgleichen und Chancengleichheit herstellen. Mittlerweile haben die Münchner LOGIK- und SCHOLASTIK-Studien* (vgl. Weinert/Helmke 1997) und die PISA-Studie (vgl. Deutsches Pisa-Konsortium 2001) gezeigt, dass dieser Anspruch v.a. im deutschen Bildungswesen bisher nur unzureichend eingelöst werden konnte, weit weniger zumindest, als dies in anderen OECD-Staaten gelingt. Es gibt Grund zu der Annahme, dass die unerfreulichen Ergebnisse der PISA-Studie nicht zuletzt auf eine Vernachlässigung des Vorschulbereichs zurückzuführen sind.

Bei den LOGIK- und SCHOLASTIK-Studien, initiiert und durchgeführt von Mitarbeitern des Max-Planck-Instituts für psychologische Forschung in München, handelt es sich um Längsschnittuntersuchungen, bei denen die schulische Entwicklung von bis zu 220 Kindern vom Ende der Kindergartenzeit bis zur fünften Klasse verfolgt wurde. Es wurde untersucht, wie sich die Leistungen der Lernenden entwickeln und wodurch die Leistungen determiniert sind. Dies sind einige der Hauptergebnisse von LOGIK/SCHOLASTIK und PISA:

- Die Leistungsunterschiede der Lernenden bleiben über alle Schuljahre nahezu konstant.
- Bei einem Teil der ursprünglichen Spitzenschüler sinken die Leistungen auf ein niedrigeres Niveau, welches jedoch immer noch über dem Durchschnitt liegt.
- Bei einem Teil der ursprünglich durchschnittlichen Lernenden steigen die Leistungen auf ein leicht überdurchschnittliches Niveau an.
- Alle Schülerinnen und Schüler aber, welche die Grundschulzeit mit niedrigen Leistungen beginnen, behalten diese relative Position bis zum Ende der Grundschulzeit bei.

Ein Aufholen der Schwächeren findet nicht statt (vgl. Weinert/Helmke 1997).

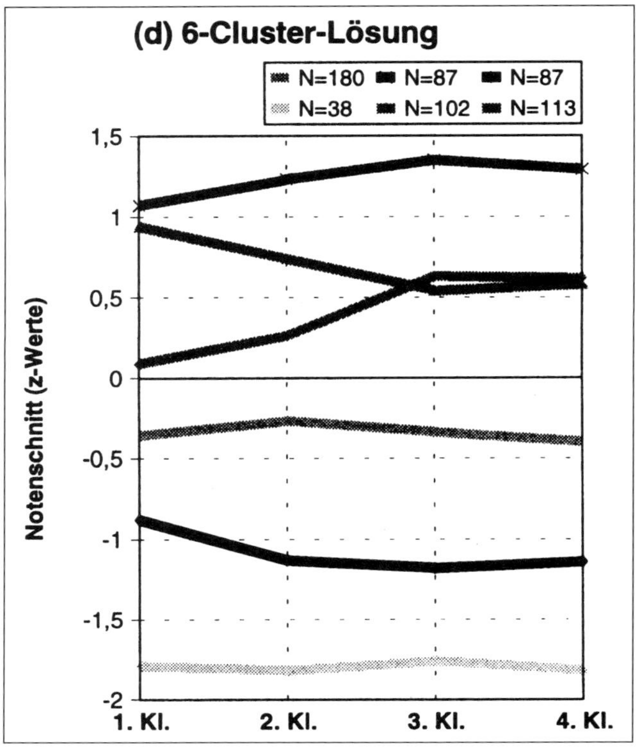

Leistungsentwicklung von Grundschulkindern im Verlauf von vier Schuljahren (vgl. Weinert/Helmke 1997).

Während die relative Position der leistungsschwachen Schüler unverändert niedrig bleibt, »... verläuft die motivationale Entwicklung sprunghaft negativ bis zur 3. Klasse, um dann bis zum Ende der Grundschulzeit auf diesem Niveau zu verbleiben« (vgl. Weinert/Helmke 1997).

Lernerfolg und Lernversagen sind nach wie vor hoch mit dem sozialen Status korreliert. So finden sich die Kinder, die nicht über die erste Lesestufe hinauskommen, vorwiegend in den untersten sozialen »Statusgruppen«, »III-Routinedienstleistungen«, »V-VI-Facharbeiter« und »VIII-an- und ungelernte Arbeiter« (Artelt/Baumert 2001, S. 37).

Migrationshintergründe bilden einen weiteren Prädiktor für einen ungünstigen und durch schulische Mittel bisher nicht kompensierten Lernverlauf: Von den 10–14% der 15-jährigen, welche die erste Kompetenzstufe nicht erreichen, sind 45% Migrantenkinder. Die Hälfte von ihnen ist in Deutschland geboren und dort wenigstens sieben Jahre zur Schule gegangen (Artelt/ Baumert 2001, S. 187f.).

Der Lernerfolg ist hochgradig durch die vorschulische Entwicklung determiniert, und zwar weniger durch

* LOGIK steht für »Longitudinaluntersuchung zur Genese individueller Kompetenzen«, SCHOLASTIK für »Schulorganisierte Lernangebote und Sozialisation von Talenten, Interessen und Kompetenzen«.

gegenstandsunspezifische kognitive Funktionen, also im Wesentlichen die Intelligenz eines Kindes, sondern durch fachspezifische Kompetenzen (vgl. Weinert/Stefanek 1997).

Im Rahmen der LOGIK- und SCHOLASTIK-Studien wurden bei Kindergartenkindern diverse Fähigkeiten, Kenntnisse und Einstellungen ermittelt und später mit den Schulleistungen in Beziehung gesetzt. U. a. wurden ermittelt:

- Intelligenzleistungen mit verschiedenen Intelligenztests (HAWIVA, CFT, später (im Schulalter) HAWIK).
- Mathematische bzw. pränumerische Kompetenzen in Form von Mengenschätzung sowie durch eine »Zahlenkonservierungsaufgabe«.
- Die Entwicklung verbaler und präliteraler Kompetenzen vor Beginn der Schulzeit wurde über Maße der phonetischen Bewusstheit, der sprachlichen Gedächtniskapazität (Satzspanne), der Buchstabenkenntnis und der Schnelligkeit verbaler Informationsverarbeitung erfasst.

Es zeigt sich in jedem Fall, dass fachspezifische Kompetenzen weitaus höhere Anteile der späteren Schulleistungen aufklären als der vorschulisch gemessene IQ. Weinert und Stefanek (vgl. Weinert/Stefanek 1997) bemerken dazu: Wenn eine Leistung im Wesentlichen auf einem curricular organisierten schulischen Fertigkeitserwerb beruht, so ist die Leistungsvarianz in der Grundschule durch vorschulische Intelligenzunterschiede weniger aufklärbar, als wenn es sich um stärker denkabhängige Leistungen (wie z.B. beim mathematischen Problemlösen) handelt.

»Da alle von uns untersuchten Leistungskriterien als Ergebnisse kumulativer, aufeinander aufbauender Lernprozesse anzusehen sind, determinieren die Vorkenntnisse bzw. die Vorkenntnisdifferenzen zunehmend stärker die individuellen Lernfortschritte und die interindividuellen Leistungsunterschiede. Das gilt sogar für die Anfangsleistungen beim Erwerb der Kulturtechniken des Lesens, des Rechtschreibens und der Mathematik, die durch domänspezifische Kompetenzen im Vorschulalter bedeutend besser vorhergesagt werden können als durch allgemeine intellektuelle Fähigkeiten« (Weinert/Helmke 1997a).

Eine einfache Überschlagsrechnung zeigt, dass im Vorschulalter, also bis zum Schuleintritt, Kinder weitaus mehr Lebenszeit verbracht haben, als sie jemals in der Schule verbringen werden. Insgesamt verbringen Kinder und Jugendliche bis zum fünfzehnten Lebensjahr allenfalls ein Zehntel ihrer im Wachzustand anfallenden Lebenszeit in der Schule. Natürlich ist die Bedeutung, die Schule in den fraglichen Lebensjahren hat, durch die bloßen Zahlen unterrepräsentiert: Schule bestimmt den Lebensrhythmus, das Wohlbefinden, je nachdem, ob sich Erfolge oder Misserfolge einstellen, den Familienfrieden, die sozialen Kontakte etc. Wenn aber Schule nur einen Teil der Lebenszeit ausmacht, und wenn wesentliche Grundlagen für den späteren Schulerfolg schon im Vorschulalter angelegt werden, ist zu fragen, was im Vorschulalter geschehen kann, damit Kindern ein guter Start in die Schule gelingt; denn erwiesenermaßen bildet unter den gegenwärtigen Bedingungen ein guter Anfang eine solide Grundlage für den weiteren Schulerfolg.

2. Vorschulpädagogik und Schulpädagogik – zwei getrennte Arbeitsfelder?

In einer Gesprächsrunde bei einer gemeinsamen Fortbildung von Erzieherinnen und Grundschullehrerinnen ging es um die Frage: »Was erwartet die Grundschule vom Kindergarten?« und »Was sind die Maximen der Kindergartenerziehung?« Ein Fazit dieses Gesprächs war die Feststellung der Erzieherinnen: »Wir fördern offenbar ganz andere Verhaltensweisen und Fähigkeiten, als die Schule sie von den Kindern erwartet.« Während für die beteiligten Erzieherinnen Werte wie »Individualität«, »Spontaneität«, »Bedürfnisorientierung«, »Selbstständigkeit« im Vordergrund standen, legten die Lehrkräfte gesteigerten Wert auf Kompetenzen wie »Gruppenfähigkeit«, »Anstrengungsbereitschaft« und »zeitweiligen Bedürfnisaufschub«.

Die Schule hat den Auftrag, Kindern und Jugendlichen Wissen und Kenntnisse zu vermitteln. Welche Kenntnisse und welche Kompetenzen ist in Lehrplänen detailliert geregelt. Schule ist jedoch auch eine Institution, die Wissen und Kenntnisse voraussetzt. Im Gegensatz zu den Lernzielen finden sich zu diesem Kanon von Voraussetzungen allenfalls Hinweise in wissenschaftlichen Beschreibungen oder informellen Empfehlungen. Viele Lehrerinnen und Lehrer sind sich nicht einmal bewusst, was sie im Einzelnen von den Kindern verlangen.

Unterschiedliche Lehrkräfte haben darüber hinaus z.T. unterschiedliche Erwartungshaltungen, die oft genug nicht einmal untereinander angesprochen werden. Schafft man die Möglichkeit des Austausches, ergeben sich heftige Diskussionen darüber, ob Kinder zu Beginn der ersten Klasse z.B. sicher sein müssen im Umgang mit Stiften, Kleber, Schere, ob und wenn ja, welche Vorkenntnisse sie haben müssen und wie selbstständig sie sein müssen ... oder ob alles das etwa Inhalt der ersten Schulwochen oder gar des ersten Schulhalbjahres sei. Diese Unbestimmtheit zeitigt problematische Folgen – für einzelne Kinder, aber auch für den Bereich der Elementarbildung insgesamt, denn es ist nicht wenig, was de facto von den Kindern verlangt wird.

Spezifische Probleme der Vorschulpädagogik

Bei fehlenden oder vagen Beschreibungen der Anforderungen für die nächste Entwicklungsaufgabe – die Schule – fehlt es Eltern wie Erzieherinnen an klaren Orientierungen:

- den Eltern, die nach der Erziehungskrise der 60er- und 70er-Jahre noch immer nicht wissen, wie konsequent sie sein dürfen oder wie antiautoritär sie sein sollen;
- den Mitarbeiterinnen und Mitarbeitern der Kindergärten, die ebenfalls zwischen den Polen »anleiten« und »entfalten lassen« stehen;
- der Bildungs- und Sozialpolitik, die sich fragen müsste, ob und wie u.U. bildungsferne Familien in ihrer Bildungs- und Erziehungskompetenz unterstützt werden müssen, um ihren Kindern den Start in der Schule zu erleichtern und, last, not least,
- der Forschung, die sich so lange nicht aufgefordert sehen muss, Licht in das Halbdunkel zu bringen, wie die Vorschulerziehung und der Übergang vom Kindergarten zur Schule keine Themen öffentlichen und gesellschaftlichen Interesses sind.

Es gibt noch einen weiteren Bereich, in dem sich die Leitvorstellungen von Erzieherinnen und Grundschullehrerinnen unterscheiden. Es ist der Bereich der Wissensvermittlung. Wissensvermittlung ist der erklärte Auftrag der Schule. Die Vorschulpädagogik hat in den letzten Jahren diesen Aspekt weit nach hinten geschoben. In Konzepten wie dem situativen Ansatz wird vor allem das soziale Lernen betont. Dazu Zimmer: »Es besteht ein Primat sozialen Lernens. Sachbezogenes Lernen, der Erwerb von Kenntnissen und Fertigkeiten wird sozialem Lernen untergeordnet und nach Möglichkeit auf soziale Zusammenhänge bezogen« (Zimmer 1986). Noch deutlicher stellt Laewen in einem Vortrag »Zum Bildungsauftrag von Kindertageseinrichtungen« die Identitätsbildung der Kinder in den Vordergrund. Diese solle sich in einem Prozess »wechselseitiger Anerkennung« vollziehen und in engen »sozialen Bindungen«, und er fügt an anderer Stelle hinzu: »Es ist Ihnen vermutlich aufgefallen, dass bis zu diesem Zeitpunkt kaum von Inhalten die Rede war, die ... dem Kind gegenüber thematisiert werden sollten. Ich zweifle auch, dass dies der Gegenstand unserer Arbeit sein kann ...« (Laewen 1998).

Solche Inhaltsabstinenz und die Beschränkung auf »soziales Lernen« wird v.a. von Elschenbroich aufs heftigste kritisiert: »Wer vor zehn Jahren als westlicher Besucher durch die Straßen japanischer Städte ging, dem begegnete die optimistische Zukunftsproduktion dieser Gesellschaft im Anblick der Kinder. Ob in wohlhabenden oder ärmeren Stadtvierteln unterwegs, mit Malblöcken unterm Arm, in der Untergrundbahn die Köpfe über einem tragbaren Aquarium zusammengesteckt – Bewegungen und Blicke der Kinder summierten sich zu einem Eindruck von kollektiver Intelligenz. ... Zurück in Deutschland dann immer ein Erschrecken. Zwar gibt es auch in Deutschland diese Kindergärten, wo man schon beim Eintreten etwas wie einen vitalen Grundtonus spürt und wo den Erzieherinnen Interesse an der eigenen Aufgabe anzumerken ist. Aber einige Straßen weiter der Kindergarten, in dem die Zeit nicht vergeht vor Langeweile, wo Kinder und Erwachsene die Jahre vor der Schule überbrücken in ziellosen Freizeitrunden zwischen Kuschelecken und Spielgelände« (vgl. Elschenbroich 1997).

Vehement plädiert sie für eine stärkere Verortung des Weltwissens in der Vorschulpädagogik und sie illustriert ihre Forderung mit Beispielen: »In einem ... Kanon des Weltwissens von Siebenjährigen wird die Nachtwanderung enthalten sein, bei der jedes Kind einige Sternbilder kennen gelernt hat. Die Blindenschrift, mit der jedes Kind in Berührung gekommen sein sollte. Jedes Kind sollte während der ersten sieben Jahre die Chance gehabt haben, ein Musikinstrument zu bauen und die Stille als einen Teil von Musik zu erleben. Es sollte einmal ein Baby gewickelt haben, durch ein Teleskop geschaut haben, wissen, was Grundwasser ist, ein Kompass, ein Architekturmodell, es sollte einige Anwenderprogramme im Computer kennen, Formen der Begrüßung in zwei Kulturen darstellen können, zwei Fremdsprachen am Klang unterscheiden, einige Begebenheiten aus dem Leben der Großeltern erzählen können, ...« usw. (vgl. Elschenbroich 2001).

Solche Forderungen klingen z.T. exotisch und sie müssten im Einzelnen diskutiert werden. Aber sie zeigen eine Richtung auf, die bei allem berechtigten Interesse am sozialen Lernen vielleicht zu Unrecht in den Hintergrund getreten ist. Womöglich gelingen Prozesse wie soziales Lernen und Identitätsbildung noch besser, wenn ein gemeinsames Handeln an Gegenständen realisiert wird und das Selbsterleben durch eine Auseinandersetzung mit dem anderen geschärft wird.

Tatsächlich zeigt ein Vergleich der OECD, dass in anderen Ländern durchaus andere Gewichtungen bestehen, und dass soziales Lernen, Wissensvermittlung und Schulvorbereitung sich offenbar nicht ausschließen müssen, wie Schwerpunkte der Vorschulprogramme verschiedener europäischer Länder zeigen (Bairrao/Tietze 1993, zit. n. Hacker 1998).

	Schulvorbereitung	Kognitive Entwicklung	Sozial-emotive Entwicklung
Belgien	häufig	häufig	häufig
Dänemark	selten	häufig	sehr häufig
Frankreich	sehr häufig	sehr häufig	selten
Deutschland	selten	selten	sehr häufig
Griechenland	sehr häufig	sehr häufig	sehr häufig

Wir können uns der Forderung von Elschenbroich durchaus anschließen und möchten ergänzen, dass in Grenzen auch die Vermittlung von Arbeitstechniken (was in der Tabelle der Schulvorbereitung entspräche) zu den Aufgaben der Vorschulpädagogik gehören muss. Man wird darüber nachdenken müssen, wie dies geschehen kann, ohne die Errungenschaften der Vorschulpädagogik zu gefährden, nämlich die, den Kindern Entfaltungsmöglichkeiten zu geben.

Das in diesem Zusammenhang häufig zu hörende Argument »Das machen wir doch schon alles« wäre darauf hin zu überprüfen, wo, wie und in welchem Umfang dies geschieht. Bekanntermaßen gibt es große Unterschiede, wie in den Vorschuleinrichtungen gearbeitet wird.

Spezifische Probleme der Schulpädagogik

Unklare Anforderungsprofile führen auch im Bereich der Schulpädagogik zu Problemen:

- Zu möglicher Chancenungleichheit, weil es der einzelnen Schule, u.U. sogar jeder einzelnen Lehrerin überlassen bleibt, wie hoch sie die Messlatte der Anforderungen setzt.
- In all den Jahren, in denen für Schule nur klar war, dass ein Kind Kompetenzen in die Schule mitbringen muss, aber ohne eine hinreichende Präzisierung, was an Kompetenzen erwartet wird, in all dieser Zeit hat es die Schulpädagogik nicht geschafft, hinlängliche Konzepte für Kinder zu entwickeln, die nicht mit den optimalen Kompetenzprofilen aufwarten können. Zumindest hat sie es nicht vermocht, solche Konzepte breitflächig zu implementieren.

Kinder, die sich infolge von Sozialisationsdefiziten oder Entwicklungsrückständen nicht in das unausgesprochene Erwartungsprofil eines Schulkindes fügen, können nicht selbstverständlich damit rechnen, in der Schule eine faire Chance zum Nachlernen zu erhalten. Vielmehr haben sie unter den gegenwärtigen Bedingungen ein doppeltes Curriculum zu bewältigen:

- Sie sollen sich aneignen, was im Lehrplan steht.
- Sie sollen lernen, was Kinder aus bildungsnahen Familien sich beiläufig schon im Vorschulalter angeeignet haben: eine elaborierte Sprache, Sozialkompetenz, Arbeitstechniken und Lernmotivation – und das im Schulunterricht nebenbei, ohne ein geplantes und systematisches Angebot.

Hinzu kommt, dass Kinder mit z.T. gravierenden Lern- und Verhaltensproblemen, oder nicht deutscher Muttersprache mit geringen Deutschkenntnissen und Kinder aus schwächstem sozialen Milieu in der Grundschule meist keine »Nische« finden mit lebenspraktischen, handlungs- und werkstattorientierten Angeboten, die ihnen Erfolgserlebnisse vermitteln, sie motivieren und in ihrer individuellen Lernentwicklung unterstützen. Die wiederholte Anforderung, das Problem durch Binnendifferenzierung und Öffnung von Unterricht allein lösen zu wollen, erscheint unrealistisch, wenn man extrem heterogene Einschulungsklassen vor Augen hat.

Brügelmann hat zudem in einer »Zwischenbilanz 25 Jahre Öffnung des Unterrichts« ermittelt, dass nur bis zu 10% der Lehrerinnen den Kindern ernsthaft Freiräume geben, sie mit in die Verantwortung für die Planung des Unterrichts nehmen. Weitere 20% geben ihnen Raum für ihre persönlichen Erfahrungen, öffnen also die Aufgaben für persönliche Interessen bzw. individuelle Denkweisen. Beim Weg zu individuellerem Arbeiten in der Grundschule sind wir immer noch ziemlich am Anfang (Brügelmann 1997).

Kinder mit ungünstigen Lernvoraussetzungen, d.h. geringen lernbereichsspezifischen Vorkenntnissen und noch unkoordiniertem Lern- und Aufmerksamkeitsverhalten, geraten bald in Rückstand. Sie bauen neben den vorhandenen Entwicklungs- und den wachsenden Lerndefiziten auch Frustrationen und Versagensängste auf und früher oder später klinken diese Kinder sich aus dem Lernprozess psychisch oder physisch (Problem Schulverweigerer!) aus.

Hat man die Möglichkeit, die Entwicklung einzelner Kinder mit Lernproblemen vom Ende der Kindergartenzeit bis etwa zur 5./6. Klasse zu verfolgen, so wird eine Kette deutlich, die meist mit Hoffnung, Neugier, Lernbereitschaft beginnt. In den ersten Schulwochen, oft schon Schultagen, bricht das Versagen über Kind und Familie herein. Das Gefühl des Nicht-Könnens, des Nicht-Mithalten-Könnens, die Angst, »schlechter« oder »dümmer« zu sein als andere führt bei Eltern und Kind dazu, Schule schon früh nur mit Problemen zu assoziieren. In einem permanenten Auf und Ab von Bemühen, Scheitern, Resignieren finden wir meist schon in 3. Klassen mehrere Kinder, für die einzelne Lernbereiche oder gar die Schule nur noch negativ besetzt sind. Mit einsetzender Pubertät und der entsprechenden Identitätskrise geht es nach diesen Vorerfahrungen in Klasse 5 und 6 nur noch darum, das große »Übel« Schule auszuhalten und zu überleben. Um Kindern den Start in der Schule zu erleichtern, gibt es mehrere Zugänge:

- eine Überprüfung und Veränderung der Kindergartenarbeit;
- die Unterstützung von Eltern bei ihrer Erziehungsarbeit, insbesondere von Erziehenden mit einem bildungsfernen Hintergrund;
- eine stärkere Abstimmung und Verzahnung von Vorschul- und Grundschulpädagogik sowie
- ein die Heterogenität der Kinder berücksichtigender Grundschulunterricht.

Dabei wird es nicht immer genügen, dass Kindergärtnerinnen und Lehrerinnen ihre pädagogischen Angebote modifizieren. Es gilt auch Rahmenbedingungen zu schaffen, die eine Realisierung kindgerechter Angebote begünstigen.

3. Neue Akzente in der Kindergartenarbeit

Wie die LOGIK/SCHOLASTIK Untersuchungen zeigen, sind die Kinder in der Grundschule am erfolgreichsten, die sich bereits im Vorschulalter so genanntes »domänspezifisches Wissen« aneignen, d.h. Vorläuferkompetenzen des Lesens, Schreibens und Rechnens oder auch eine entwickelte sprachliche Kompetenz. Konkret sind dies Kinder, die schon einige Buchstaben und Zahlen kennen oder über Anfänge »phonologischer Bewusstheit« verfügen. Dabei handelt es sich um die Fähigkeit, Reime, Sprachrhythmen oder Sprechsilben zu erkennen etc. Vieles deutet darauf hin, dass solche Kompetenzen beiläufig in einem bildungsnahen Milieu erworben werden, während im umgekehrten Fall Kindern aus bildungsfernen, v.a. illiteralen Elternhäusern oder Kindern mit Migrationshintergrund solche Kompetenzen fehlen. Dies legt Überlegungen nahe,

- Vorläuferkompetenzen des Lesens, Schreibens und Rechnens schon im Vorschulalter auszubilden oder, noch weitergehend,
- mittels diagnostischer Screening-Verfahren schon im Kindergartenalter Kinder mit Entwicklungsrückständen zu identifizieren, um sie frühzeitig v.a. sprachlich zu fördern.

Tatsächlich wird vor dem Hintergrund der aktuellen Erkenntnisse die Vorschulpädagogik ihre Angebote überdenken müssen. Es gilt jedoch auch das Hinübergleiten in ein anderes Extrem zu verhindern: die Verschulung der Kindergartenzeit.

Die v.a. in den letzten Jahren erkannte und auch durch die SCHOLASTIK-Studie bestätigte Bedeutung der phonologischen Operationen für den späteren Erfolg beim Lesen und Schreiben haben zu der Überlegung geführt, solche Fertigkeiten möglichst schon im Vorschulalter zu diagnostizieren und gezielt zu fördern.

Das Bielefelder Screening BISC (Jansen u.a. 1999), die Verfahren von Martschinke, Forster, Kirchhock und Frank (Martschinke u.a. 2001a, b) sowie »Hören, Lauschen, Lernen« (Küspert/Schneider 1999) enthalten Angebote zur Förderung der phonologischen Bewusstheit im Kindergarten bzw. in der Schule.

Diese Programme sind verdienstvoll und praktikabel im Hinblick auf den Schriftspracherwerb. Sie dürfen jedoch nicht zu einem Rückfall in ein monokausales und reduktionistisches Denken verführen; d.h. zu der Vorstellung, es käme für den späteren Erfolg beim Lesen und Schreiben oder gar den Schulerfolg insgesamt nur darauf an, dass ein Kind über ein hohes Maß an phonologischer Bewusstheit verfüge. Denn vermutlich sind die entsprechenden Kompetenzen, sofern Kinder sie sich spontan aneignen, Auswirkungen eines literalen Erziehungsumfeldes, eines Milieus, in dem viel mit den Kindern gesprochen wird, wo es Kinderbücher gibt, aus denen den Kindern regelmäßig vorgelesen wird oder in dem Eltern lesende und schreibende Vorbilder sind. Mason und McCormick (1979) bzw. Wells (1987) sowie Wells und Raban (1978) konnten dreißig bis sechzig Prozent des späteren Leseerfolgs auf die vorschulischen Erfahrungen der Kinder mit Schrift und Schriftprodukten zurückführen. Als ein besonders vorhersageträchtiger Indikator hat sich dabei das regelmäßige Vorlesen erwiesen.

In solch einem Milieu kann sich phonologische Bewusstheit ausbilden – aber auch eine Wertschätzung von Schrift und Geschriebenem, ein mit angenehmen Gefühlen besetzter Bezug zum Lesen und Schreiben, wie er durch die Inhalte vorgelesener Geschichten vermittelt wird oder allein durch die Vorlesesituation, die ja auch Gefühle wie »Geborgenheit«, »Annahme« oder »Wertschätzung« vermittelt. In einem literalen und bildungsbewussten Milieu erfahren Kinder auch Beachtung und Wertschätzung für ihre ersten Lese- und Schreibversuche, was mitunter dazu führt, dass Kinder im Vorschulalter von sich aus den Zugang zum Lesen und Schreiben suchen und finden.

Ein Training phonologischer Operationen ist eine partielle Annäherung, aber kein vollständiger Ersatz für solch ein Erfahrungsspektrum. Es wäre zu wünschen, dass derartige Trainingsangebote eingebettet werden in Erfahrungswelten, wie Kinder aus bildungsbewussten und literalen Familien sie in ihrem häuslichen Milieu vorfinden: Gelegenheiten zum aktiven Sprechen und zur Erweiterung der Sprachkompetenz, Vorlesen und spielerische Hinführung zu Lesewelten, ein Anregen und wohlwollendes Annehmen erster Lese- und Schreibversuche. Die Angst vor Verfrühung ist, wenn solch ein Umgang mit der Schrift spielerisch und ohne Druck erfolgt, unbegründet. Im Gegenteil: Die Frühstarter sind in unserem Schulsystem die erfolgreichen. Die Nachzügler erreichen das Ziel oft genug überhaupt nicht. Küspert/Schneider (1999) haben nachgewiesen, dass ein vorschulisches Training phonologischer Bewusstheit das Lesen- und Schreibenlernen in der Schule erleichtert. Es wäre zu überprüfen, ob die Nachhaltigkeit noch gesteigert werden könnte, wenn die Trainingsangebote eingebettet werden könnten in einen literalen Kontext mit vielen positiven emotionalen Bezügen.

Schriftsprachkompetenz ist wichtig, aber sie repräsentiert nicht das gesamte Kompetenzspektrum, welches Kinder sich während ihrer Schulzeit und im Laufe ihres Lebens aneignen sollen und aneignen müssen.

Sowohl die PISA- als auch die TIMS-Studie haben bei deutschen Schülerinnen und Schülern auch Mängel bei den mathematischen und naturwissenschaftlichen Kenntnissen aufgedeckt. Wie die SCHOLASTIK-Studie ausweist, begünstigen im Vorschulalter ausgebildete mathematische Vorkenntnisse den späteren Schulerfolg im Bereich Mathematik. Dieser Befund legt nahe, sich bereits im Vorschulalter um die Ausbildung mathematischer Vorläuferkompetenzen zu bemühen, und zwar wiederum in einer kindgerechte Form. Die würde sich ganz gewiss nicht im Hantieren mit Mengenplättchen erschöpfen können. Eher stellen wir uns vor, dass Kinder erlebnisbezogen auf die quantitativen Aspekte ihrer Umwelt aufmerksam gemacht werden. Die mathematischen Aspekte der Lebenswelt von Kindern drängen sich nicht gerade auf. Sie können ins Bewusstsein der Kinder treten, wenn sie spielerisch darauf aufmerksam gemacht werden, dass Dinge und Lebewesen unterschieden werden können nach Menge und Länge, nach Volumen und Gewicht, dass man Zeitintervalle vergleichen kann und dass man für die quantitativen Aspekte der Lebenswelt Begriffe und Symbole verwenden kann.

Solche Erfahrungserweiterungen können verbunden werden mit der Erweiterung des »Weltwissens«, für das Donata Elschenbroich sich, wie bereits erwähnt, vehement einsetzt. Die Kategorie »Weltwissen« kann zudem einen Rahmen darstellen, aus dem sich alle anderen Angebote ableiten und auf die sie sich beziehen können:

- Eine Sprachförderung ist ohne den Ausbau von Weltwissen nicht denkbar. Die Kinder sollen ja nicht gedrillt werden, deutsche Vokabeln zu lernen, deren Bedeutung sie nicht kennen. Kinder an die Sachverhalte ihres näheren und weiteren Umfeldes heranzuführen, ist eine implizite Sprachförderung, weil die Begriffe mit Anschauung und Leben erfüllt werden;
- wenn wir fordern, Kinder auf die quantitativen Aspekte ihrer Umfeldes aufmerksam zu machen, dann ist auch hiermit die Erweiterung des Weltwissens verbunden und auch;
- soziales Lernen, wie in der Kindergartenerziehung der letzten Jahre besonders betont wurde, kann sich nicht im leeren Raum vollziehen, sondern in konkreten Lebenswelten, die umso besser zu verstehen und zu meistern sind, je mehr man mit ihnen vertraut ist.

Solche Angebote können für alle Kindergartenkinder realisiert werden. Man könnte jedoch noch einige Schritte weiter gehen und über Frühdiagnosen für Kinder mit Entwicklungsrückständen Frühförderung organisieren, v.a. auf dem Gebiet des Sprechens und der Sprache. Vor allem Kinder, die zweisprachig und in einem bildungsfernen Milieu aufwachsen, verfügen auf der umgangssprachlichen Ebene häufig über zulängliche Sprachkompetenzen. Ein Sprachverhalten, das zunächst eine normale Sprachentwicklung vermuten lässt. Wenn dagegen grammatikalisch korrekte schriftsprachliche Leistungen gefordert werden, wird schnell deutlich, dass grundlegende Sprachmuster nicht gefestigt oder vielleicht sogar fehlerhaft ausgebildet sind. Gezielte Diagnosen und darauf aufbauende Förderangebote könnten diesen Kindern helfen, indem sie ihnen frühzeitig ein sprachliches Grundgerüst vermitteln, das sie in die Lage versetzt, später auch die schriftsprachlichen Angebote zu bewältigen.

Diagnosen im pädagogischen und sozialen Bereich sind jedoch niemals ohne Risiko. Frühdiagnosen können zu Frühstigmatisierungen führen, wenn sie nicht sofort mit kompetenten und nachhaltigen Förderangeboten beantwortet werden können. Wenn sich bei einem Kind nach einer erfolgten »Defizitdiagnose« nicht schon bald deutliche Entwicklungsfortschritte einstellen, kann dies bei den pädagogischen Bezugspersonen zur Verfestigung der Vorstellung führen, das Kind sei ein »hoffnungsloser Fall« und weitere Bemühungen lohnten sich nicht. Wobei fehlender Fortschritt oft alleine der Tatsache geschuldet ist, dass eine Förderung zu selten, zu unregelmäßig und evtl. auch nicht mit der gebotenen Sachkompetenz durchgeführt wird. Werden diagnostische Informationen gar von einer Institution, von einer Lehrerin zur anderen weitergereicht, kann sich dieses Urteil stabilisieren, selbst dann, wenn die diagnostische Information schon längst überholt und nicht mehr gültig ist. Der Vorzug ist daher Angeboten zu geben, die ohne ein diagnostisches Screening auskommen, bei denen aber in der Interaktion mit den Kindern die Verschiedenheit wahrgenommen und respektiert wird und durch differenzierende Angebote beantwortet wird; was vertiefende Diagnosen im Einzelfall nicht ausschließt.

Abzuraten ist von inhaltslosen Funktionstrainings, vom Training »der« visuellen oder »der« akustischen Wahrnehmung. Nicht nur, dass Kinder sehen und hören ist wichtig, sondern vor allem, worauf sie ihre Sinne richten. Die Vorschulpädagogik sollte die Kinder an Inhalte heranführen, die ein Sinnganzes ergeben, das im besten Fall auch dem Interesse und der Erlebniswelt der Kinder entspricht. Gleiches gilt selbstredend für die Grundschularbeit.

Bei der gegenwärtig einsetzenden Besinnung auf die Notwendigkeit, schon im Vorschulalter Angebote zur Ausbildung kognitiver Fertigkeiten und Kenntnisse bereitzuhalten – Angebote zur Ausbildung von Weltwissen, sprachlichen, präliteralen und pränumerischen Kompetenzen – darf nicht vergessen werden, dass Kinder nicht nur kognitive Wesen sind. Sie sind auch soziale und emotionale Wesen, sie haben musische, motorische und kommunikative Bedürfnisse und Fähigkeiten. Solche Fähigkeiten gilt es zu pflegen und auszubauen, damit Kinder glücklich und erfolgreich und aus glücklichen Kindern glückliche Erwachsene werden. Entsprechende Angebote gehörten schon immer zu einer vorschulischen Didaktik. Es muss vermieden werden, dass sie bei der nunmehr einsetzenden Besinnung auf das Kognitive in den Hintergrund und in Vergessenheit geraten.

4. Die Unterstützung von Eltern bei ihrer Erziehungsarbeit

Bei der Frage nach den Ursachen der wenig vorteilhaften PISA-Ergebnisse wiederholt sich, was in solchen Fällen häufig geschieht: Jede der an der Erziehung und Unterrichtung der Lernenden beteiligten Institutionen macht die Vorgängereinrichtung für die Probleme verantwortlich: die weiterführenden Schulen die Grundschule, die Grundschule den Kindergarten und alle gemeinsam die Eltern, die nach einhelliger Meinung der Bildungsinstitutionen eine zu geringe Erziehungsleistung erbringen. Tatsächlich kann sich niemand von den beteiligten Personen und Institutionen von einer Mitverantwortung frei sprechen. Grundschule und weiterführende Schulen haben den Auftrag, das Kapital zu mehren, welches Eltern und Kindergarten im Vorschulalter der Kinder angelegt haben. Die Vorschuleinrichtungen haben die Erziehungsarbeit der Eltern zu ergänzen und in den Grenzen ihrer Möglichkeit auch zu kompensieren. Aber natürlich liegt eine Erstverantwortung auch bei den Eltern. Dabei wäre es weitgehend eine Scheinlösung, lediglich an Eltern zu appellieren, sich auf ihre Erziehungspflichten zu besinnen. Denn gerade bei den Kindern, die am stärksten gefährdet sind, liegt es nicht nur an mangelndem Wollen der Eltern, sondern auch am fehlenden Können. Wie etwa sollten Eltern ihre Kinder unterstützen, die selbst nur über unzulängliche Schulkenntnisse verfügen, die vielleicht selbst Schule nur als einen Ort erlebt haben, an dem sie mit ihrem Unvermögen konfrontiert wurden oder die aus anderen Kulturkreisen kommen und weder die deutsche Sprache ausreichend beherrschen noch die Grundstrukturen des deutschen Bildungswesens kennen?

In England und in den USA werden für bildungsferne Familien – damit wären wir wieder bei der LRS-Problematik – so genannte »family literacy« Programme aufgelegt. Die Förderung setzt nicht direkt beim Kind an, sondern bei den Eltern. Schon im Vorschulalter der Kinder werden Eltern dazu bewegt, sich selber im Lesen und Schreiben weiterzubilden und es wird ihnen nahe gebracht, wie wichtig es ist, dass sie mit ihren Kindern sprechen, ihnen Geschichten vorlesen, sie auf die Schrift aufmerksam machen oder die Kinder bekräftigen, wenn sie Interesse am Lesen und Schreiben zeigen. Erwiesenermaßen verbessert dies die Chancen der Kinder in der Schule (Yates 2001).

Das HIPPY-Programm (Home Instruction Program for Preschool Youngsters), in Israel zur Integration von Migranten konzipiert, dient sowohl zur Integration von Kindern kultureller Minderheiten als auch zur Unterstützung sozial benachteiligter Kinder. Ziel ist die Förderung der Lernfähigkeit und dabei besonders der Schulung kognitiver Fähigkeiten. Außerdem will das Programm auch zur Entwicklung und Intensivierung der Mutter-Kind-Beziehung beitragen. In einem zweijährigen Training lernen die Mütter zu Hause, wie sie ihr Kind spielend fördern können. Die Trainerinnen haben den gleichen kulturellen Hintergrund wie die Mütter. In 14-tägigen Zusammenkünften lernen die Mütter neue Materialien kennen und tauschen sich aus. Derzeit wird dieses Programm als hochwirksam und effizient eingeschätzt (Kiefl/Pettinger 1997).

5. Eine stärkere Abstimmung und Verzahnung von Vorschul- und Grundschulpädagogik

Gemeinsame Strukturen finden

Eine weitere Verbesserung der Startbedingungen ist zu erwarten, wenn Grundschule und Kindergarten sich nicht als unabhängig voneinander operierende Institutionen verstehen, sondern ihre Angebote aufeinander abstimmen. Eine nachhaltige Zusammenarbeit von Kindergarten und Schule setzt voraus, dass es feste, verlässliche Strukturen dafür gibt, die nicht auf Mehrarbeit der Beteiligten basieren und die ggf. die Ängste und Vorbehalte ernst nehmen, thematisieren und bearbeiten. Sporadische Treffen und gelegentliche Aktionen sind unserer Erfahrung nach wenig effektiv und verlaufen meist wieder im Sande. Gleichwohl können sie ein Einstieg in eine längerfristig geplante Kooperation sein. Ein Beispiel für den langen Weg einer solchen Zusammenarbeit sei hier geschildert.

Seit 1993 gibt es an einer großen Grundschule in Bremen unsere Lernwerkstatt, die »Arbeitsstelle für pädagogische Förderung«, kurz IDEFIX genannt, in der wir u.a. Aus- und Fortbildungsangebote vorhalten, Lehrkräfte und Eltern beraten, sowie Förderunterricht für Kinder von Klasse 1 bis 7 anbieten. Die Arbeitsstelle ist eine Ausbildungseinrichtung der Universität Bremen im Bereich Behindertenpädagogik. Studierende werden hier in der Förderarbeit mit Kindern ausgebildet, die in der Regelschule Lern- und Verhaltensprobleme haben. Gleichzeitig verstehen wir uns als Vermittler zwischen Theorie und Praxis, als Institution, in der theoretische Erkenntnisse in pädagogisches Handlungswissen umgesetzt werden. Im Rahmen unserer Serviceleistung für die Schule sehen wir uns aber auch als vermittelnd und stützend im Hinblick auf Kooperations- und Innovationsprozesse, vor allem im Stadtteil und in der Region.

In Zusammenarbeit mit dem Kollegium der Schule und in der Erarbeitung eines schuleigenen Förderkonzeptes wurde die besondere Bedeutung des Übergangs vom Kindergarten zur Grundschule deutlich. Ein Schwerpunkt der konzeptionellen Arbeit der Schule war daher, den Schulanfang zu verbessern.

Nachdem die Fachberaterinnen der benachbarten Kindergärten auf uns zu gekommen waren und über die Notwendigkeit einer Kooperation auch von Seiten der Kindergärten berichtet hatten, haben wir eine feste Arbeitsgruppe »Zwischen Kindergarten und Schule« eingerichtet. Die Initiierung, Organisation und Durchführung der regelmäßigen Treffen liegt bei der Arbeitsstelle. Das hat sich als sinnvoll und entlastend erwiesen: Eine unparteiische Institution bzw. Person kann die Treffen moderieren, Vorbehalte wahrnehmen und bei Konflikten Lösungsansätze vorschlagen.

Die Zusammenarbeit begann 1994 mit einem ersten Kennenlernen und mehreren Planungstreffen, an dem die Fachberaterinnen der Kindergärten, die Leiterinnen und je zwei Kolleginnen aus Schule und Kindergarten teilnahmen und die von uns strukturiert wurden. Danach wurden nach und nach folgende Aktivitäten geplant und durchgeführt:

- Eine gemeinsame Fortbildung aller Erzieherinnen und der zukünftigen Erstklassenlehrerinnen stand unter dem Thema: «Fängt jetzt der Ernst des Lebens an?« Ziel war, einander kennen zu lernen und über Kindergartenarbeit und Schulrealität mehr zu erfahren und Erwartungshaltungen und Wünsche zu thematisieren. Im eher theoretischen Teil am Vormittag stellte sich heraus, dass wenig gemeinsame Zielklarheit vorhanden war, dass die Erwartungshaltung an die jeweils andere Institution hoch bis unrealistisch war und dass es einige Vorbehalte der Berufsgruppen gegeneinander gab. Sie zu thematisieren, auszusprechen und gemeinsam über realistische Erwartungshaltungen sowie über Möglichkeiten der Annäherung beider Institutionen nachzudenken, war der Leitfaden des gemeinsamen Fortbildungstages.
- Im Mittelpunkt der Fortbildung stand die nachmittägliche, praktische Arbeit mit unserem institutionsübergreifenden Projekt »Eva und Billi kommen in die Schule«: Mit einer Geschichte und vielen Spielideen sollte der Schulanfang vorbereitet und der inhaltliche rote Faden in den ersten Schultagen weitergeführt werden. Der Schwerpunkt lag dabei auf den Regeln, Ritualen, Symbolen, die in Kindergarten und Schule gleichermaßen verwendet werden konnten. Ziel war auch, den Kolleginnen in Kindergarten und Schule die Arbeit zu erleichtern und ihnen Materialien an die Hand zu geben, die sie gleich in die Praxis umsetzen konnten. Einige Ideen in unserem Einschulungsprojekt sind erst in dieser Veranstaltung entstanden, vor allem durch Anregungen der Erzieherinnen. Noch wichtiger war allerdings der persönliche Aspekt: Lehrerinnen und Erzieherinnen lernten einander kennen, arbeiteten gemeinsam an einer konkreten Sache, die sie am nächsten Tag in die Praxis umsetzen konnten, und kamen dabei gleichzeitig ins Gespräch über die Kinder.
- Im Laufe der folgenden Jahre wurden gegenseitige Hospitationen eingeführt: Zukünftige Erstklassenlehrkräfte besuchen den Kindergarten, zukünftige Schulanfänger besuchen die Schule. Im Kollegium der Schule ist eine Kollegin für die Kontaktpflege zu den Kindergärten zuständig.

- Informationsabende für Eltern von Schulanfängern werden gemeinsam durchgeführt: An »runden Tischen« werden dabei von Schulvertreterinnen Fragen der Eltern beantwortet, mitunter sind auch Kolleginnen anwesend, die polnisch, russisch oder türkisch sprechen. Dies ist sehr hilfreich für die Zusammenarbeit mit Migranteneltern.
- An der Einschulungsfeier am ersten Schultag nehmen Erzieherinnen aus Kindergarten und Hort teil.
- Die Arbeitsgruppe trifft sich regelmäßig, meist mit thematischer Planung. Mitunter mündeten diese Treffen in gemeinsame Veranstaltungen von Kindergarten und Schule z.B. in Elterninformationsabende zum Thema »Lernen braucht Bewegung«, »Umgang mit Gewalt«, »Kindern Grenzen setzen«, oder in eine Konferenz zum Thema »Hausaufgaben im Hort«.
- Für interessierte Kolleginnen aus beiden Institutionen wurde eine Fortbildungsreihe »Schwierige Gespräche führen« organisiert, die von einem Schulpsychologen durchgeführt wurde.
- Beide Institutionen laden sich gegenseitig zu Festen und Aktivitäten ein. Unserer Erfahrung nach ist es sinnvoll, dafür zu sorgen, dass die Einladung tatsächlich angenommen wird und dass z.B. auch in einer Dienstbesprechung oder Konferenz darüber berichtet wird. Auch hier können wir voneinander lernen, Ideen übernehmen, miteinander ins Gespräch kommen, die Arbeit in der anderen Institution wertschätzen ... und evtl. können wir auch wieder den »Fühlpfad« des Kindergartens für unser Schulfest nutzen oder ihnen die Buttonmaschine ausleihen.

Besondere Beachtung finden Kinder mit erhöhtem Förderbedarf. Bereits im Februar gibt es einen Gesprächskreis über die zukünftigen Schulanfänger. Die Eltern haben sich bei der Schulanmeldung schriftlich einverstanden erklärt, dass beide Institutionen sich über ihr Kind austauschen dürfen. Es wird beraten über Entwicklung des Kindes im Kindergarten, evtl. Vorklassenbesuch oder Zurückstellung, und über evtl. notwendige Maßnahmen vor der Einschulung. Sonderpädagogen und Vorklassenleiterin hospitieren im Kindergarten, Eltern von sehr jungen oder noch nicht schulreifen Kindern sollen zusätzlich beraten werden. Wir haben in unserer Schulregion mit extrem heterogenen Klassen die Erfahrung gemacht, dass es für manche Kinder fatal ist, zu früh eingeschult zu werden. Sie brauchen die Entwicklungszeit im Kindergarten oft noch dringend, um die Chancen zu einem positiven, erfolgreichen Start zu vergrößern. Dazu werden ggf. Gespräche mit unterstützenden Institutionen geführt, die schulärztliche Meinung wird eingeholt. Diese ausführlichen Gespräche und Beratungsprozesse führen dazu, dass die Beteiligten sich sicherer fühlen, da sie die Verantwortung nicht allein tragen, und dass alle vorhandenen Möglichkeiten frühzeitig für das Kind ausgeschöpft werden können.

Die Erkenntnisse aus diesen Aktivitäten fließen in die spätere Zusammensetzung der ersten Klassen ein. Mehrere Kinder mit erhöhtem Förderbedarf werden ggf. in einer Klasse zusammengefasst, die mit erhöhter Zuweisung von Sonderpädagogenstunden arbeitet.

Gespräche zwischen Erzieherinnen und beratenden Fachkräften brauchen Zeit und sind nicht zwischen Tür und Angel zu erledigen. Hospitationen z.B. von Sonderpädagogen und zukünftigen Erstklasslehrkräften in den Kindergartengruppen sind erforderlich und müssen in sorgfältig strukturierte, professionelle Gespräche münden. Grundlage und Leitfaden für diese Gespräche können z.B. die »Entwicklungsanforderungen bei Schuleintritt« sein, die wir im Kapitel »Pädagogische Akzente« (s. S. 25 f.) aufgeführt haben. Daran sollte auch nach den ersten Schulwochen angeknüpft werden, um über die Weiterentwicklung der Kinder zu sprechen. In den meisten Fällen hat sich bei uns gezeigt, dass die Einschätzung der Kompetenzen, Grenzen und Möglichkeiten des Kindes durch die Erzieherin äußerst hilfreich war in der Anfangsarbeit der ersten Klasse. Die Erzieherinnen haben die Kinder zwei bis drei Jahre lang begleitet, warum sollte man auf deren Kompetenz verzichten? Ist es nicht unprofessionell und unökonomisch, in Zeiten immer knapperer Ressourcen nicht darauf zurückzugreifen, was bisher erarbeitet wurde?

Kein Weg geht auch an einer differenzierten Elternarbeit vorbei. Mit den Eltern ins Gespräch zu kommen, miteinander das Kind zu beobachten und sensible Hilfestellung zu geben, stellt die Weichen für eine frühe Förderung. Der Weg von der Wahrnehmung spezieller Probleme in Entwicklung und Erziehung bis zur tatsächlichen Nutzung von Angeboten wie Erziehungsberatung und Therapien ist meist weit. Wenn dieser Weg erst in der Schule beschritten wird, ist oft schon kostbare Zeit verschenkt worden. Unserer Erfahrung nach ist das Vertrauensverhältnis zwischen Erzieherin und Eltern in der Regel ein anderes und engeres als es zwischen Lehrkraft und Eltern je wird. Hinweise auf Erziehungs- und Förderhilfen können dort leichter und ohne Gesichtsverlust angenommen werden.

Passung der Angebote und Projekte

Die Angebote in den Vorschuleinrichtungen sollten überprüft und ggf. optimiert werden im Hinblick auf einen späteren Schul- und Lernerfolg. Beide Professionen können einiges voneinander lernen. In vielen Kindergärten wird projekt- und handlungsorientiert gearbeitet. Vorstellbar sind Projektangebote, die im Kindergarten mit Schulanfängern begonnen und in den ersten Schulwochen weitergeführt werden.

Zum Thema »Ich« kann aufgegriffen werden, was mit der neuen Phase Schulkind zu tun hat:

- Wer ich bin (Adresse, Geburtstag, Familienmitglieder).
- Was ich schon kann (Arbeitsproben, Fotos aus verschiedenen Bereichen).

- Was ich lernen möchte (Vorstellung der Kinder von Schule, vom Lesen, Schreiben, Rechnen).
- Spielerischer Umgang mit Schrift, Zeichen, Ziffern (Piktogramme, Reklameschriftzüge, Namen, Zahlen, ABC-Gedichte, ABC-Lieder).
- Gefühle der Kinder (Abschied vom Kindergarten, Angst vor unbekannten Anforderungen, Freude und Ungewissheit vor der neuen Phase, Freunde verlieren und finden).

Am Ende der Kindergartenzeit können die Kinder ihre Arbeiten zum Thema »Ich« präsentieren, sie bei der Schulanmeldung (die leider meist nur ein formaler Akt und kein pädagogisch gestalteter Schritt ist), bei einer Veranstaltung im Kindergarten oder bereits in der Schule ausstellen. Uns fällt immer wieder auf, dass Produkte der Kinder aus der Kindergartenzeit in der Schule nie auftauchen!

Neben der Arbeit am Thema »Ich – Du – Wir« haben wir gute Erfahrungen mit unserem bereits erwähnten Projekt »Eva und Billi kommen in die Schule« gemacht. Mithilfe von so genannten Identifikationsfiguren – zwei Bären aus dem Waldkindergarten – erleben die Kinder die letzten Wochen im Kindergarten, die Einschulung, die ersten Tage und Wochen in der Schule. Rituale, Signale, Spiele, Lieder können im Kindergarten ein- und in der Schule weitergeführt werden. Schon im Kindergarten bekommen die Kinder Bärenbriefe aus dem Waldkindergarten von Eva und Billi, die beschreiben, wie sich die Tierkinder auf den Schulanfang vorbereiten, was sie lernen und üben und welche Fragen und Probleme sie haben. Diese Briefe dienen als Einstieg in die gezielte Vorbereitung auf die Schule, als Anregung für Aufgaben im Kindergarten. Für die ersten Schultage gibt es ein kleines Bilderbuch mit der Einschulungsgeschichte von Eva und Billi. Eine umfängliche Arbeitskartei mit Ideen für die Lehrkraft und mit Aufgaben auf unterschiedlichen Niveaus aus allen Fach- und Förderbereichen ergänzt das Material. Die ausführliche Beschreibung des Materials und Hinweise zur Handhabung finden sich in der Übersicht und zu Beginn jeden einzelnen Kapitels.

Ein ähnliches Projekt, die »Mockelgeschichten«, nicht nur für den Schulanfang geeignet, haben wir entwickelt, bei dem die Identifikationsfiguren Fantasietiere sind, die nicht lesen können und sich deshalb in die Schule schleichen. In einem anderen Projekt »Der kleine Eisbär« geht es um Außenseiterpositionen: Ein kleiner Eisbär friert immer und wird von seinen Artgenossen deshalb nicht akzeptiert, sondern massiv abgelehnt und ausgegrenzt. Oder ein kleines Gespenst ist heimatlos, einsam und sucht Kontakt und Freunde. Alle Projektmaterialien sind so konzipiert, dass sie ein breit differenziertes Spektrum von Ideen anbieten zum Lesen, Schreiben, Malen, Spielen.

Entscheidend, vor allem bei dem Einschulungsprojekt, ist für uns dabei der inhaltliche rote Faden, die Geschichte, die die Kinder emotional anspricht und sie gleichermaßen im Kindergarten und in der Schule begleitet. Wir wählen bewusst Tierkinder oder Fantasiefiguren, um Widerständen und Irritationen vorzubeugen, die sich durch zu große oder zu geringe Ähnlichkeit der Kinder mit den Projektionsfiguren ergeben könnten. Wir erleben bei diesem ganzheitlichen Ansatz die starke Identifikation der Kinder mit den Figuren und mit den kindlichen, emotionalen, spielerischen Inhalten bis zum Ende der Grundschulzeit. Daher waren wir anfangs umso erstaunter, als wir die anderen Figuren der Kinderwelt, die Pokémon, Dragon Ball Z und Lara Croft kennen lernten, in denen die Identifikation vorrangig über Kampfpotenziale, Macht- und Siegerstrategien erfolgt. Wir erleben Kinder, die mit sechs Jahren gefärbte Haare haben, Ohrringe und Plateau-Schuhe tragen, Handys besitzen und auch sonst jeder Jugend-Mode unterworfen sind. Einzelne Erstklässler wirken wie klein geratene Jugendliche, hören die gleiche Musik, geben sich gleichermaßen cool wie die Pubertierenden. Gleichzeitig scheint ihnen ein wichtiger Teil an Kindlichkeit und Emotionalität verloren gegangen zu sein, oder besser: Er ist ihnen möglicherweise vorenthalten worden. Wir haben oft den Eindruck, dass Eltern diese Tendenzen, das Vorziehen der Jugendlichenphase, unterstützen. Deswegen erleben wir einerseits den cool wirkenden Schulanfänger im Teenager-Outfit und andererseits dessen ganz starke kindliche Bedürftigkeit nach Emotionen und Identifikation, nach Akzeptanz und sozialem Aufgehobensein, was z.B. besonders ausgeprägt ist bei Kindern mit Verhaltensproblemen.

Die Faszination der Identifikationsfiguren Eva und Billi Bär, des kleinen Eisbären, der Mockel und des kleinen einsamen Gespenstes liegt darin, dass durch diese Figuren das Kind sich vorrangig als emotionales Wesen erlebt. Wir haben erfahren, dass immer die gleichen Ängste und Sorgen von Kindern auftauchen, vor allem am Schulanfang. Aus Gesprächen mit Dritt- und Viertklässlern, die sich haargenau an ihre Sorgen und Erwartungen am Schulanfang erinnern konnten, ging das eindeutig hervor, auch wenn ein Viertklässler selten zugeben mag, jemals Ängste gehabt zu haben. Oft finden die Nöte und Sorgen von Kindern kein Ventil, aufgrund geringer Sprachkompetenz oder fehlender Ansprechpartner und mangelnder anderer Ausdrucksmöglichkeit in Spiel oder Bild. Kinder haben Angst zu versagen, keine Freunde zu finden, unbeliebt zu sein. Sie fürchten den Verlust der Eltern, haben Angst vor Dunkelheit, vor Gewalt, vor allem vor Unberechenbarkeit, vor Krankheit und Tod, und rivalisieren mit ihren Geschwistern um die Gunst der Eltern. Beim Schulanfang tauchen möglicherweise wieder Erfahrungen aus der frühen Kindheit und der Kindergartenzeit auf: Kann ich das, was von mir verlangt wird? Was wird überhaupt verlangt? Welche Regeln gelten? Wird die Lehrerin mich mögen? Werde ich neue Freunde finden? Werden meine alten Freunde zu mir halten? Wer wird mir helfen, wenn es schief läuft?

Deshalb plädieren wir für das Aufgreifen dieser Gefühle am Schulanfang und für die ganzheitliche Gestaltung dieses Lebensabschnittes. Es geht gleichermaßen um kognitive, soziale, emotionale, musische, motorische, kommunikative Bedürfnisse und Fähigkeiten und darum, die Erlebniswelt der Kinder ernst zu nehmen. Gleichzeitig liegt auch genau hier die Chance, dass Kindergarten und Schule voneinander lernen können.

Aufbau von Kooperation zwischen Kindergarten und Schule

Aufgrund unserer Erfahrungen im Aufbau einer Zusammenarbeit zwischen Kindergarten und Schule möchten wir zusammenfassend einige Gedankensplitter und Anregungen weitergeben, da wir wissen, dass die Notwendigkeit einer Zusammenarbeit wohl oft gesehen, aber nicht so oft realisiert wird oder werden kann.

- Im politischen Rahmen sollten selbstredend beide Ressorts möglichst eng verbunden sein.
- Eine Person oder Gruppe sollte die Kontakte zwischen dem Kindergarten bzw. den Kindergärten und der Schule steuern und sich zuständig fühlen, sie immer wieder zu aktivieren. Unser Alltag ist voll mit immer neuen Anforderungen und Aktivitäten, positive Ansätze versickern, gute Ideen schlafen wieder ein. Wir können uns in Zeiten großer Arbeitsbelastung und knapp zugewiesener Mittel nicht leisten, Anstrengungen verpuffen zu lassen und vergeblich statt nachhaltig gearbeitet zu haben.
- Das bedeutet unseres Erachtens gleichzeitig, dass Schwerpunkte in der Arbeit von Institutionen gesetzt werden müssen. Wir können nicht gleichermaßen alle Anforderungen an die Schule erfüllen. Aber den Akzent auf die Übergänge zu setzen, ist pädagogisch sinnvoll und nach PISA erforderlich.
- Auf Leitungsebene sollten ggf. regelmäßige Treffen stattfinden, um Strukturen zu verbessern, anstehende Aufgaben zu planen und sich auszutauschen. Auch hier sollte für den Informationsfluss in die Kollegien gesorgt werden.
- In jeder Institution sollte es zusätzlich eine Ansprechpartnerin oder Kontaktperson zur anderen Institution geben, möglichst mit dem Auftrag, den Übergang zwischen Kindergarten und Schule inhaltlich zu verbessern. So wie es ein Amt gibt zur Verwaltung und Bestellung der Schulbücher, sollte auch dieses wichtige Amt besetzt und ernst genommen werden. Wichtig erscheint dabei, den Informationsfluss zu gewährleisten, z.B. bei der Tagesordnung der Konferenz oder Dienstbesprechung eine bestimmte Zeit zu reservieren für die Berichterstattung. Hilfreich ist auch ein Platz am »Schwarzen Brett«: Neues aus den Kindergärten (aus der Schule).
- Elternvertreter, die meist Kinder in beiden Institutionen haben oder hatten, sollten an einen Tisch gebracht werden. In unserem Nachbarkindergarten gibt es einmal in der Woche ein Elternkaffee, zu dem auch die Eltern der Schulkinder herzlich eingeladen sind und in dem Eltern gern über die Entwicklung der Kinder in der Schule berichten.
- Persönliches Kennenlernen der Kolleginnen und Kollegen ist wichtig, darum sollten viele Kontaktmöglichkeiten geschaffen werden: Einladungen zu Festen und Aktivitäten wie Ausstellungen, Projektwochen. Gemeinsames Laternelaufen könnte zur festen Tradition werden. Spielplätze können gemeinsam besucht, Ausflüge organisiert werden. Hospitationen sollten immer wieder ermöglicht werden.
- Öffnung von Fortbildungsangeboten für beide Institutionen: Meist sind unterschiedliche Organisationen zuständig und die Fortbildungen liegen zu unterschiedlichen Zeiten. Manchmal reicht es schon, eine Vertreterin des Kindergartens zur schulinternen Fortbildung einzuladen oder ein Fortbildungsprogramm für die Erzieherinnen an die Schule weiterzugeben.
- Es ist hilfreich, sich Gedanken darüber zu machen, wie unsere Erwartungen an die Schulanfänger sind. Eine Gesprächsrunde der zukünftigen Erstklasslehrkräfte, die aus ökonomischen Gründen gut vorbereitet und strukturiert sein sollte und parallel dazu eine Runde der Erzieherinnen, die sich Gedanken darüber macht »Wie bereite ich Kinder auf den Schulanfang vor?« kann viel Klärung bringen, wenn denn eine Austauschmöglichkeit geboten wird. Im besten Fall findet so ein Gespräch und Austausch sogar gemeinsam statt. Wichtig und minimal erforderlich ist in jedem Fall der Informationsaustausch: Eine Lehrkraft berichtet in der Dienstbesprechung der Erzieherinnen über die Ergebnisse der Arbeitsgruppenarbeit und umgekehrt.
- Gemeinsame Beratungsarbeit vor dem Übergang zwischen Kindergarten und Schule sollte aufgebaut werden. Gespräche über Schulanfänger sollten geführt und gemeinsame Vorschläge gesucht werden. Fallgespräche unter Hinzuziehung von Sonderpädagogen, Schulärzten, -psychologen und unterstützenden Institutionen sind wichtig und sinnvoll vor der Einschulung. Kinder mit erhöhtem Förderbedarf sollten schon im Kindergarten nicht nur im Blickfeld sein, sondern ihre Entwicklung sollte auch im Hinblick auf die konkreten schulischen Fördermöglichkeiten mit den Lehrkräften besprochen werden
- Für einige Erstklasslehrkräfte ist es bereits selbstverständlich, die Strukturen, Rituale und Regeln, die im Kindergarten galten, zu übernehmen und weiterzuentwickeln. Am ersten Schultag finden die Kinder das gleiche Symbol an ihrem Garderobenhaken wie im Kindergarten oder die Klassenämter werden wie dort mit Wäscheklammermarkierung gekennzeichnet. So kannten z.B. die Kinder aus einem Kindergarten Angebote für freie Phasen. Mit Signalkarten wurde gekennzeichnet, unter welchen Aufgaben sie wählen konnten. Für den Anfangsunterricht entwickelte die Kollegin diese vertraute Struktur weiter.

Die Kinder aus anderen Kindergärten lernten sie von denen, die dieses System kannten. Nach und nach baute die Kollegin das selbstständige Lernen der Kinder weiter aus.

- In ein fachliches Gespräch miteinander kommt man über die Kinder, aber auch über die Inhalte. Arbeitserleichternd kann es sein, Materialien auszutauschen oder auf dem aufzubauen, was die Kollegin bereits erarbeitet hat. Als die Kinder aus dem Kindergarten ihre Ich-Mappen mit in die Schule brachten, hat eine Kollegin die Ich-Bilder der Kinder auf Pappe kopiert und damit – zusammen mit den Namen der Kinder auf Pappe – ein Riesenmemory hergestellt.
- Für die eigene Arbeit Anerkennung zu finden, ist sowohl in der Schule als auch im Kindergarten leider nicht selbstverständlich, erst recht ist es institutionsübergreifend unüblich. Meist wird miteinander geredet, wenn es Probleme gibt, oder auch übereinander geredet, wenn man unzufrieden ist. Aber dem Kollegen, der Kollegin mitzuteilen, dass man von ihrer Vorarbeit profitiert, dass ihre Einschätzung richtig und hilfreich war, dass das Kind sich gut weiterentwickelt hat oder auch, dass man zur Lösung eines Problems die Hilfe des anderen braucht, ist nicht unbedingt selbstverständlich. Wenn ich damit einfach mal anfange, merke ich, dass plötzlich die Kooperation schon begonnen hat.

6. Was Grundschule ändern kann

Organisation und Rahmenbedingungen

Die Kompetenzunterschiede von Schulanfängern entsprechen Rathenow und Vöge (1982) zufolge dem Pensum von bis zu drei Schuljahren. Zu erwarten, dass alle diese Kinder mit ihren unterschiedlichen Kompetenzen, Interessen und Sozialisationshintergründen zur gleichen Zeit freudig das Gleiche lernen, zeitigt Frustrationen bei den Lehrenden und Fehlentwicklungen bei den Kindern. Zwangsläufig werden bei solch einem Pädagogikverständnis immer einige Kinder über- und andere unterfordert, während Lehrkräfte häufig an ihren beruflichen Kompetenzen zweifeln, wenn ihre pädagogischen Angebote nicht angenommen oder verstanden werden. Das Problem könnte gemildert werden, wenn mehr Lehrkräfte befähigt werden, einen binnendifferenzierenden Unterricht zu realisieren.

In vielen Fällen wird dies nicht genügen. Auch bei einer bestmöglichen Differenzierung sind Entwicklungsrückstände, die dem Lernpensum mehrerer Schul- und Lebensjahre entsprechen, nicht binnen weniger Wochen oder Monate aufzuholen. Darüber hinaus gibt es Problemkonstellationen, welche die Handlungsmöglichkeiten von Grundschullehrerinnen überfordern und oft auch mit schulischen Mitteln alleine nicht behoben werden können. »Children with special needs« heißen in England und in den USA Kinder, die besonderer Unterstützung bedürfen und über »individual education plans« spezielle, auf ihren individuellen Bedarf zugeschnittene Angebote erhalten. Dies ist eine weitaus freundlichere Terminologie als die Rede von »sonderpädagogisch förderbedürftigen« Kindern, die sich leider nicht elegant ins Deutsche übersetzen lässt. Wir meinen damit, dass manche Kinder einer nicht diskriminierenden pädagogischen Unterstützung bedürfen, wobei Probleme wie Entwicklungsrückstände oder schwierige häusliche Lebensbedingungen der Kinder auch nach einer Veränderung struktureller und organisatorischer Bedingungen verlangen, wie etwa nach diesen:

- für Kinder mit Entwicklungsrückständen nicht diskriminierende Formen der Lernzeitverlängerung, z.B. durch längere Verweildauer eines Kindes in einer jahrgangsübergreifenden Lerngruppe;
- Ganztagsunterricht in Regionen, in denen besonders viele Kinder eingeschult werden, die in ihrer schulischen Entwicklung gefährdet sind;
- außerschulische Unterstützungsangebote für Kinder mit schwierigen Lebensbedingungen, u.a. Abstimmung und Vernetzung der Angebote von Jugendhilfe und Schule;
- gestufter Schulanfang: Kinder werden quartalsweise bzw. in Jahresdritteln, zumindest jedoch zu zwei Zeitpunkten im Jahr eingeschult. Die Lehrerin kann zunächst mit einer kleinen Lerngruppe Arbeitstechniken und Gruppenverhalten aufbauen. Für die später hinzukommenden Kinder sind die früher eingeschulten adäquate Modelle;
- (Wieder-)Einführung von Eingangsstufen und Verringerung der Zahl der Übergänge. In den Niederlanden werden die Kinder mit dem vierten Lebensjahr eingeschult und bleiben insgesamt acht Jahre zusammen. In dieser Zeit erleben deutsche Kinder zwei weitere Übergänge (Kindergarten – Grundschule, Grundschule – Orientierungsstufe) und Betreuung durch insgesamt drei Institutionen;
- gut vernetzte, niedrigschwellige Unterstützungsmöglichkeiten für Migrantenkinder und Kinder mit erhöhtem Förderbedarf, die bereits im Kindergarten abrufbar sein müssen, die begleitet und koordiniert werden und deren Nachhaltigkeit und Wirksamkeit überprüft wird.

Pädagogische Akzente

Die Grundschulpädagogik hat in den letzten Jahren und Jahrzehnten enorme Fortschritte in den Fachdidaktiken Deutsch und Mathematik erbracht. Aber so, wie bei dem gegenwärtigen Verständnis der Vorschulpädagogik kognitive Inhalte Gefahr laufen, unterschätzt zu werden und unberücksichtigt zu bleiben, sind es in der Schulpädagogik die emotionalen Prozesse. In gleichem Umfang, wie vor dem Hintergrund der eingangs berichteten Untersuchungsergebnisse im Kindergarten die kognitiven Angebote zu vermehren sind, sind es in der Schulpädagogik emotionale Kompetenzen, soziale Kompetenzen und Fähigkeiten der Selbstorganisation, die es vermehrt zu stärken gilt. Dies lässt sich ableiten aus den Forschungsergebnissen zu der Problematik der »Ökologischen Übergänge« nach Bronfenbrenner (1974, 1977) bzw. aus dem Konzept der »Entwicklungsaufgaben« nach Havighurst (1972).

Jeder Mensch durchläuft in seinem Leben verschiedene Lebensräume, so genannte »Soziale Settings«: Von der Familie in den Kindergarten, vom Kindergarten in die Schule, von der Schule in den Beruf usw. Jedes dieser Settings konfrontiert die Person mit spezifischen Anforderungen, mit »Entwicklungsaufgaben«. Je schlechter eine Person diese Entwicklungsaufgaben bewältigt, desto wahrscheinlicher sind Folgeprobleme in späteren Lebensabschnitten. Den Übergang von einem Setting in

Emotionaler und sozialer Bereich

- Den Vormittag lang die Trennung von der Familie und den vertrauten Bezugspersonen aushalten können;
- akzeptieren und ertragen können, die Zuwendung der Erwachsenen mit 24 anderen Kindern zu teilen;
- Kontakte schließen und Distanz zu anderen Kindern halten können;
- sich auf die Anleitung durch Erwachsene einlassen;
- Konflikte sprachlich regeln.

Sprachlicher Bereich

- Sich sprachlich artikulieren können, zuhören können;
- die Unterrichtssprache verstehen können;
- Anweisungen aufnehmen, behalten und ausführen können.

Leistungsbereich

- Lernfortschritte erzielen;
- Mindestanforderungen zu vorgegebenen Zeitpunkten erfüllen;
- Wettbewerbssituationen bestehen;
- mit Ansprüchen von Eltern und Lehrern umgehen können;
- eigene Leistungsansprüche entwickeln und mit ihnen umgehen;
- Fremdbeurteilungen erfahren und mit ihnen umgehen.

Arbeitstechniken und Selbstorganisation

- Anweisungen aufnehmen und behalten können;
- vorgegebene oder selbst gewählte Aufgaben planvoll bearbeiten und zu Ende führen;
- das Arbeitsergebnis mit dem angestrebten Ziel vergleichen und ggf. korrigieren können;
- sich Ergebnisse erarbeiten können, d.h. Anstrengung und Energie auch dann aufwenden, wenn das gewünschte Resultat sich nicht augenblicklich einstellt;
- pünktlich sein;
- Tätigkeiten ausführen, die nicht primär motivieren;
- Frustrationen bei der schulischen Arbeit ertragen können;
- aktuelle Bedürfnisse zugunsten der Arbeitstätigkeiten aufschieben können, z.B. Kommunikations- und Bewegungsbedürfnis;
- rasch von einer Tätigkeit zur anderen umschalten können;
- sich in einer mehr oder weniger geräuschvollen Umgebung konzentrieren können;
- die richtigen Arbeitsmittel mitbringen, und mit den Arbeitsmitteln sachgerecht umgehen können;
- 4 x 45 Minuten konzentriert und häufig sitzend mitarbeiten können;
- Aufgaben und Beschäftigungen selbst wählen können;
- sich die gegebene Zeit richtig einteilen können.

ein anderes nennt Bronfenbrenner einen »Ökologischen Übergang«, der immer latent krisenhaft ist. Wechselt eine Person ein Setting, muss sie erst erfahren, welche neuen Verhaltensmuster von ihr erwartet werden. Stellt sich die Person nicht darauf ein, kommt es zum Scheitern oder (zumindest) zur Randständigkeit.

- Der Schuleintritt ist unter allen ökologischen Übergängen besonders kritisch.
- Die Schule ist für Kinder ein neuer, bis dahin nicht erfahrener Lebensraum; sie verlangt von Kindern Verhaltensmuster, die sie in ihren bisherigen Lebensräumen nicht oder in weitaus geringerem Maße erbringen mussten.
- Der Schulbesuch ist verpflichtend; ein Kind, welches den Anforderungen nicht genügt, hat keine Möglichkeit, diese Anforderungen zu vermeiden.
- Erfolg und Scheitern in der Schule sind schicksalsentscheidend, denn noch immer ist die Schule auch ein Berechtigungssystem. Ein anerkannter Schulabschluss ist zwar keine Garantie für Lebensqualität; umgekehrt aber ist mit einem unzulänglichen Abschluss ein Leben in sozialer Randständigkeit so gut wie vorprogrammiert. Und nicht selten ein Verharren im Teufelskreis von Armut und Inkompetenz.

Die Entwicklungsanforderungen beim Schuleintritt können differieren, je nachdem, ob der Unterricht

- eher lehrerzentriert ist oder eher geöffnet,
- eher formal oder eher bedürfnisorientiert, bzw.
- die Lerngruppe homogen oder heterogen ist.

Aber wie auch immer der Unterricht gestaltet sein mag: Für die Kinder ist schulisches Lernen immer Lernen in einer Lerngruppe, und zum schulischen Lernen gehört auch, dass Kinder Anstrengungen erbringen müssen, um sich das von der Gesellschaft geforderte Wissen und Können aneignen zu können.

Vermutlich machen wir uns nur selten klar, welch bedeutsamer Einschnitt der Schuleintritt ist und was alles zu dem Zeitpunkt an Kompetenzen von einem Kind erwartet wird. Die Übersicht oben auf dieser Seite enthält (in Anlehnung an Oerter 1987) eine Aufzählung schulischer Entwicklungsaufgaben, wobei mit einigem Nachdenken sicher noch weitere gefunden werden könnten.

Den Kindern fällt der ökologische Übergang »Schuleintritt« unterschiedlich leicht.

- Im Allgemeinen sind die Kinder bei dem ökologischen Übergang Schuleintritt am erfolgreichsten, deren vorschulische Sozialisationsbedingungen auf das Setting »Schule« hinweisen. Dazu gehört der intellektuelle Anregungsgehalt des häuslichen Milieus; dazu gehört das elterliche Vorbild, lebenslang zu lernen. Dazu gehören auch Regelbewusstsein, Verbindlichkeit und Ordnungsformen in der Familie.
- Am schwersten haben es die Kinder, welche in bildungsfernen und anregungsarmen Verhältnissen heranwachsen und womöglich auch nie einen Kindergarten besucht haben; die in Verhältnissen heranwachsen, welche den Kindern ganz andere Verhaltensmuster aufnötigen und abverlangen, als die Schule sie fordert.

Leitfaden zur Gestaltung von Angeboten für heterogene Lerngruppen

- Kann jedes Kind bei dieser Aufgabe eine Lösung finden?
- Werden verschiedene Lösungsmöglichkeiten zugelassen?
- Gibt es reale Situationen, die bewältigt werden müssen?
- Wird handelnd mit Dingen umgegangen, gibt es etwas zu entdecken, zu gestalten?
- Können die Kinder individuelle Interessen entdecken, bzw. sie weiterentwickeln?
- Gibt es Platz für selbst formulierte Ziele der Kinder?
- Können Kinder auf ihre Vorerfahrungen, ihre Herkunft, ihr Mitgebrachtes stolz sein?
- Haben die Kinder Gelegenheit, sich und ihr Wissen, ihre Fortschritte und Lernwege zu präsentieren und zu dokumentieren?
- Erfährt das Kind, was es dazugelernt hat?
- Ist die Möglichkeit, Misserfolg zu haben, bei dieser Aufgabe gering?
- Erlebt das Kind sich bei dieser Aufgabe als selbstständig und verantwortlich?
- Ist die Aufgabe so gestaltet, dass sie auch für Kinder, die langsam lernen und schwerer Zugang finden, Erfolgserlebnisse bringt?
- Ist die Aufgabe eine Herausforderung für schneller lernende Kinder mit guter Auffassungsgabe?
- Sind die Arbeitstechniken, die für diese Aufgabe erforderlich sind, dem Kind bekannt und mit ihm eingeübt?
- Hat das Kind genügend Zeit für die Aufgabe, so viel Zeit, wie es braucht?
- Erfährt das Kind, dass Fehler zum Lernprozess gehören und wie man aus Fehlern lernt?
- Entsteht ein »Werk«, das wertgeschätzt wird und welches das Lernergebnis widerspiegelt?
- Ist Platz für Bewegungsfreude, eigene Ideen, Spaß, Miteinander?
- Können Kinder mit geringen Deutschkenntnissen oder aus wenig förderlichem Milieu mit dieser Aufgabe etwas anfangen?
- Können Kinder aus anderen Kulturkreisen ihre Erfahrungen oder Lebenswelt mit einbringen?
- Hat die Aufgabe etwas mit der Lebens- und Erlebniswelt der Kinder zu tun?
- Bietet die Aufgabe Kontaktmöglichkeiten zu anderen Kindern?
- Fordert sie zur Kommunikation, zu Absprachen, zum Miteinander auf?
- Lernt das Kind mit dieser Aufgabe, sich zwischen verschiedenen Angeboten zu entscheiden?
- Gibt es bei dieser Aufgabe Hilfsmittel, Hilfsmöglichkeiten und kennt das Kind sie?
- Was kann das Kind tun, wenn es sich auf diese Aufgabe nicht konzentrieren kann, sich gestört fühlt oder selbst andere stört?

Um Schwierigkeiten vorzubeugen ist Grundschulpädagogik gut beraten, nicht von vorneherein »schulfähige« Kinder zu erwarten, sondern Schulfähigkeit als ein Kompetenzspektrum anzusehen, welches es im Verlauf der ersten Schuljahre sukzessiv zu entwickeln gilt.

Konsequenzen für den Anfangsunterricht

»Das lern ich doch erst noch!«, sagt Sascha schon ziemlich verzweifelt, als er am dritten Schultag schon wieder seinen Namen auf ein Arbeitsblatt schreiben soll, es aber noch nicht kann und es auch in diesen drei Tagen keine Hilfestellung gab, es in Schule oder Elternhaus zu lernen.

Den Kindern die Möglichkeit zu geben, sich individuell weiterzuentwickeln, ist sicherlich gleichermaßen Ziel von Kindergarten und Schule, scheint aber im Kindergarten weitaus besser zu gelingen. Lernen ist ein lebenslanger Prozess. Fehler zu machen, etwas nicht zu können, Probleme zu haben ist ein natürlicher Bestandteil dieses Prozesses, kein unliebsamer Störfaktor, der den reibungslosen Ablauf behindert. Zumindest sollten Fehler nicht als solch ein Störfaktor begriffen werden.

Auch wenn die Kinder die Institution wechseln, bleiben sie dieselben Persönlichkeiten. Ihre Psyche ist darauf angelegt, sich kontinuierlich weiterzuentwickeln. Dies gelingt umso besser, je weniger die Kinder den Wechsel vom Kindergarten in die Schule als einen Bruch erleben. Gewiss, die Kinder wissen und wollen, dass ein neuer Lebensabschnitt beginnt. Sie wollen sich neuen Herausforderungen stellen. Dennoch können wir nicht erwarten, dass einem Kind das alles auf einmal gelingt: Es lernt langsam die neuen Bedingungen, Anforderungen, Regeln, Lebensumstände kennen und wenn wir ihm dazu Gelegenheit geben, kann es sich mit seinem derzeitigen Entwicklungsstand wohl fühlen und weiter wachsen. Die Lernfreude wird weiterentwickelt und das Noch-Nicht-Können ist eine Entwicklungschance, und wenn Kinder erleben, dass sie darin unterstützt werden, vom NICHT-Können zum Können voranzuschreiten, stabilisiert dies die Lernmotivation. Diese Sichtweise nicht nur in Aus-, Fort- und Weiterbildung und in Elterngesprächen zu thematisieren, sondern sie sich auch tagtäglich zu Eigen zu machen, ist eine wichtige Aufgabe im Übergang zwischen Kindergarten und Schule.

Lehrkräfte und natürlich auch Erzieherinnen außerdem in den Stand zu versetzen, ihre Methodenkompetenz zu erweitern, erscheint angesichts der Untersuchung von Brügelmann (1997) wichtiger denn je. Dabei geht es vorrangig darum, sich nicht auf das Engagement einzelner Personen zu verlassen, sondern neue Methoden für Unterricht und für die Arbeit in Kindergruppen systematisch zu vermitteln, zu üben und zu festigen. Das Wissen um die Notwendigkeit von Individualisierung und Binnendifferenzierung ist sicherlich größer als die

Fähigkeit zur Umsetzung. Werkstatt- und Projektarbeit zu lernen, selbstständiges Lernen von Kindern zu organisieren, die eigene Lehrerrolle zu finden oder zu verändern, muss wichtiger Bestandteil in Aus- und Fortbildung werden. Als erfolgreiches innovatives Projekt in diesem Sinne hat sich bereits das Modell »Schule und Co« aus Nordrhein-Westfalen etabliert, das Schulentwicklung, Teamentwicklung und Unterrichtsentwicklung in einen engen Zusammenhang bringt und zu verbindlicher, systematischer und nachhaltiger Veränderung verpflichtet.

Kinder brauchen möglichst frühzeitig Erfahrungen im Umgang mit der Welt, mit Menschen, mit Regeln, mit Sprache, Symbolen, Zeichen. Je weniger die Kinder diese Erfahrungen im Elternhaus gemacht haben, umso mehr müssen sie diese in Kindergarten und Schule sammeln dürfen. Viele geschlossene Lehrgänge in Deutsch und Mathematik für den Schulanfang lassen wenig Spielraum für das Nachholen von Erfahrungen. Sollen »Binnendifferenzierung« und »Individualisierung« nicht nur Schlagworte bleiben, gilt es Aufgabenstellungen für die Kinder zu entwickeln, die die unterschiedlichen Entwicklungsstände berücksichtigen. Der Leitfaden auf der Seite 27 mag Anregungen geben, Angebote für heterogene Lerngruppen so zu gestalten, dass Kinder trotz unterschiedlicher Voraussetzungen eine faire Lernchance erhalten.

7. Kein Rollback zum Schulreifekonzept!

Vor etwa vier Jahrzehnten beherrschte das so genannte »Schulreifekonzept« die pädagogische Diskussion. Es wurde davon ausgegangen, dass Kinder über ein bestimmtes Repertoire an Fähigkeiten verfügen müssen, um in der Schule erfolgreich zu sein. Es wurden »Schulreifetests« entwickelt, mit denen diese Fähigkeiten bei den Schulanfängern abgeprüft wurden, und nicht selten kam es vor, dass die erste Begegnung eines Kindes mit der Schule in der Bearbeitung des Schulreifetests bestand. Eltern und Kinder sahen dem Schulbeginn mit der bangen Erwartung entgegen, ob das Kind den Schulreifetest auch bestehen würde. Für viele stand mit dem Bestehen oder Nichtbestehen das Familienprestige auf dem Spiel. Entsprechend hoch war der Druck, der schon am ersten Schultag auf manchen Kindern lastete. Wurde ein Kind als »nicht schulreif« eingestuft, bestanden die Konsequenzen zunächst darin, das Kind um ein Jahr zurückzustellen, um es »nachreifen« zu lassen. Später wurden Schulkindergarten bzw. Vorklassen eingerichtet, um diese Kinder in der Schule an die Anforderungen des Erstunterrichts heranzuführen.

Das Schulreifekonzept wurde in den folgenden Jahren aufgegeben, weil es sich nicht bewährt hatte – und nicht etwa, weil die Einseitigkeit des pädagogischen Ansatzes erkannt worden wäre:

- Die Schulreifeuntersuchungen waren so unzuverlässig, dass sie zum einen dazu führten, dass Kinder zu Unrecht zurückgestellt wurden, zum anderen, dass trotzdem eine große Zahl von Kindern die Anforderungen des ersten Schuljahres nicht bewältigten.
- Zurückstellen ist keine Lösung des Problems. Biologische Reifung führt nicht dazu, dass Kinder die Anforderungen der Grundschule besser bewältigen. Und ein Verweilen im selben anregungsarmen Setting ebenso wenig.

An diese Erfahrungen sei erinnert, da es als Reaktion auf die PISA-Ergebnisse auch Bestrebungen gibt, das Schulreifekonzept wieder zu beleben.

Einseitig ist das Schulreifekonzept, weil es die »Schuld« an einem möglichen Versagen in der Schule ausschließlich dem Kind zuschreibt, statt zu analysieren, inwieweit die schulischen Angebote kindgemäß sind und den individuellen Bedarf der Kinder gerecht werden. Wir haben aufgezeigt, was Eltern tun können und was in Kindergärten geschehen kann, um Kinder bestmöglich auf die Schule vorzubereiten. Es liegt aber auch an der Schule, sich zu vergegenwärtigen und zu vergewissern, welche Angebote die Kinder benötigen, statt auf pädagogischen Fiktionen und Leitvorstellungen zu beharren, die in vielen Bereichen sicher nicht mehr übereinstimmen mit der vorgefundenen Realität.

8. Literaturverzeichnis

Artelt, C./Baumert, J. u.a.: PISA 2000 – Ein differenzierter Blick auf die Länder der Bundesrepublik Deutschland: Zusammenfassung zentraler Befunde. Max-Planck-Institut für Bildungsforschung, Berlin 2003, S. 37. www.mpib-berlin.mpg.de/de/publikationen/neuerscheinungen.htm

Bairrao, J./Tietze, W.: Early childhood services in the European Community. Recommendations for Progress. A report submitted to: Commission of the European Community. Task Force Human Ressources 1993. Zit. nach: Hacker, H.: Vom Kindergarten zur Grundschule. Theorie und Praxis eines kindgerechten Übergangs. Klinkhardt, Bad Heilbrunn 1998.

Bronfenbrenner, U.: Wie wirksam ist kompensatorische Erziehung? Klett, Stuttgart 1974.

Bronfenbrenner, U.: Ansätze zu einer experimentellen Ökologie menschlicher Entwicklung. In: Oerter, R. (Hrsg.): Entwicklung als lebenslanger Prozess. Hoffmann und Campe, Hamburg 1977, S. 33–65.

Brügelmann, H.: 25 Jahre »Öffnung des Unterrichts«: eine Zwischenbilanz. In: Die Grundschulzeitschrift Nr. 105, 1997, S. 8–11.

Deutsches Pisa-Konsortium: PISA 2000. Basiskompetenzen von Schülerinnen und Schülern im internationalen Vergleich. Leske u. Budrich, Opladen 2001.

Elschenbroich, D.: Wissensfreie Kindheit. Bildungspolitik macht einen Bogen um die frühen Jahre. In: Frankfurter Allgemeine Zeitung, 26.11.1997, S. 9–10.

Elschenbroich, D.: Weltwissen der Siebenjährigen. Wie Kinder die Welt entdecken können. Kunstmann, München 2001.

Havighurst, R.J.: Developmental tasks and education, 3. Longman, New York 1972.

Helmke, A.: Das Stereotyp des schlechten Schülers: Ergebnisse aus dem SCHOLASTIK-Projekt. In: Weinert, F.E./Helmke, A. (Hrsg.): Entwicklung im Grundschulalter. Beltz, Weinheim 1997, S. 269–279.

Jansen, H./Mannhaupt, G./Marx, H./Skowronek, H.: Bielefelder Screening zur Früherkennung von Lese- und Rechtschreibschwierigkeiten (BISC). Hogrefe, Göttingen 1999.

Kiefl, W./Pettinger, H.: Ich könnte alleine für mein Kind nicht so viel machen ... Integrationshilfe HIPPY. Ein vorschulisches Förderprogramm für kleine Aussiedler und deren Familien. Juventa, München 1997.

Küspert, P./Schneider, W. (Hrsg.): Hören, Lauschen, Lernen. Sprachspiele für Kinder im Vorschulalter. Vandenhoeck u. Ruprecht, Göttingen 1999.

Laewen, H.-J.: Zum Bildungsauftrag von Kindertageseinrichtungen. Vortrag, gehalten auf der Fachtagung »Auf dem Weg zu einem Bildungsauftrag von Kindertageseinrichtungen«. Potsdam 1998, S. 6. Auch zum PDF-Download unter: www.brandenburg.de/sixcms/media.php/1231/tagungsdokumentation_1998.pdf

Martschinke, S./Kirchhock, E.-M./Frank, A.: Diagnose und Förderung im Schriftspracherwerb. Bd. 1: Der Rundgang durch Hörhausen. Auer, Donauwörth 2001a.

Martschinke, S./Forster, M.: Diagnose und Förderung im Schriftspracherwerb. Bd. 2: Leichter lesen und schreiben lernen mit der Hexe Susi. Auer, Donauwörth, 2001b.

Mason, J.M./McCormick, C.: Testing the development of reading and linguistic awareness. Center for the Study of Reading, Technical reports Nr. 224, 1979.

Oerter, R.: Der ökologische Ansatz. In: Oerter, R./ Montada, L. (Hrsg.): Entwicklungspsychologie. Psychologie Verlags Union, München/Weinheim ^{5}2002, S. 87–130.

Rathenow, P./Vöge, J.: Erkennen und Fördern von Schülern mit Lese-/Rechtschreibschwierigkeiten. Westermann, Braunschweig 1982.

Weinert, F.E./Helmke, A. (Hrsg.): Entwicklung im Grundschulalter. Beltz, Weinheim 1997.

Weinert, F.E./Helmke, A.: Theoretischer Ertrag und praktischer Nutzen der SCHOLASTIK-Studie. In: Weinert, F.E./Helmke, A. (Hrsg.): Entwicklung im Grundschulalter. Beltz, Weinheim 1997, S. 459–474.

Weinert, F.E./Stefanek, J.: Entwicklung vor, während und nach der Grundschulzeit: Ergebnisse aus dem SCHOLASTIK-Projekt. In: Weinert, F.E./Helmke, A. (Hrsg.): Entwicklung im Grundschulalter. Beltz, Weinheim 1997, S. 423–451.

Wells, C.G./Raban, B.: Children learning to read. Final report to Social Science Research Council. Bristol 1978.

Wells, G.: Vorleser: Eltern, Lehrer, Kinder. In: Balhorn, H./Brügelmann, H. (Hrsg.): Welten der Schrift in der Erfahrung der Kinder. Faude, Konstanz 1987, S. 28–31.

Yates, D.: Family Literacy. Lernen in der Familie: Intervention und Prävention. In: Alfa-Forum, Zeitschrift für Alphabetisierung und Grundbildung, Heft Nr. 47, 2001, S. 26–29.

Zimmer, J.: Der Situationsansatz als Bezugsrahmen der Kindergartenreform. In: Enzyklopädie Erziehungswissenschaft – Erziehung in der frühen Kindheit, 6. Klett, Stuttgart 1986, S. 22.

I

Letztes Kindergartenjahr

Eva und Billi kommen bald in die Schule

Projektmaterialien zur Vorbereitung der Einschulung im letzten Kindergartenjahr

1. Bärenbriefe aus dem Waldkindergarten
2. Karteikarten mit Anregungen, Ideen und methodischen Hinweisen zu den Kopiervorlagen

1. Bärenbriefe aus dem Waldkindergarten

Leichter vom Kindergarten in die Grundschule

Der Schritt vom Kindergarten in die Schule ist mindestens so groß wie der vom Elternhaus in den Kindergarten. Er wird von den Kindern und auch den Eltern meistens sogar noch als bedeutender erlebt und damit bewusster wahrgenommen. Dabei finden die Gefühle von Kindern oft zu wenig Beachtung. Eine Mutter, selbst Pädagogin, äußerte einmal nach einer Einschulungsfeier: »Ich bin oft zu Tränen gerührt, wenn ich sehe, mit wie viel Vorfreude, Elan und Begeisterung die Kinder an den ersten Tagen in die Schule gehen. Aber für einige Kinder kehrt sich die Gefühlslage bald ins Gegenteil um. Sie sind manchmal wie niedergeschmettert, weil sie erfahren, dass sie nicht so schnell lernen wie die anderen, dass sie etwas nicht können und sich schämen, dass sie die herrschenden Regeln nicht kennen, dass sie sich fremd fühlen, dass ihre Erwartungen nicht erfüllt werden. Viele Kinder, aber auch Eltern, haben kaum eine konkrete Vorstellung davon, was auf sie in der Schule zukommt.«

Eine engere Zusammenarbeit von Kindergarten und Schule kann bildungspolitisch gewünscht, geplant und angebahnt werden, die eigentliche Umsetzung aber beginnt vor Ort: Beide Institutionen begeben sich auf einen Weg der Kooperation. Diese Zusammenarbeit ist (noch) nicht selbstverständlich und oft mit Schwierigkeiten verbunden.

Anregungen und Ideen für die Anbahnung der Zusammenarbeit finden Sie in den »Theoretischen Grundlagen« (»5. Eine stärkere Abstimmung ...«). Daneben erscheint uns wichtig, Formen der inhaltlichen Zusammenarbeit zu finden. Wir sehen das als große Chance, voneinander zu lernen, zu profitieren und einander die Arbeit zu erleichtern.

Diese inhaltliche Zusammenarbeit kann ermöglicht und unterstützt werden z.B. durch ein institutionsübergreifendes Unterrichtsprojekt. Mit unserem Projekt »Eva und Billi kommen in die Schule« versuchen wir, eine Grundlage für die Zusammenarbeit herzustellen: Mit den Schulanfängern wird bereits im Kindergarten der Schulbesuch vorbereitet. Behilflich sind dabei die Bärenbriefe, die die Tierkinder aus dem Waldkindergarten schreiben. Sie erzählen von dem, was sie schon können, was sie in der Schule lernen wollen, von ihren Freundschaften und von den Ansprüchen der Erwachsenen, von den Regeln, die in Kindergarten und Schule gelten, vom Fehlermachen- und Lernen-dürfen. Die Kinder können sich und ihre eigenen Gedanken und vor allem Gefühle wiederfinden, können Aufgaben lösen, sich, andere Kinder und ihr Umfeld bewusster wahrnehmen, sich mit der eigenen Erwartungshaltung auseinander setzen. Die Geschichte von den Tierkindern, besonders aber von den Bärenkindern Eva und Billi, begleitet die Kinder durch die letzte Kindergartenphase – möglicherweise sogar in den Ferien – und taucht dann wieder zu Beginn der Schulzeit auf und zieht sich gleichsam wie ein roter Faden durch die Zeit des Schulanfangs. Eine Kindertherapeutin, die in mehreren Grundschulklassen hospitiert hatte, erläuterte uns ihre Eindrücke und gab uns einen wichtigen Impuls: »Ich habe viel kindgemäßes, fröhliches, lustvolles Lernen gesehen. Aber mir fiel in fast allen Klassen auf, dass an einem Unterrichtsvormittag an immer wieder neuen Themen und Inhalten gearbeitet wird. Von den Fibelfiguren über die Mathematikplättchen, vom Windmühlen basteln zum Baumlied, ... Igel malen, Regeln lernen ... haben die Kinder eine Fülle von Inhalten, z.T. mit hohem emotionalem Gehalt erlebt. Aber viele Kinder konnten keinen Inhalt richtig für sich beenden, das innere Bild nicht abrunden. Die Zeit reichte nicht. Manche Kinder hatten sich gerade auf eine Arbeit eingelassen, waren ›drin‹, ... da kam die nächste Aufgabe, die nächste, oft ganz tolle und meist liebevoll gestaltete Unterrichtsidee. Nicht beendete Arbeiten sammelten sich an und die Kinder erlebten nichts Ganzes und nichts ihrem Tempo gemäßes.«

Die Arbeit an fächerübergreifenden Themen, mit emotionalen und sozialen Schwerpunkten, mit individuellen Angeboten und Arbeitsformen kommt am ehesten den Bedürfnissen der Schulanfänger entgegen. Ansätze dafür sind in der Kindergartenarbeit oft zu finden, sie können in der Schule aufgenommen und weiter ausgebaut werden. Unserer Erfahrung nach kann die Schule vom Kindergarten im Bereich Projektarbeit viel lernen, zumal die Erzieherinnen über eine Fülle von Erfahrungen im Umgang mit heterogenen Gruppen und Angebotsstrukturen verfügen. Unser Bärenprojekt ist nur einer von vielen möglichen Anknüpfungspunkten. In einer unserer Fortbildungsgruppen »Schulanfang« z.B. kamen die meisten Ideen zum Projektthema »Ich« auch aus der Kindergartenarbeit.

Wir haben die Idee des Einstiegs in die Einschulungsphase durch Bärenbriefe, die die Kindergartenkinder von den Tierkindern bekommen, ausgearbeitet, im folgenden Kapitel sind sie zu finden. In Kapitel I.2 gibt es dazu für die Erzieherin in Karteikartenform (AK) passende Anregungen, die eine Art »Mini-Basisförderprogramm« bieten. Wir haben bewusst davon Abstand genommen, ein dediziertes, umfassendes Trainings- oder Förderprogramm zu entwickeln, das abgearbeitet werden soll. Wichtiger war es uns, Raum zu lassen für individuelle Ideen der Pädagoginnen und der Kinder, für offenes Arbeiten. Wir sehen die Anregungen für

Spiele, Aktivitäten und Arbeitsaufträge immer auch als Beobachtungsaufgaben, die uns wichtige Aufschlüsse darüber geben, welche Angebote jedes Kind für seine Weiterentwicklung braucht.

Neben den von uns als Basisprogramm vorgeschlagenen Karteikarten gibt es im Kapitel III. Unterrichtsmaterialien für die ersten Schulwochen. Dieser Teil besteht aus Kopiervorlagen (GS KV) und den Arbeitsanregungen dazu in Karteikartenform (GS AK). Auch wenn er primär für die Gestaltung des Unterrichts in den ersten Schultagen und Wochen gedacht ist, so eignet sich die eine oder andere ausgewählte Kopiervorlage auch für die Kindergartenarbeit. Allerdings warnen wir davor, das Paket schon einmal übungshalber vorzuarbeiten, um die Kinder »fit« zu machen. Wichtiger ist uns die ausführliche Arbeit an den Grundfähigkeiten und -fertigkeiten aus Kapitel I.

Das Basisprogramm aus dem Kindergartenteil soll ergänzt werden durch die umfängliche Arbeitskartei, die im Kapitel IV zu finden ist und die von Lehrkräften und Erzieherinnen gleichermaßen genutzt werden kann als eine Art offener »Ideenpool«. Wir erleben zwar die Sorge von Lehrkräften, dass im Kindergarten Inhalte vorweggenommen werden und die Kinder sich dann in der Schule langweilen könnten, wenn sie das Gleiche noch einmal bearbeiten sollen. Nach unserer Erfahrung zeigte sich dieses Problem in der praktischen Arbeit nicht. Die Kinder sagten zwar ggf.: »Das kenne ich schon aus dem Kindergarten!« Aber sie waren auch froh darüber, dass Bekanntes und Vertrautes wieder auftauchte, dass sie Lieder, Spiele, Gedichte schon kannten.

Im besten Falle findet eine Absprache zwischen Erzieherin und Grundschullehrkraft statt, wann wer welche Inhalte bearbeitet.

Zum Schulanfang am ersten Schultag (oder vor den Ferien, für die Hand der Eltern) gibt es dann eine umfängliche Bärengeschichte. In ihr geht es darum, wie Eva, Billi und die anderen Kinder aus dem Waldkindergarten den Tag vor der Einschulung und den ersten Schultag erleben. Sie ist in Kapitel II.1: »Eva und Billi kommen in die Schule – Eine Bärengeschichte für den Schulanfang« zu finden. Dazu gibt es auch eine türkische Übersetzung. Auch für den Umgang mit der Geschichte ist eine Absprache sinnvoll, wer sie wann nutzt.

Zur praktischen Handhabung

Um die Kinder, die nach den Sommerferien eingeschult werden, auf den Schulanfang vorzubereiten, kann die Erzieherin mithilfe der Bärenbriefe die Einschulung zum Thema machen. In jedem der sechs Briefe werden unterschiedliche Akzente gesetzt, werden Themen angesprochen, die charakteristisch sind für die Freuden und Sorgen beim Schulbeginn der Kinder. Die Briefe sind exemplarisch zu sehen: Wir empfehlen, sie so zu bearbeiten, dass sie direkt auf die Bedürfnisse der jeweiligen Kindergruppe zugeschnitten sind. Wir haben die Briefe auch nicht grafisch gestaltet: Unserer Erfahrung nach haben die Erzieherinnen dazu bessere Ideen als wir und brauchen keine Anregungen.

Es empfiehlt sich, den zukünftigen Schulanfängern einmal pro Woche einen Bärenbrief zuschicken zu lassen und zwischendurch die Arbeitsanregungen (s. Kiga AK) aufzugreifen. Mit netten Briefträgern kann man Absprachen treffen, damit die Überraschung und Spannung auch groß ist. Das Warten auf den Briefträger oder das gemeinsame Aufschließen des Briefkastens, der Weg zur Post, um eigene Briefe zu verschicken, kann Teil des gemeinsamen Rituals sein. Die Adresse des Waldkindergartens sollte dann in eine real existierende geändert werden.

Es sollte sich ein reger Briefwechsel mit den Kindern des Waldkindergartens ergeben, bei dem die Kinder der Erzieherin diktieren oder sich selbst an den Briefen versuchen. Bärenbriefe und Antworten können mit Bildern aus den Kopiervorlagen in Kapitel III (GS KV) gestaltet werden.

Mögliche Aufgaben und Themen

1. Bärenbrief: Schreiben oder Schrift als Mitteilung; was ich schon alles kann; was wir in der Schule lernen können; Vor- und Nachnamen; Adresse; was kann ich tun, wenn ich mich verlaufen habe; Geburtstag kennen; Namenwort wiedererkennen; mit Namen spielen; Schleife binden; runde und eckige Formen erkennen; ...

2. Bärenbrief: Spiellied; Bewegung; Namen wiedererkennen (im Brief gekennzeichnet); Umgang mit Tuschfarben; Farben mischen; Farben, Formen, Mengen; zuhören können; Entspannung; Umgang mit Streit; Kritik; Zusammenhalten von Freunden; ...

3. Bärenbrief: Bewegung: rechts – links, Gleichgewicht, Raumorientierung; Zahlen und Mengen; Bärentanz; Schmusevers; Umgang mit Freunden; Freundebilder; ich und mein Kuscheltier; ...

4. Bärenbrief: Bärenfrühstück; der Buchstabe »B«; Wochentage; Tanzlied; was ich in der Schule brauche: Schulsachen; Oberbegriffe: Spielsachen, Schulsachen; Umgang mit Aggressionen; ...

5. Bärenbrief: Bewegung; optische und akustische Signale; was die Hände alles können; Gedankenspaziergang; Umgang mit Angst; Collage: Raumlage, Gedächtnis, Mengen; ...

6. Bärenbrief: Sich vertragen; mehr – weniger; Bonbonnamen; was wir schon können – was wir noch lernen; was ich besonders gut kann – was ich noch nicht so gut kann; welche Buchstaben, Zahlen ich schon kenne; Gesichtsausdrücke: Gefühle zeigen; ...

Billi Bär
Kindergarten im Bärenwald
Waldstr. 2

Liebe Kinder,

heute hat unsere Kindergärtnerin Fräulein Bambi uns erzählt, dass die Menschenkinder auch in den Kindergarten gehen und dort spielen und lernen, genau wie wir. Und genau wie wir kommen sie danach in die Schule, um dort das Lesen, Schreiben und Rechnen zu lernen. Da war ich aber erstaunt. Ich dachte nämlich, nur wir Bären wären so schlau, dass wir alles lernen können, was wir wollen: tanzen, rennen, brummen, lesen, schreiben, rechnen. Nun bin ich ganz neugierig darauf zu erfahren, was ihr so alles gelernt habt und noch lernen werdet, bevor ihr in die Schule kommt.
Es wäre toll, wenn ihr uns einmal im Bärenkindergarten besuchen könntet. Damit ihr euch vorstellen könnt, wie es bei uns ist, müsst ihr eure Augen schließen. Könnt ihr das schon? Ihr könnt auch die Hände vor die Augen halten. Dann stellt euch vor, ihr geht über eine große Wiese. Hinter der Wiese liegt ein dunkler Wald. Keine Angst, ihr könnt euch nicht verlaufen, ich kenne mich aus. Am Ende des Waldes ist wieder eine Wiese, dort blühen viele bunte Blumen. Auf der Wiese stehen zwei große Bäume, in einem davon wohnen zwei Eulen. Und zwischen den Bäumen steht unser Kindergarten. Er hat ein rotes Dach, eine blaue Tür und grüne Fensterrahmen. Alle Tierkinder spielen auf der Wiese.
Nun könnt ihr eure Augen wieder öffnen. Wer weiß noch, wie es bei uns aussieht? Malt oder klebt doch einmal ein Bild!
Ich jedenfalls kann mich schon ganz allein an- und ausziehen. Nur bei der Schleife muss mir meine Zwillingsschwester Eva noch helfen. Zuhause übe ich sie mit Mama. Aber meine Bärenfinger sind so dick. Könnt ihr schon eine Schleife binden?
Wisst ihr, was ich noch weiß? Ich weiß meinen Namen, meine Adresse, meinen Geburtstag. Das hat die alte Eule mit mir geübt. Sie sagt immer: »Jeder muss wissen, wie er heißt, wo er wohnt und wann er geboren ist.« Ich hatte mich schon einmal im Wald verlaufen, und als der alte Wolf mich fand und mich fragte, wo ich wohne, wusste ich nur: »Bei den zwei dicken Tannen!« Das hat lange gedauert, bis er unsere Wohnung gefunden hat, denn in unserem Wald gibt es ganz viele dicke Tannen. Und geweint habe ich, weil ich Angst hatte, dass ich mein Zuhause nie wieder finde. Das passiert mir nicht noch einmal!
Also: Ich heiße Billi Theodor Bär. Ich wohne im Bärenhaus 2. Meine Stadt heißt Bärenwaldstadt. Und ich bin geboren am 6. Mai 1997.
Weißt du das auch alles von dir? Wenn nicht, dann frage Mama und Papa, Oma und Opa, Schwestern und Brüdern immer wieder Löcher in den Bauch. Es ist wichtig!
Heute haben wir alles gesammelt, was rund ist und alles, was eckig ist. Auf einem runden Tisch lagen Bälle, Murmeln, runde Deckel, Tassen, und ... Auf einem eckigen Tisch lagen ein Buch, ein Bauklotz, ein Blatt Papier ... Das hat uns Spaß gemacht.
Bald möchte ich euch wieder einmal schreiben. (Eigentlich schreibt Fräulein Bambi alles für mich auf, sie ist sozusagen meine Sekretärin.) Ich werde euch erzählen, wie es hier im Waldkindergarten so ist, und wie wir uns auf die Schule vorbereiten.

Vielleicht schreibt ihr mir auch einmal?

Euer Billi Bär

Billi Bär
Kindergarten im Bärenwald
Waldstr. 2

Liebe Kinder,

heute habe ich mich mit allen meinen Freunden verkracht: FIDI FUCHS hat gesagt, ich sei ein Trottelbär. Und LILI EICHHORN hat mich vor allen Kindern und der Kindergärtnerin FRÄULEIN BAMBI ausgelacht. Sogar meine Zwillingsschwester EVA BÄR hat mitgelacht. Ich will nie wieder etwas mit diesen gemeinen Typen zu tun haben. Und zu meinem Geburtstag lade ich sie auch nicht ein ... Ich habe mich so geschämt, als alle gelacht haben. Wäre Fräulein Bambi nicht da gewesen, ich hätte ihnen die Nase blau gehauen. Dabei fing es so harmlos an:
Fräulein Bambi hatte mit weißen Wachsstiften unsere Namen auf große Papierbögen geschrieben, ganz dick hat sie geschrieben und sich tüchtig angestrengt beim Schreiben. Trotzdem konnten wir nichts erkennen: Weißer Stift auf weißem Papier ist unsichtbar. Dann sollten wir unseren Namen auf dem Blatt »herauszaubern«: Mit einem dicken Pinsel, roter Tuschfarbe und viel Wasser sollten wir über das Papier streichen. Alle Kinder nahmen die rote Farbe. Und ich hatte nicht richtig zugehört und nahm die blaue Farbe. Kann doch jedem mal passieren. Aber WILLI WILDSCHWEIN schrie gleich: »Der kennt noch nicht einmal die Farben!« Und MUCKI ESEL rief ganz laut: »IA! IA! Idiot!« Dabei kann er sich noch nicht einmal allein anziehen, seine Mutter knöpft ihm immer die Jacke zu. Aber wir lachen trotzdem nicht über ihn.
Fräulein Bambi sagte: »Natürlich kennt Billi die Farben. Er kann rot und blau unterscheiden, das weiß ich genau. Er hat nur nicht richtig zugehört, das muss er noch üben, sonst passieren noch mehr Missgeschicke. Bei unseren Zaubernamenbildern finde ich das Blaue genauso schön wie die Roten. Wer möchte, darf über seine rote Farbe noch einmal mit Blau malen. Bestimmt wird das wieder ein neuer Zaubertrick!«
Das war nett, dass Fräulein Bambi mich in Schutz genommen hat. Und als einige Kinder mit dem blauen Pinsel über das rote Blatt malten ...
Na ja, versucht es selbst einmal, dann werdet ihr es sehen.
Mir hat es gut getan, dass Fräulein Bambi alles für mich aufgeschrieben hat und ich meine Wut auf meine Freunde loswerden konnte. Heute Nachmittag spiele ich nur mit DORA DACHS und HOLGER HASE, da werden die anderen sich wundern.

Wann schreibt ihr mir?

Euer BILLI BÄR

Eva Bär
Bärenhaus 2
Bärenwaldstadt

Liebe Kinder aus dem Menschenkindergarten,

ihr werdet erstaunt sein, dass ihr heute keinen Brief von Billi bekommt, sondern von mir, seiner Zwillingsschwester Eva. (Unsere Mama schreibt auf, was ich ihr sage. Ich kann ja noch nicht schreiben. Das lerne ich bald in der Schule. Ich freue mich schon. Ihr auch?) Ich bin ein sehr hübsches, kleines Bärenmädchen. Meistens habe ich eine rosa Haarschleife im Haar. Billi und Fidi sagen immer, ich sei eine eingebildete eitle Ziege, aber das stimmt nicht!
Ihr müsst wissen: Billi ist krank und liegt im Bett, er hat sich nämlich bei der Geburtstagsfeier von Fidi Fuchs den Magen verdorben. Stellt euch vor, er hat sechs Honigbrötchen und vier Bananen gefuttert. Dann lag er nur noch stöhnend auf dem Moosteppich und konnte sich nicht mehr rühren. Zuhause hatte er dann Bauchweh und hat sich ins Bett gelegt.
Zum Glück hat Frau Fuchs die schönen Spiele, die sie sich für uns ausgedacht hatte, schon vorher mit uns gespielt, sodass Billi mit dabei sein konnte. Nach dem Essen konnte er sich nicht mehr bewegen.
Wir haben Turnstunde gespielt. Ich durfte die Lehrerin sein, und die anderen Tierkinder mussten immer alles nachmachen, was ich ihnen vorgeturnt habe. Ich habe mir immer schwierigere Seilkunststücke ausgedacht, und beim Rückwärtsgehen ist Willi Wildschwein in eine große Matschkuhle gefallen. Da hat er sich herumgewälzt und sich gefreut. Igitt, das Ferkel! Wir Bären sind da viel sauberer und ordentlicher. Ich wasche mir immer meine Bärenpfoten und meine Bärenschnauze. (»Schnauze« sagt man bei uns, das ist bei uns kein Schimpfwort.) Und wenn mein Kleidchen schmutzig ist, ziehe ich ein sauberes an. Aber mein Bruder Billi ist nicht so ordentlich wie ich.
Dann war Billi der Lehrer, und da wurde er gemein: Wir mussten auf einem Bein hüpfen, auf zwei Beinen gehen, auf drei Beinen stehen. Die alte Eule flatterte immer über unseren Köpfen und lachte über uns. Ihr könnt euch vorstellen, wie schwierig es für vierbeinige Tiere ist, mal das eine und dann das andere Bein hochzuheben. Lili Eichhörnchen hat sich immer heimlich auf ihrem Schwanz abgestützt. Ihr könnt solche Übungen bestimmt viel besser als wir. Die Mama von Fidi Fuchs hat alle Übungen aufgeschrieben, damit andere Kinder sie auch ausprobieren können. Vielleicht versucht ihr es auch einmal. Ich bin gespannt, ob ihr so gelenkig seid wie die Tierkinder im Bärenwald.
Dann wollte ich euch noch erzählen, dass Lena Waschbär meine aller aller beste Freundin ist. Wir sitzen im Kindergarten immer nebeneinander, und am Nachmittag spielen wir immer zusammen. Ab und zu darf sie auch am Wochenende in unserem Bärenhaus übernachten. Heute haben wir im Kindergarten Freundebilder gemalt. Auf einem großen Blatt haben sich die beiden Kinder, die befreundet sind, bei ihrem Lieblingsspiel gemalt. Lena hat noch eine andere Freundin und hat sich auch noch auf das Bild von Susi Fuchs gemalt. Da war ich ganz eifersüchtig.
Nun muss ich aber ins Bett. Mama liest Billi den Brief noch einmal vor, damit er weiß, was ich an euch geschrieben habe. Er ist nämlich immer neugierig und hat Angst, dass er etwas verpasst. Unsere Mama hat gesagt, dass Menschenkinder Bären als Kuscheltiere haben. Stimmt das?

Ganz liebe Grüße von eurer

Eva Bär

Billi Bär
Kindergarten im Bärenwald
Waldstr. 2

Liebe Kinder,

heute schreibt Fräulein Bambi den Brief nicht mit der Schreibmaschine, sondern mit einem Stift. Das sieht verflixt kompliziert aus. Ob meine dicken Pfoten so einen Stift richtig halten können? Malen kann ich ja ganz gut. Aber heute sollten wir viele blaue Wellenlinien malen. Da habe ich laut gestöhnt.
Gestern war Montag, heute ist Dienstag, morgen ist Mittwoch. Das haben wir gelernt. Kennt ihr auch schon die Wochentage? Ich schicke euch ein Gedicht mit, damit ihr euch die Wochentage merken könnt.
Freitag gibt es im Kindergarten ein Bärenfrühstück. Das wird toll. Jeder bringt etwas mit, das mit B beginnt, wie mein Name: Billi Bär. Wisst ihr etwas Essbares, das mit B beginnt?
Noch etwas muss ich euch erzählen: Heute haben wir gelernt, welches »Werkzeug« man in der Schule braucht: Bleistifte, Holzbuntstifte, Radiergummi, Anspitzer, Filzstifte. Wir haben ein Spiel gemacht, und ich konnte mir alles merken.
Mit Fidi Fuchs habe ich mich für immer verkracht. Er hat mir meinen Turm kaputtgemacht, mich getreten und »Blödmann« zu mir gesagt. Nun suche ich mir einen neuen Freund. Aber ich bin traurig, dass Fidi so gemein zu mir war.

Viele liebe Grüße

Euer
B I L L I

Billi Bär
Kindergarten im Bärenwald
Waldstr. 2

Hallo liebe Kinder im Menschenkindergarten,

heute war es im Kindergarten anstrengend. Beim Turnen sollten wir alle hüpfen wie die Hasen. Holger und Mimi Hase konnten das gut, aber wir tapsigen Bären kamen uns blöd und plump vor. Dann sollten wir flattern wie die alte Eule und mucksmäuschenstill stehen bleiben wie Fräulein Bambi. Da mussten wir uns auch viel Mühe geben. Aber als wir leise schleichen sollten wie die Füchse und feste trampeln wie die Bären, da waren wir begeistert. Das konnten wir gut. Jeder kann eben etwas anderes gut.
Dann haben wir ein Buch hergestellt. Was unsere Pfoten alles können! Das hat Spaß gemacht. Ach, es ist meistens so toll im Kindergarten, dass ich manchmal gar nicht in die Schule gehen möchte. Da muss ich so viel Neues lernen, und hier kenne ich mich schon so gut aus. Fräulein Bambi hat gesagt, bald besuchen wir die neue Schule und lernen eine Klasse kennen. Ein bisschen Angst habe ich, ehrlich gesagt, schon davor, aber ihr dürft das nicht weitersagen. Die anderen Kinder denken: Billi Bär ist groß und stark und hat keine Angst. Ich möchte nicht, dass sie mich auslachen. Dabei hat jeder Mensch und jedes Tier Angst.
Habt ihr eigentlich auch ein bisschen Angst vor der Schule? Oder freut ihr euch ganz wild auf die Schule und auf das Lesen und Schreiben und Rechnen und auf die neue Lehrerin?
Schließ einmal die Augen.

(Hier wäre es gut, wenn die Erzieherin, die Schule, Klasse, Lehrerin und die Bedingungen bereits kennen und genau schildern würde. Aber es geht primär darum, eine freundliche Atmosphäre zu vermitteln.)

Stelle dir vor: Du bist auf dem Schulweg. Deine Freunde sind neben dir.
Ihr habt eure neuen Büchertaschen auf dem Rücken.
Nun seht ihr schon die Schule. Bald seid ihr an der Tür. Eure Lehrerin steht davor und wartet auf euch.
Sie ist ganz nett und freundlich und froh, dass ihr da seid.
Du ziehst deine Jacke aus und hängst sie an den Haken.
Vielleicht ziehst du auch deine Schuhe aus und die Hausschuhe an.
Du gehst an deinen Platz. Du hängst deine Büchertasche auf.
Du unterhältst dich noch mit deinen Klassenkameraden.
Deine Lehrerin kommt. Sie sagt freundlich: »Guten Morgen, Kinder!
Wir wollen jetzt ein Lied singen.«
Jetzt kannst du die Augen wieder öffnen.

Habt ihr schon eure Schule besucht? Wenn ja, malt mir doch ein Bild davon!

Bis bald
Euer B I L L I

Fidi Fuchs
Kindergarten im Bärenwald
Waldstr. 2

Liebe Kinder,

wundert euch nicht, dass ich euch heute schreibe. Aber Billi Bär ist hingefallen und hat sich das Bein verletzt. Er hat mir so Leid getan, denn er hatte große Schmerzen, und das Bein war voller Blut. Armer Billi! Wir hatten zwar vorher Streit und wollten nie wieder Freunde sein, aber jetzt haben wir uns wieder vertragen. Wir sind wieder Freunde und wollen in der Schule auch nebeneinander sitzen. Das haben wir uns fest vorgenommen.
Mit Eva und Lili wollen wir aber nicht mehr spielen. Die beiden sind gierig. Immer wollen sie mehr haben als wir. Wenn wir Bonbons verteilen sollen, schummeln sie immer, sodass sie mehr haben als wir. DAS IST UNGERECHT!
Heute hat Fräulein Bambi mit uns gerechnet, mit ganz vielen Bonbons. Dann durften wir die Bonbons essen, und die Papiere haben wir aufgeklebt. Stellt euch vor, ich konnte schon alle Bonbonnamen lesen, Willi Wildschwein keinen einzigen. Er hasst Bonbons! Aber das Wort »Apfel« kann Willi gut lesen. Äpfel liebt er nämlich. Aber er hat von Fräulein Bambi keinen Apfel bekommen, da war er stinksauer und hat mit Bauklötzen geworfen. Später musste er alles ordentlich aufräumen, da hat er sich noch einmal geärgert. Aber dann haben Lili Eichhorn und Susi Fuchs ihn gefragt, ob er Memory mit ihnen spielen will. Da hat er sich gefreut, und der Ärger war vergessen.
Könnt ihr euch vorstellen, dass die Eulenkinder schon viele Buchstaben kennen und die Wildschweine keinen einzigen? Bei uns Tieren ist das schon seltsam: Manche können toll hören, manche besonders gut sehen, manche riechen auch besser als andere (manche duften auch besser), Bären können auf Bäume klettern und Fische fangen, Vögel können fliegen, Hasen können hoppeln. Mancher lernt schnell, mancher langsamer. Jede Tierfamilie spricht eine andere Sprache, manchmal versteht man gar nicht, was der andere meint. Wie ist das eigentlich bei euch Menschenkindern? Könnt ihr euch immer verstehen? Könnt ihr immer alles gleich gut?

Viele, viele Grüße von eurem

F I D I

2. Karteikarten mit Anregungen, Ideen und methodischen Hinweisen

Die Karteikarten der Arbeitskartei (Kiga AK) zu »1. Bärenbriefe aus dem Waldkindergarten« sind als Vorschläge für ein »Basisprogramm« im Kindergarten zu sehen. Wir beziehen uns bei den AK-Karten auf die Hinführung zu den schulischen Entwicklungsaufgaben, die wir in den Theoretischen Grundlagen anführen.

Die in den sechs Bärenbriefen angeregten Ideen, Fragen, Probleme werden umgesetzt in Lernanlässe: Übungen zur Umweltorientierung, spielerischer Umgang mit Mengen, Formen, Ziffern, Lauten, Buchstaben, Entspannungsübungen, Aktivitäten, Spiele, Lieder und Bewegungsübungen wechseln in lockerer Folge ab. Einige Anregungen ergeben sich aus dem Inhalt der Briefe und sind in den Karteikarten noch einmal aufgenommen. Andere Ideen sind nicht direkt auf die Bärenbriefe bezogen, sondern bieten zusätzliche Anregungen.

Thematisch könnten sie jeweils in die Systematik der Arbeitskartei des vierten Kapitels (LE AK) eingefügt werden. Beide Karteikartensätze können zur Differenzierung z.B. für die Arbeit mit Kindern mit besonderem Förderbedarf (Kinder mit Lern-, Sprach-, Verhaltensproblemen oder auch Kinder, die besonders leistungsstark sind) miteinander kombiniert werden.

Es hat sich aber als sinnvoller erwiesen, sich einen Satz Karten für die Arbeit im Kindergarten bzw. für das etwaige Nachholen der entsprechenden Inhalte in den ersten Schulwochen zusammenzustellen. Diese Karten können dann unter »Vorübungen« oder »Basis« der Arbeitskartei hinzugefügt werden. So kann die Lehrkraft ggf. darauf zurückgreifen, wenn sie Übungs- und Förderbedarf sieht. Die Kiga AK-Karten sind nummeriert. Sie können auf der Rückseite – je nach individueller Gestaltung der Briefe – durch eigene Ideen und Variationen ergänzt werden.

Zur Handhabung

Die Seiten sollten jeweils auf Karton kopiert werden. Dann kann man sie durchschneiden und als Karteikarten in einem Kasten aufbewahren. Sie können auch auf Papier kopiert werden, dann empfiehlt es sich, sie einzulaminieren. Sie können aber auch in DIN-A5-Folientaschen gesteckt und in einem entsprechenden Ordner aufbewahrt werden. Bewahrt man alle Karteikarten zusammen auf, empfiehlt es sich, mit farbigen Registerblättern zu arbeiten.

Inhaltsverzeichnis der Arbeitskarte Kiga AK 1–33

Inhaltsverzeichnis der Arbeitskartei — Kiga AK 1–33

Einführung — Kiga AK 1

Bärenbriefe in Kindergarten und Schule

Kapitel I.1 (Kiga KV 1–6)

Die Grundidee ist, den Kindern zu verdeutlichen, dass geschriebene Sprache der Mitteilung dienen kann. Sie bekommen fiktive Briefe aus dem Bärenwald, beantworten sie und es entsteht ein Briefwechsel.

Im Kindergarten

Sechs Beispiele, die von der jeweiligen Erzieherin noch weiterbearbeitet, gestaltet und auf die Schulanfänger-Kinder der Gruppe bezogen werden sollen, finden sich im Kapitel I.1.

- Was die Bärenkinder im Kindergarten gelernt haben und noch lernen werden.
- Wie die Bärenkinder sich auf die Schule vorbereiten.
- Wie die Bärenkinder sich die Schule vorstellen.
- Wie die Tagesstruktur der Bärenkinder aussieht (Regeln, Rituale, Regelmäßigkeiten).
- Was die Bärenkinder in ihrer Freizeit erleben und welche Spiele, Lieder, Verse, Übungen die Menschenkinder von ihnen lernen können.

In der Schule

Eine Idee für den möglichen Einsatz von Bärenbriefen in der Schule findet sich im Kapitel III.2 (GS AK 10).

- Wie die Bärenkinder die ersten Schultage erleben, was ihnen Freude, was ihnen Kummer macht.
- Wie die Bärenkinder an ihre Kindergartenzeit zurückdenken.
- Was die Bärenkinder jetzt in der Schule neu lernen müssen (erste Übungen mit Zahlen und Buchstaben).
- Wie die Bärenkinder mit den anderen Kindern zurechtkommen.

Umweltorientierung	Kiga AK 2

Name, Wohnung, Geburtstag üben

Alle Kinder bilden einen großen Kreis. Ein Kind geht traurig in der Mitte des Kreises herum, es hat sich verlaufen. Ein anderes Kind spielt den Bären, der dem Kind helfen möchte.

Bär: Was ist denn mit dir los? Warum weinst du?
Kind: Ach, lieber Bär, ach lieber Bär, ich kenn mich nicht mehr aus.
Ach, lieber Bär, ach lieber Bär, wie komme ich nach Haus?
Bär: Gib mir deinen Namen an, damit ich dir auch helfen kann.
Kind: Ich heiße ...
Bär: Ja, du bist schon groß und schlau. Sag wo wohnst du ganz genau?
Kind: Ich wohne ...
Bär: Und jetzt möchte ich dich noch fragen, kannst du mir den Geburtstag sagen?
Kind: Ich habe am ... Geburtstag.
Kind: Ach, lieber Bär, ach lieber Bär, jetzt kenne ich mich aus.
Ach, lieber Bär, ach lieber Bär, und du bringst mich nach Haus.

Auf jeden Fall sollte in diesem Zusammenhang mit den Kindern erarbeitet werden, wie man sich verhält, wenn man sich verlaufen hat, an wen man sich wenden kann und mit wem man nicht mitgehen darf.

Umweltorientierung	Kiga AK 3

Wochentage

Mit den Kindern werden die folgenden Verse erarbeitet, wobei:

- besonderer Wert auf die Reimwörter gelegt wird;
- die Verse oft gesprochen und pantomimisch begleitet werden;
- die Verse nach und nach auswendig gelernt werden. Bald können die Kinder das ganze Gedicht.

Zu jedem Vers wird in Gemeinschaftsarbeit ein großes Bild oder Plakat (DIN A1 oder DIN A2) gestaltet, bezogen auf den Inhalt der einzelnen Strophen. An jedem Wochentag wird dann das passende Bild aufgestellt. Auf jedem Plakat ist ein Bär zu sehen bei der entsprechenden Aktion. Der Bär kann frei gemalt werden nach eigenen Ideen, er sollte aber sehr groß sein. Er kann aber auch aus einzelnen Körperteilen immer neu zusammengesetzt werden. Dazu gibt es in einem Karton braune Kreise für Kopf und Bauch und zylindrische für Arme und Beine, sowie Halbkreise für Ohren und Pfoten bereits entsprechend zugeschnitten. Die Kinder kleben die Teile passend zum Vers auf und gestalten sie weiter. Dabei können Begriffe, wie z.B. Körperteile und Tätigkeiten geübt werden.

Am Montag ist der Teddy faul.
Da tropft der Honig ihm ins Maul.

Der Bär liegt auf dem Untergrund. Von oben tropft aus einem Gefäß, z.B. aus Transparentpapier geschnitten, Honig in seinen Mund. Der Honig besteht aus gelben, gerissenen Buntpapierfetzen.

Umweltorientierung	Kiga AK 4

Wochentage (Fortsetzung)

Am Dienstag fängt der Teddy Fisch.
Und alle Freunde sind am Tisch.

Der Bär sitzt an einem Tisch. Neben ihm sitzen noch andere Bären. Tisch und Stühle sind aus Pappe ausgeschnitten. Auf einer Platte auf dem Tisch liegen Fische. Sie sind gefaltet oder ausgeschnitten.
Für die Freunde des Teddys werden Namen gefunden und es werden Tischkarten geschrieben. In der Ecke steht eine Angel.

Am Mittwoch fährt der Teddy Kahn
und dann noch mit der Geisterbahn.

Der Bär sitzt in einem Boot. Das Boot wird gefaltet. Über dem Boot flattern Gespenster, die aus Papiertaschentüchern gerissen oder geschnitten wurden.

Am Donnerstag malt er ein Bild.
Das macht die andren Tiere wild.

Der Bär steht vor einem großen Bild, das fast so groß ist wie das Poster. Auf diesem Bild malen die Kinder mit allen möglichen Farben und Techniken: Tusche, Fingerfarben, Stifte, damit es so bunt wie möglich aussieht.

Am Freitag spinnt der Teddy rum.
Er singt und tanzt im Wald herum.

Der Bär bewegt sich. In einer Sprechblase kann ein Liedanfang stehen. Es werden viele Bäume geklebt, gerissen, geprickelt oder ausgeschnitten und auf den Untergrund geklebt.

Umweltorientierung	Kiga AK 5

Wochentage (Fortsetzung 2)

Am Samstag streicht er dann sein Haus
in bunten Streifen quer und kraus.

Der Bär steht mit einem Pinsel vor seinem Haus, das groß auf die Unterlage gemalt ist. Neben ihm stehen Farbtöpfe in allen Farben. Die Farbnamen stehen darauf. Das Haus wird nun mit bunten Streifen verziert. Bei dieser Gelegenheit können die Farben noch einmal geübt werden.

Am Sonntag gibt's ein Fest im Wald,
und alle Freunde kommen bald.

Der Bär tanzt wieder im Wald. Das Bild kann ähnlich gestaltet werden wie das am Freitag. Jetzt wird es aber ergänzt durch große Bilder von Tieren, die die Kinder gemalt und ausgeschnitten haben. Die Kinder können auch Luftschlangen über die Bäume kleben, Konfetti und Lichterketten malen und überlegen, was die Tiere zu ihrem Fest essen und ein Büfett gestalten mit ausgeschnittenen Lebensmitteln.

Am späten Abend unter Bäumen
die Tiere nur noch Schönes träumen.

Das Abschlussbild sollte extra gestaltet werden. Der Bär liegt wieder auf dem Boden. Rundherum vielleicht die anderen Tiere. In Denkblasen malen die Kinder schöne Träume. Diese Traumbilder können mit Gold- und Silberstiften oder Glitzerstaub besonders schön verziert werden.

Schleife binden: Tipps zum Üben

- Schuhe aus Pappe basteln, so groß wie möglich.
- Lange Bänder um Türklinke oder Fenstergriffe binden, die Kinder können daran üben, so oft sie Zeit und Lust haben.
- Es gibt Montessori-Rahmen für Schnür- und Schleifenübungen. Evtl. kann man sie in einem anderen Kindergarten mit Montessori-Ausrichtung oder Behindertengruppe oder von einer Sonderschule ausleihen. Dort sind meist ebenfalls Montessori-Rahmen vorhanden.
- Ein großer Teddy hat ein Schleifenband um den Hals, daran wird geübt. Stofftiere der Kinder können mitgebracht werden. Jedes bekommt eine andere Schleife.
- Die selbst gestalteten Bärenbücher der Kinder bekommen einen Verschluss aus Schleifenband. Dieses muss immer wieder zur Schleife gebunden werden um das Buch zu verschließen.
- Die Eltern können gebeten werden, mit den Kindern zu üben. Oft ergibt sich beim Anziehen aufgrund von Klettverschlüssen nicht mehr die Notwendigkeit des Übens. Gleichwohl wird die Fertigkeit oft in der Schule verlangt.

Unser Farbenbuch

Große Zeichenblätter (DIN A3) werden am oberen Rand zusammengetackert (einfach, preiswert und strapazierfähig) oder gelocht und mit einem Band verbunden oder mit einer Posterleiste zusammengeklemmt oder mit einer Spirale verbunden. Für jede Grundfarbe gibt es mindestens 7 Blätter, auf denen jeweils schon der Arbeitsauftrag dadurch gekennzeichnet ist, dass die Arbeit begonnen wurde.

Beispiel: blaue Blätter

- Begonnene Wellenlinien nachmalen mit Holzbuntstiften und Filzstiften.
- Angefangenes blaues Muster (Patchwork aus Punkten, Kreisen, Streifen) mit Holzbuntstiften und Filzstiften weitermalen.
- Seite anmalen mit blauer Tuschfarbe, z.B. blaue Tupfen.
- Seite anmalen mit blauem Wachsstift (eine Richtung oder kreuz und quer).
- Blaues aus Zeitschriften ausreißen und eine Collage kleben.
- Farbwort »blau« schreiben.
- Ein leeres Blatt für eigene Ideen.

Den Abschluss des Buches bildet ein ganz <u>buntes</u> Bild in allen Techniken. Es kann auch für jede Farbe ein eigenes Buch angelegt werden. Das hat den Vorteil, dass mehrere Kinder gleichzeitig daran arbeiten können. Die Kinder können sich in freien Phasen dieses Buch holen und allein bzw. zu zweit daran arbeiten. Das Buch gehört der ganzen Gruppe, auch kleinere Kinder können sich beteiligen.

Buntstifte nach Farben sortieren

Schalen mit passendem Farbwort und Farbmuster kennzeichnen und Buntstifte sortieren.

Bärenvers

Bei diesem Spiel sollen die Kinder sich besser kennen lernen und positiv zueinander Kontakt aufnehmen. Sie sollen Nähe und Berührungen ertragen können.

Ein Kind sucht sich ein anderes Kind aus, das es gern mag. Dieses ist der »Schmusebär«. Das Kind stellt sich in einiger Entfernung hin, winkt den »Schmusebären« heran, legt den Arm um ihn, krault ihm den Rücken. Das andere Kind lässt das geschehen, schließt die Augen und »schläft ein«. Es wird durch ein Signal (Glöckchen, Klatschen) wieder aufgeweckt und sucht sich seinerseits einen »Schmusebären«.

Das Spiel kann im Gruppenraum gespielt werden, die Zuschauer sitzen dabei auf ihren Stühlen. Spielt man es als Kreisspiel, z.B. draußen, so steht ein Kind in der Mitte und winkt ein anderes heran:

Komm doch her, kleiner Bär,
Komm zu mir und bleib hier.
Ich kraule deinen Rücken,
das wird dich sehr entzücken.
Dann schläfst du ein ganz sacht.
Ich sag dir: »Gute Nacht«.

Den Vers sprechen alle Kinder gemeinsam. Besonderen Wert kann bei der Einübung auf die Reimwörter gelegt werden. Dabei spricht die Erzieherin den Vers vor, lässt aber jeweils das Reimwort aus. Die Kinder ergänzen es, dürfen je nach Zeile das Reimwort rufen (»Bär!«, »hier!«) oder flüstern (»entzücken«, »Nacht«). Bei solchen Übungen werden nebenbei die Wahrnehmung und die Modulationsfähigkeit der Stimme geschult.

Freunde

Geschichten erzählen (im Stuhlkreis)

- Als ich meinen Freund/meine Freundin kennen gelernt/gefunden habe ...
- Was sollte mein Freund/meine Freundin für mich tun?
- Was würde ich für meinen Freund/meine Freundin tun?
- Woran erkennt man einen guten Freund?

Was kann ich tun, um Freunde zu gewinnen?

- Ein Freund kann auch ein Kuscheltier sein. Die Kinder bringen ihr Kuscheltier mit in den Kindergarten. Sie erzählen von ihren Erlebnissen mit dem Stofftier und warum es ein Freund ist.
- Weiterführung der o.a. Themen im Rollenspiel, auch mithilfe von Handpuppen oder der mitgebrachten Stofftiere der Kinder.
- Freundebild: Male dich und deinen Freund, deine Freundin, deine Freunde.
- Freundebuch: Zwei, drei oder vier Kinder führen gemeinsam ein Heft, in welches Fotos, »Gemälde«, Papiere von Lieblingsbonbons, Fingerabdrücke, »geopferte« Sticker usw. geklebt werden (Wir-Gefühl). Die Erzieherin kann dann z.B. für die Kinder die gemeinsamen, oder auch unterschiedlichen, Lieblingsgerichte, -spiele, -fernsehsendungen aufschreiben. Es werden Gemeinsamkeiten und Unterschiede gesucht und dokumentiert und die Erzieherin fungiert gleichsam als »Sekretärin«.
- Bücher zum Thema sammeln: Die Kinder gehen mit der Erzieherin in die Bücherei oder bringen Bücher von zu Hause mit, z.B. »Freunde« von Helme Heine.
- Spiele und Lieder einüben, die Nähe und Körperkontakt anbahnen: »Ich bin ein dicker Brummbär« und »Komm doch her, kleiner Bär«.

Umgang mit Material — Kiga AK 10

Was ich im Kindergarten und in der Schule brauche

Filzstift, Bleistift, Holzbuntstift, Wachsstift, Anspitzer, Radiergummi, Tuschkasten, Heft, Mappe, Buch ...

- Gegenstände benennen und sortieren. Immer wieder neu nach Oberbegriffen und Eigenschaften sortieren: Schulsachen, Spielzeug, Malutensilien, aus Holz, aus Metall, aus Plastik, aus Papier, dünn, dick, hart, weich, eckig, länglich ... (um Wortschatz zu erweitern und Begriffe zu festigen). Kinder, die schon lesen und schreiben können, können z.B. schon Wortkarten zuordnen.
- Lügen: Ein Kind nennt bewusst den falschen Begriff. Die anderen dürfen verbessern. Das ist nicht der Filzstift. Das ist der Bleistift! (Vielleicht darf man auch einmal laut dabei rufen, um die einkehrende Ruhe dann besonders zu genießen.)
- Gegenstände im Zaubersack oder Grabbelkasten ertasten und benennen.
- Kim-Spiele: Einige Gegenstände hinlegen, merken, zudecken, aufzählen.
  Oder: Gegenstände liegen auf dem Tisch, ein Kind geht raus, ein Gegenstand wird entfernt. Welcher fehlt?
  Oder: Anzahl verändern, vorher lagen 2 Bleistifte, 1 Anspitzer dort, jetzt 2 Anspitzer und 1 Bleistift.
  Oder: Was passt nicht dazu? z.B.: ein Spielzeug oder eine Mütze.

Erfolgserlebnisse — Kiga AK 11

Was ich alles mit den Händen kann
Was ich am Ende meiner Kindergartenzeit schon gelernt habe

Die Feinmotorik soll geschult, taktile Erfahrungen gesammelt werden, ein Querschnitt durch die Kindergartenzeit gegeben werden.

Herstellung eines Buches

- Handabdrücke, Fingerabdrücke.
- Selbstbildnisse (ich kann malen) in allen Variationen (ich und meine Familie, ich und mein Teddy) und Techniken (Tuschfarben, Filzstift ...).
- Verschiedene Muster zum Fertig»schreiben« (Wellen, Zacken, Kreise ...).
- Reihen von gemalten Ketten (Formen wie Dreieck, Kreis, Quadrat oder Farben wie rot, blau, grün) fortsetzen.
- Anfangsbuchstaben zum Anmalen, Einkreisen, Ankreuzen, Nachschreiben, Fühlen.
- Billis Anfangsbuchstaben/Evas Anfangsbuchstaben.
- Tastmaterialien (Bärenfell, Sand, Blätter, Watte ...).
- Was ich schon falten, ausschneiden, legen, kleben kann: Viele verschiedene Arbeitsproben werden eingeklebt.
- Knoten und Schleifen binden mit Bändern, Schnüren, Fäden.
- Ziffern, Mengen zum Anmalen, Einkreisen, Ankreuzen, Nachschreiben, Fühlen.
- Was ich schon malen kann/Was ich noch lernen möchte.
- Fotos von den jeweiligen Arbeitsprozessen: Das bin ich beim Schreiben.

Es empfiehlt sich, das Buch z.B. bei einem Elternabend oder Elternbastelnachmittag herstellen zu lassen, damit die Kinder später in individuellem Rhythmus einigermaßen selbstständig daran arbeiten können. Die Aufgabenstellungen können durch Symbole oder durch angefangene Seiten angeregt werden: Ein kleiner Handumriss rechts oben auf der Seite zeigt an, dass hier der Handabdruck hingehört. Eine Seite mit angefangenen Wellenlinien zeigt, dass das Kind hier »weiterschreiben« soll.

Mögliche Aktivitäten, z.B. mit dem Buchstaben »B«

Es können exemplarisch verschiedene Buchstaben kennen gelernt werden. Es geht darum, Situationen zu schaffen, den Buchstaben wahrzunehmen und ihn mit vielen Sinnen zu erleben.

- Gegenstand oder Person mit dem Buchstaben verbinden (Billi Bär steht für das »B«).
- Buchstaben gemeinsam lautieren, sodass er von den Kindern mit unterschiedlicher Betonung und Lautstärke gesprochen wird (z.B. traurig, böse, fröhlich, laut, leise, sanft).
- Buchstaben mit einem Bleiband legen.
- Buchstaben mit einem weißen Wachsstift groß auf ein Blatt schreiben, die Kinder übermalen dieses mit Tusche. Der Buchstabe tritt in Erscheinung.
- Buchstabe mit verschiedenen Materialien nachkleben (Wolle, Fell, Bohnen, Wellpappe, sodass der Buchstabe gefühlt werden kann!).
- Fühlkiste mit Buchstabenformen ausstatten und das »B« erfühlen lassen.
- Buchstaben auf Pappe vorzeichnen und von den Kindern prickeln (Lochen mit dicker Nadel) lassen. Dieses kann dann auch mit Nadel und Faden nachgenäht werden.
- Buchstaben den Kindern auf den Rücken schreiben.
- Buchstaben kneten.
- Seil auf den Boden legen und den Buchstaben barfuß nachgehen.
- Gerüche mit »B« mitbringen (z.B. Blüte, Bohnenkraut).
- Buchstaben mit Wachsstift groß nachschreiben.
- Buchstaben groß auf die Erde oder das Pflaster malen und von den Kindern ablaufen lassen.
- Plakat mit Gegenständen herstellen, die mit »B« anfangen.
- Suchbild, in dem sich das »B« versteckt hat.

Bärenfrühstück

z.B.: Alles mit »B«/Anlaute erkennen

Heute machen wir ein bärenstarkes Bärenfrühstück für unseren Bärenhunger.
Unser Lieblingswort ist BITTE.
Wir gebrauchen es ab heute besonders oft.

Alle Kinder haben Essbares mit »B« mitgebracht: Brot, Brötchen, Butter, Bananen, Bienenhonig, Brombeermarmelade, Blutwurst usw.

Der **Tisch** ist zusätzlich mit Utensilien gedeckt, deren Name auch mit »B« beginnt oder eine Eigenschaft haben, die mit »B« beginnt: blaue Tischdecke, bunte Servietten, blühende Blumen in Blumenvase, getrocknete Blüten, Bärchen zum Naschen aus Weingummi und Schokolade, bunte Blätter von Bäumen usw.

Außerdem dürfen die Kinder Kleidungsstücke tragen, die auch mit »B« anfangen, z.B. in Blau.

In pointierter Weise wird immer wieder auf den Anlaut hingewiesen, die Wörter werden überdeutlich gesprochen.

Natürlich gibt es auch für andere Anlaute Frühstücks- oder Imbissideen nach dem o.a. Muster.

Spielerische Erfahrungen mit Lauten/Buchstaben — Kiga AK 14

An- und Auslaute hören/Buchstaben finden

- Sammlungen anlegen:
  Heute sammeln wir Dinge, die mit »M« beginnen.
  Wir gehen über den Hof, suchen in unserem Raum und finden: eine Spielzeugmaus, Malpapier, Murmeln, Magnete ...
  Die Kinder werden immer wieder aufgefordert, sich das Wort vorzusprechen oder auf den Mund der Erzieherin zu schauen, die das Wort deutlich vorspricht. Diese Übung kann kombiniert werden mit dem Bärenfrühstück. Ein Tag kann zum Tag des »M« oder »B« erklärt werden.
- Jedes Kind wird ein Buchstabenpate: Es malt Bilder, sammelt Gegenstände, Namen, ausgeschnittene Buchstaben aus Zeitschriften und Wörter, in denen »sein Lieblingsbuchstabe« vorkommt. Erfahrungsgemäß ist das meist der Anlaut des eigenen Namens. Dann macht es Sinn, dass sich Gruppen von Kindern zu dieser Aufgabe zusammenfinden und ein gemeinsames Buch herstellen. Oder sie bereiten eine kleine Ausstellung vor, z.B. für andere Kinder des Kindergartens oder der Gruppen, »die etwas über Buchstaben lernen sollen«.
- Im Stuhlkreis werden Gegenstände nach dem Anlaut oder Auslaut sortiert:
  Was hörst du bei MMMMagnet am Anfang?
  Welcher Gegenstand fängt genauso an?
- Mithilfe eines Satzes von Buchstaben (Holzbuchstaben, Magnetbuchstaben, Tastbuchstaben oder auch einfachen Pappkärtchen) überlegen, welcher Buchstabe zu welchem Gegenstand passt.
  Was hörst du am Anfang/Ende des Wortes?
- Spiel auf dem Hof oder in der Turnhalle: Auf Zuruf der Erzieherin (»M«) fassen sich alle Kinder an, deren Namen mit »M« anfängt (oder, je nach Vereinbarung, in deren Namen ein »M« vorkommt). Die gleiche Übung wird durchgeführt, indem eine Buchstabenkarte hochgehalten wird.

Wörter: eigene Namen üben — Kiga AK 15

Bärennamen (und Kindernamen): Spiele und Übungen

- **Namen-Memory:** Vornamen in Großbuchstaben und Selbstbildnis (oder Foto) als Memory-Paar benutzen.

(Bärengesicht)	**BILLI**	**Foto oder Selbstbildnis von Petra**	**PETRA**

Steigerung: Vorname und Nachname

- **Namen verzaubern:** Kinder bekommen falsche Namensschilder umgehängt. Aus Stefan Müller wird Stefan Bär oder Billi Müller. Er wird möglichst oft mit dem falschen Namen angesprochen und muss richtig stellen: »Ich heiße nicht Stefan Bär. Ich heiße Stefan Müller.« Variation: Kinder dürfen sich die falschen Namensschilder selber aussuchen. Stefan Müller erzählt jedem: Ich heiße Stefan Bär. Die anderen Kinder verbessern: »Nein ... Du bist nicht ... Du bist ...« Es sollten nicht nur die Namensschilder einfach ausgetauscht werden, sondern es geht dabei um die Versprachlichung: »Ich heiße ...« oder: »Mein richtiger Name ist ...«
- **Poster herstellen:** *Alle Namen, die wir kennen!* Namen werden gesammelt, aufgeschrieben, ausgeschnitten, immer wieder »vorgelesen« und aufgeklebt. »Stefan, wo steht denn dein Name?« »Wer findet den Namen Billi?« Hier können Begriffe zu Arbeitstechniken geübt werden, wie: zeigen, einkreisen, ankreuzen. Kinder, die z.B. das Schneiden üben sollen, schneiden aus einer Liste viele Namen von Kindern aus.

Namen und Schriftbild üben — Kiga AK 16

Zaubernamenbilder

Vorbereiten: Der Name jedes Kindes wird mit weißen oder farblosen Wachsstiften auf ein großes weißes Blatt geschrieben (auch mit weißen Kerzen möglich). Die Druckbuchstaben sollten deutlich erkennbar sein, der Wachsauftrag muss kräftig sein (mehrfach wiederholen).

BILLI

Arbeitsauftrag:
Die Kinder sollen mit dickem Pinsel und stark wässerigen Tuschfarben den Namen hervorzaubern.

Wer kennt schon einen Buchstaben? Wer findet am nächsten Tag sein Zauberbild wieder?

Zauberbilder können und sollen auch mit geometrischen Formen, Zahlen, Mengen, Einzelbuchstaben hergestellt werden!

Formen erfahren — Kiga AK 17

Formen mit dem Körper erleben

Vierecke und Dreiecke auf den Boden zeichnen oder mit Seilen legen, sodass die Anzahl der Ecken der Anzahl der Kinder entspricht.

- Die Kinder laufen barfuß auf den Seilen und erlaufen somit die Form.
- Sie laufen um die Form herum, ohne diese zu berühren.
- Beim Ertönen eines Doppeltones (Ec-ke) springen sie in eine der 3 bzw. 4 Ecken.
- Immer 4 bzw. 3 Kinder laufen auf den Linien der Form, ohne sich anzustoßen. Wenn ein Doppelton erklingt, stellen sie sich in die Ecken, fassen sich an und bilden so die Form nach.
- Kinder laufen durch die Halle. Sobald drei Töne ertönen stellen sich jeweils drei Kinder so auf, dass sie die Ecken eines Dreiecks bilden, bzw. 4 Kinder bei 4 Tönen, die Ecken eines Vierecks bilden. Sie rollen sich auf den unsichtbaren Seitenlinien einen Ball zu.

Formen erfahren — Kiga AK 18

Mit verschiedenen Formen umgehen

(ggf. zuerst auf zwei Formen beschränken)

Sammlungen anlegen: auf rundem Tisch runde Sachen, auf eckigem Tisch eckige Sachen sammeln, oder: kleine »Sammlungen« auf rundem, bzw. eckigem Tablett runde und eckige Formen in Musterreihen (mit Fröbelmaterial, Streichhölzern und Knöpfen, Milchdeckeln) legen:

- Runde und eckige Formen im »Tastsack« erfühlen und unterscheiden.
- Formen herstellen und kleben: Viereckige und dreieckige Schablonen herstellen.
- Die Kinder malen mithilfe dieser Schablonen Formen auf Buntpapier und schneiden diese aus. Daraus wird ein gemeinsames Bild hergestellt, die Menschenstadt.
- Formen aus Transparentpapier ausschneiden und als Häuserreihe an das Fenster kleben.
- Dreieckige Wimpel und rechteckige Fahnen ausschneiden und im Kleinformat an Schaschlikspieße kleben, im Großformat als Raumdekoration benutzen. Auf die Fahnen/Wimpel können die Namen der Kinder geschrieben oder geklebt werden.

Wichtig ist der Umgang mit Stiften, Schere, Kleber, der hier geübt werden kann und soll. Auch hier kann die Aufgabenverteilung mit unterschiedlichen Schwerpunkten vorgenommen werden: Je nach Förderbedarf wird geprickelt, geschnitten, geklebt oder es werden Beschriftungen hergestellt.

Mengen erfahren — Kiga AK 19

Spielerischer Umgang mit Mengen

Mengen zu jeder passenden Gelegenheit schätzen lassen/»mehr oder weniger« herausfinden lassen.

Akustische Wahrnehmung von Mengen

- Ein Tamburin wird geschlagen. (Oder: Klatschen, Triangel, Klopfen, Pfeifen.) Die Kinder gehen (oder hüpfen) so viele Schritte, wie sie Schläge auf dem Tamburin wahrgenommen haben.
- Ein Tamburin wird geschlagen. Entsprechend der Anzahl der Schläge werden Anweisungen ausgeführt, z.B.: 3 Schläge auf dem Tamburin ... und jedes Kind legt sich 3 Muggelsteine in ein Schälchen.
- Es finden sich so viele Kinder zu einer Kette zusammen, wie sie Schläge auf dem Tamburin gehört haben.
- Anzahl der Schläge wird nachgeklopft.

Optische Wahrnehmung von Mengen

- Plakate mit Zahlen versehen und darauf entsprechende Mengen von Bären oder anderen Bildern (Geschenkpapierbögen mit Bären und anderen Tieren eignen sich dafür gut) kleben.
- Plakat erstellen: Welche Tiere haben 2 Beine, welche 4 Beine oder mehr?
  Perlen auffädeln mit jeweils vorgegebener Anzahl, oder z.B. je 4 rote, 4 blaue, 4 rote usw.

Taktile Wahrnehmung von Mengen

- Bestimmte Anzahl gleicher Gegenstände, z.B. Würfel, in einen Beutel oder in eine Fühlkiste legen. Mehrere solcher Fühlbeutel können an einer langen Nagelleiste hängen. Die Kinder ertasten die Mengen von außen oder greifen in den Beutel hinein. Auch die entsprechenden Ziffern können zugeordnet werden. In jedem Fall sollte dabei gesprochen werden:

  In diesem Beutel sind 3 Würfel.

Mengen schätzen und vergleichen — Kiga AK 20

Mehr – weniger – gleich viel

Morgenritual: Bei jedem Morgenkreis wird ein Bonbonglas oder eine Schale in die Mitte gestellt mit ca. 5–12 Bonbons. Mit unterschiedlicher Fragestellung wird mit dieser Menge gespielt. Wichtig ist die Versprachlichung der Handlungen.

- *Wie viele könnten im Glas sein?*
  Erst schätzen, dann strukturieren (übersichtlich hinlegen), dann zählen.
- Klatsche so oft wie Bonbons daliegen.
- Verteile die Bonbons. Gib jedem Kind eins.
  Wie viele Kinder haben ein Bonbon bekommen?
  Wie viele Kinder haben kein Bonbon bekommen?
  Und wie viele Bonbons sind noch übrig?
- *Ich gebe Billi 4 und Eva 2 Bonbons. Wer hat mehr?*
- Jedes Kind darf einmal würfeln.
  Nimm so viele Bonbons weg, wie du erwürfelt hast.
  Wie viele bleiben übrig?
  Wie viele muss ich dazulegen, damit wieder so viele da sind wie am Anfang?
  Hast du mehr weggenommen oder weniger als noch da liegen?
- Verschiedene Bonbons nach Merkmalen sortieren: Im Glas sind 4 Honigbonbons, 4 Lakritzbonbons, 3 Karamellen, 2 Brausebonbons.

Auch mit Knöpfen, Murmeln, Stickern, Steinen, Muscheln ...

Gefühle wahrnehmen — Kiga AK 21

Trösten

Körperkontakt ertragen und genießen; Möglichkeiten positiver Kommunikation erproben; sich wohlfühlen; die Reaktionen anderer Kinder wahrnehmen.

Billi Bär ist traurig, weil die anderen Tierkinder ihn ausgelacht haben.

- Billi (ein Kind der Gruppe) liegt auf dem Boden, weint oder macht ein trauriges Gesicht. Die anderen knien um ihn herum und streicheln ihn sanft. Oder: Sie kitzeln ihn mit einer Feder, um ihn zum Lachen zu bringen. Oder: Sie sagen ihm viel Liebes und Nettes. Wenn sich Billi genug getröstet fühlt, steht er wieder auf. Nun ist ein anderes Kind an der Reihe: Welches Kind braucht noch Trost und Zuspruch?
- Alle Kinder liegen auf dem Rücken und haben auf dem Bauch ihr Kuscheltier, ihren Teddy. Er wird so lange sanft gestreichelt, bis er sich »wieder beruhigt« hat. Jedes Kind konzentriert sich ganz auf sein Kuscheltier, spricht in Gedanken mit ihm, sagt ihm etwas Liebes und wird selbst ganz ruhig dabei.

Aggressionsabbau **Kiga AK 22**

Ventile schaffen für angestaute Gefühle, Gedanken, Eindrücke, Belastungen

- Im Morgenkreis erzählen vom schönsten und schrecklichsten Erlebnis des Vortages, auch im Fernsehen, aber keine langen Schilderungen. Es kann ein Ritual des Morgenkreises werden:

  Erzähle dein schönstes und dein schlimmstes Erlebnis von gestern.

- Wutbilder, Angstbilder, Traumbilder malen, evtl. Bücher davon zusammenstellen.
- Schlagen mit aufgerollten Zeitungen, »Schaukämpfe«, Fechtturniere mit festgelegten Regeln:

  Ich achte auf das andere Kind: Wenn es die Hand hebt, höre ich sofort auf zu schlagen. Wenn der Schiedsrichter die Hand hebt ist der Kampf vorbei.

- Rempeln, Tauziehen, Handdrücken, Catchen (nach vorher festgelegten Regeln).
- Über Schimpfwörter nachdenken:

  Was kann ich tun, wenn ich böse bin? Wie kann ich mich ausdrücken?

Körperwahrnehmung **Kiga AK 23**

Den eigenen Körper spüren und Berührungen ertragen und genießen

- Ein Kind liegt in der Mitte und die anderen knien rundherum. Später können sich immer zwei Kinder zusammentun.
- Ein Gegenstand (Stein, Bauklotz, Bohnensäckchen ...) wird auf verschiedene Körperteile gelegt. Das Kind soll die Berührungsstellen benennen (Namen der Körperteile vorher üben).
- Zwei Gegenstände (leicht und schwer) werden benutzt. Das Kind muss sagen, auf welchen Körperteil der leichte bzw. der schwere Gegenstand liegt.
- Ein Tennisball wird außen am Körper entlang, dann über den Körper gerollt.

Zuhören können/Aufpassen können — Kiga AK 24

Aufmerksam sein

Akustische Wahrnehmung

- *Welches Geräusch mache ich? Womit mache ich das Geräusch?*
  (Tür, Fenster auf und zu, Schlüsselbund, Papier zerknüllen, klopfen, aus der Tasse schlürfen, summen, gurgeln, Triangel, rollende Holz- oder Metallkugel ...)
- Augen geschlossen halten, solange ein Ton zu hören ist.
- *Woher kommt das Geräusch?*
  (Wecker oder Spieluhr verstecken.)

Optische Wahrnehmung: Kim-Spiele

- Verschiedene Gegenstände liegen auf dem Tisch, sie werden angesehen, benannt, dann verdeckt.
  Was liegt dort?
- Gleiche Übung, aber: Gegenstände nicht verdecken, sondern nur die Augen schließen.
- Hilfestellung: Kinder dürfen einmal kurz »blinzeln«, um sich wieder zu erinnern.
- Beliebiges im Raum oder an Kindern verändern:
  Schaut Euch Thomas genau an. Schließt die Augen!
  (Thomas zieht sein Schuhband auf.)
  Was hat sich verändert?

Alle Übungen dienen auch dazu, dass die Kinder lernen, die Augen zu schließen bzw. sie geschlossen zu halten.

Gefühle — Kiga AK 25

Gefühlsausdrücke wahrnehmen und benennen

- Memory aus einfachen Smileys herstellen. Die unterschiedliche Gefühlslage wird durch die Mundstellung gekennzeichnet. Die Kinder sollen zunächst unterschiedliche Gesichtsausdrücke unterscheiden können, Paare finden und darüber erzählen: *Als ich besonders fröhlich war ... oder: Mich hat wütend gemacht, dass ...*
- Dann wird das Spiel als Memory gespielt. Zwei gleiche Gesichtsausdrücke sollen gefunden werden.
- Weitere Spielmöglichkeiten im Stuhlkreis oder rund um den Tisch: Eine Karte wird gezogen, das Kind spielt den Gefühlsausdruck nach, erzählt, warum das Gesicht traurig, zufrieden, böse ... ist. Zieht ein Kind die passende Doppelkarte, dürfen sich die zwei Traurigen, Fröhlichen ... nebeneinander setzen.
- Karten können benutzt werden, um die tägliche Stimmungslage zu dokumentieren: *Heute bin ich fröhlich, weil ...* Bei manchen Kindern kann das ein kleines Ventil für aufgestaute Gefühle sein.
- Mengenbildung: *Wie viele Kinder sind heute traurig, fröhlich ...?* Menge kann jeden Tag an der Pinnwand korrigiert und besprochen werden.
- Die Gesichter können auf Pappe geklebt und als Brosche verwendet werden (»Stimmungs-Button«): *Vorsicht! Heute bin ich sauer!*

Anweisungen befolgen	Kiga AK 26

Kunststücke auf dem Seil

Die Bärenkinder spielen Turnstunde, so wie sie es sich in der Schule vorstellen. Eva ist die Lehrerin, und alle müssen das tun, was Eva ihnen sagt. Sie zeichnet einen langen Strich auf den Waldboden und sagt: *Das ist ein Seil.* Alle Bären dürfen heute nur auf diesem Seil gehen. Die Vordertatzen machen dabei Kunststücke. Eva gibt allen Übungen Namen.

- Tatzen hochheben, so als seid ihr Tanzbären. Tatzen in Schulterhöhe halten (Tanzbär auf dem Seil).
- Vordertatzen zu beiden Seiten ausstrecken, so als wolltet ihr fliegen (fliegender Bär).
- Vordertatzen über dem Kopf zusammenlegen (Bär mit Hut).
- Die rechte Tatze an die linke Schulter legen und linke Tatze an die rechte Schulter (frierender Bär).
- Auf allen vier Tatzen so am Strich entlang schleichen, dass er nicht berührt wird und immer unter dem Bauch zu sehen ist (vorsichtiger Bär).
- Alle gehen rückwärts auf dem Strich entlang, wenn möglich, ohne sich umzusehen (Bär mit vier Augen).

Gleichgewicht	Kiga AK 27

Bärenzirkus

Die Bärenkinder üben Kunststücke ein. Jedes Bärenkind führt ein Kunststück vor, die anderen machen es nach.

- Tom kann auf drei Tatzen stehen und die vierte Tatze hochheben.
- Billi kann auf nur einer Tatze stehen und drei Tatzen zur Seite wegstrecken.
- Er kann auch auf einer Tatze vorwärts und rückwärts hüpfen.
- Eva kann auf zwei Tatzen gehen und dabei eine Tatze genau vor die andere setzen, ohne umzukippen.
- Das kann sie auch, wenn sie rückwärts geht. Sie muss sich dabei gar nicht umdrehen.

Die Kinder denken sich neue Übungen mit einem Partner/einer Partnerin aus und führen sie vor. Sie können sich gegenseitig beim Balancieren stützen.

Die Kinder balancieren auf einem Baumstamm oder Balken und führen auch dieses Zirkuskunststück vor.

Koordination Sprache und Bewegung — Kiga AK 28

Sprechspiel

Eva und Billi sind stolz auf das, was sie schon alles im Kindergarten gelernt haben. Immer wieder sagen sie ein kleines Gedicht auf und machen dazu Bewegungen mit den Tatzen.

»*Seht, was ich alles kann: vorwärts, rückwärts, seitwärts, ran.*«

Sie machen 6 Schritte vorwärts und sagen zu jedem Schritt eine Silbe auf:

1. Schritt – *seht*
2. Schritt – *was*
3. Schritt – *ich*
4. Schritt – *al-*
5. Schritt – *les*
6. Schritt – *kann*

Dann bleiben sie stehen und setzen eine Tatze entsprechend der Reihenfolge vorwärts, rückwärts, seitwärts, ran. Nun gehen sie wieder sechs Schritte und setzten nun den anderen Fuß vorwärts.

Optische/akustische Signale — Kiga AK 29

Bewegen wie die Tiere

Die Kinder sollen verschiedene Bewegungsmuster nachvollziehen, Bewegungen steuern, Anweisungen befolgen, optische/akustische Signale beachten.

Anweisung:

- Die Erzieherin hat mit den Kindern große Tierbilder (DIN A4 oder DIN A3) gemalt oder aus Tierzeitschriften ausgeschnitten und auf Pappe geklebt: Eule, Hase, Reh, Wildschwein, Igel, Fuchs, Bär.
- Jedem Tier wird eine Bewegung zugeordnet. Sie wird eingeübt (ggf. sollte man sich zuerst auf zwei bis drei Bewegungen beschränken und dann langsam ausbauen). Die Übung kann ritualisiert werden: Zur Sammlung zu Beginn der Stunde spielt die immer gleiche Musik mit Wiedererkennungswert.
- Optisches Signal beachten: Die Kinder gehen zur Musik im Raum umher. Wenn die Musik aufhört, schauen sie genau hin, welches Tierbild hochgehalten wird und bewegen sich wie dieses Tier bis die Musik wieder einsetzt.

Eule:	mit den Flügeln (Armen) flattern
Hase:	in der Hocke hoppeln
Reh:	ganz still stehen
Wildschwein:	hin und her wälzen, grunzen
Igel:	hinlegen, zusammenrollen
Fuchs:	schleichen
Bär:	kräftig aufstampfen, brummen

Optische/akustische Signale — Kiga AK 30

Bewegen wie die Tiere (Fortsetzung)

Variation: Statt optischem Signal (Bild) akustisches Signal (Geräusch) einsetzen: Wenn die Erzieherin klatscht, werden die Kinder zu Eulen und flattern mit den Flügeln.

Eule:	Klatschen
Hase:	Hüpfrhythmus auf Tamburin
Reh:	Schnalzen mit der Zunge
Wildschwein:	Grunzen
Igel:	Glöckchen
Fuchs:	mit Fingernägeln leise über Tamburin streichen
Bär:	kräftige Schläge auf dem Tamburin

Singen, bewegen, spielen — Kiga AK 31

Hüpflied
(Melodie: »Der Sandmann ist da«)

Der dicke Bär ist da,
der dicke Bär ist da.
Er hat 'nen schönen dicken Bauch,
den alle Kinder lieben auch.
Der dicke Bär ist da.

Anleitung:
Die Kinder stellen sich in einer Gasse auf. Das erste Paar fasst sich an den Händen und hüpft seitwärts durch die Gasse. Die anderen Schüler singen und klatschen dazu im Rhythmus des Liedes.

Bärentanzlied

Ich bin ein dicker Brummbär
und komme aus dem Wald.
Ich suche eine Freundin (einen Freund mir),
und finde sie (ihn) auch bald.
Ei, wie ist das Tanzen fein
von einem auf das andere Bein.
Ach, wie ist das Tanzen schwer.
Ich kann nicht mehr.
Ich kann nicht mehr.

Anleitung:
Alle Kinder stehen im Kreis. Ein Kind ist der dicke Brummbär und stapft durch die Mitte. Er sucht sich eine Freundin/einen Freund aus dem Kreis. Beide fassen sich an und tanzen von einem Bein auf das andere. Sie werden langsamer (»... wie ist das Tanzen schwer ...«), Arme und Beine werden ganz schwer, ziehen den Brummbären und seine Freundin nach unten. Beide fallen hin. Dann spielt die Freundin/der Freund den neuen Brummbären.

Tanzlied für alle Tiere

(nach der Melodie: »Ein Vogel wollte Hochzeit machen«)

Die Bären woll'n zum Tanzen geh'n. Das kann das Wildschwein nicht versteh'n.

Refrain: *Fidirallala, fidirallala, fidirallalalala.*
(Alle klatschen dazu und drehen sich einmal um sich selbst.)

Der Hase hüpft auf allen Vier'n. Das kann der Eule nicht passier'n.
Der Wolf, der brüllt beim Tanzen laut, sodass die Eule ihn fast haut.
Der Waschbär stellt sich einfach dumm, er rennt und rennt im Kreis herum.
Die Maus, die trippelt auf der Stell', das geht bei ihr besonders schnell.
Die Eule flattert hin und her, als ob's für sie das Beste wär.
Der Tausendfüßler hat es schwer, er zappelt nur noch hin und her.
Der Fuchs, der hält sich für sehr schlau, versteckt sich schnell in seinem Bau.
Die Frösche springen hoch und weit, denn das ist ihre größte Freud'.
Die Bären zotteln hin und her. Sie finden keine Ruhe mehr.
Und nach der großen Tanzbärschau geh'n alle schnell in ihren Bau.
Dort machen sie die Augen zu und kommen endlich ganz zur Ruh'.

Anleitung:
Da für das Spielen und Bewegen in diesem Lied viel Platz gebraucht wird, empfiehlt es sich, einen großen, offenen Kreis auf dem Hof oder in der Turnhalle zu bilden. Einzelne Kinder können die Tierrollen vorspielen. Es können aber auch alle Kinder gleichzeitig singen und passende Bewegungen dazu ausführen. Am Schluss gehen alle Kinder auf ihre Plätze, atmen ruhig ein und aus und kommen zur Ruhe. Es kann sich eine Ruheübung aus der Arbeitskartei im Kapitel IV (LE AK 34–44) anschließen.

Einschulungsphase

Eva und Billi kommen in die Schule

II

1. Eine Bärengeschichte für den Schulanfang
2. Türkische Übersetzung

Anleitung für das Bärenbuch

Kopieren Sie alle Seiten im gleichen Format (DIN A4) wie im Folgenden beschrieben:

- Das vordere (I) und das hintere Deckblatt (II) sollten auf farbigen Karton kopiert werden (DIN A4). Für die Bärengeschichte (S. 1–40) nehmen Sie weißes Papier (DIN A4).
- Halbieren Sie alle Seiten mit einer Schere oder einem Papierschneider, um das entgültige Format DIN A5 zu erhalten. Auch die Seite mit den Deckblättern muss halbiert werden.
- Sortieren Sie die Blätter nach der Folge der aufgedruckten Seitenzahlen.
- Legen Sie die eigentliche Bärengeschichte (S. 1–40) zwischen das vordere (I) und das hintere Deckblatt (II) und binden alle Seiten zu einem Buch.

Hierfür haben Sie mehrere Möglichkeiten:

- Spiralbindung (Copyshop);
- die Seiten lochen und mit einem Band bzw. Heftstreifen verbinden;
- mit einem Klebehefter (Copyshop) den Buchrücken kleben.

Unserer Erfahrung nach finden sich immer Eltern, die das Kopieren, Schneiden, Ordnen und Binden der Seiten gerne übernehmen.

Es empfiehlt sich auch, ggf. bei einem ersten Elternabend vor der Einschulung die Bücher gemeinsam herzustellen und sie den Kindern als Überraschung in die Schultüte zu legen.

Hinweis zum türkischen Text

Für türkisch sprechende Kinder und ihre Eltern haben wir eine Übersetzung anfertigen lassen. Die Seiteneinteilung entspricht der deutschen Fassung. Die türkische Fassung der Geschichte kann dem Bärenbuch hinzugefügt werden, neben, vor oder hinter den deutschen Textseiten. Sie soll Eltern motivieren, ihrem Kind aus dem Bärenbuch vorzulesen.

Eva und Billi kommen in die Schule

Eine Bärengeschichte für den Schulanfang

Aus: Maria-Anna Rose/Rudolf Kretschmann/Ute Meinders
»Schuleingangsphase: Sprachförderung. Eva und Billi kommen in die Schule«

ISBN 3-407-62502-2

Eva und Billi kommen in die Schule

Eine Bärengeschichte für den Schulanfang

Text: Maria-Anna Rose · Bilder: Michael Schuster

Mein Name:

Vorname	Nachname

Das bin ich als Schulkind:

Eva und Billi kommen in die Schule

Tief im dunklen Wald, hinter den beiden dicken Tannen, nahe beim Zwergenhaus wohnt die Familie Bär: Mutter Bär, Vater Bär, Billi Bär, Eva Bär und Tom Bär.

Tom Bär ist noch ein Baby, aber Eva und Billi sind schon bald Schulkinder. Morgen ist ihr erster Schultag. Vater Bär hat aus der Stadt zwei funkelnagelneue Büchertaschen mitgebracht, eine in Rot und eine in Blau.

Ich weiß, wie die Schulsachen heißen:

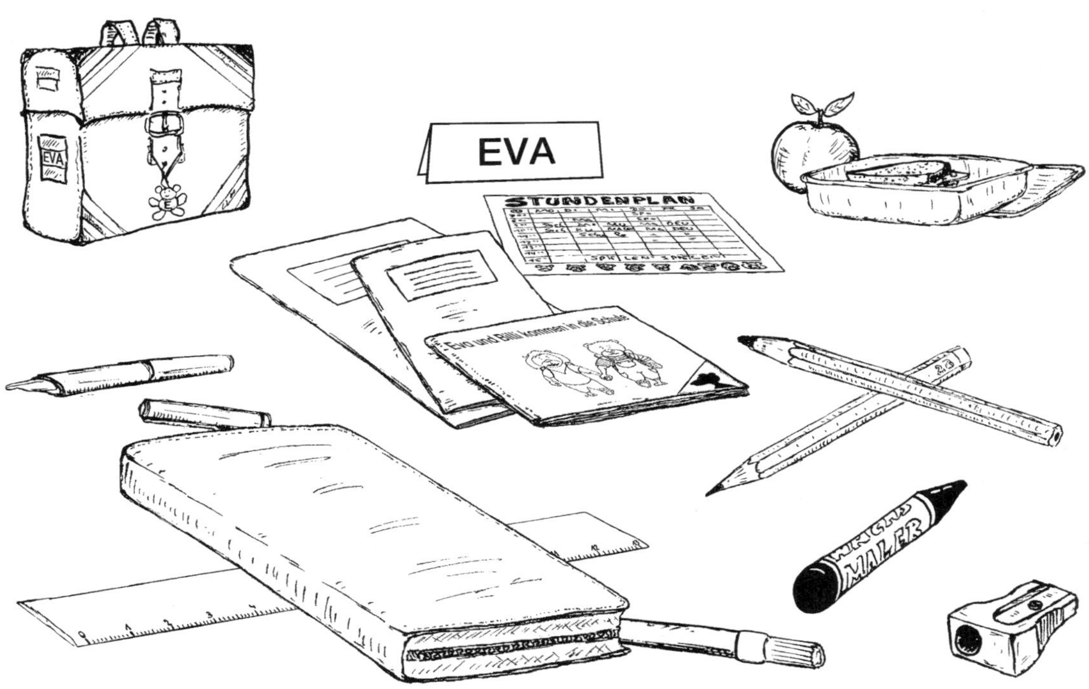

Welches Teil fehlt Eva und welches Billi?

Hier kann ich die Sachen aus meiner Schultasche malen!

Eva und Billi finden die Taschen wunderschön.
Sie sind auch ganz neugierig auf das, was in den Taschen ist. Sie freuen sich auf die Schultüte, die im Schrank versteckt ist, aber ...

Eva und Billi wollen nicht in die Schule. Seit Monaten haben sie sich auf die Schule gefreut, haben andere Kinder danach gefragt, sind auch schon zu Besuch in der Schule gewesen ... Aber seit gestern hat Billi keine Lust mehr, zur Schule zu gehen und keiner weiß warum.

Eva, seine Zwillingsschwester, hat sich anstecken lassen wie bei einer Krankheit. Beide sagen: »Schule ist doof! Wir gehen nicht hin!«

Die Eltern versuchen, Eva und Billi zu überreden: »Ihr lernt ganz viel in der Schule. Alle Kinder aus dem Wald, die in eurem Alter sind, werden dort sein. Wollt ihr denn weiter mit den Kleinen in den Kindergarten gehen?«

Aber Eva und Billi maulen nur und brummen: »Wir wollen nichts lernen. Wir gehen nicht in die Schule.«

Am Abend, als die Familie zum Schlafen in ihr Waldhaus gehen will, sind Mama und Papa Bär ein bisschen ratlos. Eva und Billi sind immer noch störrisch und schlecht gelaunt. Plötzlich fällt mit lautem »Platsch« etwas vor ihre Füße. Es ist ein dickes Buch mit wundervollen Bildern. Eva und Billi blättern und blättern. Da ruft die alte Eule oben vom Baum, und die Lesebrille rutscht ihr dabei fast von der Nase: »Hände weg von meinem Buch! Gerade an der spannendsten Stelle muss es mir aus den Flügeln fallen! Sofort wieder her damit! Huhuuu, ist das spaaannend!«

»Erzähl uns doch von der Geschichte, liebe Eule, so wie sonst«, bitten die Kinder.

»Nix da, muss selber fertig lesen. Ihr geht ja bald in die Schule und könnt dann selber lesen. Ich leih euch später mein Buch, wenn ihr lesen könnt.«

»Aber Eva und Billi wollen gar nicht in die Schule«, will Mama Bär gerade rufen, da zupft Billi an ihrem Rock: »Quatsch, natürlich wollen wir in die Schule. Wir sind doch keine Kindergartenkinder mehr!«

Am nächsten Morgen ist die Familie Bär ganz aufgeregt. Die funkelnagelneuen Büchertaschen stehen fertig gepackt auf dem Schrank. Alle sitzen am Frühstückstisch. Eva und Billi können keinen Bissen herunterkriegen. Sie zappeln ständig mit den Händen und Füßen, den Armen und Beinen.

Dann geht es endlich los. Die Mutter packt Tom in den Kinderwagen, und Vater nimmt die großen, bunten Schultüten mit. Eva und Billi rennen vorweg.

Viele Waldkinder stehen vor der Schule. Sie hat ein rotes Dach, viele Fenster und eine große, blaue Tür. Zwei dicke Bäume stehen neben der Schule. Auf der Wiese blühen bunte Blumen, und es gibt sogar einen Spielplatz.

Manche Kinder, die nahe am Waldrand wohnen, unterhalten sich über Fernsehsendungen, die sie durch die Fenster der Menschenhäuser gesehen haben. Billi ärgert sich sehr, denn er kennt kein Fernsehen.

Das ist meine Wunschlehrerin / mein Wunschlehrer:

Da kommt die Lehrerin. Sie sieht nett aus. Sie hat ein rotes Kleid mit schwarzen Punkten an. Sie begrüßt die Kinder und Eltern und alle singen zusammen ein Lied.

Dann gehen die Schulkinder in den Klassenraum.
Billi möchte am liebsten heulen. Die meisten Kinder sind ihm fremd, auch die Lehrerin kennt er nicht. Mama und Papa müssen draußen bleiben. Aber er hat Eva bei sich. Jetzt entdeckt er auch noch Fidi Fuchs, seinen besten Freund. Da geht es Billi schon besser!

Sie setzen sich alle zusammen an einen Tisch. Fidi erzählt ganz laut, was er in seiner Büchertasche hat. Da sagt die Lehrerin, sie sollen leise sein. Warum eigentlich? Eva und Billi möchten doch jetzt wissen, was Fidi bekommen hat.

Alle Kinder sagen ihren Vor- und Nachnamen. Danach sollen sie aus vielen Schildern ihr Namensschild herausfinden. Fidi kann das nicht, aber Eva und Billi helfen ihm.

Manche Buchstaben kenne ich schon. Ich male einen Kreis darum:

A B N D L Z

G H I Y K

U E F O P Q

R S T C V

J X M W

Anschließend dürfen endlich alle Kinder zeigen, was sie in der Büchertasche haben. Sie lernen, dass es Filzstifte, Holzbuntstifte, Wachsstifte, Bleistifte gibt, Radiergummis und Anspitzer. Und dann ... endlich ... lernen sie einen Buchstaben.

Im Anschluss daran erzählt die Lehrerin eine Geschichte von den Menschenkindern. Und die Tierkinder erfahren, wie Menschenkinder sich an ihrem ersten Schultag fühlen. Sie lernen ein neues Lied. Und schon ist der erste Schultag zu Ende. Eigentlich schade!

Eva und Billi wissen, dass vor der Tür Mama und Papa mit der Schultüte warten. Was wohl darin sein mag?

Als die Waldkinder am ersten Tag aus der Schule kommen, da stehen alle Mamas und Papas, auch die eine oder andere Oma und zwei Opas vor der Schule. Alle Schulkinder bekommen ihre Schultüten. Dann werden Fotos gemacht. Billi bekommt eine gelbe Tüte mit blauen Punkten und Eva eine rosa Tüte mit grünen Punkten. Billi möchte am liebsten so eine Schultüte haben wie sein Freund Fidi Fuchs:

Hier kann ich die Schultüte selber ausmalen!

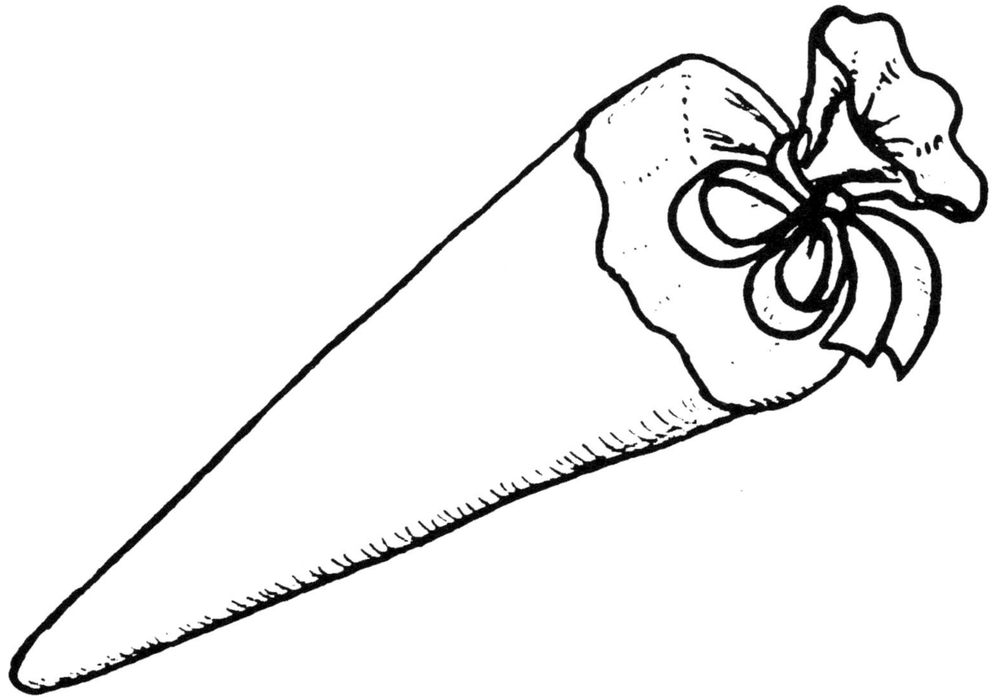

Sie ist rot, und es sind viele bunte Autos darauf geklebt. Und Lili Eichhorn hat sogar eine mit vielen Teddybären darauf.

Billi ist neidisch und ärgert sich. Aber als die anderen Kinder Billis Tüte bewundern, ist er ganz zufrieden und stolz. Eva stöbert schon in ihrer Tüte. Sie will wissen, ob ihre geliebten Honigbonbons darin sind.
Endlich zu Hause angekommen, werden die Schultüten ausgepackt. Was mag wohl darin sein?

Am Abend holt Eva ein Buch aus dem Regal und will dem kleinen Tom eine Geschichte vorlesen.

»Wenn ich in die Schule gehe, kann ich auch lesen«, denkt sie. Aber mit diesen schwarzen Zeichen kann sie nichts anfangen. Da! Sie entdeckt ein »E«, mit dem fängt ihr Name an, ein »B«, damit beginnt Billis Name. Aber was nun?

Eva schluchzt laut auf und wirft das Buch in die Ecke. »Mist-Schule, da lernt man ja gar nicht lesen!«, ruft sie enttäuscht.

Versuche die Wörter zu lesen!

BILLI

MAMA

OMA

EVA

PAPA

OPA

Mama Bär kommt und sagt: »Du hast heute nur wenige Buchstaben gelernt. Du musst erst noch mehr davon kennen lernen. Du kannst schon deinen und Billis Namen lesen, auch MAMA, PAPA, OMA, OPA. Jeden Tag wird es ein bisschen mehr. Aber du musst auch üben.
Du musst dir die Buchstaben merken, hören, womit ein Wort anfängt und aufhört, Wörter wieder erkennen, kleine Sätze bilden. Sätze gibt es, wenn man mehrere Wörter aneinander hängt. Wenn ich sage: ›Du hast schon viel gelernt‹, dann ist das ein Satz.

Und wenn ich sage: ›Du musst jetzt ins Bett gehen!‹ ... dann ist das ein Satz und ein Befehl. Also hopp! Ab ins Bett!«

Im Bett erzählt Eva dem Billi, was Mama ihr zum Lesen erklärt hat. »Wenn ich gewusst hätte, dass es so mühsam ist und so lange dauert, dann wäre ich doch nicht in die Schule gegangen«, stöhnt Billi. »Na, aber dann kannst du später auch nicht die Liebesbriefe lesen, die deine Freundin Lili dir schreibt«, ärgert Eva ihn und wird zur Strafe von Billi einfach aus dem Bett geschubst.

Mein Traum:

Am Abend des ersten Schultages schlafen Eva und Billi schnell ein und haben viele Träume von der Schule.

Hier und auf der nächsten Seite kann ich malen, aufkleben oder schreiben lassen, was in meiner Schultüte war!

So sehen meine Schulfreundinnen und Schulfreunde aus:

Eva ile Billi Okula Başlıyorlar

Okula yeni başlayanlar için bir ayıcık öyküsü

Übersetzung: Nevin Lutz

Eva ile Billi okula başlıyorlar.

Ormanın derinliklerinde, en kalın iki çam ağacının arkasında, cüceler evinin yakınında Ayıcık Ailesi oturuyor: Anna ayı, Baba ayı, Billi ayıcık, Eva ayıcık ve Tom ayıcık. Tom ayıcık henüz bir bebek ama Eva ve Billi okul çocuğu olacaklar. Yarın okulun ilk günü. Baba ayı, şehirden yepyeni iki okul çantası getirdi. Biri kırmızı, diğeri ise mavi.

Billi ve Eva çantalara bayılıyorlar. Içinde de ne olduğunu çok merak ediyorlar. Dolapta saklı olan şeker külahlarını heyecanla bekliyorlar, ama …
Billi 'yle Eva okula gideceklerine hiç mi hiç sevinmiyorlar. Aylardan beri okulu sevinçle bekliyorlardı, hatta gidip okula bile bakmışlardı ... ama dünden beri Billi okula gitmek istemiyor. Neden mi? Bunu hiç kimse bilmiyor.

Eva, Billi' nin ikiz kardeşi, bir bulaşıcı hastalığa tutulmuşçasına aynı Billi gibi: »Okul pis, biz gitmek istemiyoruz okula!« deyip duruyor.
Anne ve babaları Billi ve Eva' yla konuşup onları ikna etmeye çalışıyorlar: »Okulda neler neler öğreneceksiniz. Ormanın sizinle yaşıt bütün çocukları orda olacaklar. Yoksa siz hala miniklerle yuvaya gitmeyi mi istiyorsunuz?«

Ancak Billi ile Eva hala inatçılıklarını bırakmıyor: »Biz hiçbir şey öğrenmek istemiyoruz. Okula gitmeyeceğiz işte!« diyorlar.

Akşam olunca ailenin bütün fertleri yatmaya, mağaraya gitmek isterken Billi ile Eva hala inatlarını bırakmamış surat asıp duruyorlar. Anne ve baba ayı ne yapacaklarını şaşırmış durumdayken ayaklarının dibine »pat« diye bir şey düşüyor: Çok güzel resimli kalın bir kitap. Eva ve Billi merakla bu kitabın sayfalarını açıp bakıyorlar.
Yaşlı baykuş ağacın tepesinden bağırırken neredeyse gözlüğü burnundan düşüyordu: »Kitabımı bırakın bakiim, tam da en heyecanlı yerinde kanatlarımın arasından düşmesi gerekirdi sanki! Hemen onu bana geri verin! U – huu – çoook heyecanlıydı«

»Sevgili baykuş, lütfen herzamanki gibi bu öyküyü de bize anlatır mısın?« diye soruyor ayıcıklar.
»Hayır efendim, daha sonuna kadar okumadım – kendim okuyacağım. Siz zaten yakında okula gidecek ve okumayı öğrenince kendiniz okuyacaksınız. O zaman kitabımı size ödünç veririm.«
Anne ayı tam »Ama Eva ve Billi okula gitmek istemiyorlar«, diyecekti ki Billi anında onun eteğini çekerek: »Saçma, tabi ki okula gitmek istiyoruz. Biz artık yuva çocuğu değiliz ki!«

Ertesi sabah bütün aile çok heyecanlı. Yepyeni okul çantaları hazır vaziyette dolabın üstünde duruyor. Herkes kahvaltı yapıyor.
Billi ile Eva'nın iştahı kapanmış, bir lokma bile inmiyor boğazlarından. Devamlı ellerini, ayaklarını, kol ve bacaklarını heyecandan sallayıp duruyorlar.

Nihayet vakit geliyor. Anne Tom' u bebek arabasına oturtuyor, baba koca rengarenk şeker külahlarını alıyor.
Eva' yla Billi önden koşuyorlar.

Bir sürü orman çocuğu okulun önünde toplanmış. Okulun çatısı kırmızı, bir sürü pencereli ve mavi büyük kapılı bir bina. Yanında iki büyük ağaç var. Çayırda rengarenk çiçekler açmış, bir de çocuk bahçesi var burada.
Ormanın kenarında oturan bazı çocuklar, insan evlerinin penceresinden gördükleri televizyondaki programlardan bahsediyorlar.
Billi çok öfkeleniyor, çünkü o hiç televizyon görmemiş.

Bu sırada bayan öğretmen geliyor. Hoş bir kadın. Siyah benekli kırmızı bir elbise giymiş. Çocukları ve velileri selamlıyor ve herkes bir şarkı söylüyor birlikte.

Ondan sonra okul çocukları sınıflara gidiyorlar. Billi neredeyse ağlayacak. Çocukların çoğu ona yabancı, öğretmeni de tanımıyor. Anne ve baba da dışarda kaldı. Ama neyse ki Eva yanında. Aa ... en iyi arkadaşı tilki Fidi de oradaymış. Şimdi Billi kendini daha iyi hissediyor!

Hepsi bir masanın etrafına oturuyor. Fidi çantasında neler olduğunu bağıra bağıra anlatıyor.
O sırada öğretmen, sessiz olmalarını söylüyor. Neden acaba? Billi' yle Eva Fidi' nin çantasındakileri hemen bilmek istiyorlar.
Bütün çocuklar adlarını söyleyecekler. Ad ve soyadlarını. Sonra da isim kartlarından kendi adlarını bulacaklar. Fidi yapamıyor ama Billi ve Eva ona yardım ediyorlar.

Ondan sonra da nihayet herkes çantasında olanları gösterebiliyor. Çeşitli kalemleri – keçeli kalem, tahta boya kalemi, mum kalem, kurşun kalem ve silgi ve kalem açacaklarını öğreniyorlar.

Öğretmen onlara insan yavrularının öyküsünü anlatıyor. Böylece hayvan yavruları, insan yavrularının okulun ilk günü neler duyumsadıklarını öğreniyorlar.
Yeni bir şarkı öğreniyorlar ve okulun ilk günü burada bitiyor. Ne yazık!

Eva ve Billi kapıda anne ve baba arının okul külahlarıyla beklediğini biliyorlar. Içinde neler var acaba?

Orman çocukları okuldan çıkınca anneler, babalar, bazı nineler ve iki dede de kapının önünde onları bekliyor. Bütün çocuklara okul külahları veriliyor ve resimler çekiliyor.
Billi' nin külahı sarı, mavi puanları var, Eva' nınki ise pembe ve yeşil puanlı. Billi, tilki Fidi' ninki gibi bir külahı olsun isterdi.

Onunki kırmızı, üzerine de renkli araba resimleri yapıştırılmış. Sincap Lilli' ninkinde ise minik Tedi-ayıcıklar var.

Billi kıskanıyor onları, sinir oluyor. Ama diğer çocuklar Billi' nin külahını beğenip hayranlıklarını belirtince, o da memnun oluyor halinden, külahından da gurur duyuyor.
Eva, külahını karıştırıp çok sevdiği bal şekerinin içinde olup olmadığını araştırıyor.
Eve gelir gelmez ikisi de şeker külahlarını açıp boşaltıyorlar.
Acaba içinde neler var, siz ne dersiniz?

Akşam olunca Eva raftan bir kitap alıp Tom' a bir masal okumak istiyor.

»Okula gittiğime göre, şimdi kitap okuyabilirim« diye düşünüyor.
Ama siyah çizgi ve şekilleri bir türlü anlayamıyor. Işte!
Bir »E»! Kendi adı da E ile başlıyor.
»B«, bununla da Billi 'nin adı başlıyor. Ee, ya şimdi?

Eva hıçkıra hıçkıra ağlamaya baslıyor, kitabı köşeye fırlatıyor. »Pis okul, orada hiç de bile okuma öğrenilmiyor!«

Anne ayı geliyor ve: »Bu gün ançak bir kaç harf öğrendin. Daha fazla öğrenmen gerekiyor.
Şimdi Billi' nin ve kendi adını okuyabiliyorsun, anne, baba, dede, nine sözcüklerini de. Her gün daha yeni şeyler öğreneceksin. Çalışman da gerekecek. Harfleri öğreneceksin. Bir sözcüğün hangi sesle başlayıp hangi sesle bittiğini duyacaksın, sözcükler öğrenip tümce kuracaksın. Tümceleri birkaç sözcüğü bir araya getirerek yapabilirsin. ›Sen şimdi çok şey öğrendin‹ dersem, bu bir tümce oluyor.

Ben dersem ki: ›Haydi şimdi yatağa! bu bir emir oluyor! Haydi bakalım, koş yatağa!«

Yatakta Eva, Billi' ye annesinin okuma konusunda anlattıklarını aktarıyor. »Böyle zor olacağını ve uzun süreceğini bilseydim okula gitmezdim« diye söyleniyor Billi. »Ama o zaman arkadaşın Lilli' nin sana göndereceği aşk mektuplarını da okuyamazsın!« diye Billi' yi kızdırıyor Eva. Billi de Eva' yı ceza olarak bir tekmede yataktan yere yuvarlıyor.

Okulun ilk günü akşamı Eva ile Billi çabucak uykuya dalıyorlar ve rüyalarınod okuldan bir çok şey görüyorlar.

Erste Grundschulwochen

Unterrichtsmaterialien für die ersten Schulwochen

1. Kopiervorlagen
2. Karteikarten mit Anregungen, Ideen und methodischen Hinweisen zu den Kopiervorlagen

III

1. Kopiervorlagen

Die ersten Schulwochen – Anknüpfung an den Kindergarten gefordert

In den ersten Schultagen entscheidet sich bereits oft für ein Kind, ob es sich Fortschritte zutraut, sich geborgen und ermutigt fühlt. Je jünger Kinder bei den ersten heftigen Misserfolgserfahrungen sind, umso stärker prägt sich das Selbstbild ein : »Ich kann das nicht. Ich werde es nicht können. Lesen und Schreiben ist nicht meine Sache.« Diese Erfahrungen haben selbst leistungsschwache Kinder im Kindergarten noch nicht so umfänglich gemacht. In der Schule werden ihnen andere Fähigkeiten, Fertigkeiten, Leistungen abverlangt, viel Neues und oft zu viel auf einmal.

Mit den Kopiervorlagen zu »Eva und Billi kommen in die Schule« soll der im Kindergarten begonnene »rote Faden« weitergeknüpft werden. Es wird dort angesetzt, wo die Kinder mit Sicherheit Erfolgserlebnisse haben. Einige Arbeitsblätter gibt es in unterschiedlichem Schwierigkeitsgrad wie die kunterbunten Buchstaben (GS AK 7). Andere lassen Spielraum für unterschiedliche Kompetenzen und auf den Karteikarten unter Kapitel III.2 werden unterschiedliche Formen von Hilfestellungen gegeben. Regeln im Klassenraum, sowie unterschiedliche Unterrichtsphasen werden mit Signalkarten verdeutlicht. Einige Inhalte aus dem Kindergarten werden wieder aufgenommen: So findet sich das Briefeschreiben in den Bärenbriefen wieder, die »Kunterbunten Buchstaben« finden ihre Parallele im »Spielerischen Umgang mit Sprache, Lauten, Buchstaben, Wörtern. In jedem Fall kann die Lehrkraft die Kindergarten-Kartei (Kiga AK) als Differenzierungsmöglichkeit für die leistungsschwachen und entwicklungsverzögerten Kinder benutzen oder für die, die einfach etwas mehr Zeit und Wiederholungen brauchen.

In unserer Arbeit mit dem Bärenprojekt war immer wichtig, die erste Schulzeit zu einem ganzheitlichen und positiven Erlebnis für alle Beteiligten werden zu lassen. Neben dem Schaffen von Erfolgserlebnissen haben wir darauf geachtet, dass die Kinder nach den ersten Schulwochen ein ästhetisch ansprechendes Produkt mit nach Hause nehmen konnten. Das waren Bärenhefte und -mappen, die von der Gestaltung her etwas Besonderes waren, aber auch den Schulcharakter deutlich machten, den die Kinder sich wünschten.

Bärenhefte können einfachste DIN-A4-Hefte sein, Mappen, ganz normale Pappschnellhefter, aber z.B. mit einem Einband aus Bärengeschenkpapier. Alle Arbeiten der Kinder sollten dort, ästhetisch ansprechend, dokumentiert werden und so dem Schulanfang eine besondere Bedeutung geben. Das erste eigene Schulheft, die erste selbst hergestellte Mappe sollte für Kinder einen besonderen Stellenwert haben, Wertschätzung erfahren, auch von Seiten der Eltern, z.B. als Thema beim Elternabend aufgegriffen werden.

Das Bild der Familie Bär (GS KV 1) könnte das Deckblatt sein, oder aber ein anderes Bild von Eva und Billi aus den Bärengeschichten oder Kopiervorlagen.

Andere Gestaltungsideen:

- die alte Eule mit dem Buch in der Hand
- ausgeschnittene Bären aus Spielzeugkatalogen
- Foto des Kindes mit seinem Teddybären
- die Namen »EVA« und »BILLI«, sowie der Name des Kindes aus großen Druckbuchstaben

Solche Vorarbeiten lassen sich gut bei einem ersten Elternabend (zur Vorbereitung der Einschulung) gemeinsam erledigen oder auch durch die »Paten« aus einer 4. Klasse bewerkstelligen.

Zur Handhabung

Zu jeder Kopiervorlage (KV) gibt es eine Karteikarte (AK) mit Anregungen, Ideen und methodischen Hinweisen, wie Sie die Kopiervorlagen nutzen können. Die Seiten sollten jeweils auf Karton kopiert werden. Dann kann man sie durchschneiden und als Karteikarten in einem Kasten aufbewahren. Sie können auch auf Papier kopiert werden, dann empfiehlt es sich, sie einzulaminieren. Sie können aber auch in DIN-A5-Folientaschen gesteckt und in einem entsprechenden Ordner aufbewahrt werden. Bewahrt man alle Karteikarten zusammen auf, empfiehlt es sich, mit farbigen Registerblättern zu arbeiten.

Mama

Papa

Tom

Billi

Eva

Oma

Opa

Namen: Meine Familie

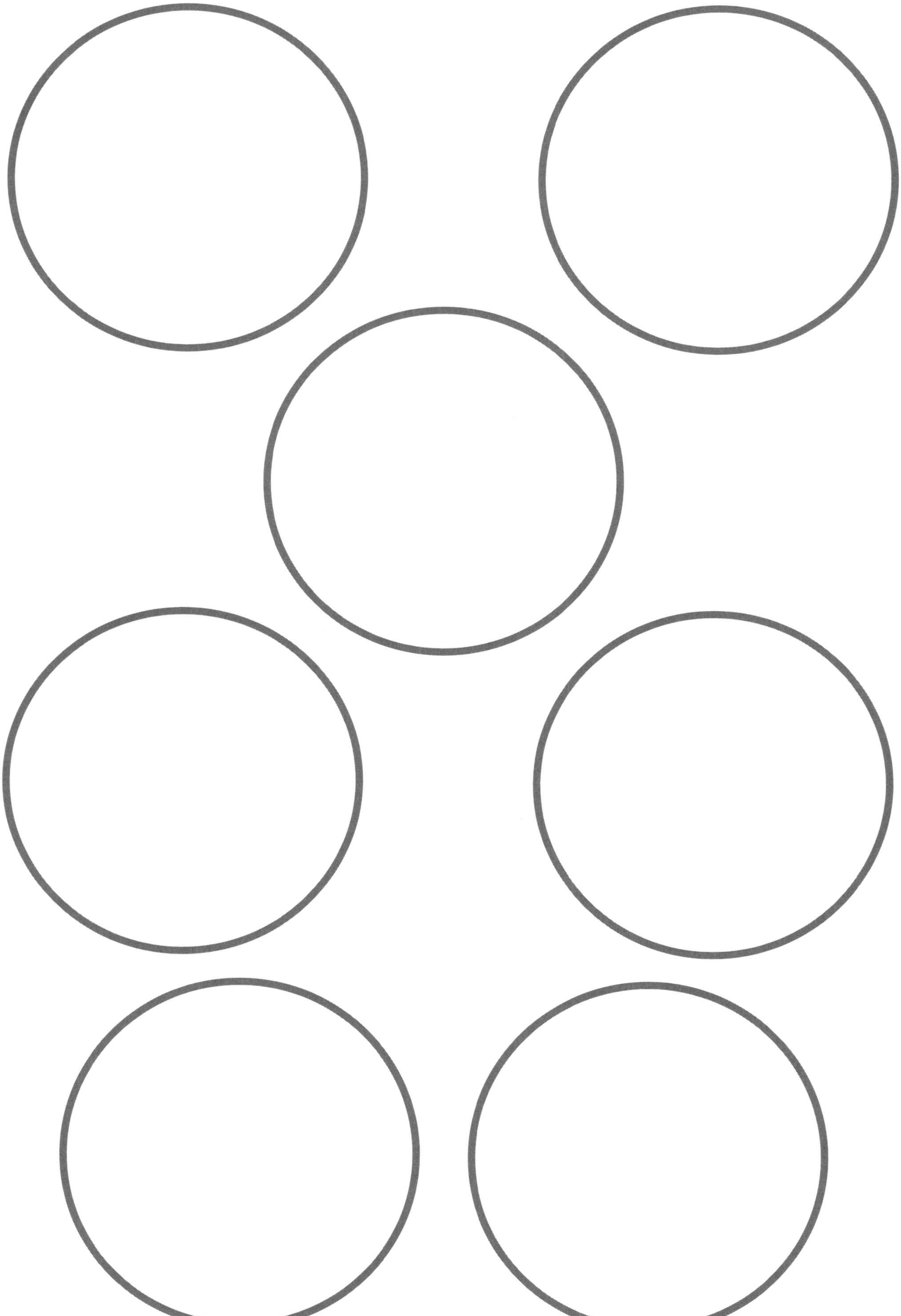

Psst !

KABA

1
A
2 3
B
C

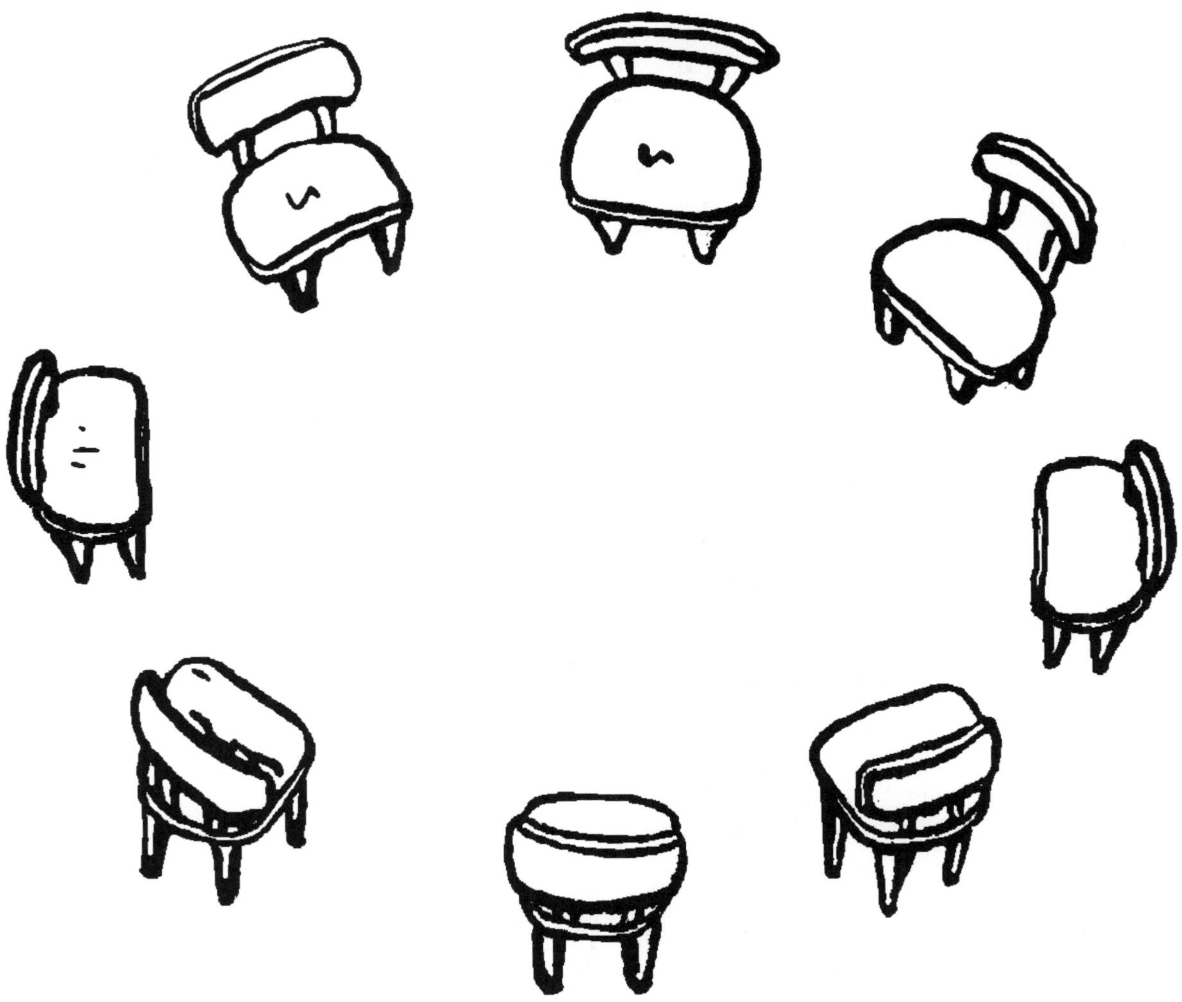

Bitte nicht stören :

Wir sind im Bärenwald !

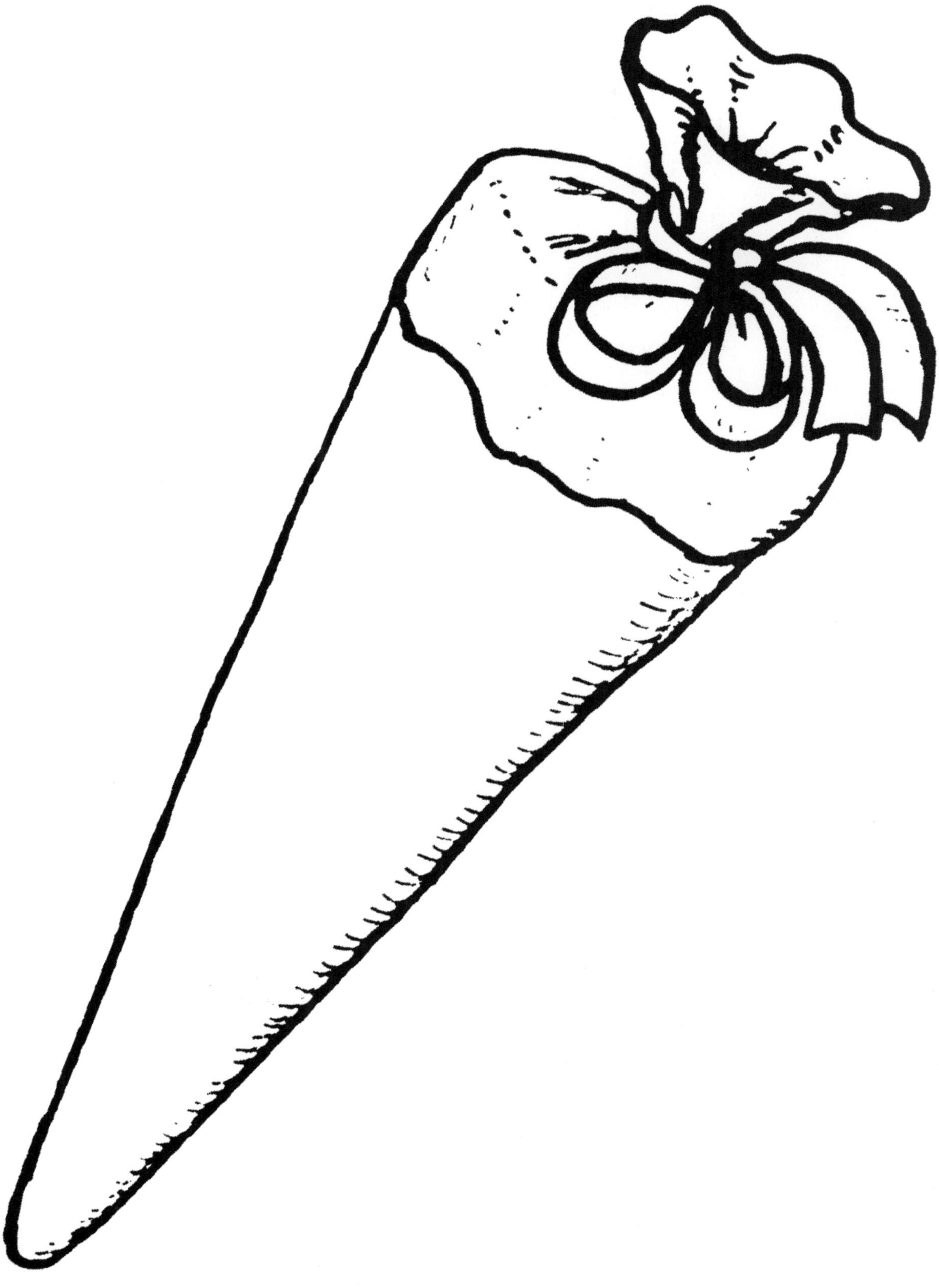

Gummiband festknoten
aus-schneiden
aus-schneiden
Gummiband festknoten

Dein Name:

Hallo, liebe(r) ....!
Bitte male alle Bären an!
Bitte schreibe deinen Namen
in das Kästchen!
Bitte male dich!

Billi

Dein Bild:

Bärenbriefumschlag

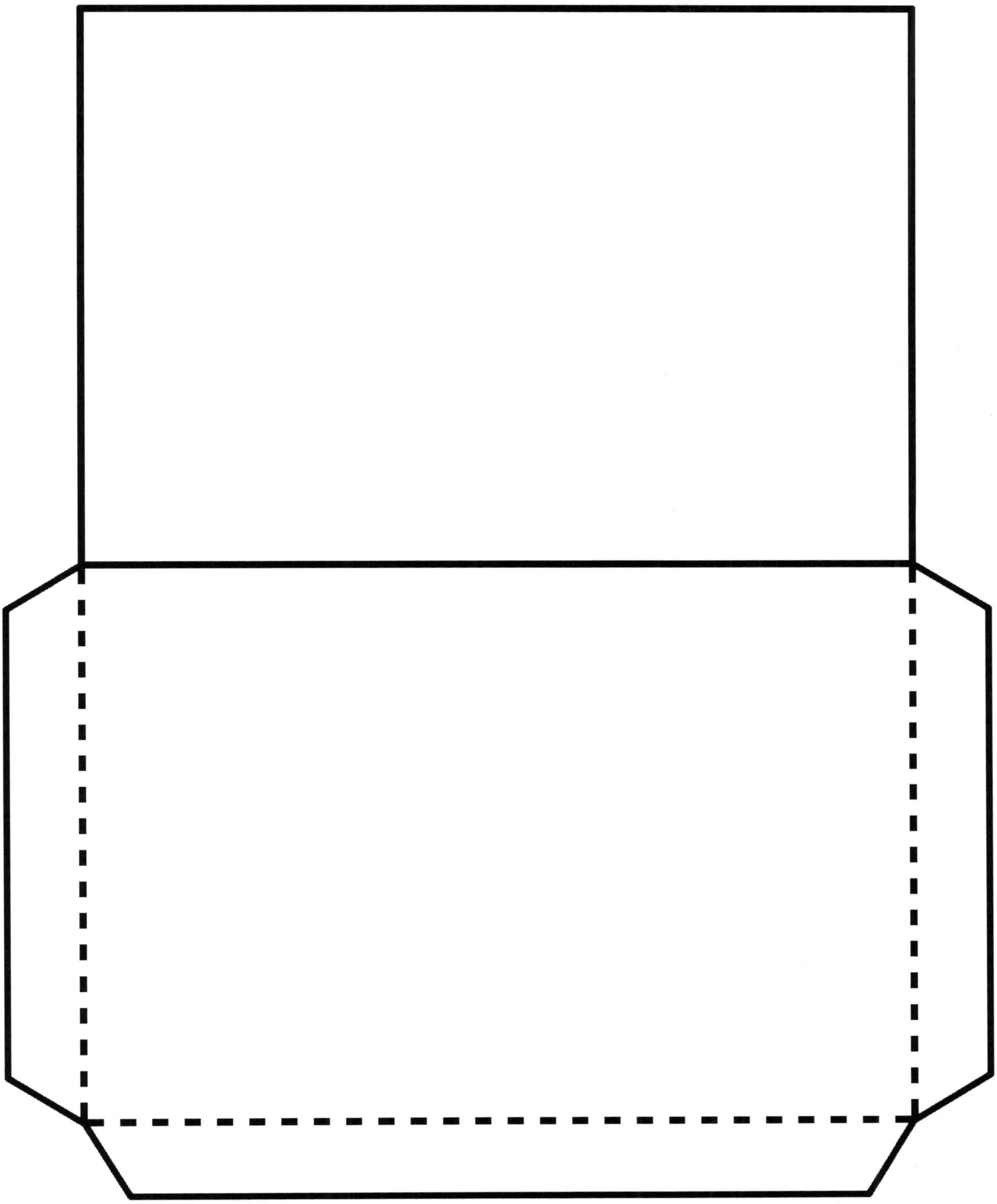

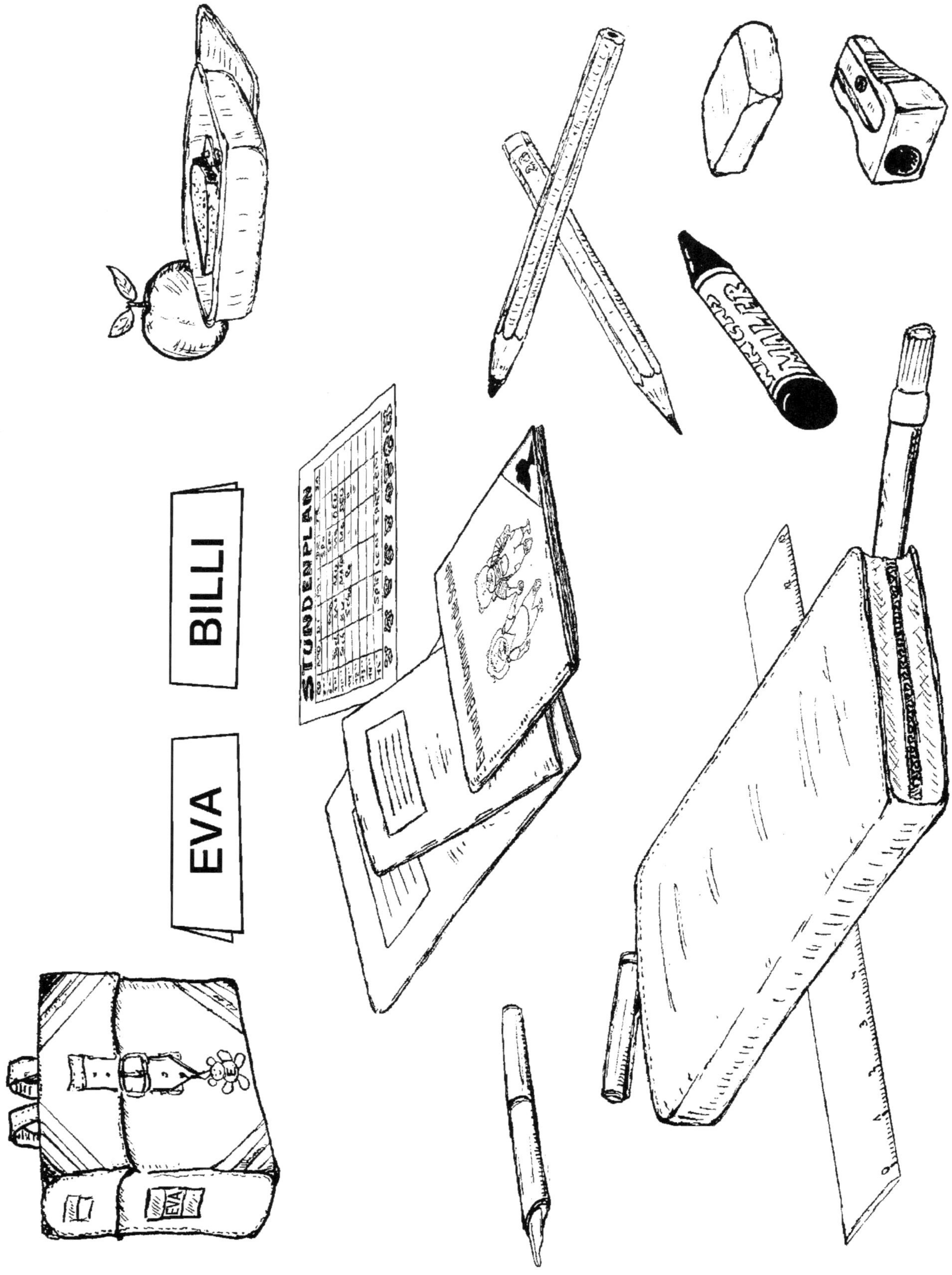
EVA
BILLI
STUNDENPLAN

⊗ ausstanzen

⊗ ausstanzen

Mama und Papa lesen.	
Eva mag Honig.	
Billi mag Brot.	
Tom mag Milch.	

Eva und Billi sind in der Schule.	
Eva hat eine blaue Hose.	
Billi hat eine rote Mütze.	
Fidi rennt.	

Billi ist im Haus.	
Fidi ist im Garten.	
Eva ist im Auto.	
Billi tanzt mit Eva.	

Rezept für Bären aus Teig

Zutaten
1,5 kg Mehl
3 Päckchen Trockenhefe
1/2 Teelöffel Salz
225 g Zucker
2 Päckchen Vanillezucker
1 unbehandelte Zitrone
225 g Butter oder Margarine
700 ccm Milch
Mehl für die Arbeitsfläche
2 Eigelb und 3 Esslöffel Milch zum Bestreichen
Rosinen und Hagelzucker zum Verzieren

Mehl, Trockenhefe, Salz, Zucker und Vanillezucker mischen.
Abgeriebene Zitronenschale, weiches Fett und lauwarme Milch zufügen und alles zuerst mit den Knethaken des Handrührers, dann mit den Händen zu einem glatten Teig verrühren.
Zugedeckt an einem warmen Ort etwa eine Stunde gehen lassen, bis sich das Teigvolumen verdoppelt hat.
Den Teig noch einmal durchkneten und auf wenig Mehl gut 1 cm dick ausrollen.
Bärenschablonen aus Pergamentpapier auf den Teig legen und mit einem „Pizzaroller" die Form ausschneiden.
Aus Teigresten dünne Rollen formen und für die Bären einen Schnurrbart und runde Nasen formen und auflegen.
Backblech mit Backtrennpapier auslegen und Figuren darauf legen.
Eigelb und Milch verrühren, Figuren damit bestreichen und mit Rosinen und Hagelzucker verzieren.
Noch mal etwa 10 Minuten gehen lassen.
In den auf 175 Grad/Umluft 150 Grad/Gas Stufe 2 vorgeheizten Backofen schieben und 20–25 Minuten backen.

Bärenwaldspaziergang

(nach »Umbalero« oder »Der Elefantenspaziergang«, Autor unbekannt)

Die Kinder sitzen auf ihren Plätzen oder im Stuhlkreis. Die Bewegungen der Bären werden mit den Händen auf den Oberschenkeln nachgeahmt. Dabei wird jeweils das Bärengebrumm in unterschiedlichen Nuancen gesprochen.

Im Bärenwald ging eine Bärenmutter spazieren.
BRUMM, BRUMM, BRUMM DI BRUMM

Mehrmals wiederholen, schwerfällig, gemütlich sprechen, dazu mit den Händen – z.B. auf den Knien – den Gang der Bärenmutter nachahmen.

Hinter ihr ging das Bärenkind. (Der kleine Bruder von Eva und Billi.)
BRUMM, BRUMM, BRUMM DI BRUMM

Wie oben, nur schneller, pfiffiger, verspielter ...

Die beiden trafen eine elegante Bärendame.
BRUMM, BRUMM, BRUMM DI BRUMM

Betont vornehm sprechen, elegante Bewegungen machen, beim BRUMM DI BRUMM die Schultern kreisen lassen.

Die Bärenmutter und die elegante Bärendame fingen an, sich zu unterhalten.
Und sie erzählten und erzählten und erzählten ... und es wurde dem Bärenkind ganz langweilig ...
Und es schlich sich leise davon ...
BRUMM, BRUMM, BRUMM DI BRUMM

Flüstern, erst langsam, dann immer schneller.

Das Bärenkind wollte Abenteuer erleben. Nach einer Weile kam es an einen See.
In dem See schwamm ein müdes Krokodil.
BRUMM, BRUMM, BRUMM DI BRUMM

Gähnend das BRUMM zum BROMM verzerren.

Das Krokodil ist müde, dachte das Bärenkind. Ich kann wohl ruhig ein paar Schritte ins Wasser gehen.
Aber als das das Krokodil sah, schwamm es auf das Bärenkind zu und ... biss es fast in den Fuß.
BRUMM, BRUMM, BRUMM DI BRUMM

Schluchzen, weinen.

Als das die Bärenmutter hörte, rannte sie herbei ...
BRUMM, BRUMM, BRUMM DI BRUMM

Laut, schnell und aufgeregt!

Sie sprang in das Wasser und rettete ihr Bärenkind. Sie tröstete es lange.
Dann sagte die Bärenmutter (erhobener Zeigefinger): *»Liebes Kind, das darfst du aber nicht tun, einfach weglaufen, ohne mir Bescheid zu sagen.«*
»Nein«, sagte das Bärenkind, »BRUMM, BRUMM das will ich nie wieder tun.«
Dann gingen beide nach Hause. Zuerst die Bärenmutter: BRUMM, BRUMM ...
Dann das Bärenkind: BRUMM, BRUMM, BRUMM DI BRUMM

Das Wetter ist so wunderschön.
Wir möchten gern zur Schule geh'n.

Eva und ihr Bruder Billi
suchen Evas Freundin Lili.

Wenn der neue Tag beginnt
rennt Fidi Fuchs zur Schul' geschwind.

Der Schulweg dauert ziemlich lange.
Und manchmal ist's dem Billi bange.

Die Eva hat kein Frühstücksbrot ...
... und Riesenhunger. Welche Not!

In der Pause auf dem Hof
nennt der Hase Fidi doof.

In der Klasse ist es leise.
Alle Kinder sind im Kreise.

Elfi Eule singt ein Lied.
Alle Kinder singen mit.

Hoppel, dieser kleine Hase,
fiel in der Pause auf die Nase.

Willi Wolf ist ziemlich sauer,
liegt im Gebüsch dort auf der Lauer.

Hoppel rennt zum Supermarkt.
Er hat sein Fahrrad dort geparkt.

Rita Reh ist klein und zart.
Bitte seid zur ihr nicht hart.

Doris Dachs ganz traurig spricht:
»Ich kann's Schleifebinden nicht.«

Holger Hirsch, der kennt Geschichten,
möchte immer mehr berichten.

Januar 	Februar 
März 	April 
Mai 	Juni 
Juli 	August 
September 	Oktober 
November 	Dezember 

2. Karteikarten mit Anregungen, Ideen und methodischen Hinweisen zu den Kopiervorlagen

Zur Handhabung der Karteikarten

Zu jeder Kopiervorlage GS KV 1–31 gibt es erläuternde Hinweise und Ideen für den Einsatz im Unterricht. Die Titelzeilen sind jeweils identisch: Zur Überschrift der ersten Kopiervorlage GS KV 1 »Familie Bär im Bärenwald« gibt es eine passende Karteikarte »Familie Bär im Bärenwald« unter GS AK 1.

Für Kopiervorlagen mit gleichem Thema, aber ggf. unterschiedlichen Akzenten oder Schwierigkeitsgraden, gibt es jeweils nur eine Karteikarte, wie z.B. für die Signalkarten GS KV 4–8, deren Einsatz auf der Karteikarte GS AK 4 erläutert wird.

Weitere Unterrichtsideen finden sich in der umfassenden Arbeitskartei unter IV.

Inhaltsverzeichnis der Arbeitskarten (GS AK 1–17)

Inhaltsverzeichnis der Arbeitskarten — GS AK 1–17

Familie Bär im Bärenwald — GS AK 1

s. Kapitel III.1: GS KV 1

Im Morgenkreis, im Erzählkreis nach der Pause findet sich die Klasse zusammen und die Kinder sprechen über das Bild der Familie Bär. Das Bild der Familie wird zum Anlass genommen, ausführlich über Familien und Lebensgewohnheiten hier bei uns, aber auch in anderen Kulturen zu sprechen. Es gibt in der Lebenswelt unserer Schüler nicht so oft diese Bilderbuchkonstellation Vater, Mutter und zwei oder drei Kinder. Deshalb sollte unbedingt auch die so genannte »Patchworkfamilie«, Großfamilie oder die Einelternfamilie erwähnt und thematisiert werden. Wenn Kinder die Antwort auf bestimmte Fragen nicht wissen, dann sollten sie angehalten werden, zu Hause nachzufragen.

Wer gehört zur Familie Bär?
Wer gehört zu deiner Familie?
Wie alt sind wohl die einzelnen Mitglieder der Familie Bär?
Wie alt bist du, sind deine Geschwister, deine Eltern?
Wo wohnt Familie Bär?
Wo wohnst du? Wie heißt die Straße, die Stadt?
Wer hat Großeltern? Wie heißen und wo wohnen sie?

Male das Bild der Familie Bär an!
Klebe das Bild in deine Mappe oder in dein Bärenheft!

Namen: Bärenfamilie GS AK 2

s. Kapitel III.1: GS KV 2

Vorübung im Stuhlkreis:
Die Namenskarten der Kinder in DIN-A4-Format in großen oder gemischten Druckbuchstaben liegen auf dem Fußboden. (s. Kapitel I.2: Kiga AK 15). Die Kinder sortieren die Karten nach unterschiedlichen Gesichtspunkten, sie suchen Gemeinsamkeiten heraus:

Welche Anfangsbuchstaben sehen gleich aus? Welche Namen sehen am Ende gleich aus?

Die Kinder sollen die Laute heraushören:

Welche Namen hören sich gleich an am Anfang, in der Mitte, am Ende? Welche Namen fangen mit MMMM an?
Welche Namen kennst du schon?
Welche Buchstaben kennst du schon?
Wer findet seinen Anfangsbuchstaben wieder?
Bei welchem Wort hörst du »P« am Anfang?
Welcher Buchstabe steht bei Billi am Ende?

Peter ruft einen Namen aus der Bärenfamilie, die anderen Kinder zeigen darauf.

Legt einen Muggelstein (ein Plättchen, einen Halmasetzer) *auf den Namen BILLI.*
Malt Billis Kreis blau an, Toms Kreis grün, Evas Kreis gelb.
Malt alle männlichen Namen grün an, alle weiblichen gelb.

Variation/Differenzierung:
Weitere Namen hinzufügen (Fidi, Lili, Ali, Uli, Uhu ...).

Bei Bil-li, E-va, kann ich zweimal klatschen. Bei welchen Namen aus unserer Klasse ist das auch so?
Wer hat den längsten Namen, wer den kürzesten?

Namen: Meine Familie GS AK 3

s. Kapitel III.1: GS KV 3

Vorübung im Stuhlkreis: Gespräch über Familienmitglieder

Wer gehört zu deiner Familie? Male jedes Familienmitglied in einen Rahmen!
Lasse die Namen zu Hause eintragen!
Vielleicht kannst du auch schon selbst die Namen deiner Familienmitglieder schreiben?

Wichtig: Den Nachnamen nicht vergessen. Er sollte gewusst und gesprochen, als Wortbild wieder erkannt, ggf. abgeschrieben werden können.

Differenzierung:
Die Personen können nach Alter geordnet werden. Vergleiche:

Zu Timos Familie gehören 4 Personen.
Bei wem sind es mehr? Bei wem gleich viel?
Wie viele Familien haben mehr als 4 Personen?
Wie viele haben weniger? (... die meisten, wenigsten Personen?)
Alle Kinder mit insgesamt 4 Personen in der Familie stellen sich nebeneinander.
Alle Kinder mit einem Bruder (... einer Schwester, einem Bruder und einer Schwester ...) *stellen sich zusammen.*

Signalkarten GS AK 4

s. Kapitel III.1: GS KV 4–8

Karten ggf. vergrößern (von Kindern anmalen lassen) und in entsprechenden Unterrichtsphasen aufhängen:

Ruhe – Frühstück – Arbeiten – Spielen – Sitz- oder Stehkreis.

Die Einhaltung der Regeln kann durch akustische Signale unterstützt werden, z.B.:

Ruhe:	Glöckchen	oder:	3 Tamburinschläge
Frühstück:	Knackfrosch	oder:	2 Tamburinschläge
Arbeiten:	Triangel	oder:	1 Tamburinschlag
Spielen:	Tamburin	oder:	Krabbeln mit Fingernägeln auf Tamburin
Kreis:	Klatschen	oder:	So lange auf Tamburin schlagen, bis alle versammelt sind

Wichtig: Immer das gleiche Signal zum gleichen Anlass gebrauchen. Bald können Kinder die »Signalgeber« werden.

Um die Kinder auf eine neue Phase einzustimmen, kann z.B. eine Spieluhr aufgezogen werden. Solange sie spielt, haben die Kinder Zeit, um aufzuräumen, sich an ihre Plätze zu setzen, ihr Frühstück oder ihre Stifte herauszuholen. Der Umgang mit Zeit kann so erfahren werden: 5 Minuten läuft die Spieluhr.

Wichtig: Signale und Rituale geben Struktur und Sicherheit, sollten aber nicht zum »Drill« missbraucht werden.

Anti-Stör-Schild GS AK 5

s. Kapitel III.1: GS KV 9

Das Sich-Ausruhen, Zur-Ruhe-Kommen und Sich-Entspannen sollte in den ersten Schulwochen eine große Rolle spielen. Viele Kinder müssen das in der Schule lernen, um sich überhaupt auf das Lesen, Schreiben und Rechnen einlassen zu können. Deshalb ist es wichtig, dass die Kinder lernen, sich zu sammeln. Ausführliche Anleitungen dazu gibt es in Kapitel IV.4.

Das »Anti-Stör-Schild«

- kann von außen an die Klassentür gehängt werden, damit alle wissen: Hier ist Ruhe, hier darf man nicht stören,
- kann als Signalkarte dienen beim Einsatz von Entspannungsübungen (LE AK 34–44),
- kann als Signalkarte dienen beim Erzählen von Geschichten aus dem Bärenwald (LE AK 57–65),
- mit verkleinerten »Anti-Stör-Schildern« können die Kinder ihrem Tischnachbarn signalisieren: Ich brauche jetzt Ruhe. Ich möchte allein und ungestört etwas tun.

Waldkinder und Luftballons — GS AK 6

s. Kapitel III.1: GS KV 10 und 11

Arbeitsblatt in zwei Schwierigkeitsgraden.

Finde den Weg zum richtigen Ballon!

Auge-Hand-Koordination: Erst mit dem Finger mehrmals den Weg nachfahren, mit dem Zeigefinger der rechten und der linken Hand, dann mit Stiften.

Wem gehört welcher Ballon?

Namen in die Ballons schreiben.

Gemeinschaftsarbeit (Kunst): Tier- und Menschenkinder und ihre Luftballons. Die Kinder malen Selbstbildnisse und große, bunte Luftballons mit ihren Namen auf einzelne Blätter, gleichfalls werden Bilder der Tierkinder und ihre Luftballons gemalt, bzw. angemalt. Die Bilder und Ballons werden ausgeschnitten, alles wird auf breite Pappstreifen geklebt. Kinder und Tiere werden dann mit ihren Namen-Luftballons verbunden.

Kunterbunte Buchstaben — GS AK 7

s. Kapitel III.1: GS KV 12 und 13

Arbeitsblatt in zwei Schwierigkeitsgraden.

Bekannte Formen wieder erkennen, mit Buchstaben spielen.

Verbinde gleiche Buchstaben.
Male gleiche Buchstaben gleich an.
Verbinde die Buchstaben zu BILLI, EVA, FIDI ...
Sammle alle I, L, B, A, V, E, schneide aus, klebe auf.
Klebe BILLI, EVA, FIDI ...
Sammle z.B. zum E Wörter und Bilder, die dazu passen, male mit dicken Stiften (oder: mit allen Stiften, die du hast) das E. Klebe, schreibe alles auf ein großes Blatt. (Auch als Gemeinschaftsarbeit!)

Meine Schultüte GS AK 8

s. Kapitel III.1: GS KV 14

Die Vorlage eignet sich für den 1. oder 2. Schultag. Der Inhalt der Schultüten der Kinder und der Tierkinder wird zum Unterrichtsthema.

Male deine Schultüte, wie sie von außen aussieht.
Male, was in der Schultüte ist oder war.

Die Vorlage kann zweifach verwendet werden. Neben der Gestaltung der Hülle der Schultüte kann der Inhalt außen gemalt werden. Oder es wird auf einem zweiten Blatt das Innere der Schultüte präsentiert..

Partnerarbeit

Malt zu zweit Billis, Evas, Fidis oder Lilis Tüte! Wie sah sie noch aus?

siehe Kapitel B II.1

Kim-Spiele: Wir packen eine Schultüte für ein Kind aus der Waldschule. Die Gegenstände werden auf die Vorlage gelegt und dann zugedeckt oder in eine echte Schultüte gesteckt.

Was haben wir hinein gelegt? Erinnere dich und zähle auf!
Welches Teil habe ich heimlich weggenommen? Kontrolliere!

Gleiche Gegenstände in unterschiedlichen Mengen:

Wie viele Radiergummis, wie viele Lutscher ... waren dabei?
Ein Teil ist in der Schultüte, das ist länglich mit Zahlen darauf. Wie heißt es?

In der gefüllten Tüte die Gegenstände ertasten: *Suche den Gegenstand heraus, der nicht hinein gehört.*

Bärenmaske GS AK 9

s. Kapitel III.1: GS KV 15

Arbeitsanweisung/Anregungen:

- Vorlage auf Pappe kopieren.
- Kinder malen die Maske an. (Der Bär muss nicht braun sein. Er darf andersfarbig oder auch ganz bunt sein. Er darf eine Haarschleife, einen Ohrring haben oder ...)
- Maske wird ausgeschnitten, ein Gummiband wird befestigt.

Im Stuhlkreis: Kinder setzen ihre Masken auf und suchen sich einen neuen Namen aus:

Ich bin nicht mehr Maren, ich bin jetzt Brummi.

Dann:

Mein rechter, rechter Platz ist leer. Ich wünsche mir den Brummi her.

Nur die neuen Namen verwenden. Hauptziele: Gedächtnis schulen, Sprache aktivieren, Kontakte fördern.

Auf dem Schulhof: »Wer fürchtet sich vorm wilden Bären?« nach der Spielregel: Wer fürchtet sich vorm Schwarzen Mann? Die Kinder tragen dabei ihre Bärenmasken und dürfen nach Herzenslust brummen, brüllen, tapsen und trampeln.

Bärenbriefe und Briefumschlag **GS AK 10**

s. Kapitel III.1: GS KV 16–18

- Die Klasse bekommt einen Brief aus dem Bärenwald.
- Die Schulkinder werden gebeten, den Waldkindern zu schreiben und erfahren damit die Schrift in ihrer Mitteilungsfunktion.
- Die Kopiervorlage 17 kann von der Lehrkraft entsprechend beschrieben werden (fiktiver Brief aus dem Bärenwald) oder den Kindern als Briefpapier dienen, damit Eva und Billi sich besonders darüber freuen. Natürlich kann auch eigenes Briefpapier gestaltet werden.
- Sie kann auch für Kinder mit größerer Schreibkompetenz genutzt werden, um erste eigene Bären-, Tier- oder Schulgeschichten zu schreiben.
- Vorlage 16 ist die einfachere Variante: Es wird ein Selbstbildnis gemalt und der eigene Name geschrieben. Alle Blätter könnten zusammengeheftet werden und so zum ersten »Klassenbuch« werden. Kinder mit vielen Ideen könnten parallel dazu ein »Klassenbuch« der Waldschule entwickeln mit selbst ausgedachten Figuren und Namen.
- Vorlage 18 ist eine Ausschneide- und Faltübung. Die Umschläge können mit eigenen Bildern, Schnippelbildern, Aufklebern verziert werden.

Büchertasche/Griffelmappe **GS AK 11**

s. Kapitel III.1: GS KV 19

Inhalt der Büchertasche/Griffelmappe bei Eva und Billi und den Kindern.

Wie heißen die Gegenstände?
Welchen hast du auch in deiner Tasche?
Wie viele Filzstifte, in welchen Farben? Male!
Wie viele Holzbuntstifte, in welchen Farben? Male!
Male dein Radiergummi, deinen Anspitzer!
Was gehört nicht in die Büchertasche?

Kim-Spiele mit dem Inhalt der Büchertasche: Eine bestimmte Auswahl an Gegenständen wird auf den Tisch gelegt, nach kurzem Einprägen und nach dem Bedecken durch ein Tuch geben die Kinder an, an welche Gegenstände sie sich erinnern. Jedes Kind legt einen Gegenstand aus seiner Büchertasche auf den Tisch. *Gut anschauen! Die Gegenstände werden mit einem Tuch verdeckt. Was hast du behalten?* (Merkstrategien entwickeln: Wo liegt der rote Stift? Was liegt neben dem Anspitzer? Wie viele Radiergummis liegen da?)

Differenzierung für Kinder mit Lese- und Schreibkompetenz: Schilder beschriften und den Gegenständen zuordnen, Schilder falsch zuordnen und von den Kindern berichtigen lassen.

Hampelbären GS AK 12

s. Kapitel III.1: GS KV 20 und 21

Die Hampelbären können angemalt, ausgeschnitten, auf Pappe geklebt und mit Fäden verbunden werden. Wenn möglich, sollten sie gleich auf Pappe kopiert werden.

- Die Bären können in unterschiedlicher Körperhaltung aufgeklebt werden (z.B. als Fenster- oder Wandfries). Jeder Bär wird charakterisiert: der Bär, der beide Arme hochreckt ... der Bär mit der blauen Schleife, der ganz gerade steht ... Jeder Bär kann einen Namen bekommen, sie können Verwandte von Eva und Billi sein.
- Die Bären können zu Sprach- und Wahrnehmungsübungen dienen: *Ich sehe einen Bären (eine Bärin). Er (sie) hat eine grüne Hose an und hebt den rechten Arm hoch. Zeige ihn (sie)! Wie heißt er (sie)?*
- Die Bären können verkleinert und vergrößert werden und Mappen, Hefte, Stundenpläne, Tischkarten, Fenster, Türen, Tafel verzieren. Sie können (mit Pappe verstärkt) umgehängt werden.

Lese- und Malbuch GS AK 13

siehe Kapitel III.1: GS KV 22–24

- Die Vorlagen dienen zum Lesen einfacher Sätze. Sie ergeben zusammen keine in sich geschlossene Geschichte. Sie sind für Kinder geeignet, die bereits mit Lesefertigkeiten in die Schule kommen. Die einfachen Sätze sollen erlesen werden, rechts daneben wird das passende Bild gemalt.
- Kindern, die noch nicht lesen können, werden die Sätze vorgelesen (Lehrkraft oder Klassenkamerad/in), dann malen sie.
- Die Vorlagen können wie Arbeitsblätter genutzt werden. Sie können aber auch in Streifen geschnitten und später in das Bärenheft oder die Bärenmappe geklebt werden. Mehrere Streifen, geheftet oder gelocht und zusammengebunden, ergeben ein eigenes Büchlein. Auch ein Leporello, ein Faltbilderbuch kann damit gestaltet werden. Neue Sätze können gefunden und geschrieben werden.

Schreib- und Erzählbuch — GS AK 14

s. Kapitel III.1: GS KV 25 und 26

- Die Kinder können zu den Bildern kleine Geschichten erzählen oder sie sogar selbst schreiben.
- Den Kindern sollen ggf. Formulierungshilfen und Satzmodelle vorgegeben werden. Begriffe sollen benannt und erklärt werden.
- Die Lehrkraft kann die »Sekretärin« des Kindes sein und seine Sätze aufschreiben.
- Die Eltern können zu Hause für das Kind die Geschichte aufschreiben, handschriftlich oder mit dem Computer.
- Kinder aus der Partnerklasse können Hilfestellungen beim Lesen und Schreiben geben.
- Die Vorlagen können wie Arbeitsblätter genutzt, aber auch als kleine Bücher hergestellt werden.

Bären aus Teig/Rezept und Schablone — GS AK 15

s. Kapitel III.1: GS KV 27

- Die Bärenschablonen (Kopf von Eva, ganze Figur bei Billi) sollten vergrößert werden. Es kann nur der Bärenkopf oder auch der ganze Körper gebacken werden.
- Sie sind auch ein ganz besonderes Geschenk für die Schulanfänger, wenn sie vor dem ersten Schultag von Eltern oder den neuen »Großen« der Schule, den Viertklässlern gebacken werden.
- Zum Höhepunkt oder Abschluss des Bärenprojektes können sie bei einem Bärenfest hergestellt werden.
- Rezept und Schablone werden in die Mappe oder das Heft geklebt. In späteren Zeiten kommen die Kinder gerne darauf zurück.

Schnippelbogen GS AK 16

s. Kapitel III.1: GS KV 28

Der Schnippelbogen

- Dient zum Gestalten von Mappen, Heften, Arbeitsblättern, Postern. Man kann die Bilder beliebig vergrößern und verkleinern, der Fantasie sind keine Grenzen gesetzt.
- Die Figuren können angemalt werden, auch beim Elternabend von den Eltern. Auf Pappe geklebt und in Folie eingeschweißt werden sie zu Tischsets. Man kann sie auch auf selbstklebende Folie drucken und Sticker davon herstellen.
- Beim Schulfest oder Basar können sie auf T-Shirts gedruckt oder zu Buttons verarbeitet werden.
- Sie können als Erzählanlass dienen: »Was Eva und Billi am Nachmittag gerne tun.« Die Tätigkeiten werden benannt, eventuell vorgespielt und geraten, mit eigenen Hobbys ergänzt.
- Die Kinder können Geschichten dazu erfinden, diese selbst aufschreiben bzw. sie sich aufschreiben lassen. Sie können sich selbst dazu malen und sich in die Bärengeschichte integrieren: »Bei einem Spaziergang im Wald traf ich Eva und Billi ...«
- Es können Ratespiele hergestellt werden: Auf ein großes Poster werden viele angemalte Bärenfiguren geklebt. Dann wird z.B. nach dem Prinzip »Ich sehe was, das du nicht siehst« gespielt.

Bärenwaldspaziergang GS AK 17

s. Kapitel III.1: GS KV 29

Der »Spaziergang im Sitzen« dient zur Sammlung und zur Entspannung. Die Kinder sitzen auf ihren Plätzen oder im Stuhlkreis.

- Die Bewegungen der Bären werden mit den Handflächen auf den Oberschenkeln nachgeahmt: Die Bärenmutter geht schwer und behäbig. Die Hände drücken langsam und kräftig abrollend auf die Oberschenkel. Das BRUMM DI BRUMM wird entsprechend langsam und tief gesprochen.
- Das Bärenkind dagegen geht leicht, schnell, brummt fröhlich und singend. Die Bärendame ist vornehm, benimmt sich und spricht geziert.
- Das Beißen des Krokodils kann durch Schnappen der einen in die andere Hand dargestellt werden.
- Das Trösten des Bärenkindes wird durch Streicheln der Wange verdeutlicht.

Der eigenen Fantasie sind keine Grenzen gesetzt. Die Bärenfamilie kann bei ihren Ausflügen alle möglichen Personen und Tiere treffen: den Jäger, vor dem man sich verstecken sollte, den Waschbären, die Menschen, die ein Picknick veranstalten ...

Diese Kopiervorlage dient als »Hausaufgabe«: Eltern und Kinder sollen gemeinsam üben. Deshalb wird dieses Blatt den Kindern mitgegeben, evtl. bei einem Elternnachmittag gemeinsam gespielt und das Blatt kommt in die Bärenmappe.

Waldschulverse GS AK 18

s. Kapitel III.1: GS KV 30

- Die Verse sollten leicht vergrößert und ggf. als Streifen den Kindern angeboten werden. Die Verse können im Stuhlkreis vorgelesen werden. Die Kinder können evtl. jeweils das passende Reimwort finden.
- Zu den Versen kann erzählt (»Wie geht die Geschichte weiter? Wie könnte man helfen?«), gemalt, gespielt und nicht zuletzt von Kindern mit hoher Schreibkompetenz geschrieben werden.
- Einige Kinder können vielleicht schon selbst lesen. Andere mögen gerne neue Verse, vielleicht über sich und die Klassenkameraden, dichten, die von der Lehrkraft oder den Eltern aufgeschrieben werden können.
- Zu jedem Vers kann ein Bild gemalt werden, und aus den gesammelten Versen und Bildern kann ein Buch entstehen.

Geburtstagskalender GS AK 19

s. Kapitel III.1: GS KV 31

Der Geburtstagskalender dient der Orientierung im Jahreslauf.

- Er sollte vergrößert im Klassenraum aufgehängt werden. Jedes Kind ermittelt seinen Geburtstag und die Lehrkraft trägt ihn ein.
- Als »Hausaufgabe« zusammen mit den Eltern können die Kinder einen eigenen Geburtstagskalender mit den Geburtstagen von Familienmitgliedern und Freunden erstellen.

Material für Erzieher und Lehrer

Arbeitskartei für die Erzieherin/Lehrkraft

Karteikarten mit Anregungen, Ideen und methodischen Hinweisen zu verschiedenen (Fach-)Bereichen

IV

Einführung: Hinweise zur Arbeitskartei

Die Karteikarten enthalten Anregungen für Angebote für alle Kinder einer Klasse, auch für stark heterogene Gruppen und für leistungsschwächere sowie leistungsstärkere Kinder. Dabei gibt es u.a. Ideen für den spielerischen Umgang mit Zeichen, Buchstaben, Ziffern, Mengen, für Entspannungsübungen, Aktivitäten, Bewegungsspiele und Lieder. Die Karteikarten sind in den einzelnen Bereichen fortlaufend nummeriert, um das Wiederfinden zu erleichtern.

Der Inhalt der Arbeitskartei ist wie folgt gegliedert:

- Bärengeschichte (LE AK 1–13)
- Sprache/Laute/Buchstaben/Wörter (LE AK 14–24)
- Bereich Mathematik (LE AK 25–33)
- Entspannungsübungen (LE AK 34–44)
- Bewegungsspiele (LE AK 45–49)
- Spiele und Musik (LE AK 50–52)
- Aktivitäten (LE AK 53–56)
- Neue Geschichten (LE AK 57– 65)

Diesen Karteikarten können hinzugefügt werden

- der Kartensatz für das Basisprogramm im Kindergarten (Kiga AK – s. Kapitel I.2)
- der Kartensatz zu den Kopiervorlagen (GS AK – s. Kapitel III.2)

Zur Handhabung

Die Seiten sollten jeweils auf Karton kopiert werden. Dann kann man sie durchschneiden und als Karteikarten in einem Kasten aufbewahren. Sie können auch auf Papier kopiert werden, dann empfiehlt es sich, sie einzulaminieren. Sie können aber auch in DIN-A5-Folientaschen gesteckt und in einem entsprechenden Ordner aufbewahrt werden. Bewahrt man alle Karteikarten zusammen auf, empfiehlt es sich, mit farbigen Registerblättern zu arbeiten.

Wir heften uns Merkzettel (so genannte »Post it«-Zettel) mit Notizen über Lernstand und Förderbedarf einzelner Kinder an die Karten, damit wir den Eltern bei Gesprächen nützliche Förderhilfen geben können. Auch Anregungen und Notizen über Kritikpunkte bei der Durchführung einer Unterrichtsidee, ihre Variationen oder Veränderungen oder auch neue, eigene Ideen heften wir an die Karteikarten, um sie bei einer weiteren Durchführung des Projektes im nächsten Schuljahr noch ökonomischer nutzen zu können.

Inhaltsverzeichnis der Arbeitskartei (LE AK 1- 65)

Inhaltsverzeichnis der Arbeitskartei — LE AK 1–52

Inhaltsverzeichnis der Arbeitskartei — LE AK 53–65

Anregungen, Ideen, methodische Hinweise zur Bärengeschichte für den Schulanfang

»Eva und Billi kommen in die Schule« (s. Kapitel II.1)

Auf den folgenden Karteikarten ist die Bärengeschichte*, aufgeteilt in einzelne Segmente. Zu jedem Segment gibt es unterrichtspraktische Anregungen, aus denen die Lehrkraft oder Erzieherin für ihre Schülerinnen und Schüler geeignete auswählen kann. Die Vorschläge beinhalten oft Differenzierungsmöglichkeiten für heterogene Lerngruppen und Zusatzangebote für offenere Unterrichtsformen. Keinesfalls sollen die Anregungen chronologisch abgearbeitet werden, es geht darum die für die Kinder passenden Angebote zu finden (s. »Theoretische Grundlagen«).

Wir empfehlen, die Eltern bei Vorbereitungsaufgaben mit einzubeziehen. So können beim ersten Elternabend vor der Einschulung, gleichgültig ob im Kindergarten oder in der Schule, die Eltern die kopierte Bärengeschichte für die Kinder zusammenheften oder mit Spiralbindung versehen. Zudem gibt es meistens Väter oder Mütter, die gerne auch die Kopieraufgaben übernehmen.

* Die Bärengeschichte ist im Kapitel II, »Eva und Billi kommen in die Schule, eine Bärengeschichte für den Schulanfang«, enthalten. Es ist ein Bilder-, Lese- und Arbeitsbuch für die Hand der Kinder. Dort sind auch kleinere Aufgaben zu finden, die im Buch zu lösen sind.

Mein Name – meine Wohnung

Tief im dunklen Wald, hinter den beiden dicken Tannen, nahe beim Zwergenhaus wohnt die Familie Bär: Mutter Bär, Vater Bär, Billi Bär, Eva Bär und Tom Bär.

Umweltwissen:

Wo wohnst du?
Wie heißt die Straße?
Wer wohnt neben euch?
Welche Geschäfte sind in der Nähe?
Wie heißt du mit Vor- und Nachnamen?

Lese- und Schreibvorerfahrungen:

Welche Bärennamen kennst du? (Billi, Eva, Tom ...)
Male Gesichter dazu!
Schreibe deinen Namen!
Male dich so, wie du jetzt bist!
Wer gehört zu deiner Familie? Male und schreibe! Lasse die Namen zu Hause eintragen!

Mappen mit Arbeitsblättern oder DIN-A4-Hefte anlegen, in denen »Eva und Billi«-Aufgaben gesammelt werden. Anregungen dazu gibt es auch in den Kopiervorlagen.

Bärengeschichte LE AK 2

Farben

Tom Bär ist noch ein Baby, aber Eva und Billi sind schon bald Schulkinder. Morgen ist ihr erster Schultag. Vater Bär hat aus der Stadt zwei funkelnagelneue Büchertaschen mitgebracht, eine in Rot und eine in Blau.

Arbeitsanweisungen:
Auf der Fensterbank liegen kleine Arrangements zusammengestellt aus Dingen gleicher Farbe, dem Farbwort und den Namenskärtchen der Kinder, deren Lieblingsfarbe sie ist.

Beispiel: Meine Lieblingsfarbe ist »blau«:

- blauer Taftstoff, Igelball, Wachsknete, Luftballon, Geschenkpapier, Wortkarte,
- »blau«, in blauer Schrift geschrieben,
- großer Bogen Pappe, auf dem alle Kinder ihre blauen Stifte ausprobieren dürfen,
- Namensschilder der Kinder, deren Lieblingsfarbe »blau« ist,
- im Bärenheft blaue Gegenstände malen,
- blaues aus Zeitschriften ausschneiden und Plakat erstellen,
- blaue Schriften sammeln.

Bärengeschichte LE AK 3

Fantasie/Sprache

Eva und Billi finden die Taschen wunderschön. Sie sind auch ganz neugierig auf das, was in den Taschen ist. Sie freuen sich auf die Schultüte, die im Schrank versteckt ist, aber ...

Arbeitsanweisungen:

Was ist los? Erzähle, male ...!
Wie ging es dir am Tag vor dem ersten Schultag?

Rollenspiel mit mitgebrachten Teddybären:

Bald soll ich in die Schule!
Ich gehe jetzt in die Schule, aber ...!

Sitzkreis: Jedes Kind sollte möglichst zwei Sätze sagen, z.B.:

Ich freue mich auf die Schule, weil ich ... (z.B. meine Freunde treffe).
Ich freue mich nicht auf die Schule, weil ... (z.B. da zu viele Kinder sind).

Erfahrungen der jetzigen Zweitklässler oder der Kinder aus der Patenklasse können gehört oder vorgelesen werden. Jedes Kind aus der 2. Klasse hat einen Text geschrieben von seinem ersten Schultag und ein Bild dazu gemalt.

Bärengeschichte LE AK 4

Ängste verbalisieren

Eva und Billi wollen nicht in die Schule. Seit Monaten haben sie sich auf die Schule gefreut, haben andere Kinder danach gefragt, sind auch schon zu Besuch in der Schule gewesen ... Aber seit gestern hat Billi keine Lust mehr, zur Schule zu gehen und keiner weiß, warum.

Eva, seine Zwillingsschwester, hat sich anstecken lassen wie bei einer Krankheit. Beide sagen: »Schule ist doof! Wir gehen nicht hin!« Die Eltern versuchen, Eva und Billi zu überreden »Ihr lernt ganz viel in der Schule. Alle Kinder aus dem Wald, die in eurem Alter sind, werden dort sein. Wollt ihr denn weiter mit den Kleinen in den Kindergarten gehen?«

Aber Eva und Billi maulen »Wir wollen nichts lernen. Wir gehen nicht in die Schule.«

Arbeitsanweisungen:

- *Warum wollen Eva und Billi nicht mehr in die Schule?*
- Gefühle besprechen (s. Kapitel I.2: Kiga AK 21)
- Karte: Entspannung durch Projektion (s. Kapitel IV.4: LE AK 41)
- Karte: Entspannung durch Aggressionsabbau (s. Kapitel IV.4: LE AK 36)

Bärengeschichte LE AK 5

Basteln

Am Abend, als die Familie zum Schlafen in ihr Waldhaus gehen will, sind Mama und Papa Bär ein bisschen ratlos. Eva und Billi sind immer noch störrisch und schlecht gelaunt. Plötzlich fällt mit lautem »Platsch« etwas vor ihre Füße. Es ist ein dickes Buch mit wundervollen Bildern.

Eva und Billi blättern und blättern. Da ruft die alte Eule oben vom Baum, und die Lesebrille rutscht ihr dabei fast von der Nase: »Hände weg von meinem Buch! Gerade an der spannendsten Stelle muss es mir aus den Flügeln fallen! Sofort wieder her damit! Huhuuu, ist das spaaannend!« »Erzähl uns doch von der Geschichte, liebe Eule, so wie sonst!«, bitten die Kinder.

»Nix da, muss selber fertig lesen. Ihr geht ja bald in die Schule und könnt dann selber lesen. Ich leih' euch später mein Buch, wenn ihr lesen könnt.«

»Aber Eva und Billi wollen gar nicht in die Schule!«, will Mama Bär gerade rufen, da zupft Billi an ihrem Rock: »Quatsch, natürlich wollen wir in die Schule. Wir sind doch keine Kindergartenkinder mehr!«

Arbeitsanweisungen:

Leseeule, z.B.: in Partnerarbeit braunes Krepppapier in kleine Stücke reißen und knüllen. Damit den Körper einer Eule bekleben, für Augen und Schnabel entsprechende Farben wählen.

Sachinformationen:

- Bilder von verschiedenen Eulen zeigen
- Kenntnisse über Eulen mit den Schülern zusammentragen
- Vogelfedern sammeln und betrachten

Bärengeschichte	LE AK 6

In der Waldschule

Am nächsten Morgen ist die Familie Bär ganz aufgeregt. Die Büchertaschen stehen funkelnagelneu und fertig gepackt auf dem Schrank. Alle sitzen am Frühstückstisch. Eva und Billi können keinen Bissen herunterkriegen. Sie zappeln ständig mit den Händen und Füßen, den Armen und Beinen. Dann geht es endlich los. Die Mutter packt Tom in den Kinderwagen, und Vater nimmt die großen, bunten Schultüten mit. Eva und Billi rennen vorweg.

Viele Waldkinder stehen vor der Schule. Sie hat ein rotes Dach, viele Fenster, eine große, blaue Tür. Zwei dicke Bäume stehen neben der Schule. Auf der Wiese blühen bunte Blumen, und es gibt sogar einen Spielplatz.

Manche Kinder, die nahe am Waldrand wohnen, unterhalten sich über Fernsehsendungen, die sie durch die Fenster der Menschenhäuser gesehen haben. Billi ärgert sich sehr, denn er kennt kein Fernsehen.

Da kommt die Lehrerin. Sie sieht nett aus. Sie hat ein rotes Kleid mit schwarzen Punkten an. Sie begrüßt die Kinder und Eltern, und alle singen ein Lied.

Arbeitsanweisungen:
Textverständnis zeigen, Informationen behalten, wiedergeben und bildnerisch umsetzen, Fragen beantworten, sich erinnern und Vorstellungen entwickeln.

Male die Schule und die Umgebung, so wie sie beschrieben werden!
Wie sieht Billis und Evas Lehrerin aus?
Male die Lehrerin so an, wie sie beschrieben wird! (s. Kapitel II.1)
Male deine Wunschlehrerin/deinen Wunschlehrer!
Wie sieht die Waldschule aus?
Wie sieht deine Schule aus?
Wie sieht deine Lehrerin/dein Lehrer aus?
Ein Lied lernen!

Bärengeschichte	LE AK 7

Vieles ist neu und fremd

Dann gehen die Schulkinder in den Klassenraum. Billi möchte am liebsten heulen. Die meisten Kinder sind ihm fremd und auch die Lehrerin kennt er nicht. Mama und Papa müssen draußen bleiben. Aber er hat Eva bei sich. Jetzt entdeckt er auch noch Fidi Fuchs, seinen besten Freund. Da geht es Billi schon besser!

Sie setzen sich alle zusammen an einen Tisch. Fidi erzählt ganz laut, was er in seiner Büchertasche hat. Da sagt die Lehrerin, sie sollen leise sein. Warum eigentlich? Eva und Billi möchten doch jetzt wissen, was Fidi bekommen hat.

Arbeitsanweisungen:

- In kleinen Rollenspielen die wichtigsten Verhaltensregeln für das Miteinander im Klassenraum einüben. Den Kindern gefällt es, wenn die Lehrkraft vorspielt, wie sich einige Tierkinder im Bärenwald verhalten und wie sie dann gelernt haben, wie es besser geht.
- Einführen optischer und akustischer Signale, die immer gleich bleiben Sitzordnung besprechen. (s. Kapitel I.2: Kiga AK 29 und 30)
- Karte: Entspannung durch Rituale (s. LE AK 34).

Bärengeschichte	**LE AK 8**

Wortbilder erkennen

Alle Kinder sollen nun ihren Namen sagen, Vor- und Nachnamen. Dann sollen sie aus vielen Schildern ihr Namensschild herausfinden. Fidi kann das nicht, aber Eva und Billi helfen ihm.

Arbeitsanweisungen:

- Vor- und Nachnamen sagen.
- Eigene Namensschilder mit Vornamen (nur große Druckbuchstaben oder große und kleine Druckbuchstaben) finden. Die Kinder helfen sich gegenseitig.
- Im Stuhlkreis sitzen, alle Namensschilder in die Mitte stellen und die Kinder bringen sich gegenseitig die passenden Namensschilder, sofern sie dieses erlesen können.
- Ins Bärenheft ein Selbstbildnis und die Bären malen. Dazu die Namen schreiben

s. Kapitel III.2: GS AK 2+3

Bärengeschichte	**LE AK 9**

Namen von »Schulwerkzeugen« kennen lernen

Dann dürfen endlich alle Kinder zeigen, was sie in der Büchertasche haben. Sie lernen, dass es Filzstifte, Holzbuntstifte, Wachsstifte, Bleistifte gibt, Radiergummis und Anspitzer.

Arbeitsanweisungen:
Inhalt der Büchertasche ansehen. Richtige Bezeichnungen kennen lernen und aussprechen können.

Zeigt den roten Buntstift!
Legt den Anspitzer auf den Tisch!

Besprechen, was jeden Tag in der Büchertasche sein muss, bzw. was nicht in die Büchertasche gehört.

Kim-Spiel: Jedes Kind legt einen Gegenstand in die Mitte. (Einige daraus auswählen, Anzahl stetig erhöhen.) Gut merken! Tuch darüber legen:

Wer weiß noch, was alles unter dem Tuch liegt?
Male in dein Bärenheft alles, was in deiner Büchertasche ist.

s. Kapitel III.1: GS KV 19
s. Kapitel III.2: GS AK 11

Bärengeschichte	LE AK 10

Ich kenne Buchstaben

Und dann ... endlich ... lernen sie einen Buchstaben:
z.B. das »B« von Billi
oder das »E« von Eva
oder ...

Arbeitsanweisungen:

Welche Buchstaben kennst du schon?

- Ins Bärenbuch schreiben.
- Aus Buchstabenkiste Holz- oder Pappbuchstaben heraussuchen und auf dem Tisch sammeln, an die Tafel kleben oder an einen »Buchstabenbaum« (trockener Zweig) hängen.
- Gleiche Buchstaben verbinden, in eine Reihe legen.
- Auf einem Arbeitsblatt bekannte Buchstaben einkreisen und benennen lassen.
- Buchstaben des eigenen Namens und die von Eva und Billi einkreisen.
- Zuvor Arbeitsformen und Begriffe wie »einkreisen, verbinden, legen, benennen« abklären und üben.
- Buchstaben zusammenlegen, sodass ein Name entsteht. Diesen auf Kärtchen abschreiben und an einen »Wörterbaum«, eine »Wörterleine« hängen.

Bärengeschichte	LE AK 11

Was in einer Schultüte sein kann

Dann erzählt die Lehrerin eine Geschichte von den Menschenkindern. Und die Tierkinder erfahren, wie Menschenkinder sich an ihrem ersten Schultag fühlen. Sie lernen ein neues Lied. Und dann ist der erste Schultag schon zu Ende. Eigentlich schade! Eva und Billi wissen, dass vor der Tür Mama und Papa mit der Schultüte warten. Was wohl darin sein mag?

Arbeitsanweisungen:

Was könnte in Billis und Evas Schultüten gewesen sein?
Worüber würden sich Bären freuen?

Evtl. auf Realitätsbezug hinweisen und klären, dass dieses »nur« eine Geschichte ist. Was fressen Bären? Wie leben Bären wirklich? Informationen einholen.

Worüber würdest du dich freuen?
Was passt in eine Schultüte und was nicht?

Unsinnige und unpassende Gegenstände nennen:

Rollschuhe passen nicht in die Schultüte, aber ...
Ich packe in meine Schultüte ... (Wie »Ich packe meinen Koffer«!)

Meine Schultüte

Als die Waldkinder am ersten Tag aus der Schule kommen, da stehen alle Mamas und Papas, auch die eine oder andere Oma und zwei Opas vor der Schule. Alle Schulkinder bekommen ihre Schultüten. Dann werden Fotos gemacht. Billi bekommt eine gelbe Tüte mit blauen Punkten und Eva eine rosa Tüte mit grünen Punkten. Billi möchte am liebsten so eine Schultüte haben wie sein Freund Fidi Fuchs. Sie ist rot, und es sind viele bunte Autos darauf geklebt. Und Lili Eichhorn hat sogar eine mit vielen Teddybären darauf.

Billi ist neidisch und ärgert sich. Aber als die anderen Kinder Billis Tüte bewundern, ist er ganz zufrieden und stolz. Eva stöbert schon in ihrer Tüte. Sie will wissen, ob ihre geliebten Honigbonbons darin sind. Endlich zu Hause angekommen, werden die Schultüten ausgepackt.

Arbeitsanweisungen:

Was mag wohl darin gewesen sein?

- Lehrkraft erzählt, gestützt auf die vorherigen Vermutungen der Kinder, was in Billis und Evas Tüten war.
- Kinder malen im Bärenheft Schultüten an, entweder so wie die der Waldkinder oder wie ihre eigene (s. Kapitel III.2: GS AK 8).

Wörter sammeln, die die Kinder kennen

Am Abend holt Eva ein Buch aus dem Regal und will dem kleinen Tom eine Geschichte vorlesen. »Wenn ich in die Schule gehe, kann ich auch lesen«, denkt sie. Aber mit diesen schwarzen Zeichen kann sie nichts anfangen. Da! Sie entdeckt ein »E«, mit dem fängt ihr Name an, ein »B«, damit beginnt Billis Name. Aber was nun? Eva schluchzt laut auf und wirft das Buch in die Ecke. »Mist-Schule, da lernt man ja gar nicht lesen!«, ruft sie enttäuscht.

Mama Bär kommt und sagt: »Du hast heute nur wenige Buchstaben gelernt. Du musst erst noch mehr davon kennen lernen. Du kannst schon deinen und Billis Namen lesen, auch MAMA, PAPA, OMA, OPA. Jeden Tag wird es ein bisschen mehr. Aber du musst auch üben. Du musst dir die Buchstaben merken, hören, womit ein Wort anfängt und aufhört, Wörter wieder erkennen, kleine Sätze bilden. Sätze gibt es, wenn man mehrere Wörter aneinander hängt. Wenn ich sage: Du hast schon viel gelernt, dann ist das ein Satz. Und wenn ich sage: Du musst jetzt ins Bett gehen! ... dann ist das ein Satz und ein Befehl. Also hopp! Ab ins Bett!«

Im Bett erzählt Eva dem Billi, was Mama ihr zum Lesen erklärt hat. »Wenn ich gewusst hätte, dass es so mühsam ist und so lange dauert, dann wäre ich doch nicht in die Schule gegangen«, stöhnt Billi.

»Na, aber dann kannst du später auch nicht die Liebesbriefe lesen, die deine Freundin Lili dir schreibt«, ärgert Eva ihn und wird zur Strafe von Billi einfach aus dem Bett geschubst.

Arbeitsanweisungen:

- Ins Bärenheft Wörter schreiben, stempeln oder auch ausschneiden (Reklameschriftzüge), die den Schülern bekannt sind.
- Von anderen Kindern, Eltern und Geschwistern Wörter sammeln und aufschreiben lassen.
- Im Laden, auf der Straße Wörter sammeln.
- Hilfestellung: Die Lehrkraft/Erzieherin schreibt die gefundenen Wörter auf.

Sprache/Laute/Buchstaben/Wörter	Vorbemerkungen

In den vorgeschlagenen Übungen geht es um den spielerischen Umgang mit Sprache, sowie mit Lauten, Buchstaben, Namen und Wörtern. Kinder, die auf diesem Gebiet noch wenig Erfahrung im Vorfeld von Schule und Kindergarten gewonnen haben, sollen die Möglichkeit bekommen, diese teilweise nachzuholen.

Der Umgang mit dem eigenen Namen sowie dessen Anlauten, dem Namen anderer Kinder und dem Namen von Identifikationsfiguren und Kuscheltieren dient im Besonderen den Kindern als Motivation, die wenig mit Schrift in Berührung gekommen sind. Das Erfahren der Buchstaben mit mehreren Sinnen hat besonders bei den eben genannten Kindern zur Folge, dass zum Lernen und Behalten unterschiedliche Zugangsmöglichkeiten geschaffen werden, die motivierend und Erfolg versprechend sind.

Für Kinder mit entsprechenden Vorkenntnissen gibt es eine Fülle von Möglichkeiten, diese einzubringen, also zu lesen und zu schreiben.

Die phonologische Bewusstheit zu schulen, ist inzwischen Ziel in diversen Kindergartenprogrammen. Auch hier geht es, sowohl im Kindergarten als auch in den ersten Schulwochen, darum, das sprachliche Gehör der Kinder spielerisch zu fördern und weiterzuentwickeln.

Der spielerische Umgang mit Sprache durch Verse und Fingerspiele wird geübt angesichts der Anzahl der Kinder, die aus verschiedenen Gründen nicht oder nur unzureichend die notwendigen Erfahrungen im Vorschulbereich gemacht haben. Nach unserer Erfahrung ist dabei die Kombination von Sprechen und Bewegung für viele Kinder mit Schwierigkeiten verbunden und bedarf der Übung.

Aktivitäten	LE AK 14

Aktivitäten mit dem Buchstaben »B« (oder jedem anderen Buchstaben)

- Situationen schaffen, den Buchstaben wahrzunehmen.
- Einen Gegenstand oder Ähnliches mit einem Buchstaben in Verbindung bringen (Billi Bär steht für das »B«).
- Buchstaben lautieren und zwar so, dass er von den Kindern mit unterschiedlicher Betonung oder Lautstärke gesprochen wird (z.B. traurig, böse, fröhlich ...).
- Buchstaben mit einem dicken Wachsstift auf ein Blatt schreiben, dann mit Wasserfarbe übermalen. Der Buchstabe tritt aus der Wasserfarbe hervor.
- Buchstaben mit verschiedenen Materialien nachkleben (Wolle, Sand, Fell, Bohnen, Wellpappe, sodass der Buchstabe auch gefühlt werden kann).
- Buchstaben mit dem Finger auf den Rücken schreiben.
- Buchstaben mit verschiedenfarbenen Wachsstiften immer wieder nachschreiben.
- Buchstaben groß auf den Boden malen und von den Kindern ablaufen lassen.
- Plakat mit Gegenständen herstellen, die mit einem »B« beginnen.
- Billis Back-Bananen: Bananen mit Bienenhonig bestreichen und auf einem Backblech im Ofen backen.
- Bonbon-Ausstellung: Bonbons mitbringen, dem Lieblingsbonbon das passende Namensschild zuordnen.
- Sätze dazu sprechen:

Uli mag Fruchtbonbons.
Nina mag Gummibärchen.

Aktivitäten LE AK 15

Buntes Bild (zur Einführung des »B«)

- Collage aus Bunt- und Zeitungspapieren herstellen.
- Kinder probieren ihre Stifte aus, es entstehen »B« und »b« in allen Farben und Größen.
- Sie tuschen bunte Flecke mit Wasserfarbe und entdecken Mischfarben.
- Sie sammeln Materialien in allen Farben.

Rate-Ballspiel mit blauem Ball

Die Lehrkraft beschreibt einen Gegenstand, der mit »B« anfängt (z.B. rund, rollt, man kann damit spielen ... oder hat einen Stamm und Äste ...). Kinder erraten ihn. Dann wirft die Lehrkraft einem Kind den Ball zu, das ebenfalls einen Gegenstand mit »B« beschreibt.

Ratespiel

Ich sehe was, was du nicht siehst und das fängt mit »B« an.

»B« erfahren

- Großes und kleines »B« als Negativform in Wachsknete drücken und mit Murmel nachfahren.
- »B« im Sandkasten mit Finger oder Stock schreiben.
- Vogelsand in eine große Keksdose schütten, mit dem Finger im Sand schreiben.
- Mit Klebestift »B« auf eine Karte auftragen, diese sofort mit Vogelsand überschütten, sodass der Buchstabe in Sand sichtbar wird.

Bärennamen LE AK 16

Namen üben

Neben dem Umgang mit Wörtern soll das Gedächtnis geschult, die Sprache aktiviert werden und die Kinder sollen Kontakte knüpfen.

- Kinder malen eine Bärenmaske ihren Vorstellungen entsprechend an. Der Bär muss nicht zwingend braun sein und er kann auch Ohrringe, Haarschleife tragen. Individualität und Kreativität sind gefragt
  (s. Kapitel III.1 GS KV 15 und III.2 GS AK 9)
- Die Kinder beschreiben ihren Bären:

  Mein Bär ist ein Mädchen. Sie heißt ...
  Sie hat eine rote Haarschleife und goldene Ohrringe.

- Im Stuhlkreis setzen die Kinder ihre Masken auf, suchen sich einen neuen Namen und stellen sich vor:

  Ich bin nicht mehr Maren, ich bin jetzt Brummi.

  Die Lehrkraft schreibt Namensschilder, damit die Namen nicht vergessen werden.

- Spiel:

  Mein rechter Platz ist leer, ich wünsche mir den Brummi her.

  Dabei nur die neuen Namen verwenden.

- Die Kinder erhalten Namensschilder mit ihrem richtigen Namen auf der einen Seite und dem Bärennamen auf der anderen Seite. Sie suchen sich ihr Schild und entscheiden, welchen Namen sie benutzen wollen. Variation: Die Kinder haben ihre eigenen Stofftiere mitgebracht. Diese bekommen Namensschilder. Alle bemühen sich gemeinsam, für ihre Stofftiere die richtigen Schilder zu finden.

Namen LE AK 17

Bärennamen und Kindernamen

(s. Kapitel III.1 GS KV 2 und 3; III.2 GS AK 2 und 3)

- Namen der Kinder (oder auch nur den Anfangsbuchstaben des Vornamens) in Großbuchstaben auf Pappe schreiben und mit »Prickelnadel« prickeln lassen.
- Namenmemory: Vornamen in Großbuchstaben und Selbstbildnis oder Foto als Memorypaar benutzen (große, deutliche Schriftzüge, Karten möglichst groß). Steigerung: Vornamen und Nachnamen als Memorypaar zusammenfinden.
- Kindernamen verzaubern: Kinder bekommen falsche Namensschilder umgehängt. Aus Stefan Müller wird z.B. Stefan Bär oder Billi Müller. Er wird möglichst oft mit dem falschen Namen angesprochen (möglich ist hier auch das Spiel: »Mein rechter Platz ist leer«) und muss dieses richtig stellen: *Ich heiße nicht Stefan Bär, ich heiße Stefan Müller!*
- Variation: Kinder suchen sich die falschen Namensschilder selber aus oder stellen sie sich sogar mit Vor- und Nachnamen selbst zusammen. Stefan Müller erzählt jedem: *Ich heiße Stefan Bär!* Die anderen Kinder verbessern: *Nein, du bist nicht ..., du bist ...!*
- Poster: *Alle Namen, die wir kennen!* Namen werden gesammelt, aufgeschrieben, ausgeschnitten, immer wieder »vorgelesen« und auf das Poster geklebt. Kinder lesen sich die Namen gegenseitig vor, »die kleine Lesezeit«.
- Poster als Anwesenheitsliste: Tabelle anfertigen, die Kinder kleben jeden Tag, an dem sie anwesend sind, zu ihrem Namen einen Punkt.
- Ein ähnliches Namensposter kann es für Kakao- und Milchgeld geben. Die Kindernamen können auch Symbolen zugeordnet werden, aus denen hervorgeht, welches Kind welche Tätigkeit zu verrichten hat (z.B. Kaba holen, Tafel putzen, Sets abwischen, Blumen gießen, Klasse fegen usw.).
- Namen von Gegenständen: Im Raum werden Gegenstände mit Schildern versehen, die von der Lehrkraft oder Erzieherin oder von der Patenklasse mit dem Computer angefertigt wurden. Die Kinder kleben die Schilder an die entsprechenden Gegenstände.

Wortschatz LE AK 18

Wörter sammeln

- Jedes Wort, das ein Kind schon schreiben kann, wird aufgeschrieben und als ein Blatt an einen Zweig eines Wörterbaumes gehängt. Der Ast, vielleicht weiß oder golden angemalt, kann in einen Sandeimer oder in einen mit Gips gefüllten Eimer gesteckt werden.
- Wörter können auch auf »Post it«-Zettel geschrieben werden und an Fenster, Tür oder an anderer Stelle aufgeklebt werden.
- Einwickelpapiere, Reklameschriftzüge sammeln, die die Kinder kennen und dieses als Collage zusammenstellen.
- Beim Unterrichtsgang u.a. in einem Lebensmittelgeschäft Wörter sammeln, die die Kinder kennen.
- Kinder lassen sich von Eltern Wörter aufschreiben, die sie interessieren und der Klasse vorstellen wollen: Mein Wortschätzchen.
- Ich schenke dir ein Wort: Jedes Kind bekommt ein Kärtchen (oder einen »Post it«-Zettel) auf seinen Tisch. Sofort oder am Ende des Vormittags werden die erlesenen Wörter betrachtet und verglichen (Mithilfe erwünscht). Wörter können mehrfach auftauchen: Kinder mit gleichen Wörtern finden sich zusammen. Wörter können aus einem Themenbereich kommen (z.B. Tiere). Wörter können in kostbaren »Wortschatzkisten« gesammelt und immer wieder verwendet werden.

Phonem-Graphemkompetenz LE AK 19

Laute und Reime

Die Kinder sollen optisch verschiedene Grapheme, Zahlen und Zeichen unterscheiden. Dabei sollen Begriffe thematisiert werden wie große und kleine Buchstaben, Druckschrift, Schreibschrift, Zahlen, Zeichen, ...

- Es werden Kärtchen hergestellt mit diversen Buchstaben, Ziffern, Formen, Zeichen. Die Kinder sortieren sie und üben die Begrifflichkeiten. Die Kärtchen können ggf. auch als Memory- oder Dominospiel konzipiert werden.
- Billi mag gerne Gedichte und Reime hören und lernen. Er liebt alles, was sich reimt. (s. Kapitel III.1: GS KV 30)
- Verse werden vorgelesen, die Kinder finden jeweils die passenden Reimwörter und sprechen die Verse nach.
- Reimwortpaare finden: Haus - Maus, Hose - Dose, Bett - fett, ...
- Als Hilfestellung kann der jeweilige Anlaut des Reimwortes genannt werden.
- Gleiche Anlaute finden: Bei manchen Kindern im Waldkindergarten fangen Vor- und Nachnamen fast gleich an.

FIDI FUCHS	WILLI WOLF	RITA REH	HOPPEL HASE
DORIS DACHS	ELFI EULE	HOLGER HIRSCH	BILLI BÄR

Wie fangen eure Vor- und Nachnamen an und wie die von

EVA BÄR	MUCKI ESEL	INA WOLF	BENNI EICHHORN

Auf großen Namenskarten werden die Anlaute farbig gekennzeichnet.

- Namen sortieren: Alle Namenkarten werden nach Anfangslauten in Kartons oder Körbchen sortiert. Ein Morgenritual kann z.B. sein, alle Namen laut zu sprechen und die Karte in den richtigen Behälter zu legen. Ebenso kann mit Bildersammlungen verfahren werden, die regelmäßig zunächst nach Anlauten abgehört und sortiert werden.

Phonem-Graphemkompetenz LE AK 20

Spiele mit Anlauten

Schlafwagen: Alle Kinder und Tiere machen einen langen Ausflug und fahren mit dem Schlafwagen.

Einsteigen, Türen schließen. Der Zug fährt gleich ab!

Die Kinder schließen die Augen und/oder legen den Kopf auf die Arme. (Langsam sprechen und überdeutlich artikulieren.)

Viele Wörter fahren jetzt an euren Ohren vorbei. Immer, wenn ich ein Wort sage, das mit M (B, I, L, O, E ...) beginnt, dann werdet ihr leise wach und reckt euch. AUTO ... HAUS ... BILLI ... OPA ... MAUS

Ja, M...aus fängt mit M an.

Ja/Nein-Spiel oder »Manchmal lüge ich!«:

Ich sage Wörter, z.B. MAUS fängt mit B an! Ihr ruft »JA« oder »NEIN«!

Variation: Ich halte Gegenstände hoch oder zeige große Bilder von Gegenständen:

Dieser Gegenstand fängt mit ... an.
Ich sehe was, was du nicht siehst ... und das fängt mit »A« an.«
Mein rechter, rechter Platz ist leer, ich wünsche mir ein Kind hierher, dessen Name mit »M« beginnt ... und dann kommt ein »EI« und dann ein »K« und dann ein »E«!

Die Kinder lernen Lautgebärden und lautlose Artikulation als spielerische »Geheimsprache« kennen. Es werden Wörter lautlos gesprochen und von den Lippen abgelesen. Es werden Anlaute von Wörtern in »Fingersprache« gezeigt und die Kinder holen Gegenstände mit dem Anlaut hervor oder alle Kinder mit dem entsprechenden Anlaut im Namen stehen leise auf.

Guten Tag kleiner Bär

Zwei Kinder stehen sich gegenüber. Ein Kind ist der kleine Bär, das andere ist der Sprecher/die Sprecherin.

Guten Tag kleiner Bär	Hand geben
schau doch bitte zu mir her.	auf Auge zeigen
Schau dir meine Faust mal an	Faust zeigen, böse schauen, drohen
was die alles machen kann.	Bewegungen mit der Faust ausführen
Sieht wie eine Blume aus	Faust stillhalten
wachsen bald fünf Blätter raus.	einen Finger nach dem anderen aus der Faust herauskommen lassen
Erst wackeln sie hin dann her	mit den Fingern wackeln
dann kitzeln sie dich sehr.	den kleinen Bären kitzeln

Zehn kleine Bärenkinder

(Wie »10 kleine Zappelmänner«)

1. *Zehn kleine Bärenkinder zappeln hin und zappeln her. Zehn kleinen Bärenkindern fällt das gar nicht schwer.*	die Finger zappeln lassen
2. *Zehn kleine Bärenkinder zappeln auf und nieder. Zehn kleine Bärenkinder tun das immer wieder.*	die Finger zappeln lassen und dabei die Hände von oben nach unten bewegen und umgekehrt
3. *Zehn kleine Bärenkinder zappeln rings herum. Zehn kleine Bärenkinder sind ja gar nicht dumm.*	die Finger zappeln und die Hände dabei kreisen lassen
4. *Zehn kleine Bärenkinder spielen mal Versteck. Zehn kleine Bärenkinder sind auf einmal weg.*	Fäuste ballen und Hände hinter den Rücken nehmen
5. *Zehn kleine Bärenkinder gibt's wohl gar nicht mehr. Zehn kleine Bärenkinder rufen wir jetzt her.*	sich suchend umsehen
6. *Der Erste* kommt, der Zweite kommt, der Dritte kommt,* usw.	Alle rufen: »Bärenkinder!« nach und nach die einzelnen *Finger wieder zeigen
7. *Zehn kleine Bärenkinder fehlten dir und mir. Zehn kleine Bärenkinder sind nun wieder hier.*	wieder mit den Fingern zappeln

* Die Kinder können sich selbst oder sich gegenseitig Bärengesichter auf ihre Fingerkuppen malen.

Malen LE AK 23

Auge-Hand-Koordination, Beidhändigkeit, rhythmisiertes Sprechen

Der Bär, der Bär liebt Kreise sehr,
ganz rund, ganz rund, das ist nicht schwer.

Der Bär, der Bär liebt Zickzack sehr,
mal hin, mal her, das ist nicht schwer.

Der Bär, der Bär liebt Bäume sehr,
rund und eckig, das ist schwer.

Anleitung:
Diese Übung beidhändig mit Wachsstiften auf einem großen Blatt ausführen. Mittellinie vorher durch knicken kennzeichnen. Darauf achten, dass die Kinder beim Malen auch rhythmisch sprechen. Außerdem kann das beidhändige Malen ggf. auch gut mit Kreiden auf dem Hof ausprobiert werden.

Malen LE AK 24

Auge-Hand-Koordination, Schreibmotorik, rhythmisiertes Malen und Sprechen

Der Kopf ist rund, der Kopf ist rund
hat zwei Augen, Nas' und Mund,

mit zwei runden Ohren
so wird er geboren.

Einen dicken Bauch,
zwei Tatzen hat er auch.

Bitzen, butzen, batzen
nun noch zwei Bärentatzen.

1, 2, 3, 4, dieser Bär gehört nun mir!

Grundkenntnisse/Grunderfahrungen spielerisch erleben

Erfahren von Mengen, Ziffern über verschiedene Wahrnehmungsebenen:

- über das Fühlen und Tasten (Zahlen auf den Rücken malen, Zahlen und Mengen ertasten):
- durch bildhaftes Lernen (Symbole malen, Bilder im Kopf entwickeln wie z.B. mathematische Geschichten):
- durch Verkörperung (Darstellung von Aufgaben).

Möglichst oft sollten Situationen geschaffen werden, in denen Mathematik »erlebbar« wird. Vergleichen, messen, wiegen, sortieren, Eigenschaften erkennen und benennen. Alle diese Aktivitäten sollen an realen Gegenständen vorgenommen werden und der Lebenswelt der Kinder entsprechen. Gleichwohl sollen sie dabei den Bildern, Zeichen, Symbolen und sprachlichen Formulierungen »der Erwachsenenwelt« spielerisch begegnen.

Formen/Ideen **LE AK 25**

Formen erkennen

Beim Benennen der Adjektive auf eine richtige Aussprache achten und Kinder im ganzen Satz antworten lassen. Die Lehrkraft/Erzieherin sollte immer wieder Sprachmodelle vorgeben, die Kinder zur genauen Wort- und Satzbildung animieren, denn viele Kinder sind mit den Begrifflichkeiten noch nicht vertraut. Als Anreiz und Angebot zum Lesen können Schilder mit den Adjektiven auf die Tische gestellt werden.

- Formen: rund*, (vier-)eckig* (quadratisch), dreieckig, oval.
- Sammlung anlegen: auf rundem Tisch oder rundem Tablett runde Sachen sammeln, auf eckigem Tisch oder Tablett eckige Sachen sammeln.
- Runde und eckige Formen in Musterreihen (z.B. mit Fröbelmaterial, Streichhölzern und Knöpfen, Milchdeckeln) legen.
- Detektivbogen: Kinder suchen in Partnerarbeit in der Schule runde, dreieckige, viereckige Gegenstände. Die Funde werden protokolliert, und zwar aufgeschrieben oder gezeichnet. Die Ergebnisse werden der Klasse vorgetragen:

  Die Fußbodenfliesen in der Toilette sind viereckig (quadratisch).
  Die Fahrradreifen (Autoreifen) auf dem Parkplatz sind rund.

- Es kann ein Formensammelbuch angelegt werden. Alle Entdeckungen werden hinein gemalt, geschrieben oder geklebt oder sogar fotografiert.
- Runde und eckige Formen in »Tastsäckchen« erfühlen lassen.

* Evtl. zunächst auf »rund« und »eckig« beschränken.

Formen/Schneiden LE AK 26

Formen schneiden

Viele Kinder haben im Elternhaus und Kindergarten noch keine hinreichenden Erfahrungen mit dem Schneiden gemacht. Möglicherweise müssen zunächst einfachere Formen geschnitten werden. So kann z.B. Buntpapier in gleichmäßige Streifen geschnitten werden. Die Streifen werden aneinander getackert und an einem Stock befestigt, der als »Zauberstab« fungieren kann.

Mit Formen umgehen

Viereckige und dreieckige Schablonen herstellen.

Die Menschenstadt

- Die Kinder malen mithilfe dieser Schablonen Formen auf Buntpapier und schneiden diese aus.
- Daraus wird ein gemeinsames Bild (Bauklötze) hergestellt.
- Formen aus Transparentpapier ausschneiden und als Häuserreihe an das Fenster kleben.
- Fahnen herstellen aus Rechtecken und Dreiecken. Diese dann zum Schmücken des Raumes auf eine Leine hängen oder einzeln an einen Trinkhalm kleben. Bei Kindern mit Migrationshintergrund können die Fahnen als Nationalfahnen angemalt werden.

Mengen/Wahrnehmung LE AK 27

Strukturierung

Beim Erfassen von Mengen ist es wichtig, dass diese strukturiert werden. Am Bekanntesten ist das Würfelbild.

- Mengen zu jeder passenden Gelegenheit schätzen lassen.
- »Mehr oder weniger« herausfinden lassen.
- Einem Würfelbild die entsprechende Menge zuordnen. (Eva und Billi haben Bonbons geschenkt bekommen. Sie teilen sie mit ihren Freunden und Freundinnen, indem sie würfeln.)

Akustische Wahrnehmung von Mengen

- Tamburin schlagen und entsprechend der Schläge Anweisungen ausführen, z.B.: entsprechende Anzahl von Gegenständen auf ein Tablett legen/wegnehmen/Schritte gehen/hüpfen/Kinder finden sich zusammen/nachklopfen/Ball aufticken lassen.
- Würfelbild nachklatschen, -trampeln, -schnalzen, -schnipsen, -klopfen.

Optische Wahrnehmung von Mengen

- Plakate mit Zahlen versehen und darauf entsprechende Mengen von Bären oder anderen Bildern (Schnippelbogen) kleben.
- Plakat erstellen: *Welche Tiere haben 2 Beine, welche 4 Beine?*
- Perlen auffädeln mit jeweils vorgegebener Anzahl oder z.B. je 4 rote, 4 blaue, 4 rote usw.
- Jeweils gleiche Mengen unterschiedlich anordnen: Wo sind gleich viele Bären?
- Würfelbild mit Kindern nachstellen.

Mengen/Wahrnehmung **LE AK 28**

Taktile Wahrnehmung von Mengen

- Bestimmte Anzahl gleicher Gegenstände, z.B. Würfel, in einem Beutel oder in eine Fühlkiste legen und mit geschlossenen Augen fühlen lassen.
- Bestimmte Anzahl unterschiedlicher oder gleicher Gegenstände in Beutel stecken. Finde den Vierer-Beutel!
- Krabbelkiste mit unterschiedlichen Gegenständen in unterschiedlicher Anzahl.

Wie viele Bälle, Murmeln, Strohhalme, Würfel ... sind in der Kiste?
Sortiere und lege alles so übersichtlich hin, dass andere Kinder schnell erkennen können, wie viele Gegenstände von jedem da sind.

Zur Differenzierung Zahlenkarten zuordnen lassen.

Jeden Tag wird die Krabbelkiste neu zusammengestellt. Das Sortieren und Zuordnen kann ritualisierte Aufgabe in einer Freiarbeitsphase sein oder die Mathematikstunde einleiten.

Mengen/Vergleiche **LE AK 29**

Immer wiederkehrende Übungen

- Bonbonglas mit 5–12 Bonbons zeigen. Schätzen:

Wie viele könnten im Glas sein?

Glas ausleeren, Inhalt strukturieren, dann erst zählen.

Klatsche für jedes Bonbon einmal!

Anregungen für Aufgabenstellungen:

Nimm so viele Bonbons weg, wie du erwürfelt hast.
Hast du mehr oder weniger weggenommen, als liegen bleiben?

Nach 3-mal würfeln vergleichen (durch Zuordnung), wer mehr bzw. weniger Bonbons hat.

Ich gebe Billi 4 und Eva 2 Bonbons.
1. *Wer hat mehr?*
2. *Wie viele Bonbons hat Billi mehr?*
3. *Wie viele Bonbons haben sie zusammen?*

- Kinder erzählen kleine Rechengeschichten und bilden dazu Aufgaben. Diese werden auf Kärtchen oder in ein spezielles Heft gemalt (z.B. Billi mit 4 Bonbons, davon eines durchgestrichen) und wiederholt als Geschichte präsentiert und erzählt. Später werden die Bilder in Rechenaufgaben »übersetzt«.
- Aufgaben können auch mit Material gelegt werden oder unter Benutzung der Finger gelöst werden. (Genau beobachten, wie Kinder zur Ergebnisfindung kommen.)

Zahlen/Ideen LE AK 30

Zahlen und Mengen

Zahlen sind für einige Kinder nur Namen, obgleich sie eine gewisse Zählkompetenz besitzen. Sie bringen diese Namen jedoch noch nicht in Verbindung mit Mengen.

Ordinalzahlen (1., 2., 3., ...)

- Beim Aufstellen abzählen (erster, zweiter).
- *Wer ist der Dritte (von vorne, von hinten) in der Reihe?*

Kardinalzahlen (1, 2, 3, ...)

- Abzählen z.B. beim Versteckspielen (auch rückwärts).
- Hüpfspiel mit 10 Kästen verschiedenster Anordnung. Immer von einem Kasten in den nächsten hüpfen (im Schlusssprung, auf einem Bein, rückwärts) und dabei Zahlen nennen.
- Zahlen aus Zeitschriften ausschneiden und Plakate erstellen.
- Zahlen der Größe nach ordnen lassen und dabei beobachten, in welche Richtung geordnet wird (Seitendominanz). Anfangs horizontal anstatt vertikal ordnen, sofern das Kind noch nicht von links nach rechts ordnet.
- Zahlen auf den Rücken schreiben.
- Zahlen im Sand oder aus Sandpapier ausgeschnittene Zahlen mit den Fingern nachfahren.
- Zahlen auf dem Fußboden ablaufen.

Größen/Ideen LE AK 31

Groß und klein, größer und kleiner als ...

- Die Bärenfamilie stellt sich der Größe nach auf. Papa Bär ist größer als Mama Bär. Eva ist größer als Billi ... Tom ist kleiner als Billi ...
- Sätze sprechen, kopierte Bilder der Größe nach ordnen und vergleichen.
- Die eigenen Familienmitglieder der Größe nach vergleichen.
- Kinder der Klasse (der Tischgruppe) der Größe nach aufstellen.
- Mitgebrachte Stofftiere der Größe nach sortieren.
- Gleiche Gegenstände (Stifte, Strohhalme, Steine ...) sortieren, Ausstellungen arrangieren (z.B. auf der Fensterbank).
- Buch der Rekorde herstellen: der längste und der kürzeste Stift unserer Klasse; das dickste Buch, das wir finden ...
- Begrifflichkeiten wie »größer – kleiner«, »länger – kürzer«, »dicker – dünner« schulen.
- Immer wieder in alltäglichen Situationen Vergleiche anstellen: Hände und Füße, Bücher, Zweige, Krepppapier-Streifen, Bänder, Luftballons, Bälle.

Zeit — LE AK 32

Zeitliche Orientierung

Sie hilft Kindern eigene Strukturen auszubilden. Es gibt Sicherheit, Zeit bewusst zu erleben und zu gestalten.

Eva und Billi müssen um 7:00 Uhr aufstehen.
Um 8:00 Uhr beginnt die Schule.
Um 1:00 Uhr mittags (13:00 Uhr) gibt es Mittagessen.
Spätestens um 7:00 Uhr abends (19:00 Uhr) müssen sie im Bett liegen.
Baby Tom geht schon um halb 7 (18:30 Uhr) in sein Bett.
Wie sind deine Zeiten? Erzähle!

- Kinder werden angehalten, auf die Uhrzeiten zu achten. Wenn sie selbst die Uhr noch nicht lesen können, sollten sie zu Hause nachfragen.
- Im Klassenraum ist eine Uhr, ein Wecker. Die Lehrkraft weist auf die Zeit, den Ablauf, auf Zeitabschnitte hin.
- Ein Tagesplan mit Symbolen wird aufgehängt.
- Zeitliche Phasen werden mit einem Küchenwecker begrenzt:

Ihr habt jetzt noch 5 Minuten Zeit für eure Aufgabe.
In 7 Minuten beginnt die Frühstückspause.
Wie viel Zeit brauchen wir, brauchst du ...?

- Detektivaufgaben:

Wie lange dauert eine bestimmte Fernsehsendung?
Wie lange fährt der Bus zum Bahnhof?
Wie viel Zeit brauchst du, wenn du mit deiner Mutter zum Supermarkt und wieder zurück gehst?

Zeit — LE AK 33

Zeit einschätzen

- Eieruhr anschauen und solange ruhig bleiben, bis der Sand durchgelaufen ist.

Schätze: Wie lange hat es gedauert?

- Eine Spieluhr aufstellen und zuhören.

Schätze: Wie lange hat die Musik gedauert?

- Minuten schenken: Die Lehrkraft schenkt den Kindern drei Minuten, in denen sie tun können, was sie möchten. Zuvor haben die Kinder eine Minute Zeit, sich zu überlegen, was sie in dieser Zeit machen wollen. Nach den drei Minuten reflektieren sie, was sie in dieser Zeit getan haben und bleiben eine Minute ganz leise.
- Ruhespiel: Alle Kinder setzen sich bequem auf den Fußboden oder Stuhl. Es wird gemeinsam eine Zeitspanne vereinbart, in der sich niemand bewegt (mit 30 Sekunden beginnen und schrittweise steigern).
  Auf das Kommando »Regungslos« werden alle Kinder starr, nur die Augen dürfen sich bewegen.
  Nach Beendigung der verabredeten Zeit gibt die Lehrkraft ein Zeichen: Regt euch!
  Kinder schätzen die Dauer ihrer Bewegungslosigkeit und versuchen, Erfahrungen damit zu sammeln.
  Bitte nicht die Chance zur Versprachlichung und Reflexion der Erfahrungen verschenken!

Ruhe durch Entspannung

Es gibt eine Fülle von Entspannungsübungen für Kinder, aber erst der Wechsel zwischen An- und Entspannung bringt die Balance: Ohne Bewegung gibt es keine entspannte Ruhe, also muss immer auch der Bewegungsdrang der Kinder befriedigt werden.

Es ist unerlässlich zu erwähnen, dass Übungen, die der Entspannung der Kinder dienen sollen, auch der Entspannung der Lehrkraft zugute kommen. Bin ich selber genervt und unter Druck, dann mache ich mich zusammen mit den Kindern auf den Weg zur Ruhe und Ausgeglichenheit. Ich bin damit nicht nur Anleiterin, Managerin sondern auch Teilnehmerin. Dabei stelle ich mir folgende Fragen:

- Signalisiere ich den Kindern: Ich brauche jetzt Ruhe und Konzentration?
- Schaffe ich eine Umgebung und Atmosphäre, die Sammlung und Stillwerden zulässt?
- Signalisieren mir herumliegende Büchertaschen und Jacken, vollbepackte Tische, dass ich das äußere Chaos erst ordnen muss, damit überflüssige Ablenkungen und Außenreize abgeschaltet werden?
- Kann mit dem Ritual des äußeren Aufräumens auch ein inneres Geordnetwerden in Gang gesetzt werden, das uns alle darauf hinweist: Jetzt kommt etwas Besonderes?
- Ist unser gemeinsames Frühstück gemütlich oder eine laute, hektische Abfütterung?
- Wie fängt unser gemeinsamer Schulvormittag an und wie hört er auf?
- Gestalte ich unseren Lebensraum Schule und Klassenzimmer mit den Kindern liebevoll und persönlich?

Zudem bringe ich mich als Persönlichkeit ein. Ich erzähle den Kindern von meiner Anspannung, meiner Unruhe und zeige, was ich dagegen tun kann. Kinder sind neugierig, wollen alles ausprobieren. Dies ist eine gute Voraussetzung, um mit Entspannungsübungen zu beginnen.

Rituale **LE AK 34**

Ruhepausenritual

Rituale sind immer wiederkehrende Vereinbarungen, die in immer gleicher Weise durchgeführt werden. Sie geben den Kindern durch ihren Wiedererkennungswert Sicherheit.

Bärenpause

Bären haben gern ihre Ruhe.
Sie schließen die Augen und lassen den Kopf nach unten fallen.
Die Arme liegen locker auf den Oberschenkeln.
Sie atmen ruhig ein und aus ... Bärenpause ... Bärenpause ...
Dann atmen sie tief ein und mit einem lauten »Huaaa!« aus.
Sie recken und strecken sich.

Muskelspannung — LE AK 35

Anspannung-Entspannung, schlapp und stark

Kinder sind oft bewegungsarm, motorisch ungeschickt, manche sind überangespannt, andere wiederum kraftlos. Ihnen fehlen wichtige körperliche Grunderfahrungen. Sie haben kein Gefühl für ihren Körper. Durch bewusstes Anspannen und Entspannen der Muskeln, das jedoch erst geübt werden muss, können sie ein Körpergefühl entwickeln.

Manchmal sind die Bären groß und stark.
Sie recken und strecken sich, machen sich riesengroß.
Sie schauen ganz böse und viele Tiere haben Angst.
Manchmal sind die Bären ganz müde.
Sie liegen schlapp in ihrer Höhle.
Arme und Beine sind ganz schwer.

Spiel:
- Ein Kind spielt den großen, starken Bären. Es reckt sich, trampelt tapsig, schaut böse. Alle anderen verstecken sich ängstlich. Wenn der Bär müde in sich zusammensinkt, kommen die Tiere aus ihren Verstecken. Leise, leise, damit er nicht aufwacht, schleichen sie um ihn herum. Da ... plötzlich reckt sich der große Bär, schaut einem Kind in die Augen und dieses wird nun zum großen Bär. (Das Spiel beginnt von vorne.)
- Variation mit akustischem Signal: Solange die Spieluhr spielt, das Tamburin geschlagen wird ... gehen alle als starke Bären umher. Hört die Musik auf, sackt jeder Bär ganz »matschig« zusammen.

Aggressionsabbau — LE AK 36

Ventile schaffen für angestaute Gefühle, Gedanken, Eindrücke, Belastungen

- Im Morgenkreis erzählen die Kinder in kurzen Schilderungen vom schönsten und schrecklichsten Erlebnis des Vortages (einschließlich Fernsehen). Die Zeit z.B. durch Sanduhr vorgeben oder eine »Schlusskarte« in die Kreismitte legen (Kinder oder Lehrkraft), um auf ein Ende hinzuweisen.
- Wutbilder, Angstbilder, Traumbilder malen, evtl. Bücher daraus zusammenstellen.
- Mit aufgerollten Zeitungen Kämpfe austragen, z.B. Schaukämpfe, Fechtturniere (Achtung: Regeln vorher festlegen und genau beobachten. Lehrkraft und mehrere Kinder sind Schiedsrichter).
- Rempeln, Tauziehen, Handdrücken, Catchen (Achtung: Regeln aufstellen).
- Mimisch bestimmte Gefühle ausdrücken: Lehrkraft erzählt von Billi, der traurig war (warum?) und die Kinder machen dazu entsprechend ein trauriges Gesicht.

Beschreibe, wie es sich anfühlt, traurig zu sein!
Was möchtest du dann tun?

Massagen — LE AK 37

Kontaktaufnahme, Berührungen annehmen, Berührungen steuern

Eva und Billi spielen im Wald. Sie sollen auf das Baby Tom aufpassen. Auf einmal ist Tom weg. Sie suchen und suchen. Wo ist das Baby? Alle Waldtiere helfen suchen. Es wird bald dunkel. Da kommt die Maus: »Tom liegt unter einem Busch und schläft.« Leise, leise schleichen alle zum Baby. Ganz vorsichtig versuchen sie, das Baby zu wecken. Sie streicheln Tom und klopfen sanft sein weiches Fell. Das Baby wird wach, reckt und streckt sich und lacht. Alle freuen sich.

Ein Kind spielt das Baby. Es liegt still und schläft. Mehrere andere Kinder und die Lehrkraft knien oder hocken rundherum, rütteln das Baby sanft und klopfen mit lockeren Handflächen »das Fell«. Wenn Tom sich wohl fühlt, brummt er leise und sanft, wenn es ihm zu heftig wird, brummt er gefährlich.

Um Aggressionen und kleinen »Gemeinheiten« vorzubeugen: Wenn das Baby zu heftig geweckt wird, dann ist es böse und schlecht gelaunt, also: muss es sanft behandelt werden!

Einige Kinder können erst einmal zuschauen und Mut sammeln. Aber: Nicht jeder mag (und muss) jeden anfassen!

Bei Kindern mit hohem Aggressionspotenzial sind zunächst alle Übungen mit Körperkontakt vorsichtig anzubahnen. Zu Körperkontakt gehört vorheriges Kennenlernen und Vertrauen.

Atemübungen — LE AK 38

Durch ruhiges, bewusstes Atmen zur Ruhe kommen, sich auf sich selbst besinnen, sich wahrnehmen

Das Baby ist so müde. Aber es kann nicht schlafen. Es weint und schreit. Da legt Mama (Papa) das Baby auf ihren (seinen) Bauch. Sie (er) streichelt es und wiegt es hin und her im Rhythmus ihres (seines) Atems. Mama (Papa) und Baby werden ganz ruhig.

Spiel:
Die Kinder liegen auf dem Fußboden. Auf dem Bauch hat jedes Kind sein Kuscheltier. Das Kind legt die Hände auf das Kuscheltier und atmet ruhig ein und aus, ein und aus ...

Bärenatmung
- Tief einatmen und mit lautem Knurren, Brummen ausatmen.
- Tief einatmen und mit Trommeln auf die Brust und lautem »Huaaa!« (wie Tarzan) ausatmen.

Träumen mit Musik — LE AK 39

Musik erleben

Sonntags treffen sich oft alle Waldtiere – große und kleine – vor der Höhle der Bärenfamilie. Sie hören Musik, träumen dazu und oft tanzen sie auch miteinander.

Entspannungsmusik

Bitte ausprobieren, was Ihnen gefällt. Das können Sie auch gut den Kindern vermitteln. Unterschiedliche Musik zu benutzen und Erfahrungen damit zu sammeln, eröffnet viele Möglichkeiten, auch für die Versprachlichung und Reflexion danach.

- Um zur Ruhe kommen zu können, sollten sich die Kinder zuvor bewegt haben.
- Die Kinder dürfen selbst Musik mitbringen, etwas vorführen, dann dazu tanzen, oder sie hören nur schweigend zu.
- Die Kinder sollen erleben, dass Musik eine Wirkung auf sie hat. Sie sollen damit auf Entspannungsmusik vorbereitet werden.
- Erklingt immer wieder die gleiche Musik, bedeutet es, dass die Kinder nun eine kurze Zeit zum Träumen haben. Sie legen dazu ihren Kopf in beide Arme auf den Tisch.

Träumen mit Musik — LE AK 40

Durch Musik zur Ruhe kommen

Die Bäreneltern sind ganz verzweifelt: Die Kinder sind schrecklich laut und toben herum. Abends können sie nicht einschlafen und auch die Eltern kommen nicht zur Ruhe. Die Eltern gehen zur alten, weisen Eule, die mit ihren Schülern im hohen Zauberbaum wohnt. Sie schenkt den Bäreneltern wunderschöne Traummusik. Billi, Eva und das Baby hören die Musik. Sie werden ganz ruhig. All ihre Gedanken gehen spazieren.

Die Kinder sitzen auf ihren Plätzen oder liegen auf Wolldecken, sie versuchen, die Augen zu schließen. Sie lauschen der Musik. Wenn die Musik ausgeblendet worden ist, öffnen die Kinder die Augen und recken und strecken sich. Erst dann darf geredet werden. Wichtige Regel: Jede(r) bleibt bei sich und stört den anderen nicht!

»Ventile« für Kummer

Für Kinder kann diese Übung eine stark entlastende Wirkung haben.

- Die Kinder sitzen oder liegen still, möglichst mit geschlossenen Augen.

  Mia Maus ist nicht mehr fröhlich. Sie hat große Sorgen ... Eva schenkt ihr einen Luftballon und sagt: »Puste alle deine Sorgen dort hinein, alles, was dich traurig macht, alles was dir nicht gefällt. Dann knote den Luftballon fest zu und lasse ihn weit, weit wegfliegen.

  Stelle dir einen schlaffen Luftballon vor. Schau ihn dir genau an! Nun blase all deine Sorgen, deinen Ärger ... hinein. Er wird immer dicker. Knote ihn zu und lass ihn davonfliegen.

- Die Kinder dürfen, sofern sie auch möchten, ihre Sorgen in einen Ballon malen.
- Gemeinsam werden Luftballons aufgeblasen und unter Quietschen wird die Luft wieder herausgelassen. Sie nehmen den Ballon als »Sorgenluftballon« mit nach Hause. Die Sorgen der Kinder sollen und können in Kindergarten und Schule nicht interpretiert und bearbeitet werden. Jedoch allein das »Ausdrücken« hat schon eine Ventilfunktion.

Schwereübung zum Autogenen Training

Die Bärenkinder langweilen sich. Sie wollen Abenteuer erleben. Jeden Tag strolchen sie durch den Wald. Eines Tages folgen sie heimlich der Eule. Sie fliegt zu einem alten, hohlen Baum. Im Baum ist eine Wohnung. Sie klettern alle hinein. Sie spüren, wie sie ruhig und immer ruhiger werden. Sie ruhen sich aus. Sie atmen tief ein und aus. Arme und Beine werden ganz schwer. Das Baumhaus ist nun ihr Bärengeheimnis. Wir dürfen nur in Gedanken mit dorthin.

Entspannung:

- Die Kinder sitzen oder liegen ganz ruhig. Sie atmen ruhig ein und aus. Sie schließen die Augen. Niemand redet mehr.
- Die Lehrkraft erzählt die oben angegebene Geschichte. Diese kann ausgeweitet, ausgeschmückt oder auch verändert werden.
- Wenn die Kinder in Gedanken im Baumhaus angekommen sind, kann leise Musik gespielt werden.
- Diese Übung kann ritualisiert werden.

Aufwachen:

Tief ein- und ausatmen, Augen öffnen, recken und strecken. Alle Kinder sind mit ihren Gedanken wieder hier im Klassenraum.

Gedankenspaziergang — LE AK 43

Im Wald beim Teddy-Haus

Die Bärenkinder wollen den Onkel Teddy besuchen. Wir gehen in Gedanken mit.
Wir schließen die Augen.
Wir verlassen diesen Raum und gehen (die Treppe hinunter ...) hinaus an die frische Luft.
Wir atmen tief ein und aus.

Hier beschreibt die Erzieherin/Lehrkraft möglichst genau den Kindergarten/die Schule:

Wir gehen über den Hof und sehen die gelbe Kutsche ...
Wir gehen und gehen, bis wir an eine Ampel kommen. Wenn die Ampel »grün« zeigt, überqueren wir die Straße.
Wir gehen immer weiter und kommen über eine grüne Wiese.
Wir atmen tief ein und aus.
Bald kommen wir zu einem Wald.
Es wird ruhiger.
Wir gehen durch den Wald, bis wir an eine Lichtung kommen mit einer kleinen Blumenwiese.
Es gibt dort auch einen See mit einem Boot darauf.
Neben dem See steht ein kleines, buntes Haus.
Dort wohnt Onkel Teddy.
Langsam kommen wir mit unseren Gedanken wieder zurück. Wir öffnen die Augen, recken und strecken uns.

Gedankenspaziergang — LE AK 44

Spaziergang-Variationen

Bei unseren Gedankenspaziergängen zu Onkel Teddys Haus verharren wir jedes Mal an unterschiedlichen Punkten:

Wir schauen uns die Schule von außen an.
Wir suchen bunte Blumen auf der Wiese.
Wir stecken die Füße in warmes Wasser.
Wir liegen im Boot (auf der Wiese) und genießen die warme Sonne.
Wir schauen uns das bunte Haus in Ruhe an.
Wir entdecken einen geheimnisvollen Pfad, eine Höhle, ein Baumhaus oder ...
Wir kaufen uns auf dem Rückweg ein Eis und lassen es auf der Zunge zergehen.

Die Länge und inhaltliche Ausdehnung des Gedankenspazierganges sollte sich nach den Möglichkeiten der Kinder richten. Lieber kürzer!

Im Anschluss könnten die Kinder ein Bild aus ihrer Traumreise malen. Die Bilder werden aufgehängt und im Laufe der Woche

- erzählt jedes Kind anhand seines Bildes, was es auf der Reise gesehen hat,
- stellen die anderen Kinder Fragen zum Bild an den Maler/die Malerin.

Bewegungsspiele	**Vorbemerkungen**

Körperkoordination und Körperwahrnehmung

Schulanfänger haben oft noch nicht gelernt, still zu sitzen, zuzuhören und konzentriert zu arbeiten. In den ersten Schulwochen sollen sie lernen, diesen Anforderungen gerecht zu werden.

Außerdem sind sie oft ohne ausreichende Bewegungserfahrungen aufgewachsen. Viele Kinder sind übererregt, motorisch unruhig, andere wiederum passiv und antriebsarm.

Im Bärenprojekt sind Bewegungsmöglichkeiten und -angebote vorgesehen. Wichtig ist, dass die Balance zwischen Bewegung und Ruhe, Anspannung und Entspannung gefunden wird.

Übungen zum Gleichgewicht, zur Koordination von Sprache und Bewegung, sowie Sing- und Spiellieder sind im Kapitel I.2 (Kiga AK 32 und 33) zu finden.

Hüpfspiel	**LE AK 45**

Rhythmisches Sprechen, Körperkoordination, Raumorientierung

Ich bin ein kleiner Bär
und springe hin und her
vor, zurück und raus
nun ist mein Spielchen aus.

Richtungen sind beliebig vertauschbar.

1	6	8
2	5	4
7	3	9

Anleitung:

- Quadratische Hüpffelder auf den Boden zeichnen oder mit Kreppband aufkleben. Jedes Kind sucht sich ein Ausgangsfeld zum Springen aus und springt dem Sprechrhythmus des Verses entsprechend.
- Anzahl der Felder kann variieren.
- Die Hüpffelder können auch für altbekannte »Hüpfspiele« benutzt werden, die vielen Kindern heute unbekannt sind. Sie sind jedoch von hohem motorischem Wert.
- Die Felder können unterschiedlich nummeriert und in entsprechender Reihenfolge »erhüpft« werden.
- Jeweils in ein Feld entsprechend der Zahlenreihe wird ein Stein geworfen. Dieses Feld wird beim Hüpfen ausgelassen.

Gleichgewicht **LE AK 46**

Bärenkunststücke

Die Bärenkinder üben Kunststücke ein. Jedes Bärenkind führt ein Kunststück vor, die anderen machen es nach. Die Bären haben Vorder- und Hintertatzen. Bei Menschen heißen diese Körperteile Arme und Beine.

- Tom kann auf drei Tatzen stehen und die vierte Tatze hochheben.
- Fidi kann die Tatzen weit spreizen.
- Billi kann auf nur einer Tatze stehen und drei Tatzen zur Seite wegstrecken.
- Lili kann auf einer Tatze hüpfen.
- Er kann auch auf einer Hintertatze vorwärts und rückwärts hüpfen.
- Eva kann auf der Hintertatze gehen und dabei eine Tatze genau vor die andere setzen, ohne umzukippen.
- Das kann sie auch, wenn sie rückwärts geht. Sie muss sich dabei gar nicht umdrehen.
- Dora kann mit beiden Hintertatzen gleichzeitig hüpfen und dabei die Vorderbeine ausstrecken.
- Eva und Billi können auf den Hintertatzen stehen und dabei die Augen schließen. Die Vordertatzen benutzen sie dabei zum Ausbalancieren.
- Eva und Billi können mit geschlossenen Augen auf einer Hintertatze stehen. Die Vordertatzen benutzen sie dabei wieder zum Ausbalancieren.

Gleichgewicht/Koordination **LE AK 47**

Körperwahrnehmung, Koordination, Gleichgewicht, optische und akustische Signale beachten, Rechts-Links-Orientierung

Die Tierkinder spielen zu Hause mit Fidi Fuchs »Turnstunde«. Fidi Fuchs ist der Lehrer. Eva, Billi und alle anderen Bärenkinder tun, was Fidi sagt. Eva zeichnet einen langen Strich auf den Waldboden und sagt: »Das ist das Seil.« Fidi meint: »Heute müsst ihr auf euren Hintertatzen auf dem Seil balancieren, die Vorderbeine machen dabei Kunststücke. Immer wenn ich meine Tatze hebe, hört ihr gut zu. Ich erkläre euch dann die nächste Übung.« Fidi denkt sich für jede Übung Namen aus.

Übungen:

- *Vordertatzen hochheben, so als seid ihr Tanzbären. Tatzen in Schulterhöhe halten.* (Tanzbär auf dem Seil)
- *Vordertatzen zu beiden Seiten ausstrecken, so als wolltet ihr fliegen.* (Fliegender Bär)
- *Vordertatzen über dem Kopf zusammenlegen.* (Bär mit Hut)
- *Die rechte Tatze auf die linke Schulter legen und die linke Tatze auf die rechte Schulter legen.* (Frierender Bär)
- *Auf allen vier Tatzen so über das Seil schleichen, dass ihr es nicht berührt und ihr es immer unter eurem Bauch seht.* (Vorsichtiger Bär)
- *Seitlich und in kleinen Schritten auf dem Seil gehen.* (Seitenbär)
- *Auf dem Seil balancieren, so als ob ihr eine Stange oder einen Schirm in der Hand haltet.* (Seiltänzerbär)
- *Alle Tierkinder drehen sich rechts herum.* (Tanzbär)
- *Alle Tierkinder drehen sich links herum.* (Tanzbär)
- *Oberkörper nach vorne fallen lassen.* (Schlaffer Bär)
- *Sich ganz lang machen und nach oben recken.* (Riesenbär)
- *Alle fassen sich an den Händen und gehen in einer langen Reihe vorsichtig über das Seil.* (Bärenreihe)
- *Alle rütteln sich und schütteln sich nach der großen Anstrengung.* (Schüttelbär)

Geschicklichkeit — LE AK 48

Feinmotorik, Beweglichkeit, nonverbale Anweisungen befolgen

Die Bären sind tapsig. Sie wollten mit ihren Pfoten gelenkiger und geschickter werden, denn sie müssen auf Bäume klettern, Bienenwaben ausleeren, Fische fangen. Außerdem wollen Eva und Billi und die anderen Waldkinder natürlich auch das Schreiben lernen. Die Waldschullehrerin, Frau Hase, zeigt den Kindern Übungen. Sie muss dabei nicht sprechen. Die Kinder beobachten sie genau und machen alles nach.

Übungen:

- Auf Zehenspitzen stellen, wippen, gehen.
- Zehen krallen sich in den Boden, strecken sich wieder.

Im Sitzen:

- Füße beugen und strecken, beide gleichzeitig oder im Wechsel.
- Füße kreisen in gleicher Richtung oder entgegengesetzt.
- Fußsohlen berühren einander.
- Finger heben ganz schnell viele Streichhölzer (Perlen, Erbsen, Linsen, Büroklammern) auf, die auf dem Tisch verteilt sind.
- Finger rollen viele, viele Seidenpapierkügelchen (daraus entsteht eine gemeinschaftliche Collage: Bär oder Eule, Blume, Baum).
- Hände balancieren Bleistift (Wasserglas, Ei auf Löffel, Zeitungsrolle).
- Hände ausschütteln, Finger bewegen, »Krallen« zeigen, lockern.
- Mit einem Finger (Zeigefinger, Ringfinger, Mittelfinger, kleiner Finger, Daumen) Honig aus der Wabe (mit zweiter Hand Mulde bilden) holen.

Paare — LE AK 49

Gemeinsamkeit, Achtsamkeit, Rücksichtnahme, Koordination, Balance

Die Tierkinder im Wald haben nicht soviel Spielzeug wie die Menschenkinder. Manchmal können sie nur miteinander spielen. Aber sie haben viele Ideen.

Übungen:

- Zwei Kinder halten sich an den Händen. Ein Kind bleibt stehen, das andere Kind geht langsam in die Knie (Sohlenhockstand).
- Das hockende Kind geht vorwärts, das andere rückwärts, dann umgekehrt.
- Beide gehen seitwärts, erst nach rechts, dann nach links.
- Zwei Kinder stehen Rücken an Rücken, beide ziehen das rechte Knie an die Brust, dann das linke.
- Beide strecken das rechte Bein vor, dann das linke.
- Beide neigen sich nach rechts, dann nach links, nach vorne bzw. hinten dann nach hinten bzw. vorne.
- Beide strecken sich nach oben, beide gehen in die Hocke.

Wichtig: Bei allen Übungen auf Ruhe und Achtsamkeit Wert legen!

Spiele und Musik	Vorbemerkungen

Lernen durch Spielen

Rollenspiele, Fingerspiele und rhythmische Bewegungen mit und ohne Gesang.

- Das Spiel in der Schule hat eine Funktion im Erziehungs- und Lernprozess.
- Spielen ist eine wichtige Form des Lernens. Die Offenheit des Spiels und ihr hoher Motivationsgrad kommt den Kindern stärker entgegen als zielgerichtetes Lernen.
- Im Spiel werden Lernvoraussetzungen grundgelegt. Hierbei handelt es sich um Voraussetzungen wie z.B. Interesse, Motivierbarkeit, Kreativität, Entscheidungsfreudigkeit, Konzentration, sich an Regeln halten, soziale Fähigkeiten und Eigenständigkeit.
- Das Spiel bietet Möglichkeiten zur Schülerbeobachtung. Die Lehrkraft kann die Rolle des Beobachters einnehmen.
- Das Spiel dient der Verhaltensregulierung. Kinder erhalten die Möglichkeit, psychische Spannungen und Aggressionen gefahrlos abzubauen.
- Das Spiel erfüllt methodische Aufgaben. Es kann zur Selbstbildung dienen, Gelerntes wiederholen, Kommunikationsform und fächerübergreifendes Medium sein.

Szenen	LE AK 50

Kleine Szenen spielen

U.a. ist das gelenkte Rollenspiel eine Form, das Verhaltensrepertoire der Kinder zu erweitern, Wertvorstellungen zu vermitteln und eine Verbesserung der Handlungsfähigkeit im Sinne von Selbsteinschätzung hervorzurufen.

- Familie Bär macht einen Waldspaziergang. Eva findet etwas Schönes. (*Was ist es? Wie reagiert die Familie?*)
- Eva und Billi zanken sich. (*Überlegt vorher, weshalb sie sich zanken.*)
- Fidi ist hingefallen. Seine Freunde und Freundinnen trösten ihn. (*Wie fühlt Fidi sich dabei?*)
- Eva und Billi gratulieren Lili Eichhorn zum Geburtstag und überreichen ihr Geschenke. Sie packt sie aus. (*Was bekommt sie zum Geburtstag? Wie bedankt sie sich?*)
- Papa Bär kocht etwas Leckeres. Die Bärenkinder warten auf das Essen. Das Essen wird serviert. (*Was gibt es wohl? Wer deckt den Tisch? Wie wird er gedeckt? Wie wird gegessen?*)
- Eva und Billi stehen am Morgen auf. Sie streiten sich, wer zuerst ins Badezimmer geht. (*Welche Argumente bringen sie vor? Wie können sie sich einigen?*)

Kinder, die nicht direkt am Spiel beteiligt sind, sitzen als Publikum vor der »Bühne«. Um möglichst viele Kinder zu beteiligen – besonders unruhige Kinder und solche, die wenig Selbstvertrauen haben – werden Statistenrollen verteilt (z.B. Baum, Tür, Herd, Bühnenvorhang, der sich öffnet und schließt). Evtl. ist es ratsam, dass die Lehrkraft zunächst mitspielt, um gehemmten Kindern Hilfestellungen zu leisten und den ideenarmen Kindern Modelle zu geben, an denen sie sich in einer späteren »Spielstunde« orientieren können. Die gleiche Szene kann mehrfach gespielt werden, wünschenswert wären unterschiedliche Lösungsansätze der Konflikte. Das Spielen muss angstfrei und freiwillig sein. Das Gespräch vor und nach dem Spiel ist Bestandteil des Rollenspiels.

Spiellied LE AK 51

Zehn kleine Bärenkinder

(nach der Melodie: »10 kleine Negerlein«)

Zehn kleine Bärenkinder
wollten sich mal freu'n.
Nur Billi wollte böse sein.
Da waren's nur noch neun.

Neun kleine Bärenkinder
liefen durch die Nacht.
Der Peter hatte große Angst.
Da waren's nur noch acht.

Acht kleine Bärenkinder
sich die Augen rieben.
Die Lili war ganz plötzlich weg.
Da waren's nur noch sieben.

Sieben kleine Bärenkinder
fürchteten die Hex'.
Der Ali hat sich schnell versteckt.
Da waren's nur noch sechs.

Sechs kleine Bärenkinder
trugen keine Strümpf'.
Die Nina kriegte kalte Füß'.
Da waren's nur noch fünf.

Fünf kleine Bärenkinder
trafen einen Stier.
Den mochte Timo nicht so sehr.
Da waren's nur noch vier.

Vier kleine Bärenkinder
machten viel Geschrei.
Die Mimi wollte das nicht hör'n.
Da waren's nur noch drei.

Drei kleine Bärenkinder
träumten von 'nem Hai.
Der Uli wollte weiter träum'n.
Da waren's nur noch zwei.

Zwei kleine Bärenkinder
fuhren mal nach Mainz.
Die Rita wollte nicht zurück.
Da war es nur noch eins.

Ein kleines Bärenkind
wollt nicht alleine geh'n.
Es suchte schnell die anderen.
Da waren's wieder zehn.

Spiellied LE AK 52

Anweisungen

- Die einzelnen Strophen begleiten die Kinder mit ihren 10 Fingern. Für jede Strophe wird ein Finger mehr abgeknickt. Bei der letzten Strophe sind alle Finger wieder zu sehen.
- Zehn Kinder halten ihre mitgebrachten Teddys hoch. Die Namen im Lied werden ersetzt durch die Namen der Teddys der Kinder.
- Zehn Kinder spielen die Bären. Es werden ihre Namen eingesetzt.
- Zehn Kinder mit Bärenmaske bekommen jeweils ein Schild umgehängt mit den Namen der im Lied vorkommenden Teddys.
- Abschlussstrophe (alle Kinder der Gruppe sind beteiligt):

Alle, alle Bärenkinder
tanzen jetzt zu zwei'n.
Und freuen sich und lachen laut.
Es ist nicht schön allein!

Zum Thema Spiellieder siehe auch Kapitel I.2: Kiga AK 31–33

Was unsere Hände alles können

Unterrichtsideen ohne Kopiervorlagen

Diese Ideensammlung entstand in Seminaren mit Studierenden. Die Aufgabenstellung war, möglichst viele Ideen zu finden, für die man keine Arbeitsblätter braucht und die handlungsorientierten Unterricht in den Vordergrund stellen.

Sammlung

- Wir bauen eine Bärenhöhle.
- Wir naschen leckere Sachen (Ratespiel zum Schmecken): Honig, Nüsse, Kokosflocken, Rosinen, Sonnenblumenkerne.
- Wir zeigen den Bären und unseren Kuscheltieren, wie man sich im Straßenverkehr richtig verhält.
- Wir gehen gemeinsam in den Wald, sammeln Zapfen, Blätter, Erde, Moos, Beeren, kleine Zweige. Sortieren all die Sachen in der Schule, stellen Tastbeutel mit unterschiedlichem Inhalt her.
- Wir spielen das Fangspiel: »Wer fürchtet sich vor Bären?«
- Damit den Bären das Lesen mehr Spaß macht, stellen wir für sie kleine Bücher und Leporellos mit Buchstaben und Wörtern her sowie Zahlenbücher für Mathematik.
- Wir »schreiben« (malen) Briefe an die Bären. Die Bären schreiben zurück.
- Wir leihen uns Bärenbücher aus der Bibliothek aus. Wir informieren uns über Bären (Videos, Sachbücher).
- Wir feiern ein Fest mit Bären und Kuscheltieren.
- Wir bauen einen Bärenwald auf. Pappkartons dienen als Behausung. Zweige sind der Wald. Jeden Tag wird in der Szenerie etwas verändert. Es gibt eine kleine Geschichte dazu und das Ganze bekommt einen »Titel«, der auf einen großen Pappstreifen geschrieben wird: »Der Hase besucht Familie Bär.« »Oma Bär kommt zu Besuch.« Alle Kuscheltiere, die Kinder und Lehrkräfte mitbringen, können mitspielen.
- Bärenspiele (Würfel- und Kartenspiele) werden selbst gemacht mit Eltern oder Kindern der vierten Klasse.
- Fühlbücher oder Fühlmemorys herstellen (*Was ist kuschelig wie ein Bärenfell?)*
- Wir lernen unseren »Bärentanz« zu unserer Musik, festes Ritual mit einfachen Tanzschritten.

Ein Wir-Gefühl entwickeln

Freunde

- Freundebild: *Male dich und deinen Freund, deine Freundin, deine Freunde.*
- Freundebuch: Zwei, drei oder vier Kinder führen gemeinsam ein Heft, in welches Fotos, »Gemälde«, Papiere von Lieblingsbonbons, Fingerabdrücke, Sticker ... geklebt werden.
- Bücher vorlesen, z.B.: »Freunde« von Helme Heine.
- Ein Freund kann auch ein Kuscheltier oder gar ein Tier sein. Deshalb Kuscheltier oder Tier mitbringen lassen.
- Fotobücher herstellen.
- Viele Kinder führen Alben: »Meine Schulfreunde« mit Sammlungen aller Angaben zu verschiedenen Kindern. Gleiches kann auch für die ganze Klasse hergestellt werden, möglichst im Großformat: Wir-Buch. Dazu stellt jedes Kind ein Poster von sich her.
- Wir vom »Sternetisch«: Einzelne Tischgruppen stellen sich vor, jeder Tisch hat ein entsprechendes Symbol.
- Wir gestalten einen Elternvor- oder -nachmittag. Dabei präsentieren wir unsere Arbeitsergebnisse, die Bärengeschichte, spielen und singen Lieder, haben Honigplätzchen gebacken. Beim Elternabend haben dagegen die Eltern auch für die Kinder kleine Überraschungen vorbereitet: Hampelbären angefertigt oder Gedicht- oder Liedtexte bemalt und einlaminiert.

Ideensammlung

Erfahrungsgemäß sind für diese Ideen Eltern leicht zu interessieren. Mappen, Hefte, Vorlagen werden für die Kinder der Klasse so vorbereitet, dass die Kinder allein daran weiterarbeiten können. Mütter und Väter gehen auf die Suche nach Spielzeugkatalogen, Geschenkpapier, sie bereiten Schnippelbögen oder Aufkleber auf dem Computer vor. Fensterbilder mit Bärenmotiven entstehen. Es werden mit der Digitalkamera Bärenfotos in Spielzeugläden gemacht. Mitunter gehen Eltern am Wochenende zusammen auf Entdeckungstour, um Bären zu finden. Mütter haben Ideen aus dem Bärenprojekt zur Gestaltung von Kindergeburtstagen genutzt. Eine Müttergruppe hat im Stadtteil eine Bärenrallye organisiert.

- Bären aus Spielzeugkatalogen ausschneiden, auf ein Plakat kleben.
- Hefte und Mappen mit ausgeschnittenen Bären bekleben.
- Aus Geschenkpapier (mit Bären bedruckt) Spiele basteln (z.B. Memory).
- Stilisierte Bärenformen, Bärenhäuser, Bäume auf Buntpapier aufmalen und ausreißen oder mit Prickelnadeln ausstechen. Die Augen der Bären aufmalen oder aus schwarzen und weißen Aufklebern zusammengesetzt und aufgeklebt.
- Anziehbären-Bogen entwerfen (analog zu Anziehpuppen).
- Tischkarten, Stundenpläne, Geburtstagskalender, Leporello gestalten mit Bärenbildern.
- Bärenmasken herstellen für Rollenspiele.

Hampelbär

Mithilfe einer Bärenschablone (Vorlage) Bär auf Pappe zeichnen, anmalen, ausschneiden und mit Klammern verbinden. Den Bären an ein Band hängen.

Turnerbär (nach Hampelbär-Vorlage, Kapitel (II.1 GS KV 20 und 21)

- Viele Bären mit immer unterschiedlicher Körperhaltung (auch vergrößert und verkleinert) werden auf einen Papierstreifen oder eine große Pappe geklebt. Zuvor werden die Bären in unterschiedlichen Farben angemalt.
- Jeder Bär wird charakterisiert. Der Bär, der die Arme hochhält, bekommt einen Namen.
- Namensschilder werden zugeordnet und aufgeklebt.
- Kinder befolgen Anweisungen: *Stellt euch so hin wie Brummi, der lila Bär! Zeige den großen, gelben Bären!*

Bärenkette

- Ein Papierstreifen (so hoch wie die Bärenschablone und so lang wie mindestens 2 Bären breit sind) wird als Ziehharmonika geknickt, sodass die Schablone auf die erste Falte gelegt werden kann.
- Schablone mit dem Stift umfahren.
- Die hintereinander liegenden Bären zugleich ausschneiden. Diese fassen sich dann an den Händen (Zwillinge, Drillinge, Mehrlinge).

Zierbären

Die Bären verzieren Mappen, Hefte, Fenster, Türen. Die Bären können groß und klein sein. Sie können eine Brosche aus Moosgummi sein, Umhänger und ...

Eva und Billi erleben neue Geschichten

Zum Weitererzählen, zum Träumen und zum Nachspielen

Die »neuen Geschichten« dienen der Weiterarbeit an dem Projekt »Eva und Billi kommen in die Schule«. In regelmäßigen Abständen bekommen die Kinder neue Anregungen aus dem Bärenwald in Form einer neuen Geschichte. Die Kinder können diese weitererzählen, dazu malen und, wenn schon möglich, dazu schreiben. Zudem kann die Lehrkraft die »Sekretärin« der Kinder sein und die Kinderideen aufschreiben. Auch aktuelle Konflikte und Ereignisse der Klasse können so mit in die Geschichten eingearbeitet werden.

Als Differenzierungsmöglichkeit im Rahmen der Freiarbeit, des Wochenplans, des jahrgangsübergreifenden Unterrichts – auch parallel zum Leselehrgang – können die Geschichten als Karteikarten, Arbeitsblätter oder fertige Mappen im Klassenraum ausliegen. Für Kinder der Jahrgangsstufen zwei bis vier haben Bären immer noch eine große Bedeutung. Mitunter begleiten die Bärengeschichten die Kinder durch ihre gesamte Grundschulzeit. So hat z.B. eine 4. Klasse, die mit dem Bärenprojekt eingeschult wurde, für Erstklässler Bärengeschichten zum Vorlesen geschrieben.

Die Bärengeschichten eignen sich als Motivation zum Schreiben eigener Tier- oder Waldgeschichten, die wiederum den Kindern der ersten Klassen vorgelesen werden können, oder zum Sammeln eigener Informationen über diese Lebewesen: Wie leben Bären wirklich? Alle »neuen Geschichten« lassen sich zudem in Spielszenen umsetzen. Indem die Kinder sich mit den Figuren der Geschichten identifizieren, können sie ihre eigenen Sorgen, Probleme, Freuden und Wünsche einbringen. Das hat besonders bei emotional gehemmten oder auch aggressiven Kindern eine Ventilfunktion. Die Lehrkraft sollte die Probleme der Kinder weder interpretieren, noch kann sie diese bearbeiten. Sie kann jedoch einen Raum schaffen, in dem Kinder eine Ausdrucksmöglichkeit für ihre Probleme haben. Ferner können Kinder in diesem Rahmen andere Problemlösungsstrategien erfahren als die, die ihnen bisher bekannt waren.

Die Stadt

Die Lehrerin in der Waldschule zeigt den Kindern die Schule, den Schulhof, das Schulgelände und alle Wege, die zur Schule führen. Sie geht mit den Kindern den Schulweg und zeigt ihnen, worauf sie achten müssen.

Dann zeigt sie den Tierkindern Bilder aus der Stadt: Von riesigen Straßen, Verkehrsampeln und Autos, von Bussen und Straßenbahnen, Kaufhäusern, Fabrikschornsteinen und Hochhäusern. Die Tierkinder können sich nicht vorstellen, wie es ist, in der Stadt zu leben. Es kommt ihnen sehr gefährlich vor. Aber die Lehrerin erzählt, dass die Menschenkinder es lernen, wie man sich auf der Straße verhält. »Wie schaffen es die Menschenkinder denn überhaupt, über so eine breite und gefährliche Straße zu kommen?«, fragt Billi. Und Fidi Fuchs will wissen: »Die Menschenkinder finden doch bestimmt ihre Wohnung und ihr Haus nicht wieder in dem riesigen Durcheinander von Straßen. Wie finden sie nach Hause, wenn sie sich verlaufen?« Eva und Billi und ihre Freunde sind froh, dass sie nicht in der Stadt leben müssen. Aber ein bisschen neugierig sind sie auch darauf, denn in der Stadt gibt es viel, was sie als Waldkinder nicht kennen.

Erzähle, wie es in deiner Stadt (deinem Dorf) aussieht.
Welche Straßen und Plätze gibt es?
Wie heißt die Straße, in der du wohnst?

Wir laden unsere (Stoff-)Tiere zu uns in die Klasse ein und erzählen ihnen, wie man sich auf der Straße und im Verkehr verhält, damit nichts passiert.

Fächerübergreifende Verkehrserziehung

Wo wohnst du?
Was kannst du tun, wenn du dich verlaufen oder verirrt hast?

Der Geburtstag

Eva und Billi haben Geburtstag. Sie sind Zwillinge. Mama und Papa Bär bereiten eine große Geburtstagsfeier vor.
Sie dekorieren das Haus mit ....
Am Nachmittag gibt es .... zu essen.
Am Abend gibt es ....
Eva mag am liebsten ....
Alle Verwandten sind eingeladen.
Billi bekommt .... geschenkt.
Eva bekommt .... geschenkt.
Dann spielen alle Evas und Billis Lieblingsspiel: ....
Zum Schluss singen sie das Lied: ....

Anregungen:

- Die Lücken in der Geschichte können mit den Kindern gefüllt werden. Dabei kann diskutiert und abgestimmt werden, damit ein gemeinsames Erlebnis entsteht.
- Viele Ideen zum Ausschmücken des Hauses und Essensvorschläge werden gesammelt.
- Jeder erzählt, was er/sie am liebsten essen mag.
- Spiele werden ausprobiert, Lieder werden gesungen.
- Die Kinder haben die Möglichkeit, von ihren Feiern zu erzählen oder auch Anregungen mit nach Hause zu nehmen. Sie dürfen von ihren Geschenkwünschen erzählen.
- Es können Bilder von Billis und Evas Geburtstagsfeier gemalt werden.
- Es wird ein Geburtstagskalender für die Klasse angelegt

s. Kapitel III.1: GS KV 31

Neue Geschichten LE AK 59

Der Brief

s. Kapitel I.1:, Kiga KV 1–6

Eines Tages bekommen die Tierkinder in der Waldschule einen Brief. Er steckt in einem geheimnisvollen Umschlag. Auf dem Briefbogen sind viele Bären abgebildet. Die Lehrerin liest den Brief laut vor ...

Anregung:
Die Lehrkraft/Erzieherin sollte den Brief je nach der Klassen- oder Gruppensituation selbst gestalten und formulieren.

- Die Menschenkinder laden die Tierkinder in ihre Klasse ein.
- Die Kinder aus Klasse 1 spielen die Situation nach. Sie bringen Stofftiere mit und erzählen ihnen von ihrem Schulalltag, laden sie zum Frühstück ein und zeigen ihnen die Schule und die Umgebung.
- Ein »Buchstabenbär« (»Zahlenbär«) schenkt in seinem Brief den Kindern einen Buchstaben (eine Zahl). Das kann Anlass sein, erste Buchstaben und Zahlen einzuführen, mit ihnen zu spielen und Erfahrungen zu sammeln.
- Eva (oder Billi) Bär ist krank und wünscht sich so sehr, einmal Post zu bekommen.
- Die Kinder können Briefe »schreiben« und Bilder dazu malen. Es kann ein reger Briefwechsel entstehen.
- Die Tierkinder schreiben über eine Geburtstagsfeier in ihrer Schule. Das kann Anlass sein, mit den Menschenkindern zu besprechen, welche Rituale bei Geburtstagsfeiern eingeführt werden sollen.
- Die Lehrerin aus der Waldschule berichtet von Unterrichtsgeschehnissen (Arbeitsformen, Regeln, Umgang miteinander) in ihrer Klasse. Das kann als Einstieg dienen, mit den Kindern Umgangsrituale, Unterrichtsformen, Arbeitsformen einzuüben.

Neue Geschichten	LE AK 60

Der Streit

Eva und Billi haben Streit. Sie zanken sich immer heftiger. Erst werfen sie sich Schimpfwörter an den Kopf, dann stürzt sich Eva plötzlich auf Billi und schlägt mit den Fäusten auf ihn ein. Billi wird rot vor Wut. Er packt Eva ...

Was ist wohl vorher geschehen?
Wie könnte die Geschichte weitergehen?
Erzähle (male) wie es war, als du einmal ganz wütend warst.

Schimpfwörter, die wir in der Schule nicht benutzen und (witzige, kreative) Schimpfwörter, die als Ventil zugelassen sind.

Neue Geschichten	LE AK 61

Die Bauchschmerzen

An einem schönen Herbstmorgen will Eva nicht aufstehen. Sie weint und hat Bauchweh. Mama Bär tröstet sie und schreibt ihr eine Entschuldigung. Aber Billi sagt: »Eva ist gar nicht richtig krank. Sie hat Angst vor Willi Wolf. Der ärgert sie jeden Tag. Mal versteckt er ihre Büchertasche, mal stellt er ihr ein Bein, mal isst er ihr Butterbrot auf.« Mama Bär meint: ».......... «

Was soll Familie Bär tun?
Ist es dir auch schon so ergangen?
Was kannst du tun, wenn dich jemand ärgert, quält, haut, mit dir streitet? Wer kann dir wann und wo helfen?

Rollenspiele mit Problemlösungsversuchen.

Der Nachhauseweg

Eva Bär und Fidi Fuchs gehen zusammen von der Schule nach Hause. Sie hüpfen und spielen »Fangen« und »Verstecken«. Sie erzählen sich, was in der Schule alles passiert ist. Plötzlich stehen sie mitten im dunklen Wald, der Weg ist zu Ende. Sie haben sich verlaufen. Da rufen sie nach Billi und Lili ... Stille!

Was sollen sie tun?
Was könnt ihr tun, wenn ihr euch verlaufen habt?
Weißt du deine Adresse?
Welchen Weg gehst du, um nach Hause oder zum Hort zu kommen?
Wem kannst du dich anvertrauen?
An welchen Stellen musst du besonders gut aufpassen?
Wer wartet zu Hause oder im Hort auf dich und macht sich Sorgen?
Zeit erlebbar machen, um das Zeitgefühl der Kinder zu entwickeln: Wie lange dauert mein Schulweg normalerweise?
Wie lange brauche ich, wenn ich ganz langsam gehe?

Anregungen:
Mit den Kindern auf dem Schulhof Pausenspiele spielen, z.B.:
- Fangen (Kriegen)
- Verstecken
- Hüpfspiele

Keiner kann alles

Billi Bär ist verzweifelt. »Ich bin ganz blöd!«, denkt er. Immer wenn er sagen soll, wie viele Bälle die Lehrerin an die Tafel gemalt hat, weiß er es nicht und stottert herum. Die anderen Tierkinder lachen ihn dann aus. Vor allem Hoppel Hase kreischt vor Lachen und zeigt mit der Pfote auf Billi: »Oh, ist der aber doof!« Da wird Lili Eichhorn fuchsteufelswild: »Du kannst auch nicht alles. Du hast auch oft Angst. Beim Schwimmen traust du dich nicht ins Wasser. Aber andere lachst du aus!«

Hast du das auch schon einmal erlebt?
Wer kann was besonders gut? Liste erstellen mit den besonderen Fähigkeiten der Kinder.
Was kann ich tun, wenn ich etwas noch nicht kann oder etwas falsch mache? Wer oder was hilft mir? Denn: Etwas nicht zu können ist ganz normal!

Die Lehrkraft/Erzieherin erzählt, was sie alles nicht kann bzw. als Kind noch nicht konnte.

Wie geht die Geschichte weiter?

Der Neue

Die Waldkinder gehen schon seit einigen Tagen in die Schule. Sie sitzen an ihren Tischen und schreiben den Buchstaben »B«, da geht die Tür auf und herein kommt ... ein schneeweißer Bär. Alle Kinder starren ihn an, plötzlich muss Billi laut lachen. »Hu, sieht der komisch aus. So einen habe ich ja noch nie gesehen. Ganz und gar weiß ... und wie der guckt.« Einige Kinder lachen mit. Der kleine Eisbär wird immer trauriger. Die Lehrerin nimmt ihn an die Hand: »Das ist Ole. Er ist fremd hier. Seine Eltern sind nur zu Besuch. Sie sind aus dem Zoo geflohen und wollen wieder zurück ins Eismeer. Seid nett zu Ole. Er hat hier noch keine Freunde.« Sie setzt Ole neben Billi, weil der Platz neben ihm frei ist. Fidi Fuchs ist krank. »Uuuu!«, denkt Billi. »Neben dem soll ich sitzen. Wie komisch der aussieht und wie der guckt ...«

Anregungen:
- Situationen in der Klasse besprechen bezüglich:
  unterschiedlicher Herkunft
  Zuneigung - Abneigung
  Sitzfreundschaften
  Wie gewinne ich Freunde?
- Jeder Mensch ist anders: Vorlieben, Abneigungen vorstellen, Vergleiche anstellen; das als Sprechanlass nutzen oder Listen und Tabellen erstellen: In B. sind geboren: ... In der Türkei sind geboren: ... Alle Kinder, die blonde Haare haben: ... Alle Kinder, die Pommes lieben ...
- *Was können Lehrerin und Kinder tun, damit Ole sich besser fühlt?*
  Wer hat so etwas auch schon einmal erlebt?

Neue Geschichten LE AK 65

Die Freunde

Eva hat viele Freundinnen. Sie treffen sich oft, auch am Nachmittag. Sie kennen viele Spiele, gehen zusammen spazieren und erzählen sich alles. Aber Evas allerbeste Freundin ist Lili Eichhorn. Schon im Kindergarten haben sie immer zusammengehalten. Lili tröstet Eva, wenn sie Kummer hat. Eva hilft Lili, wenn andere Kinder sie ärgern. Eva ist ziemlich stark, Lili ist klein und zart. Billi hat nur einen Freund und das ist Fidi Fuchs. Billi mag an Fidi, dass er ihm immer hilft und dass er immer zu ihm steht, auch wenn Billi etwas getan hat, was Fidi nicht gut findet. Fidi mag an Billi, dass er so viele gute Ideen hat und dass es mit ihm nie langweilig ist. Sie sind immer zusammen. Aber eines Tages wird Fidi Fuchs krank ...

Wie geht die Geschichte weiter?

Erzähle von deinen Freundinnen und Freunden.
Was magst du an ihnen?
Male dich mit deiner Freundin/deinem Freund.
Welche Eigenschaften hast du? Welche hat dein Freund/deine Freundin?

Eigenschaften werden aufgeschrieben (von der Lehrerin als »Sekretärin«, von den Eltern oder von den Kindern selbst). Eine aufbauende Übung ist es, von Eltern beim Elternabend die Eigenschaften ihres Kindes aufschreiben zu lassen und diese in der Klasse aufzuhängen. Die Lehrerin ergänzt sie dann durch eigene Beobachtungen. Das verhindert, dass bei Elternsprechtagen zu viel über Probleme und Negatives gesprochen wird. Der Blick auf das »ganze Kind« mit allen seinen Facetten wird gefördert.

Mit den Beltz Lern-Trainern zu mehr Schulerfolg!

Wolfgang Endres u.a.
Mehr Erfolg beim Lernen
7 Tritte in den Hintern der Faulheit.
9–13 Jahre.
2003. 84 Seiten. Broschiert.
ISBN 3-407-38046-1

»Mehr Erfolg beim Lernen« ist ein pfiffiger Lernberater für Schülerinnen und Schüler von 9 bis 13 Jahren. Eine Fülle von Lerntipps sind in kleine Geschichten und witzige Illustrationen verpackt. Diese heitere Mischung macht schon beim Blättern Lust auf Lernen. Und fast nebenbei leitet sie zum methodischen Lernen und selbstständigen Arbeiten an.

Wenn ein Kater eine Maus entdeckt, kommt er normalerweise ganz schön auf Trab. Da muss ihm niemand in den Hintern treten. Kniffix aber ist ein besonderer Kater. Er ist so friedliebend, dass er keiner Maus etwas zu Leide tut. Deshalb halten einige ihn sogar für dumm. Dabei ist er ziemlich clever. Allerdings macht er manches ein bisschen anders. Zum Beispiel kann er sprechen und lernen wie ein Mensch.

Wolfgang Endres u.a.
Lernen mit Kniff und Pfiff
7 Pillen gegen Lernstress.
9–13 Jahre.
2003. 84 Seiten. Broschiert.
ISBN 3-407-38047-X

Beim Lernen darf man dem Erfolg nicht dauernd hinterher laufen, vielmehr muss man ihm entgegen gehen. Und das lernt man als Kind am besten. Und wie...?
In diesem Band zeigen Kniffix, der clevere Kater und Pfiffix, die pfiffige Maus, wie man eine Klassenarbeit gut vorbereitet und ohne Angst in eine Prüfung geht.
Dazu gibt es konkrete Tipps, wie man, Wichtiges von Unwichtigem unterscheidet, gute Notizen macht und den Überblick behält.
»Lernen mit Kniff und Pfiff« ist ein pfiffiger Lernberater für Schülerinnen und Schüler von 9 bis 13 Jahren. Eine Fülle von Lerntipps sind in kleine Geschichten und witzige Illustrationen verpackt. Diese heitere Mischung macht schon beim Blättern Lust auf Lernen. Und fast nebenbei leitet sie zum methodischen Lernen und selbstständigen Arbeiten an.

Wolfgang Endres
Besser konzentrieren
44 Ausdauer-Tipps.
9–12 Jahre.
2. Aufl. 2004. 84 Seiten. Broschiert.
ISBN 3-407-38056-9

Die 44 pfiffigen Tipps sind abwechslungsreich, spannend und manchmal auch etwas knifflig. Trotzdem können Kinder ab der 3. Grundschulklasse bereits damit üben.
Der erste Lerntipp zur Steigerung der Konzentration heißt »Ein Zauber-Schnellkurs«. Da geht es tatsächlich um eine kleine Zauberei. Doch die 43 weiteren Tipps sind keine Tricks, sondern ganz solide und seriöse Übungen und Trainingsangebote wie zum Beispiel: das Anti-Trödel-Programm, die Stopp-Methode oder der kleine Konzentrations- und Lerntyp-Test. Der kleine Ratgeber bietet Schülerinnen und Schülern der Klassen 3–6 konkrete Anleitungen, wie sie mit mehr Ausdauer an einer Sache bleiben, sich auf eine Aufgabe konzentrieren, und am Schluss zu einem zufrieden stellenden Ergebnis kommen.

BELTZ

Beltz Verlag · Postfach 100154 · 69441 Weinheim · Infos und Ladenpreise: www.beltz.de

Vorwort

Handbuch
mit didaktisch-methodischen Grundlagen

RONDO 1/2

Musiklehrgang für die Grundschule

Wolfgang Junge

Mildenberger

Zu RONDO 1/2 gehören:

Schülerbuch	Bestell-Nr. 1702-80
Arbeitsheft 1	Bestell-Nr. 1702-81
Arbeitsheft 2	Bestell-Nr. 1702-82
Schülerbuch Ausgabe Bayern	Bestell-Nr. 1702-70
Arbeitsheft 1 Ausgabe Bayern	Bestell-Nr. 1702-71
Arbeitsheft 2 Ausgabe Bayern	Bestell-Nr. 1702-72
Handbuch mit didaktisch-methodischen Grundlagen	Bestell-Nr. 1702-83
Kopiervorlagen	Bestell-Nr. 1702-84
Transparentfolien	Bestell-Nr. 1702-85
Lieder und Musikstücke, 4 CDs (CD A, B, C, D) und eine DVD mit Demo-Clips	Bestell-Nr. 1702-86
Instrumental-Arrangements zu den Liedern, 2 CDs (CD 1, 2)	Bestell-Nr. 1702-87

Bestell-Nr. 1702-83 · ISBN 978-3-619-17283-2

www.mildenberger-verlag.de
E-Mail: info@mildenberger-verlag.de

Auflage 8 7 6 5
Jahr 2021 2020 2019 2018

Redaktion: Dr. Mirja Piltz
Grafik: Mildenberger Verlag GmbH
Illustrationen: Elisabeth Lottermoser, 33334 Gütersloh
Assen Münning, 65824 Schwalbach

Umschlaggestaltung Ringbuch und Fotos:
Karlheinz Arian Kolster, 79822 Titisee-Neustadt
Notensatz: Susanne Höppner, 23992 Neukloster

Bezugsmöglichkeiten
Da der Titel Lösungen enthält, kann er nur direkt über den Mildenberger Verlag bezogen werden. Bestellen können Sie auch unter: www.mildenberger-verlag.de

Druck: Scharer-Druck & Medien, 76456 Kuppenheim
Gedruckt auf umweltfreundlichem Papier.

Vorwort

Liebe Lehrerin, lieber Lehrer,

das vorliegende Handbuch enthält Kommentare zu jeder Unterrichtseinheit des RONDO 1/2 Schülerbuchs (1702-80). Die Kommentare werden eingeleitet und ergänzt durch das ihnen vorangestellte Kapitel **„Didaktisch-methodische Grundlagen"**. Darin werden allgemeine theoretische und praktische Informationen zu bestimmten, im gesamten Schülerbuch immer wieder vorkommenden Themen, wie z. B. Singen, Umgang mit Instrumenten oder Tanzen, gegeben und zusätzlich die Aspekte „Gruppenarbeit im Musikunterricht" und „Förderung wichtiger Kompetenzen" aufgegriffen.

In den Kommentaren selbst wird dann an gegebener Stelle auf die Inhalte der didaktisch-methodischen Grundlagen verwiesen, und zwar insbesondere dann, wenn es um Vertiefungen, Alternativen oder um die gezielte Behandlung von Problemstellen geht.

Dem Grundlagen-Kapitel folgen **Stoffverteilungspläne**, die übersichtlich darstellen, wie die Inhalte des Lehrgangs auf die Klassen 1 und 2 verteilt werden können.

Die Reihenfolge der **Kommentare** entspricht der Abfolge der Kapitel 1 bis 27 und der dazugehörigen Unterrichtseinheiten des Schülerbuchs. Um einen schnellen Zugriff zu den unterrichtsrelevanten Informationen zu ermöglichen, sind sämtliche Kommentare wie folgt unterteilt:

- Im **Überblick** sind die Arbeitsabläufe und inhaltlichen Schwerpunkte der jeweiligen Unterrichtseinheit stichwortartig zusammengefasst.
- Unter **Organisation** sind alle für die Unterrichtsgestaltung benötigten Medien und Materialien (z. B. CDs, Folien, Instrumente) aufgelistet.
- Der ausführliche Kommentar beginnt dann zunächst mit einer **Anmerkung**, die verschiedene Vorinformationen zum Thema oder einführende Bemerkungen enthält.
- Danach werden im **Unterrichtsverlauf** die einzelnen Schritte der Unterrichtsgestaltung einer jeweiligen Einheit beschrieben. Wo es sich anbietet, werden Alternativen oder Differenzierungsmaßnahmen genannt.
- An gegebener Stelle wird zudem darauf hingewiesen, dass die Schülerinnen und Schüler zu bestimmten Themen auf der Mildenberger Internetseite **www.rondoweb.de** weitere Informationen einholen können.
- Zudem gibt es für die Gestaltung einiger Unterrichtseinheiten die Möglichkeit der **Erweiterung**: Hier werden verschiedene Aspekte einer Unterrichtseinheit vertieft (z.B. nach dem Erlernen einer Tanzchoreografie eine eigene Choreografie erfinden) oder es werden Vorschläge zur weiteren Auseinandersetzung mit einem bestimmten Thema gemacht.

Neben den geläufigen Abkürzungen (d. h., z. B., KV, usw.) werden im Handbuch auch explizit auf das Handbuch abgestimmte Abkürzungen verwendet:

AH = Arbeitsheft

DmG = Didaktisch-methodische Grundlagen

HB = Hörbeispiel

L. = Lehrerin/Lehrer

L AH 1/2 = Lösungen Arbeitsheft 1/2

SB = Schülerbuch

SuS = Schülerinnen und Schüler

SVP = Stoffverteilungspläne

Das vorliegende Handbuch bietet also einen umfassenden Einblick in die Unterrichtsgestaltung der im Schülerbuch behandelten Themen mit vielen Anregungen, Vorschlägen und zusätzlichen Informationen. Durch die übersichtliche, gleichbleibende Struktur der Kommentare und durch das breite Angebot an alternativen Gestaltungsmöglichkeiten kann jede Lehrerin/jeder Lehrer sich einen nach eigenen Kriterien oder Interessen abgestimmten Plan für den Ablauf einer Unterrichtseinheit zusammenstellen.

Viel Spaß und Erfolg wünscht Ihnen

Wolfgang Junge

Didaktisch-methodische Grundlagen

Didaktisch-methodische Grundlagen

Auf den folgenden Seiten finden Sie grundlegende theoretische und praktische Informationen zu ausgesuchten Themenfeldern des SB. Die Themenfelder umfassen Handlungen, Abläufe und Entscheidungsfragen, die grundlegend für die Gestaltung des Musikunterrichts der Jahrgangsstufe 1/2 sind. Abgerundet werden diese Ausführungen mit konkreten Tipps für die Praxis.

Auf den Kommentarseiten wird dann an gegebener Stelle auf die hier erläuterten Grundlagen verwiesen, insbesondere, wenn es um Alternativen, Vertiefungen, Differenzierungsmöglichkeiten oder die gezielte Behandlung von Problemstellen (z. B. beim Singen oder im Umgang mit Instrumenten) geht.

Themenfelder:

1. Singen
2. Umgang mit Instrumenten
3. Lieder mit Instrumenten begleiten
4. Tanzen
5. Notation
6. Musik hören
7. Musikinstrumente
8. Musik und Malen
9. Musik und Szenen aufnehmen
10. Aufführungen planen, durchführen und nachbereiten
11. Gruppenarbeit
12. Sprachförderung
13. Kompetenzen

1. Singen

Grundsätzlich singen die SuS in der Grundschule gerne. Denn gerade im Grundschulalter sind die Kinder in der Lage, schnell und nachhaltig ihre musikalischen Fähigkeiten zu entwickeln. Das schließt das Singen mit ein. Das Wahrnehmen von Melodieverläufen, Rhythmen usw. wird schnell nachempfunden und umgesetzt.

Ob die Kinder beim Singen im Unterricht allerdings wirklich mitmachen, das hängt von einigen Faktoren ab, z. B.:

- Liedauswahl
- Physiologische Aspekte
- Sing-Biografie

Liedauswahl

Die Liedauswahl spielt eine große Rolle beim Singen im Unterricht. Eine geschickt zusammengestellte Liedauswahl führt zu hoher Singmotivation und ermöglicht darüber hinaus eine systematische Progression der Singkompetenz der SuS. Die SuS achten meistens bei der ersten Begegnung mit einem Lied auf den Text, zum Teil auch auf melodische Auffälligkeiten. Der Text sollte altersgemäß, ansprechend und nicht zu lang sein. Die Melodie sollte ebenfalls dem Kindesalter entsprechend und eingängig sein. Zu Problemen beim Singen können sowohl nahe beieinanderliegende Töne als auch große Tonsprünge führen; solche Tonabstände sollten gesondert geübt werden. Ferner muss darauf geachtet werden, dass der Tonumfang einer Melodie zwischen c' (= eingestrichenes c) und e'' (= zweigestrichenes e) liegt.

Physiologische Aspekte

Auch die richtige Atmung ist eine wesentliche Voraussetzung für gutes, intonationssicheres Singen. Dabei spielt die Körperhaltung eine wichtige Rolle. Eine zu stramme oder zu schlaffe Körperhaltung verhindert den zum Singen benötigten Atemfluss. Den SuS soll bewusst werden, dass beim Singen das Einatmen kurz und das Ausatmen lang ist, d. h. die SuS müssen lernen, die Luft kontrolliert auszuatmen. Darüber hinaus sollte darauf geachtet werden, dass die SuS beim Atmen ihr Zwerchfell aktivieren. Ansprechendes und freudvolles Singen hängt von der Funktionsfähigkeit der beteiligten Körperteile (Stimmlippen, Kehlkopf, Luftröhre, Nasenhöhle, Zunge, Lunge, Zwerchfell) ab.

Sing-Biografie

Bezüglich der Singbereitschaft und der Singkompetenz der SuS muss deren Sing-Biografie mit beachtet werden. In diesem Zusammenhang spielen Vorbilder eine große Rolle: Wird im Elternhaus gesungen, dann bringen diese Kinder schon wesentliche Singvoraussetzungen mit (Singdisposition, Singerfahrung usw.). Weitere Vorbilder sind prominente Sänger. Viele SuS versuchen den Gesang ihrer Idole zu imitieren. Doch das ist insofern problematisch, weil meistens mit einer stark gepressten Stimme gesungen wird. Diese Singart ist für Kinder schädlich, denn die sich im Wachstum befindenden Stimmorgane werden dadurch stark überbelastet. Weitere Vorbilder finden die SuS in Kindergarten und Schule. L. sollte unbedingt den Spaß am Singen vermitteln. Dabei spielen Körperhaltung, Mimik, Gestik, Blickkontakt usw. eine wesentliche Rolle. Eine deutliche Artikulation, der Klang der Stimme, eine angemessene Lautstärke, die richtige Körperhaltung usw., all das überträgt sich auf die SuS. Männliche L. singen normalerweise eine Oktave tiefer als die SuS. Es wirkt unecht und die Klangergebnisse sind in der Regel ziemlich unbefriedigend, wenn ein männlicher L. versucht, in der Tonlage der SuS zu singen. In der Regel gelingt es den SuS schnell, diesen Oktavunterschied zu meistern. Als Überbrückung kann L. die Melodie oder einzelne Teile davon mit einem Instrument (Blockflöte, Gitarre usw.) in Höhe der Kinderstimme vorspielen.

Lockerungsübungen

Singen gelingt am besten, wenn die SuS locker und entspannt sind. Daher lohnt es sich, Singstunden mit entsprechenden Übungen zu beginnen, wie z. B.:

- Den Oberkörper nach vorne beugen und die Arme ausschütteln; sich dann langsam wieder aufrichten.
- Einen Arm/ein Bein ruckartig vom Körper wegbewegen, dann ausschütteln.
- Sich recken und strecken, „nach den Sternen greifen".
- Schulterkreisen – vorwärts, rückwärts, links, rechts.
- Den Kopf langsam und vorsichtig kreisen, mit Richtungswechsel.

Übungen für die Atmung:

s. SB S. 26 und dazu LHB S. 69.

Übungen für die Stimme:

- Die SuS sprechen „ga", „la", „ma", „na", dabei bleibt der Mund geöffnet; später ins Singen leichter Melodien übergehen.
- s. SB S. 27 und dazu LHB S. 70 f.

Schwierigkeiten beim Singen

Im Rahmen der Kompetenzförderung beim Singen kommt es auch auf die Beobachtungsgabe des L. an. Je früher Stimmprobleme bemerkt werden, desto größer sind die Chancen, sie zu beheben.

Es gibt Stimmprobleme, die ärztlich oder logopädisch behandelt werden müssen. Bei kleineren Stimmproblemen oder leichten Singschwächen können im Unterricht durchgeführte Übungen weiterhelfen.

Dazu ist es erforderlich, davor eine angemessene Diagnostik zu betreiben. Infolge der daraus gewonnenen Erkenntnisse können dann entsprechende Maßnahmen ergriffen werden.

- Falschsinger können die vorgegebene Melodie nicht halten. Die von ihnen gesungene Melodie weicht deutlich nach oben und/oder nach unten ab. Ursachen sind fehlende Singerfahrungen und vor allem eine geringe Fähigkeit zur Bildung einer Tonvorstellung (vgl. DmG, Intonationssicheres Singen S. 7).
- Sprechsinger verfügen über einen sehr geringen Stimmumfang, wodurch das korrekte Singen von Melodien kaum möglich ist. Oft ist der Stimmklang von Sprechsingern rau, heiser und gepresst. In diesem Falle können L. im Unterricht nur geringe Abhilfe leisten. Hier ist eine ärztliche Diagnostik erforderlich.
- Tiefsinger singen zwar in sich korrekte Melodieläufe, sind aber stets um ein, zwei Halbtöne zu tief. SuS, die zu tief singen, haben zu wenig Singerfahrung oder trauen sich nicht, höhere Töne zu singen. Mental und stimmlich sind sie darauf nicht vorbereitet. Mithilfe gezielter Übungen können betroffene SuS deutliche Fortschritte erzielen.

Hilfen bei Singschwierigkeiten

Die hier genannten Hilfen können selbstverständlich auch für Übungsphasen mit SuS ohne Singschwierigkeiten herangezogen werden.

Falschsinger:

- Wichtig ist immer, dass betroffene SuS viel Zeit mit dem Lied verbringen und es oft hören können.
- Langsam den Anfangston des Liedes durch Summen ansteuern, dann singen.

- Das Lied langsam singen. So singen die SuS jeden Ton bewusster und können, bedingt durch das langsame Tempo, Korrekturen vornehmen.
- Den Melodieverlauf mit der Hand anzeigen und anzeigen lassen.
- Den Melodieverlauf grafisch aufzeichnen (als Linie) und aufzeichnen lassen.
- Den Gesang harmonisch mit einem Begleitinstrument (Gitarre, Klavier, Keyboard ...) unterstützen.
- Das betroffene Kind zwischen richtig singenden SuS positionieren.
- Bei extremem Falschsingen sollte ein Besuch beim Hals-Nasen-Ohren-Arzt in Erwägung gezogen werden.

Sprechsinger:

- Zunächst Lieder mit geringem Tonumfang singen.
- Langsam den Anfangston des Liedes durch Summen ansteuern, dann singen.
- Das betroffene Kind zwischen richtig singenden SuS positionieren.
- Die schulischen Einflussmöglichkeiten sind bei Sprechsingern recht begrenzt. Eine Abklärung der Problematik durch einen Hals-Nasen-Ohren-Arzt ist ratsam.

Tiefsinger:

- Darauf achten, dass nicht laut gesungen wird. Lieder oder Liedpassagen bewusst leise singen.
- Von Liedern in der Mittellage ausgehend schrittweise die höheren Lagen anpeilen.
- Höhere Töne oder Melodieverläufe von tief nach hoch mit entsprechenden Körperbewegungen unterstützen (sich strecken, Arme in die Höhe reißen usw.).
- Lieder, Liedanfänge oder Liedpassagen auf „o", „ö", „u" und „ü" singen (Förderung der Kopfstimme).
- Bei extremem Tiefsingen oder beim Ausbleiben von Fortschritten sollte ein Besuch beim Hals-Nasen-Ohren-Arzt in Erwägung gezogen werden.

Intonationssicheres Singen

Intonationssicherheit wird nur dann erreicht, wenn die SuS in der Lage sind, sich die Töne in Gedanken vorzustellen. Es gilt daher im Musikunterricht, Tonvorstellungen im Gedächtnis der Kinder zu verankern. Besitzen die SuS die Fähigkeit, Klang- und Tonvorstellungen bezüglich ihrer Lage (hoch, tief) und ihrem Verhältnis zu anderen Tönen zu entwickeln, dann haben sie einen wichtigen Schritt hin zum intonationssicheren Singen vollbracht.

Um den richtigen Ton zu treffen, erfolgt ein Vergleich zwischen der Tonvorstellung im Kopf und dem tatsächlich erzeugten Ton. Dieser Vergleich findet so lange statt, bis Tonvorstellung und erzeugter Ton übereinstimmen. Bei Kindern mit umfassender Singerfahrung vollzieht sich dieser Vergleich in Bruchteilen von Sekunden und im Prinzip unbewusst. Kinder mit geringer Singerfahrung und intonationsunsichere Kinder müssen diesen Prozess erst bewusst lernen. Zur Unterstützung dieses langwierigen Prozesses bieten sich eine Reihe von effektiven Übungen an, z. B.:

- Einen Ton finden und diesen mit geschlossenen Augen leise singen („m", „n", „s" usw.). Dabei in sich hineinhören.
- Summend oder singend durch den Raum gehen und versuchen einen bestimmten Ton zu halten; sich durch die Töne der anderen singenden Kinder nicht herausbringen lassen.
- Mit einem Ton auf Wanderschaft gehen: Zwei Kinder erhalten ein Melodieinstrument (Xylofon, Klangstab, Metallofon ...) und suchen sich einen Ton aus, der dann von einem der Kinder angespielt wird. Das andere Kind summt oder singt den Ton nach und geht mit diesem Ton bis zur gegenüberliegenden Wandseite (bis zur Tür, einmal auf den Flur, bis zum Fenster ...) und wieder zurück. Am Instrument wieder angekommen, überprüfen beide Kinder oder L., ob der Ton gehalten wurde.
- Melodielinien sichtbar machen: Zu einem den SuS bekannten Lied fertigt L. drei Zeichnungen mit Melodielinien an. Die SuS singen das Lied und finden heraus, welche Melodielinie dem Liedanfang (Liedende, Refrain ...) entspricht.

Beispiel: Liedanfang „Bruder Jakob“, SB S. 23:

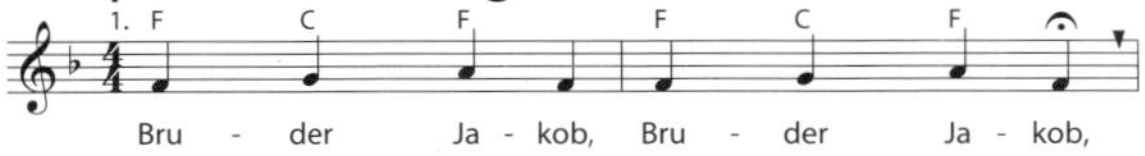

Melodielinie 1:

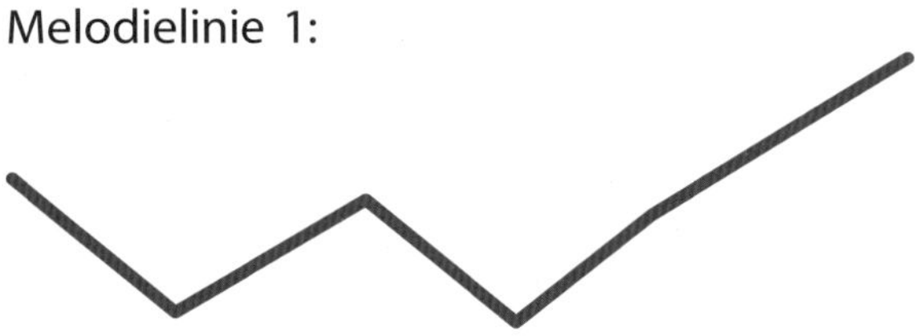

Melodielinie 2:

Melodielinie 3:

(Lösung: Melodielinie 2)

- Melodielinien von den SuS selbst aufzeichnen lassen.
- Melodieverläufe mit Magnetpunkten legen oder mit Legosteinen (vgl. SB S. 27) bauen, z. B.:
  Die Magnetpunkte sind waagerecht an der Tafel angebracht.

SuS und L. singen den Anfang des Liedes „Bruder Jakob“ und zeigen den Melodieverlauf mit der Hand an. Einzelne Kinder gehen an die Tafel und verschieben die Magnetpunkte, bis sie dem Melodieverlauf des Liedanfangs entsprechen.

- SuS legen Melodieverläufe eines Liedes (einer Strophe, eines Liedanfangs, einer Passage …) mit bunten Wollfäden. Vorteil: Das Legen ermöglicht leicht Korrekturen.
- Übungen zu Tonsprüngen durchführen: L. spielt zwei Töne vor, die SuS müssen herausfinden, ob der erste Ton höher war als der zweite oder umgekehrt.
- Die Fünf-Finger-Methode: Wenn z. B. das Intervall c – g gesungen werden soll, werden diese Töne zunächst mit allen Zwischentönen gesungen und dabei wird an den Fingern einer Hand abgezählt: c – d – e – f – g. L. macht vor, indem er auf einen Finger nach dem anderen zeigt, SuS machen mit. Dann wird nach und nach immer ein Ton mehr weggelassen, der nur im Kopf mitgesungen wird, bis schließlich das Intervall c – g übrig bleibt. Diese Übung kann man auch mit Intervallen machen, die nur 3 oder 4 Töne umfassen.
- Lieder „im Kopf“ singen: L. und SuS singen ein Lied. Zuvor legen sie gemeinsam fest, welchen Abschnitt sie nur in Gedanken singen, d. h. das Lied wird ganz normal gesungen, lediglich der vereinbarte Abschnitt wird ausgelassen.

Texte lernen

Ideal ist es, wenn die SuS die Lieder auswendig singen. Dadurch können sie sich vollkommen auf das Singen (Intonation, Ausdruck usw.) konzentrieren. Durch einfache methodische Hilfen kann L. diesen Prozess unterstützen:

- Um den SuS beim Erlernen der Texte zu helfen, bieten sich Strophenbilder an. Zu Schlüsselstellen der jeweiligen Strophen fertigt L. Bilder an. Diese Bilder hängen ungeordnet an der Tafel. Die SuS hören das Lied und ordnen die Bilder entsprechend der Strophenabfolge. Zu manchen Liedern sind die dazugehörigen Strophenbilder in ungeordneter Reihenfolge auf einer KV abgebildet (RONDO 1/2 Kopiervorlagen, Bestell-Nr. 1702-84); die Strophenbilder werden ausgeschnitten, in die richtige Reihenfolge gebracht und anschließend auf eine dafür vorgesehene KV geklebt.
- Über den Textinhalt ausführlich sprechen. Die SuS wissen dann genau, worum es geht. Mit diesem Verständnis fällt ihnen das Auswendiglernen des Textes wesentlich leichter.
- Zu Texten inhaltsbezogene Bewegungen und Gesten ausführen, z. B. bei „Im Win-

ter, wenn es schneit" imitieren die SuS mit entsprechenden Hand- und Fingerbewegungen den Schneefall.

- L. spricht oder singt den Anfang einer Strophe vor, die SuS sprechen oder singen die Strophe zu Ende.
- Bei längeren Texten die Strophen zunächst auf mehrere Gruppen verteilen.
- Ein Kind ruft einen Textteil in die Klasse, die anderen SuS vervollständigen den Text, z. B. ruft ein Kind: „Der Pfau ...", und die anderen singen weiter: „... mit seinem bunten Schwanz, der führt' die Braut zum Hochzeitstanz." („Ein Vogel wollte Hochzeit machen", SB S. 104).

Einen Kanon einüben und singen

Ein Lied sollte nur dann im Kanon gesungen werden, wenn es die SuS bereits beherrschen. Im Vordergrund sollte immer das musikalische Klangerlebnis stehen. Daher ist ein einstimmig gut gesungenes Lied immer einem verkrampft und fehlerhaft gesungenen Kanon vorzuziehen.

Auf der anderen Seite ist mehrstimmiges Singen in der Grundschule am besten im Kanon möglich, da alle SuS das Lied gut kennen und lediglich versetzt beginnen müssen.

Tipps zum Singen eines Kanons:

- Darauf achten, dass die SuS leise singen (zusammen, nicht gegeneinander singen). Ein Kanon funktioniert nur dann, wenn die SuS auch die andere(n) Stimme(n) hören.
- Den Liedtext im Melodierhythmus in Kanonform zunächst sprechen. So erfahren die SuS, wer wann wo singen soll.
- Den Kanon zur CD singen. Mit der CD anfangen, die gesamte Klasse setzt dann mit der zweiten Stimme ein.
- Als Orientierung für die SuS eine farbige Verlaufsskizze des Kanons anfertigen.
- Den Text mit Gesten, Bewegungen oder mit einem leichten Tanz begleiten, denn eine körperliche Umsetzung bietet zusätzlich Orientierung.

Einsatz der Play-back-CDs

Zu jedem Lied im SB gibt es auch eine Play-back-Version auf CD (Bestell-Nr. 1702-87). Um Irritationen bei den SuS zu vermeiden, wurden Arrangement und Sound original von den Lieder-CDs (Bestell-Nr. 1702-86) übernommen. Auf den Play-back-CDs fehlt also nur der Gesang. Um dennoch eine gesangliche Orientierung zu bieten, wird die Liedmelodie von einem Instrument gespielt.

Play-backs können gut als Hilfe zur Festigung von Liedern, beim Singen von Liedern mit selbsterfundenen Texten und im Rahmen von Aufführungen bei Einschulungsfeiern, Elternabenden o. Ä. eingesetzt werden.

Der Einsatz von Play-backs ist jedoch nicht immer frei von Schwierigkeiten. L. muss genau prüfen, ob das Play-back wirklich eine Hilfe darstellt oder vielmehr neue Probleme aufwirft. Oft haben Lerngruppen ihr eigenes „Timing". Wenn das Play-back aber ein anderes Tempo aufweist, ist es manchmal für die SuS schwer, das vorgegebene Tempo aufzunehmen und zu halten. Wenn dann auch noch im Lied eine Temposteigerung vorkommt (z. B. „Gatatumba", SB S. 57), verlagert sich oft der Unterrichtsschwerpunkt vom „Einüben eines Liedes" zum „Singen zum Play-back". In diesem Fall ist das Play-back keine Hilfe mehr, und dann ist es besser, L. begleitet mit Gitarre, Keyboard oder Klavier, denn so kann man flexibel auf Temposchwankungen reagieren. Die SuS können sich dadurch vorerst ganz auf den Gesang und auf das Erlernen des Liedes konzentrieren.

Weitere allgemeine Tipps

- L. singt die Strophen, SuS singen nur den Refrain.
- Die Klasse in zwei Gruppen einteilen. Gruppe A singt die Strophen laut (langsam, auf „no"), Gruppe B singt den Refrain leise (schnell, auf „la").
- Das Lied in langsamem Tempo singen, dann immer schneller werden.
- Die Melodie auf denjenigen Tonsilben singen lassen, die von den SuS vorgeschlagen werden.
- Die erste Strophe singen, die zweite Strophe „stumm" singen, also nur in Gedanken usw.
- L. klatscht den Rhythmus einer Liedpassage vor. Die SuS finden heraus, um welche Passage es sich handelt, und singen sie dann.
- L. singt nur den Anfang eines Liedes vor, SuS singen das Lied dann weiter.

- L. zeigt Tonhöhenverlauf mit der Hand an, SuS machen es nach und singen dazu.
- SuS singen eine Strophe und klatschen dabei den Melodierhythmus auf zwei Fingern mit.
- 2 bis 3 SuS singen den Anfang eines Liedes, die nächsten 2 bis 3 SuS kommen nach ein paar Takten hinzu, dann die nächsten usw. Anschließend wieder „abbauen".
- L. notiert die Liedmelodie grafisch und kopiert diese auf eine Folie. Die grafische Notation anschließend in sinnvolle Abschnitte schneiden und ungeordnet auf den Overhead-Projektor legen. Die SuS singen das Lied und ordnen die Melodieabschnitte.
- SuS betrachten das Notenbild eines Liedes und verbinden die Notenköpfe durch eine farbige Linie.
- Pausen in der Liedmelodie mit einer Geste, einem Stimmlaut ... füllen.
- Es ist wichtig, das Lied in verschiedenen Kontexten zu singen: mal mit der Gitarre begleiten, mal zur Play-back-CD singen, mal zur Lieder-CD mitsingen, mal ohne Begleitung oder mal nur mit rhythmischer Begleitung singen. Das führt zur Festigung des Liedes und zu einer Erweiterung musikalischer Erfahrungen bei den SuS.
- Die Rolle des L. kann auch von einem Schüler/einer Schülerin übernommen werden.

2. Umgang mit Instrumenten

SuS jeden Alters werden von Instrumenten magnetisch angezogen. Sobald der Musikraum betreten wird und die SuS die Instrumente sehen, werden diese sofort bestaunt, angefasst, ausprobiert usw.

Es ist ratsam, diese spontane Spielbereitschaft der SuS gleich zu Beginn aktiv in den Unterricht mit einzubeziehen. Sobald die Instrumente ausgeteilt sind, sollen die SuS 2 min lang frei auf den Instrumenten experimentieren. So sind Neugierde und Spielbedürfnis erst einmal befriedigt und die SuS sind dann eher bereit, Instrumentalstimmen oder Liedbegleitungsstimmen konzentriert einzuüben. Diese Phase kann L. oder ein Kind aus der Klasse steuern, indem er mit verbalen und/oder gestischen Impulsen das Spiel lenkt.

- Verbale Beispiele: „Jetzt nur die Fensterreihe."; „Jetzt nur die Kinder mit braunen Augen."; „Jetzt nur die Xylofone."; „Jetzt nur auf c, f und g."
- Gestische Beispiele: Laut = L. oder Kind steht aufrecht mit nach oben gestreckten Armen; Leise = in die Hocke gehen

Unterrichtsorganisation

Der Erfolg oder Misserfolg einer Unterrichtsstunde mit Instrumenteneinsatz wird in hohem Maße von der Unterrichtsorganisation bestimmt. Beim Instrumenteneinsatz im Unterricht muss der Ablauf reibungslos klappen. Das bedeutet, dass die Instrumente vollzählig vorhanden sein müssen, die Spielbarkeit (sind alle Töne da?) muss sichergestellt sein, Utensilien (Schlägel, Noten usw.) müssen bereitliegen usw.

Einige hilfreiche Fragen zur Unterrichtsplanung:

1. Welche Instrumente brauche ich?
2. Können die SuS diese Instrumente prinzipiell spielen?
3. Sind ausreichend Instrumente vorhanden?
4. Sind die Bestandteile der Instrumente komplett?
5. Wer baut die Instrumente auf?
6. Wann werden die Instrumente aufgebaut?
7. Wo und wie sollen die Instrumente beim Spielen positioniert werden?
8. Wer soll an den Instrumenten spielen?
9. Wann werden die Instrumente weggeräumt?

Als Entscheidungshilfe bei der Beantwortung dieser Fragen können folgende Anmerkungen dienen:

Zu 1: Hier reicht ein Blick auf die Partitur und die Erstellung einer kleinen Instrumentenliste.

Zu 2: Jede Instrumentalstimme birgt in sich eine eigene Schwierigkeit (ein besonderer Tonsprung, eine rhythmische Unregelmäßigkeit, ein bestimmtes Tempo usw.). Gleichzeitig liegen die Schwierigkeiten aber oft auch im Instrument selbst begründet. Beispielsweise tun sich SuS häufig schwer, Glockenspiel zu spielen, weil die Tonplättchen recht klein sind. Hier muss ausgeschlossen werden, dass die Instrumente die SuS weder über- noch unterfordern.

Zu 3: L. muss sich im Rahmen der Planung der Unterrichtseinheit vergewissern, dass die

Instrumente überhaupt vorhanden sind. Häufig werden Instrumente aus dem Musikraum genommen und nicht wieder zurückgebracht. Wenn das Fehlen von Instrumenten erst während des Unterrichts festgestellt wird, entsteht immer Unruhe und Unzufriedenheit.

Zu 4: Genauso kommt es auch zu unnötigen Unterrichtsstörungen und -verzögerungen, wenn L. erst während des Unterrichts feststellt, dass am Instrument z. B. Tonplättchen fehlen oder dass statt eines f ein fis benötigt wird. Dies muss dann erst gesucht, gefunden und ausgetauscht werden. Ferner muss im Vorfeld eruiert werden, ob genügend und passende Schlägel vorhanden sind.

Zu 5: Lohnend ist es, die SuS von Anfang an an das Austeilen (und Wegräumen) der Instrumente heranzuführen. L. zeigt den SuS genau, wo sich die Instrumente befinden, wie sie getragen und wie sie aufgestellt werden. Zunächst sollte mit kleineren, leichteren Instrumenten begonnen werden. Es bewährt sich, einen Instrumentendienst zu ernennen (3 bis 4 SuS), der beispielsweise monatlich neu besetzt wird. Die SuS lernen dadurch früh, verantwortungsvoll und vorsichtig mit den Instrumenten umzugehen. Das Aufbauen der Instrumente durch L. vor der Musikstunde führt dazu, dass die SuS diesen „Service" als selbstverständlich ansehen und den Wert dieser Arbeit nicht erkennen und dann in anderen Bereichen des Unterrichts in ähnlicher Form „bedient" werden wollen.

Zu 6: In der Regel ist es sinnvoll, alle Instrumente, die in der geplanten Unterrichtsstunde zum Einsatz kommen sollen, zu Beginn des Unterrichts aus den Schränken holen zu lassen und in den Raum oder an die Plätze der SuS zu stellen. Soll zunächst eine Gesprächsphase stattfinden, dann sollten die SuS die Instrumente zunächst auf den Fußboden oder in die Mitte des Raumes legen. So kommen sie nicht in Versuchung, während des Gesprächs zu „klimpern". Ein Aufbau der Instrumente zu einem anderen Zeitpunkt stört häufig den Unterrichtsfluss und die Konzentration der SuS.

Zu 7: Beim Musizieren sind das Aufeinanderhören und der Blickkontakt enorm wichtig. Deshalb müssen die Instrumente so positioniert werden, dass die SuS sich gut hören und sehen können. Gleichzeitig muss der Blickkontakt zu L. sichergestellt sein.

Zu 8: Beim Planen einer Unterrichtseinheit sollte L. in etwa wissen, wer welches Instrument spielen soll. Diese Entscheidung den SuS zu überlassen, ruft oft zeitraubende Diskussionen hervor. Die dafür verwendete Zeit fehlt dann beim Musizieren. Allerdings ist es unumgänglich, dass beim Einübungsprozess einer Instrumentalstimme alle SuS beteiligt werden (Ausnahme: Flöten- oder Keyboardsolos). Nicht alle SuS müssen alles spielen können, aber alle SuS müssen wissen, wie es theoretisch abläuft. So steht allen die Möglichkeit offen, im Laufe der Unterrichtseinheit bei Bedarf das Instrument zu wechseln, um somit neue, weiterführende musikpraktische Erfahrungen zu sammeln.

Zu 9: Das Aufstellen und Abräumen der Instrumente ist Bestandteil der Unterrichtsstunde. Es ist durchaus legitim, ca. 2 bis 3 min vor dem Klingeln den Unterricht zu beenden und den Instrumentendienst aufzufordern, die Instrumente wegzuräumen. Die Klasse legt die Instrumente in die Mitte des Raumes, sodass der Instrumentendienst die Instrumente zügig wegräumen kann. Ein Wegräumen der Instrumente nach dem Klingeln ist oft unbefriedigend, weil die SuS mit ihren Gedanken schon in der Pause sind und ihren Dienst dann nicht so sorgfältig verrichten.

Disziplin

Nicht immer verläuft der Unterricht reibungslos, wenn mit Instrumenten gespielt wird. Es entsteht Unruhe, der Lärmpegel ist hoch, Hektik kommt auf. Diese Schwierigkeiten lassen sich oft darauf zurückführen, dass Gesprächs- und Spielphasen nicht klar voneinander getrennt werden, d. h. wenn gesprochen wird (Reflexionsphasen, Aufgabenstellungen usw.), darf nicht gespielt werden. Wenn hingegen gespielt wird, darf nicht gesprochen werden. Wenn es gelingt, im Unterricht beides gut zu trennen, dann ist schon viel gewonnen. Oft helfen schon relativ einfache Maßnahmen. Um die Konzentration bei Gesprächsphasen nicht zu beeinträchtigen, genügt häufig der Hinweis, dass die SuS die Schlägel weglegen oder ihre Instrumente auf den Fußboden legen sollen. Oft ist es auch dienlich, wenn zunächst nur mit wenigen Instrumenten gespielt wird, die dann im Rotationsverfahren weitergereicht werden. Dabei ist es jedoch wichtig darauf zu achten, die SuS, die kein Instrument haben, sinnvoll zu beschäftigen:

Klatschen im Melodierhythmus, lautes Sprechen der Notennamen oder Zeigen des Spielverlaufs auf einem Tonplättchen-Übungsblatt (s. 1702-84, KV 74).

Die SuS sollten schrittweise daran gewöhnt werden, auf Signale zu achten. SuS und L. können ein akustisches (z.B. Klingelton) oder optisches (z. B. Licht) Ruhe-Signal vereinbaren. Hilfreich ist auch ein Signal (z. B. ein Handzeichen), das die SuS dann übernehmen. Hebt L. beispielsweise die Hand, dann übernimmt jedes Kind, das das Zeichen gesehen hat, diese Geste. Am Schluss haben alle Kinder die Hand erhoben. So kommen alle SuS zur Ruhe. Ein zusätzlicher Vorteil dieser Maßnahme ist, dass durch das Heben der Hand nicht gespielt werden kann.

Weiteres Beispiel: der „Leisefuchs" mit offenen Ohren und geschlossenem Mund.

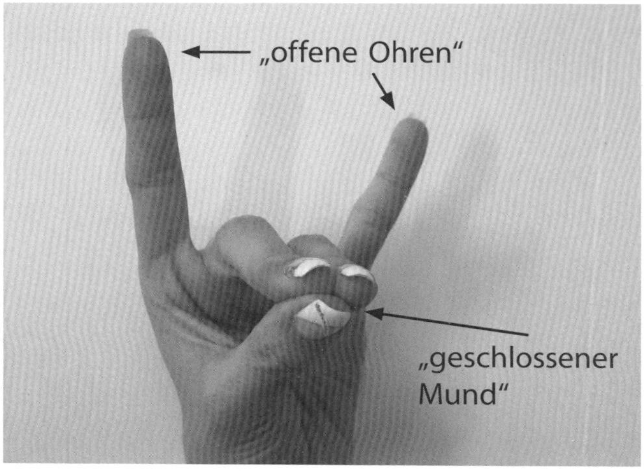

Vereinbarungen können auch schriftlich auf einem Plakat festgehalten werden. Die aufgestellten Regeln sollten gemeinsam festgelegt werden und kurz und gut verständlich formuliert sein. Ein Regelkatalog sollte aus nicht mehr als fünf Regeln bestehen.

Instrumente einführen

Von Anfang an sollten die SuS möglichst viele Instrumente kennenlernen. Dieser Prozess des Kennenlernens wird optimiert, wenn den SuS Kriterien zur Erkennung von Instrumenten bekannt sind. Diese Kriterien, die für jedes Instrument anwendbar sind, lauten: Klang, Spielweise, Material, Aussehen und Namen.

Da für viele SuS in der Jahrgangsstufe 1/2 manche der vorhandenen Schulinstrumente völlig neu sind, muss die Einführung umfassend, spielerisch und mit ausreichend Zeit durchgeführt werden. Vorteilhaft ist es, wenn SuS neue Instrumente im Vergleich zu ihnen schon bekannten Instrumenten kennenlernen können. Vom Bekannten ausgehend und unter Anwendung der o. g. Kriterien Vergleiche ziehend, erschließen sie sich zügig die wesentlichen Informationen. Konkret kann diese Kennenlernphase wie folgt initiiert werden:

Verdeckt spielt L. vier unterschiedliche Instrumente an. Drei Instrumente müssen den SuS bekannt sein, das vierte Instrument ist neu. Die SuS melden sich, wenn das für sie noch unbekannte Instrument zu hören ist, und stellen Vermutungen an. Mögliche Impulse: Wie könnte das Instrument aussehen? Aus welchem Material? Größe? Welchem Instrument, das sie schon kennen, könnte es ähneln? Anschließend erfolgt eine kriterienbezogene Untersuchung des neuen Instruments. Danach sollte es möglichst schnell in den Musikunterricht eingebunden werden (ein Stück spielen, ein Lied begleiten, eine Klanggeschichte mitgestalten etc.).

Schlägelhaltung, Schlägelführung, Anschlag, beidhändiges Spielen

Beim Musizieren muss auch auf den sachgerechten Umgang mit den Schlägeln geachtet werden. Die Schlägelgriffe liegen relativ locker in der Hand und werden von Daumen und Zeigefinger festgehalten. Daumen und Zeigefinger müssen beweglich bleiben, sodass der Schlägel beim Anschlag etwas federn kann. Wird der Schlägel zu fest oder gar verkrampft gehalten, kann das angespielte Tonplättchen nicht schwingen. Der Ton klingt dann dumpf und ohne Nachklang.

Sobald der Schlägelkopf das Tonplättchen berührt hat, muss der Schlägel nach oben gezogen werden. In etwa so, als würde man eine heiße Herdplatte anfassen. So kann ein optimaler Klang erzielt werden.

Viele SuS tendieren dazu, mit den Schlägeln vor dem Spielen zu weit auszuholen. Das ist unnötig, denn lange Wege führen zu unkontrolliertem, oft zu lautem Spiel und zu geringerer Treffsicherheit. Soll außerdem auch schnell gespielt werden, nehmen diese Probleme noch zu. Dabei verkrampfen die SuS meistens noch zusätzlich. Der Schlägel sollte deshalb höchstens 10 cm über den Tonplättchen angehoben werden.

Eine Anwinklung der Arme ist auch wichtig. Spielen die SuS nämlich mit durchgestreckten Armen, so berühren sie mit dem Schlägelstiel oft die Tonplättchen-Kante. Das führt zu ungewollten Klangstörungen.

Für Nachhaltigkeit wird gesorgt, wenn frühzeitig das beidhändige Spielen angeleitet wird. Selbstverständlich können die SuS die meisten Stücke und Begleitungen auch mit einer Hand spielen. Aber spätestens gegen Ende der Grundschule, wenn die Stücke anspruchsvoller und schneller werden, sind die SuS im Vorteil, die es gewohnt sind, Stabspielinstrumente mit zwei Schlägeln zu spielen.

Um das beidhändige Spielen zu fördern, ist es wichtig, dass die SuS die Notwendigkeit einsehen. Eine Erklärung wie „später wirst du es brauchen" ist da nicht sehr überzeugend. Eine Notwendigkeit ergibt sich beispielsweise bei schnelleren Stücken (z. B. Bassklangstäbe-Begleitung bei „Gatatumba", SB S. 57). Die SuS sollten einmal versuchen, die schnelle Begleitung oder das schnelle Instrumentalstück erst mit einer Hand und dann beidhändig zu spielen. Sie werden sofort feststellen, dass das Spiel mit beiden Händen zu besseren Ergebnissen führt.

Hilfreich ist es, wenn L. und SuS gemeinsam festlegen, welche Hand für welchen Ton / welche Töne zuständig ist. (Im Fall der Begleitung von „Gatatumba" wäre die linke Hand für c, die rechte für f und g zuständig).

Tonplättchen herausnehmen und weitere Tricks

Oft steht L. vor der Frage, ob zur Spielerleichterung nicht benötigte Tonplättchen entfernt werden sollen. In der Fachdidaktik wird diese Frage unterschiedlich beantwortet. Es gibt Befürworter und Gegner.

Vorteile:

- SuS brauchen sich nur auf die tatsächlich benötigten Tonplättchen zu konzentrieren.
- Die Gefahr, sich zu verspielen, ist geringer. Die Tonplättchen, die man fälschlicherweise anspielen könnte, sind ja entfernt worden.
- Der Einübungsprozess von Spielstücken und Liedbegleitungen verläuft zügiger.

Nachteile:

- Die SuS lernen dadurch nie, sich auf einem Instrument als Ganzes auszukennen. Längerfristige, übergeordnete und nachhaltige Zielsetzungen können somit nicht erreicht werden.
- Es entstehen Probleme, wenn SuS dann auf Instrumenten spielen, deren Tonplättchen oder Tasten nicht entfernt werden können.

Oft werden Orientierungspunkte (abwaschbare Punkte mit Textmarker, Klebepunkte usw.) an Tonplättchen und Tasten angebracht. Auch diese Maßnahme kommt kurzfristigen Erfolgen zugute. Längerfristig hemmt die Abhängigkeit von Orientierungspunkten aber ein wirkliches Kennenlernen der Instrumente und verhindert den Transfer des Gelernten auf andere Instrumente.

Hin und wieder werden anspruchsvollere Stimmen aufgeteilt, z. B.: Kind 1 spielt Takt 1 und 2, Kind 2 spielt Takt 3 und 4. Oder bei einer Begleitung mit den Tönen c, b, a und f (z. B. „Durch die Straßen auf und nieder", SB S. 48) spielt Kind 1 c und b und Kind 2 a und f. Diese Aufteilungen sind nur auf den ersten Blick hilfreich. Denn die Anforderungen beim Spielen sind wesentlich höher. Die SuS müssen die gesamte Begleitung innerlich verfolgen, dürfen aber nur an bestimmten Stellen mitspielen. Das punktgenaue Einsetzen ist sehr schwierig. Ein Spielfluss kann sich darüber hinaus so nicht entwickeln.

Hilfreich sind sog. „waagrechte Stimmaufteilungen", d. h. Kind 1 spielt die obere, Kind 2 die untere Stimme.

Beispiel: Begleitung zu „Der Frosch im roten Cabrio", SB S. 107

Vor-, Zwischen- und Nachspiele spielen und erfinden

Im SB finden sich zahlreiche Vor-, Zwischen- und Nachspiele. Diese bestehen oft aus einem Solo und einer Begleitung. Die Soli können in der Regel von SuS übernommen werden, die schon ein Instrument beherrschen. Die meisten Soli orientieren sich stark am Melodieverlauf des Liedes (z. B. SB S. 38, 92, 105). Beherrschen alle SuS das Lied, lohnt sich der Versuch, einmal andere SuS die Solomelodie auf Stabspielen einüben zu lassen. Denn durch die Beherrschung des Liedes haben die SuS die Melodie verinnerlicht und können diese dann gut zur Unterstützung beim Einüben ihres Solospiels einsetzen. Das Gehör ist nach wie vor die beste Hilfe. Die kleinen Abweichungen von der Liedmelodie im Solo sind dann auch leichter zu bewältigen.

Möglicher Verlauf:

1. Es ist immer zuträglich, den SuS genügend Zeit einzuräumen, um an ihren Melodieinstrumenten die Liedmelodie nach Gehör einzuüben.
2. Abweichungen werden geortet. Dazu spielen die SuS die Liedmelodie, L. spielt die Solomelodie. Schrittweise finden die SuS heraus, an welchen Stellen Abweichungen vorkommen.
3. Die Abweichungen werden isoliert bearbeitet. Hilfreich ist die Hinzunahme von Tonplättchen-Übungsblättern (s. KV 74), welche auch vergrößert an der Wand hängen sollten. So können die SuS nicht nur hören, sondern auch sehen, worin die Unterschiede zwischen Lied- und Solomelodie bestehen.
4. Hilfreich ist es auch, wenn die SuS die Tonfolgen aufschreiben (Notennamen unter die Noten, Grifftabelle für Blockflöte, Zahlen aufs Tonplättchen-Übungsblatt usw.).
5. Das Einüben kann dann im Sinne der unter „3. Lieder mit Instrumenten begleiten" („Trockenübungen mit Rhythmusinstrumenten" und „Begleitungen einüben mit Melodieinstrumenten" S. 15) erläuterten Übungen erfolgen.

Beim Erweitern von Solomelodien durch eigene Ideen oder gar beim Erfinden gänzlich neuer Solomelodien weisen viele SuS großen Einfallsreichtum auf. SuS, die nicht so viele Ideen haben oder die es sich nicht zutrauen, Ideen zu entwickeln, müssen aber ebenfalls in diesen Prozess mit einbezogen werden. Aufbauend auf die oben aufgezählten 5 Punkte kann so weiter verfahren werden, dass den SuS vom Bekannten ausgehend mehrere Handlungsangebote unterbreitet werden, z. B.:

- „Spiele jeden Ton immer zweimal."
- „Lass einen Ton oder mehrere Töne des Melodieverlaufs aus."
- „Spiele die Melodie oder Teile davon rückwärts."
- „Benutze die schon bekannten Töne, aber ändere deren Reihenfolge."
- „Suche zwei bis drei Töne aus, die zur Melodie passen könnten."

Klanggeschichten, Bild- und Textvertonungen

Mit großer Begeisterung sind die SuS bei diesem Themenfeld dabei. Das liegt unter anderem auch daran, dass die Eigenaktivität der SuS hoch ist und dass sich jedes Kind unabhängig von seinem musikalischen Hintergrundwissen in den Arbeits- und, wenn vorgesehen, Aufführungsprozess gut einbringen kann.

Die ausgewählten Vorlagen (Bilder oder Texte) müssen in den ersten Schuljahren möglichst konkret sein, sodass alle SuS einen schnellen Zugang finden. Parallel dazu sollte das Signal-Spiel (kommt im Text ein Gewitter vor, dann wird ein Donnergrollen mit den Instrumenten interpretiert) durch das Umsetzen von Stimmungen, Gefühlen, Atmosphären usw. angereichert werden. Denn jedes Bild, jeder Text arbeitet mit diesen Elementen und strahlt diese auch aus. Belässt es L. beim Signal-Spiel, dann ist der künstlerische Anspruch zu gering.

Für die Vorlagenanalyse (Bild oder Text) sollten die SuS ausreichend Zeit erhalten. Sie beschreiben Inhalt und Wirkung des Bildes/Textes. L. kann zentrale Aussagen der SuS mit Wortkarten festhalten, die dann nach der ersten Reflexionsphase bei den Klangerprobungen wieder zum Tragen kommen können.

Um Beliebigkeit, Langeweile und Demotivierung zu vermeiden, sollte der Einsatz der Instrumente immer begründet werden. Dies sollte in den ersten Versuchen exemplarisch im Plenum stattfinden. So erfahren alle SuS, worauf sie achten müssen und wie an diesem Schwerpunkt gearbeitet werden kann. Die Instrumente liegen bereit und die SuS erproben so lange, bis sie eine oder mehrere Lösungen gefunden haben. Reflexionsgespräche werden immer dazwischen eingebaut.

Naheliegend ist die Bearbeitung von Klanggestaltungen in Gruppenarbeit. Dabei ist auf eine klare Aufgabenverteilung zu achten (Leser oder Sprecher, Zeitwächter usw.).

3. Lieder mit Instrumenten begleiten

Instrumentale Liedbegleitungen nehmen einen sehr hohen Stellenwert im Musikunterricht ein. Die Lieder werden dadurch hörbar „aufgepeppt". Die Zuwächse in der Spielkompetenz der SuS sind deutlich. Außerdem bieten Liedbegleitungen vielen SuS, die Unsicherheiten beim Singen aufweisen oder sich das Singen nicht zutrauen, einen guten Einstieg in das Lied (erst spielen, dann singen).

Einübungsphasen müssen methodisch abwechslungsreich, kleinschrittig und möglichst viele Lerneingangskanäle berücksichtigend gestaltet werden. Denn wenn das Einüben zu kompliziert wird, dauert der Prozess zu lange, und wenn der Erfolg ausbleibt, breitet sich schnell Unlust unter den SuS aus.

Begleitungen einüben mit Rhythmusinstrumenten

Naheliegend ist die Einbeziehung des Körpers und der Stimme. Die SuS experimentieren im ersten Schritt auf den bereitliegenden Rhythmusinstrumenten. So verschaffen sie sich erste Eindrücke über Handhabung, Klang usw. der Instrumente. Ist die Handhabung geklärt (vgl. SB S. 156, 157), kann mit dem Einstudieren der rhythmischen Liedbegleitung begonnen werden. Das Lied wird gesungen oder zumindest der Liedtext im Melodierhythmus gesprochen, und dazu klatschen, patschen, schnipsen usw. die SuS und L. den Begleitrhythmus.

Trockenübungen mit Rhythmusinstrumenten

Beim Festigen der Begleitung ist es sinnvoll, die einzuübende Stimme und deren Problemstellen unabhängig vom Lied zu bearbeiten. Sehr effektiv ist es, wenn SuS dabei mit der Stimme den Klang der Instrumente und mit den Händen die Spielbewegung imitieren.

Beispiele:

Instrument	Klang-imitation	Bewegung (vgl. SB S. 156, 157)
Holzblock-trommel	„tock"	Linke Hand mit offener Handfläche nach oben. Die rechte Hand ahmt die Spielbewegung mit einem imaginären Schlägel nach.
Klanghölzer	„klick"	Linke Hand hält einen imaginären Klanghölzerstab. Die rechte Hand hält den anderen imaginären Stab und ahmt die Spielbewegung nach.
Guiro	„drrrrrrk"	Der linke Arm ist etwas ausgestreckt, die Handfläche zeigt nach oben. Rechte Hand ahmt die Spielbewegung mit einem imaginären Schlägel nach.

Gut sind in diesen Übungsphasen fließende Übergänge. Die SuS stehen im Kreis und führen die oben beschriebene Übung aus. L. beobachtet die SuS aus der Kreismitte heraus und verteilt nach und nach die Instrumente an die SuS. Die SuS unterbrechen ihre Übung dabei nicht.

Begleitungen einüben mit Melodieinstrumenten

Auch hier ist eine kleinschrittige Stufung beim Einüben einer Begleitstimme sehr dienlich.

Beispiel:

- Die SuS müssen zunächst wissen, wie die einzuübende Begleitung klingt (Zielvorstellung). Daher muss L. auf jeden Fall erst einmal die Stimme vorspielen.
- In einem kurzen Gespräch äußern sich die SuS über Auffälligkeiten und Besonderheiten der gerade gehörten Begleitung (Tempo, Tonsprünge, Schwierigkeitsgrad usw.).
- SuS klatschen den Rhythmus der Liedbegleitung und sprechen die Notennamen dazu. Ideal, aber nicht immer leicht umsetzbar,

ist es, wenn die SuS statt zu sprechen die Notennamen der Begleitung singen. Die Begleitstimme wird dadurch verinnerlicht. Das ist für die spätere Umsetzung auf den Instrumenten sehr hilfreich.

- Die SuS betrachten zuerst eine an der Wand hängende vergrößerte Tonplättchen-KV (KV 74) und vollziehen das Spielen auf den Instrumenten in der Vergrößerung nach:

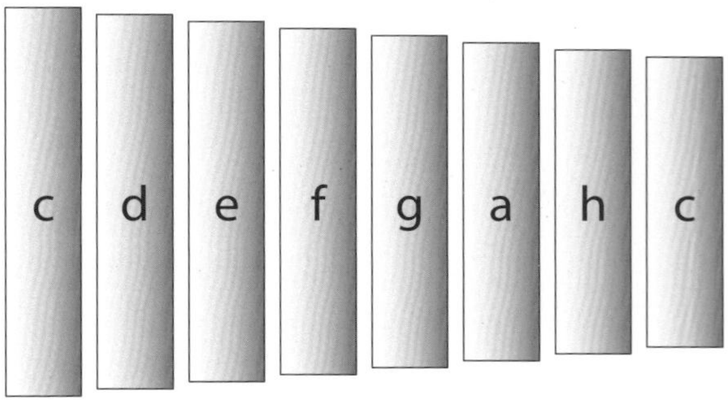

- Nachdem die Begleitung am Plakat gezeigt wurde, sprechen die SuS über Auffälligkeiten und Besonderheiten. Impulse: „Wie verläuft die Melodie auf dem Stabspiel? Aufwärts? Abwärts? Sprunghaft? Gibt es einzelne Tonsprünge? Wie viele Plättchen werden dabei übersprungen? Mit welchem Ton beginnt die Begleitung? Wie heißt der Ton am Schluss?"
- Alle SuS erhalten diese KV als Arbeitsblatt, sodass sie ihr Instrumentalspiel „trocken" üben können. Dabei vollführen sie die Spielbewegungen auf den abgebildeten Tonplättchen und, sofern sie es benötigen, sprechen die Notennamen dazu.
- Im weiteren Verfahren klatschen SuS den Rhythmus der Begleitung und sprechen/singen die Notenamen dazu. Dabei zeigt L. den Verlauf auf dem Tonplättchen-Plakat.
- Nun erfolgt der Transfer auf das Instrument. Dazu bieten sich Dreiergruppen an.

Mögliche Arbeitsverteilung I:

- Ein Kind klatscht den Rhythmus und spricht/singt die Notennamen.
- Ein Kind übt auf dem Instrument.
- Ein Kind übt auf der KV.
- Nach dieser Arbeitsphase erfolgt die Einbeziehung des Liedes.

Mögliche Arbeitsverteilung II:

- Ein Kind singt das Lied.
- Ein Kind übt auf dem Instrument.
- Ein Kind übt auf der KV und spricht/singt die Notennamen.
- Die Aufgaben rotieren innerhalb der Dreiergruppen, sodass jedes Kind mindestens einmal jede Aufgabe bearbeitet hat.
- Dieses Arbeitsverfahren kann auch im Plenum durchgeführt werden. Dazu wird die Klasse in drei Gruppen aufgeteilt.

Zur Festigung der Begleitstimmen kann auch das Verfahren der fließenden Übergänge herangezogen werden. Dabei sitzen die SuS im Kreis und sprechen/singen eine Begleitstimme auf Notennamen. Die Spielbewegung führen sie dabei in der Luft, auf ihren Oberschenkeln oder an der KV aus. L. beobachtet die SuS von der Kreismitte aus und verteilt dann nach und nach die in der Kreismitte liegenden Instrumente an die SuS. Dabei sprechen/singen die SuS, die noch kein Instrument haben, weiter. Am Ende haben alle SuS ein Instrument und spielen. L. kann dann das Lied dazu singen. Sollten die Instrumente nicht reichen, geben die SuS nach einem Signal (z. B. Triangelschlag) die Instrumente weiter.

Förderung des Zusammenspiels

Es ist immer wieder zu beobachten, dass einzelne SuS Probleme mit dem Zusammenspiel haben. Oft liegt es an der Einhaltung des Tempos.

Einem Kind zu sagen, dass es zu schnell spielt und deshalb alle anderen Kinder aus dem Takt kommen, ist wenig effektiv. Denn demjenigen, der das Tempo nicht einhält, ist dies meist gar nicht bewusst, und daher kann er auf einen Hinweis nicht reagieren.

Besser ist es, wenn die SuS mit gezielten Übungen für diese Problematik sensibilisiert werden. Beispiele:

- Die SuS stehen im Kreis und hören ein Musikstück. Dabei geben sie im Tempo des Stückes einen Gegenstand (Ball, Stein, Stab ...) von Kind zu Kind weiter.
- L. spielt einen beliebigen Rhythmus auf der Handtrommel vor und ändert hin und wieder das Tempo (langsamer/schneller werden). Die SuS melden sich, wenn sie eine Tempoveränderung hören.

Neben diesen Übungen ist es auch wichtig, dass die SuS lernen, aufeinander zu hören. Dazu müssen sie in etwa wissen, was die anderen spielen und dieses dann in Beziehung zum eigenen Spiel setzen.

Beispiel „Im Mai fällt ein Regen", SB S. 95:

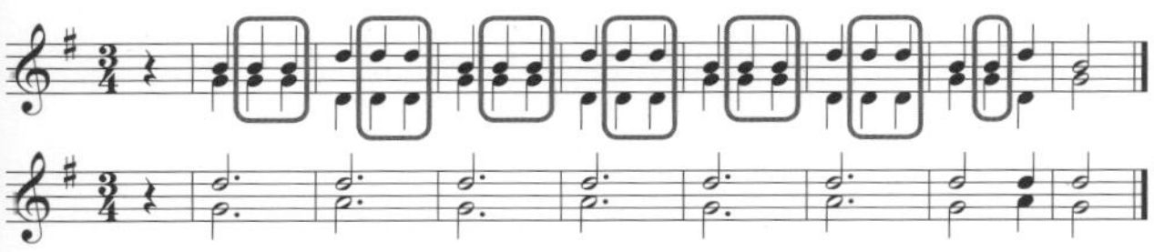

Die SuS, die das Metallofon (untere Notenzeile) spielen, müssen, nachdem sie gespielt haben, den zweiten und dritten Ton des Xylofons (eingekreist) abwarten. Im vorletzten Takt brauchen sie nur den zweiten Ton abzuwarten und spielen dann auf der Zählzeit 3 gleichzeitig mit dem Xylofon.

Wichtig für die Förderung des Zusammenspiels ist auch ein klares Einzählen und das Mitzählen durch L., insbesondere bei schwierigeren Stellen.

4. Tanzen

Das Thema Tanzen ist ein bedeutsamer Schwerpunkt des Musikunterrichts. Gerade in den ersten Schuljahren kann ein gut geplanter und durchgeführter Tanzunterricht die SuS begeistern und motivieren und den Grundstein für eine lebenslange Freude am Tanzen legen.

Vor der Planung einer Unterrichtseinheit

Bevor mit einem Tanz begonnen wird, müssen mehrere Fragen im Vorfeld geklärt werden.

- Soziales Verhalten:
  In vielen Tänzen müssen sich die Kinder anfassen. Hin und wieder ist das auch in den ersten Schuljahren ein Problem. Daher muss die Balance gefunden werden zwischen dem Problematisieren dieses Verhaltens und einem unverkrampften Weitermachen. Wird nämlich durch L. zu viel Druck ausgeübt, verkrampfen die SuS noch mehr. Gut ist es, die SuS ohne Berührung mittanzen zu lassen. Häufig machen sie dann in einem unbemerkten Moment auf einmal doch mit. Hilfreich kann es auch sein, wenn sich die SuS selbst einen Partner/eine Partnerin aussuchen oder wenn zwischen die Hände ein leichtes Tuch gelegt wird.
- Kleidung:
  Hier ist vor allem auf das Schuhwerk zu achten. Schwere Schuhe, aber auch Schuhe mit Absätzen sind ungeeignet.
- Unterrichtsraum:
  Ideal ist ein großer, leerer Raum (Aula, Turnhalle). Im Sommer eignet sich auch der Schulhof gut. Steht lediglich der Klassenraum zur Verfügung, sollte das Ab- und Aufbauen von Tischen und Bänken mit den SuS eingeübt werden.
  Fußböden mit glatter Oberfläche (Parkett, Linoleum) sind besonders gut geeignet.
- Musikwiedergabegeräte:
  Das Wiedergabegerät sollte leistungsstark sein. Besonders beim Tanzen von Popstücken sollten die Tiefen (Bässe und Bassdrum) gut hörbar sein.
  Das Wiedergabegerät sollte so positioniert werden, dass es nicht den Erschütterungen beim Tanzen ausgesetzt ist. Denn diese Erschütterungen führen häufig dazu, dass die CD springt. Eine brauchbare Alternative wäre die Verwendung von mp3-Playern, die direkt an das Wiedergabegerät angeschlossen werden.
- Arbeitsweisen:
  Es bieten sich zwei Arbeitsweisen an, die auch kombiniert werden können: In der imitatorischen Arbeitsweise geht es darum, dass L. oder ein Kind die Tanzschritte vormacht, die Klasse macht nach. Der Tanz wird also über das Vor- und Nachmachen gelernt. Die imitatorische Arbeitsweise führt zu schnellen Ergebnissen und ermöglicht es vielen SuS, wirklich Neues zu erlernen. Der Nachteil ist, dass die Einbindung der SuS mit ihren Vorstellungen, Ideen und Gestaltungswünschen in der Regel zu gering ausfällt.
  Die kreative Arbeitsweise ermöglicht es den SuS, Tänze selbst zu gestalten und entsprechend einzuüben. Sie können sich in hohem Maße einbringen. Der Nachteil liegt darin, dass hin und wieder der Lernzuwachs etwas gering ausfällt, weil lediglich auf bekannte Tanzschritte zurückgegriffen wird. Schwächere SuS sind zudem häufig überfordert.
  Daher empfiehlt es sich, beide Arbeitsweisen zu kombinieren. Es werden dann Teile

eines Tanzes imitatorisch eingeübt, andere Teile des Tanzes kreativ.

Um den schwächeren SuS auch die Chance zu geben, kreativ arbeiten zu können, müssen die schon beherrschten Tanzteile als Grundlage herangezogen werden. Mit gezielten Impulsen werden die SuS angeregt, die ihnen bekannten Tanzteile zu verändern, zu reduzieren, zu erweitern etc. (Beispiele: „Statt vorwärts, geht einmal seitwärts, rückwärts …"; „Statt die Arme langsam zu heben, beginnt mit gestreckten Armen und senkt sie langsam."). So können sie auch wichtige Erfahrungen im Gestalten von Tänzen sammeln.

Sich auf das Tanzen vorbereiten

Um die SuS auf einen Tanz vorzubereiten, sind im Vorfeld freie Bewegungsphasen nach vorgegebener Musik immer gewinnbringend. Die SuS wärmen sich somit auf, sie kommen in den Puls der Musik hinein, ohne dass sie dabei schon auf bestimmte Tanzschritte und Fassungen achten müssen. Diese Phase kann L. sehr gut steuern. Beispiel: Die SuS bewegen sich frei im Raum zu einer Musik. L. ruft: „Festkleben!" Alle SuS frieren ihre im Moment des Rufes ausgeführte Bewegung ein. L. ruft: „Arme!", und die SuS verharren in ihrer eingefrorenen Position und bewegen zur Musik nur die Arme. Anschließend ruft L.: „Frei!", und alle SuS bewegen sich dann wieder frei zur Musik durch den Raum. Dieses Spiel kann immer weiter durchgeführt werden, z.B. nur Finger, nur Kopf, nur Füße, nur Augen, nur Ohren usw. Abgesehen davon, dass den SuS diese Übung viel Spaß bereitet, lernen sie eine ganze Reihe von Möglichkeiten kennen, den Körper und Körperteile bewusst zu bewegen.

Methodische Tipps

- Insbesondere beim Einüben eines Tanzes hilft es sehr, wenn dazu gesprochen wird. Diese Hilfen können einen direkten Bezug zu den Tanzschritten oder der Tanzchoreografie haben (z.B. „rechts vor – seit – rück – ran"). Genauso gut können es auch einfache Merksätze oder Reime sein. Soll zu einem Lied getanzt werden, dann hilft es immer, wenn zunächst im langsamen Tempo der Text dazu gesprochen oder gesungen wird. Beispiel „Brüderchen, komm tanz mit mir", SB S. 120:

- Oft verwechseln SuS rechts und links. Abhilfe können Bänder, Farbpunkte o. Ä. leisten, die an einer Körperseite angebracht werden. Der verbale Impuls lautet dann nicht mehr „rechts" oder „links", sondern z. B. „Band" und „frei". Geht es im Tanz vornehmlich um Schritte, dann wird das Band (der Punkt …) an einem Fuß angebracht, geht es um Arm- und Handbewegungen, dann am besten um das Handgelenk.
- Häufig entstehen Fehler in den Übergängen von Tanzbaustein zu Tanzbaustein. Diese Übergänge müssen gesondert geübt werden. Trainiert werden muss das „vorausdenkende Tanzen". Die SuS müssen dabei in den letzten Takten eines Tanzbausteines in ihren Gedanken schon den Beginn des neuen Bausteines erfasst haben.
- Nach nur wenigen Takten nehmen Kreistänze oft die Form von Ovalen, Rechtecken, Dreiecken usw. an. Damit der Kreis auch ein Kreis bleibt, kann ein Gegenstand in die Mitte gelegt werden. Die SuS orientieren sich daran, da sie eine Mitte erkennen. Der Kreis bleibt dann in der Regel rund.

Auswertung von Ergebnissen

Beim Tanzen lohnt es sich immer, auch Zwischenergebnisse auszuwerten. Werden Ergebnisse erst nach der Einübung des gesamten Tanzes ausgewertet, schleifen sich Fehler ein, die dann später nur mühevoll behoben werden können.

Auswertungskriterien helfen, Tänze zielgenau und unter Einbeziehung aller SuS auszuwerten. Neben einer Stellungnahme zum Gesamteindruck kommen Kriterien wie Passung von Musik und Tanzbewegungen, Tempoeinhaltung, Einhaltung der Reihenfolge und Synchronisation hinzu. Es können sich auch weitere Kriterien aus den Erarbeitungsphasen heraus ergeben. Da, wo Schwierigkeiten entstanden sind, entstehen auch Kriterien zur späteren Auswertung.

In den Auswertungsphasen bietet es sich an, die Lerngruppe zu halbieren. Eine Hälfte der Klasse tanzt, die andere Hälfte wertet aus. Anschließend werden die Aufgaben (tanzen/auswerten) getauscht. Sehr effektiv ist auch der Einsatz eines Bildaufnahmegeräts. Dies kann in jeder Unterrichtsphase herangezogen werden.

Tänze üben und festigen

Wie bei vielen anderen Themenfeldern des Musikunterrichts werfen die unterschiedlichen Leistungen der SuS auch beim Erlernen eines Tanzes diverse Fragen auf. Wie können diejenigen SuS sinnvoll beschäftigt werden, die den Tanz sofort gelernt haben? Wie können die etwas langsameren SuS zielgenau und motivierend üben?

Ein Weg ist die Einrichtung von „Experten"-geführten Übungsgruppen. Beispielsweise werden fünf Experten (= Kinder, die den Tanz schon gut beherrschen) als Gruppenleiter ernannt. Um das Üben effektiver zu gestalten, üben die SuS in den Gruppen nur ca. 5 min eine kurze Sequenz aus dem Tanz (Problemstelle, Übergang, einzelne Schritte, Fassungen usw.). Anschließend gehen die SuS zur nächsten Gruppe weiter.

Beispiel:

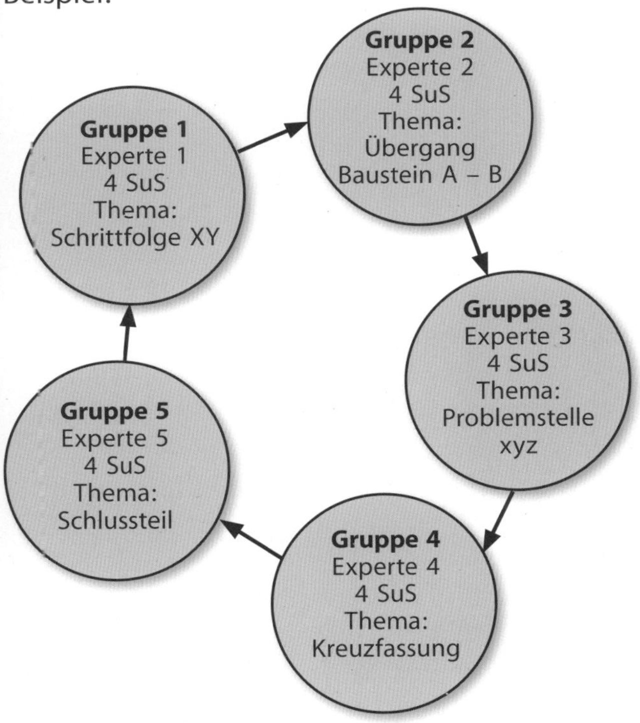

Diese Übungsform ist sehr gewinnbringend, weil die Beteiligung der SuS hoch und die Arbeit konzentriert ist, die Experten ihr Wissen einbringen und die SuS voneinander lernen können.

5. Notation

Grafische Notation

Didaktisch gesehen bietet die grafische Notation viele Vorteile:

- Das Fixieren von Musik (bei einer Klanggestaltung, bei Werkauszügen) mit grafischer Notation können alle SuS fast voraussetzungslos realisieren.
- Durch die grafische Notation lernen die SuS grundsätzliche Notationsprinzipien in anschaulicher Form kennen.
- Musik lässt sich durch grafische Notation gut sichtbar machen. Dies kommt dem Hörprozess und demzufolge dem Werkverständnis zugute.

Den sachgerechten Umgang mit grafischer Notation lernen die SuS so früh wie möglich und zunächst ohne Stift und Papier. Der Grundstein wird beim Einüben von Liedern gelegt, indem Melodieverläufe mit der Hand angezeigt werden. Diese Methode stellt eine optische Hilfe für die Erschließung des Melodieverlaufs dar und unterstützt dadurch in erheblichem Maße das intonationssichere Singen. In den sich anschließenden Unterrichtsgesprächen analysieren L. und SuS den Melodieverlauf mithilfe ihrer Handbewegungen (Beispiele: „An welcher Stelle der Melodie verändert sich deren Verlauf? Wie verändert sich die Melodie, wird sie tiefer/höher? Was fällt im Melodieverlauf der ersten drei Töne besonders auf? Ist der Schluss höher oder tiefer als der Anfang?"). Dieses Gespräch wird immer wieder durch das Singen des Liedes und Anzeigen des Melodieverlaufs unterstützt. Darauf aufbauend erhalten die SuS den Auftrag, den Melodieverlauf aufzuzeichnen.

In den nächsten Schritten wird es darum gehen, nicht nur unterschiedliche Tonhöhen zu fixieren, sondern weitere Parameter der Musik einzubeziehen (z. B. Lautstärke, Tondauer). Um das Verstehen zu fördern, sollten die grafischen Symbole nicht von L. vorgegeben werden. Zuträglicher ist es, die SuS selbst in umfangreichen Experimentierphasen mit Instrumenten oder beim Hören von Werkauszügen die Symbole selbst finden zu lassen. Dieser Prozess erstreckt sich allerdings über einen längeren Zeitraum.

Prozessstufen beim Entwickeln von grafischen Notationen mit Instrumenten:

- Mit unterschiedlichen Instrumenten experimentieren
- Gehörtes frei notieren (keine gegenständlichen Zeichnungen)
- Notationen vergleichen
- Notationen analysieren (Gleiches, Ähnliches, Unterschiedliches)
- Einzelne Teile der Notationen nach bestimmten Parametern (Lautstärke, Tonhöhe, Tondauer usw.) kategorisieren

Beispiele für Notationen sind im SB S. 162 bis 164 aufgeführt.

Traditionelle Notation

Am Ende des zweiten Schuljahres ist es vorteilhaft, wenn die SuS in der Lage sind, Tondauern und Tonhöhen zu erkennen. Dies kann gut über den Vergleich mit der Balkennotation geschehen (vgl. SB S. 164). Dabei ist es wichtig, dass die SuS immer wieder einen Praxisbezug sehen und erfahren, indem sie mit einem Instrument oder mit der Stimme das Gelernte umsetzen können.

Beispiel:

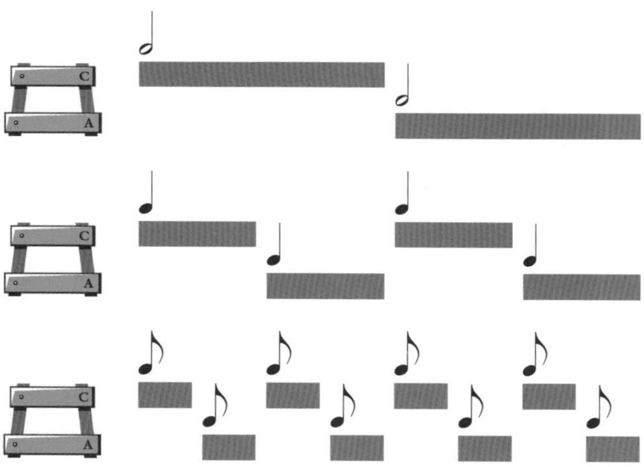

Das Erlernen von Notennamen kann im zweiten Schuljahr vorbereitet werden. Viele SuS lernen einige Notennamen über das Spielen an den Instrumenten. Oft kommen beispielsweise in den Liedbegleitungen gleiche Töne vor. Darüber hinaus stehen die Notennamen immer auf den Tonplättchen der Stabspielinstrumente. Eine Zuordnung Notennamen – Notensymbol kann dann im Rahmen eines systematischen Notennamenlehrgangs (SB S. 165) durchgeführt werden.

6. Musik hören

Vor allem im Bereich des Hörens von klassischer Musik steht die Frage im Mittelpunkt, was SuS überhaupt lernen können oder sollen. Beim Betrachten der verschiedenen didaktischen Ansätze (Bernhard Dopheide, Heinz Antholz, Helmut Segler, Dankmar Venus) wird deutlich, dass diese dennoch ein gemeinsames Ziel verfolgen: Das Ziel des schulischen Musikhörens soll sein, die Schüler zu befähigen, Musik bewusst wahrzunehmen. Die Herstellung einer kindgerechten Verständigungsebene zwischen dem Werk, der gesamten Lerngruppe und dem einzelnen Kind ist eine fundamentale Voraussetzung für einen Unterricht, in dem SuS sich aktiv mit ihrem Wissen, ihren Kenntnissen und Kompetenzen einbringen und Lernfortschritte erzielen können. Kindgerechte Verständigungsebenen können sein: Eine Geschichte um das Werk, ein Vergleich mit Aspekten aus der näheren Umgebung der Kinder, eine Bewegungsgestaltung, eine Wiedergabe auf Instrumenten. Letztlich bestimmen die Schlussfolgerungen aus der Bedingungsfeldanalyse (u. a. Lernvoraussetzungen der SuS) die Unterrichtsanlage.

Konkret bedeutet dies, dass das Hören von Musik im Unterricht die SuS zu einem differenzierten, aber auch vorurteilsfreien Werkhören führen soll. Dabei sollte großen Wert auf ein aktives Hören gelegt werden (s. oben).

Entscheidend über Erfolg oder Misserfolg einer Unterrichtseinheit zum Schwerpunkt „Musik hören" ist der Einstieg. Es muss ein passender „Aufhänger" gefunden werden. Die ersten 4 Takte der „Morgenstimmung" von Edvard Grieg beispielsweise wäre so ein Aufhänger. Wenn damit begonnen wird und die SuS darüber hinaus noch zusätzliche Informationen bearbeiten (Hintergrund, kompositorische Mittel), dann kann dadurch auch ein Zugang zum gesamten Werk gefunden werden.

Um den Unterricht differenziert, motivierend und für jedes Kind auch lehrreich zu gestalten, ist die Kenntnis seitens L. über die unterschiedlichen Hörmethoden wichtig. Hier einige in zusammengefasster Form dargestellten Hörmethoden (nach Wilfried Fischer und Heinz Lemmermann):

- **Experimentieren**

  Vor dem Hören eines Werks werden Klanggestaltungen mit Instrumenten vorangestellt. Beispiel: Geht es bei dem zu hörenden Werk um den Frühling, dann entwickeln die SuS zuvor mit ihren Instrumenten eine „Frühlingsmusik". Mit dem Wissen und den Erfahrungen aus dieser vorangestellten Phase können die SuS dem Werk dann gut vorbereitet begegnen.

- **Zum Hörbeispiel mitsingen und mitspielen**
  Die SuS spielen auf Instrumenten (z.B. durch Mitspielsätze) zu einem Werk. So lernen sie das Werk durch eigenes Musizieren kennen.
- **Zuordnen**
  Die SuS ordnen einem Musikstück Bilder, Texte, ungeordnete Notenausschnitte (grafisch, traditionell), Formteilkarten usw. zu.
- **Klangerwartungen zusammentragen**
  Die SuS erhalten den Titel eines Musikstückes, sehen ein im Zusammenhang zum Werk stehendes Bild, betrachten Ausschnitte in grafischer Notation usw. Die SuS überlegen sich dann, wie eine Musik zu dem vorgegebenen Bild, Notationsausschnitt, Titel usw. klingen könnte. Die Aussagen der SuS werden mit Wortkarten an die Tafel gehängt. Anschließend hören die SuS den Musikausschnitt und vergleichen den ersten Höreindruck mit den zusammengetragenen Klangerwartungen an der Tafel. Gemeinsamkeiten und Unterschiede werden herausgearbeitet („Welche Klangerwartungen haben zugetroffen? Welche nicht und warum?").
- **Höreindrücke in grafische Zeichen umsetzen**
  Die SuS hören einen Musikausschnitt und fixieren ihre Höreindrücke in abstrakter Form auf einem Blatt (am besten DIN A3). Es können Linien, Kreise, Punkte und andere Formen sein (vgl. Grafische Notation, DmG S. 19).
- **Musik in (szenische) Bewegung umsetzen**
  Die SuS bewegen sich nach einer vorgegebenen Musik. Die Aufgabenstellungen können sich auf die Umsetzung musikalischer Parameter, auf die Verbindung Motorik, Mimik und Gestik, die Darstellung von Formteilen usw. beziehen.
- **Höreindrücke in Form und Farbe umsetzen**
  Die SuS hören ein Musikstück und setzen ihre Höreindrücke in Form und Farbe um. Die Ergebnisse sind dann Grundlage für eine vertiefende Auseinandersetzung mit dem Werk (vgl. Musik und Malen, DmG S. 23).
- **Auffälligkeiten sammeln**
  In dieser Methode geht es vor allem um das Einfangen von spontanen Reaktionen auf gehörte Musik. Die SuS hören ein Musikstück ohne konkrete Höraufgabe und äußern ihre ersten Höreindrücke, die dann gesammelt, geordnet und verglichen werden.
- **Wirkungen analysieren**
  Auch diese Methode geht von den ersten spontanen Reaktionen der SuS beim Hören von Musikbeispielen aus. Die Wirkungsanalyse bezieht sich auf die Reaktionen nach dem ersten Hören (z. B. lachen, mitsummen, Instrumente imitieren, Mimik, spontane Äußerungen). Die Wirkungsanalyse ermöglicht es L. zudem oft, die passende Arbeitsmethode für die weiterführende Auseinandersetzung mit dem Werk zu finden.

Weitere Tipps

- Das Beherrschen von Fachbegriffen ermöglicht es den SuS, sich differenziert, präzise und kompetent zu einem musikalischen Sachverhalt zu äußern. Um allerdings Fachbegriffe auswendig zu wissen, müssen die SuS das Phänomen, das hinter den Begriffen steht, verstehen und auch erprobt haben. Daher muss beim Erlernen von Fachbegriffen immer folgende Reihenfolge eingehalten werden (Beispiel „piano"): experimentieren (Stimme, Instrumente), hören (Rock, Pop, Klassik ...), visualisieren (z. B. grafische Notation), benennen in der eigenen Sprache („leise", „leiser als ..." usw.), Einführung des Fachbegriffs („piano") (vgl. Sprachförderung, DmG S. 27).
- Konzentriertes Hören gelingt am besten mit geschlossenen Augen. Darüber hinaus kann L. dann beim Abfragen der Hörergebnisse sicher sein, dass sie auf reinem Hören beruhen. Haben die SuS die Augen offen, können sie die Antwort z. B. an den Spielbewegungen eines Instruments ablesen. Oder wenn es beispielsweise um das

Heraushören von Instrumenten, Formteilen usw. geht, melden sich die SuS nur dann, wenn sich andere auch melden.

- Sollen SuS mehrere Hörbeispiele hören, dann empfiehlt es sich, dass sie im ersten Durchgang alle Beispiele hintereinander hören. Somit verschaffen sie sich erst einmal einen Überblick. Das erleichtert beim zweiten Hören die Bearbeitung der Aufgaben beträchtlich.
- Wie lange die SuS einem Hörbeispiel zuhören können, hängt nicht nur von ihrem eigenen Konzentrationsvermögen ab, sondern auch von der Aufgabenstellung („Hörauftrag") und der Musik selbst. Wenn sie gefällt, sind die SuS bereit, länger zu hören. Für ein erstes Hören ohne besonderen Hörauftrag sind 10 bis 15 sec empfehlenswert. Kommen neue, tiefgründigere Höraufträge hinzu, kann die Hörzeit problemlos verlängert werden.
- Einige Hörbeispiele der CDs haben eine Länge von ca. 3 min. Diese Zeit muss nicht ausgespielt werden. Oft haben SuS am Ende einer Unterrichtseinheit das Bedürfnis, das Musikstück weiter oder komplett zu hören. Dem kann dann Rechnung getragen werden.
- Beim Musikhören niemals sprechen und beim Sprechen niemals Musikhören! Das hört sich banal an, aber die Durchsetzung dieser Maßgabe ist aufgrund der häuslichen Hörgewohnheiten vieler SuS (Musik/Fernseher läuft im Hintergrund als Geräuschkulisse) schwierig.

7. Musikinstrumente

Instrumente sind für Kinder faszinierend. Sie staunen über das Aussehen der Instrumente, wollen wissen, wie sie funktionieren und ihren Klang kennenlernen.

Einen Einstieg in dieses Thema findet man immer über Verknüpfungen mit der Erfahrungswelt der SuS. Eine wichtige Rolle spielen dabei Gespräche über eigene Begegnungen mit Instrumenten (Familie, Freundeskreis, Nachbarn, eigenes Instrument usw.).

Sollen dann Instrumente näher kennengelernt werden (Bauweise, Material, Klang, Spielweise, Tonerzeugung), steht das Verstehen über das Handeln im Vordergrund. Naheliegend ist in diesem Zusammenhang der Bau von Instrumenten aus unterschiedlichen Materialien durch die SuS selbst. Während des Bauprozesses und nach Fertigstellung der selbstgebauten Instrumente werden zielgenaue Gespräche über Material, Handhabung, Tonerzeugung usw. geführt. Basierend auf diesen Erkenntnissen können die SuS dann einfacher andere, auch herkömmliche Instrumente (Violine, Gitarre, Trompete usw.) kennenlernen.

In der Jahrgangsstufe 1/2 sollten die SuS zumindest die geläufigsten Schulinstrumente kennenlernen.

Lerninhalte sind:

- Instrumente am Klang erkennen
- Die Instrumentennamen kennenlernen
- Die Instrumente am Aussehen erkennen
- Die Spielweise ausgesuchter Instrumente kennenlernen

Das Kennenlernen erfolgt am besten spielerisch.

Beispiele:

- Instrumente am Klang erkennen
  Die Klasse wird in zwei gleich große Gruppen aufgeteilt. Jedes Kind erhält ein Instrument.
  In beiden Gruppen müssen die gleichen Instrumente vertreten sein. Die SuS setzen sich nun paarweise mit dem Rücken aneinander auf ihre Stühle und bilden eine „Rücken-an-Rücken"-Reihe. Ein Instrument der Gruppe A beginnt zu spielen, das gleiche Instrument der Gruppe B antwortet (oder spielt mit). Danach ist ein neues Instrument der Gruppe B an der Reihe und spielt. Das entsprechende Instrument der Gruppe A muss dann antworten. Anschließend geht es dann mit einem anderen Instrument der Gruppe A weiter usw.
- Ich wünsche mir …
  Die SuS sitzen mit jeweils einem Instrument und der dazugehörenden Instrumentennamenkarte im Kreis. Ein Platz im Kreis ist leer. Das Kind, das links neben dem leeren Platz sitzt, ruft ein Instrument zu sich („Mein rechter, rechter Platz ist leer, ich wünsche mir die Rassel her!"). Das Kind mit der Rassel nimmt das Instrument und die Instrumentennamenkarte und geht zum leeren Platz, setzt sich und spielt etwas auf

seinem Instrument. Dadurch prägen sich alle Kinder nicht nur die Form und den Namen des Instrumentes ein, sondern auch dessen Klang. Im Laufe der Zeit nach und nach die Namenkarten entfernen, bis man ganz ohne sie auskommt.

- Wo ist das Instrument?
  Ein Kind sitzt mit geschlossenen Augen in der Mitte eines Kreises von bis zu 8 SuS. Jeder hat ein anderes Instrument in der Hand. Ein Kind ruft einen Instrumentennamen in die Runde. Das ist das Signal für alle, mit dem Spielen zu beginnen. Das in der Mitte sitzende Kind muss das zuvor genannte Instrument durch Zeigen identifizieren.
- Instrumenten-Memo-Spiel
  Die SuS bilden einen Stuhlkreis. In der Mitte des Kreises liegen 12 Teppichfliesen. Es werden 6 Instrumentenpaare zusammengestellt (z. B. 2 Glockenspiele, 2 Rasseln ...). L. verteilt dann die 12 Instrumente beliebig auf die 12 Fliesen. Jetzt gehen 12 SuS zu den Fliesen, nehmen das jeweils daraufliegende Instrument, merken sich die Fliese, von der sie das Instrument genommen haben, und gehen dann zurück zu ihrem Platz im Stuhlkreis. Nun stellen die SuS ihr Instrument kurz vor, indem sie es beschreiben, den Namen nennen und kurz anspielen. Ein Kind, das zuvor den Raum verlassen hat, muss nun das Memo-Spiel lösen, indem es nacheinander die Fliesen betritt. Beim Betreten der Fliese erklingt aus dem Stuhlkreis heraus das Instrument, das zuvor auf ihr lag. Findet das Kind die Paare, werden die entdeckten Instrumente auf die Fliesen gelegt. Das Spiel ist beendet, wenn alle Paare herausgehört wurden.

8. Musik und Malen

„Musik und Malen" ist bei SuS ein sehr beliebtes Thema. Es ist auffallend, dass SuS, die sich im Unterricht sonst eher zurückhaltend oder gar passiv verhalten, mit diesem Themenfeld gut zurechtkommen und plötzlich intensiv und engagiert mitarbeiten und überzeugende Ergebnisse erzielen. Aber auch für L. bietet diese Methode Vorteile: Es lässt sich sehr gut fächerübergreifend arbeiten (➔ Kunst), L. lernt seine SuS von einer ganz anderen Seite kennen und die Ergebnisse sind immer recht eindrucksvoll.

Inhaltlich unterscheidet die Fachliteratur zwischen der ikonischen und der abstrakten Form. Bei der ikonischen Form geht es darum, dass konkret gemalt wird, z. B. ein Haus, die Sonne, Blumen usw. Bei der abstrakten Form werden Höreindrücke mit Formen, Linien, Kreisen, Punkten usw., aber auch mit Farben fixiert. Beide Formen haben im Unterricht ihre Legitimation. Die ikonische Form wird oft verwendet, wenn z. B. zu einem Musikstück aus der Gattung der Programmmusik ein Bild gemalt werden soll. Abstraktes Malen bietet sich eher an, wenn es darum geht, Stimmungen umzusetzen.

Ferner können Malergebnisse Gespräche über Musik gut in Gang setzen oder anreichern. Denn das, worüber gesprochen wird, wurde nicht nur gerade gehört, es kann nun auch gesehen werden.

Während der Durchführung einer Unterrichtseinheit zum Thema „Musik und Malen" sollte sich L. viel Zeit nehmen und immer wieder Reflexionsphasen einbauen. Den Kindern sollen formale, inhaltliche und emotionale Bezüge deutlich werden.

Zunächst sollte überlegt werden, womit die SuS malen sollen und worauf. Es bieten sich Wachsmalstifte, Jacksonkreide und Wasserfarben an. Am besten malen die SuS auf großen Papierbahnen. DIN-A2-Blätter sind auch zu empfehlen, DIN-A3-Blätter sind gerade noch groß genug. Kleiner sollten die Malblätter nicht sein, denn dadurch wird der Malfluss oft eingeschränkt. Gut ist es, wenn die SuS mit ihren Blättern auf großen Tischen oder sogar auf dem Fußboden malen. Dabei sollten die Blätter mit Klebestreifen am Tisch/Fußboden festgeklebt werden. Dies hat den Vorteil, dass das Blatt nicht verrutscht und die SuS es nicht mit einer Hand festhalten müssen. So können sie sich voll und ganz dem Malen widmen.

Der Hör- und Malprozess sollte in diesen Schritten erfolgen:

1. Eine bequeme Hörhaltung einnehmen
2. Erstes Hören: Augen geschlossen/Bildidee ausdenken
3. Pause, nicht sprechen
4. Zweites Hören: Augen zu, Bildidee weiter entwickeln

5. Mit dem Malen beginnen, dabei wieder die Musik hören

Nachdem alle Bilder fertig gemalt sind, werden sie auf den Boden gelegt und betrachtet. Einzelne SuS können sich zu ihren Bildern und ihren zugrunde liegenden Ideen äußern.

Die Bilder werden nun auf Gemeinsamkeiten hin überprüft. Dadurch kristallisieren sich Aspekte heraus, die dann, nachvollziehbar für alle, die Grundlage für die Auseinandersetzung auf musikalischer Ebene bilden. Diese Aspekte können sein: Formen in der Musik (z. B. Teil A – B – A), Tempounterschiede, Lautstärkeunterschiede, unterschiedliche Klangfarben (hell, dunkel usw.), Melodieverläufe, Rhythmen.

Entscheidend ist, dass die Malergebnisse irgendwie verwertet werden. Sie nur „schön" zu finden, reicht oft oder zumindest längerfristig nicht aus und führt zu Beliebigkeit und Demotivierung. Von den fertigen Bildern ausgehend, können folgende Vertiefungen vorgenommen werden:

- Wirkung von Musik untersuchen (fröhlich, bedrohlich, warm usw.).
- Die angesprochenen Parameter (Tempo, Lautstärke, Klangfarbe usw.) mit Instrumenten umsetzen.
- Das Bild von Gruppe A wird von Gruppe B musikalisch umgesetzt und umgekehrt.
- Parameter notieren und mit anderen Hörbeispielen vergleichen.

Oft stellt sich die Frage nach der Eignung von Hörbeispielen. Für die Jahrgangsstufe 1/2 ist es zuträglich, kurze Musikstücke mit klaren Strukturen zu verwenden. Darüber hinaus sollte darauf geachtet werden, dass die SuS die Musikstücke nicht kennen, da frühere Hörassoziationen den Malprozess beeinträchtigen können. Auf Musik mit Liedtexten sollte gänzlich verzichtet werden, da die SuS dann in der Regel lediglich die Textaussage bildlich darstellen.

9. Musik und Szenen aufnehmen

Das Aufnehmen von Unterrichtsergebnissen und das anschließende Anhören dieser Aufnahmen genießt unter den SuS einen sehr hohen Stellenwert. Mit der Aussicht, sich später selbst einmal hören zu können, sind die SuS beim Aufnahmeprozess mit großer Motivation und Konzentration dabei. Ebenso hoch ist auch der didaktische Wert einer Aufnahme. Der Aufnahmeprozess als solcher führt bei allen SuS zu einer höheren Leistungsbereitschaft. Man will ja, dass die Aufnahme so gut wie möglich klingt. Die Intensität und Hingabe, mit denen sich SuS an einer Aufnahme beteiligen, ist vergleichbar mit der Intensität und Hingabe, die im Rahmen eines Auftritts (Schülerkonzert, Auftritt bei Einschulungsfeier usw.) zu beobachten ist. Dieses Engagement seitens der SuS ist sehr wertvoll, weil es aufzeigt, wozu SuS in der Lage sein können. Es öffnet den Blick auf ihr Leistungspotential.

Darüber hinaus ermöglicht eine Aufnahme auch eine zielgenaue und gewinnbringende Untersuchung von Unterrichtsergebnissen. Hiermit wird die Reflexionsfähigkeit der SuS gefördert. Die SuS lernen, sich kritisch, sachbezogen und konstruktiv zu eigenen Ergebnissen und denen anderer SuS zu äußern. Davon ausgehend entwickeln sie dann Vorschläge, Lösungsansätze und setzen diese in die Praxis um.

Um die Auswertung einer Aufnahme effektiv zu gestalten, müssen Auswertungskriterien aufgestellt werden. Diese Kriterien sind den SuS vor der Aufnahme bekannt, sodass sie die Aufnahme unter Berücksichtigung dieser Kriterien realisieren können. Die spätere Auswertung erfolgt dann unter Rückbezug auf diese Kriterien. So ist die Auswertung effektiv, zielgenau und gewinnbringend.

Beispiele:

Tempo (Impulse: „Halten wir das Tempo ein? Werden wir langsamer/schneller? Sind wir zu schnell?")

Lautstärke (Impulse: „Sind wir zu laut/leise? Sind einige Kinder zu laut/leise zu hören?")

Synchronisation (Impulse: „Singen wir zusammen? Treffen wir die Töne der Melodie gleichzeitig? Führen wir unsere Tanzbewegungen gleichzeitig aus?")

Intonation (Impulse: „Wo entspricht unser Gesang nicht dem vorgegebenen Melodieverlauf?")

Ratsam ist es, zuvor immer kurze Probeaufnahmen durchzuführen. Mögliche Fehler können dann zu einem frühen Zeitpunkt erkannt und behoben werden (z. B. Positionierung der Ausführenden, Klangausgewogenheit usw.).

Als Bildaufnahmegeräte bieten sich Digitalkameras, für Tonaufnahmen bieten sich mp3-Player mit Aufnahmefunktion an. Die Tonaufnahmen sollten bei Bedarf am PC bearbeitet werden. Hierfür gibt es gute, leicht zu bedienende Programme. Einige davon sind auch kostenlos, z. B. Audacity oder MAGIX Audio Studio.

10. Aufführungen planen, durchführen und nachbereiten

Aufführungen sind immer herausragende Ereignisse und heben sich deutlich vom Schulalltag ab. Der Erfolg einer Aufführung hängt nicht nur vom Inhalt, sondern in erheblichem Maße auch von der Vorbereitung ab. Diese Planungs- und Vorbereitungsphasen müssen äußerst umsichtig und gründlich umgesetzt werden.

Wichtig ist, die SuS von vornherein in diese Phase mit einzubeziehen. Das führt zu mehr Selbstständigkeit.

Planung und Vorbereitung

Die Aufführung muss inhaltlich und organisatorisch geplant werden. Inhaltlich geht es darum, dass die SuS das, was aufgeführt werden soll, gut beherrschen. Das setzt voraus, dass frühzeitig mit dem Üben begonnen wird. Sollten die Einstudierungsphasen lange vor dem eigentlichen Aufführungstermin abgeschlossen sein, so ist das kein Problem. Die Inhalte können sich gut „setzen". Ein punktuelles Aufgreifen einzelner Bestandteile der Aufführung (eine Szene, ein Lied usw.) ist immer möglich und auch nützlich. Empfehlenswert ist es, in der Vorbereitungsphase auf inhaltlicher Ebene hin und wieder Ergebnisse aufzunehmen und mit den SuS zu besprechen (vgl. Musik und Szenen aufnehmen, DmG S. 24).

Das Anfertigen von Bühnenrequisiten, Einladungen, Informationsplakaten usw. muss ebenfalls langfristig geplant werden. Hilfreich ist es, wenn dafür andere Kolleginnen/Kollegen und/oder Eltern einbezogen werden.

Im organisatorischen Bereich ist es zunächst wichtig, dass L. sich die Aufgaben und Funktionen der einzelnen SuS genau aufschreibt. Diese Check-Liste sollte durchaus auch den SuS ausgehändigt werden.

Beispiel:

Kinder	Rolle	Medien	OK?
Adrian	Musiker	1 Xylofon (mit b), 2 Schlägel	
Caroline	Musikerin	Bassklangstäbe (c – f), 2 große Schlägel	
Joachim	Sprecher	Text	
Konstantin	Hirte	Hemd, Sandalen, Mantel, Opas Spazierstock als Hirtenstab	
usw.			

Ebenfalls muss darauf geachtet werden, dass die Aula rechtzeitig reserviert und ggf. bestuhlt wird. Eine Überprüfung der Technik (Beleuchtung, Musikanlage) sollte zu Beginn des Projekts und kurz vor der Aufführung noch einmal durchgeführt werden.

Es ist für eine gute Aufführung auch wichtig, dass Anfang und Ende reibungslos verlaufen. Daher muss vorher festgelegt und geübt werden, wie die SuS auf die Bühne gehen, wo sie dort ihren Platz einnehmen, wie sie sich bewegen und wie sie die Bühne schließlich wieder verlassen.

Häufig finden Aufführungen gemeinsam mit anderen Klassen statt. Das bedeutet, dass oft Wartezeiten entstehen, d. h. es muss ein geeigneter Warteraum gefunden werden. Dieser Warteraum muss in der Nähe des Aufführungsortes sein. Ferner sollte den SuS Spiele, Malpapier usw. zur Verfügung stehen. Es muss bedacht werden, dass die SuS oft aufgeregt sind.

Findet die Aufführung außerhalb der Unterrichtszeit statt, müssen die Eltern schriftlich darüber informiert werden.

Durchführung

Die SuS sollten frühzeitig vor dem Aufführungszeitpunkt in der Schule sein. So kann L. in Ruhe ihre Anwesenheit kontrollieren und auf eventuelle „Überraschungen" rechtzeitig reagieren. Die SuS wiederum können sich sammeln, ihre Rollen noch einmal überfliegen und sich mental auf ihren Auftritt vorbereiten.

Während der Aufführung unterstützt L. die SuS durch Gestik, Mimik, Blickkontakt. Das gibt ihnen Sicherheit.

Unmittelbar nach der Aufführung und nach dem Abebben des verdienten Applauses verlassen die SuS zügig die Bühne und nehmen das, was sie können, mit (Requisiten, Instrumente usw.).

Die Stimmung nach einer Aufführung ist oft sehr euphorisch. Es ist gut, wenn L. und SuS noch eine Weile zusammenbleiben können. Das Redebedürfnis der SuS ist dann immer sehr groß (erste Eindrücke, Gefühle usw.).

Nachbereitung

Die gründliche Nachbereitung einer Aufführung ist der erste Schritt zur Planung der nächsten Aufführung.

Mögliche Inhalte einer Nachbereitung:

- Das Befinden der SuS (z. B. Wie haben sich die SuS vor, während und nach der Aufführung gefühlt? Hat es Spaß gemacht?)
- Die inhaltliche Ebene (z. B. Qualität der Darbietung)
- Die organisatorische Ebene (z. B. Hat alles gut geklappt? Gab es Probleme, die den Ablauf beeinträchtigt haben?)
- Ausblick (z. B. Was kann genau so wieder gemacht werden? Was müsste geändert werden? Gibt es konkrete neue Aufführungstermine?)

11. Gruppenarbeit

Eine weit verbreitete Methode in jedem Unterricht ist die Gruppenarbeit. Die Aktivität der SuS ist höher, es bieten sich gute Differenzierungsmöglichkeiten an, es entstehen häufig vielfältigere Ergebnisse und die SuS können gut voneinander lernen.

Problematisch sind Gruppenarbeiten dann, wenn die SuS diese Methode nicht kennen, die Aufgabenstellungen unklar oder zu leicht/schwierig sind und die Ergebnisse nicht ausreichend reflektiert werden.

Das Einführen dieser Methode braucht Zeit. Der Aufwand lohnt sich aber. Denn wenn die SuS die Arbeitstechniken gut beherrschen, kann zügig, effektiv und nachhaltig gearbeitet werden.

Damit Gruppenarbeit gut funktioniert, muss sie gründlich geplant und vorbereitet werden. Dabei müssen die drei Säulen der Gruppenarbeit berücksichtigt werden:

Vorbereitung – Durchführung – Auswertung

Vorbereitung

Die Vorbereitung verläuft auf zwei Ebenen. Auf Ebene A muss L. eine genaue Analyse des Unterrichtsgegenstandes durchführen. Eignet sich der Unterrichtsstoff tatsächlich für eine Gruppenarbeit? Worum geht es genau? Was sollen die SuS genau bearbeiten? Was sollen sie lernen?

Ebenso muss L. eine Bedingungsfeldanalyse betreiben: Sind die SuS in der Lage, diesen Sachverhalt in Gruppen zu bearbeiten? Stimmen die räumlichen Bedingungen? Was brauchen die SuS (Material, Medien)?

Auf Ebene B muss geplant werden, was inhaltlich und formal bearbeitet werden muss, damit die SuS anschließend mit Erfolg in Gruppen arbeiten können. Das beinhaltet die klare Aufbereitung des Themas bis unmittelbar vor der Durchführung der Gruppenarbeit, das Aufstellen von Kriterien, Überlegungen über die Gruppenkonstellation (wer arbeitet mit wem in welcher Gruppe?), Aufgabenstellungen, Aufgabenverteilungen innerhalb der Gruppen (Schreiber, Zeitmessung, Leitung usw.) und Kontrollmöglichkeiten von Zwischenergebnissen.

Durchführung

Zuträglich ist es, wenn unmittelbar vor der eigentlichen Gruppenarbeitsphase im Plenum exemplarisch die Arbeitsweise in den Gruppen an einem Beispiel verdeutlicht wird. So wird allen SuS klar, worum es geht und wie gearbeitet werden soll.

Für die Durchführung muss der reibungslose Ablauf der Gruppenarbeit gewährleistet sein: Welche Gruppe geht wohin? Wo liegen die Instrumente? Was brauchen die SuS (Aufgabenstellung, Zeitablauf, Schreibutensilien usw.)? Welche Impulse könnten eine stockende Gruppenarbeit wieder in Gang setzen?

Eine Gruppenarbeit sollte nicht zu lang dauern, 15 min ist die Obergrenze.

Auswertung

Die Auswertung findet auf zwei Ebenen statt. Auf Ebene A geht es darum, dass immer wieder Zwischenergebnisse kontrolliert werden. Das kann L. übernehmen, indem sie/er von Gruppe zu Gruppe geht und den Arbeitsprozess und die Zwischenstände nachvollzieht. Für den Arbeits- und Lernprozess kann es ebenso vorteilhaft sein, wenn Gruppenarbeitsphasen ein- bis zweimal unterbrochen werden und sich alle Gruppen im Plenum für einen Zwischenbericht zusammenfinden. Fehlerquellen können so frühzeitig ausgemacht und Lösungsstrategien zur zielgerichteten Weiterarbeit entwickelt werden.

Auf Ebene B geht es um die kriterienbezogene Auswertung der Gruppenarbeitsergebnisse mit der gesamten Klasse. Ebenso wichtig ist auch ein Eingehen auf die Arbeitsprozesse innerhalb der Gruppe. In der Regel reicht es aus, wenn jede Gruppe vor der Präsentation ihrer Ergebnisse mündlich zusammenfasst, an welchen Stellen die Arbeit gut funktioniert hat und wo der Arbeitsprozess beeinträchtigt wurde und warum.

12. Sprachförderung

Die sachgerechte Beherrschung der Sprache ist für Kinder eine wesentliche Voraussetzung für die Erschließung der sie umgebenden Welt. Sachverhalte erkennen, benennen, Lösungsstrategien entwickeln, kommunizieren, lernen, Gefühle ausdrücken, zuhören und verstehen – hierfür benötigen die SuS eine hohe Sprachkompetenz. Diese ist vergleichbar mit einem Generalschlüssel, mit dem sich viele Türen öffnen lassen.

In jedem Unterrichtsfach sollte daher verstärkt auf Sprachförderung und Sprachqualität geachtet werden. Der Musikunterricht leistet ebenfalls einen wichtigen Beitrag zu diesem relevanten Themenfeld.

Grundsätzlich ist schon viel gewonnen, wenn L. konsequent darauf achtet, dass sich die SuS sprachlich korrekt, differenziert und präzise äußern, z. B. das richtige Benennen der Musikinstrumente, das genaue Beschreiben von Tanzschritten und Choreografien, das klärende Gespräch über Liedtexte (z. B. Inhalt, Klärung einzelner Worte), das differenzierte Sprechen über Höreindrücke, die zielgenaue Anwendung von Fachbegriffen.

Es ist wichtig, dass musikalische Fachbegriffe eingeführt und von den SuS verwendet werden. Die SuS müssen über ein Fachvokabular verfügen, um sich differenziert über Musik äußern zu können. Allerdings sollen Begriffe erst dann eingeführt werden, wenn konkrete musikalische Erfahrungen vorliegen. Das musikalische Phänomen muss vor der Begriffseinführung verstanden worden sein.

Zusätzlich empfiehlt es sich mit Wortkarten (zu einer Überschrift oder zu einem Bild) zu arbeiten, die im Musikraum oder im Klassenraum über einen längeren Zeitraum hängen bleiben. So werden Schlüsselwörter von den SuS ständig gesehen und besser verinnerlicht. Der Nachhaltigkeitseffekt ist dadurch groß.

Naheliegend ist auch der kreative Umgang mit Sprache im Musikunterricht. Besonders eignen sich hier Themen wie Musiktheater, Rollenspiele, Liedtexte weiterdichten und Geschichten zu (Programm-)Musik erfinden und erzählen.

13. Kompetenzen

Immer schnellere Veränderungen in der Umwelt, im Beruf und bei Strukturen im zwischenmenschlichen Bereich führen zu neuen, vielfältigen und zum Teil hoch komplexen Anforderungen. Auf diese sich im Wandel befindende Welt müssen auch Schule und Unterricht reagieren. Damit Menschen mit diesen neuen Anforderungen souverän, selbstständig, aktiv und kreativ umgehen können, sind ab dem Jahr 2000 (erste von der OECD durchgeführte PISA-Studie) wichtige Änderungen in Schule und Unterricht in die Wege geleitet worden. Eine wesentliche Änderung ist die Abwendung von der Erlangung reiner Fachziele im Unterricht. Denn fachliches Wissen ist schnell überholt. Es geht nun auch darum, dass SuS lernen, sich Wissen anzueignen, in Expertengruppen gemeinsam voneinander und miteinander zu lernen und sich ihres persönlichen Wachstums bewusst zu werden. Statt einer eher konsumierenden Haltung gegenüber dem Wissensinput soll nun der Wissensaneignungsprozess seitens der SuS wesentlich aktiver, selbstbestimmter und selbstständiger gestaltet werden. Im Einzelnen bedeutet dies Folgendes:

Sachkompetenz:
SuS setzen sich mit Inhalten, Aufgaben und Problemstellungen auseinander. Dabei werden Kenntnisse, Fähigkeiten und Fertigkeiten systematisch aufgebaut und dokumentiert. Hierbei geht es nicht so sehr um vereinzeltes (Fakten-)Wissen, sondern um das Erkennen von Prinzipien, Ordnungen und Strukturen und um den aktiven Umgang mit diesen im Rahmen von Transfers in andere Handlungs- oder Inhaltszusammenhänge, von Vorträgen, von Dokumentationen usw.

Methodenkompetenz:
Unter Methodenkompetenz wird die Aneignung und gezielte Anwendung von Lernstrategien, Verfahrensweisen und Arbeitstechniken verstanden. Die SuS können sich dadurch Wissen und Informationen selbstständig aneignen und diese dann sammeln, kategorisieren und transferieren. Beispiel: Die SuS lernen im Musikunterricht ein neues Lied (Sachkompetenz). Parallel dazu werden auch die Methoden, mit denen das Lied gelernt wird, thematisiert und gelernt, d. h. die SuS lernen ein Lied und gleichzeitig auch, wie sie es lernen.

Soziale Kompetenz:
Soziale Kompetenz ist die Fähigkeit, gemeinsam mit anderen zielorientiert, einvernehmlich und erfolgreich zu arbeiten. Einfühlungsvermögen, Konflikt- und Kritikfähigkeit, Verantwortungsbereitschaft und Gemeinschaftlichkeit sind einige der Säulen, die diese Kompetenz ausmachen.

Personale Kompetenz:
SuS können zunehmend eigene Stärken und Schwächen erkennen und entwickeln dabei Selbstvertrauen, Selbstbewusstsein und emotionale Unabhängigkeit. Sie können Erfolge und Misserfolge und auch Kritik wahrnehmen, verstehen und verarbeiten. So wachsen SuS zu eigenständigen Persönlichkeiten heran.

Kompetenzorientierter Unterricht sollte so früh wie möglich und durchgängig praktiziert werden.

Stoffverteilungspläne

SVP

Stoffverteilungsplan Klasse 1

Woche	SB-Seite	Thema	Didaktische Inhalte	AH 1	AH 2	KV	Folie	CD A/B/C/D	CD 1/2
1	4	Hey hallo, wir sind jetzt in der Schule	singen, sich bewegen					A 1	CD 1 Nr. 1
	5	Hände drücken	singen, sich bewegen					A 2	CD 1 Nr. 2
2	6	Guten Morgen	singen, sich bewegen, Notation	9			1	A 3	CD 1 Nr. 3
	10	Wir gehen jetzt im Kreise	singen, Stimmbildung, sich bewegen					A 7	CD 1 Nr. 7
3	14	Mein Weg zur Schule	singen, sich bewegen					A 11	CD 1 Nr. 11
4	110	Die Hähne am frühen Morgen	singen, Stimmbildung, hören, sich bewegen			41, 42		C 33, 34	CD 2 Nr. 6
5, 6	16, 17	Instrumente erproben – Zeichen für Klänge	Instrumente kennenlernen und zuordnen, musizieren, hören, Notation	2, 3, 4		4 bis 7	4, 5	A 19 bis 37	
	20	Nachts ist alles dunkel	singen, musizieren, Notation	9				A 38	CD 1 Nr. 12
7	22	Großer König Tinizong	singen, Instrumente kennenlernen, musizieren, Notation		21			A 40	CD 1 Nr. 14
	23	Bruder Jakob	singen, musizieren, sich bewegen	19		65		A 41	CD 1 Nr. 15
8, 9	121	Komm, stell dich mal mit mir in den Wind	singen, Stimmbildung, sich bewegen, musizieren		19	49, 50		C 46	CD 2 Nr. 15
	24, 25	Reime gestalten und erfinden	singen, Stimmbildung, musizieren, Notation		2		6, 7		
10	26	Atem-Spiele	Stimmbildung	5			8		
	29	Ich brauche kein Orchester	singen, Stimmbildung, hören, sich bewegen					A 48	CD 1 Nr. 17
11	44, 45	Ihr Blätter, wollt ihr tanzen	singen, Instrumente kennenlernen, musizieren, sich bewegen, Notation				17	A 65	CD 1 Nr. 23
12, 13	48	Durch die Straßen auf und nieder	singen, musizieren, hören, sich bewegen	10, 19				A 68	CD 1 Nr. 25
	34	Zur Musik malen	hören, visualisieren			10, 11	13	A 51 bis 53	
	82	Popcorn	hören, sich bewegen			27	32	B 43	
14	62	Es war eine Mutter	singen, musizieren, sich bewegen			18	21	B 13	CD 1 Nr. 33
15, 16	52	Sankt Nikolaus	singen, musizieren, Notation	12					
	56	Marsch der Hirten	musizieren, hören, visualisieren				20	B 7	
	57	Gatatumba	singen, Instrumente kennenlernen, musizieren, sich bewegen			15 bis 17		B 8	CD 1 Nr. 29
17	60	A, a, a, der Winter, der ist da!	singen, Stimmbildung, musizieren, hören, Notation		5			B 10	CD 1 Nr. 31
18, 19	76	Was macht meine kleine Geige	singen, Stimmbildung, Instrumente kennenlernen, musizieren, sich bewegen			22, 23		B 31	CD 1 Nr. 37
	77	Das Bärenorchester	singen, Instrumente kennenlernen, zuordnen, hören, sich bewegen	16, 17		24	27	B 32 bis 39	CD 1 Nr. 38
	86	Ich bin ein kleiner Esel	singen, Stimmbildung, musizieren, hören, Notation			30		B 47	CD 1 Nr. 41
20	115	Aquarium	hören, visualisieren, sich bewegen		18	48	41	C 39	

Woche	SB-Seite	Thema	Didaktische Inhalte	AH 1	AH 2	KV	Folie	CD A/B/C/D	CD 1/2
21	84	Maskenball	singen, sich bewegen	19		29		B 45	CD 1 Nr. 40
	87	Rummelbummel ging spazieren	singen, Stimmbildung, sich bewegen					B 48	CD 1 Nr. 42
	88	Trat ich heute vor die Türe	singen, musizieren, sich bewegen					B 49	CD 1 Nr. 43
	116	Mit der Bummelbahn	singen, Stimmbildung, sich bewegen					C 40	CD 2 Nr. 10
22	112	Komm, mein Pferdchen	singen, Stimmbildung, musizieren, hören, sich bewegen			44		C 36	CD 2 Nr. 8
23	93	„Kuckuck, Kuckuck", ruft's aus dem Wald	singen, Stimmbildung, musizieren, hören, Notation	18, 19	21	32, 65		B 53, 54	CD 1 Nr. 45
24	30	Ein Gewitter kommt	Instrumente kennenlernen, musizieren, hören, visualisieren				11	A 49, 50	
25	117	Wir gehen durch den großen Wald	singen, musizieren, hören, sich bewegen					C 41	CD 2 Nr. 11
26	118	Und regnet's mir zum Dach herein	singen, Instrumente kennenlernen, musizieren, hören, sich bewegen	23				C 42, 43	CD 2 Nr. 12
27	126	Was wird aus unsrem Auto	singen, musizieren			55		C 52	CD 2 Nr. 18
	111	Horch, was macht der Gockelhahn	singen, Stimmbildung, visualisieren		16	43	39	C 35	CD 2 Nr. 7
28	90, 91	Der Frühling	hören, visualisieren, sich bewegen, Notation				34, 35	B 51	
29, 30	94	Has, Has, Osterhas	singen, sich bewegen	20				B 55	CD 1 Nr. 46
	114	Königlicher Marsch der Löwen	musizieren, hören, sich bewegen, Notation		17	47	40	C 38	
	146	Grün, grün, grün sind alle meine Kleider	singen, Stimmbildung, musizieren			65, 74		D 20	CD 2 Nr. 31
31	122	Herr Laut ging mal spazieren	singen, Stimmbildung, musizieren, sich bewegen	29		51		C 47	CD 2 Nr. 16
32	68, 69	Maschinenmusik	singen, Stimmbildung, Instrumente kennenlernen, musizieren, visualisieren, Notation		7	20	24	B 20	CD 1 Nr. 35
33	140, 141	Wir sind die sieben Zwerge	singen, musizieren, hören, sich bewegen, Notation			74, 88		D 8, 9	CD 2 Nr. 28
34	39	Morgenstimmung	Instrumente kennenlernen und zuordnen, hören, visualisieren, sich bewegen, Notation		3		16	A 59	
35	124	Eisenbahnmusik	singen, Stimmbildung, musizieren, hören, sich bewegen, Notation		20	53	43	C 50	
36	132	Trarira, der Sommer, der ist da!	singen, Stimmbildung, hören, Notation				45	D 1	CD 2 Nr. 24
	133	Summ, summ, summ	singen, Stimmbildung, musizieren, hören, visualisieren	24	21			D 2, 3	CD 2 Nr. 25
37	134, 135	Wiesenkonzert	singen, Stimmbildung, musizieren, Notation					D 4	

Stoffverteilungsplan Klasse 2

Woche	SB-Seite	Thema	Didaktische Inhalte	AH 1	AH 2	KV	Folie	CD A/B/C/D	CD 1/2
1	96, 97	Musik, Musik, Musik	hören, visualisieren			33	36	C 1 bis 10	
	128	Weil heute dein Geburtstag ist	singen, Stimmbildung, sich bewegen			56		C 54	CD 2 Nr. 20
2	7	Komm, gib mir deine Hand	singen, sich bewegen					A 4	CD 1 Nr. 4
	9	Wir werden immer größer	singen, sich bewegen	9				A 6	CD 1 Nr. 6
3	18, 19	Hör-Spiele mit Instrumenten	Instrumente zuordnen, musizieren, hören, sich bewegen						
4	36, 37	Guten Morgen, guten Morgen!	singen, Stimmbildung, musizieren, hören, sich bewegen, Notation	6			15	A 57	CD 1 Nr. 18
5, 6	130	Heute kann es regnen	singen, Stimmbildung, sich bewegen					C 56	CD 2 Nr. 22
	27	Stimm-Spiele	Stimmbildung, hören, visualisieren, Notation			8	9	A 42 bis 46	
	119	Wir denken nicht daran	singen, sich bewegen				42	C 44	CD 2 Nr. 13
7	149	Telli turnam	singen, Instrumente kennenlernen, musizieren, sich bewegen			74	48	D 23	CD 2 Nr. 34
8	43	Erntedank	singen, musizieren					A 64	CD 1 Nr. 22
	129	Wenn ein Kind Geburtstag hat	singen, musizieren			56, 57		C 55	CD 2 Nr. 21
9	47	Gespensterlied	Stimmbildung, Instrumente kennenlernen, musizieren, sich bewegen					A 67	
10	120	Brüderchen, komm tanz mit mir	singen, sich bewegen					C 45	CD 2 Nr. 14
	13	It's so easy	singen, sich bewegen			1, 2		A 10	CD 1 Nr. 10
11	31	Timbos Abenteuer – eine Klanggeschichte	Stimmbildung, Instrumente kennenlernen, musizieren, Notation				12		
12	35	Bilder und Musik	Instrumente kennenlernen und zuordnen, hören, visualisieren	8		10, 11	14	A 54 bis 56	
13, 14	123	Ja, wir rufen in den Wald!	singen, Stimmbildung, hören, sich bewegen	29		52		C 48, 49	CD 2 Nr. 17
	70, 71	Experimentieren mit Klangobjekten	Instrumente kennenlernen, musizieren, hören		21	21			
	53	Bimmelt was die Straß entlang	singen, musizieren, hören, visualisieren	13				A 71, 72	CD 1 Nr. 28
15	50, 51	Wir haben einen Stern	singen, musizieren, sich bewegen			14	18	A 70	CD 1 Nr. 27
16	54, 55	Die Weihnachtsgeschichte	Instrumente kennenlernen und zuordnen, hören, visualisieren		4		19	B 1 bis 6	
17, 18	131	Ich schenk dir einen Regenbogen	singen, musizieren, sich bewegen			58, 59		C 57	CD 2 Nr. 23
	72, 73	Ja, heute musizieren wir	singen, Instrumente kennenlernen und zuordnen, musizieren		8			B 21	CD 1 Nr. 36
19	61	Im Winter, wenn es schneit	singen, Instrumente kennenlernen und zuordnen, musizieren, hören, visualisieren					B 11, 12	CD 1 Nr. 32
20	64, 65	Musikalische Schlittenfahrt	Instrumente kennenlernen und zuordnen, musizieren, hören, visualisieren, sich bewegen		6		22, 23	B 15 bis 19	

Stoffverteilungsplan Klasse 2

Woche	SB-Seite	Thema	Didaktische Inhalte	AH 1	AH 2	KV	Folie	CD A/B/C/D	CD 1/2
21	125	Wir sind Roboter aus Witten	singen, Stimmbildung, hören, sich bewegen, Notation			54	44	C 51	
22	85	Fastnachtspolonaise	hören, sich bewegen		14		33	B 46	
	113	Eine kilometerlange Riesensuperschlin-gelschlange	singen, Stimmbildung, musizieren, sich bewegen			45, 46		C 37	CD 2 Nr. 9
	63	Zwölf lustige Gesellen	singen, musizieren, sich bewegen	14		19		B 14	CD 1 Nr. 34
23	75	Instrumente kennenlernen	Instrumente kennenlernen und zuordnen, hören, visualisieren		11, 12		26	B 23 bis 30	
	32, 33	Das hässliche Entlein	Instrumente kennenlernen, musizieren						
24	104, 105	Ein Vogel wollte Hochzeit machen	singen, Stimmbildung, sich bewegen	22		65		C 29	CD 2 Nr. 2
25	152, 153	Wolfgang Amadeus Mozart	hören, visualisieren, Notation		24, 25	68 bis 70		D 26 bis 32	
26	66	Das Seifenblasenkonzert	musizieren	15					
	78	Trampelpolka	hören, sich bewegen, Notation				28	B 40	
27	92	Singt ein Vogel	singen, musizieren, hören			31		B 52	CD 1 Nr. 44
	67	Gewitter – eine Klanggestaltung	Stimmbildung, Instrumente kennenlernen, musizieren, Notation						
28	74	Die Blockflöte	singen, Instrumente kennenlernen, musizieren, Notation		9, 10	87, 88	25	B 22 (A 58)	CD 1 Nr. 19
	38	Guten Morgen, liebe Sonne	singen, musizieren					A 58	CD 1 Nr. 19
29	83	Zu einem Rap tanzen	singen, hören, sich bewegen, Notation			28		B 44	CD 1 Nr. 39
	15	Verkehrsgeräusche	hören, sich bewegen			3	3	A 12 bis 18	
30	102, 103	Hörspaziergang	hören, visualisieren	21			38	C 21 bis 28	
	95	Im Mai fällt ein Regen	singen, musizieren, Notation	23				B 56	CD 1 Nr. 47
31	142, 143	Peter und der Wolf	Instrumente kennenlernen und zuordnen, hören, visualisieren	25	23		47	D 10 bis 17	
32	147	Old MacDonald Had a Farm	singen, hören			66, 67		D 21	CD 2 Nr. 32
	107	Der Frosch im roten Cabrio	singen, musizieren, hören, visualisieren, sich bewegen			36, 37		C 31	CD 2 Nr. 4
33	127	Umweltboogie	singen, Stimmbildung, musizieren, hören					C 53	CD 2 Nr. 19
34	136	Sommerwiese	singen, Stimmbildung, Notation		22	60 bis 63	46		
35	154, 155	Robert Metcalf	singen, hören, sich bewegen					D 33	
36	139	Löwenzahn, Löwenzahn	singen, musizieren, visualisieren, sich bewegen					D 7	CD 2 Nr. 27
37	138	Endlich wieder Ferien	singen, musizieren, sich bewegen					D 6	CD 2 Nr. 26

Alternative Angebote

SB-Seite	Thema	Didaktische Inhalte	AH 1	AH 2	KV	Folie	CD A/B/C/D	CD 1/2	Alternative zu
8	Wenn ich glücklich bin	singen					A 5	CD 1 Nr. 5	Komm, gib mir deine Hand, Kl. 2, Woche 2
11	Was tun wir denn so gerne hier im Kreis	singen, sich bewegen				2	A 8	CD 1 Nr. 8	Wir gehen jetzt im Kreise, Kl. 1, Woche 2
12	Hört mal, ich klatsch euch was vor	singen, sich bewegen					A 9	CD 1 Nr. 9	Hände drücken, Kl. 1, Woche 1
21	Wir sind zwei Musikanten	singen, sich bewegen, Instrumente kennenlernen, musizieren					A 39	CD 1 Nr. 13	Großer König Tinizong, Kl. 1, Woche 7
28	La – le – lu	singen, Stimmbildung			9	10	A 47	CD 1 Nr. 16	Ich brauche kein Orchester, Kl. 1, Woche 10
40	Blinke, blinke, kleiner Stern	singen, sich bewegen, musizieren					A 60	CD 1 Nr. 20	Guten Morgen, liebe Sonne, Kl. 2, Woche 28
41	Jetzt kommt der Sandmann	singen, sich bewegen, hören					A 61, 62		Morgenstimmung, Kl. 1, Woche 34
42	Der Herbst ist da	singen, sich bewegen, musizieren	7, 8		12, 13		A 63	CD 1 Nr. 21	Ihr Blätter, wollt ihr tanzen, Kl. 1, Woche 11
46	Nebel, Nebel, weißer Hauch	singen, musizieren, sich bewegen	9				A 66	CD 1 Nr. 24	Ihr Blätter, wollt ihr tanzen, Kl. 1, Woche 11
49	Leuchte, leuchte, kleine Laterne	singen, Stimmbildung, musizieren, Notation	11				A 69	CD 1 Nr. 26	Wir haben einen Stern, Kl. 2, Woche 15
58, 59	Vom Christkind wollen wir singen	singen, sich bewegen, musizieren					B 9	CD 1 Nr. 30	Wir haben einen Stern, Kl. 2, Woche 15
79	La Raspa Mexicana	singen, sich bewegen, hören				29	B 41		Trampelpolka, Kl. 2, Woche 26
80, 81	Musik zum Tanzen	sich bewegen, Instrumente kennenlernen		13	25, 26	30, 31	B 42		Zu einem Rap tanzen, Kl. 2, Woche 29
89	Tanz der Marionetten	sich bewegen, hören, musizieren					B 50		Rummelbummel ging spaziern, Kl. 1, Woche 21
98	Musik zu Hause	hören			34	37	C 11 bis 16		Wenn ein Kind Geburtstag hat, Kl. 2, Woche 8
99	Meine Lieblingsmusik	sich bewegen, hören, musizieren			35				Wir werden immer größer, Kl. 2, Woche 2
100, 101	Musik und Fernsehen	singen, hören, visualisieren					C 17 bis 20	CD 2 Nr. 1	Musik, Musik, Musik, Kl. 2, Woche 1
106	Auf der Mauer	singen, sich bewegen		15			C 30	CD 2 Nr. 3	Eine kilometerlange Riesensuper-schlingelschlange, Kl. 2, Woche 22

SB-Seite	Thema	Didaktische Inhalte	AH 1	AH 2	KV	Folie	CD A/B/C/D	CD 1/2	Alternative zu
108, 109	„Auf geht's", ruft die Gans	singen, sich bewegen, Stimmbildung, musizieren			38 bis 40		C 32	CD 2 Nr. 5	Ein Vogel wollte Hochzeit machen, Kl. 2, Woche 24
137	Diese Hitze	singen, sich bewegen			64		D 5		Löwenzahn, Löwenzahn, Kl. 2, Woche 36
144	I bin da Fritzi Federl	singen					D 18	CD 2 Nr. 29	Ich bin ein kleiner Esel, Kl. 1, Woche 19
145	D'Bäure hot d'Katz verlorn	singen					D 19	CD 2 Nr. 30	Old MacDonald Had a Farm, Kl. 2, Woche 32
148	Doucement, les fleurs se balancent	singen, sich bewegen, Stimmbildung					D 22	CD 2 Nr. 33	Telli turnam, Kl. 2, Woche 7
150	Steinlied aus Afrika	singen, sich bewegen, musizieren					D 24		Im Mai fällt ein Regen, Kl. 2, Woche 30
151	Nun stell nach hier und stell nach da	singen, sich bewegen				49	D 25	CD 2 Nr. 35	Brüderchen, komm tanz mit mir, Kl. 2, Woche 10

1. Ich – du – wir

Überblick

- Ein Lied zur Einschulung singen
- Zum Lied passende Bewegungen ausführen
- Über den Textinhalt sprechen (Erwartungen, Wünsche, erste Eindrücke …)

Organisation

- CD A 1
- CD 1 Nr. 1

Anmerkung

Das Lied „Hey hallo" mit dem witzigen Text und der schwungvollen Melodie ist eingängig, aber nicht frei von Stellen, auf die besonders eingegangen werden muss.

Unterrichtsverlauf

1. Einstieg

- L. spricht den Liedtext im Melodierhythmus vor. Mit Gestik und Mimik kann der Text zusätzlich veranschaulicht werden. Die SuS sprechen nach und übernehmen Gestik und Mimik.
- L. singt das Lied mehrmals vor (zu Gitarre, Klavier oder CD 1 Nr. 1).
- Die SuS singen nach und nach mit.

2. Erarbeitung des Liedes

Möglicherweise kann den SuS das Einhalten der Pausen (Takt 6, 8, 10) Schwierigkeiten bereiten. Daher bietet es sich an, die Pausen mit etwas zu füllen, z. B. schnipsen, eine Körperbewegung, ein Stimmlaut …

3. Gespräch über den Textinhalt

Nachdem die SuS das Lied mehrmals gesungen haben, kann nun vertiefend über den Textinhalt gesprochen werden, z. B.: „Welche schultypischen Tätigkeiten werden angesprochen? Welche Tätigkeiten fehlen (z. B. Sport)?" Außerdem können Textstellen oder einzelne Wörter benannt werden, in denen Freude zum Ausdruck gebracht wird (lachen, fröhlich sein, es ist schön, bei uns zu sein …).

4. Vertiefendes Gespräch über Einschulung, Schulanfang, erste Schuljahre

- Es ist wichtig, den SuS Zeit zum Erzählen und Fragen zu lassen. L. bleibt im Hintergrund und steuert das Gespräch mit eingestreuten Impulsen, z. B.: „Kennt ihr schon eure Schule, wart ihr schon einmal hier?"; „Kennt ihr Lehrer/innen, andere Kinder?"; „Habt ihr Fragen?"; „Was wünscht ihr euch für eure Schulzeit?"; „Welche Erwartungen habt ihr?"; „Mit wem habt ihr vor eurer Einschulung über Schule gesprochen?"; „Habt ihr Geschwister, Freunde …, die auch gerade in die Schule kommen?"; „Welches sind eure ersten Eindrücke?"
- Die ersten Schultage sind für viele Kinder auch mit Angstgefühlen verbunden. Reden, gemeinsam etwas singen, spielen usw. kann den Kindern über diese Gefühle hinweghelfen.

5. Sich zum Lied bewegen

- Die dargestellten Bewegungen im SB S. 4 betrachten und mit den SuS gemeinsam überlegen, zu welchen Textpassagen welche Bewegung gut passen könnte (z. B. „Hey hallo" passt zu „Hände in die Höhe").
- Gemeinsam mit den SuS weitere Bewegungsmöglichkeiten zu den Strophen finden. Hierfür verteilen sich die SuS frei im Raum. Das Lied wird mehrmals gesungen. Dabei probieren die SuS Bewegungen aus.

  Beispiele:
  - „lesen": ein unsichtbares Buch aufgeschlagen in den Händen halten
  - „rechnen": grüblerische Miene aufsetzen
  - „schreiben": Schreibhaltung und -bewegung imitieren
  - „malen": einen unsichtbaren Pinsel von unten nach oben durch die Luft führen
  - „schön, bei uns zu sein": Arme einladend ausbreiten
- Alternativ dazu bietet es sich an, die Klasse aufzuteilen. Erst singt eine Gruppe mit L. das Lied und die andere entwickelt Bewegungsgestaltungen und dann umgekehrt.
- Im Plenum einzelne SuS ihre Bewegungen vorzeigen lassen. Dabei das Lied singen.
- Als Abschluss können alle SuS das Lied singen und sich dazu bewegen.
- Alternativ dazu können 4 bis 5 Bewegungsmöglichkeiten festgehalten werden, die dann von allen zum Lied ausgeführt werden.

Erweiterung

Das Lied am Ende des ersten Schuljahres erneut aufgreifen und für die Einschulungsfeier der neuen Erstklässler zum Vorsingen vorbereiten.

Überblick

- Ein Bewegungslied lernen
- Den Text im Melodierhythmus sprechen
- Rechts und links unterscheiden
- Weitere Strophen ausdenken

Organisation

- CD A 2
- CD 1 Nr. 2
- Strophenbilder

Anmerkung

Sich richtig zu begrüßen, muss erst einmal gelernt werden. Eine nicht unerhebliche Rolle spielt in diesem Zusammenhang die Unterscheidung von rechts und links.

Unterrichtsverlauf

1. Einstieg

- L. bittet ein Kind nach vorne. L.: „Ich drücke mit der rechten Hand, ich drücke mit der linken Hand, der rechten Hand, der linken Hand und dann mit allen beiden." Dazu werden die entsprechenden Bewegungen von L. und Kind ausgeführt.
- Die Klasse spricht mit und führt ebenfalls mit einem Partner/einer Partnerin die Bewegungen aus.
- Das Lied wird vorgestellt (L. oder CD A 2). Dabei können die SuS nach und nach mitsingen, summen, Bewegungen ausführen usw.

2. Erarbeitung der Bewegungsgestaltung

- Den Text aller 6 Strophen im Melodierhythmus gemeinsam langsam sprechen. Die Bewegungen dazu ebenfalls gemeinsam ausführen.
- Als Gedächtnisstütze können einfache, an der Tafel aufgehängte Zeichnungen fungieren, die den Textinhalt der Strophen abbilden.
- Auch auf deutliche Aussprache achten (Anlaute, Vokale, Endlaute).
- Alles mehrmals wiederholen und nach und nach das Tempo steigern.
- Die Bewegungen auch einzelne SuS alleine vormachen lassen, während alle den Text sprechen.
- SuS, die wiederholt rechts und links verwechseln, brauchen Unterstützung. Ein um einen Arm gebundenes Farbband kann helfen.

3. Einüben des Liedes

- Nachdem die SuS den Text und die Bewegungen gut beherrschen, kann das Lied gesungen werden. L. singt vor oder CD A 2 verwenden.
- Die SuS singen nach und nach mit. Von Anfang an sollen die Bewegungen mit ausgeführt werden.
- Die Strophenbilder weiterhin aufgehängt lassen und bei Unsicherheiten (Strophenreihenfolge, Textschwierigkeiten ...) auf sie zeigen.

4. Weitere Strophen ausdenken

- Mit den SuS über weitere Tätigkeiten im Alltag sprechen. Dabei darauf achten, dass es Tätigkeiten sind, in denen rechts/links eine Rolle spielt, z. B. mit den Füßen stampfen, ein Bild malen, mit den Ohren wackeln, jemandem auf die Schulter klopfen.
- Die Vorschläge der SuS auf Wortkarten notieren oder skizzieren und an die Tafel hängen.
- Die Vorschläge gesanglich und mit den entsprechenden Bewegungen umsetzen. Dazu auch die Play-back-CD (CD 1 Nr. 2) einsetzen.

Überblick

- Ein Begrüßungslied lernen
- Einen Melodieverlauf mit der Hand anzeigen und grafisch fixieren
- Bewegungen zum Lied ausführen
- Lockerungsübungen, Atem- und Stimmübungen
- Ein Lied auswendig vortragen
- Guten-Morgen-Rufe und kleinere Begrüßungsdialoge erfinden, vorsprechen und singen

Organisation

- CD A 3
- CD 1 Nr. 3
- AH 1 S. 9
- Folie 1
- DIN-A4-Blätter
- Strophenbilder

Anmerkung

Dieses Begrüßungslied sollte möglichst in den ersten Schultagen erlernt werden. Es kann dann zunächst täglich morgens zum Tagesbeginn oder montags zum Wochenbeginn gesungen werden.

Unterrichtsverlauf

1. Einstieg

- Das Lied hören (L. oder CD A 3), SuS singen nach und nach mit (summen, auf Tonsilben, mit Text oder Textfragmenten).
- Gespräch über den Textinhalt (Begrüßungslied, Formen der Begrüßung, Begrüßungen unter Freunden, Familie, Nachbarn usw.).
- Die SuS verteilen sich frei im Raum und erproben in Partner- oder Gruppenarbeit mit Gestik und Mimik die im Text aufgezählten Begrüßungsmöglichkeiten (sich zulachen, zuzwinkern, zunicken, zuklatschen, zuschnipsen).

2. Erarbeitung des Liedes

- Das Lied abschnittsweise einüben. Dazu stets die passende Gestik und Mimik anwenden.
- Zum Erlernen von Tonhöhen- und Intonationssicherheit gezielte Übungen einsetzen:
  - Vorübungen: Atem- und Stimmübungen (s. DmG S. 6)
  - Übungen am Lied: Melodieverlauf mit der Hand anzeigen und grafisch fixieren
- Zur Stärkung der Methodenkompetenz der SuS diese Methoden immer wieder ins Bewusstsein rufen. Daher einleitend die Abbildung im SB S. 6 oben bzw. auf Folie 1 besprechen (beschreiben, Vermutungen anstellen, Bezüge insbesondere zum Liedanfang herstellen).
- Das Lied mehrmals singen und dazu gemeinsam den Melodieverlauf mit der Hand anzeigen.
- Die Klasse in zwei Gruppen aufteilen. Gruppe 1 singt das Lied und zeigt den Melodieverlauf mit der Hand an. Gruppe 2 fixiert den Melodieverlauf (farbige Linie) auf einem Blatt Papier. Dann Gruppen tauschen (Anregungen s. DmG S. 26 f.).
- Die Blätter an die Wand hängen und das Lied singen. Einzelne SuS zeigen den Liedverlauf an den Blättern an.
- AH 1 S. 9 bearbeiten. Lösung: L AH 1 S. 282/ S. 308.

3. Das Lied auswendig vortragen

- Mithilfe von Strophenbildern das Lied auswendig lernen (Anregungen s. DmG S. 8).
- Gemeinsam nach und nach die Strophenbilder entfernen, die nicht mehr gebraucht werden.

4. Guten-Morgen-Rufe und kleinere Dialoge als Vor-, Zwischen- und Nachspiel erfinden

- Das morgendliche Aufwachen und Aufstehen mit der gesamten Klasse pantomimisch darstellen.
- Stimmlaute hinzufügen (gähnen, deutlich hörbar ein- und ausatmen, den heißen Kakao pustend abkühlen usw.) (Anregungen s. DmG S. 5 ff.)
- Eigene melodische Guten-Morgen-Rufe erfinden, z. B. „Hallo, wie geht's dir?"; „Guten Morgen, Andreas!"; „Hast du gut geschlafen?"; „Ja, natürlich." (vgl. SB Kap. 5 und 8).
- Mit den SuS gemeinsam überlegen, welche Rufe und Dialoge übernommen werden können, von wem sie vorgetragen und an welcher Stelle des Liedes (vor dem Lied, zwischen zwei Strophen oder am Ende des Liedes) sie positioniert werden.
- Den Verlauf an der Tafel notieren.

Beispiel:

Vorspiel: – Ingo/Klaus – Elke/Gerd – Mario/ Fabian	Zwischenspiel: – Fine/Jakob – Peter/ Andreas	Nachspiel: – Markus/ Daniela
Guten Morgen!	Hast du gut geschlafen?	Mir geht's prima!

Erweiterung

- Die Abbildungen im SB S. 6 unten bzw. auf Folie 1 betrachten. In diesem Sinne das Lied in verteilten Rollen (zweigeteilte Klasse, Zweiergruppen usw.) singen (vgl. CD A 3).
- Weitere Strophen erfinden, z. B. „… wir rufen uns zu …"; „… wir gähnen uns zu …"; „… wir lächeln uns zu …". Um den Erarbeitungsprozess zu unterstützen und die Präsentationen zu optimieren, kann die Play-back-CD (CD 1 Nr. 3) eingesetzt werden.

Komm, gib mir deine Hand

zu Seite 7

Überblick

- Ein Begrüßungslied singen
- Sich durch ein Begrüßungslied bekannt machen
- Handfassungen und Tanzbewegungen kennenlernen und einüben

Organisation

- CD A 4
- CD 1 Nr. 4
- Plakat mit grafischer Notation oder Magnete an Magnettafel

Anmerkung

Das Kennenlernen und Einüben von einfachen Handfassungen und Tanzschritten steht hier im Vordergrund.

Das Anfassen stellt für einige SuS ein erhebliches Problem dar. Vor allem dann, wenn sich Jungen und Mädchen anfassen sollen. Daher ist es wichtig, die SuS frühzeitig daran zu gewöhnen, sich an den Händen zu fassen, sich einzuhaken usw. Mit „Komm, gib mir deine Hand" kann das sehr gut auf ungezwungene Weise geschehen.

Auf den zweiten Teil des Liedes muss besonders eingegangen werden. Vielen SuS fällt es im zweiten Teil schwer, die abwärtsführende Melodie intonationssicher zu singen. Genauso oft kommt es auch vor, dass die SuS die vier Achtelnoten (4-mal g, 4-mal fis) nicht einhalten, sondern anstatt des vierten g schon das fis und anstatt des vierten fis schon das e singen.

Unterrichtsverlauf

1. Einstieg

- L. spricht den gesamten Liedtext im Melodierhythmus vor. Dabei führt er die entsprechenden Bewegungen mit einem Kind zusammen aus.
- SuS sprechen den Text mit.
- Das Lied hören (CD A 4), dazu singen.

2. Erarbeitung des Liedes

- Aus den in der Anmerkung genannten Gründen muss der zweite Teil des Liedes besonders geübt werden. Dazu den Melodieverlauf mit der Hand deutlich anzeigen. Die SuS machen nach und nach mit.
- Eine Visualisierung zur Hilfe heranziehen.
  Beispiel:

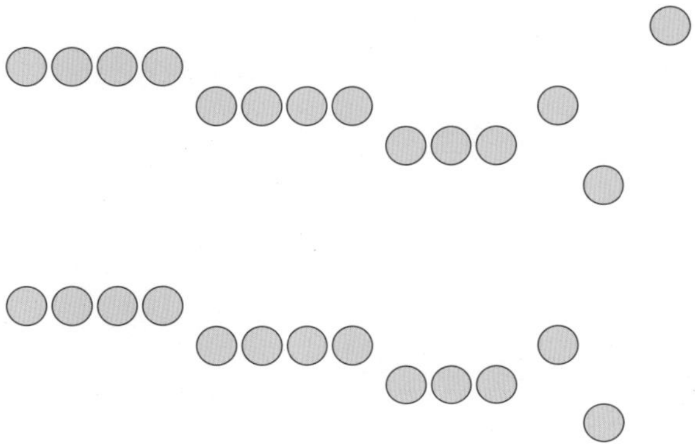

- Das Lied singen und den Melodieverlauf anzeigen (L. und auch einzelne SuS).

3. Einüben von Handfassungen und Tanzbewegungen

- Die Abbildungen im SB S. 7 betrachten und beschreiben.
- Die SuS verteilen sich zu zweit im Raum. Das Lied singen oder den Liedtext sprechen. Dabei die einzelnen Handfassungen und Tanzbewegungen ausführen.
- Partner immer mal tauschen.
- Das Lied in langsamem Tempo singen. Alle SuS singen und führen die Bewegungen aus.
- Abschließend zur Play-back-CD (CD 1 Nr. 4) singen und die Handfassungen und Tanzbewegungen ausführen.

Überblick

- Ein Lied über Gefühle und Stimmungen singen
- Über Stimmungen und Gefühle sprechen
- Das Lied ausdrucksstark passend zu Textaussage singen
- Pausen füllen mit Stimmlauten
- Das Lied aufnehmen und das Ergebnis besprechen

Organisation

- CD A 5
- CD 1 Nr. 5
- Wortkarten
- Aufnahmegerät

Anmerkung

Kinder müssen ihre Gefühle und Stimmungen kennenlernen, wahrnehmen und ausdrücken können. Je besser Kinder über sich Bescheid wissen, umso leichter wird es ihnen fallen, auf andere Kinder zuzugehen und sich in andere Kinder hineinzuversetzen. Damit wird ein wichtiger Grundstein für den Aufbau positiver zwischenmenschlicher Beziehungen gelegt.

Unterrichtsverlauf

1. Einstieg

- SuS beschreiben die Abbildungen im SB S. 8. Zunächst beschreiben sie nur das, was sie sehen.
- Dann interpretieren sie die Abbildungen.

  Impulse: „Wie fühlen sich die abgebildeten Kinder?"; „Woran kann man das erkennen?"
- L. hängt Wortkarten mit den Adjektiven „glücklich", „wütend", „albern", „traurig" und „fröhlich" ungeordnet an die Tafel. Die SuS ordnen die Wortkarten den Abbildungen zu.
- Das Lied hören (CD A 5) und dazu nach und nach mitsingen. Die Pausen am Ende jeder Zeile füllen (klatschen, schnipsen, stampfen usw.).
- L. legt die Wortkarten auf den Fußboden. Die SuS ordnen die Wortkarten ihrer momentanen Stimmungslage zu.
- Gespräch über eigene Stimmungen und Gefühle führen.

  Impulse: „Was macht dich traurig/fröhlich/wütend ...?"

2. Erarbeitung des Liedes

- Mit den SuS den stimmlichen Ausdruck üben. Die 5 Wortkarten hängen an der Tafel. L. zeigt auf eine Wortkarte. Die SuS sprechen ein Wort (z. B. „Hallo", „Schule", den eigenen Namen) oder einen Satz entsprechend des Adjektivs der angezeigten Wortkarte.
- Den Liedtext deutlich artikuliert und entsprechend der Textaussagen der Strophen mit passendem stimmlichen Ausdruck im Melodierhythmus sprechen.
- Unterstützend können hier auch Strophenbilder eingesetzt werden (s. DmG S. 8).
- Das Lied im langsamen Tempo singen und den Melodieverlauf mit der Hand anzeigen.
- Nach und nach das Tempo steigern. Die Pausen am Ende jeder Zeile mit Tierlauten („quak", „oink" ...) füllen.
- Das Lied zur Play-back-CD (CD 1 Nr. 5) singen.
- Das Lied mit verteilten Rollen singen (einzelne SuS, Gruppen usw.).

3. Das Lied aufnehmen

- Das Lied aufnehmen, Anregungen dazu s. DmG S. 24 f.
- Über die Ergebnisse sprechen.

  Impulse: „Passte der stimmliche Ausdruck zum Strophentext?"; „Wirkten die Tiergeräusche echt?"; „Wurden die Pausen eingehalten?"

Überblick

- Ein Lied über das Größerwerden singen
- Den Liedinhalt mit Gesten und Bewegungen ausdrücken
- Über das Größerwerden sprechen
- Kleine Szenen, die vom Größerwerden handeln, spielen

Organisation

- CD A 6
- CD 1 Nr. 6
- AH 1 S. 9
- 3 Fotos
- Leere Wortkarten

Anmerkung

Ausgehend vom Lied sollen die SuS über das Größerwerden nachdenken und sprechen: über körperliche Veränderungen, über die veränderte Erwartungshaltung, die an sie von Erwachsenen und anderen Kindern herangetragen wird, altersadäquate Verhaltensmuster usw.

Für viele SuS ist es hilfreich, anstatt darüber zu sprechen, Szenen zum Thema zu gestalten, zu erproben und vorzutragen. Dazu mehr unter 4.

Unterrichtsverlauf

1. Einstieg

- L. hängt drei Bilder an die Tafel. Es können eigene Bilder sein, Bilder von Verwandten o. Ä. Wichtig ist, dass alle drei Bilder die gleiche Person darstellen:

  Bild 1: als Säugling

  Bild 2: als Kleinkind

  Bild 3: als Schulkind (z. B. bei der Einschulung)
- SuS beschreiben die Bilder.
- Die SuS berichten über eigene Erlebnisse, Erfahrungen und Handlungen aus den jeweiligen drei abgebildeten Lebensphasen.
- Das Lied vorstellen (L. oder CD A 6). Die SuS singen nach und nach mit.

2. Erarbeitung des Liedes

- Das Lied mehrmals singen und den Melodieverlauf mit der Hand anzeigen.
- Wird die Melodie schon sicher vorgetragen, muss auf die rhythmischen Besonderheiten der Takte 7, 8 und 15, 16 eingegangen werden. Die Viertelnoten („ist" und „von") fallen auf das „und" der Zählzeit 1 und nicht auf die folgende Zählzeit 2, wie es zu erwarten wäre. Hilfe: Auf der 2 schnipsen, eine Handbewegung machen o. Ä.

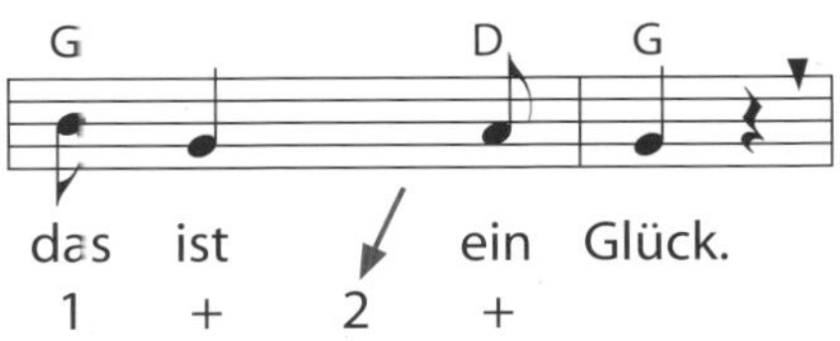

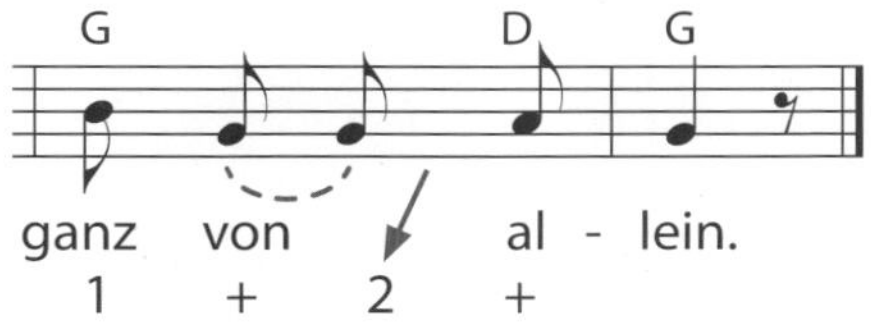

Das Lied mehrmals singen, auch zur Play-back-CD (CD 1 Nr. 6).

3. Den Liedinhalt durch Gesten und Bewegungen ausdrücken

- Die SuS verteilen sich im Raum und hören das Lied (CD A 6). Dabei erproben sie frei diverse Gesten und Bewegungen unter Einbeziehung des ganzen Körpers.
- Sollte dieser Prozess ins Stocken geraten, können gezielte Impulse helfen, z. B. für Strophe 1: „Benutzt nur eure Finger, Hände und Arme, um das Größerwerden, Gleichgroßbleiben und Schrumpeln darzustellen."
- Helfen kann auch eine gezielte Textarbeit, z. B. für Strophe 2: Schlafen, regnen, donnern, schneien mit Fingern und Händen darstellen; für Strophe 3: „... da hilft alles nichts." Resignation darstellende Bewegungen ausführen.

4. Kleine Szenen spielen

- SuS sollen über ihre Vorstellungen, Wünsche und Veränderungen im Zusammenhang mit dem Größerwerden berichten, z. B. stärker werden, besser Fußball spielen können, mehr Beachtung erfahren, kleineren Kindern helfen, mehr Mitspracherecht haben oder lesen lernen.
- Diese Äußerungen stichwortartig an die Tafel schreiben oder auf Wortkarten notieren.
- Auf dieser Grundlage kleine Spielszenen entwickeln, z. B. Eltern und Kinder sitzen am Tisch und planen unter Berücksichtigung der Wünsche der Kinder gemeinsam die Wochenendaktivitäten; ein Kind liest kleineren Kindern etwas vor.

Überblick

- Ein Bewegungslied lernen
- Die Kreisform einüben
- Bewegungsmöglichkeiten passend zu den Strophen erproben
- Beim Singen die Lautstärke an die Textaussage anpassen

Organisation

- CD A 7
- CD 1 Nr. 7

Anmerkung

Einen Kreis zu bilden und sich anschließend in der Kreisform auch noch unterschiedlich fortzubewegen, ist für viele SuS ein anspruchsvolles Unterfangen. Eine schrittweise Heranführung ist daher äußerst sinnvoll.

Unterrichtsverlauf

1. Einstieg

- Die SuS hören das Lied (CD A 7) und gehen im Tempo der Musik frei durch den Raum.
- L. steuert mit gezielten Impulsen, z. B. in Vierergruppen gehen, eine Schlange bilden und gehen, kleine Kreise bilden (4 bis 5 SuS) und gehen, rückwärts gehen, schleichen. L. unterstützt mit einer Handtrommel (keine CD!), um so Tempo und Lautstärke zu variieren. SuS passen ihr Schritttempo und ihre Körperhaltung dem Handtrommelspiel an, z. B. leises Spiel = vorsichtig und etwas gebückt gehen.
- Bei allen Übungen immer auch auf die Abstände zwischen den SuS achten.
- Kleine Kreise von 4 bis 6 SuS bilden.
- L. spricht die erste Strophe leise, langsam und deutlich vor. Er begleitet seinen Vortrag leise auf der Handtrommel. Die SuS sprechen nach und nach leise mit und gehen dabei entsprechend der Textaussage leise im Kreis.
- L. singt die erste Strophe, die SuS bewegen sich weiterhin entsprechend der Textaussage und singen nach und nach mit.

2. Erarbeitung des gesamten Liedes

- SuS betrachten die Abbildungen im SB S. 10 und stellen Vermutungen zu den dargestellten Bewegungen an.
- L. liest die einzelnen Strophen ungeordnet vor, die SuS zeigen dabei auf die entsprechenden Abbildungen.
- L. spricht die Strophen in der richtigen Reihenfolge im Melodierhythmus mit passendem Ausdruck vor (mit Handtrommel). Die SuS gehen entsprechend der Textaussage frei durch den Raum und sprechen nach und nach mit.
- Nach 2 bis 3 Wiederholungen langsam in den Gesang übergehen. Alternativ dazu kann an dieser Stelle CD A 7 gehört werden.
- Erneut kleine Kreise von 4 bis 6 SuS bilden und das Lied singen und dem Text entsprechende Bewegungen ausführen.
- Sollte es den SuS zu schwerfallen, die Bewegungen zum gesamten Lied auszuführen, können die Strophen aufgeteilt werden (Kreis 1 übernimmt Strophe 1, Kreis 2 übernimmt Strophe 2 usw.).
- Sollte es den SuS noch schwerfallen, einen Kreis zu bilden, können Markierungen am Fußboden helfen.

Erweiterung

- Wenn die SuS den Text, die Melodie und die Bewegungen sicher beherrschen, kann ein Kreis mit der gesamten Klasse gebildet werden.
- Zu CD 1 Nr. 7 durchführen, L. reiht sich vorerst in den Kreis ein und macht mit. Das gibt den SuS Sicherheit und Orientierung.

Was tun wir denn so gerne hier im Kreis

zu Seite 11

Überblick

- Ein Lied singen und den Textinhalt mit Bewegungen umsetzen
- Die Kreisform üben
- Zu den Strophen abwechselnd (ein Kind – alle) Bewegungen ausführen

Organisation

- CD A 8
- CD 1 Nr. 8
- Folie 2
- Leere Wortkarten

Anmerkung

Neu an diesem Lied ist, dass einzelne SuS Bewegungen vormachen und die gesamte Klasse diese Bewegungen dann nachmacht.

Unterrichtsverlauf

1. Einstieg

- SuS betrachten die Abbildungen im SB S. 11 oder auf Folie 2. L. liest die Strophentexte ungeordnet vor. Die SuS zeigen auf die entsprechenden Abbildungen.
- L. und SuS sprechen die Strophen in der richtigen Reihenfolge bei aufgeschlagenem SB gemeinsam.
- SuS verteilen sich frei im Raum, singen nach und nach das Lied zu CD A 8 und führen die entsprechenden Bewegungen aus. Dies mehrmals wiederholen.

2. Erarbeitung des Liedes

- L. singt das Lied abschnittsweise vor (langsam und betont). Die SuS singen mit.
- In dieser Phase sollen die SuS ruhig die Bewegungen ausführen. Denn diese helfen ihnen, den Text und die Melodie zu lernen.
- Ggf. den Melodieverlauf der Zeilenenden mit der Hand anzeigen. So werden die Unterschiede in der Melodieführung deutlich.
- Das Lied mehrmals singen und die Bewegungen ausführen. Dabei kleinere Kreise bilden (vgl. SB S. 11 unten). In der Mitte des Kreises steht ein Kind, 6 bis 9 SuS gehen um das Kind herum und singen 2-mal: „Was tun wir denn so gerne hier im Kreis". Das Kind in der Kreismitte singt dann: „Drehen, drehen, drehen rundherum", und die anderen wiederholen diese Textzeile.
- Genauso mit den weiteren Strophen verfahren.

3. Weitere Strophen und Bewegungsformen erfinden

- Die SuS hören die Play-back-CD (CD 1 Nr. 8) und gehen dazu frei durch den Raum. Dabei probieren sie neue Bewegungen aus, z. B. nicken, springen, schleichen, klatschen, schnipsen, lachen …
- Im Plenum werden die Ergebnisse zusammengetragen, L. notiert auf Wortkarten.
- Gemeinsam mit den SuS wird eine Reihenfolge festgelegt. Dementsprechend die Wortkarten an die Tafel anbringen.
- Die neuen Strophen singen (L. begleitet oder zu CD 1 Nr. 8). Dabei wieder im Kreis stehen (vgl. SB S. 11 unten).

Erweiterung

- Wenn die SuS den Text, die Melodie und die Bewegungen sicher beherrschen, kann ein Kreis mit der gesamten Klasse gebildet werden.
- Zu CD 1 Nr. 8 singen.
- L. reiht sich vorerst in den Kreis ein und macht mit. Das gibt den SuS Sicherheit und Orientierung.

Überblick

- Ein Lied zum Mitmachen lernen
- Den Melodieverlauf untersuchen (Melodieverlauf mit der Hand anzeigen und aufzeichnen, gleiche Melodiebausteine entdecken)
- Weitere Strophen erfinden

Organisation

- CD A 9
- CD 1 Nr. 9
- DIN-A4-Blätter

Anmerkung

Um das Erlernen von Liedern zu beschleunigen und zu optimieren, bietet sich eine Visualisierung der Melodieverläufe (mit der Hand, grafische Notation) an. Dadurch, dass die SuS das Gesungene nicht nur hören, sondern auch sehen können, kommen beim Erlernen einer Melodie gleich mehrere Lerneingangskanäle zum Zuge.

Unterrichtsverlauf

1. Einstieg

- L. spricht den Liedtext der ersten Strophe im Melodierhythmus vor. Die Pausen füllen (hier: klatschen).
- SuS sprechen nach und nach mit und klatschen in den Pausen.
- L. und SuS gehen in den Gesang über.
- Mehrmals zur Play-back-CD singen (CD 1 Nr. 9; nur die erste Strophe).

2. Erarbeitung des Liedes

- Impuls: „2-mal pfeifen".
- SuS nehmen diesen Impuls auf und äußern sich, wie das Lied nun gesungen werden soll (mit „pfeif" statt mit „klatsch").
- Die SuS singen das Lied oder sprechen den Text im Melodierhythmus in der neuen Version (mit „pfeif").
- L. gibt neue Impulse (stampfen, schnalzen, patschen, niesen), SuS singen das Lied oder sprechen den Text im Melodierhythmus (mit „stampf", „schnalz", „patsch", „nies").
- Während das Ende einer Strophe gesungen wird („... das wird mal ein Hit: Whow!"), kann L. mit einer knappen Geste die SuS auf die nächste Strophe vorbereiten (Beispiel: Hand kurz auf Oberschenkel legen, um „patschen" anzudeuten).
- Das Lied nun mehrmals zur L.-Begleitung, CD (CD A 9) oder Play-back-CD (CD 1 Nr. 9) singen.

3. Vertiefung der Liederarbeitung

- Das Lied singen (nur die erste Strophe) und den Melodieverlauf mit der Hand anzeigen.
- SuS beschreiben den mit der Hand angezeigten Melodieverlauf.

  Impulse: „An welcher Stelle des Liedes musstet ihr sehr hoch/tief zeigen?"; „An welcher Stelle waren die Handbewegungen deutlich anders als bei den anderen Zeilen?" (Lösung: Zeile 3); „Welche Melodiebausteine sind gleich? Singt sie einmal vor."
- Eine Hälfte der Klasse singt das Lied und zeigt den Melodieverlauf mit der Hand an. Die andere Hälfte malt den Melodieverlauf als grafische Notation auf. Dann wechseln.
- Ergebnisse betrachten und besprechen. Immer wieder mit dem Lied und den Handbewegungen in Verbindung bringen.

Erweiterung

- Weitere Strophen ausdenken.
- Einzelne SuS machen Vorschläge.
- L. und SuS singen das Lied oder sprechen den Text im Melodierhythmus unter Einbeziehung der Vorschläge, z. B. lachen – lach, rufen – ruf, heulen – heul, klopfen – klopf.

Überblick
- Ein Lied in englischer Sprache lernen
- Bewegungen zum Lied ausführen
- Weitere Strophen erfinden

Organisation
- CD A 10
- CD 1 Nr. 10
- KV 1, 2
- Wortkarten

Anmerkung
Es ist wichtig, dass die SuS möglichst früh mit einer Fremdsprache in Berührung kommen. Dies sollte allerdings auf kindgemäße Weise geschehen. Singen und sich bewegen werden diesem pädagogischen Grundsatz gerecht. Das Einprägen fremdsprachiger Texte kann durch Strophenbilder unterstützt werden (KV 1).

Unterrichtsverlauf
1. Einstieg
- Das Lied hören (CD A 10) und auf die Sprache achten.
- Gespräch: „Was für eine Sprache war das?"; „Habt ihr einige Wörter erkannt?"
- Sich für das Gespräch Zeit lassen und das Lied (CD A 10) noch mehrere Male hören. So können sich die SuS gut einhören, ggf. weitere Wörter entdecken und diese gewinnbringend mit ihren eigenen Kenntnissen verknüpfen.

2. Erarbeitung des Liedes
- Die vergrößerten Bilder der KV 1 hängen an der Tafel.
- Die SuS beschreiben die Bilder.
- Die Texte vorlesen und nachsprechen lassen.
- Einzelne Wortbedeutungen klären, z. B. „share" = „teilen", „cake" = „Kuchen".
- Den Text zeilenweise im Melodierhythmus vor- und nachsprechen. Dabei auf eine deutliche und korrekte Aussprache achten.
- Das Lied singen, den Melodieverlauf ggf. mit der Hand anzeigen. Dies ist wichtig für die korrekte Unterscheidung der Takte 2 und 4 (gleicher Text, unterschiedliche Tonhöhe).
- KV 1, 2 bearbeiten.
- Die SuS singen das Lied (zur L.-Begleitung, CD A 10 oder CD 1 Nr. 10). Zwei SuS zeigen strophenweise das passende Bild.

3. Weitere Strophen ausdenken
- SuS nennen Aktivitäten, die zu zweit Spaß machen. L. notiert das auf Wortkarten oder skizziert ein Bild.
- Die Wortkarten werden gut sichtbar an die Tafel gehängt.
- L. schreibt die englische Bedeutung auf weitere Wortkarten und hängt sie passend zu den SuS-Wortkarten auf, z. B. „to paint a tree" (einen Baum malen), „to laugh with you" (mit dir lachen), „to play some game" (ein Spiel spielen), „to sing a song" (ein Lied singen), „to clap with you" (mit dir klatschen).
- Zur Präsentation der Ergebnisse begleitet L. mit einem Instrument. Genauso gut kann auch die Play-back-CD (CD 1 Nr. 10) eingesetzt werden.

Überblick

- Ein Lied zum Thema Verkehrserziehung lernen
- Den Refrain singen, die Strophen sprechen
- Gefahrenquellen auf dem Schulweg benennen
- Richtiges Verhalten beim Überqueren einer Straße/eines Zebrastreifens einüben

Organisation

- CD A 11
- CD 1 Nr. 11
- Ausreichend Platz für ein Verkehrsspiel
- Kreide oder Klebeband, Spielampel

Anmerkung

Das richtige Verhalten auf dem Schulweg muss so früh wie möglich gelernt und geübt werden. Selbstverständlich muss jedes Fach einen Beitrag zu diesem Lernprozess leisten. Denn SuS lernen sehr unterschiedlich. So kann z.B. ein Verkehrserziehungslied den SuS gut helfen, grundlegende Regeln im Straßenverkehr zu verinnerlichen.

Das von Rolf Zuckowski getextete Lied „Mein Weg zur Schule" basiert auf der sehr eingängigen Melodie des englischen Liedes „Old MacDonald had a farm". Diese Eingängigkeit kommt der Erschließung und Verankerung der nützlichen Textbotschaft (richtiges Verhalten auf dem Schulweg) zugute.

Um ein einheitliches Vorgehen zu gewährleisten, sollte dieses Unterrichtsvorhaben mit Kolleginnen und Kollegen anderer Fächer (Sachunterricht, Deutsch usw.) vorher besprochen werden und man sollte sich über inhaltliche Eckpunkte abstimmen.

Unterrichtsverlauf

1. Einstieg

- SuS berichten über ihren Schulweg.
- L. lenkt das Gespräch auf Gefahrenpunkte wie das Überqueren der Fahrbahn, einer Ampelkreuzung und des Zebrastreifens.
- Um den Wissensstand der SuS zu ergründen, fordert L. die SuS auf, in einfachen Rollenspielen das Überqueren der Fahrbahn, des Zebrastreifens usw. darzustellen. Ggf. reicht auch eine Schilderung seitens der SuS.
- SuS betrachten die Bilder im SB S. 14 und beschreiben die jeweiligen Situationen.
- SuS hören das Lied (CD A 11), singen den Refrain mit und betrachten die Abbildungen passend zu den Strophen.

2. Umsetzung des Liedtextes in kleine Rollenspiele

- Im Klassenraum, Musikraum oder in der Aula mit Kreide, Klebeband usw. eine Fahrbahn auf den Fußboden zeichnen.
- Einzelne SuS gehen auf der Fahrbahn entlang, sie stellen Autos, Fahrräder u. Ä. dar.
- Die anderen SuS nähern sich langsam dem Fahrbahnrand, bleiben stehen, schauen links – rechts – links und wenn alles frei ist, überqueren sie zügig die Fahrbahn.
- Unterstützend spricht L. den Text der ersten Strophe dazu.
- Genauso mit der zweiten Strophe verfahren (Verkehrsampel aus Verkehrserziehungskoffer, Spielladen). Ein Kind bedient die Spielampel, die anderen SuS verhalten sich entsprechend.
- Auf die bereits aufgezeichnete Fahrbahn einen Zebrastreifen markieren (Kreide, Klebeband). Die „Autos" „fahren" auf der Fahrbahn und halten dann an, wenn sich SuS dem Zebrastreifen nähern. Nachdem sich die Fußgänger vergewissert haben, dass die „Autos" stehen, nehmen sie Blickkontakt mit den Fahrern auf und überqueren zielstrebig den Zebrastreifen.
- L. spricht den Text der dritten Strophe.

3. Vertiefung

- Das ganze Lied singen (z.B. zu CD 1 Nr. 11).
- SuS (einzeln, Partner, Kleingruppen) übernehmen die Strophen.
- Das Verkehrsspiel zum Lied spielen.

Erweiterung

- Das Lied immer wieder aufgreifen.
- Das Lied mit den Rollenspielen im Verkehrsübungsgarten durchführen.
- Verkehrserziehungsfilme ansehen.
- Unterstützt durch zusätzliche Erwachsene (L., Erzieher und Erziehrinnen, Eltern) die eigene nähere Umgebung auf Hilfen für Menschen mit Behinderungen (z.B. akustische Ampel, abgesenkte Bordsteinkanten) untersuchen und die im Lied thematisierten Situationen auf der Straße üben.

Überblick

- Verkehrsgeräusche erkennen und Fahrzeugen zuordnen
- Weitere Verkehrsgeräuschquellen finden und mit der Stimme imitieren
- Eine Straßenszene stimmlich gestalten, aufnehmen und auswerten
- Übungen zum Richtungshören durchführen

Organisation

- CD A 12 bis 18
- KV 3
- Folie 3
- Instrumente oder andere Geräuschquellen

Anmerkung

Eine ganz wesentliche Rolle im Straßenverkehr spielt das Gehör. Genaues und differenziertes Hören hilft den SuS, sicher und mit guter Orientierung am Straßenverkehr teilzunehmen.

Unterrichtsverlauf

1. Einstieg

SuS beschreiben das Bild im SB S. 15 und benennen die einzelnen Geräuschquellen, die L. gleichzeitig an Folie 3 anzeigt. Einzelne SuS imitieren diese Geräuschquellen mit der Stimme. Diese Aktivität auch als Rätsel durchführen. Anschließend und ohne nähere Erläuterungen hören die SuS alle HB (CD A 12 bis 18) und äußern sich dazu.

Impulse: „Welche Fahrzeuge habt ihr erkannt?"; „Welches Fahrzeug war zuerst zu hören?"; „Welches war zuletzt zu hören?"; „Welches Fahrzeug war laut zu hören? Welches leise?"

2. Bearbeitung von SB S. 15

- Die SuS betrachten erneut das Bild im SB S. 15 bzw. auf Folie 3 und beschreiben es.
- Das Unterrichtsgespräch auf die mit Ziffern gekennzeichneten Fahrzeuge lenken. Die SuS benennen die Fahrzeuge.

  Ergebnis:
  1: LKW
  2: Motorrad
  3: Traktor
  4: PKW
  5: Rettungswagen
  6: Straßenbahn
  7: Fahrrad
- Zur Festigung werden die Aufnahmen erneut gehört. Die SuS tragen ihre Ergebnisse in KV 3 ein. Da KV 3 auch für weitere Durchgänge verwendet werden soll, ist es erforderlich, den SuS exemplarisch zu zeigen, an welcher Stelle sie ihre Zahlen eintragen sollen.

  Beispiel:

1		

- Die Ergebnisse im Plenum vergleichen und ggf. durch ein erneutes Hören der HB verifizieren.
- Es ist für die SuS hilfreich, wenn L. die Lösung an die Tafel notiert.
- L. spielt die HB diesmal in veränderter Reihenfolge (CD programmieren!) vor. Die SuS tragen ihre Ergebnisse jeweils in das zweite Kästchen ein.

  Beispiel:

1	5	

- Ergebnisse genau vergleichen, an die Tafel notieren, HB ggf. erneut hören.
- Mit einer erneut veränderten Reihenfolge (CD programmieren!) wird diese Hörphase abgeschlossen. Die SuS tragen ihre Ergebnisse nun in das jeweilige dritte Kästchen ein.
- Ergebnisse besprechen und ggf. mit der CD vergleichen.

3. Weitere Verkehrs- und Straßengeräusche finden und mit der Stimme imitieren

- SuS betrachten S. 15 im SB und suchen in Partnerarbeit nach weiteren Geräuschquellen.
- Partnergruppen legen sich auf 2 bis 3 Geräusche fest und setzen diese stimmlich um.
- Ergebnisse werden im Plenum präsentiert. Die SuS hören, betrachten das Bild im SB, finden die vorgestellten Verkehrs- und Straßengeräusche heraus und benennen sie.

4. Vertiefende Übungen zum Richtungshören durchführen

- 5er-Gruppen bilden und die Spiele 1 und 2 (SB S. 18) durchführen. Dabei mit einem geschlossenen Kreis arbeiten. So müssen sich die SuS auch mit Geräuschen auseinandersetzen, die sich hinter ihnen befinden.

- Instrumente können, müssen aber nicht eingesetzt werden. Geräuschquellen aus dem Umfeld der SuS bieten sich gut an, z. B. Papier, Lineal, umgedrehter Papierkorb, Flaschen, Stimme, pfeifen.
- Zunächst nur Geräuschquellen verwenden, die sich einfach unterscheiden lassen.
- Darauf achten, dass alle Geräuschquellen gut hörbar sind. Lautstärke angleichen.
- Gruppe „spielt", ein Kind ruft den Namen einer Geräuschquelle, z. B. „Papierkorb", das in der Mitte stehende Kind sucht dann die Geräuschquelle.
- Nach und nach kann die Gruppengröße erhöht werden.

Erweiterung

- In Gruppen von 4 bis 5 SuS mithilfe des Bildes im SB S. 15 Straßenszenen aussuchen, z. B. Ampelkreuzung, Baustelle, Hotel, und diese gestalten, aufnehmen und besprechen.
- L. spielt die Aufnahmen in ungeordneter Reihenfolge vor. SuS finden im SB die entsprechende Straßenszene.
- Richtungshören, kleine Gruppe: Die Geräusche hintereinander und nur einmal erzeugen. Das in der Mitte stehende Kind muss anschließend die Geräuschquellen in der richtigen Reihenfolge aufzählen und die Richtung anzeigen, woher sie zu hören waren.
- Straßenkreuzung, Einkaufsstraße, Baustelle usw. in Gruppen aufsuchen. Dort die Augen schließen und hören. Über das Gehörte sprechen.
- Mit den SuS in der näheren Umgebung Straßenszenen aufnehmen und mit den eigenen Produktionen vergleichen.

2. Instrumente erkunden (I)

Überblick

- Verschiedene Rhythmusinstrumente frei und nach Vorgaben erproben
- Unterschiedliche Klänge entdecken
- Verschiedene Spielweisen kennenlernen
- Vorgegebene Klangzeichen analysieren (optisch und akustisch), zuordnen und mit einem Instrument umsetzen
- Weitere Klangzeichen erfinden und notieren
- Rhythmusinstrumente kategorisieren (Material, Aussehen, Tondauer, Tonhöhe)

Organisation

- CD A 19 bis 27
- AH 1 S. 2, 4
- KV 4 bis 6
- Folie 4
- Handtrommel
- Pauke
- Klanghölzer
- Becken
- Holzblocktrommel
- Triangel
- DIN-A3-Blätter
- DIN-A4-Plakate mit den grafischen Notationen

Anmerkung

Es ist angebracht, zu Beginn dieser Einheit den SuS viel Zeit und Raum für die freie Erprobung der Instrumente zu lassen. Auf der anderen Seite sind immer wieder SuS mit diesem Ansatz überfordert. Die Herstellung eines Bezuges oder Kontextes kann helfen (vgl. Bilder oben im SB S. 16).

Das dieser Einheit zugrundeliegende pädagogische Prinzip ist, dass SuS vor dem Erlernen der Instrumentennamen und vor der Arbeit mit vorgegebener grafischer oder traditioneller Notation erst einmal praktische Erfahrungen sammeln sollen. Anregungen zum Umgang mit Instrumenten und grafischer Notation s. DmG S. 10 ff. und S. 19 f.

Da diese Einheit sehr umfangreich ist, wird empfohlen, sie in Teilbereiche aufzugliedern und sie nach und nach im Unterricht zu behandeln.

Unterrichtsverlauf

1. Einstieg

- SuS bilden Zweiergruppen.
- Jede Zweiergruppe erhält eines der im SB S. 16 bzw. auf Folie 4 abgebildeten Instrumente.
- Auf ein Signal des L. spielt zuerst das eine, dann das andere Kind frei auf dem Instrument.
- Instrumente unter den Zweiergruppen austauschen und erneut spielen.
- Fällt es der Klasse schwer, mit freien Unterrichtsphasen umzugehen (Lautstärke, Disziplin), dann das freie Spielen zunächst mit nur 2 bis 3 Instrumenten durchführen. An die Regeln erinnern (s. DmG S. 10 ff.).
- Unterrichtsgespräch: „Welches Instrument hast du gerne gespielt und warum?"; „Welches Instrument klang kurz/lang, hart/weich ...?"

2. Erprobungsphase

- SuS beschreiben die Bilder oben im SB S. 16.
- Bezug zu den Instrumenten und Geräuschen/Klängen herstellen: „Was haben diese Bilder mit den Instrumenten zu tun?" Mögliche Antworten: „Die Elefanten klingen laut"; „Der Hund klingt leise und schnell"; „Die Kirchturmglocke kann wie ein Becken klingen" usw.
- L.: „Betrachtet einmal das Kind mit der Handtrommel und findet heraus, welches Bild es gerade zum Klingen bringt." Einzelne SuS erproben exemplarisch vor der Klasse (Lösung: Das Bild mit den Elefanten).
- L. oder SuS nennen ein weiteres Bild, das von einem einzelnen Kind mit einem Instrument umgesetzt wird (Beispiel: Auto putzen = Handtrommel reiben).
- Mit dieser Vorbereitung sind nun alle SuS in der Lage, die Bilder in Partnerarbeit mit ihren Instrumenten klanglich umzusetzen.
- Einige Kinder präsentieren ihre Ergebnisse, die Klasse muss herausfinden, um welche Bilder es sich handelt. Damit aufgrund der Instrumentenauswahl nicht schon eine Vorentscheidung durch die Klasse getroffen werden kann, sollten die Kinder die Instrumente so spielen, dass sie für die Mitschüler nicht sichtbar (= verdeckt) sind.
- Abschließend ordnen die SuS die Instrumente den Bildern zu.

  Mögliche Ergebnisse:

  Spaziergänger: Klanghölzer, Holzblocktrommel, Handtrommel (mit den Fingerkuppen gespielt)

  Auto putzen: Handtrommel (reiben)

  schleichende Kinder: Triangel (leise), Handtrommel (leise reiben)

Elefanten: Handtrommel, Pauke

Kirchturmglocke: Becken, Triangel

3. Die vorgegebenen Zeichen auf den Instrumenten klanglich umsetzen

- Die selbst gemalten Zeichen auf den DIN-A3-Blättern mit den im SB S. 16 vorgegebenen Zeichen vergleichen. Wo gibt es Ähnlichkeiten? Wo gibt es deutliche Unterschiede?
- SuS setzen die vorgegeben Zeichen klanglich um.
- L. hängt die DIN-A4-Plakate mit den grafischen Notationen an die Tafel. SuS spielen nach. Anschließend wählt L. eine andere Reihenfolge und SuS spielen wieder nach usw.
- Über die Klangergebnisse und Gestaltungsmittel sprechen, z. B. „Welche Karten kommen wohin und welche Instrumente müssen wir wie einsetzen, wenn wir in unserem Stück ein leises Ende haben wollen?"
- Erklärung der Klangzeichen:

Zeichen	Instrument	Spielweise
	Pauke, Handtrommel	mit der flachen Hand auf dem Fell reiben
	Pauke, Handtrommel	zwei gleichmäßige, laute Schläge
	Pauke, Handtrommel	drei gleichmäßige, mittellaute Schläge
	Pauke, Handtrommel	fünf lauter werdende Schläge
	Klanghölzer	vier gleichmäßige Schläge
	Holzblocktrommel	drei gleichmäßige Schläge
	Becken	ein Schlag auf die Beckenoberfläche; den Ton ausklingen lassen
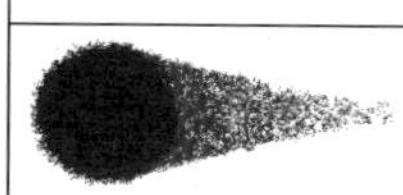	Triangel	ein Triangelschlag mit ausklingendem Ton
	Triangel	zwei gleichmäßige Triangelschläge mit ausklingenden Tönen

Als Ergebnissicherung AH 1 S. 2 bearbeiten.

Lösung: L AH 1 S. 279/S. 305.

4. Instrumente kategorisieren

- SuS setzen sich in einen Doppelkreis:

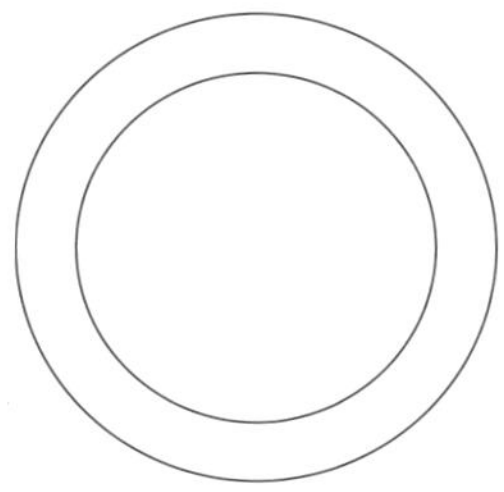

- Ein Kind im inneren und ein Kind im äußeren Kreis erhalten je einen schönen glatten Stein.
- L. spielt einmal auf dem Becken. Der Stein geht von Kind zu Kind, so lange wie das Becken nachklingt. Ist das Becken nicht mehr zu hören, wird der Stein nicht mehr weitergegeben.
- Dies 3- bis 4-mal durchführen.
- Dann genau dasselbe, aber mit Klanghölzern. Hier wird der Stein kaum vorankommen.
- Unterrichtsgespräch: „Woran lag es, dass der Stein einmal lange unterwegs war, das andere Mal nicht?" (Antwort: Das Becken klingt viel länger nach.)
- „Woran liegt es, dass das Becken wesentlich länger nachklingt?" (Antwort: am Material und an der Spielweise)
- L. legt das Becken und die Klanghölzer auf den Fußboden.
- SuS (Partnerarbeit oder kleinere Gruppen) erhalten ein Instrument (Handtrommel, Pauke, Triangel, Holzblocktrommel), spielen kurz darauf und achten auf die Tondauer. Instrumente tauschen, bis jede Gruppe einmal jedes Instrument gespielt hat.
- Nun ordnen die SuS die gerade gespielten Instrumente den auf den Boden liegenden Instrumenten zu. Entscheidungskriterium: Tondauer. Mögliches Ergebnis (immer bedenken, dass die Spielweise auch eine Rolle spielt):

  Kurze Tondauer: Klanghölzer, Holzblocktrommel

  Mittlere Tondauer: Handtrommel, Pauke

  Lange Tondauer: Becken, Triangel, Pauke

- SuS überlegen, nach welchen Kriterien Instrumente noch eingeteilt werden können, z. B.

  Material:
  Holz: Klanghölzer, Holzblocktrommel
  Fell: Pauke, Handtrommel
  Metall: Becken, Triangel
  Tonhöhe:
  Hoch: Klanghölzer, Triangel, Becken
  Mittelhoch: Handtrommel
  Tief: Pauke
- AH 1 S. 4 bearbeiten. Lösung: L AH 1 S. 280/ S. 306.

5. HB den Instrumenten zuordnen

- SuS hören die HB (CD A 19 bis 27) ohne Unterbrechung (Überblick verschaffen).
- SuS hören die HB erneut. Dabei zeigen sie im SB S. 16 auf das Instrument, das sie gerade hören, und nennen seinen Namen.
- Instrumente verdeckt vorspielen oder HB in unterschiedlicher Reihenfolge vorspielen (CD programmieren!) und von den SuS benennen lassen. Alternativ können auch aus den Abbildungen Instrumentenkarten erstellt werden, die dann von den SuS entsprechend hochgehalten werden.
- Als Ergebnissicherung KV 4 bearbeiten.

Erweiterung

- KV 5 bearbeiten.
- KV 6 bearbeiten.
- Instrumente im Musikraum suchen und in ähnlicher Weise erproben und zuordnen.

Überblick

- Verschiedene Stabspielinstrumente frei und nach Vorgaben erproben
- Unterschiedliche Klänge entdecken
- Verschiedene Spielweisen kennenlernen
- Vorgegebene Klangzeichen analysieren (optisch und akustisch), zuordnen und mit einem Instrument umsetzen
- Weitere Klangzeichen erfinden und notieren
- Stabspielinstrumente kategorisieren (Material, Aussehen, Tondauer, Tonhöhe)

Organisation

- CD A 28 bis 37
- AH 1 S. 3, 4
- KV 6, 7
- Folie 5
- Metallofon
- Glockenspiel
- Xylofon
- DIN-A3-Blätter
- DIN-A4-Plakate mit den grafischen Notationen

Anmerkung

Es ist angebracht, zu Beginn dieser Einheit den SuS viel Zeit und Raum für die freie Erprobung der Instrumente zu lassen. Auf der anderen Seite sind immer wieder SuS mit diesem Ansatz überfordert. Die Herstellung eines Bezuges oder eines Kontextes kann helfen (vgl. Bilder A bis C im SB S. 17).

Das dieser Einheit zugrundeliegende pädagogische Prinzip ist, dass die SuS vor dem Erlernen der Instrumentennamen und vor der Arbeit mit vorgegebener grafischer oder traditioneller Notation erst einmal praktische Erfahrungen sammeln sollen. Anregungen zum Umgang mit Instrumenten und grafischer Notation s. DmG S. 10 ff. und S. 19 f.

Da diese Einheit sehr umfangreich ist, wird empfohlen, sie in Teilbereiche aufzugliedern und sie nach und nach im Unterricht zu behandeln.

Unterrichtsverlauf

1. Einstieg

- SuS betrachten die Bilder A bis C im SB S. 17 bzw. auf Folie 5.
- L. stellt sich mit einem Stabspielinstrument vor die Klasse und vertont die Bilder.
- Die SuS finden heraus, welche Vertonung zu welchem Bild gehört.
- Beispiel Bild A: Eine abwärtsführende Tonreihe. Die Töne werden kurz gespielt.
- Beispiel Bild B: Weich gespielte, aufwärtsführende Gleitklänge.
- Beispiel Bild C: Einzelne, zuerst aufwärts-, dann abwärtsführende Töne.

2. Bildvertonungen

- In Dreier- oder Vierergruppen vertonen die SuS die Bilder A bis C im SB S. 17. Es empfiehlt sich, dass jede Gruppe ein Metallofon, ein Glockenspiel und ein Xylofon erhält. Sollte das nicht möglich sein, so erhält jede Gruppe nur ein Instrument. Nach der Vertonung des entsprechenden Bildes werden dann die Instrumente unter den Gruppen getauscht.
- Ergebnisse im Plenum präsentieren.

3. Schlägelhaltung, Schlägelführung und Anschlag

- Um die Vertonungen der Bilder und damit die kreativen Prozesse nicht aufzuhalten, sollte über Schlägelhaltung, Schlägelführung und Anschlag erst dann gesprochen werden, wenn alle Vertonungen ausgeführt wurden. Anregungen dazu s. DmG S. 12 f.
- Als Impuls zur Auseinandersetzung mit diesem Sachverhalt dienen die Fotos im SB S. 17.
- Ein Metallofon, ein Glockenspiel und ein Xylofon werden in der Klasse verteilt. Die SuS beschreiben die Fotos, einzelne SuS setzen das Gesehene sofort am Instrument um. Die Instrumente immer wieder weitergeben, sodass möglichst viele SuS alle drei Instrumente ausprobieren können.
- Nun die schon erarbeiteten Bildvertonungen erneut vorspielen und sie diesmal unter den Gesichtspunkten Schlägelhaltung, Schlägelführung und Anschlag genau betrachten. Kriterien s. DmG S. 12 f.

4. Experimentieren und Improvisieren mit Stabspielen

- SuS betrachten die grafischen Notationen im SB S. 17 oder auf Folie 5 und vergleichen sie mit den Bildern A bis C. Impuls: „Welche Notationen passen zu welchem Bild?“

Ergebnis:

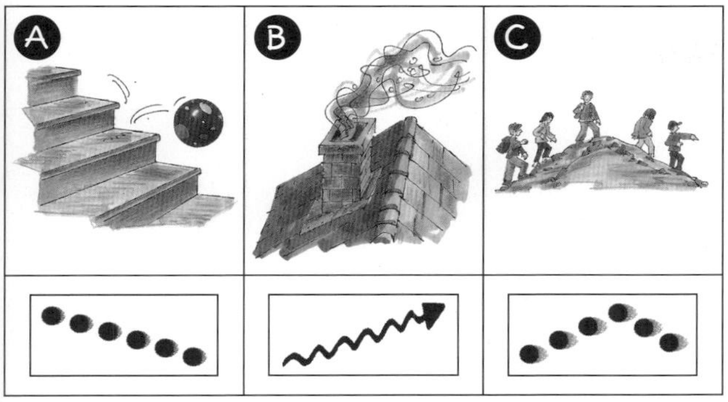

- Die SuS erhalten leere DIN-A3-Blätter.
- Ein Kind spielt auf einem Instrument, das andere notiert. Mögliche Impulse: „Spielt erst die großen Stäbe [= tief], dann nach und nach die kleineren [= höher] und umgekehrt.“; „Wiederholt Töne.“; „Spielt langsam/schnell.“; „Spielt Töne gleichzeitig und Töne hintereinander.“
- Die Ergebnisse ansehen und besprechen. Gemeinsamkeiten herausstellen.
- Die SuS tauschen ihre Ergebnisse untereinander aus und versuchen, mit ihren Instrumenten die Klangzeichen der jeweils anderen Zweiergruppe zu spielen.
- Es ist wichtig, 2 bis 3 Aspekte gleichzeitig im Unterrichtsgespräch festzuhalten, z. B.

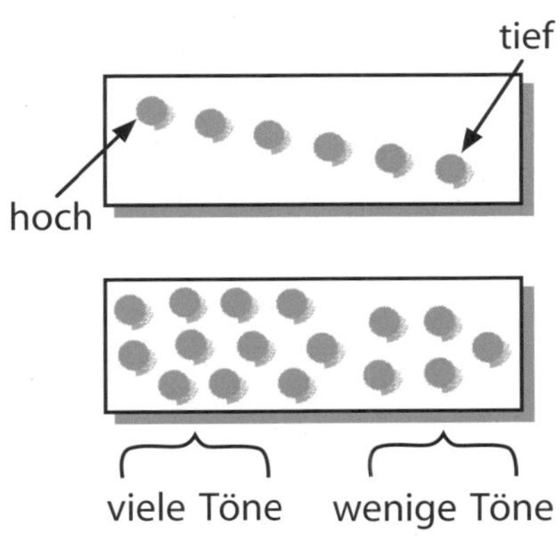

5. Vorgegebene Zeichen mit Instrumenten klanglich umsetzen

- Die selbst gemalten Zeichen auf den DIN-A3-Blättern mit den im SB S. 17 vorgegebenen Zeichen vergleichen. Wo gibt es Ähnlichkeiten? Wo gibt es deutliche Unterschiede?
- SuS setzen die vorgegebenen Zeichen klanglich um.
- L. hängt die DIN-A4-Plakate mit den grafischen Notationen an die Tafel. SuS spielen nach. Anschließend wählen die SuS eine andere Reihenfolge und spielen wieder nach usw.

- Über die Klangergebnisse und Gestaltungsmittel sprechen, z. B. „Wir wollen ein Stück mit einer in Stufen abwärtsführenden Tonfolge am Schluss gestalten. Welche Karte müssen wir dann verwenden?“ (Lösung: 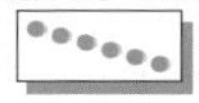)
- Erklärung der Klangzeichen:

Zeichen	Instrumente	Spielweise
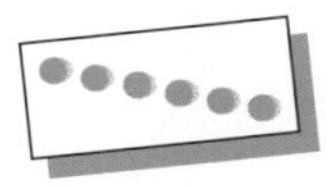	Glockenspiel, Metallofon, Xylofon	in Lautstärke und Tempo gleichmäßig abwärtsführende Einzeltöne
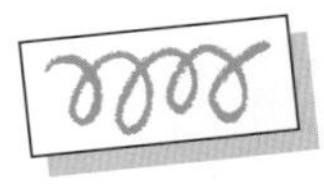	Glockenspiel, Metallofon, Xylofon	Schlägel auf den Stäben in kreisenden Bewegungen rollen lassen
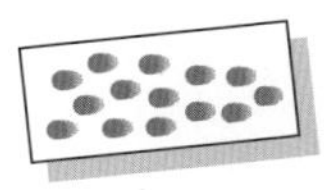	Glockenspiel, Metallofon, Xylofon	anfangs viele, dann weniger werdende Töne in unterschiedlicher Tonhöhe
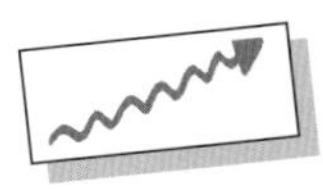	Glockenspiel, Metallofon, Xylofon	mit dem Schlägel auf den Stäben kurz hin- und herrollen, dabei aufwärtsführend
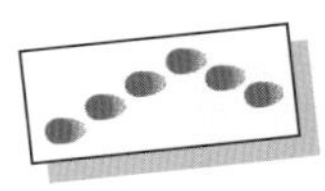	Glockenspiel, Metallofon, Xylofon	in Lautstärke und Tempo gleichmäßig erst auf- und dann abwärtsführende Einzeltöne
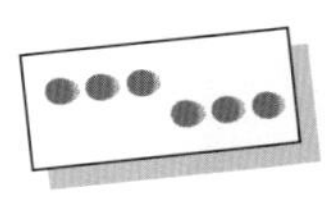	Glockenspiel, Metallofon, Xylofon	in Lautstärke und Tempo gleichmäßig in Stufen abwärtsführende Einzeltöne
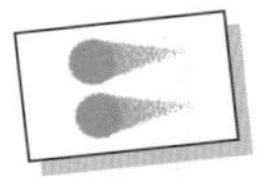	Glockenspiel, Metallofon	gleichzeitiges Anschlagen von zwei Stäben
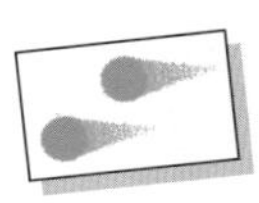	Glockenspiel, Metallofon	abwechselndes Anschlagen von zwei Stäben, beginnend mit dem größeren Stab
	Xylofon	gleichzeitiges zweimaliges Anschlagen von zwei Stäben
	Xylofon	abwechselndes zweimaliges Anschlagen von zwei Stäben, beginnend mit dem kleineren Stab

6. Den Klängen der Instrumente (CD A 28 bis 37) die passenden Zeichen zuordnen

- SuS hören die HB (CD A 28 bis 37) ohne Unterbrechung (Überblick verschaffen).
- SuS hören die HB erneut. Dabei zeigen sie im SB S. 17 auf die passenden Klangzeichen.
- HB erneut hören, diesmal in einer anderen Reihenfolge. Dazu KV 7 verwenden.

7. Festigung

AH 1 S. 3 bearbeiten. Lösung: L AH 1 S. 279/S. 305. Als Spieler sollten durchaus die SuS fungieren.

8. Abschluss

- AH 1 S. 4 bearbeiten. Lösung: L AH 1 S. 280/ S. 306.
- KV 6 bearbeiten.

Überblick

- Spiele zur Förderung des Richtungshörens und des selektiven Hörens
- Instrumente am Klang erkennen und sie benennen
- Sich mithilfe von Klängen orientieren
- Klänge körperlich umsetzen (ein Instrument – mehrere Instrumente, laut – leise, hoch – tief)

Organisation

- Diverse Instrumente
- Tuch
- Ausreichend Platz für die Hör-Spiele

Anmerkung

Es ist eine zentrale Aufgabe des Musikunterrichts, das konzentrierte, genaue und differenzierte Hören zu fördern. Im SB S. 18, 19 erfolgt dies auf spielerische Weise, was für die SuS der ersten und zweiten Klasse sehr wichtig ist. Allerdings nutzen sich Spiele schnell ab, wenn sie nicht variiert werden. Daher sind Erweiterungen, Vertiefungen und reflektierende Gespräche durchaus sinnvoll. So bleiben Interesse und Neugierde der Kinder bestehen.

Zu Beginn der Spiele im SB S. 18 ist es besser, weniger Instrumente zu verwenden. Unbedingt erforderlich ist, dass die Instrumente den SuS bekannt sind (Klang, Name).

Es ist oft nicht notwendig, den SuS die Augen zu verbinden. Viele empfinden ein um die Augen gebundenes Tuch einengend oder Angst einflößend. In der Regel sind die SuS von den Spielen so begeistert, dass sie gar nicht auf die Idee kommen zu schummeln. Und wenn sie es tun, dann merken sie schnell, dass der Reiz des Spiels so für sie verloren geht.

Unterrichtsverlauf (Spiel 1)

1. Einstieg

L. führt das Spiel im SB S. 18 oben einmal vor.

2. Durchführung

- Nun übernehmen einzelne SuS die Rolle des Hörenden in der Mitte des Halbkreises und finden heraus, aus welcher Richtung das Instrument erklingt. Anschließend benennen sie es.
- Mit den SuS über ihre Hörerfahrungen sprechen.

  Impulse: „Welches Instrument konntest du leicht erkennen und warum?“; „Was fiel dir schwer zu erkennen? Warum?“; „Was fiel schwerer: Die Richtung zu ermitteln oder das Instrument zu benennen?“

Erweiterung

Dieses Spiel im Laufe des Schuljahres immer wieder wiederholen. Insbesondere dann, wenn die SuS ein neues Schulinstrument kennenlernen. Dies wird dann in das Spiel mit aufgenommen (4 bis 5 bekannte Instrumente, ein neues). Indem die SuS vergleichend hören, können sie das neue Instrument schnell in ihr Wissensrepertoire mit aufnehmen und dort verankern.

Unterrichtsverlauf (Spiel 2)

1. Einstieg

Mit den SuS das Bild in der Mitte im SB S. 18 betrachten, es beschreiben und das Spiel ausprobieren.

2. Durchführung

- Ein Kind als Spielleiter festlegen.
- Das in der Mitte stehende Kind schließt die Augen, der Spielleiter zeigt auf ein Kind im Halbkreis. Alle wissen jetzt, dieses Kind soll lauter spielen.
- Alle SuS im Halbkreis spielen auf ihren Instrumenten. Das in der Mitte stehende Kind muss auf das am lautesten erklingende Instrument zeigen und es dann benennen.
- Mit den SuS über ihre Hörerfahrungen sprechen.

  Impulse: „Fiel es dir leicht/schwer, das Instrument zu finden? Warum?“; „Was fiel dir leichter: Die Richtung zu ermitteln oder das Instrument zu benennen?“; „Waren die Klänge zu ähnlich?“; „Wurde zu leise gespielt?“
- Entsprechend der Reflexionsgespräche auf die Instrumentenauswahl und die Spielweise eingehen. Zu Beginn des Spiels kann es beispielsweise nützlich sein, nur 4 Instrumente einzusetzen. Hilfreich kann es auch sein, wenn zunächst Instrumente genommen werden, die sich klanglich deutlich voneinander unterscheiden.

Erweiterung

Das in der Mitte stehende Kind muss 2 Instrumente herausfinden. Dabei ruft der Spielleiter beide Instrumentennamen hinein. Die SuS im Halbkreis beginnen zu spielen (mit gleicher Lautstärke!). Das in der Mitte stehende Kind zeigt auf beide Instrumente.

Unterrichtsverlauf (Spiel 3)

1. Einstieg

Mit den SuS das Bild unten links im SB S. 18 betrachten, es beschreiben und das Spiel ausprobieren.

2. Durchführung

- Ein Kind erhält ein Instrument und geht darauf spielend durch den Raum. Das andere Kind folgt ihm mit geschlossenen Augen. Ist der Raum nicht groß genug, kann eine Hälfte der Klasse mit einer Beobachtungsaufgabe betraut werden („Suche dir ein Paar aus und beobachte das Verfolgungsspiel. Waren die Instrumentenklänge hilfreich? Hat der Verfolger die Spur verloren? Gibt es Gründe dafür?").
- Instrumente tauschen und das Spiel mehrmals durchführen.

Unterrichtsverlauf (Spiel 4)

1. Einstieg

Mit den SuS das Bild im SB S. 18 unten rechts betrachten, es beschreiben und das Spiel ausprobieren.

2. Durchführung

- Dreiergruppen erhalten je zwei unterschiedliche Instrumente und spielen darauf. Ein Kind mit geschlossenen Augen versucht, ohne anzustoßen zwischen den beiden klingenden Instrumenten hindurchzugehen.
- Rollen innerhalb der Dreiergruppe tauschen und das Spiel erneut durchführen.

Erweiterung

- Eine längere Gasse bilden, am besten in einer Schlangenlinie. Ein Kind mit geschlossenen Augen geht ohne anzustoßen durch die Gasse. Dabei spielen alle Instrumente die ganze Zeit. Da, wo sich das Kind gerade befindet, muss etwas lauter gespielt werden.
- Einen „Klangwald" bilden, indem 12 bis 15 SuS („Bäume") sich mit einem Instrument im Raum als „Wald" aufstellen. Auf ein Signal hin beginnt der „Wald" zu klingen. Ein Kind mit geschlossenen Augen geht durch diesen „Klangwald", ohne einen „Baum" zu berühren.

Unterrichtsverlauf (Spiel 5)

1. Einstieg

- Die Bilder im SB S. 19 oben beschreiben.
- Die SuS entnehmen den Bildern, dass alle beim Erklingen der Trommel frei im Raum umhergehen. Beim gemeinsamen Erklingen von Trommel und Klanghölzern drehen sich die SuS paarweise im Kreis.

2. Durchführung

- Rhythmussichere SuS erhalten eine Trommel und Klanghölzer. Kurze Absprache über die Spielweise.
- Die Klasse verteilt sich frei im Raum. Die Trommel beginnt zu spielen (langsame, regelmäßige Klänge), die SuS gehen im Spieltempo frei durch den Raum.
- Die Klanghölzer setzen ein, die SuS suchen sich schnell einen Partner/eine Partnerin und drehen sich im Kreis.

Erweiterung

Drei Instrumente einsetzen, Dreiergruppen bilden und Bewegungsformen ausdenken (sich drehen, Schlangen bilden, rückwärtsgehen usw.).

Unterrichtsverlauf (Spiel 6)

1. Einstieg

- Die Klasse in zwei Gruppen aufteilen und das Spiel in der Mitte im SB S. 19 kurz erklären. Wenn die Trommel laut erklingt, stampft die eine Gruppe kräftig. Erklingt die Trommel leise, dann geht die andere Gruppe auf Zehenspitzen.
- L. spielt, ein Kind aus der Stampf- und ein Kind aus der Zehenspitzen-Gruppe machen es exemplarisch vor.

2. Durchführung

- Beide Gruppen verteilen sich im Raum. L. oder ein Kind spielt auf der Trommel. Beide Gruppen setzen das Gehörte in die entsprechenden Bewegungen um.
- Gruppenaufgaben tauschen, das Spiel mehrmals durchführen.
- Darauf achten, dass die agierenden Kinder genügend Zeit haben, ihre Bewegungen zu verfeinern.

  Impulse: „Achte auf deine Arme, gehen sie mit oder bleiben sie eher reglos?"; „Was machen deine Hände, deine Finger?"; „Ist dein Körper aufrecht, geneigt oder gebückt?"

3. Vertiefung

Das Spiel in eine Geschichte einbetten: In einem Wald (1. Gruppe) wohnen Riesen (2. Gruppe) und Zwerge (3. Gruppe). Ein Kind steht am Rand mit einer Trommel und spielt laut/leise. Bei lauten Schlägen bewegen sich die Riesen mit großen Schritten durch den Wald. Die Zwerge kauern währenddessen auf dem Boden. Bei leisen Trommelschlägen gehen die Zwerge leise durch den Wald, während sich die Riesen unter einen Baum schlafen legen.

Erweiterung

- Zu einem späteren Zeitpunkt bietet es sich an, von diesem Spiel ausgehend die grafische Umsetzung von laut/leise zu thematisieren (s. SB S. 19 Spiel 6, grafische Notation) und daraus kleine Spielvorlagen zu entwickeln. Diese Spielvorlagen können gut mit unterschiedlichen Instrumenten umgesetzt werden.
- Beispiel für eine Spielvorlage:

Unterrichtsverlauf (Spiel 7)

1. Einstieg

- SuS betrachten ein Metallofon und beschreiben es.
- Gespräch auf die unterschiedliche Länge der Stäbe führen.
- Die Stäbe erklingen lassen (L. oder ein Kind) und die Tonhöhenunterschiede ansprechen.
- Das Bild im SB S. 19 unten betrachten und den Spielverlauf durch die SuS formulieren lassen.

2. Durchführung

- Das Spiel zunächst in Zweiergruppen durchführen.
- Nach dieser Erprobungsphase das Spiel im Plenum durchführen.
- Oft strecken oder bücken sich die SuS dann, wenn es die Mitschüler auch tun. Dadurch lässt sich schwer nachprüfen, ob die SuS wirklich hoch und tief unterscheiden können.
- Daher abschließend das Spiel erneut durchführen, diesmal aber mit geschlossenen Augen. So kann L. gut nachvollziehen, inwieweit seine Lerngruppe wirklich hoch und tief hörend unterscheiden kann.

3. Vertiefung

- Zu Beginn des Spiels weit auseinanderliegende Töne anspielen.
- Im Laufe der Spielwiederholungen es auch mit näher beieinanderliegenden Tönen (z.B. e – g) versuchen, bis hin zur kleinen Sekunde (z.B. e – f).

3. Lieder mit Instrumenten begleiten

Überblick

- Ein Lied singen und mit Xylofon, Metallofon und Glockenspiel begleiten
- Einen Bordun zu Liedteil A spielen
- Eine pentatonische Begleitung erfinden und zum Liedteil B spielen
- Grundschlag und Metrum empfinden
- Ein Lied mit einer instrumentalen Begleitung aufnehmen
- Eine selbst hergestellte Aufnahme kritisch reflektieren

Organisation

- CD A 38
- CD 1 Nr. 12
- AH 1 S. 9
- Xylofon
- Metallofon
- Glockenspiel
- Aufnahmegerät

Anmerkung

Dieses bei Kindern sehr beliebte Nachtlied wird langsam und ruhig gesungen. Dabei ist es wichtig, den SuS viel Zeit beim Erfinden einer Begleitung zum B-Teil zu gewähren.

Bordun: Der Bordun ist ein Halteton, der in der Regel zur Begleitung einer Melodie (Lied, Instrumentalmelodie) erklingt. Meistens wird der Grundton (hier: c) und/oder die reine Quinte (hier: g) vom Grundton ausgehend verwendet.

Pentatonik: Pentatonik ist die Bezeichnung von Tonleitern und Tonsystemen mit fünf verschiedenen Tönen, die in einer ganz bestimmten Beziehung zueinander stehen und in der abendländischen Musikkultur in das Dur-Moll-Tonsystem einbezogen werden. Die im SB S. 20 vorgeschlagene pentatonische Tonleiter (c, d, e, g, a) wird in der hiesigen Harmonielehre als typische, grundlegende Dur-Pentatonik angesehen, von der weitere Parallelen und Umkehrungen ausgehen.

Unterrichtsverlauf

1. Einstieg

SuS hören das Lied (CD A 38) und sprechen über den Text (Inhalt, Firmament, eigene Beobachtungen und Erfahrungen).

2. Erarbeitung des Liedes

- Die SuS verteilen sich im Raum. L. spricht den Text der ersten Strophe im Melodierhythmus.
- Die SuS sprechen nach und nach mit und gehen dazu durch den Raum (im Grundschlag).
- Wenn die SuS den Text und den Melodierhythmus weitgehend beherrschen, beginnt L. mit dem Gesang.
- Immer noch im Raum verteilt, singen SuS und L. Strophe 1 und 2.
- Zwecks Festigung auch zu CD A 38 und zur Play-back-CD (CD 1 Nr. 12) singen.
- AH 1 S. 9 bearbeiten. Lösung: L AH 1 S. 282/ S. 308.

3. Erarbeitung der instrumentalen Begleitung (Sternenmusik)

- SuS bilden einen Kreis. In der Mitte des Kreises stehen ein Xylofon und ein Metallofon.
- Das Lied erklingt (CD A 38), L. spielt zwecks Zielorientierung beide Begleitungen an passender Stelle vor.
- SuS beschreiben die Begleitungen. Beispiele: „Im ersten Teil des Liedes spielt ein Xylofon, dann ein Metallofon."; „Das Xylofon spielt immer zwei Töne gleichzeitig."; „Es sind immer die gleichen Töne."; „Das Xylofon ist schwer zu spielen, weil man zwei Schlägel braucht."; „Das Metallofon spielt eher frei."
- SuS suchen sich je einen Partner und erhalten ein Glockenspiel oder ein Metallofon.
- In einer kürzeren Phase (5 min) improvisieren die SuS auf ihren Instrumenten. Anregungen dazu s. DmG S. 10 ff.
- Zwischenergebnisse vorspielen. Dann die Ergebnisse besprechen und auch den Arbeitsprozess und den Prozess der Ideenfindung thematisieren.
- Unter Heranziehung der Ergebnisse aus dem gerade durchgeführten Gespräch die Partnerarbeit fortsetzen.
- Ergebnisse präsentieren.
- Zum Lied (Gesang oder CD A 38) spielen. Darauf achten, dass sparsam und leise gespielt wird.

4. Erarbeitung der instrumentalen Begleitung (Bordun)

Den Text von Teil A im Melodierhythmus sprechen und dabei mit beiden Händen auf die Zählzeit 1 patschen. So können sich die SuS rhythmisch und spieltechnisch (das Xylofon wird mit zwei Händen gespielt) gut auf ihr Instrumentalspiel vorbereiten.

Es ist für viele SuS schwer, nur auf einer Zählzeit zu spielen und drei weitere Zählzeiten auszulassen. Zur Unterstützung können die Zählzeiten 2 bis 4 mit einer Hand- oder Fingerbewegung ausgefüllt werden.

Beispiel erster Takt:

Zählzeit	Text	Bewegung
1	Nachts	beidhändiges, gleichzeitiges Patschen
2	ist	beide Hände leicht hoch nehmen, Daumen und Zeigefinger von beiden Händen berühren sich (signalisiert Zählzeit 2)
3	al -	Handhaltung genauso, Mittelfinger kommen dazu (signalisiert Zählzeit 3).
4	les	Handhaltung genauso, Ringfinger kommen dazu (signalisiert Zählzeit 4).

Dies in Zweier- oder Dreiergruppen auf dem Xylofon (oder einem anderen Stabspielinstrument) umsetzen. Anregungen dazu s. DmG S. 15 ff.

Zum Lied (Gesang und/oder CD A 38) spielen.

5. Ausgestaltung des Liedes

Die Sternenmusik auch als Vor-, Zwischen- und Nachspiel verwenden. Dafür die Klasse in drei Gruppen aufteilen: Gruppe 1 singt, Gruppe 2 spielt den Bordun und Gruppe 3 spielt die Sternenmusik (zu Teil B und als Vor-, Zwischen- und Nachspiel). Gruppen immer wieder tauschen.

Das Vor- und Zwischenspiel eher kurz halten. Das Nachspiel dafür länger und leiser werdend.

6. Übungen zum Grundschlag

Gerade bei langsamen Liedern fällt es vielen SuS schwer, das Tempo zu halten. Oft werden sie beim Singen und Spielen immer schneller. Daher bieten sich Übungen zum Grundschlag an.

Zum Lied mit großen (z. B. gehen) zu immer kleiner werdenden Bewegungen (patschen, klatschen, mit vier Fingern hintereinander auf den Tisch tippen) agieren.

7. Das Lied und die instrumentale Begleitung aufnehmen

Anregungen dazu s. DmG S. 24 f.

Erweiterung

Das Lied und die instrumentale Liedbegleitung aufführen. Anregungen s. DmG S. 25 f.

Überblick

- Ein Lied in verteilten Rollen singen
- Ein Lied auf dem Metallofon (Töne d – g) begleiten
- Orchesterinstrumente kennenlernen
- Beim Singen des Liedes die Spielweise der Instrumente pantomimisch darstellen
- Liedstrophen mit weiteren Instrumentennamen erfinden
- Den Harmoniewechsel g – d nachempfinden

Organisation

- CD A 39
- CD 1 Nr. 13
- Metallofon (alternativ: Glockenspiel, Bassklangstäbe)

Anmerkung

Mithilfe dieses Liedes kann eine erste, kindgemäße Begegnung mit ausgewählten Orchesterinstrumenten erreicht werden. Über den Weg der Musik (spielen, begleiten) und der pantomimischen Darstellung wird diese erste Begegnung einen nachhaltigen Eindruck hinterlassen.

Unterrichtsverlauf

1. Einstieg

- SuS betrachten die Instrumentenkoffer im SB S. 21 und stellen Vermutungen an, welche Instrumente sich wohl darin befinden.
- Da möglicherweise die Angaben der SuS sehr unterschiedlich ausfallen, hören sie nun das Lied (CD A 39). So erfahren sie, um welche Instrumente es sich handelt, und können gezielter die Aufgabe lösen.

  Ergebnis:

  Schwarzer Koffer: Violine
  Grüner Koffer: Bass (besser: Kontrabass)
  Roter Koffer: Flöte
  Brauner Koffer: Pauke
- Das Lied erneut mehrmals singen, auch zu CD A 39.

2. Erarbeitung des Liedes

- Um die Tonhöhenunterschiede im Lied intonationssicher umsetzen zu können, zeigen SuS und L. beim Singen den Melodieverlauf mit der Hand an.
- Zwei Kinder übernehmen die entsprechenden Zeilen (s. Notenzeile 1, 3 und 4), die Klasse singt die ihr zugeordneten Zeilen (Zeile 2, 5 und 6).
- Es kann erforderlich sein, den Liedtext in verteilten Rollen zunächst im Melodierhythmus zu sprechen. Die Hinzunahme der CD (A 39) und der Play-back-CD (CD 1 Nr. 13) kann ebenfalls helfen.
- Beim Singen immer wieder den Melodieverlauf mit der Hand anzeigen.

3. Erarbeitung der instrumentalen Begleitung

- SuS betrachten die Metallofonbegleitung im SB S. 21 unten und stellen fest, bei welchen Wörtern/Silben gespielt werden muss.
- Die Klasse wird in zwei Gruppen aufgeteilt. Eine Gruppe spricht zunächst nur den unter der grafischen Notation notierten Text („Wir sind zwei Musikanten und komm'n aus Schwabenland.") mehrmals hintereinander.
- Die andere Gruppe bereitet sich auf das Instrumentalspiel vor, indem sie den Text hört, an den entsprechenden Stellen patscht (g = rechter Oberschenkel, d = linker Oberschenkel) und den Notennamen nennt:

patschen	sprechen	Text
		Wir
p.re.	g	sind
		zwei
		Mu-
		si-
p.re.	g	kan-
		ten
		und
p.li.	d	komm'n
		aus
p.li.	d	Schwa-
		ben-
p.re.	g	land.

- Rollen tauschen.
- In Gruppen den ganzen Text bearbeiten. Wiederum die Rollen tauschen.

- Alle singen und patschen zum gesamten Lied, evtl. CD A 39 einsetzen.
- Den SuS ist der Arbeitsvorgang nun vertraut und sie wenden ihn in Dreiergruppen beim Üben auf den Metallofonen an. Ein Kind spricht oder singt den Text, das zweite Kind patscht und spricht die Notennamen, das dritte Kind spielt auf dem Metallofon. Die Aufgaben innerhalb der Dreiergruppen rotieren lassen.
- Das Lied singen und mit Instrumenten begleiten. Auch zur Play-back-CD (CD 1 Nr. 13) probieren.

4. Spielweise der Instrumente pantomimisch darstellen

- Die SuS betrachten die ausgewählten Instrumente im SB S. 158, 159.
- Gespräch über Klangeigenschaften, Aussehen, Spielweise usw. Spielweise und Klang der ausgewählten Instrumente können gut im SB S. 75 („Instrumente kennenlernen") betrachtet werden.
- L. ruft den Namen eines Musikinstruments in den Raum, die SuS antworten mit der entsprechenden Pantomime.
- Das Lied singen, auch zur Play-back-CD (CD 1 Nr. 13), und die Spielweise der Instrumente passend zu den Strophen pantomimisch darstellen.
- Abschließend können zu Beginn des Liedes zwei Kinder im Vordergrund stehen, die die Spielweise der Violine imitieren. Im Laufe des Liedes kommen dann weitere Kinder hinzu (Kontrabass, Flöte, Pauke ...).

5. Weitere Strophen erfinden

- Im Musikraum nach geeigneten Instrumenten suchen oder im SB S. 158, 159 die Instrumentenabbildungen betrachten und in Partnerarbeit weitere Strophen erfinden. Beispiele: Glockenspiel, Klarinette, Saxofon.
- In der Erarbeitungsphase und später für die Präsentationen die Play-back-CD (CD 1 Nr. 13) verwenden.

Erweiterung

Mithilfe von www.rondoweb.de → Instrumenten-Show die Kenntnisse über die Instrumente (aus dem Lied bzw. neue Instrumente der erfundenen Strophen) vertiefen.

Überblick

- Ein asiatisch klingendes Lied lernen
- Im freien Sprechgesang Wünsche erfinden und vortragen
- Wünsche szenisch darstellen
- Ein Ostinato kennenlernen

Organisation

- CD A 40
- CD 1 Nr. 14
- AH 2 S. 21
- Gong
- Triangel
- Metallofon
- Handtrommel mit Schlägel
- Becken mit Schlägel

Anmerkung

Mit diesem Lied haben SuS großen Spaß: Der König Tinizong (= ein Kind) sitzt auf seinem „Thron" mitten im Raum und darf sich etwas wünschen, was dann die Klasse darstellen muss. Nach Bekanntgabe seines Wunsches lässt der König den Gong erklingen. Die Darstellung des Wunsches dauert so lange, bis vom Gong nichts mehr zu hören ist. Eine gute Hörübung!

Darüber hinaus lernen die SuS ein Ostinato kennen. Vorübungen (gehen, stampfen, patschen usw.) sind wichtig, denn das langsame Tempo des Liedes ist schwierig zu spielen.

Unterrichtsverlauf

1. Einstieg

- Die SuS hören CD A 40 und äußern sich zum Lied, z. B.: „Das klingt irgendwie chinesisch."; „Wer ist dieser König?"; „Der König singt so tief."
- L. umrahmt das Lied mit einer Geschichte, z. B.: Der große König Tinizong lebt in den Bergen in China. Er ist sehr mächtig und besitzt viel Land. Außerdem kann er mit seinem Gong zaubern. Wenn er sich etwas wünscht und dabei einmal auf seinen Gong schlägt, dann wird der Wunsch sofort erfüllt. Leider dauert das aber nur so lange, wie der Gong erklingt …
- L. schlägt einmal auf den Gong und SuS hören, wie lange er nachklingt.

2. Erarbeitung des Liedes

- SuS und L. verteilen sich im Raum. L. singt das Lied in zwei Abschnitte unterteilt vor. Die SuS singen nach.
- Alle singen gemeinsam und gehen im Tempo der Ostinato-Begleitung durch den Raum (auf die Zählzeiten 1 und 3, vgl. Metallofonbegleitung).
- Das Lied auch zur Play-back-CD (CD 1 Nr. 14) singen.
- AH 2 S. 21 bearbeiten. Lösung: L AH 2 S. 300/ S. 325.

3. Gestaltung des Liedes

- Ein Kind (= König Tinizong) sitzt in der Mitte des Raumes auf einem schön ausgeschmückten Stuhl. Vor ihm steht der „Zaubergong".
- Die Klasse steht vor dem Stuhl frei im Raum verteilt.
- Alle singen das Lied. Am Schluss des Liedes, bei „-zong!", schlägt der König auf den Gong und spricht seinen Wunsch aus, z. B.: „Meine Untertanen sollen alle auf einem Bein stehen!"; „Alle sollen sich vor dem König verneigen!"
- Die Rolle des Königs dann an andere SuS weitergeben.

4. Erarbeitung der instrumentalen Begleitung

- Das Lied singen und im Tempo der Ostinato-Begleitung durch den Raum gehen.
- Alle SuS sitzen auf ihrem Platz und singen erneut das Lied und patschen dazu. Der Ton g wird auf dem linken Oberschenkel, der Ton d auf dem rechten Oberschenkel gepatscht. Das entspricht im Groben der Spielbewegung am Metallofon.
- Zunächst 5 bis 6 SuS erhalten Metallofone oder vergleichbare Instrumente und spielen zum Lied.
- Anschließend suchen sich die Instrumentalisten weitere 5 bis 6 SuS, die weiterspielen sollen usw., bis alle einmal gespielt haben.
- Triangel, Handtrommel und Becken kommen hinzu. Die Triangel spielt auf die Zählzeiten 1 und 3, die Handtrommel leise ab der dritten Zeile auf jeden Schlag und das Becken auf die Zählzeit 1.
- Hilfreich ist es, wenn L. ein großes Plakat mit den entsprechend markierten Silben erstellt.

Überblick

- Ein Lied in verschiedenen Sprachen singen
- Beim Singen und Musizieren die Lautstärke steigern
- Eine Liedbegleitung auf Xylofon und Metallofon spielen

Organisation

- CD A 41
- CD 1 Nr. 15
- AH 1 S. 19
- KV 65
- Xylofon
- Metallofon

Anmerkung

„Bruder Jakob" ist ein recht bekanntes Lied, daher kann zügig auf die instrumentale Liedbegleitung eingegangen werden.

Unterrichtsverlauf

1. Einstieg

- L. pfeift oder summt das Lied, SuS nennen den Titel des Liedes. Oft wird das Lied „Meister Jakob" genannt. Der korrekte Titel lautet aber „Bruder Jakob".
- SuS sprechen über den Textinhalt.
- L. fragt, ob SuS das Lied auch in anderen Sprachen kennen.
- Das Lied gemeinsam singen.

2. Erarbeitung des Liedes

- Zur Festigung das Lied erneut singen, evtl. auf Silben.
- Gegen Ende des Liedes muss dann, passend zum Liedtext, lauter gesungen werden. Das führt oft dazu, dass die SuS auch schneller werden. Um das zu vermeiden, kann eine einfache Begleitung mit Körperinstrumenten helfen.

Bewegung:	mit beiden Händen patschen	klatschen	schnippen rechts	schnippen links	usw.
Zählzeit:	1	2	3	4	usw.
Text:	Bru -	der	Ja -	kob,	usw.

- Die Abbildungen im SB S. 23 beschreiben.
- SuS (oder L.) lesen die bunt notierten Ländernamen.
- Gespräch über diese Länder.

  Impulse: „Wer war schon mal in ...?"; „Kennt ihr Menschen aus ...?"; „Kennt ihr Namen, Lebensmittel usw. aus ...?"; „Könnt ihr einige Wörter auf ...?"
- Die Zugehörigkeit Bild – Land ansprechen.
- Das Lied auf Deutsch singen und passende (vgl. SB S. 23 oder eigene) Bewegungen ausführen.
- Das Lied auch zu CD A 41 und CD 1 Nr. 15 singen.
- L. spricht den französischen Text im Melodierhythmus vor, die SuS sprechen nach. Dabei werden die nun festgelegten Bewegungen weiter ausgeführt (auch als Hilfe beim Lernen des Textes).
- Das Lied singen.
- Ebenso mit den anderen Sprachen verfahren.
- Das Lied in den verschiedenen Sprachen hintereinander singen.
- Das Lied auf verschiedene Gruppen aufteilen (Gruppe 1 singt auf Deutsch, Gruppe 2 auf Französisch ...).
- Großen Spaß bereitet es den SuS auch, wenn alle Gruppen auf „ihrer" Sprache das Lied wie ein Sprachenkaleidoskop gleichzeitig singen.

3. Erarbeitung der instrumentalen Begleitung

- Einen Kreis bilden. In der Mitte des Kreises stehen ein Xylofon und ein Metallofon.
- Die SuS singen das Lied mehrmals, L. spielt nacheinander die Begleitungen dazu. Somit gewinnen die SuS einen ersten Klangeindruck.
- SuS und L. sprechen die Notennamen der Xylofonbegleitung (f – c – f). Dabei den Rhythmus einhalten (2-mal Viertelnote, 1-mal Halbe Note). Als Vorbereitung für das Instrumentalspiel patschen die SuS dazu: f: rechte Hand auf rechten Oberschenkel; c: linke Hand auf linken Oberschenkel.
- SuS agieren weiter, L. singt nun das Lied dazu.
- Auf Instrumente übertragen (2 bis 3 SuS an einem Instrument). Den SuS ausreichend Zeit lassen, die Transferleistung zu erbringen. Anregungen s. DmG S. 15 ff.
- Genauso mit der Metallofonstimme verfahren. Allerdings kann hier versucht werden, die SuS ihre Liedbegleitung alleine einüben zu lassen. Zuvor die Arbeitsschritte exemplarisch wieder-

holen: Notennamen sprechen, patschen (f: linke Hand auf linken Oberschenkel; g: rechte Hand auf rechten Oberschenkel; a: rechte Hand in die Luft neben rechten Oberschenkel), Liedtext dazu sprechen / singen, auf dem Instrument spielen.

4. Gestaltung des Liedes

- L. singt das Lied in unterschiedlichen Lautstärken. SuS singen nach.
- L. wechselt die Lautstärken während des Liedes. SuS singen nach.
- L. beginnt das Lied leise und wird dann lauter. SuS singen nach.
- L. beginnt das Lied laut und wird dann immer leiser. SuS singen nach.
- L.: „Welche der gerade durchgeführten Gestaltungen passt am besten zum Lied und zum Text?" (Antwort: Von leise zu laut).
- SuS und L. singen das Lied und steigern die Lautstärke. Darauf achten, dass die SuS mit zunehmender Lautstärke nicht schneller werden und dass sie am Ende des Liedes nicht zu laut singen (brüllen, schreien).
- SuS nehmen sich zu zweit ein Stabspielinstrument. L. spielt beliebige Töne in unterschiedlicher Lautstärke vor. SuS spielen nach.
- L. spielt leise und wird dann lauter. SuS spielen nach.
- L. spielt laut und wird dann immer leiser. SuS spielen nach.
- L. und SuS singen das Lied und spielen mit Instrumenten dazu (lauter werdend). Auch hier darauf achten, dass bei zunehmender Lautstärke die SuS nicht schneller werden.

Erweiterung

- Das Lied im Kanon singen. Anregungen s. DmG S. 9.
- Zur Festigung des Liedes und zur Förderung der Entwicklung von Klangvorstellungen KV 65 und AH 1 S. 19 bearbeiten. Lösung: L AH 1 S. 287/S. 313.

4. Reime gestalten

4.

Reime gestalten und erfinden

zu Seite 24, 25

Überblick

- Grafische Zeichen für unterschiedliche Tonlängen kennenlernen
- Eigene Reime erfinden, mit Instrumenten gestalten und den Sprechrhythmus grafisch notieren
- Zu vorgegebenen und eigenen Reimen Melodien erfinden
- Ergebnisse aufnehmen, anhören und besprechen

Organisation

- AH 2 S. 2
- Folie 6, 7
- Diverse Instrumente
- Aufnahmegerät
- Tafel oder Plakat
- DIN-A4-Blätter

Anmerkung

Bevor sich die SuS mit der herkömmlichen Notation befassen, ist es wichtig, dass sie sich mit Tonlängen im Allgemeinen beschäftigen. Den SuS muss bewusst sein, dass es verschieden lang klingende Töne gibt. Diese Erkenntnis lässt sich am besten in Verbindung mit Sprache (Reime), Bewegung und Musizieren erlangen.

Beim Bearbeiten der Inhalte auf dieser Doppelseite muss den SuS deutlich werden, in welcher Beziehung die jeweiligen Töne zueinander stehen. Dann sind die Kinder eher in der Lage, Rhythmen zu notieren und korrekt (Sprache, Körperinstrumente, Instrumente) umzusetzen.

Unterrichtsverlauf

1. Einstieg

- L. zeichnet die grafische Notation von „Sieben dicke Riesen" an die Tafel (oder vorbereitetes Plakat).
- L. spricht die Reime „Sieben dicke Riesen", „Roller, Roller, rattatat" und „No na ni". Dabei klatscht L. den Sprechrhythmus mit.
- SuS sprechen und klatschen im Sprechrhythmus mit.
- SuS betrachten das Tafelbild (oder Plakat) und finden heraus, dass die grafische Notation zu „Sieben dicke Riesen" passt.

2. Erarbeitung der Reime

- L. und SuS sprechen mehrmals die sieben Reime im SB S. 24, 25 bzw. auf Folie 6 und 7 und unterstützen den Sprechrhythmus mit Körperinstrumenten (klatschen, patschen, stampfen).
- Über Erweiterungsmöglichkeiten bei „Sale sole sule" und „No na ni" sprechen.
  Beispiele für „Sale sole sule":
  „Fause feise fäuse, im Keller sind die Mäuse.
  Tingel tongel tangel, der Fisch hängt an der Angel."
  Beispiele für „No na ni":
  „Ni na no, ich hüpfe wie ein Floh.
  No ni na, ich bin wieder da."
- Die Klasse in sieben Gruppen aufteilen. Sollten die englischen Texte den SuS noch Schwierigkeiten bereiten, dann zunächst auf diese Reime verzichten und nur fünf Gruppen bilden. Jede Gruppe erhält einen Reim und übt diesen mit den entsprechenden Instrumenten ein.
- Ergebnisse vortragen.
- Abschließend spricht jede Gruppe ihren Reim vor, die Klasse spricht nach. Auch mit Instrumenten begleiten. Wurde zuvor auf die englischen Reime verzichtet, so spricht ihn jetzt der L. vor, die SuS sprechen nach. So haben alle SuS alle Reime aktiv kennengelernt.

3. Eigene Reime erfinden und mit Instrumenten gestalten

- Ausgehend von Bekanntem sollen die SuS zunächst Reime und Liedanfänge vortragen, die sie kennen. Dabei den Sprechrhythmus mit Körperinstrumenten (klatschen, patschen, stampfen) oder Musikinstrumenten unterstützen.
- Beispiele für Reime:
  a) „Liebe Sonne, komm heraus, komm aus deinem Wolkenhaus ..."
  b) „Es war einmal ein Floh, der hüpft herum so froh ..."
- Beispiele für Liedanfänge:
  a) „Nachts ist alles dunkel ..." (SB S. 20)
  b) „Blinke, blinke, kleiner Stern ..." (SB S. 40)
  c) „Nebel, Nebel, weißer Hauch ..." (SB S. 46)
- Nun können die SuS eigene Reime erfinden. Als Differenzierungsmaßnahme bietet es sich an, Reimanfänge vorzugeben. Beispiele:
  a) „Ba bo bu, weg bist ..."
  b) „Manger minger munger, hab ..."
- Eine weitere Hilfe ist die leichte Veränderung schon bekannter Reime. Beispiel: Aus „Sieben dicke Riesen ..." wird „Sieben dunkle Wolken ...", „Sieben kleine Bären ..." usw.
- Die SuS arbeiten in Vierergruppen und erfinden ihre Reime.

- Die SuS legen sich auf einen Text fest und üben ihn ein. Den Sprechrhythmus mit Instrumenten unterstützen.
- Ergebnisse im Plenum vortragen. Originalität und Vortragsqualität würdigen.

4. Eigene Reime notieren

- Voraussetzung für eine erfolgreiche Bewältigung dieser Aufgabe sind solide Kenntnisse über den Zusammenhang von Text und Notation. Daher zuvor im AH 2 S. 2 bearbeiten. Lösung: L AH 2 S. 291/S. 317.
- Die SuS notieren nun in ihren Gruppen ihre Reime. Beispiele:

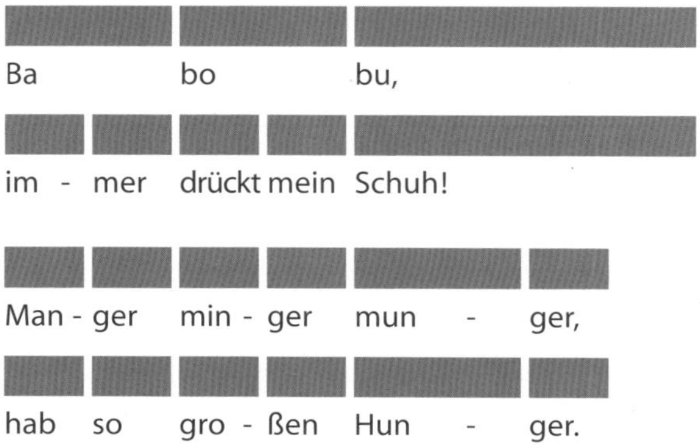

5. Zu Reimen einfache Melodien erfinden

- Die Gruppen bleiben weiter bestehen.
- Jede Gruppe erhält ein Instrument (z. B. Metallofon, Xylofon).
- Die Töne der Instrumente sind schon präpariert (Töne markieren, nicht benötigte Töne entfernen ...). Es bieten sich nebeneinanderliegende Töne an, am besten die Töne c, d, e, f, g oder g, a, h, c, d.
- Die SuS wählen einen Instrumentalisten. Darauf achten, dass die SuS zunächst nur eine Zeile bearbeiten und diese dann im Plenum vorstellen. So haben die SuS ein zeitnahes Ziel und es kann zu einem frühen Zeitpunkt auf eventuelle Unebenheiten (Arbeitsprozess, Spiel- und Vortragtechnik) eingegangen werden.
- Es kann hilfreich sein, wenn sich die SuS die Notennamen ihrer Tonfolgen notieren.
- Die Reime singen und die Melodie dazu auf dem Instrument spielen.
- Ergebnisse im Plenum vorstellen.

6. Ergebnisse aufnehmen und besprechen

Anregungen dazu s. DmG S. 24 f.

5. Stimmbildung – Spiele mit der Stimme

Überblick

- Richtige Atmung beim Singen erfahren
- Korrekte Körperhaltung beim Singen kennenlernen
- Atemübungen durchführen

Organisation

- AH 1 S. 5
- Folie 8
- Papierblätter
- Eine Blume
- Kerze
- Pusteblume oder Seifenblasendose

Anmerkung

Stimmpflege ist eine zentrale Aufgabe des Musikunterrichts. Die Stimme muss trainiert werden, damit sie den Belastungen beim Sprechen, Rufen, Singen usw. gut standhalten kann.

Vor dem Singen sollten im Idealfall immer erst Atem- und dann Stimmübungen durchgeführt werden.

Unterrichtsverlauf

1. Einstieg

- Impuls: „Ein Langstreckenläufer führt vor seinem Wettbewerb Aufwärmübungen durch. Warum?" Mögliche Antworten: „Damit seine Muskeln warm sind."; „So sind seine Muskeln gut vorbereitet."; „Wenn er sich nicht aufwärmt, kann er sich leichter verletzen."
- L. informiert SuS, z. B.: „Das Aufwärmen im Sport führt dazu, dass die Verletzungsgefahr sinkt, weil die Durchblutung der Muskeln gesteigert wird. Somit wird eine Übersäuerung vermieden. Die Muskeln sind dann elastischer und belastbarer. Auch die Stimmlippen bestehen aus Muskeln und Bindegewebe und benötigen deshalb ebenfalls Aufwärmübungen vor dem Singen. Diese Übungen heißen Einsingübungen."

2. Atmung und Körperhaltung

- Einsingübungen machen nur dann Sinn, wenn die SuS auch wissen, wie man richtig atmet und welche Körperhaltung singförderlich ist.
- Die SuS betrachten die beiden oberen Abbildungen im SB S. 26 oder auf Folie 8.
- L. und SuS nehmen eine adäquate Singhaltung ein und atmen kontrolliert und tief ein. Langsam wieder ausatmen. Dabei, wie in der Abbildung oben links, die Hände auf den Bauch legen, um die Zwerchfellatmung zu spüren.
- Mehrmals wiederholen und darüber sprechen.
- Zur Festigung AH 1 S. 5 bearbeiten. Lösung: L AH 1 S. 280/S. 306.

3. Ergänzende Atmungsübung I

- SuS stellen sich vor eine Wand und atmen tief ein. Zwischen Wand und Bauch klemmen die SuS ein Buch oder einen längeren Stift waagrecht ein.
- Die SuS atmen nun langsam aus, ohne dass der Gegenstand zu Boden fällt.
- Mit den SuS über die Übung sprechen, z. B.: „Beschreibe, was du tun musst, damit der Gegenstand beim Ausatmen nicht zu Boden fällt."

4. Ergänzende Atmungsübung II

Die SuS legen sich auf den Rücken und legen zwei bis drei übereinandergestapelte Bücher auf den Bauch. Die SuS atmen langsam und tief ein und aus. Dabei soll sich der Bücherstapel beim Einatmen anheben, beim Ausatmen aber kaum bewegen.

5. Atem-Spiele durchführen

- Pusteblumen (oder Seifenblasendose), eine Blume (kann auch aus Kunststoff sein), Papier und eine Kerze befinden sich auf einem Tisch.
- L. zeigt die entsprechenden Atem-Spiele im SB S. 26.
- Einzelne SuS gehen an den Tisch und führen die Atem-Spiele exemplarisch durch. Das Atem-Spiel mit der Kerze nur unter Aufsicht durchführen!
- L. macht alle Übungen vor, die Klasse macht nach. Dabei auf langsames, ruhiges Einatmen durch die Nase und bewusstes, kontrolliertes Ausatmen durch den Mund achten. Ebenfalls die Körperhaltung (s. oben) beachten.
- Es ist wichtig, dass die SuS diese Atem-Spiele nach und nach ohne Gegenstände durchführen. Sie sollen sich die Gegenstände dann nur vorstellen. So können die SuS schnell, unkompliziert und effektiv auf das Singen vorbereitet werden.

Stimm-Spiele

zu Seite 27

Überblick

- Bewussten Umgang mit der Stimme trainieren
- Vorgegebene Bilder stimmlich umsetzen
- Parameter wie leise, laut, schnell, langsam, hoch, tief, kurz, lang mit der Stimme umsetzen

Organisation

- CD A 42 bis 46
- KV 8
- Folie 9
- Luftballons
- Legosteine

Anmerkung

Die SuS sollen spielerisch und unter Einbeziehung ihrer Erfahrungswelt Stimmübungen durchführen: 1. Ein Luftballon wird beim Aufblasen plötzlich losgelassen und fliegt wild durch die Luft. Diesen Flug sollen die Kinder stimmlich umsetzen. 2. In Partnerarbeit „bauen" die SuS mit Legosteinen Melodien, die dann gesungen werden. Dieses ansprechende Stimm-Spiel verbindet Hören und Sehen auf kindgerechte Weise. 3. Die SuS sollen den Weg im Schwimmbad stimmlich nachahmen: Treppensteigen (von tief nach hoch), der Weg bis zur Sprungbrettspitze (gleiche Tonhöhe) und der Sprung ins Wasser (Glissando von hoch nach tief).
Vorbereitend sollen die SuS den Bildern die HB (CD A 42 bis 46) zuordnen.

Unterrichtsverlauf

1. Einstieg

- L. macht ein Stimm-Spiel aus SB S. 27 vor. SuS ordnen die Klänge dem passenden Bild zu.
- SuS stellen Vermutungen an über den Verlauf der abgebildeten Spiele und erproben kurz.
- L. erläutert, dass diese Stimm-Spiele Übungen zur Vorbereitung auf das Singen sind.

2. Zuordnung der HB

- Die HB A 42 bis 46 mehrmals vorspielen und den Bildern 1 bis 5 zuordnen lassen. Daran lässt sich gut feststellen, ob alle SuS die Stimm-Spiele verstanden haben und diese auch umsetzen können.
- Lösung:
  HB A 42: Bild 5
  HB A 43: Bild 3
  HB A 44: Bild 2
  HB A 45: Bild 4
  HB A 46: Bild 1
- Vertiefend können die HB auch in unterschiedlichen Reihenfolgen vorgespielt werden.

3. Der verrückte Luftballon

- Vorbereitend führen die SuS Stimmübungen zu „hoch – tief" durch. Dabei zeigt L. die unterschiedlichen Tonhöhen mit der Hand an, die SuS setzen stimmlich um („aaa", „uuu", „sss", „mmm" usw.).
- Mit dieser Vorübung fällt es dann den SuS leichter, den Luftballonflug stimmlich zu imitieren. Sie wissen: Wenn der Luftballon tief fliegt, muss die Stimme tief klingen, wenn er hoch fliegt, dann muss die Stimme höher klingen.
- Einzelne SuS setzen den Luftballonflug aus dem SB S. 27 bzw. von Folie 9 mit der Stimme um.
- L. und auch einzelne Kinder lassen einen mitgebrachten Luftballon fliegen, die Klasse setzt den Flug stimmlich um.

4. Klingende Legosteine

- SuS bringen Legosteine und eine dazugehörende Platte mit. Wichtig ist, dass ausreichend rote Steine dabei sind. Es ist empfehlenswert, dass die SuS ihre Legosteine mit einem Filzstift im Inneren kennzeichnen.
- In Partnerarbeit bauen die SuS die Tonfolgen der Abbildungen 2 bis 4 im SB S. 27 bzw. auf Folie 9 nach und setzen sie stimmlich um.
- Die „klingenden Legosteine" auch leise, laut, schnell, langsam, kurz, lang umsetzen.
- Auch mit dem Stimmausdruck experimentieren (müde, fröhlich, ängstlich, aufgeregt ...).
- Dann bauen die Partner eigene Tonfolgen, die sie stimmlich umsetzen.

  Beispiele:

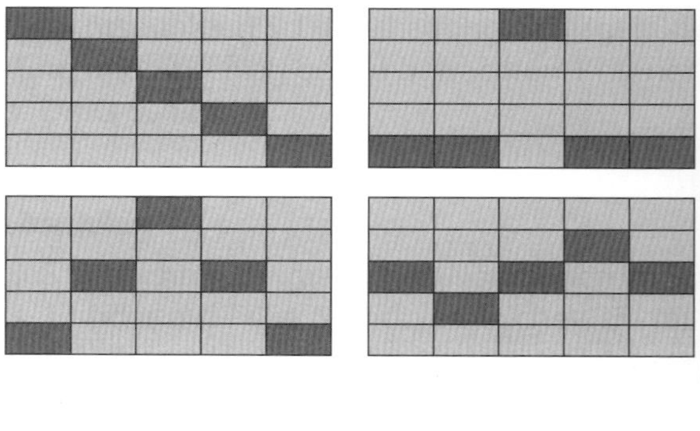

- Ergebnisse im Plenum vorstellen und besprechen.
- Zusätzlich kann auch KV 8 bearbeitet werden.

5. Im Schwimmbad

- Die SuS setzen die Abbildung im SB S. 27 bzw. auf Folie 9 stimmlich um (als Variation auch mit anderen Klängen/Worten und mit Vorgaben wie leise, laut, traurig, fröhlich …).
- Ein Kind macht eine Vorgabe, die Klasse setzt es dementsprechend um.
- L. teilt den SuS mit, dass die Szene im Schwimmbad gefilmt wurde und nun zurückgespult werden muss, und fragt: „Wie hört sich das wohl an?"

6. Weitere Stimmspiele ausdenken

In Gruppenarbeit weitere Stimm-Spiele (z. B. Wespenflug, Sirene, Wecker, Start eines Flugzeuges) ausdenken und der Klasse vorstellen. Diese muss herausfinden, was stimmlich dargestellt wurde.

Überblick

- Vokalbildung bewusst erfahren
- Ein Lied auf Silben singen
- Texte zu einem Lied erfinden

Organisation

- CD A 47
- CD 1 Nr. 16
- KV 9
- Folie 10

Anmerkung

Beim Sprechen und Singen ist eine genaue Artikulation von großer Bedeutung. Anhand des Schlagers „La – le – lu“, der 1950 von Heino Gaze geschrieben und durch Heinz Rühmann bekannt wurde, können die SuS Mundstellung, Klangerzeugung und Ausdruck gut üben und lernen.

Unterrichtsverlauf

1. Einstieg

- SuS erhalten KV 9 und ordnen die Vokale den Abbildungen zu. Hier kann auch Folie 10 eingesetzt werden.
- Unterstützend spricht L. die Vokale deutlich artikuliert, lang gezogen und mit passender Mundstellung vor.
- SuS suchen sich einen Partner/eine Partnerin. Ein Kind zeigt auf eine Abbildung der KV 9, das andere Kind spricht deutlich artikuliert und auf die Mundstellung achtend den entsprechenden Vokal. Danach passiert dasselbe umgekehrt.
- SuS tragen die entsprechenden Vokale unter die Abbildungen der KV 9 und vergleichen mit SB S. 28.

2. Das Lied bearbeiten

- CD A 47 hören und einen Bezug zu der Einstiegsphase herstellen. Impuls: „An welcher Stelle des Liedes werden uns die Vokalübungen besonders nützen?“ (bei „La – le – lu“).
- L. singt das Lied deutlich artikuliert vor (oder CD A 47). Die SuS singen „La – le – lu“ mit, dann nach und nach auch das ganze Lied.
- Probleme bereitet oft das Einhalten der punktierten Halben Noten (Takte 6, 8, 14, 16). Anregungen dazu s. DmG S. 5 ff.
- Hilfreich ist es auch, das Lied auf Silben in Verbindung mit Konsonanten zu singen („no“, „na“, „ne“, „mu“, „mi“, „mo“ …).

3. Texte erfinden

- SuS sammeln Silben für den Liedanfang.

  Beispiele: „No, na, ne“; „mu, mi, mo“; „do, de, da“ …
- SuS sammeln sich reimende Wörter, die L. an die Tafel notiert.

  Beispiele:

  „No, na, ne … Schnee;
  mu, mi, mo … Floh;
  do, de, di … nie“.
- Davon ausgehend überlegen sich die SuS in Gruppenarbeit (Anregungen s. DmG S. 26 f.) Texte zum Lied.

  Beispiel:

  „Mu, mi, mo, ich hüpf hoch so wie ein Floh,
  wenn ich viele Kinder sehe, dann pieks ich zu.
  Mu, mi, mo, so fühl ich mich immer froh,
  alle suchen mich im Hause, jetzt hüpf ich fort.“
- Das Lied mit den eigenen Texten zu CD 1 Nr. 16 singen.

Überblick

- Ein Mitmachlied kennen- und singen lernen
- Liedstrophen mit Körperinstrumenten begleiten
- Eine Bewegungsgestaltung zum Refrain erfinden
- Silbenfolgen ausdenken und zum Refrain singen
- Weitere Strophentexte erfinden

Organisation

- CD A 48
- CD 1 Nr. 17

Anmerkung

Beim Singen des Refrains müssen sich die SuS konzentrieren, insbesondere wenn schnell gesungen wird.

Die Bewegungsgestaltung hilft den SuS, sich den Text und die Silbenfolgen besser einzuprägen.

Unterrichtsverlauf

1. Einstieg

- L. singt den Refrain vor, SuS singen nach und nach mit.
- Das Tempo steigern.
- Das gesamte Lied hören (CD A 48).
- Über den Text sprechen („Ich selbst bin das Orchester …").

2. Den Refrain einüben

- L. spricht den Refrain langsam und deutlich artikuliert vor. Die SuS sprechen nach und nach mit.
- Das Tempo langsam steigern. Auf deutliche Aussprache achten.
- Den Refrain gemeinsam mit den SuS singen.
- Um Text und Melodie besser verinnerlichen zu können, entwickeln die SuS in Gruppenarbeit Bewegungsgestaltungen zum Refrain. Anregungen s. DmG S. 26 f.
- Mögliche Bewegungen:

Text	Bumm,	bumm,	boing,	boing,
Bewegung	rechts stampfen	links stampfen	mit rechts auf die rechte Bauchseite klopfen	mit links auf die linke Bauchseite klopfen

Text	tschit – ty,	tschit – ty,	klapp, klapp,	klapp.
Bewegung	rechts – links schnipsen	rechts – links schnipsen	zweimal klatschen	einmal klatschen

Text	Bumm,	bumm,	boing,	boing,
Bewegung	rechts stampfen	links stampfen	mit rechts auf die rechte Bauchseite klopfen	mit links auf die linke Bauchseite klopfen

Text	trip – pel,	tip – pel,	tapp.
Bewegung	rechts – links schnipsen	rechts – links schnipsen	mit beiden Händen patschen

- Die Ergebnisse zu CD A 48 präsentieren. Dabei singt die Klasse den Refrain mit.
- Zusätzlich können einzelne Gruppen ihre Ergebnisse zum immer schneller gesungenen Refrain vorstellen.

3. Die Strophen einüben

- Die erste Strophe im Melodierhythmus sprechen. Dabei auf deutliche Aussprache achten.
- L. singt die erste Strophe in langsamem Tempo vor. Den Melodieverlauf mit der Hand anzeigen. Das ist wichtig für die Bearbeitung der schwierigen Stellen im Lied. Die SuS singen und zeigen mit.
- Isoliertes Üben von Problemstellen: Takt 1, 2 und 6. Anregungen s. DmG S. 5 ff.
- SuS betrachten die Abbildungen im SB S. 29 und benennen die Aktivitäten zu den jeweiligen Strophen.
- Das gesamte Lied mehrmals singen (CD A 48 oder CD 1 Nr. 17) und mit Bewegungen begleiten.
- Die SuS festigen den Einsatz der Körperinstrumente in Gruppenarbeit. Darauf achten, dass der Text immer mitgesungen oder mitgesprochen wird.
- Abschließend noch einmal das gesamte Lied singen, mit allen Bewegungen.

4. Gespräch über Strophe und Refrain

Es soll deutlich werden, dass der Refrain wiederkehrend ist und die Strophen jedes Mal anders sind. Dafür analysieren die SuS ihre Bewegungen (Strophe immer etwas anderes, Refrain immer die gleichen Bewegungen) und setzen dies in Bezug zum Text.

5. Weitere Strophen erfinden

- Im Plenum mehrere Ideen sammeln, z. B. „Ich klopfe mit den Fingern, das …"; „Ich trommle mit den Fäusten, das …"; „Ich kämme meine Haare, das …".

- In Partner- oder Gruppenarbeit erfinden die SuS weitere Strophen.
- Darauf achten, dass die SuS ihre Texte (gesungen oder gesprochen) immer in Verbindung mit Körperinstrumenten erproben.
- Ergebnispräsentation im Plenum. Zur Unterstützung spielt L. mit einem Instrument dazu oder CD 1 Nr. 17 wird verwendet.

6. Musik erfinden (I)

Überblick

- Sich über charakteristische Gewittergeräusche bewusst werden
- Gewittergeräusche mit Instrumenten umsetzen
- Gestaltung eines Gewitters mit Instrumenten in Gruppenarbeit
- Klanggestaltungen aufnehmen und auswerten
- Teile aus der „Alpensinfonie" hören und einen Bezug zu den eigenen Klanggestaltungen herstellen

Organisation

- CD A 49, 50
- Folie 11
- Stichwortkarten
- Diverse Instrumente und Klangobjekte (Flaschen, Papier usw.)
- Aufnahmegerät

Anmerkung

Mit großer Begeisterung entwickeln SuS eigene Klanggestaltungen nach einer Vorlage (z. B. Bild, Bildfolge, Überschrift, Stichwort, Szene). Der Grad an Eigenaktivität der SuS ist hier sehr hoch, weil sich alle, unabhängig von ihren musikalischen Vorkenntnissen (z.B. Instrumentalunterricht), gut in den Arbeitsprozess einbringen können. Als Sozialform empfiehlt sich die Gruppenarbeit (4 bis 5 SuS).

Im Anschluss an diese Klanggestaltung können die SuS gut Werke mit gleichem oder ähnlichem Thema hören. Ihre Hördisposition ist hoch, weil sie über konkrete musikalische Vorerfahrungen verfügen, mit denen sie nun besser und fundierter einem Musikwerk (Auszüge aus der „Alpensinfonie" von Richard Strauss) begegnen können.

Unterrichtsverlauf

1. Einstieg

- Den Unterrichtsraum abdunkeln.
- Die SuS lesen an der Tafel „Ein Gewitter kommt".
- Mit geschlossenen Augen an ein Gewitter denken.

  Impulse: „Wie hört sich ein Gewitter an?"; „Wie beginnt ein Gewitter?"; „Was ist da alles zu hören?"; „Was gehört zu einem Gewitter dazu?"
- Nach 2 bis 3 min ein zusammenfassendes Gespräch führen.

2. Zu vorgegebenen Bildern eine Geschichte erzählen

- Die SuS beschreiben die vier Bilder im SB S. 30 bzw. auf Folie 11:

  Bild 1: Wolken am Himmel, Vögel fliegen unruhig, es regnet etwas, ein Haus, aus dessen Schornstein Rauch emporsteigt, gespannte Stimmung.

  Bild 2: Es wird dunkel, es regnet heftiger, starker Wind kommt auf, ein an einem Holzstapel angelehntes Brett ist umgefallen und bricht entzwei.

  Bild 3: Es ist sehr dunkel, das Gewitter entlädt sich, es blitzt mehrmals, es regnet stark.

  Bild 4: Das Gewitter hat sich verzogen, es ist windstill, die Sonne scheint, es ist hell und es herrscht eine ruhige, friedliche Stimmung.
- L. hängt Stichwortkarten zu den Bildern an die Tafel.
- Spontan erzählen SuS mithilfe der Bilder und Stichwörter die Geschichte.

3. Vorbereitungen der Vertonungen

- Diverse Instrumente in die Mitte des Unterrichtsraumes legen.
- An ausgesuchten Beispielen (z. B. „Der Wind nimmt an Stärke zu.") erproben die SuS im Plenum Vertonungsmöglichkeiten.
- Die SuS suchen passende Instrumente zu diesem Beispiel aus und machen Vorschläge zur Umsetzung, z.B. mit der flachen Hand sanft auf dem Fell einer Handtrommel reiben, in eine Flasche pusten, Papierblätter hin- und herbewegen.
- Anregungen zur Instrumentenauswahl und Spielweise bieten auch die Abbildungen im SB S. 30.

4. Klanggestaltungen realisieren

- Gruppen von 4 bis 5 SuS bilden. Darauf achten, dass in jeder Gruppe ein Kind ist, das gut erzählen kann. Anregungen s. DmG S. 26 f.
- Einige Kriterien ansprechen, z.B. Lautstärkeunterschiede erkennbar machen, sich Zeit lassen und nicht durch die Geschichte hetzen, differenzierter Instrumenteneinsatz usw.
- In den Gruppen einen Erzähler und einen Leiter (Zeitmanagement) festlegen.
- In getrennten Räumen oder in einem großen Raum (Aula) entwickeln die SuS ihre Klanggestaltungen.
- Ggf. Zwischenpräsentationen einplanen. So haben die SuS ein zeitnahes Ziel und es kann rechtzeitig auf Fragen oder Unklarheiten eingegangen werden.

- Präsentation der Ergebnisse und Reflexion. Hier bietet es sich an, auf die o. g. Kriterien zurückzugreifen. Wichtig ist aber auch, dass die SuS losgelöst von den Kriterien Auffälliges benennen.

5. Klanggestaltungen aufnehmen

Die Klanggestaltungen aufnehmen, Anregungen dazu s. DmG S. 24 f.

6. Teile aus der „Alpensinfonie" hören

- Ohne Vorbemerkung hören die SuS CD A 49 und 50 und äußern sich spontan dazu.
- Gespräch über Hörmerkmale. Dabei immer wieder den Bezug zu den eigenen Klanggestaltungen herstellen.

  Mögliche Ergebnisse:

  Stille vor dem Sturm: Leise, ruhig, die gleichbleibenden Töne (Streicher) im Hintergrund machen die Stille vor dem Sturm deutlich, aufgeregte Vögel sind zu hören.

  Gewitter und Sturm: Laut, unruhig, stürmischer, sogartiger Wind (Blasinstrumente), Donner (Pauken) ist zu hören, Blitzschläge (Becken, begleitet von Blasinstrumenten).
- Die SuS vergleichen ihre Aufnahmen mit der Musik von Strauss und stellen fest, dass einiges gleich oder ähnlich ist, z. B. Dynamik (leise, lauter werdend, laut), Tempo (langsam, schnell), Instrumentenwahl (Becken), der stürmische Wind in „Gewitter und Sturm" wird mit Blasinstrumenten erzeugt; bei den SuS Pfeifen, in eine Flasche blasen, Lotusflöte.

Erweiterung

- Nach dem Hören der Musik von Richard Strauss können SuS erneut ihre Klanggestaltungen überarbeiten. Beispielsweise kann die Stille vor dem Sturm (gleichbleibende Töne der Streicher) gut mit Schulinstrumenten erzeugt werden (leises Trommeln, gleichmäßige Schläge auf Xylofon usw.).
- Es kann auch gewinnbringend sein, die gesamte Aufnahme der „Alpensinfonie" zu hören. Dabei können die SuS beispielsweise den Übergang von der Stille zum Gewitter und den Auf- und Abbau des Gewitters gut nachvollziehen.

Timbos Abenteuer – eine Klanggeschichte

Überblick

- Eine Geschichte ergänzen
- Zu einer Geschichte eine Klanggestaltung erfinden
- Den Verlauf einer Klanggestaltung aufschreiben

Organisation

- Folie 12
- Diverse Instrumente und Klangobjekte
- Großes Plakat
- Ausreichend Platz zur Erprobung der Klanggestaltung

Anmerkung

Es bietet sich an, dieses Thema fächerübergreifend durchzuführen.

Die Geschichte wird an drei Stellen von den SuS ergänzt. So können die SuS die Geschichte noch stärker inhaltlich und klanglich prägen.

Die Notation einer Klanggestaltung ist recht anspruchsvoll. Sollten die SuS dies zum ersten Mal machen, dann ist eine freiere Notierung ohne Strukturkästchen (vgl. SB S. 31) vorzuziehen.

Unterrichtsverlauf

1. Einstieg

- L. liest die Geschichte betont, ausdrucksvoll und mit Pausen vor.
- Spontan erzählen die SuS die Geschichte weiter.
- Anhand dieser Geschichte soll dann mit Instrumenten, Stimme und weiteren Klangobjekten eine Klanggestaltung entwickelt werden. Hierzu eignet sich auch Folie 12.

2. Vorbereitung auf die Klanggestaltung an zwei Beispielen

- Diverse Instrumente und Klangobjekte liegen in der Mitte des Unterrichtsraumes.
- L. spricht vor: „Timbo hört in der Ferne dumpfes Trommeln".
- Die SuS schlagen passende Vertonungen vor und zeigen sie an den Instrumenten. Beispiele für dumpfes Trommeln: Trommelwirbel auf der Pauke (2 Schlägel); auf Handtrommeln oder Bongos leise trommeln.
- L. trägt den Satz erneut vor, die SuS spielen an passender Stelle („... Ferne dumpfes Trommeln").
- L.: „Er schleicht durch den Urwald". Hier müssen das Schleichen und der Urwald vertont werden.

  Beispiele:

  schleichen: Da der Urwaldboden weich ist, kommen Vertonungen mit Handtrommel oder Pauke ohne Schlägel in Frage; langsame, vorsichtige, weiche „Schritte" mit der flachen Hand auf dem Fell.

  Urwald: Leichter Wind, dargestellt mit leicht flatterndem Papier; in eine Flasche blasen, Windgeräusche mit dem Mund; Tiere: einmal auf dem Guiro ratschen, vereinzelte Klanghölzerklänge oder Röhrentrommelschläge, Flöte oder Lotusflöte, ein- bis zweimal die Rassel einsetzen usw.
- SuS erproben verschiedene Klänge zum Satz „Er schleicht durch den Urwald.".

3. Die Geschichte im Plenum vertonen

- L. liest die Geschichte vor, SuS benennen Stellen, die sich gut vertonen lassen.
- SuS suchen Instrumente und Klangobjekte aus.

  Beispiel:

  „Timbo hört in der Ferne ...": auf Handtrommeln, Bongos usw. leise trommeln

  „Er schleicht ...": langsame, vorsichtige, weiche „Schritte" mit der flachen Hand auf dem Fell einer Pauke oder Handtrommel; dazu Urwaldgeräusche mit Flaschen, Papier, Stimme, Guiro, Ratsche, Röhrentrommel, Flöte, Lotusflöte, Kamm, Rasseln

  „Grillen zirpen": Kamm

  „Affen unken": Stimme

  „Papageien ...": Flöte oder Lotusflöte

  „Kinder rennen": mehrere Klanghölzer, Stimme

  „Hunde bellen": Stimme

  „Frauen stampfen Hirse": Rasseln oder kleine Kieselsteine mit den Händen in regelmäßigem Tempo durchwühlen

  „Feuer": Papier zerknüllen, vereinzeltes Knacken und Zischen (Becken)

  „... beraten geheimnisvoll flüsternd": Stimmen, mit der Handfläche auf einer Handtrommel reiben
- L. trägt die Geschichte vor, die SuS gestalten sie mit Instrumenten, Stimme und Klangobjekten.
- SuS haben hiermit ausreichende praktische Erfahrungen gesammelt und sind nun gut vorbereitet, um die weiteren Aufgaben in Gruppenarbeit erfolgreich zu bewältigen.

4. Die Geschichte ergänzen

- In der vierten, sechsten und letzten Zeile des Textes gibt es die Möglichkeit, die Geschichte zu ergänzen. Dabei handelt es sich um die Schwerpunkte „Urwaldtiere", „Dorfleben" und „Höhepunkt und Schluss der Geschichte".
- SuS sammeln Vorschläge zum Schwerpunkt „Urwaldtiere". Ggf. kann L. als Impuls Bilder zeigen. Die SuS nennen die darauf abgebildeten Urwaldtiere und schlagen gleichzeitig eine klangliche Umsetzung vor.
- Ebenfalls mit dem Schwerpunkt „Dorfleben" so verfahren. Das Bild im SB S. 31 kann Anregungen bieten.
- Den Schwerpunkt „Höhepunkt und Schluss der Geschichte" bearbeiten die SuS in Gruppen. So ergeben sich unterschiedliche Ergebnisse. Alle Gruppen erhalten eine ausreichende Anzahl an Instrumenten und Klangobjekten, um ihre Ideen sofort auch klanglich umsetzen zu können.
- Darauf achten, dass in jeder Gruppe mindestens ein Kind ist, das sprachlich versiert ist.
- Die SuS präsentieren ihre Ergebnisse im Plenum.
  Beispiele:
  - Eine wilde Verfolgungsjagd durch den Urwald. Timbo springt schließlich in einen Teich und beobachtet im Schilf versteckt, wie alle Verfolger an ihm vorbeilaufen.
  - Timbo wird festgehalten und ins Dorf gebracht. Die Aufregung ist groß. Der Sohn des Häuptlings nähert sich vorsichtig, es herrscht gespannte Ruhe. Beide schauen sich an und, nach einer Weile, lächeln sie sich zu. Die Spannung löst sich, Timbo und die anderen Kinder spielen zusammen.

5. Die komplette Geschichte grafisch notieren und vortragen

- Die SuS bleiben in ihren Gruppen und legen fest, wer die Geschichte erzählen soll. Die Geschichte muss nicht wörtlich, aber auf jeden Fall sinngemäß erzählt werden.
- SuS erproben die Klanggestaltung und legen einen Verlauf fest.
- Die SuS notieren ihre Klanggestaltung grafisch auf einem großen Plakat.
- Der Text wurde hier nur zur Orientierung abgebildet. Die SuS sollen frei notieren.

Erweiterung

Reizvoll und anspruchsvoll ist es, wenn die SuS ihre Klanggestaltung ohne Text präsentieren. Um das zu bewältigen, müssen die SuS gut aufeinander hören und den Verlauf der Geschichte sicher im Gedächtnis haben.

Überblick

- Bilder beschreiben und einen möglichen Verlauf des Märchens formulieren
- Einen Text hören und nacherzählen
- Einzelne Wörter, Sätze oder Abschnitte aussuchen und mit Instrumenten, Klangobjekten und Stimme gestalten
- Eine Klanggestaltung aufnehmen, anhören und besprechen

Organisation

- Diverse Instrumente
- Wortkarten
- Ausreichend Platz zur Erprobung der Klanggestaltung

Anmerkung

Das Märchen „Das hässliche Entlein" von Hans Christian Andersen (1805 – 1875), erstveröffentlicht 1843, eignet sich gut für den Musikunterricht. An vielen Stellen können die SuS das Märchen mit passenden Klängen (Instrumente, Klangobjekte, Stimme) untermalen.

Hilfreich ist es, wenn die handelnden Figuren unter den SuS aufgeteilt werden. Ausgehend von den Figuren untersuchen die SuS die jeweiligen Handlungen, um dann die Klanggestaltung zu entwickeln.

Unerlässlich ist es, auf den Inhalt und die zentrale Aussage des Märchens einzugehen. Im Märchen werden Themen wie Außenseitertum, Ablehnung, Diskriminierung und Mobbing angesprochen. Vor der Arbeit auf musikalischer Ebene sollte eine gründliche Auseinandersetzung über diesen Themenkomplex stattfinden. Aus einem hässlichen Entlein wird ein schöner Schwan. Solange das Entlein hässlich, tollpatschig und anders als die anderen ist, wird es geärgert, sogar angegriffen und ausgestoßen. Es gehört nicht zur Gemeinschaft dazu. Sobald aber aus dem hässlichen Entlein ein schöner Schwan geworden ist, wird es bestaunt, bewundert, geliebt und in die Gruppe aufgenommen. Mit Sicherheit kennen einige Kinder diese Situation auch. „Wurde schon mal jemand von euch gehänselt? Warum? Wegen der alten, viel zu großen Hose? Der Brille? Der Zahnspange? Der viel zu kurz und schlecht geschnittenen Haare?" Jedes Kind kann davon berichten, als Betroffener, als Beobachter und vielleicht auch als Verursacher. Wie fühlt sich ein Kind, das gehänselt und geärgert wird, nicht mitspielen darf und nicht dazugehört? Was geht in ihm vor? Im Gespräch sollen die SuS ein Bewusstsein über die beiden Rollen erlangen: Einerseits die Angst, Enttäuschung, Traurigkeit, Hilflosigkeit und Einsamkeit des Ausgestoßenen, andererseits aber auch, wie verführerisch es ist, zusammen mit anderen einen Einzelnen vorzuführen, weil man sich in der Gruppe stark fühlt. Das Verständnis für diese Problematik und die Fähigkeit, sich in die jeweiligen Rollen hineinzuversetzen, ist notwendig, wenn man dem Märchen „Das hässliche Entlein" gerecht werden will. Die in dieser Unterrichtseinheit vorgesehene Verklanglichung profitiert darüber hinaus enorm von der vorherigen inhaltlichen Auseinandersetzung mit dem Märchen.

Unterrichtsverlauf

1. Einstieg

- Im ersten Schritt beschreiben die SuS die einzelnen Bilder im SB S. 32, 33.
- Anhand der Bilder entwerfen die SuS mögliche Handlungen des Märchens.
- L. liest den Text vor und gibt Hintergrundinformationen (Autor, Entstehungsjahr).
- SuS erzählen das Märchen mit eigenen Worten nach.
- Gespräch über die zentrale Textaussage des Märchens (s. Anmerkung).

2. Die Figuren aus dem Märchen benennen

- L. liest Text erneut vor, die SuS achten auf die auftretenden Figuren und benennen diese im Anschluss. Ergebnis: Entenmutter, (hübsche) Entenkinder, das hässliche Entlein, weitere Enten, Jäger, Jagdhund, Schwanenschwarm, drei Schwäne, Kinder.
- SuS ordnen sich den Figuren zu und bilden 9 Gruppen. Anregungen s. DmG S. 26 f.

3. Handlungen festlegen

- L. liest den Text vor, die Gruppen achten auf Handlungen ihrer Figuren, die gut zur Vertonung geeignet sind.

- SuS fassen zusammen, L. notiert auf Wortkarten.
  Mögliche Ergebnisse:

Figur	Zu vertonende Handlung
Entenmutter	• watschelt zum Entenhof • tröstet das hässliche Entlein
(hübsche) Entenkinder	• picken das Ei auf • strecken die Köpfe heraus und piepsen • watscheln zum Entenhof
das hässliche Entlein	• pickt das Ei auf • streckt den Kopf heraus und piepst • watschelt zum Entenhof • wird verspottet und gebissen und ist traurig • läuft heimlich fort • erschrickt vor den Jägern • hat Angst vor dem Jagdhund • friert im Herbst • beobachtet traurig einen Schwanenschwarm • fliegt zu den drei Schwänen • sieht sein eigenes Spiegelbild und ist überrascht • ist glücklich
weitere Enten	• verspotten das hässliche Entlein • beißen das hässliche Entlein
Jäger	• schießen
Jagdhund	• bedroht das hässliche Entlein
Schwanenschwarm	• fliegt in den Süden
3 Schwäne	• schwimmen auf dem Wasser • verneigen sich
Kinder	• rufen bewundernd

4. Klanggestaltungen in Gruppen entwickeln

- Die Gruppen erhalten die vom L. angefertigten Wortkarten.
- SuS suchen passende Instrumente und Klangobjekte aus. Anregungen können die SuS dem SB S. 32, 33 entnehmen.
- SuS entwickeln ihre Klanggestaltungen.
  Beispiele:

Figur	Zu vertonende Handlung	Klanggestaltung
Entenmutter	• watschelt zum Entenhof	• große Handtrommel, mit den flachen Händen darauf Watschelschritte imitieren
	• tröstet das hässliche Entlein	• leises, freundliches Gemurmel
(hübsche) Entenkinder	• picken das Ei auf	• auf Holzblocktrommeln oder Klanghölzern spielen, Papier leicht reißen
	• strecken die Köpfe heraus und piepsen	• Flötenkopf, hohe Glockenspieltöne
	• watscheln zum Entenhof	• kleine Handtrommel oder Bongos, mit der flachen Hand darauf Watschelschritte imitieren
das hässliche Entlein	• pickt das Ei auf	• auf Holzblocktrommeln oder Klanghölzern spielen, Papier leicht reißen
	• streckt den Kopf heraus und piepst	• Flötenkopf, hohe Glockenspieltöne

	• watschelt zum Entenhof	• kleine Handtrommel oder Bongos, mit flachen Händen darauf unsichere Watschelschritte imitieren
	• wird verspottet und gebissen und ist traurig	• Glockenkranz hin und her bewegen, aufgeregte Schritte (Handtrommel/ Bongos), Triangelschläge
	• läuft heimlich fort	• leiser werdende Watschelschritte (Handtrommel/Bongos)
	• erschrickt vor den Jägern • hat Angst vor dem Jagdhund	• je einmal auf der Guiro ratschen
	• friert im Herbst	• Glockenkranz schütteln
	• beobachtet traurig einen Schwanenschwarm	• mit der Stimme seufzen
	• fliegt zu den drei Schwänen	• ein Tuch schwenken
	• sieht sein eigenes Spiegelbild und ist überrascht • ist glücklich	• eine Melodie auf dem Glockenspiel (Spiegelbild, Freude, Glück)
weitere Enten	• verspotten das hässliche Entlein • beißen das hässliche Entlein	• Rasseln, Zischlaute mit der Stimme
Jäger	• schießen	• Becken
Jagdhund	• bedroht das hässliche Entlein	• Vibraslap
Schwanenschwarm	• fliegt in den Süden	• 4 bis 5 Tücher schwenken
3 Schwäne	• schwimmen auf dem Wasser • verneigen sich	• 3 Metallofone mit ähnlichen Melodien • auf dem Metallofon einmal von hoch nach tief spielen
Kinder	• rufen bewundernd	• Begeisterungsrufe

- Ergebnisse im Plenum vorstellen. Ggf. Änderungen oder Ergänzungen vornehmen.
- Die gesamte Geschichte lesen, die Gruppen spielen dazu.

5. Die Klanggestaltung aufnehmen, anhören und besprechen

- Anregungen s. DmG S. 24 f.
- Die Ergebnisse können unter folgenden Gesichtspunkten besprochen werden: Gesamteindruck, Instrumentenauswahl, Anpassung von Tempo und Lautstärke, Instrumenteneinsatz (zu wenig / zu viel), Ideenreichtum im Umgang mit Instrumenten und Klangobjekten.

7. Musik und Malen

Überblick

- Drei unterschiedliche Musikstücke unter dem Aspekt „Lautstärkeunterschiede" hören
- Zur Musik malen
- Musikstücke den Bildern zuordnen und Entscheidungen begründen

Organisation

- CD A 51 bis 53
- KV 10, 11
- Folie 13
- DIN-A3-Blätter, Malstifte, Kreppband

Anmerkung

In dieser Einheit geht es darum, das Hörvermögen der SuS weiter zu schärfen. Hilfreich ist es, wenn dafür Hörbares sichtbar gemacht wird. Formen, Lautstärke, Klangfarbe usw. können dadurch gut nachvollzogen werden.

Durch das Anfertigen von Bildern sammeln die SuS praktische Erfahrungen und können dann gut vorbereitet die Zuordnung der Bilder A bis C im SB S. 34 vornehmen.

Zur Musik:

„La Mourisque" (CD A 51) von Tilmann Susato: Tilmann Susato (geb. ca. 1510 – 1515, gest. ca. 1570) war Komponist und Musiker der Renaissance. „La Mourisque" ist eine Komposition für Blasinstrumente und gliedert sich in die Teile A – B – A. Die Teile A sind laut, Teil B ist leiser.

„Prélude" (CD A 52) von Marc-Antoine Charpentier (um 1643 – 1704): Das Prélude stammt aus dem „Te Deum" in D-Dur (auch als Erkennungsmelodie von Eurovisionssendungen bekannt). Das „Pélude" weist folgenden Aufbau auf: A – A – B – A – C – A – A. Dabei ist Teil A laut (Trompeten), Teil B und C sind leiser (Streicher/Holzbläser).

„Instrumentalpop" (CD A 53) von Christian Crämer: Christian Crämer komponierte und spielte sein Stück „Instrumentalpop" gezielt für diese Schulbuchseite ein. Die deutlichen Lautstärkeunterschiede, das Decrescendo (= leiser werden) am Schluss und nicht zuletzt der Musikstil (Pop) führen dazu, dass dieses Stück von den SuS schnell identifiziert werden kann.

Unterrichtsverlauf

1. Einstieg

- Im Vorfeld muss geklärt werden, ob die SuS in der Lage sind, differenziert laut – leise zu hören. Daher verteilen sich alle SuS frei im Raum.
- L. spielt mit einem Instrument eine durchgängige Melodie oder einen durchgängigen Rhythmus (Handtrommel). Dabei wird lediglich die Lautstärke variiert. Ist die Musik laut, stehen die SuS aufrecht. Klingt die Musik leiser, bücken sich die SuS. Ist die Musik sehr leise, gehen die SuS in die Hocke. Während dieser Übung darf nicht gesprochen werden.

2. Der Musik begegnen

- Gleiches nun mit den drei HB (CD A 51 bis 53) umsetzen. Dabei auch genau auf die Umsetzung des Decrescendo (CD A 53) achten.
- Zurückgreifend auf die körperliche Umsetzung beschreiben die SuS die Musik. Dabei insbesondere auf die Lautstärkeunterschiede eingehen.

3. Zur Musik malen

- Die SuS erhalten je ein DIN-A3-Blatt und kleben es mit Kreppband vorsichtig auf ihrem Tisch fest. Ein festgeklebtes Blatt erleichtert das Malen sehr, weil die SuS es nicht mehr festhalten müssen. So können sie frei malen.
- Malstifte bereitlegen.
- Zur Erinnerung hören die SuS alle drei HB (CD A 51 bis 53) erneut.
- Die SuS hören nun „La Mourisque" (CD A 51) und malen dazu. Hier und auch bei den weiteren HB wird folgendermaßen verfahren:
  - Die Musik einmal hören. SuS entwickeln dabei in Gedanken erste Skizzen.
  - Erneutes Hören der Musik. Die SuS malen zur Musik.
  - Abschließendes Hören der Musik. Die SuS ergänzen oder ändern ihre Bilder.
  - Ergebnisse auf den Fußboden legen und besprechen.
- Im Gespräch über die Bilder sollten zunächst 2 bis 3 Kinder ihre eigenen Werke beschreiben. Denn so erfahren die SuS und L. viel über den Entstehungsprozess der Bilder. Der Entstehungsprozess sagt viel aus über die Art und Weise, wie die Musik gehört und die einzelnen Parameter umgesetzt wurden.
- Im nächsten Schritt suchen die SuS in den Bildern Gemeinsamkeiten. So werden erste Übereinkünfte erzielt. Beispiel: Wenn die Musik laut ist, sind unsere Figuren groß.
- In diesen Nachbesprechungen immer wieder darauf achten, dass die Musik erneut gehört wird. So können Aussagen einzelner Kinder sofort von allen anderen SuS nachvollzogen werden.

- Weitere Bilder auf neuen DIN-A3-Blättern zu CD A 52 und A 53 malen.
- Einige Blätter zu allen drei HB auf den Fußboden legen. Die SuS untersuchen Gemeinsamkeiten und Unterschiede in den drei Stücken.
- Mögliches Ergebnis:

Gemeinsamkeiten	Unterschiede
• Alle drei Stücke haben deutliche Lautstärke-unterschiede • „La Mourisque“ und „Prélude“ beginnen laut und enden laut	• Alle drei Stücke haben eine unter-schiedliche Anzahl von Formteilen • Nur „Instrumental-pop“ beginnt leise • Nur „Instrumental-pop“ endet leiser werdend (= decrescendo)

4. Die Musik den Bildern A, B und C zuordnen

- Die Musikstücke hören (CD A 51 bis 53) und den Bildern im SB S. 34 oder auf Folie 13 zuordnen. Lösung: A 51 entspricht Bild C, A 52 entspricht Bild B und A 53 entspricht Bild A.
- KV 10, 11 bearbeiten.

Erweiterung

- Der Parallelklasse drei eigene Bilder vorlegen und die Musik vorspielen. SuS der Parallelklasse ordnen zu.
- Ein Bild aussuchen und mit Instrumenten in Gruppen umsetzen.

Überblick

- Ein Musikstück hören und unterschiedliche Teile anhand erarbeiteter Kriterien (instrumentale Besetzung, Klangfarbe, Melodie) entdecken
- Klangfarbe als musikalischer Parameter kennenlernen
- Zu Musikstücken mit unterschiedlicher Klangfarbe Bilder malen

Organisation

- CD A 54 bis 56
- AH 1 S. 8
- KV 10, 11
- Folie 14
- Bunte Kreide
- DIN-A3-Blätter, Malstifte, Kreppband

Anmerkung

Die SuS setzen sich in dieser Einheit mit Klangfarben der Musik auseinander. Der Einstieg erfolgt über Gunild Keetmans „Intrade" (CD A 54). Dieses Werk ist in drei Teile gegliedert (A – B – A), mit deutlichen Unterschieden in der Klangfarbe. Diese Unterschiede ergeben sich vor allem durch die unterschiedliche instrumentale Besetzung.

Nach diesem Einstieg, bei dem Hören und Sehen gleichermaßen gewichtet ist, setzen sich die SuS aktiv mit Klangfarbe in der Musik auseinander, indem sie selbst zwei Bilder zu zwei Musikstücken mit unterschiedlichen Klangfarben malen.

In „Heller Schein" (CD A 55) von Christian Crämer dominieren kurze, fröhliche, sprunghafte Melodieverläufe (Blasinstrumente) in heller Klangfarbe. Der zugrundeliegende Keyboard-Klangteppich symbolisiert den Sonnenstrahl. „Tiefe Nacht" (CD A 56), ebenfalls von Christian Crämer, hingegen hat ein ruhiges Tempo und lang gezogene, gleichmäßige Melodiebögen, beginnend mit dem gestrichenen Kontrabass. Die Klangfarbe ist dunkel. Die eingestreuten Chimes-Klänge (Chimes = an einem Stativ hängende metallische hohle Klangstäbe in unterschiedlicher Länge) symbolisieren Mondschimmer und Sternenglanz.

Unterrichtsverlauf

1. Einstieg

- L. spielt eine beliebige Melodie (selbst erfunden oder z.B. „Bruder Jakob") einmal auf dem Glockenspiel und einmal auf dem Metallofon.
- SuS äußern sich über Unterschiede.
- Um auf die Klangfarbe zu kommen, kann folgender Impuls helfen: L. malt eine kleine Fläche mit hellgelber und eine genauso große Fläche mit dunkelblauer Farbe an die Tafel.
- L. spielt die Melodie auf dem Glockenspiel und dem Metallofon erneut vor, SuS ordnen die Farbflächen zu (Glockenspiel: gelb, Metallofon: dunkelblau).

2. „Intrade" von Gunild Keetman hören und analysieren

- SuS hören kommentarlos CD A 54.
- L. sammelt spontane Äußerungen und stellt anschließend einen Zusammenhang zum Einstieg her (hell – dunkel).
- Die SuS erkennen, dass der mittlere Teil deutlich heller klingt.
- Die Musik hören und darauf achten, dass alle SuS die drei unterschiedlichen Teile erkannt haben. Zur Unterstützung kann jeweils die Hand gehoben werden. Genauso gut kann eine körperliche Umsetzung vereinbart werden, z.B. Teil A: stehen, Teil B: sitzen, Teil A: stehen mit ausgebreiteten Armen.
- Die SuS betrachten die Instrumentenbilder im SB S. 35 oder auf Folie 14 und benennen die Instrumente.

  Bild oben rechts: Trompete, Pauke, Blockflöte

  Bild Mitte: Blockflöte, Trompete

  Bild unten rechts: Trompete, Pauke
- Die SuS hören erneut die Musik und ordnen die Instrumentenbilder den drei Teilen zu. SuS, die noch unsicher sind, sollen erst einmal nur den Teil mit der Flöten- und Trompetenbesetzung lokalisieren (Teil B). Über diesen Einstieg wird es ihnen dann leichter fallen, die anderen instrumentalen Besetzungen den beiden anderen Teilen zuzuordnen. Ergebnis: Teil A: Trompete und Pauke, Teil B: Trompete und Blockflöte, Teil C: Trompete, Pauke und Blockflöte.
- Dazu auch KV 10, 11 bearbeiten.

3. Die Zuordnung von Musik zu Bildern

- Die SuS beschreiben die Bilder 1, 2 und 3. Dabei ist es wichtig, dass die SuS auf die schwarzen Punkte in den Bildern 2 und 3 eingehen.
- Gespräch über die Farbgebung (hell/dunkel). Beispielsweise ist das Bild 1 im Gegensatz zu den anderen Bildern deutlich heller.

- Darüber sprechen, in welchen Bildern sich Motive wiederholen. Beispiele: Gelbe Dreiecke: Bild 2 und 3. Schwarze Punkte: Bild 2 und 3.
- Die SuS hören CD A 54, ordnen die Bilder zu und begründen ihre Entscheidungen.

  Ergebnis:

Musik	Bild	Begründung
Teil A	Bild 2	• Die Pauke entspricht den schwarzen Punkten. • Die gelben Dreiecke stehen für die Trompetenklänge. • Die Klangfarbe ist eher dunkel.
Teil B	Bild 1	• Gelb sind die Trompetenklänge. • Die roten Muster stehen für die Blockflöte. • Das Bild ist hell. • Es ist keine Pauke zu hören, folglich fehlen auch die schwarzen Punkte im Bild.
Teil C	Bild 3	• Hier ist an den Mustern und an den Farben gut zu erkennen, dass die Trompete gemeinsam mit der Flöte spielt. • Die schwarzen Punkte (Pauke) sind wieder sichtbar. • Dunkle Klangfarbe

- Abschließendes Hören der Musik. Die SuS zeigen an, welches Bild welchem Teil der Musik zugeordnet werden kann.
- Zur Festigung AH 1 S. 8 Aufgabe 1 bearbeiten. Lösung: L AH 1 S. 282/S. 308.

4. Den Zusammenhang zwischen Klangfarbe und instrumentaler Besetzung erkennen

- Gespräch über die Klangfarbe der abgebildeten Instrumente.
- Um den Zusammenhang zwischen Klangfarbe und instrumentaler Besetzung zu verdeutlichen, ordnen die SuS die Instrumentenbilder den Bildern 1, 2 und 3 zu. Dazu bei aufgeschlagenem SB die Musik erneut hören.

  Ergebnis:

Musik	Bild	Instrumentenbild
Teil A	Bild 2	Trompete und Pauke
Teil B	Bild 1	Trompete und Blockflöte
Teil C	Bild 3	Trompete, Pauke, Blockflöte

5. Zur Musik malen

- Die SuS verteilen sich im Raum und setzen sich auf den Fußboden.
- Die SuS erhalten je zwei DIN-A3-Blätter und kleben sie vor sich mit Kreppband auf dem Fußboden fest. Ein festgeklebtes Blatt erleichtert das Malen sehr, weil die SuS es nicht festhalten müssen. Sie können so frei malen.
- Malstifte bereitlegen.
- Die SuS hören „Heller Schein" (CD A 55) und „Tiefe Nacht" (CD A 56) von Christian Crämer. Zu beiden Musikstücken wird hintereinander, ohne große Unterbrechungen, gemalt. Verfahrensweise:
- Die Musik einmal hören. SuS entwickeln dabei in Gedanken erste Skizzen.
- Erneutes Hören der Musik. Die SuS malen zur Musik.
- Abschließendes Hören der Musik. Die SuS ergänzen oder ändern ihre Bilder.
- Ergebnisse auf den Fußboden legen und besprechen.
- Im Gespräch über die Bilder sollten zunächst 2 bis 3 Kinder ihre eigenen Werke beschreiben. Denn so erfahren die SuS und L. viel über den Entstehungsprozess der Bilder. Der Entstehungsprozess sagt viel aus über die Art und Weise, wie die Musik gehört und die einzelnen Parameter umgesetzt wurden.
- Im nächsten Schritt suchen die SuS in den Bildern Gemeinsamkeiten. So werden erste Übereinkünfte erzielt. Beispiel: Helle Farben bei heller Klangfarbe, dunkle Farben bei dunkler Klangfarbe.
- Auch auf die Formen eingehen. Kurze, sprunghafte Verläufe bei „Heller Schein" (CD A 55), lang gezogene Bögen bei „Tiefe Nacht" (CD A 56).
- Musik immer wieder hören, um Aussagen zu verifizieren.

Erweiterung

Eine eigene „Hell-dunkel-Musik" erfinden.

8. Morgen und Abend

Guten Morgen, guten Morgen!

zu Seite 36, 37

Überblick

- Ein Guten-Morgen-Lied lernen und im Kanon singen
- Guten-Morgen-Grüße in verschiedenen Sprachen kennenlernen
- Melodien mit Morgengrüßen und kleinen Dialogen erfinden
- Tonhöhen und ihre Beziehung zueinander (auditiv, visuell) untersuchen

Organisation

- CD A 57
- CD 1 Nr. 18
- AH 1 S. 6
- Folie 15
- DIN-A3-Plakate (Bausteine B, G und F, SB S. 37)
- Schere, Kleber
- Metallofon, Xylofon

Anmerkung

Ein Aufeinanderzugehen kann eine Begrüßung in der entsprechenden Sprache sein.

Ausgehend vom Lied erfinden die SuS im SB S. 37 weitere Begrüßungen und kleine Dialoge. Dadurch erlangen sie wichtige Kenntnisse über Tonhöhen und deren Beziehung zueinander. Unterstützt durch die Visualisierung (Notation) entwickeln die SuS die Fähigkeit, sich Töne und verschiedene Tonhöhen vorzustellen.

Die Inhalte von SB S. 37 sollten in kleinere Einheiten unterteilt und im Laufe eines Schuljahres mehrmals bearbeitet werden.

Mit AH 1 S. 6 wird die rhythmische Komponente der Begrüßungsbausteine gesichert.

Unterrichtsverlauf

1. Einstieg

- SuS betrachten die Fotos im SB S. 36.
- L. nennt den Titel des Liedes („Guten Morgen, guten Morgen!"). SuS leiten daraus ab, dass es sich bei den Überschriften der Fotos um Begrüßungen in anderen Sprachen handelt.
- L. liest die Begrüßungen vor, SuS sprechen nach.
- SuS, die aus anderen Ländern stammen, können ihren Gruß ebenfalls nennen.

2. Das Lied einüben

- L. singt die erste Liedzeile vor, SuS singen nach usw.
- L. singt erneut die erste Liedzeile, diesmal in unterschiedlichen Sprachen. Die SuS singen nach und benennen die Sprache.
- Die Grüße auf verschiedene Kinder verteilen. Die einzelnen Kinder singen vor (Melodie der ersten Liedzeile), L. und Klasse singen nach, dann umgekehrt.
- L. singt nun das ganze Lied vor (oder CD A 57), SuS singen nach und nach mit.
- Darauf hinweisen, dass die Grüße ab der zweiten Notenzeile mit einem neuen Melodieverlauf gesungen werden. Hilfe: L. und SuS zeigen den Melodieverlauf mit der Hand an.
- Das Lied mehrmals singen, auch zur Play-back-CD (CD 1 Nr. 18).
- Das Lied im Kanon singen. Anregungen s. DmG S. 9.
- Abschließend gemeinsam weitere Morgengrüße in anderen Sprachen finden und in das Lied einbauen, z. B. Portugal: Bom dia; Ungarn: Jó reggelt; Thailand: Sawad-di kap; Bosnien-Herzegowina/Kroatien/Serbien: Dobro jutro; China: Zaoshang hao; Polen: Dzień dobry; Niederlande: Goedemorgen; Tschechien: Dobré jitro

3. Das Lied mit Instrumenten begleiten

Anregungen s. DmG S. 15 ff.

4. Die Kärtchen auf S. 37 bearbeiten

- L. und SuS sprechen über Morgengrüße und entsprechende kurze Dialoge, s. auch SB S. 37, passend dazu Folie 15.
- L. hängt DIN-A3-Plakate mit den Bausteinen B, G und F aus SB S. 37 auf und spricht betont: „Gu – ten Mor – gen". Ggf. Melodieverlauf mit der Hand anzeigen.
- SuS ordnen zu. Ergebnis: Baustein G.
- Analyse des Bausteines G mit den SuS.

Ergebnis:

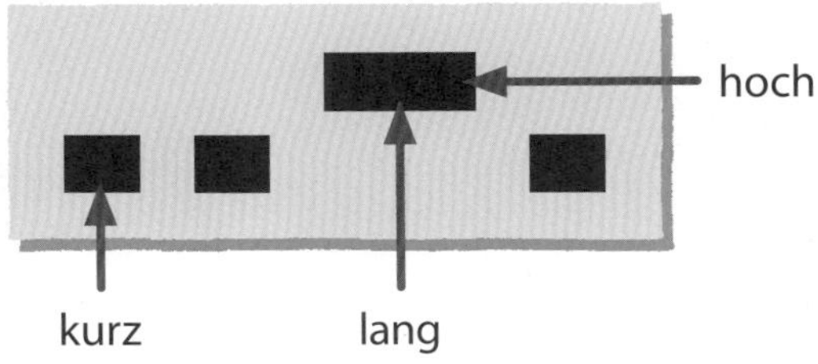

- Zuordnung der Silben an der Tafel.
  Ergebnis:

Gu - ten Mor - gen

- Ebenso mit Baustein B und F verfahren.
- Auf Tonlängen achten und die Namen akzentuiert sprechen. Das Sprechen durch rhythmisches Silben-Klatschen unterstützen.

5. Mit AH 1 S. 6 das Wissen vertiefen und festigen

- AH 1 S. 6 betrachten und die Instrumentennamen nennen.
- L. spricht Instrumentennamen akzentuiert vor, SuS sprechen nach, z. B. Trom – pe – te (kurz – lang – kurz).
- L. spricht Instrumentennamen akzentuiert vor und klatscht dabei im Sprechrhythmus mit. Die SuS sprechen und klatschen nach.
- Die SuS schneiden die Kärtchen aus dem Ausschneidebogen (AH 1 S. 31) aus.
- In Partnerarbeit ordnen sie die Kärtchen den entsprechenden Abbildungen zu.
- Ergebnisse besprechen und umsetzen (sprechen und klatschen), dann die Kärtchen unter den Abbildungen einkleben.
  Lösung: L AH 1 S. 281/S. 307.

6. Die Texte den grafischen Notationen zuordnen

- L. spricht die Texte (SB S. 37, rote Kärtchen) vor. Den Tonhöhenverlauf mit der Hand anzeigen. SuS sprechen und zeigen nach.
- Einzelne SuS sprechen und zeigen, L. und SuS sprechen und zeigen nach.
- Wenn alle SuS alle Bausteine sicher gesprochen und angezeigt haben, zeigt L. den Tonhöhenverlauf einzelner grafischer Bausteine ohne zu sprechen. SuS finden heraus, um welchen Text es sich handelt.
- Das erste rote Kärtchen wird im Plenum der entsprechenden blauen Karte zugeordnet.
  Lösung:
  Rotes Kärtchen 1 passt zu blauem Kärtchen G.
- In Partnerarbeit bearbeiten die SuS Aufgabe 7 im SB S. 37. Es kann hilfreich sein, die Lösung gemeinsam mit den SuS zu notieren.
  Lösung:
  1 G, 2 F, 3 D, 4 E, 5 A, 6 C, 7 H, 8 B

7. Auch eigene Morgengrüße und kleine Dialoge erfinden und umsetzen

- In Partnerarbeit entwickeln SuS eigene Morgengrüße und/oder kurze Dialoge.
- Ergebnisse vortragen und dabei ausdrucksvoll sprechen.

Erweiterung

Im zweiten Schuljahr können die grafischen Notationen von einzelnen SuS mit einem Melodieinstrument gespielt werden. Die Klasse ordnet die Texte zu.

Guten Morgen, liebe Sonne

zu Seite 38

Überblick

- Ein Guten-Morgen-Lied lernen
- Ein Vor-, Zwischen- und Nachspiel einüben
- Über das Aufwachen und Aufstehen sprechen

Organisation

- CD A 58
- CD 1 Nr. 19
- Blockflöte oder anderes Melodieinstrument, Metallofon, Becken

Anmerkung

Das Lied bietet sich gut für das morgendliche Singen vor dem Unterrichtsbeginn an. Das Vor-, Zwischen- und Nachspiel übernimmt eine Gruppe, die anderen SuS singen.

Unterrichtsverlauf

1. Einstieg

- Die SuS hören das Lied (L. oder CD A 58).
- Gespräch über den Text und Begriffsklärung (z. B. Hag = eingezäuntes Gelände).

2. Einübung des Liedes

- L. spricht den Liedtext im Melodierhythmus vor. Die SuS sprechen nach. Anregungen s. DmG S. 5 ff.
- Mit den weiteren Strophen genauso verfahren.
- Evtl. Strophen zunächst auf Gruppen verteilen.
- Auch zur Play-back-CD (CD 1 Nr. 19) singen.

3. Einübung des Vor-, Zwischen- und Nachspiels

- L. pfeift die Melodie (Blockflötenstimme) und klatscht den Rhythmus der Metallofonstimme. Die SuS klatschen mit.
- Nur den Rhythmus klatschen, dabei die Notennamen der Metallofonstimme sprechen.
  Obere Stimme: c c c c c c c
  Untere Stimme: f f f f f c f
- Über Einzelheiten sprechen, z.B. Schwierigkeitsgrad (leicht, weil kaum Änderungen), Besonderheiten (in welchem Takt muss besonders aufgepasst werden -> vorletzter Takt).
- L. pfeift erneut die Melodie, SuS klatschen und sprechen die Notennamen.
- Die Metallofon- und Beckenstimme üben alle SuS ein. Anregungen s. DmG S. 10 ff.
- Die Blockflötenstimme übernehmen fortgeschrittene SuS.

4. Gespräch über das Aufwachen und Aufstehen

- Einzelne SuS berichten über das Aufwachen und Aufstehen.
- Impulse: „Klappt das Aufwachen/Aufstehen gut?"; „Fällt es euch schwer?"; „Was hilft euch?"; „An was denkt ihr?"; „Seid ihr eher gut oder eher schlecht gelaunt?"; „Was braucht ihr beim Aufwachen und Aufstehen auf jeden Fall?"; „Wann fällt euch das Aufwachen und Aufstehen schwer?"

Überblick

- Die „Morgenstimmung" aus der Peer-Gynt-Suite von Edvard Grieg kennenlernen
- Erstes Kennenlernen von Querflöte und Oboe
- Ein Musikstück an einem Verlaufsplan verfolgen und anzeigen
- Zu einem Musikstück eine Bewegungsgestaltung entwickeln

Organisation

- CD A 59
- AH 2 S. 3
- Folie 16
- Blaue, gelbe und rote Chiffontücher
- Leere Wortkarten
- Internetzugang

Anmerkung

1867 schrieb Henrik Ibsen (1828 – 1906) das dramatische Gedicht „Peer Gynt". Als Vorlage dienten ihm diverse norwegische Märchen. Jahre später schrieb er ein auf dem Gedicht basierendes Theaterstück, das 1876 uraufgeführt wurde.

Die Bühnenmusik dazu komponierte Edvard Grieg (1843 – 1907). 1888 und 1891 stellte er daraus zwei Orchestersuiten zusammen. Der 1. Satz der Peer-Gynt-Suite Nr. 1 trägt den Titel „Morgenstimmung". Darin wird der Beginn eines Tages durch den Sonnenaufgang beschrieben.

Ablauf: Die Querflöte trägt das viertaktige Thema vor. Die anderen Blasinstrumente begleiten mit ruhigen Akkorden. Dann übernimmt die Oboe das Thema, begleitet von leisem Streicherklang. Danach wiederholt die Querflöte das Thema in einer höheren Lage, gefolgt von der Oboe in einer noch höheren Lage. Die Lautstärke nimmt nach und nach zu. Querflöte und Oboe wechseln sich nun in immer kürzeren Abschnitten beim Spielen des Themas ab, bis das ganze Orchester einsetzt und die Streicher das Thema übernehmen. Vgl. dazu den Verlaufsplan im SB S. 39 bzw. auf Folie 16.

Da die SuS das Thema der „Morgenstimmung" auch spielen sollen, wurde es etwas vereinfacht (F-Dur, keine Verzierungen).

Das Thema der „Morgenstimmung" ist möglicherweise einigen SuS bekannt, da es immer wieder in der Werbung verwendet wird. Ebenso gibt es eine Reihe von Adaptionen in der Popmusik.

Unterrichtsverlauf

1. Einstieg

- Zur gemeinsamen Erarbeitung der Seite bietet sich der Einsatz von Folie 16 an.
- SuS beschreiben das Foto im SB S. 39 und nennen den Begriff „Sonnenaufgang".
- L. geht auf die beiden Instrumentenabbildungen ein. SuS stellen den Bezug Sonnenaufgang – Musik her.

2. Erste Begegnung mit der Musik

- Die SuS nehmen eine bequeme Hörhaltung ein und hören ohne Vorgespräch das HB (CD A 59).
- Die SuS stellen einen Bezug zwischen Foto und Musik her. Mögliche Äußerungen: „In der Musik ist es wie bei einem Sonnenaufgang. Es wird immer heller."; „Von der Nacht zum Tag."; „Die Melodie ist wie die Sonne."; „Es wird höher."; „Wenn der Tag kommt, wird es auch lauter."
- Die Äußerungen der SuS hält L. stichwortartig auf Karten fest.
- SuS hören erneut die Musik, um die vom L. notierten Äußerungen zu verifizieren.

3. Die melodieführenden Instrumente Querflöte und Oboe

- Eine wichtige Voraussetzung für die Auseinandersetzung mit den Melodieinstrumenten ist, dass die SuS das Thema der „Morgenstimmung" gut kennen. Daher hören die SuS das HB (CD A 59) erneut und verfolgen den Melodieverlauf mit der Hand.
- Zur Festigung spielt L. drei Melodien auf einem Melodieinstrument vor. Eine davon ist das richtige Thema, das die SuS als solches erkennen.
- SuS hören CD A 59 erneut und stellen fest, dass sich Querflöte und Oboe abwechseln.
- Hier bietet sich eine vertiefende Auseinandersetzung mit Querflöte und Oboe an. Im Idealfall bringt L. beide Instrumente mit in den Unterricht. Auch Abbildungen können helfen. Mit dem Mediencode www.rondoweb.de/20 gelangen die SuS direkt zur Instrumenten-Show der RONDO-Webseite www.rondoweb.de. Dort können sich die SuS über beide Instrumente informieren und ein weiteres Hörbeispiel hören.
- Die SuS hören wieder CD A 59. Ist die Querflöte zu hören, zeigen sie auf das Querflöten-Foto im SB S. 39. Ist die Oboe zu hören, dann zeigen sie auf das Oboen-Foto.

- Noch einmal CD A 59 hören. Ist die Querflöte zu hören, nehmen die SuS die Querflöten-Spielhaltung ein. Hören sie die Oboe, dann nehmen sie die Oboen-Spielhaltung ein (vgl. Fotos im SB S. 39). Die SuS stellen fest, dass sich Querflöte und Oboe gegen Ende des ersten Teils in immer kürzeren Abständen abwechseln.

4. Die Musik am Verlaufsplan mitzeigen

- Die SuS beschreiben den Verlaufsplan im SB S. 39 und setzen ihn in Bezug zur Musik. Mögliche Äußerungen: „Man sieht, wie sich Querflöte und Oboe abwechseln."; „Am Ende wird gezeigt, wie das Orchester einsetzt."; „Es ist sichtbar, dass es am Ende lauter wird, weil der Schlauch breiter wird."; „Wir haben festgestellt, dass sich Querflöte und Oboe am Ende immer schneller abwechseln. Das sieht man hier sehr gut."
- SuS hören CD A 59 erneut und zeigen den Verlauf der Musik am Verlaufsplan an. Mehrmals wiederholen. Das Ende des Verlaufsplans wird auf der CD bei ca. 1:17 min erreicht.
- Nach und nach mitsingen (Querflöte auf „du", Oboe auf „no").

5. Die Musik in eine Bewegungsgestaltung umsetzen

- Die SuS betrachten im SB S. 39 und ordnen die Farben zu. Sie stellen fest: Blau gehört zur Querflöte, rot gehört zur Oboe und gelb gehört zum Orchester.
- Die SuS teilen sich in drei Gruppen auf und erhalten Chiffontücher in den entsprechenden Farben. Anschließend verteilen sie sich im Raum.
- Wenn die Querflöte ertönt, schwingen die SuS die blauen Tücher. Spielt die Oboe, dann werden die roten Tücher geschwungen. Ist das Orchester zu hören, dann schwingen die SuS die gelben Tücher.
- Bewegungsgestaltung gemeinsam mit den SuS auswerten. Die Bewegungen sind zu Beginn ruhig, getragen, lang gezogen. Später, wenn die Lautstärke zunimmt und sich Querflöte und Oboe immer schneller abwechseln, werden die Bewegungen schneller, kürzer und dynamischer. Am Ende, wenn die gelben Tücher dazukommen, werden es wieder ruhigere, getragenere Bewegungen.

6. Vertiefung

AH 2 S. 3 bearbeiten. Lösung: L AH 2 S. 291/S. 317.

Erweiterung

Die Bewegungsgestaltung aufführen (Schulfest, Einschulungsfeier ...).

Überblick

- Ein Lied zum Thema „Sterne“ lernen
- Eine Klang- und Bewegungsgestaltung zum Lied ausführen

Organisation

- CD A 60
- CD 1 Nr. 20
- Metallofon, Xylofon, Becken und Triangel
- Gelbes/goldenes Papier, Kleber

Anmerkung

Stimmungsvoll ist es, wenn dieses Lied in einem etwas abgedunkelten Raum gesungen wird.

Das Lied muss sorgfältig eingeübt werden, da es nicht frei von Problemstellen ist.

Problemstelle 1:

Problemstelle 2:

Zu Problemstelle 1: Die Melodie ist in der ersten und zweiten Zeile bis auf einen Ton identisch. Oft werden diese beiden Töne verwechselt, insbesondere dann, wenn das Lied mehrmals hintereinander gesungen wird.

Zu Problemstelle 2: Die Melodie erreicht hier Höhen, die einigen SuS beim Singen Schwierigkeiten bereiten. Ferner ist der Sprung von der letzten Note des vorangestellten Taktes (a‘) zum ersten Ton des Problemtaktes schwer zu singen.

Unterrichtsverlauf

1. Einstieg

- Den Text im Melodierhythmus gemeinsam sprechen.
- Über den Textinhalt sprechen (Sterne, Nacht, einschlafen usw.)

2. Einübung des Liedes

- CD A 60 hören. SuS singen nach und nach mit.
- Ohne CD singen, den Melodieverlauf mit der Hand anzeigen.
- Problemstellen isoliert behandeln.

  Problemstelle 1: Die beiden ersten Zeilen singen, dabei den Melodieverlauf mit der Hand anzeigen. Dabei den hohen Ton der zweiten Zeile (d´´) gestisch deutlich untermalen. Zusätzlich kann das Notenbild im SB S. 40 betrachtet werden. Wenn die SuS sehen, was sie hören, können sie den Sachverhalt besser verstehen. Hilfreich ist es auch, wenn L. den Melodieverlauf grafisch notiert (große Punkte entsprechend der Position der Noten). Während des Singens verfolgen die SuS mit dem Finger auf der Seite den Melodieverlauf.

  Problemstelle 2: Den Sprung vom a´ zum d´´ mehrmals singen, auch auf Silben. Dabei den Melodieverlauf mit Handbewegungen unterstützen. Das Singen in höheren Lagen bedarf in jedem Fall zusätzliche Übungen (vgl. SB Kap. 5 „Stimmbildung – Spiele mit der Stimme“).
- Weitere Anregungen s. DmG S. 5 ff.
- Das Lied mehrmals singen, auch zur Play-back-CD (CD 1 Nr. 20).

3. Die Bausteine A bis D einüben

- Zum Lied (CD A 60) spielt L. nacheinander die Bausteine A bis D vor. So bekommen die SuS einen ersten Klangeindruck.
- L. und SuS sprechen nacheinander die Notennamen bzw. -werte der vier Bausteine im Rhythmus und imitieren die entsprechenden Spielbewegungen. Danach zu CD A 60.
- Einzelne SuS spielen die Begleitungen vor. Bei wem das Vorspiel notengetreu und sicher klingt, der wird zum „Gruppenleiter“.
- Die Klasse wird in 5 Gruppen aufgeteilt (2 Metallofone, ein Xylofon, eine Triangel, ein Becken).
- Die SuS üben in ihren Gruppen. Dazu hin und wieder das Lied (CD A 60) einspielen, sodass die Gruppen den Gesamtkontext im Ohr behalten.
- Nach etwa 5 bis 7 min werden die Instrumente weitergereicht, bis jede Gruppe einmal jedes Instrument gespielt hat.

- Weitere Anregungen s. DmG s. 15 ff.

4. Ein Klang- und Bewegungsspiel gestalten

- Die SuS bewegen sich zum Lied (CD A 60) frei im Raum umher.

  Impulse: „Alle gehen passend zur Musik leise durch den Raum."; „Bildet kleine Gruppen und geht im Kreis."; „Bildet mit der ganzen Klasse eine Schlange und geht ganz leise durch den Raum."
- Dabei kann auch die Musik leiser gestellt werden. Das erhöht die Aufmerksamkeit der SuS.
- Weiter zum Lied (CD A 60) durch den Raum gehen, jetzt aber mit den selbst gebastelten Sternen (Bastelanleitung s. u.) in den Händen. Darauf achten, dass die SuS nicht nur die Musik, sondern auch den Text umsetzen (Stern hochhalten, Stern langsam bewegen usw.).
- Möglicher Ablauf eines Klang- und Bewegungsspiels:

  Vorspiel: Baustein A spielen und Bausteine B bis D nacheinander hinzufügen.

  Hauptteil: Das Lied mehrmals singen und mit den Bausteinen begleiten. Sich dazu mit den Sternen in den Händen bewegen, z.B. 8 Schritte im Kreis gehen, sich drehen, jeweils 4 Schritte in die Mitte und zurück gehen.

  Nachspiel: Die Bausteine in umgekehrter Reihenfolge ausklingen lassen.

Bastelanleitung für einen Faltstern:

Material:
gut faltbares, gelbes oder goldenes Papier, Kleber

Vorbereitung:
L. schneidet für jedes Kind ein Quadrat aus.

Anleitung:

1. Das Papier in der Mitte zusammenfalten und wieder aufklappen.
2. Dann das Papier um 90 Grad drehen, wieder in der Mitte zusammenfalten und wieder aufklappen.

3. Alle vier Ecken zur Mitte hin knicken.

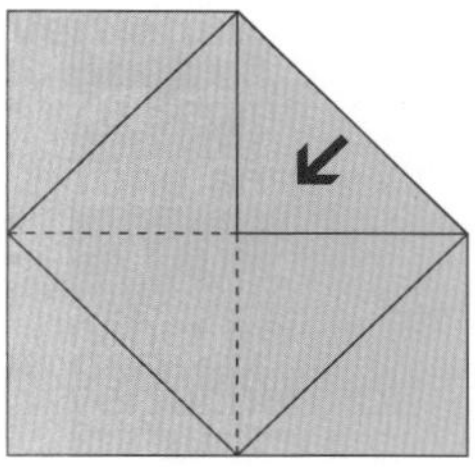

4. Nun jede Ecke an der Spitze fassen und nach außen falten, sodass etwa 2/3 der Ecke über den Rand hinausragen.

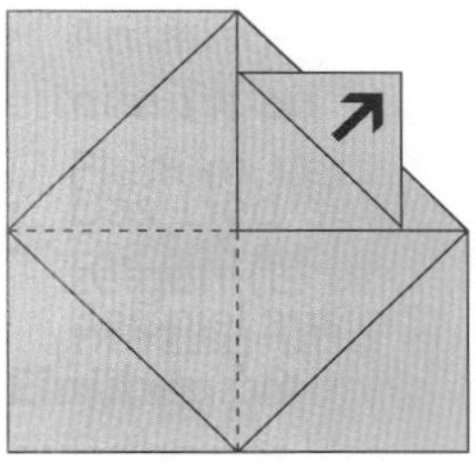

5. In die dadurch entstandenen Falten etwas Kleber geben und leicht andrücken.

Überblick

- Einen Rap sprechen und mit Körperinstrumenten begleiten
- Den Rap zu einer Aufnahme mitsprechen und den Refrain singen

Organisation

- CD A 61, 62

Anmerkung

Die Hip-Hop-Bewegung hat ihren Ursprung in den Ghettos von New York. Im Stadtteil Bronx, wo Verarmung und starke soziale Spannungen vorherrschen, wurden in den 1970er-Jahren erste Formen dieser Jugendkultur sichtbar. Zum Hip-Hop gehören Rap, Djing und Breakdance.

Mittlerweile ist der Rap schon fast Bestandteil des Establishments. So wurde es auch möglich, dass inhaltlich harmlose Rapstücke Einzug in Schulen, Kindermusikproduktionen usw. gefunden haben.

Unterrichtsverlauf

1. Einstieg

- L. spricht mehrmals den gesamten Text und patscht und schnipst dazu, z. B.:

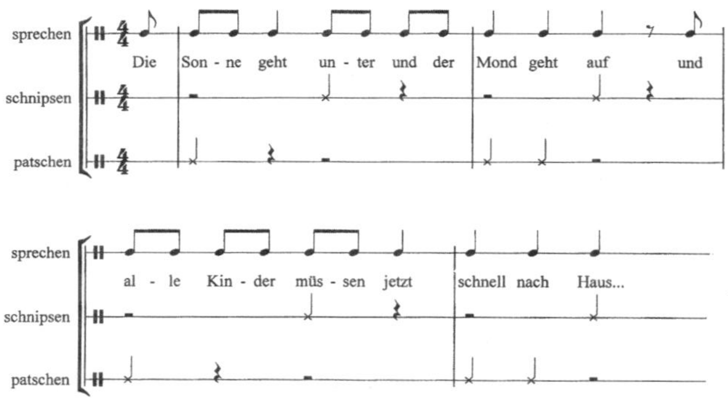

- Die SuS machen nach und nach mit. Statt zu schnipsen, können die SuS auch klatschen.
- Das Sprechen und die Bewegungen gemeinsam zu CD A 61 ausführen.

2. Den Rap zur Musik ausführen

- Die SuS hören den Rap (CD A 62) und sprechen die schon bekannte Strophe mit.
- L. spricht Strophe 2 und patscht und schnipst dazu. Die SuS machen nach und nach mit.
- Immer wieder zu CD A 62 probieren.
- Genauso mit Strophe 3 verfahren.
- Die Klasse wird in drei Gruppen aufgeteilt. Gruppe 1 übernimmt die erste Strophe, Gruppe 2 die zweite und Gruppe 3 die dritte.

Erweiterung

Einzelne SuS können HipHop-Bewegungen ausführen (vgl. SB S. 83 und 161).

9. Herbst

Überblick

- Ein Herbstlied lernen
- Zu einem Lied tanzen und mit Instrumenten spielen

Organisation

- CD A 63
- CD 1 Nr. 21
- AH 1 S. 7, 8
- KV 12, 13
- Xylofon, Metallofon, Schellenstab
- Ausreichend Platz zum Tanzen

Anmerkung

Mit diesem beliebten Lied begrüßen die SuS singend, tanzend und auf Instrumenten spielend den Herbst.

Den Liedtext lernen die SuS schnell, weil in allen Strophen die erste und die letzte Zeile gleich sind. In der zweiten Zeile wird jeweils nur ein Wort ausgetauscht.

Unterrichtsverlauf

1. Einstieg

- L. legt mehrere Blätter in Herbstfärbung auf den Tisch.
- SuS beschreiben die Blätter und finden einen Bezug zur Jahreszeit Herbst.
- L. bittet SuS, einen Bezug zwischen Herbst und Musik herzustellen.

  Mögliche Äußerungen: „Es gibt viele Herbstlieder.“; „Regen und Wind klingen manchmal wie Musik.“; „Das Rascheln der Herbstblätter kann man mit Instrumenten nachmachen.“

2. Das Lied lernen

- Die SuS hören das gesamte Lied (L. oder CD A 63).
- Gespräch über den Text.

  Impulse: „Wie wird das Herbstwetter beschrieben?“; „Was kann im Herbst geerntet werden?“
- Auch über das Drachensteigenlassen sprechen.
- L. spricht den Liedtext betont im Melodierhythmus, die SuS sprechen nach und nach mit. Diese Phase ist sehr wichtig, weil die SuS hier auf den Auftakt (Achtelnote am Anfang) aufmerksam werden. Ggf. kann es hilfreich sein, den Text an die Tafel zu notieren und die betonten Worte zu unterstreichen. Durch den Auftakt ist es nicht das erste, sondern das zweite Wort, das betont wird.
- Zeilenweises Vor- und Nachsingen der ersten Strophe.
- Ähnlich mit den Strophen 2 und 3 verfahren. Dabei mit den SuS über Lernhilfen für den Text sprechen (s. Anmerkung).
- Ggf. können Strophenbilder als Merkhilfe eingesetzt werden. Anregungen s. DmG S. 5 ff.
- KV 12, 13 bearbeiten.
- Das gesamte Lied singen und den Melodieverlauf mit der Hand anzeigen.
- AH 1 S. 7 zur Festigung der Melodie bearbeiten. Lösung: L AH 1 S. 281/S. 307.
- Mit dem Ziel, den Text zu festigen, bearbeiten die SuS Aufgabe 2 im AH 1 S. 8.
- Anschließend das gesamte Lied singen (L. begleitet mit Instrument oder CD A 63 oder CD 1 Nr. 21).

3. Das Lied mit Instrumenten begleiten

- Damit die SuS eine Klangvorstellung haben, spielt L. alle drei Begleitungen (A, B, C) zu CD A 63 vor. Dazu legt L. alle Instrumente griffbereit vor sich.
- Die instrumentale Liedbegleitung im Plenum einüben und in Gruppenarbeit festigen. Anregungen s. DmG S. 26 f.
- Darauf achten, dass der Auftakt (Achtelnote am Anfang) nicht begleitet wird (Teil A, Xylofonbegleitung).
- Die instrumentale Begleitung mehrmals zum Lied spielen (L. singt und spielt, CD A 63 oder CD 1 Nr. 21).
- Alternativ kann die Begleitung zu Teil C in Halben Noten gespielt werden: Takt 1 = f, Takt 2 = f, Takt 3 = c, Takt 4 = f.

4. Zum Lied tanzen

- Die SuS betrachten die drei Bilder im SB S. 42 und entnehmen daraus die Anleitung zum Tanz.
- Die Klasse in 5 bis 7 Gruppen einteilen.
- Die Gruppen verteilen sich im Raum.
- L. spricht den Text im Melodierhythmus, die SuS führen die Bewegungen aus.
- Den Tanz zu CD A 63 ausführen.
- Abschließend die Klasse in drei Gruppen aufteilen (Sänger, Instrumentalisten und Tänzer) und das Ganze vorführen.

Überblick

- Ein Erntedanklied lernen
- Ein Lied mit Instrumenten begleiten
- Brotbacken oder einen Erntedankkorb basteln

Organisation

- CD A 64
- CD 1 Nr. 22
- Metallofon
- Backzutaten
- Bastelmaterialien

Anmerkung

Nach der Ernte im Herbst wird in vielen Teilen der Welt ein Fest ausgerichtet (Erntedankfest), bei dem Gott für die Ernte gedankt wird. Dieses Fest findet oft in einer Kirche statt. Zu diesen Feiern bringen die Menschen Früchte, Gemüse, Getreide und andere Lebensmittel in dekorativ angerichteten Körben mit. Es soll an die Arbeit auf dem Feld gedacht werden und daran, dass es nicht allein in der Hand des Menschen liegt, dass jedes Jahr ausreichend Nahrung geerntet werden kann. Oft werden die Körbe nach dem Erntedankfest an Bedürftige oder an karitative Einrichtungen verteilt.

Für das Backen und/oder Basteln empfiehlt es sich, fächerübergreifend zu arbeiten.

Unterrichtsverlauf

1. Einstieg

- SuS beschreiben das Bild im SB S. 43.
- Gespräch über das Erntedankfest (s. Anmerkung).

2. Begegnung mit dem Lied

- Die SuS hören das Lied (L. oder CD A 64).
- Gespräch über den Text. Dabei stellen die SuS einen Bezug zwischen dem Text und dem Gespräch in der Einstiegsphase her.
- Das Lied hören (L. oder CD A 64) und nach und nach dazu singen. Hilfreich kann es sein, wenn SuS und L. den Melodieverlauf mit der Hand anzeigen.
- Eine kleine Gruppe beginnt mit dem Lied und singt es mehrmals hintereinander. Weitere Gruppen stimmen nach und nach mit ein, bis am Ende die ganze Klasse das Lied singt.
- Das Lied zur Play-back-CD (CD 1 Nr. 22) singen.

3. Das Lied mit Instrumenten begleiten

- Zu CD A 64 spielt L. die Metallofonbegleitung vor.
- Die Metallofonbegleitung im Plenum einüben. Anregungen s. DmG S. 15 ff.

Erweiterung

Rezept für Vollkornbrot:

Zutaten:

1 Würfel Hefe
450 ml lauwarmes Wasser
500 g Weizenvollkornmehl
50 g Sonnenblumenkerne
50 g Sesamkörner
50 g Leinsamen
2 TL Salz
2 EL Obstessig

Zubereitung:

Die Hefe mit dem Wasser mischen. Alle anderen Zutaten hinzufügen und alles gut durchkneten. Den Teig in eine gefettete Form füllen. Die Form in den nicht vorgeheizten Backofen schieben. Das Brot eine Stunde lang bei 200 Grad backen.

Danach das Brot aus der Form lösen und abkühlen lassen.

Guten Appetit!

Bastelanleitung für Erntedankkorb:

Material:

Korb
Trockensteckmasse
Holzspieße
Maiskolben, Kartoffeln, Birnen, Äpfel, Möhren, Tomaten, Zwiebeln, Sonnenblume, Dahlie, Kohlblätter

Bastelanleitung:

Die Trockenmasse in den Korb legen. Die Kartoffeln, Zwiebeln, Möhren und Äpfel oder Birnen auf Holzspieße spießen und in der Steckmasse arrangieren. Die Kohlblätter außen in die Steckmasse stecken, sodass die Blätter über den Korbrand ragen. Die Maiskolben in die Lücken legen. Einen Maiskolben an einem Ende auf einen Holzspieß spießen und in die Mitte des Korbes deponieren. Die Tomaten verteilen und die Blumen zur Dekoration an den Rand stecken.

Überblick

- Ein Herbstlied lernen
- Ganzheitliche musikalische Erfahrungen sammeln (singen, musizieren, sich bewegen, etwas szenisch gestalten)
- Einzelne Szenen aufnehmen und auswerten
- Ein szenisches Spiel aufführen

Organisation

- CD A 65
- CD 1 Nr. 23
- Folie 17
- Blockflöte
- Instrumente und Klangobjekte für die Klanggestaltung
- Chiffontücher
- Ausreichend Platz für die Klanggestaltung

Anmerkung

Vom Lied ausgehend soll ein Klangspiel entwickelt werden, das zur Aufführung gebracht werden soll. Unterstützt wird der Gestaltungs- und Übungsprozess durch die Auswertung selbst erstellter Aufnahmen.

Unterrichtsverlauf

1. Einstieg

- L. und SuS sammeln Herbstblätter.
- Mit den Herbstblättern experimentieren, z. B. in die Luft werfen und zu Boden fallen lassen, in die Hände legen und sanft wegpusten, leise damit rascheln.
- Die SuS verteilen sich im Raum und bewegen sich wie Blätter im Wind (erst nur mit den Händen, dann mit dem ganzen Körper). Dazu CD A 65 hören.
- Das Lied noch einmal hören und über den Text sprechen.

2. Das Lied lernen

- L. spricht den Text beider Strophen im Melodierhythmus vor und unterstützt den Sprechrhythmus durch leises Klatschen auf zwei Fingern (Zeige- und Mittelfinger der rechten Hand auf Zeige- und Mittelfinger der linken Hand). Die SuS machen nach und nach mit (Sprechen und leises Klatschen).
- L. singt das Lied zeilenweise vor, SuS singen nach.
- Anregungen zur Festigung s. DmG S. 5 ff.
- Das Lied zur Play-back-CD (CD 1 Nr. 23) singen.

3. Eine Klanggestaltung erfinden

- Gemeinsam die Zeichnung im SB S. 44 oben betrachten und besprechen.
- 4 bis 5 Gruppen bilden.
- Die SuS erzeugen Wind- und Blättergeräusche mit Instrumenten (z. B. Handtrommel, Flöte, Lotusflöte, Metallofon, Triangel, Rassel), Klangobjekten (z. B. Zeitungspapier, leere Flaschen) und der Stimme (z. B. summen, pusten, zischen). Anregungen zur Gruppenarbeit s. DmG S. 26 f.
- Nach der Präsentation und Auswertung der einzelnen Gruppenergebnisse bietet es sich an, die Klanggestaltung mit dem Lied zusammen vorzutragen. Beispiel: Klanggestaltung = Gruppe 1 – Lied = alle – Klanggestaltung = Gruppe 2 – Lied = alle – Klanggestaltung = Gruppe 3 – Lied = alle usw.

4. Das Vor-, Zwischen- und Nachspiel der Blockflöte

- Dieses Vor-, Zwischen- und Nachspiel können SuS übernehmen, die ein Melodieinstrument beherrschen. Es kann ein Keyboard, eine Gitarre, ein Stabspielinstrument und/oder eine Blockflöte verwendet werden.
- Die SuS lernen dieses Vor-, Zwischen- und Nachspiel zu Hause auf ihrem Instrument.
- Selbstständig suchen diese SuS nach melodischen Alternativen (s. unvollständiger Takt 3).
- Es kann sich aber auch anbieten, den SuS einen Tonvorrat mitzugeben. Aus diesem Vorrat entnehmen die SuS Anregungen für ihre eigenen Melodien. Die zu verwendenden Töne sind f, g, a und c. Diese Töne können in beliebiger Reihenfolge gespielt werden. Sie können einmal oder mehrmals gespielt werden. Das Ende des Vor-, Zwischen- und Nachspiels sollte entsprechend der Vorlage (SB S. 44) übernommen werden.
- Um sich der musikalischen Ausgestaltung des szenischen Spiels zu nähern, kann schon an dieser Stelle die Klanggestaltung, das Vor-, Zwischen- und Nachspiel und das Lied zusammen vorgetragen werden.
  Beispiel: Klanggestaltung – Vorspiel – Lied Strophe 1 – Zwischenspiel – Lied Strophe 2 – Nachspiel – Klanggestaltung

5. Das szenische Spiel einüben

- Zurückgreifend auf die Einstiegsphase erhalten die SuS Chiffontücher und verteilen sich im Raum. Zu CD A 65 bewegen sich alle SuS wie Bäume im Wind.
- Um Ideen für das szenische Spiel zu sammeln, teilt L. die Klasse in zwei Gruppen (Windgruppe, Baumgruppe).
- Zu CD A 65 bewegen sich die Gruppen entsprechend ihrer Zuordnung (Wind, Baum).
- Gespräch über Erfahrungen, Ergebnisse, Ideen, Vorschläge. Sich Zeit lassen und auch einzelne SuS Bewegungen vormachen lassen.
- Die Gruppen tauschen und unter Einbeziehung des vorangegangenen Gesprächs erneut zu CD A 65 Bewegungen ausführen.
- SuS beschreiben die Bilder A, B und C im SB S. 45 und lesen die Anweisungen (passend hierzu Folie 17).
- Das szenische Spiel erproben. Auch Vorschläge der SuS einbeziehen. Beispiel: Am Ende können sich Wind und Blätter von der Bühne ganz entfernen, sodass nur die Bäume (ohne Blätter) zurückbleiben.
- SuS betrachten den Verlaufsplan im SB S. 45 unten. Fragen klären. Hilfreich ist es, wenn L. den Verlaufsplan auf ein Plakat notiert oder Folie 17 verwendet. So können sich die SuS beim Spielen gut orientieren.
- Einzelne Szenen aufzeichnen und besprechen. Anregungen s. DmG S. 24 f.
- Es ist wichtig, dass die Klanggestaltung gegen Ende leiser wird.

6. Eine Aufführung planen, durchführen und auswerten

- Das szenische Spiel bietet sich gut für eine Aufführung an, z.B. vor Eltern, zur Einschulungsfeier oder vor einer Parallelklasse zum Herbstbeginn.
- Anregungen dazu s. DmG S. 25 f.

Überblick

- Ein Herbstlied lernen
- Eine Nebelmusik mit Instrumenten erfinden und als Vor- und Nachspiel einsetzen
- Das Lied auf dem Metallofon begleiten
- Eine Bewegungsgestaltung zum Lied gestalten

Organisation

- CD A 66
- CD 1 Nr. 24
- AH 1 S. 9
- Blockflöte, Metallofon, Becken, Handtrommel und weitere Instrumente und Klangobjekte
- Chiffontücher

Anmerkung

Zu Beginn dieser Unterrichtseinheit sollte ein Gespräch über den Nebel stattfinden. L. muss auf kindgerechte Art und Weise auf die Fragen der SuS antworten können. Beispiel: Wie entsteht Nebel? Ausgehend von den eigenen Erfahrungen der SuS kann der Vergleich mit der Natur gezogen werden. Nebel entwickelt sich, weil sich die warme und feuchte bodennahe Luft abkühlt. Da die kühle Luft nach unten sinkt, entwickelt sich Nebel zunächst in Tälern sowie dicht über dem Boden. Vor allem im Herbst entsteht Nebel, weil die Nächte dann kühler werden. Alles klingt gedämpfter. Oft kommt das Gefühl auf, alles bewegt sich langsamer.

Unterrichtsverlauf

1. Einstieg

- SuS beschreiben den Nebel. Bewegt er sich? Fällt er? Steigt er? Verdeckt er die Sonne?
- L. singt das Lied vor (oder CD A 66).
- SuS sprechen über den Text.

2. Eine Nebelmusik erfinden

- L. spricht den Text abschnittsweise (s. Atemzeichen im Notensatz) im Melodierhythmus langsam und leise vor.
- Die SuS sprechen nach.
- Nun den Text gemeinsam leise und deutlich artikuliert sprechen.
- Die Textpassagen „... walle über Baum und Strauch“, „... fliege hin ins weite Land“, „... fliege über Tal und Höhn“, „... lass die goldne Sonne sehn“ mit entsprechenden Hand-, Arm- und Körperbewegungen unterstreichen. Dies unterstützt das Sprechen und bildet die Grundlage für die spätere Gestaltung mit den Chiffontüchern.
- Das Ende („Ne – bel“) lang ausklingen lassen.
- Angeregt durch das Gespräch über Nebel, den Textinhalt und den gemeinsamen Vortrag kann nun mit der Nebelmusik begonnen werden. Dazu eignet sich die Gruppenarbeit (eine Gruppe besteht aus 4 SuS).
- Die SuS nehmen sich bereitliegende Instrumente und erproben „Nebelklänge“ in ihren Gruppen. Beispiele: Mit der flachen Hand über das Fell der Handtrommel reiben. Auf dem Metallofon einzelne Töne (f – g – a – c – d – f) sanft erklingen lassen. Vereinzelt auf das Becken mit einem weichen Filzschlägel schlagen und lange ausklingen lassen. Die Blockflöte spielt ebenfalls die Töne a und c.
- Es können auch Klangobjekte einbezogen werden. Beispiele: Papier sanft und ruhig in der Luft hin und her bewegen. Sehr leise in eine leere Flasche blasen.
- Gegen Ende der Nebelmusik setzt sich langsam die Sonne durch. Dies wird durch das Becken dargestellt. Das Becken ertönt dann lauter werdend und mit geringeren Tonabständen.

3. Das Lied lernen

- L. singt das Lied vor (oder CD A 66) und zeigt den Melodieverlauf mit der Hand an. Die SuS machen nach und nach mit.
- Gespräch über das Anzeigen des Melodieverlaufs mit der Hand: Der Melodieverlauf passt gut zur Textaussage. Diese Erkenntnis hilft den SuS bei der späteren Gestaltung des Bewegungsspiels mit den Chiffontüchern.
- Zur Unterstützung für die bildhafte Vorstellung von Melodieverläufen AH 1 S. 9 bearbeiten. Durch die Hinzunahme weiterer Lieder auf dieser AH-Seite wird der Lernprozess deutlich gesteigert, weil die SuS Vergleiche ziehen können. Lösung: L AH 1 S. 282/S. 308.
- Das Lied mehrmals ausdrucksvoll, aber leise und sachte singen, auch zur Play-back-CD (CD 1 Nr. 24).

4. Das Lied mit Instrumenten begleiten

- Über die Liedteile A, B und C sprechen, z.B. bzgl. Erkennungsmerkmale oder Melodieverläufe im Vergleich.
- Die Begleitungen im Plenum einüben. Anregungen dazu s. DmG S. 15 ff.
- Später spielen dann nur 3 bis 6 SuS die Begleitung zum Lied.

5. Ein Bewegungsspiel mit Chiffontüchern ausführen

- Die SuS an die begleitenden Hand-, Arm- und Körperbewegungen im Rahmen der Vorbereitung zur Nebelmusik (s. o.) erinnern. Daraufhin das Lied erneut singen und die Bewegungen ausführen. Dazu Chiffontücher verwenden. Ideal sind weiße und blaue Tücher, die den Nebel symbolisieren, und gelbe Tücher, die die Sonne darstellen.
- Nun zur Nebelmusik ein Bewegungsspiel erfinden. Es bietet sich an, langsame, eher verhaltene Bewegungen auszuführen. Gegen Ende der Nebelmusik, passend zu den stärker werdenden Beckenschlägen (Sonne!), kommen dann gelbe Chiffontücher hinzu.
- Die Nebelmusik (= Vor- und Nachspiel), das Lied, die instrumentale Begleitung und das Bewegungsspiel gemeinsam ausführen.

Überblick

- Ein Gespenstergedicht ausdrucksstark vortragen
- Mit Stimme und Instrumenten Gespenstergeräusche imitieren und damit den Gedichtvortrag gestalten
- Das Gedicht durch verkleidete SuS oder mit selbst gebastelten Gespensterpuppen szenisch gestalten

Organisation

- CD A 67
- Triangel, Handtrommel, Blockflötenkopf, Becken und weitere Instrumente und Klangobjekte
- Verkleidung (Materialliste und Anleitung s. unten) oder Gespensterpuppen (Materialliste und Bastelanleitung s. unten)
- Ausreichend Platz zur szenischen Gestaltung

Anmerkung

Das „Gespensterlied" eignet sich sehr gut für Experimente mit Stimme und Instrumenten. Durch lautmalerische Ausdrücke, das Verzerren einzelner Wörter, das betonte, langsame und geheimnisvolle Sprechen, das Gleiten mit der Stimme, das Rufen, Kichern, Quieken, Heulen und Flüstern können die SuS ihre Ausdrucksfähigkeit deutlich steigern und gleichzeitig ihre Stimme besser kennenlernen. Der Übungseffekt für Stimme, Atmung, Zwerchfell und Artikulation ist beträchtlich und erfolgt ungezwungen und rein spielerisch.

Unterrichtsverlauf

1. Einstieg

- Gespräch über Gespenster: „Was wisst ihr darüber?"; „Kennt ihr Gespenstergeschichten?"; „Welche Laute geben Gespenster von sich?"
- Die SuS imitieren Gespensterlaute mit der Stimme. Ggf. die im SB S. 47 angegebenen Laute einführen.
- Eine Hälfte der Klasse verkleidet sich mit Laken und Chiffontüchern und verteilt sich im Raum, der dann abgedunkelt wird.
- Auf ein Signal des L. (Triangel) bewegen sich die SuS mit langsamen, zeitlupenähnlichen Bewegungen durch den Raum und geben Gespensterlaute von sich. Auf ein erneutes Signal des L. (Handtrommel) wird zur anderen Hälfte der Klasse gewechselt, die dann dasselbe macht.
- Nach diesem thematischen Einstieg erfolgt dann die Auseinandersetzung mit dem Gedicht.

2. Das Gedicht bearbeiten

- L. liest das Gedicht langsam und mit geheimnisvoller Stimme vor. Optativ kann auch CD A 67 eingesetzt werden.
- Kurzes Gespräch über den Inhalt.

  Impulse: „Wie viele Gespenster sind es insgesamt?"; „Wohin fliegen die Gespenster?"; „Zählt auf, was die Gespenster alles machen."
- Nun lesen die SuS den Text in Stillarbeit.
- Die neun Strophen auf neun SuS verteilen und vorlesen lassen. Darauf achten, dass die SuS langsam, mit passenden Pausen, geheimnis- und ausdrucksvoll lesen. Der Textinhalt soll sich im Vortrag spiegeln.
- Zu den einzelnen Strophen sammeln die SuS Gestaltungsmöglichkeiten mit Stimme und Instrumenten. Diese Phase kann auch in Gruppenarbeit durchgeführt werden. Anregungen s. DmG S. 26 f.
- Weitere Anregungen für die Gestaltungsmöglichkeiten finden die SuS im SB S. 47.
- Es ist wichtig darauf zu achten, dass das Gedicht auswendig vorgetragen wird. Das Lesen hemmt den Sprechfluss und das ausdrucksvolle Sprechen.

3. Das Gedicht szenisch gestalten

- SuS verteilen sich im abgedunkelten Raum. L. oder einzelne SuS tragen das Gedicht vor. Zwischen jeder Strophe eine längere Pause einbauen, so können die SuS passende Bewegungen aussuchen. Die Bewegungen sollten sanft und weich sein.
- Zehn Kinder verkleiden sich als Gespenster:

  Material
  - ein bis zwei große Bettlaken
  - Filzstifte
  - Schere
  - Sicherheitsnadeln
  - weiße Kleidung (T-Shirt, Hose, Strümpfe, Schuhe, Handschuhe)
  - Schminke (schwarz, grau oder weiß)
  - Ketten mit Glocken, Rasseln usw.

  Anleitung
  - Einzelnes oder zwei zusammengenähte Bettlaken über den Kopf stülpen.
  - Augen und Mund mit einem Stift nachzeichnen.
  - Das Bettlaken abnehmen und anstelle der Augen und des Mundes Löcher ausschneiden.
  - Weiße Kleidung anziehen.

- Augen und Mund schminken (schwarz, grau oder weiß).
- Das Laken überziehen und mit den Sicherheitsnadeln fixieren.
- Ketten umhängen.

• Zu Beginn stehen zwei als Gespenster verkleidete Kinder bereit und „fliegen" mit sanften Körperbewegungen nach dem Vortrag der ersten Strophe zum imaginären Fenster. Dabei erzeugen sie die erforderlichen Laute (Beispiel Strophe 1: uuhhh, uaahh, wuaahh).
• Bei jeder folgenden Strophe kommt ein weiteres Kind als Gespenst hinzu.
• Die restlichen SuS werden auf die anderen Aufgaben verteilt: Sprecher, Instrumentalisten, Stimmgeräusche, wie z.B. Nachtwind.
• Alternativ dazu kann das Gedicht mit Gespensterpuppen szenisch gestaltet werden.

Material

- Weiße Serviette oder weißer Stoff (ca. 50 x 50 cm)
- Watte, Zeitung oder Styroporkugel (für den Kopf)
- weiße Schnur oder Wolle
- Schere
- schwarzer Filzstift

Anleitung

- Sofern Stoff verwendet werden soll, ein 50 x 50 cm großes Quadrat ausschneiden.
- Die Watte oder Zeitung als Kopf formen oder eine Styroporkugel nehmen.
- Den Gespensterkopf in die Mitte des Stoffes oder der Serviette legen.
- Den Stoff/die Serviette über dem Gespensterkopf zusammenraffen.
- Eine Schnur dicht um das Geraffte legen und mit einem Doppelknoten zubinden.
- Den Faden ruhig etwas länger lassen, an ihm kann dann das Gespenst aufgehängt oder gehalten werden. Oder das Gespenst wird wie eine Handpuppe gehalten.
- Das Gesicht mit schwarzem Filzstift bemalen (Augen, Mund).

10. St. Martin, Advent, Nikolaus

Überblick

- Ein Martinslied lernen
- Ein Lied mit Instrumenten begleiten
- Aufbau eines Liedes erkennen (Teil A und B)
- Einen Laternentanz erfinden

Organisation

- CD A 68
- CD 1 Nr. 25
- AH 1 S. 10, 19
- Metallofon, Xylofon, Handtrommel, Triangel
- Laternen (s. Bastelanleitung)

Anmerkung

Der Martinstag am 11. November leitete früher die vierzigtägige, vorweihnachtliche Fastenzeit ein. An diesem Tag konnten sich die Menschen noch einmal richtig satt essen. Gleichzeitig wurden an diesem Tag die Steuern gezahlt, Verträge und Dienstverhältnisse beendet oder begonnen usw.

Heutzutage werden in vielen Regionen Martinsumzüge durchgeführt. Kinder und ihre Eltern ziehen mit Laternen durch die Straßen, singen Lieder und lassen sich von einem mit einem roten Mantel gekleideten Mann, der auf einem Schimmel sitzt, begleiten. Er verkörpert den Heiligen Martin, der an einem kalten Wintertag einem dürftig bekleideten Bettler begegnete, mit seinem Schwert seinen Mantel teilte und dem Bettler die eine Hälfte überließ. Diese Szene wird heute noch oft bei Martinsumzügen dargestellt. Zum Abschluss gibt es meistens ein großes Feuer.

„Durch die Straßen auf und nieder" lässt sich leicht erlernen. Die Melodie bewegt sich im pentatonischen Raum. Ferner gibt es mehrere Motivwiederholungen.

Unterrichtsverlauf

1. Einstieg

- Die SuS beschreiben das Bild im SB S. 48 und berichten über eigene Erlebnisse zum Martinstag.
- L. und/oder SuS berichten kurz über den historischen Hintergrund (s. Anmerkung).
- L. lenkt das Gespräch auf Martinslieder und bittet die SuS, Lieder zu benennen und ggf. auch vorzusingen.

2. Das Lied lernen

- SuS hören CD A 68 und sprechen über das Lied (z. B. Bekanntheit, Thema Laternen).
- L. oder einzelne SuS lesen den Text der ersten Strophe vor, die anderen SuS sprechen nach.
- Den Text der ersten Strophe gemeinsam im Melodierhythmus sprechen. Dabei deutlich artikuliert sprechen.
- Die erste Strophe des Liedes mehrmals singen und dabei den Melodieverlauf mit der Hand anzeigen.
- Ggf. kann es erforderlich sein, zunächst nur Teil A (erste Zeile) und dann Teil B (zweite Zeile) einzustudieren.
- AH 1 S. 19 bearbeiten. Lösung: L AH 1 S. 287/ S. 313.
- Das Lied erneut singen und anschließend den Melodieverlauf analysieren.

  Impuls: „Findet mithilfe der Handbewegungen Wiederholungen in der Melodie heraus."

  Ergebnis: Takt 1 und 2 = Motiv 1; Takt 3 und 4 = Wiederholung Motiv 1; Takt 5 = Motiv 2; Takt 6 = Wiederholung Motiv 2; Takt 7 = Wiederholung Motiv 2; Takt 8 = Schlusswendung
- Es ist nicht das Ziel, dass die SuS mit Begriffen wie „Motiv" o. Ä. arbeiten. Es ist ausreichend, wenn die SuS anhand des Textes die Motive und ihre Wiederholungen benennen können, z. B. von „durch" bis „-der" und von „leuch-" bis „-der".
- Zur Kontrolle singt L. das Lied vor (oder CD A 68), die SuS heben nach jeder Wiederholung die Hand (Motiv 1 = ein Finger; Motiv 2 = zwei Finger).
- Die Strophen 2 und 3 erlernen.
- Zur Festigung bietet es sich an, dass ein Kind allein Teil A singt, anschließend singen alle gemeinsam Teil B. Umgekehrt genauso.
- Gespräch über beide Liedteile.

  Impuls: „Welcher Textteil wiederholt sich ständig?"
- Das Notenbild betrachten.
- Für intonationssicheres Singen ist es wichtig, dass die SuS in der Lage sind, Ton- und Klangvorstellungen in ihrem Kopf zu bilden. Dieser sich über Jahre erstreckende Prozess kann sehr gut durch Visualisierung von Tonsprüngen, Tonverläufen usw. unterstützt werden. Daher bietet es sich an dieser Stelle an, AH 1 S. 10 zu bearbeiten. Lösung: L AH 1 S. 283/S. 309.
- Das Lied gemeinsam singen (auch zur Playback-CD CD 1 Nr. 25).

3. Das Lied mit Instrumenten begleiten

- Die Liedbegleitung kann je nach Leistungsstand und Interessenslage der SuS gestaltet werden.
- Die im SB angebotene Begleitung lässt eine Reihe von Differenzierungsmöglichkeiten zu. Das Metallofon kann von zwei Kindern gespielt werden. Dabei spielt ein Kind die obere, das andere Kind die untere Stimme. Genauso gut kann lediglich die Begleitung mit Handtrommel und Triangel erlernt werden. Anregungen s. DmG S. 15 ff.

4. Zum Lied tanzen

- Die SuS basteln Laternen (s. Bastelanleitung).
- Die SuS verteilen sich zunächst ohne Laternen im Raum, hören das Lied (CD A 68) und entwickeln erste Ideen.
- Wichtig ist, dass die SuS auf die von der Musik ausgehenden Impulse achten und auf sie reagieren (z. B. bei der Wiederholung von Motiv 2, vgl. Beispiele zur Präsentation der Gruppenergebnisse).
- In Gruppenarbeit vertiefen die SuS ihre Ideen. Auch die Laternen (ohne Kerzen!) einsetzen.
- Die Gruppen präsentieren ihre Ergebnisse.

  Beispiel:

  Teil A: Passend zu den Viertelnoten im Kreis gehen und die Laternen vor sich halten.

  Teil B: Zu Motiv 2 stehen bleiben und sich zur Kreismitte drehen. Im ersten Takt heben und senken die Kinder, die rote und gelbe Laternen haben, ihre Laternen. Im zweiten Takt sind die Kinder an der Reihe, die grüne und blaue Laternen haben. Zu den Takten 3 und 4 heben alle Kinder gemeinsam ihre Laternen, sodass genau zum letzten Ton alle Laternen (für Martin) gut sichtbar hochgehalten werden.

Bastelanleitung für Laternen

Material für eine Laterne:

- einen Laternenrohling (aus dem Bastelladen)
- einen Stab zum Führen der Laterne (aus dem Bastelladen)
- Transparentpapier in einer Farbe (passend zum Lied rot, gelb, grün oder blau)
- Kleber
- Draht
- Stifte

Anleitung:

- Den Laternenrohling aufklappen.
- Das Transparentpapier entsprechend der Fenster des Rohlings zuschneiden. Es muss bedacht werden, dass der Zuschnitt größer als die Fenster sein muss, damit das Transparentpapier auch aufgeklebt werden kann.
- Den Transparentpapier-Zuschnitt bemalen (Sterne, Mond usw.) oder bekleben.
- Rund um die Fenster des Laternenrohlings Kleber auftragen.
- Das Transparentpapier aufkleben.
- Die Laterne zusammenstecken.
- Mit dem Draht eine Aufhängung formen und an der Laterne gut befestigen.
- Den Laternenstab einhängen.

Überblick

- Ein Laternenlied lernen
- Eine „Hell-dunkel-Musik" mit Instrumenten erfinden, notieren und zum Lied spielen

Organisation

- CD A 69
- CD 1 Nr. 26
- AH 1 S. 11
- Becken, Triangel, Handtrommel, Pauke
- 2 helle und 2 dunkle DIN-A4-Blätter
- Papier, Klebeband, Stifte

Anmerkung

Parameter wie laut, leise, langsam, schnell, hell, dunkel usw. lernen SuS am besten handelnd. Der Schwerpunkt dieser Unterrichtseinheit liegt auf dem gezielten Instrumenten-Einsatz von hellen und dunklen Klängen. Dafür eignet sich das Lied sehr gut, denn darin spielen Dunkelheit und Helligkeit eine tragende Rolle.

Unterrichtsverlauf

1. Einstieg

- L. bringt ein helles und ein dunkles DIN-A4-Blatt an der Tafel an.
- L. spielt mehrere Instrumente an, SuS ordnen sie entsprechend ihrer Klangfarbe den beiden Blättern an der Tafel zu.
- Begriffsbildung: SuS hören die Instrumente erneut und ordnen ihnen jetzt die Begriffe „hell" und „dunkel" zu.

2. Eine erste „Hell-dunkel-Musik" erfinden

- SuS bilden Gruppen mit jeweils 4 Kindern.
- Die Gruppen erhalten Instrumente mit heller und dunkler Klangfarbe: Becken (hell), Triangel (hell), Pauke (dunkel), Handtrommel (dunkel).
- Die Gruppen erhalten den Auftrag, eine „Hell-dunkel-Musik" mit folgender Struktur zu erfinden: dunkel – hell – dunkel. Zur Veranschaulichung hängt L. die entsprechenden DIN-A4-Blätter an die Tafel.
- Die SuS arbeiten in ihren Gruppen. Anregungen s. DmG S. 26 f.
- Die Ergebnisse werden präsentiert.
- Zur Sicherung des Lernergebnisses hängt L. die 3 DIN-A4-Blätter in einer neuen Reihenfolge an die Tafel (z. B. hell – dunkel – dunkel) und bittet eine Gruppe, diese Abfolge spontan mit Instrumenten umzusetzen.

3. Das Lied mit Instrumenten begleiten

- Die SuS lernen zunächst nur die erste Strophe des Liedes. Anregungen s. DmG S. 15 ff.
- Um den $\frac{6}{8}$-Takt zu verinnerlichen, sollte zunächst der Text betont im Melodierhythmus gesprochen werden.
- SuS stellen eine Verbindung zwischen dem Lied und den vorangestellten Aktivitäten her (hell – dunkel erkennen, eine „Hell-dunkel-Musik" erfinden).
- Die SuS benennen das Dunkle (Nacht, dunkler Abendhimmel, graue Häuser ...) und das Helle (heller Mond, heller Stern, Lichterpracht, Schiff aus Lichterschein) im Liedtext.
- Das Lied zu CD A 69 singen.
- Nach und nach die anderen Strophen erlernen.
- Das Lied auch zur Play-back-CD (CD 1 Nr. 26) singen.

4. Eine „Hell-dunkel-Musik" zum Lied erfinden und notieren

- Um differenziertere Ausdrucksmöglichkeiten zu erreichen und gleichzeitig die Klangergebnisse noch filigraner zu gestalten, empfiehlt es sich, noch weitere Instrumente zu klassifizieren und beim Erfindungsprozess mit einzubeziehen.
- L. trifft eine Vorauswahl an Instrumenten. Melodieinstrumente können auch hinzugenommen werden, sie müssen aber eindeutig zuzuordnen sein (z. B. Glockenspiel = hell).
- Ein helles und ein dunkles DIN-A4-Blatt liegen auf dem Boden.
- Die SuS experimentieren mit den Instrumenten und legen sie dann zu dem entsprechenden DIN-A4-Blatt.
- Zur Festigung dieses Arbeitsprozesses AH 1 S. 11 bearbeiten. Lösung: L AH 1 S. 283/S. 309.
- Die Gruppen kommen erneut zusammen, suchen Instrumente aus und erfinden eine „Hell-dunkel-Musik" passend zum Lied. Anregungen s. DmG S. 10 ff.
- Es ist wichtig, dass die SuS das Lied, zumindest aber den Liedtext, gut beherrschen. Denn der Text bildet die Grundlage für das Erfinden der Musik.

- Mögliches Ergebnis:

  Strophe 1, Zeile 1: Die SuS stellen mit leisem Reiben auf der Handtrommel, sparsamen Klängen auf der Pauke und einem Bassklangstab die Nacht dar. Bei „helle Mond“ erklingt ein mit weichem Schlägel gespieltes Becken.

  Strophe 1, Zeile 2: Es tritt wieder die Nacht in den Vordergrund. Am Ende, bei „zwischen kleinen Sternen wohnt“, ertönen sanfte und etwas unruhig gespielte Triangelklänge.

  Strophe 2, Zeile 1: Hier überwiegen helle Klänge mit Triangel, Becken, evtl. ein nur auf den hohen Tönen gespieltes Glockenspiel, eine Rassel.

  Strophe 2, Zeile 2: Weiterhin überwiegen die hellen Klänge. Jedoch ist das Dunkle hier und dort auch vernehmbar (= die aus dem Fenster schauenden Leute blicken in die Nacht).

  Strophe 3, Zeile 1: Einzelne helle Klänge mit den oben genannten Instrumenten auf einem dunklen Klangteppich.

  Strophe 3, Zeile 2: Das Dunkle wird hier und dort durch helle Klänge durchbrochen.

  Strophe 4, Zeile 1: Wiegende Beckenklänge erklingen auf einem dunklen Klangteppich.

  Strophe 4, Zeile 2: Rassel, Triangel, Becken, evtl. Glockenspiel stellen das „Schiff aus Lichterschein“ dar. Leiser werden nach Beendigung des Gesangs.
- Vor der Präsentation der Ergebnisse wird die Musik notiert. Anregungen s. DmG S. 19 f.
- Die Ergebnispräsentation erfolgt dann zum Lied (einzelne SuS, L. oder CD A 69).

Überblick

- Ein Adventslied singen
- Zum Lied ein Vor-, Zwischen- und Nachspiel spielen
- Das Lied mit Metallofon und Handtrommel begleiten
- Einen Sternentanz zum Lied ausführen

Organisation

- CD A 70
- CD 1 Nr. 27
- KV 14
- Folie 18
- Blockflöte, Triangel, Metallofon, Handtrommel
- Adventssterne an Holzstäben befestigt
- Ausreichend Platz zum Tanzen

Anmerkung

Diese Unterrichtseinheit eignet sich sehr gut zur Gestaltung einer Advents- oder Weihnachtsfeier.

Unterrichtsverlauf

1. Einstieg

- SuS betrachten im SB S. 51 die Bilder und äußern sich spontan.
- L. lenkt die Äußerungen der SuS auf die Sterne.
- L. berichtet kurz über die symbolische Bedeutung des Sterns in der abendländischen Kultur (= Glück, Heil, Erhellung, Wegweisung).

2. Das Lied erlernen

- Das Lied hören (L. oder CD A 70) und über Text und Melodie sprechen.
- Den Text der ersten Strophe im Melodierhythmus sprechen.
- Nun die Liedmelodie einüben. Sie ist leicht zu lernen, da Zeile 1 und 2 sich nur durch den letzten Ton unterscheiden. Dennoch muss darauf geachtet werden, dass die SuS insbesondere beim Sprung vom f zum c nicht „schleifen“, sondern den Ton ganz präzise ansteuern. Um sich einen Überblick zu verschaffen, singt L. die erste Strophe mehrmals hintereinander vor, die SuS singen nach und nach mit und zeigen den Melodieverlauf mit der Hand an.
- SuS finden heraus, dass sich nur der letzte Ton in Zeile 1 und 2 unterscheidet. Dabei auch das Notenbild betrachten und den jeweils letzten Ton genau vergleichen (in Zeile 1 ist der Ton höher als in Zeile 2).
- Den Sprung f – c gesondert üben. Erst beide Töne einzeln, dann die Passage mehrmals artikuliert singen („ha – ben ei – nen Stern“) und den Melodieverlauf deutlich mit der Hand anzeigen. Auch auf Tonsilben („la“, „no“, „na“ usw.) singen.
- Die Strophen 2 und 3 einüben und gemeinsam mehrmals singen, auch zu CD A 70 und zur Play-back-CD (CD 1 Nr. 27).
- Weitere Anregungen s. DmG S. 5 ff.

3. Das Lied mit Instrumenten begleiten

- Mehrere Handtrommeln und 2 Metallofone stehen bereit.
- Das Lied langsam singen und dazu den Handtrommel-Rhythmus patschen. Auf die Halbe Note als Metrum achten.
- Die SuS singen und patschen weiter, L. überreicht 3 bis 4 Handtrommeln, mit denen dann dazu gespielt wird.
- Die SuS singen und patschen weiter, die Handtrommelbegleitung wird ebenfalls weiter ausgeführt. Dazu spielt L. die Metallofonbegleitung.
- Während des Singens und Spielens überreicht L. die Metallofone an je zwei SuS. Ein Kind spielt die obere, das andere Kind die untere Stimme.
- Weitere Anregungen s. DmG S. 15 ff.

4. Das Vor-, Zwischen- und Nachspiel bearbeiten

- Die beiden Flötenstimmen werden auf zwei Kinder verteilt. Genauso gut kann auch ein Keyboard eingesetzt werden, an dem zwei Kinder spielen.
- Ein Kind übernimmt die Triangel.
- Nun das gesamte Lied mit Begleitung und Vor-, Zwischen- und Nachspiel spielen.

5. Zum Lied einen Tanz gestalten

- Die SuS betrachten die Bilder im SB S. 51 oder auf Folie 18. Die SuS und/oder L. lesen die Anmerkungen unter den Bildern.
- Die SuS stellen sich mit ihren Sternen im Raum auf (Bastelanleitung s. u.). L. liest die Anmerkungen vor, die SuS führen aus. Zusatzinformationen:

  Bild A: Die SuS blicken in die Kreismitte.

  Bild B: Acht langsame Schritte.

  Bild C: Zur ersten Liedzeile den Stern langsam in die Höhe führen, zur zweiten Liedzeile langsam wieder senken.

Bild D: Acht langsame Schritte.

Bild E: Zu Takt 1 und 2 gehen die SuS mit vier Schritten (Achtung: doppeltes Gehtempo!) in die Mitte des Kreises. Zu Takt 3 und 4 verbeugen sie sich und senken dabei den Stern. Zu Takt 5 und 6 richten sie sich langsam wieder auf und heben den Stern hoch. Zu Takt 7 und 8 gehen die SuS rückwärts auf ihren Platz zurück.

- Zur Musik (CD A 70 oder eigener Gesang) ausführen.
- Gesamtpräsentation mit Instrumenten, Gesang und Tanz.
- Zum Nachspiel gehen alle mit ihren Sternen in langsamen Schritten aus dem Kreis hinaus.

6. Alternativtanz

- Aufstellung: Die SuS stehen sich in zwei Reihen gegenüber. In der Hand tragen sie einen Stern, der an der Spitze eines Stabes befestigt ist.
- Vorspiel: Langsame Drehung um die eigene Achse (links herum) mit acht Schritten.
- Strophe 1: Hochheben des Sterns, dabei stehen bleiben.
- Zwischenspiel: Wie Vorspiel
- Strophe 2: Takt 1 bis 4: Die Reihen gehen mit acht Schritten aufeinander zu, gegenseitige Verbeugung. Takt 5 bis 8: Mit acht Schritten rückwärts auf den Platz, Verbeugung.
- Zwischenspiel: Wie Vorspiel
- Strophe 3: Wie Strophe 1
- Nachspiel: Alle gehen mit ihren Sternen in langsamen Schritten aus dem Kreis heraus.

7. Eine Aufführung planen, durchführen und auswerten

Anregungen s. DmG S. 25 f.

Bastelanleitung für die Sterne

Material für einen Stern:

- KV 14
- gelbes Kopierpapier oder Goldpapier
- Karton
- Kleber
- Schere
- Holzstäbe
- Nägel
- Hammer (L.)

Anleitung (vgl. KV 14):

- Den Stern ausschneiden.
- Den ausgeschnittenen Stern auf einen Karton kleben.
- Den Stern ausschneiden.
- Den Stern an einem Ende an einem Holzstab befestigen.

Überblick

- Einen Sprechvers und einen Nikolausspruch lernen und ausdrucksvoll vortragen
- Mit Stimme und Instrumenten ein Klangspiel gestalten
- Ein Klangspiel aufnehmen, anhören und besprechen

Organisation

- AH 1 S. 12
- Blockflöte, Triangel, Pauke, Klanghölzer, Metallofon
- Ausreichend Platz zur Gestaltung des Klangspiels

Anmerkung

Der ganzheitliche Umgang mit Musik kommt allen SuS zugute. Sie können sich dadurch auf vielfältige Weise ausdrücken. Diese Unterrichtseinheit ist dazu besonders geeignet.

Unterrichtsverlauf

1. Einstieg

- Die SuS tragen ihr Wissen und ihre Erfahrungen über den Nikolaus zusammen.

  Impulse: „Wer ist Sankt Nikolaus?“; „Was bringt er mit sich?“; „Wann kommt er?“
- Die SuS beschreiben das Bild im SB S. 52.
- Aus der Bildbeschreibung bleibt festzuhalten, dass der Nikolaus aus dem Wald kommt und dass es kalt ist (Dezember).

2. Nikolaus stapft durch den schneebedeckten Wald

- Die Klasse wird in zwei Gruppen aufgeteilt. Beide Gruppen verteilen sich im Raum.
- Eine Gruppe imitiert die Schritte des Nikolaus: Es sind langsame, schwere und leise (Waldboden, Schnee) Schritte. Die andere Gruppe erzeugt Windgeräusche mit der Stimme. Ggf. kann es sich anbieten, zuvor die eine oder andere Atemübung durchzuführen (s. SB S. 26).
- Die Gruppen tauschen.
- Die SuS betrachten den Sprechvers („1, 2, 3 mit schwerem Schritt aus dem Wald der Niklaus tritt“). Einige SuS können den Sprechvers auch vorlesen.
- L. lenkt die Aufmerksamkeit der SuS auf das Schriftbild. Die Schrift wird immer größer. Die SuS kommen darauf, dass erst leise, dann immer lauter gesprochen werden soll. So wird das Herannahen des Nikolaus klangmalerisch dargestellt.
- Die SuS lernen den Sprechvers und sprechen ihn ausdrucksvoll vor.
- Die SuS suchen ein Kind aus, das den Satz dann zu der Klanggestaltung vortragen soll.
- Einen Probedurchlauf (Sprechvers, Windgeräusche, Schritte) durchführen.
- Reizvoll ist die Ausweitung dieser Klanggestaltung durch das Angebot im AH 1 S. 12. Hier kann der Sackinhalt in Form einer Sprechcollage dargestellt werden. Ferner festigen die SuS ihr Wissen über kurze und lange Klänge (vgl. SB S. 24/25, 69, 124/125, 136). Lösung: L AH 1 S. 284/S. 310.

3. Instrumente einbeziehen

- Die SuS betrachten die Instrumente im SB S. 52 und machen sich Gedanken über deren Einsatz. Einsatzmöglichkeiten: Blockflöte und Triangel als wiederkehrendes Motiv. Pauke als Verklanglichung der Schritte. Klanghölzer stellen den Inhalt im Sack dar (hier können zusätzlich Rasseln eingesetzt werden). Metallofon als Untermalung für das Gedicht.
- Die SuS führen die Klanggestaltung unter Einbeziehung der Instrumente durch. Dabei brauchen die Schritte nicht mehr durch SuS dargestellt zu werden, da jetzt die Pauke diese Funktion übernimmt. Es ist darauf zu achten, dass die Windgeräusche nicht zu laut werden. Sie sollen zu- und abnehmen. Die Pauke stellt mit zunehmender Lautstärke die Schritte des Nikolaus dar.

4. Den Spruch vorbereiten

- Die SuS lernen den Spruch auswendig.
- Ein Kind wird von den SuS ausgesucht, das den Vortrag übernimmt.
- Die SuS werden in Gruppen mit jeweils 4 Kindern aufgeteilt.
- Jede Gruppe erhält ein Stabspielinstrument mit den Tönen a und c.
- Da alle SuS den Spruch beherrschen sollten, sprechen sie ihn in ihren Gruppen vor und begleiten ihn mit beiden Tönen entsprechend des Sprechrhythmus.

  Ergebnisse vorstellen.
- Das Klangspiel mehrmals üben.

5. Das Klangspiel aufnehmen, anhören und besprechen

Anregungen s. DmG S. 24 f.

Überblick

- Ein Nikolauslied lernen
- Das Nikolauslied mit Instrumenten begleiten
- Zum Klavierstück „Knecht Ruprecht" von Robert Schumann mit Körper- und Rhythmusinstrumenten spielen

Organisation

- CD A 71, 72
- CD 1 Nr. 28
- AH 1 S. 13
- Metallofon, Xylofon, Glockenkranz, Triangel

Anmerkung

Das Klavierstück „Knecht Ruprecht" aus dem „Album für die Jugend" (1848) von Robert Schumann (1810 – 1856) weist eine klare Dreiteiligkeit auf. Der erste Teil, energisch und laut, suggeriert, dass Knecht Ruprecht mit seinem voll beladenen Sack die Treppe hinaufsteigt und an die Tür klopft. Der zweite Teil, nicht mehr ganz so laut, aber sehr heiter, könnte die Stimmung der Kinder widerspiegeln; in gespannter Erwartung, erfreut und aufgeregt nehmen sie die Geschenke von Knecht Ruprecht entgegen. Der dritte Teil, fast dem ersten Teil gleich, erweckt die Vorstellung, dass Knecht Ruprecht die Treppe mit stampfenden Schritten hinuntergeht, um das nächste Haus anzusteuern.

Das Lied „Bimmelt was die Straß entlang" dient der Einstimmung in diese Thematik.

Unterrichtsverlauf

1. Einstieg

Die SuS sprechen über den Nikolaus (Erfahrungen, Wissen, Vorstellungen, Wünsche usw.).

2. Das Lied lernen

- SuS hören das Lied (L. oder CD A 71).
- Gespräch über den Textinhalt (Nikolaus, Schlitten, Sack mit Gaben, Kinder usw.).
- Das Lied lässt sich leicht lernen, da es lediglich aus zweitaktigen Motiven besteht, die sich jeweils wiederholen. Daher kann gleich mit dem Singen begonnen werden (erste Strophe). Dabei den Melodieverlauf mit der Hand anzeigen.
- Die zweite Strophe im Melodierhythmus sprechen, dann singen.
- Ebenso mit der dritten Strophe verfahren.
- Weitere Anregungen s. DmG S. 5 ff.
- Das Lied auch zur Play-back-CD (CD 1 Nr. 28) singen.

3. Das Lied mit Instrumenten begleiten

Anregungen s. DmG S. 15 ff.

4. Das Klavierstück „Knecht Ruprecht" von Robert Schumann kennenlernen

- Die SuS beschreiben die drei Bilder im SB S. 53.
- Die SuS hören das Klavierstück „Knecht Ruprecht" (CD A 72) und äußern sich spontan, z. B.: drei Teile, bewegt – ruhiger – bewegt, laut – leiser – laut usw.
- Die SuS stellen eine Verbindung zu den drei Bildern her. Impulse s. o. in der Anmerkung.
- Das Klavierstück erneut hören, die SuS zeigen jeweils auf das entsprechende Bild.
- Zur Ergebnissicherung AH 1 S. 13 bearbeiten. Dazu die Musik (CD A 72) hören. Lösung: L AH 1 S. 284/S. 310.

5. Zum Klavierstück „Knecht Ruprecht" von Robert Schumann mit Körperinstrumenten und Rhythmusinstrumenten spielen

- Das Klavierstück „Knecht Ruprecht" (CD A 72) hören. Hörauftrag: „An welchen Stellen könnt ihr das Klopfen des Knecht Ruprechts heraushören?" Ergebnis: Im 1. Teil (Takt 1 bis 40) und im 3. Teil (Takt 89 bis 112) wird in jedem vierten Takt dreimal geklopft. Somit ist das Klopfen im 1. Teil zehnmal und im 3. Teil sechsmal zu hören.
- Das Klavierstück mehrmals hören und an den entsprechenden Stellen klopfen, klatschen oder mit einem Instrument „klopfen".

11. Weihnachten

Überblick

- Die Weihnachtsgeschichte mithilfe von Bildern und Musik nachvollziehen
- Instrumente gezielt heraushören
- Hörausschnitte vorgegebenen Bildern zuordnen

Organisation

- CD B 1 bis 6
- AH 2 S. 4
- Folie 19

Anmerkung

Es bietet sich an, den SuS eine Zusammenfassung der Weihnachtsgeschichte an gegebener Stelle zu erzählen oder vorzulesen:

Einem Gebot Kaiser Augustus folgend, mussten alle Menschen in ihre Geburtsstadt zurückkehren, um sich zählen zu lassen. So auch Maria und Josef, die nach Bethlehem gingen. Dort angekommen, kam für Maria die Zeit zu gebären. Sie fanden jedoch keine Herberge und mussten deshalb in einem Stall unterkommen. Dort gebar sie einen Sohn, wickelte ihn in Windeln und legte ihn in eine Krippe.

Auf dem Feld hüteten Hirten nachts ihre Schafe. Plötzlich trat ein Engel des Herrn zu ihnen. Es wurde alles ganz hell. Die Hirten fürchteten sich sehr. Der Engel sprach: „Fürchtet euch nicht; siehe, ich verkünde euch große Freude, die allem Volk widerfahren wird. Denn euch ist heute der Heiland geboren, der ist Christus, der Herr, in der Stadt Davids. Ihr werdet finden das Kind in Windeln gewickelt und in einer Krippe liegen." Es kamen noch mehr Engel hinzu, sie lobten Gott und sangen: „Ehre sei Gott in der Höhe und Friede auf Erden und den Menschen ein Wohlgefallen!"

Da sagten sich die Hirten: „Lasst uns nach Bethlehem gehen, das Kind zu sehen!"

Eilig marschierten sie los und fanden Maria und Josef mit dem Kind, das in der Krippe lag. Die Hirten knieten nieder und beteten das Kind an.

Aber auch die drei Weisen aus dem Morgenland wollten das neugeborene Kind sehen und ihm huldigen. Einem Stern folgend, kamen sie bis zur Krippe. Auch sie knieten nieder vor dem Kind und schenkten ihm Gold, Weihrauch und Myrrhe.

Mit großer Freude und Dankbarkeit kehrten sie wieder in ihre Heimat zurück.

Viele Kinder, aber auch Erwachsene, haben nur diffuse Kenntnisse über das Weihnachtsfest und dessen Hintergrund. Mit dieser Unterrichtseinheit kann dem ein Stück weit entgegengetreten werden. „Die Weihnachtsgeschichte" von Carl Orff und Gunild Keetman ist dafür bestens geeignet. Anknüpfungspunkte und Identifikationsbrücken bieten sich den SuS auf vielerlei Ebenen an: Das Instrumentarium (es wird fast durchgängig das überall in Schulen vorzufindende „Orffinstrumentarium" eingesetzt), die Kinderstimmen, die schlichte, aber ansprechende Musik.

Unterrichtsverlauf

1. Einstieg

- Um die SuS nicht gleich mit einem längeren Vortrag über die Weihnachtsgeschichte zu konfrontieren, bietet sich ein aktiver Einstieg über die Beschreibung der Szenen A bis F im SB S. 54, 55 an.

  Ergebnis:

Bild	Beschreibung
A	Hirten auf dem Felde fürchten sich vor der plötzlichen Helligkeit und dem Engel.
B	Der Engel des Herren tritt zu den Hirten und verkündet die Geburt Jesu. Es wird sehr hell mitten in der dunklen Nacht.
C	Weitere Engel kommen hinzu und singen das Gloria.
D	Maria und Josef mit dem Kind in der Krippe.
E	Die drei Weisen aus dem Morgenland marschieren zum Kind. Sie huldigen dem Kind und erweisen ihm ihre Reverenz. Sie überbringen ihre Geschenke.
F	Die drei Weisen aus dem Morgenland reiten mit großer Freude ob des Ereignisses wieder zurück in ihre Heimat.

- Gespräch über Hintergrund (Maria und Josef, Bethlehem, Weihnachtsgeschichte usw.).
- An dieser Stelle kann die Weihnachtsgeschichte erzählt werden (L. oder einzelne SuS). Genauso gut kann das im Anschluss an das Musikhören geschehen.

2. Sechs Ausschnitte aus der Weihnachtsmusik hören

- Da die SuS durch die Bildbeschreibung über ausreichende Vorinformationen verfügen, ist es ratsam, ihnen nun eine möglichst freie Begegnung mit den sechs Ausschnitten zu gewähren. Die SuS verschaffen sich einen Überblick über die sechs Ausschnitte, indem sie sie hintereinander ohne Zwischenkommentare hören (CD B 1 bis 6).
- Gespräch über die Musik.

  Impuls: „Konntet ihr schon nach dem ersten Hören hier und dort die Musik mit den Bildern A bis F in Verbindung bringen?" Mögliche Antworten: „Das Blöken der Schafe hat man deutlich gehört."; „Das Gloria konnte man gut erkennen, also Bild C."; „Es gab so etwas wie Marschmusik, die könnte zu Bild E oder F passen."
- Die SuS hören die sechs Ausschnitte (CD B 1 bis 6) erneut und ordnen sie den Bildern gezielt zu. Bei Bedarf Musik stoppen und Gespräche führen. Wichtig ist, dass beim Zusammentragen der Ergebnisse die SuS ihre Entscheidungen begründen.

  Ergebnis:

CD	Bild	Begründung
B 1	A	Das Blöken von Schafen und Bellen von Hunden ist zu hören.
B 2	B	Durch den Klang des Glockenspiels hat die Musik etwas Zauberhaftes und Engelhaftes an sich. Es klingt hell.
B 3	C	Engelhafter, jubelnder Gesang des Chores.
B 4	D	Maria singt (mit einem Chor) ein Wiegenlied für das Neugeborene.
B 5	E	Marschmusik, passend zu den drei Weisen aus dem Morgenland, die von weit her kommen.
B 6	F	Ebenfalls Marschmusik, aber leiser werdend. Hier wird der Abzug der drei Weisen deutlich.

- Die sechs Ausschnitte (CD B 1 bis 6) erneut ohne Unterbrechung hören. Die SuS zeigen auf die entsprechenden Bilder (A bis F).

3. Instrumente und Stimmen

- Die SuS beschreiben die Bilder 1 bis 6 im SB S. 55 (hierzu kann auch Folie 19 verwendet werden):

  Bild 1: Kinderchor, Xylofon, Gambe, Flöte
  Bild 2: Schaf, Krummhorn, Flöte
  Bild 3: Flöte, Pauke, Becken
  Bild 4: Flöte, Pauke, Becken, Triangel
  Bild 5: Glockenspiel
  Bild 6: Kinderchor, Glockenspiel, Becken, Triangel, Pauke
- Über die Instrumente sprechen (Klangeigenschaften, Aussehen).
- Prüfen, ob oben genannte Instrumente besorgt werden können. Instrumente wie Flöte, Xylofon, Becken, Glockenspiel, Triangel und Pauke sind sicherlich vorhanden. Mit diesen Instrumenten Klangaktionen durchführen (laut, leise, schnell, langsam, hoch, tief).
- Nach dieser Experimentierphase, in der sich die SuS die Klangeigenschaften der Instrumente noch einmal vergegenwärtigen können, hören die SuS alle sechs Ausschnitte (CD B 1 bis 6) und zeigen dabei auf die Instrumentenabbildungen im SB S. 55.
- Auf die eher nicht bekannten Instrumente (Gambe, Krummhorn) gesondert eingehen. Evtl. Ausschnitte kurz anspielen (Gambe = CD B 4; Krummhorn = CD B 1).
- Die sechs Werkausschnitte (CD B 1 bis 6) den Abbildungen 1 bis 6 zuordnen. Ergebnisse stets begründen.

  Ergebnis:

  CD B 1 zu Bild 2
  CD B 2 zu Bild 5
  CD B 3 zu Bild 6
  CD B 4 zu Bild 1
  CD B 5 zu Bild 3
  CD B 6 zu Bild 4

Erweiterung

- AH 2 S. 4 bearbeiten. Dabei hören die SuS die einzelnen Musikausschnitte (CD B 1 bis 6) erneut und kreuzen an, welche Instrumente zu hören sind.
- Wichtig ist, dass nach jedem Hörbeispiel gestoppt wird, sodass die SuS in Ruhe überlegen und ankreuzen können.
- Anschließend zählen die SuS ihre Kreuze zusammen und verschaffen sich dadurch einen Überblick über die Verwendungshäufigkeit der Instrumente in der „Weihnachtsgeschichte".
- Lösung: L AH 2 S. 292/S. 318.

Überblick

- Ein Musikstück aus der „Weihnachtsgeschichte" von Carl Orff und Gunild Keetman hören
- Die Form des Musikstücks (A – B – A – B) erkennen
- Mithilfe der Bilder den Inhalt der Musik erschließen
- Zu Teil B mit Rhythmusinstrumenten mitspielen

Organisation

- CD B 7
- Folie 20
- Handtrommel, Triangel, Glockenkranz

Anmerkung

Durch die Auseinandersetzung mit der Weihnachtsgeschichte (s. SB S. 54, 55) verfügen die SuS schon über umfassende Hintergrundinformationen. Daher wird der Zugang zum Inhalt der Musik von „Marsch der Hirten" schnell gelingen.

„Marsch der Hirten" stammt aus der „Weihnachtsgeschichte" von Carl Orff und Gunild Keetman und weist die Form A – B – A – B auf.

Im ersten A-Teil sind die Blockflöten und die heitere, beschwingte Stimmung prägend. Der erste B-Teil klingt durch den Trommel- und Triangeleinsatz sehr rhythmisch. Die zunehmende Lautstärke und die Windgeräusche kennzeichnen diesen Teil ebenfalls. Im zweiten A-Teil sind die Windgeräusche weiterhin zu hören. Es soll das Marschieren der Hirten „durch Wind und Wetter" darstellen. Die Flöten treten etwas in den Hintergrund, sie klingen so, als kämen sie von weit her.

Unterrichtsverlauf

1. Einstieg

- Die SuS beschreiben die vier Bilder im SB S. 56 von oben nach unten. Hierzu passend auch Folie 20 einsetzen.

  Ergebnis:

Bild	Begründung
Bild 1	Die Hirten hüten die Schafe auf der Weide. Ein Hund ist auch dabei. Ein Hirte trinkt etwas, ein anderer Hirte spielt gerade auf seiner Flöte.
Bild 2	Die Hirten treiben die Schafherde zusammen und brechen auf.
Bild 3	Die Hirten und die Schafherde machen auf dem Weg eine Rast.
Bild 4	Die Hirten und ihre Schafherde nähern sich Bethlehem, wo sich die Krippe befindet.

- Auffrischung von Hintergrundinformationen (Weihnachtsgeschichte).

2. Die Musik hören

- Die SuS hören ohne Vorerklärungen CD B 7.
- Auffallende Hörmerkmale werden beschrieben (Instrumente, Lautstärke, Geräusche, Wiederholungen usw.).
- Die SuS schauen ins SB S. 56, hören die Musik erneut und stellen selbstständig eine Verbindung zwischen Musik und Bildern her.
- Die Musik (CD B 7) erneut hören und den Bildern durch Zeigen zuordnen.

3. Zur Musik spielen

- Die SuS hören die Musik (CD B 7) und klatschen spontan zu den B-Teilen mit. Darauf achten, dass die SuS nicht zu laut klatschen, die Musik muss im Vordergrund stehen. Alternativ können die SuS mit zwei Fingern der rechten auf zwei Finger der linken Hand klatschen oder mit den Fingerkuppen auf dem Tisch trommeln.
- SuS sitzen im Kreis.
- L. verteilt drei Handtrommeln, drei Triangeln und drei Glockenkränze unter den SuS. Die Anzahl der Instrumente muss begrenzt bleiben, um ein Übertönen der Musik zu verhindern.
- Die Musik wird mehrmals gehört und mit den Instrumenten begleitet. Nach jedem Durchlauf werden die Instrumente weitergereicht.

Überblick

- Ein spanisches Weihnachtslied kennenlernen
- Das Lied mit Instrumenten begleiten
- Beim Singen und Spielen die Temposteigerung beachten

Organisation

- CD B 8
- CD 1 Nr. 29
- KV 15 bis 17
- Bassklangstäbe (c – f – g), Handtrommel, Glockenkranz, Triangel, weitere vier den SuS bekannte Instrumente

Anmerkung

„Gatatumba" ist ein sehr bekanntes Weihnachtslied aus Spanien, das auch in ganz Lateinamerika gesungen wird. Sinngemäß übersetzt bedeutet „Gatatumba" so etwas wie „eine Riesengaudi".

Das Lied wird immer mehrmals hintereinander gesungen, zu Beginn relativ langsam, dann jedes Mal schneller. Damit dies auch mit Stabspielinstrumenten umgesetzt werden kann, bietet sich eine Bassbegleitung gut an. Anderes wird dann zu hektisch und dadurch fehlerhaft. Durch die großen Bewegungsabläufe beim Spielen und die großen Zielflächen (die Stäbe) kommt der Einsatz von Bassklangstäben insbesondere den Kindern zugute, deren Feinmotorik noch nicht so weit entwickelt ist. Dieses Instrument ist aufgrund der Größe und des durchdringenden, warmen Klangs bei Kindern sehr beliebt.

Die Bassklangstäbe kommen hier zum ersten Mal zum Einsatz. Daher kann sich ein Einstieg über sie anbieten.

Unterrichtsverlauf

1. Einstieg

- Verdeckt spielt L. fünf unterschiedliche Instrumente an. Vier Instrumente müssen den SuS bekannt sein, das fünfte Instrument sind die Bassklangstäbe.
- Die SuS melden sich, wenn das für sie unbekannte Instrument zu hören ist und stellen Vermutungen an.

  Impulse: „Wie könnte das Instrument aussehen?"; „Aus welchem Material könnte es sein?"; „Welche Größe könnte es haben?"
- L. zeigt den SuS die Bassklangstäbe.
- SuS hören das Lied (CD B 8), L. spielt die Bassklangstäbe dazu.

2. Das Lied einüben

- Die SuS sprechen den Liedtext im Melodierhythmus. Dazu patschen (Zählzeit 1) und klatschen (Zählzeit 2) sie. Dies betont den $\frac{2}{4}$-Takt und stellt ferner eine erste Vorbereitung auf das Instrumentalspiel (Rhythmusinstrumente) dar.
- Die Temposteigerung einbeziehen. Die SuS klatschen und patschen, L. gibt das Tempo mit einer Handtrommel vor.
- Dann wird der Liedtext dazu gesprochen.
- L. singt die erste Strophe vor (evtl. zu CD 1 Nr. 29). Da die Melodie äußerst eingängig ist, singen die SuS einfach nach.
- Verstärkend können mit der Hand die Melodieverläufe der Zeilenenden angezeigt werden.
- Die erste Strophe mehrmals singen, auch zur Play-back-CD (CD 1 Nr. 29). Hier muss L. genau prüfen, ob die Play-back-CD eine Hilfe darstellt oder die SuS eher beim Singen hindert. Oft haben Lerngruppen ihr eigenes „Timing" und können gerade bei Temposteigerungen nicht synchron zur CD singen. Sollte dies der Fall sein, dann die Temposteigerung mit einem „Signalinstrument" (Handtrommel, Holzblocktrommel o. Ä.) unterstützen.
- Nun können die Strophen 2 und 3 eingeübt werden. Erst den Text im Melodierhythmus sprechen, dann das Lied singen. Anregungen dazu s. DmG S. 5 ff.
- Erfahrungsgemäß kommen die SuS beim Singen oft mit der Reihenfolge der Instrumente, vor allem in Strophe 2, durcheinander. Hier bietet sich der Einsatz der KV 15 (Strophenbilder) an. Beim Singen zeigen dann die SuS auf die entsprechenden Bilder. Reizvoller ist es aber, die Instrumentenbilder ausschneiden, entsprechend des Liedtextes ordnen und dann auf KV 16 einkleben zu lassen.

3. Das Lied mit Instrumenten begleiten (Bassklangstäbe)

- Auf den Einstieg Bezug nehmend, singen nun die SuS das Lied (zu CD B 8 oder CD 1 Nr. 29), L. spielt die Bassklangstäbe-Begleitung dazu.
- Gespräch über Schwierigkeitsgrad, z. B.: „Es ist leicht, weil wir nur drei Töne benötigen."; „Das Ende ist schwer, weil da eine andere Tonabfolge vorkommt und schneller gewechselt werden muss."

- L. schreibt die Tonnamen an die Tafel:
  c c c g
  g g g c
  c c c f
  f c g c
- L. spricht die Tonnamen langsam vor und zeigt mit der Hand auf die Buchstaben (c mit der linken Hand, f und g mit der rechten Hand). Die SuS sprechen mit.
- Aus der KV 17 erstellt L. vor dem Unterricht ein Plakat, das gut sichtbar für alle SuS an der Wand hängt.
- L. spricht die Tonnamen zeilenweise und zeigt dabei auf das Plakat (c mit der linken Hand, f und g mit der rechten Hand).
- Die SuS erhalten KV 17 und üben mit einem Partner/einer Partnerin. Immer darauf achten, dass die SuS das c mit der linken Hand, das f und das g mit der rechten Hand „spielen".
- L. spricht den Text im Melodierhythmus, SuS klopfen passend auf KV 17 und sprechen dazu die Tonnamen.
- Übertragung auf Instrumente. Da in der Regel Bassklangstäbe in der Schule nur einmal vorhanden sind, können die SuS in dieser Phase auch weitere Stabspielinstrumente verwenden.
- In dieser Übungsphase spielt L. oder ein Kind zur Orientierung immer mit (Bassklangstäbe, Keyboard …).
- Einzelne SuS spielen zum Lied (Gesang, CD B 8 und CD 1 Nr. 29) auf den Bassklangstäben.

4. Das Lied mit Instrumenten begleiten (Rhythmusinstrumente)

- Prägend für die rhythmische Begleitung von „Gatatumba" ist das Wechselspiel zwischen Handtrommel (Zählzeit 1) und Glockenkranz (Zählzeit 2). Als Vorbereitung singen L. und SuS das Lied in langsamem Tempo. Dabei auf Zählzeit 1 patschen und auf Zählzeit 2 klatschen (vgl. 2. „Das Lied einüben").
- Übungen zur Tempobeschleunigung mithilfe einer Handtrommel (L. oder ein Kind) durchführen. Die SuS patschen und klatschen.
- Nun die Klasse in eine Handtrommel- und in eine Glockenkranz-Gruppe aufteilen. In sehr langsamem Tempo zunächst ohne Instrumente das Wechselspiel einüben, später etwas schneller. Um ein gleichmäßiges Wechselspiel zu gewährleisten, ist es ratsam, dass die Handtrommel- und die Glockenkranzspieler in ihre jeweiligen Pausen hinein eine Bewegung (freie Hand, Fuß, Kopf …) ausführen.
- Nun alles auf Instrumente übertragen. Dabei höchstens 4 Handtrommeln und 4 Glockenkränze austeilen.
- Ein sicheres Kind spielt die Triangel. An ihr (spielt immer auf Zählzeit 1) orientieren sich alle Mitspieler.
- Das Lied singen oder hören und dazu spielen.

Erweiterung

- Mit weiteren Rhythmusinstrumenten (z. B. Guiro, Vibraslap) begleiten. Um eine Überladung zu vermeiden, sollten diese zusätzlichen Instrumente nur sparsam eingesetzt werden. Beispielsweise könnte der Vibraslap immer zum Wort „Gatatumba" (Zeilenanfänge) gespielt werden.
- Sich über das Weihnachtsfest in Spanien informieren.
- Einen leckeren Turrón unter den SuS aufteilen und gemeinsam essen. Turrón ist eine Süßware, die aus Mandeln, Honig, Zucker und Eiweiß hergestellt und in flachen, rechteckigen Tafeln verarbeitet wird.

Vom Christkind wollen wir singen

zu Seite 58,59

Überblick

- Ein Weihnachtslied lernen
- Zu einem Weihnachtslied ein Vor-, Zwischen- und Nachspiel auf einem Melodieinstrument (z. B. Blockflöte) spielen
- Das Lied mit Instrumenten begleiten
- Ein Krippenspiel planen und aufführen

Organisation

- CD B 9
- CD 1 Nr. 30
- Blockflöte
- Metallofon, Xylofon
- Selbst angefertigtes Übungsblatt mit den Tönen c und f
- Stichwortkarten
- Bekleidung und Requisiten für das Krippenspiel

Anmerkung

Anhand des Weihnachtslieds „Vom Christkind wollen wir singen" können die SuS gut weihnachtliche Inhalte kennenlernen oder erleben.

Die Aufbereitung als einfaches Krippenspiel trägt der Tatsache Rechnung, dass in vielen Schulen zur Weihnachtszeit Aufführungen durchgeführt werden.

Unterrichtsverlauf

1. Einstieg

- SuS hören das Lied (CD B 9) und konzentrieren sich auf die Erschließung des Inhalts.
- L. kündigt Unterrichtsvorhaben (Planung und Durchführung einer Aufführung) an.

2. Das Lied lernen

- L. spricht den Text der ersten Strophe im Melodierhythmus vor. Die SuS machen nach und nach mit.
- L. und SuS singen das Lied und zeigen den Melodieverlauf mit der Hand an.
- Den Auftakt gesondert üben. Dabei ist es hilfreich, mit einer deutlichen Körperbewegung die SuS auf die betonte Zählzeit 1 („Christ") zu führen.
- Häufig fällt es den SuS schwer, die Halbe Note in Takt 2 („– gen") und Takt 6 („– gen") in ihrer Länge einzuhalten. Helfen kann das Ausführen einer Körperbewegung auf Zählzeit 3, z. B. ein angedeutetes Schnipsen oder eine Armbewegung.

schnipsen oder Armbewegung

schnipsen oder Armbewegung

- Die SuS lesen still die Strophen 2 bis 6 des Liedes.
- Einzelne SuS lesen nun die Strophen vor, der Textinhalt wird im Plenum besprochen.
- An dieser Stelle können die SuS über die Weihnachtszeit berichten (Erfahrungen, Erlebnisse, Hintergrundwissen usw.). Ggf. kann L. oder ein Kind in gekürzter Form die Weihnachtsgeschichte erzählen (s. Kommentar zu „Die Weihnachtsgeschichte", Anmerkung, S. 111.).
- L. oder SuS lesen gemeinsam die Texte aller Strophen.
- Es empfiehlt sich, den Text zum Auswendiglernen als Hausaufgabe aufzugeben.
- Als Gedächtnisstütze für die erste Zeit können Strophenbilder helfen. Anregungen dazu s. DmG S. 5 ff.
- Das Lied nun mehrmals singen, auch zu CD B 9 und CD 1 Nr. 30.

3. Die Liedbegleitung einüben

- L. spielt die Xylofonbegleitung zu CD B 9 vor. So haben die SuS eine Orientierung.
- Die SuS erhalten ein vom L. angefertigtes Blatt, auf denen die Tonplättchen c und f aufgemalt sind.
- CD B 9 hören und im Rhythmus der Xylofonbegleitung die Töne f und c sprechen (f – f – c – c). Dabei beachten, dass der Auftakt nicht gespielt wird. Die SuS sprechen mit und zeigen auf die Tonplättchen auf dem Blatt. Um die SuS frühzeitig an das beidhändige Spielen zu gewöhnen, muss darauf geachtet werden, dass immer mit der rechten Hand das f und mit der linken Hand das c gespielt wird.

- So weitermachen, aber 2 bis 3 SuS spielen dann auf dem Xylofon.
- Einen Sitzkreis bilden. CD B 9 hören und dazu das Xylofon spielen. Nach jeder Strophe werden die Instrumente weitergereicht.
- Für die Metallofonbegleitung muss zuvor entschieden werden, ob ein Kind beidhändig die Begleitung spielt oder ob die Stimmen auf zwei SuS aufgeteilt werden.
- Die Metallofonbegleitung einüben. Dabei spielt L. oder ein Kind gleich auf dem Metallofon, die anderen SuS spielen die Begleitung in der Luft, auf den Oberschenkeln oder auf dem Tisch.
- Die Xylofon- und die Metallofonstimme müssen nun zusammengebracht werden. Zwei fortgeschrittene SuS spielen beide Begleitungen gleichzeitig vor. Die Klasse beobachtet und benennt Auffälliges, z. B.: „Die Metallofonbegleitung ist langsamer."; „Wenn das Metallofon einmal spielt, dann spielt das Xylofon zweimal." Diese Reflexionsphasen sind sehr wichtig, weil die SuS dadurch das Zusammenspiel beider Instrumente verstehen und dann viel bewusster und dadurch fehlerfreier zum Lied spielen können.
- Das Lied mehrmals singen und in wechselnder Besetzung begleiten. Auch zur Play-back-CD (CD 1 Nr. 30) singen und spielen.
- Weitere Anregungen s. DmG S. 15 ff.

4. Das Vor-, Zwischen- und Nachspiel

- Das Vor-, Zwischen- und Nachspiel können einzelne Kinder auf Melodieinstrumenten spielen. Ideal wären Blockflöten. Es gehen aber auch Glockenspiele, Keyboards oder Streichinstrumente.
- Das Vor-, Zwischen- und Nachspiel lässt sich leicht erlernen, weil die Ähnlichkeit zum Lied, das die SuS schon im Ohr haben, groß ist (rhythmisch identisch, melodisch ähnlich).

5. Ein Krippenspiel einüben

- Die SuS beschreiben die zu den Strophen passenden Bilder im SB S. 58, 59. L. notiert die Äußerungen der SuS auf Stichwortkarten und bringt diese an der Tafel an. Bilder und Stichwörter bilden die Grundlage für die Gestaltung des Krippenspiels.
- L. fertigt gemeinsam mit den SuS eine Liste für Bekleidung und Requisiten an. Beispiele für Bekleidung: Papierkronen für die Könige, Tücher, Mäntel, alte Hemden, Sandalen, Umhänge, Hüte, Kopftücher.

  Beispiele für Requisiten: eine einfache Krippe, Stroh, eine Puppe, Stern, beliebige, aber für die damalige Zeit passende Geschenke (Kleidungsstücke, Essen usw.), lange Spazierstöcke.
- Mögliche Gestaltung des Krippenspiels:

  Strophe 1: Die SuS stellen sich im Halbkreis in zwei Reihen auf. In der vorderen Reihe stehen die Darsteller, in der hinteren Reihe Musiker und Sänger. Zentriert im Vordergrund steht eine Krippe. Es beginnt mit dem Vorspiel, dann setzt der Gesang mit der ersten Strophe ein. Das Lied wird mit Instrumenten begleitet.

  Strophe 2: Während des Zwischenspiels treten Maria und Josef aus dem Kreis heraus und stellen sich zur Krippe. Die 2. Strophe erklingt.

  Strophe 3: Nun folgt wieder das Zwischenspiel. Die Hirten nähern sich seitlich der Krippe und setzen sich auf den Boden. Zum Gesang der 3. Strophe erscheinen zwei Engel, die von den Hirten bewundert und bestaunt werden.

  Strophe 4: Zum Zwischenspiel und dem Gesang der 4. Strophe gehen Hirten und Engel zur Krippe. Die Hirten knien und beten, die Engel stehen mit gefalteten Händen dahinter.

  Strophe 5: Zum Zwischenspiel tritt der Sternträger in Erscheinung. Er geht mit hochgehobenem Stern um die Krippe und stellt sich an das obere Ende der Krippe. Es ertönt die 5. Strophe, die Könige überbringen ihre Geschenke.

  Strophe 6: Alle Darsteller bilden einen Halbkreis um die Krippe und fassen sich an den Händen. Die 6. Strophe erklingt.
- Das Zwischenspiel kann durchaus wiederholt werden. So haben die Darsteller Zeit, sich zu positionieren.
- Beim Einstudieren des Krippenspiels lohnt es sich, einzelne Sequenzen auf Video aufzunehmen. Vieles lässt sich schnell optimieren, wenn die SuS es selbst sehen können. Anregungen dazu s. DmG S. 24 f.

6. Ein Krippenspiel aufführen

Anregungen s. DmG S. 25 f.

12. Winter, Jahreszeiten, Monate

Überblick

- Ein Winterlied lernen
- Vokale bewusst üben
- Aufbau und Gliederung der Melodie erkennen
- Das Lied mit Instrumenten begleiten

Organisation

- CD B 10
- CD 1 Nr. 31
- AH 2 S. 5
- Evtl. Strophenbilder
- Metallofon, Handtrommel, Klanghölzer

Anmerkung

Eine deutliche Aussprache ist eine wichtige Grundlage der Kommunikationskultur. Lernen können die SuS dies in der Schule, selbstverständlich auch im Musikunterricht. Daher sollen hier bewusst Vokale geübt werden (deutliche Aussprache, Mundstellung, Atmung).

Fachspezifische Lerninhalte ergeben sich hier neben dem Erlernen eines Winterliedes auch im Erkennen von Aufbau und Gliederung einer Melodie. Anregungen für die Durchführung bietet die Fenstergrafik im SB S. 60 (Positionierung der Eisblumen in Form von Melodiebausteinen). Die SuS sollen nun ausgehend von dem, was ihnen schon vertraut ist, (Melodielinien mit der Hand anzeigen), Melodiebausteine im Fensterbild erkennen und dem Lied zuordnen. Die Entwicklung der Fähigkeit, sich Töne in Gedanken vorstellen zu können, ist eine wichtige Voraussetzung zum intonationssicheren Singen. Die Visualisierung von Tonfolgen (Melodiebausteinen) unterstützt diesen Prozess in erheblichem Maße.

Der Begriff „Melodiebaustein" wird hier erstmalig verwendet. Dabei handelt es sich um Tonfolgen, die als Motiv erkannt werden können.

Unterrichtsverlauf

1. Einstieg

- Gespräch über den Winter (Schnee, Eis, Aktivitäten, Winterlieder usw.).
- L. singt das Lied vor (oder CD B 10). SuS stellen einen Bezug zum Gespräch her.

2. Das Lied einüben

- L. spricht die erste Strophe im Melodierhythmus vor, die SuS sprechen nach und nach mit.
- Im langsamen Tempo singt L. deutlich artikuliert die erste Strophe vor und zeigt den Melodieverlauf mit der Hand an. Die SuS hören zu, beobachten und machen nach und nach mit.
- Die Melodie festigen, indem auf Tonsilben („no", „la", „na" ...) gesungen wird. Weiterhin den Melodieverlauf mit der Hand anzeigen.
- Lesegewandte SuS lesen die weiteren Strophen vor. Gespräche über Inhalte.
- Gemeinsames Sprechen der Strophen 2 bis 5. Dabei auf deutlich artikuliertes Sprechen achten.
- Mehrmals in dieser Form sprechen. Die SuS ermuntern, den Text möglichst auswendig zu sprechen. Helfen können Strophenbilder (vgl. DmG S. 5 ff.).
- Das gesamte Lied mehrmals singen, auch zur Play-back-CD (CD 1 Nr. 31).

3. Bewusstes Üben der Vokale

- Die Vokale a, e, i, o, u im ersten Schritt mehrmals deutlich artikuliert sprechen. Dabei den Mund gut öffnen.
- Vokalübergänge üben (langsam und ohne Unterbrechung von a bis u) und dabei auf die Mundstellung achten. Wie verändert sich die Mundstellung von Vokal zu Vokal?
- Immer wieder die Gesichts- und Mundmuskulatur lockern (sich selbst leicht massieren, locker „bla – bla – bla" sprechen usw.).
- Nun das Lied erneut singen und bewusst auf die Vokale in den Reimen achten.

4. Den Melodieaufbau erkennen

- Die SuS singen das Lied und zeigen den Melodieverlauf mit der Hand an.
- Über Auffälligkeiten sprechen. Mögliche Äußerungen der SuS: „Am Anfang sind es größere Schritte, dann kleinere."; „Zwei Teile wiederholen sich, der Teil in der Mitte ist allein. Das erkennt man auch am Text."; „Anfangs geht die Melodie aufwärts, dann abwärts."; „Vieles wiederholt sich."
- Mithilfe des Textes stellen die SuS fest, dass das Lied den Aufbau A – B – A aufweist. Dazu auch das Notenbild betrachten. Zur Festigung das Lied singen und bei Teil A einen Finger, bei Teil B zwei Finger heben.

5. Mit Melodiebausteinen arbeiten

- L. erklärt den Begriff „Melodiebaustein". Am besten geschieht das, indem L. die Melodiebausteine einzeln vorsingt und den Melodieverlauf mit der Hand anzeigt. SuS singen anschließend ebenfalls.

- Die SuS stellen fest, dass das Lied aus drei unterschiedlichen Melodiebausteinen besteht, die sich auf unterschiedliche Weise wiederholen.
- Zur Festigung beschreiben die SuS das Bild im SB S. 60 und stellen eine Verbindung zu den Melodiebausteinen des Liedes her. Ggf. das Lied erneut langsam singen und den Melodieverlauf mit der Hand anzeigen.

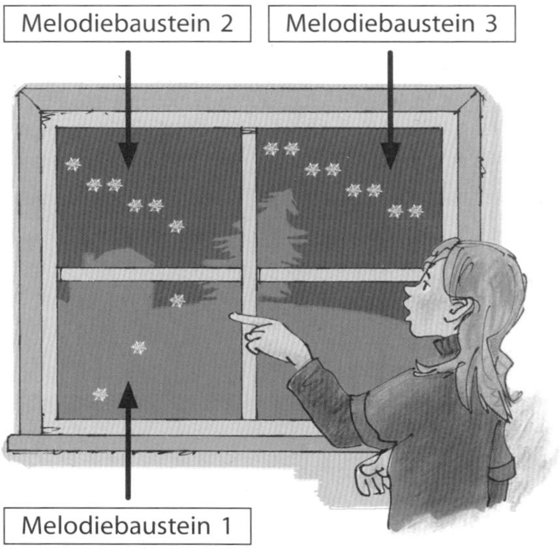

- L. fordert die SuS auf, die Wiederholungen der Melodiebausteine aufzuzählen. Dabei immer wieder singen. Ergebnis: Jeder Melodiebaustein kommt zweimal vor.
- Mit den SuS die Reihenfolge der Melodiebausteine festlegen.

Ergebnis:

- Zur Festigung AH 2 S. 5 bearbeiten. Hier zeichnen die SuS den Melodieverlauf des B-Teils als Schneebälle ein. Lösung: L AH 2 S. 292/S. 318.

6. Das Lied mit Instrumenten begleiten

- Die SuS beschreiben die Liedbegleitung im SB S. 60 unten.

  Impulse: „Welche Töne werden verwendet?"; „Müssen die Töne gleichzeitig oder hintereinander gespielt werden?"; „An welchen Stellen des Liedes wird gespielt?"; „Wann spielt die Handtrommel, wann spielen die Klanghölzer?"
- Gemeinsam mit den SuS überlegen, wie die Begleitung mit der Handtrommel und mit den Klanghölzern gestaltet werden könnte, z. B. dem Melodierhythmus folgend oder Handtrommel auf Halbe Noten, Klanghölzer auf Viertelnoten.
- Weitere Anregungen s. DmG S. 15 ff.

Überblick

- Ein Winterlied lernen
- Zum Lied Gesten und Bewegungen ausführen
- Ein Winterbild mit Instrumenten vertonen
- „Winter“ aus den „Vier Jahreszeiten“ von Antonio Vivaldi kennenlernen
- Gemeinsamkeiten von Lied, Bild und Musik herausstellen

Organisation

- CD B 11, 12
- CD 1 Nr. 32
- Instrumente für die Klanggestaltung

Anmerkung

Wintertypische Aktivitäten wie Schneeballschlachten, Schlitten fahren, Schlittschuh laufen, einen Schneemann bauen usw. sind immer mit viel Freude verbunden.

Auf der anderen Seite steht die Winterstimmung. Sie ist für Kinder auf den ersten Blick weniger zugänglich und greifbar. Um diesen Aspekt des Winters stärker in das Bewusstsein der SuS zu rücken, wird in dieser Unterrichtseinheit eher die Auseinandersetzung mit Stimmungen, Gefühlen, Assoziationen usw. angestrebt.

Unterrichtsverlauf

1. Einstieg

L. und SuS sprechen über den Winter (Landschaft, Aktivitäten, Stimmung, Empfindungen usw.).

2. Das Lied einüben

- L. spricht den Text der ersten Strophe zeilenweise rhythmisch vor, SuS sprechen nach und nach mit.
- L. singt die Melodie ebenfalls zeilenweise vor, die SuS singen mit.
- Im Lied treten Tonsprünge auf, die gesondert geübt werden müssen: zweite Zeile, „zum Rut – schen“ (f' – d''), zum „Sau – sen“ (f' - c''), ebenso in der dritten Zeile. Eine geeignete Übungshilfe stellt die Fünf-Finger-Methode dar (s. DmG S. 8).
- Als Gedächtnisstütze für den Text bietet es sich an, passende Gesten und Bewegungen auszuführen, z. B.:

	Textausschnitte	Gesten und Bewegungen
Strophe 1	… im Winter, wenn es schneit	Mit den Fingern Schneeflocken imitieren.
	… den Schlitten bereit	Mit beiden Händen einen imaginären Schlitten vor dem Körper halten.
	… zum Rutschen, zum Sausen	Gleitende Armbewegung mit rechts, gleitende Armbewegung mit links.
	… zum Bergrunterfahrn.	Mit beiden Händen abwärtsführende, leicht wellige Bewegungen ausführen.
Strophe 2	… die Schlittschuh bereit	Imaginäre Schlittschuhe hochhalten.
	… zum Kreisen	Sich im Kreis drehen.
	… zum Gleiten	Arme ausbreiten und gleiten.
	…zum Flussrunterfahrn.	Mit beiden Händen leicht wellige Bewegungen ausführen.
Strophe 3	… ein Plätzchen bereit	Mit den Armen abgrenzende Bewegungen ausführen.
	… zum Spielen	Bei fröhlichem Gesichtsausdruck mit den Händen Spielbewegungen ausführen.
	… zum Bauen	Mit Händen, Armen und gesamter Körperhaltung den Bau eines Schneemannes darstellen.
	… zum Nasenauftaun	Mit beiden Händen die Nase vor Kälte schützen.

- Das Lied mehrmals singen, auch zu CD B 11 und zur Play-back-CD (CD 1 Nr. 32). Dabei auch die Bewegungen ausführen.

3. Das Bild „Winterlandschaft" von Pieter Brueghel d. J. vertonen

- Die SuS beschreiben das Bild von Pieter Brueghel d. J. im SB S. 61. Im ersten Schritt beschreiben die SuS nur das, was sie sehen. So lernen sie das Bild umfassend kennen.
- Im zweiten Schritt beschreiben die SuS die Wirkung des Bildes und die vom Bild ausgehende Stimmung, z. B.: „Die Landschaft wirkt winterlich ruhig."; „Die Menschen sind fröhlich und ausgelassen."; „Die Kälte ist spürbar. Es ist alles wie in Watte gepackt, nebelig."
- Vertonungsmöglichkeiten werden exemplarisch im Plenum besprochen. Beispiele:

Bild	Instrumente	Spielweise
Landschaft	Handtrommel, Vibraslap, Metallofon	Mit der flachen Hand auf der Handtrommel reibend, können Wind und Nebel dargestellt werden. In größerem Abstand wird die Vibraslap angespielt. Damit werden die Krähen dargestellt. Leichtes Reiben mit einem Filzschlägel auf den Metallofonstäben deutet Nebel an. Die Vertonung ist insgesamt statisch und leise.
Zugefrorener Fluss	Triangel, Glockenspiel	Mit beiden Instrumenten wird die klirrende Kälte dargestellt.
Menschen	Glockenkranz, Guiro, Klanghölzer, Xylofon, Lotusflöte, Flötenkopf	Im Gegensatz zur eher statischen und leisen Vertonung der Landschaft ist die Umsetzung hier lebendig, unruhig, laut und fröhlich. Rufe, Pfiffe usw. können gut mit der Lotusflöte und dem Flötenkopf umgesetzt werden.

- Die Erarbeitung der Vertonung erfolgt dann in Gruppenarbeit. Anregungen s. DmG S. 26 f.

4. Den 2. Satz aus „Der Winter" („Vier Jahreszeiten") von Antonio Vivaldi hören

- Antonio Vivaldi hat seiner Musik einen Text beigelegt, in dem unter anderem sinngemäß übersetzt zu lesen ist: „Still und zufrieden verbringt man den Tag drinnen am Kamin, während draußen der Regen unablässig gegen das Fenster schlägt." Diesen Satz schreibt L. an die Tafel. Die SuS lesen vor.
- Die Musik hören (CD B 12) und mit dem obigen Satz in Verbindung bringen. Zunächst werden die SuS auf die von der Musik ausgehenden Ruhe eingehen.
- Zur Vertiefung hören die SuS die Musik erneut und achten auf die Instrumente. Die Solovioline spielt die Melodie, die Streicher zupfen. Cello und Kontrabass spielen tiefe Töne.
- Die SuS konzentrieren sich beim erneuten Hören nur auf die Solovioline und die zupfenden Streicher und ordnen diese dem an der Tafel notierten Satz zu. Die Melodie der Solovioline beschreibt das Leben „drinnen", die zupfenden Streicher beschreiben den Regen „draußen". Beide Wörter an der Tafel unterstreichen.
- Die Musik abschließend hören. Eine Hälfte der Klasse zeichnet die Melodie der Solovioline in die Luft, die andere Hälfte der Klasse tippt leise auf den Tisch und stellt damit die Streicher dar.
- Bei Bedarf kann L. die SuS über Antonio Vivaldi informieren, s. dazu www.rondoweb.de ➔ Komponisten-Galerie ➔ Antonio Vivaldi.

5. Bild, Musik und Klanggestaltung zueinander in Beziehung setzen

Im Gespräch stellen die SuS fest, dass das Ruhige, Getragene und Leise in allen drei Bereichen vertreten ist.

Es war eine Mutter

zu Seite 62

Überblick

- Ein Lied über die Jahreszeiten kennenlernen
- Den Dreivierteltakt verinnerlichen
- Ein Vor- und Zwischenspiel zum Lied erfinden
- Das Lied mit Instrumenten begleiten
- Einen Tanz zum Lied gestalten

Organisation

- CD B 13
- CD 1 Nr. 33
- KV 18
- Folie 21
- Metallofon, Handtrommel, Glockenspiel, Xylofon
- Ausreichend Platz zum Tanzen

Anmerkung

Dem Spieltrieb und Bewegungsdrang der SuS folgend, bietet sich zu diesem Lied sehr gut die Gestaltung eines Tanzspiels an.

KV 18 unterstützt den Unterricht in der Einstiegsphase. Ferner können die Bilder auch beim Tanzspiel verwendet werden. Die KV einmal kopieren, die Bilder ausschneiden und einzeln vergrößern.

Unterrichtsverlauf

1. Einstieg

- SuS sprechen über die vier Jahreszeiten. Dabei ist es wichtig, dass sie zu den Jahreszeiten auch Charakteristisches beschreiben. Beispiel Herbst: bunte Blätter, Nebel, es wird kälter und dunkler.
- L. schreibt die Namen der vier Jahreszeiten an die Tafel und hängt die vier Bilder der KV 18 ungeordnet dazu. Die SuS ordnen die Bilder den Jahreszeitennamen zu.

2. Das Lied einüben

- SuS hören das Lied (L. oder CD B 13) und setzen es mit der Einstiegsphase in Verbindung. Beispielsweise werden die SuS sofort eine Verbindung zu den Bildern der KV 18 herstellen können, da im Text die Begriffe Blumen, Klee, Trauben und Schnee vorkommen.
- L. und SuS sprechen den Text der ersten Strophe. Dabei mit dem Körper mitschwingen, um den Dreivierteltakt zu betonen. Zusätzlich mit zwei Fingern der einen Hand auf zwei Finger der anderen Hand klatschen, dabei Zählzeit 1 stärker als Zählzeiten 2 und 3 betonen. Dadurch klatschen die SuS nicht so laut, der Text bleibt im Vordergrund. Das Lied beginnt mit einem Auftakt. Erst bei „war" mit dem Klatschen beginnen.
- Ebenso die Strophen 2 und 3 sprechen.
- L. singt das Lied vor. Es muss nicht abschnittsweise vorgesungen werden, da sich beide Zeilen in der Melodie gleichen. Die SuS singen nach und nach mit. Ggf. weiterhin dazu auf zwei Fingern klatschen.
- Das Lied auch zur CD B 13 und zur Play-back-CD (CD 1 Nr. 33) singen.
- KV 18 einzeln bearbeiten lassen.

3. Das Lied mit Instrumenten begleiten

- Insbesondere bei der Handtrommelbegleitung auf die Betonung des Dreivierteltakts achten (Zählzeit 1 stärker als Zählzeiten 2 und 3 betonen).
- Weitere Anregungen s. DmG S. 15 ff.

4. Ein Vor- und Zwischenspiel erfinden

- Ein Vor- und Zwischenspiel stellt immer eine klangliche Bereicherung dar. Zusätzlich hilft es den SuS beim Szenenwechsel von Strophe zu Strophe im Rahmen des Tanzspiels, denn dadurch ist es weniger hektisch.
- Da die SuS das Lied ja schon gut kennen, können sie problemlos in Anlehnung an das Lied ein Vor- und Zwischenspiel erfinden. Nicht so leistungsstarke SuS können einen Tonvorrat bekommen, z. B. d, g und h.
- Die SuS setzen sich zu zweit oder zu dritt zusammen, erhalten je ein Stabspielinstrument (Metallofon, Glockenspiel, Xylofon) oder eine Blockflöte und erfinden ein Vor- und Zwischenspiel.

  Mögliche Ergebnisse:

  Einfach:

  Schwieriger:

- Nach der Ergebnispräsentation muss das Vor- und Zwischenspiel an das Lied angepasst werden. Wichtig ist dabei, die Übergänge korrekt zu gestalten. Im einfachen Beispiel muss nach dem letzten Takt des Liedes (z. B. Strophe 1: „Win – ter") eine Zählzeit gewartet werden, dann erfolgt das Zwischenspiel. Die Viertelpause am Ende des Zwischenspiels ist gleichzeitig der Auftakt der folgenden Strophe. Beim etwas schwierigeren Beispiel, das einen Auftakt hat, folgt das Zwischenspiel direkt und ohne Pause auf die letzte Note der Strophe.

5. Einen Tanz gestalten

- Die SuS beschreiben die Bilder im SB S. 62 (s. dazu auch Folie 21).
- Entsprechend der Beschreibungen der SuS, die L. ggf. in Stichwörtern an der Tafel festhält, gestalten die SuS den Tanz.
- Alles auch mit instrumentaler Begleitung durchführen.

Erweiterung

Sofern dieser Tanz zur Aufführung kommen soll, bietet es sich an, sich entsprechend der Jahreszeit zu kleiden. Ferner können die Blume, der Klee, die Trauben aus Tonpapier ausgeschnitten werden. Als Schnee kann ein großer Wattebausch verwendet werden.

Struktur	Tanz
Aufstellung	Die SuS sitzen auf dem Boden und bilden gemäß den vier Jahreszeiten vier Gruppen, die einen Kreis formen. Jede Gruppe erhält ein Bild aus KV 33. In der Mitte des Kreises steht ein Kind.
Vorspiel	/
Strophe 1	Passend zu den Worten „Frühling“, „Sommer“, „Herbst“ und „Winter“ zeigt das in der Mitte stehende Kind auf die jeweilige Gruppe. Diese SuS wiederum stehen im Moment des Zeigens schnell auf.
Zwischenspiel	/
Strophe 2	Passend zur jeweiligen Zeile legen die SuS nacheinander ihre Bilder vor das in der Mitte stehende Kind.
Zwischenspiel	Die SuS fassen sich innerhalb ihrer Gruppe an den Händen und bilden einen Kreis.
Strophe 3	Den Dreivierteltakt berücksichtigend, gehen die Gruppen im Melodierhythmus im Kreis. Notenzeile 1 (bis „Reihn“) in eine Richtung, Notenzeile 2 (bis „da-rein“) in die andere Richtung.

Überblick

- Ein Lied zu den Monaten kennenlernen
- Zum Lied ein Vor- und Zwischenspiel spielen
- Das Lied ausgestalten

Organisation

- CD B 14
- CD 1 Nr. 34
- AH 1 S. 14
- KV 19
- Metallofon oder Glockenspiel, Xylofon, Handtrommel
- Kalender
- Strophenbilder

Anmerkung

Der Inhalt dieses Liedes führt die Kinder von Monat zu Monat durch das Jahr. Die Namen der Monate und ihre Reihenfolge im Kalender können somit gut geübt werden.

Unterrichtsverlauf

1. Einstieg

- L. bringt einen Kalender mit in den Unterricht. SuS fassen zusammen, was sie mit einem Kalender verbinden.
- L. lenkt das Gespräch auf die Monate.
  Impulse: „Wie heißen die Monate?“; „Wie viele Monate hat ein Jahr?“; „Könnt ihr die Reihenfolge der Monate aufsagen?“; „In welchem Monat hast du Geburtstag?“
- SuS hören das Lied (CD B 14) und verbinden den Textinhalt mit dem vorangestellten Gespräch.

2. Das Lied einüben

- L. und/oder SuS fertigen Strophenbilder im DIN-A5-Format an. Auf jedem Bild sollte die Monatszahl und eine passende Zeichnung zu sehen sein.
- Die Strophenbilder werden kopiert und den SuS ausgehändigt.
- L. zählt die Monate der Reihe nach auf. SuS sprechen mit und zeigen das entsprechende Strophenbild.
- Um das Erlernen des Textes zu unterstützen, überlegen sich die SuS einfache Bewegungsgestaltungen.
  Beispiel:

Strophe	Monat	Bewegungsgestaltung
1	Januar	Bewegungen eines Skifahrers andeuten.
2	Februar	Mit den Fingern fallende Schneeflocken darstellen.
3	März	Mit den Armen Flugbewegungen eines Vogels imitieren.
4	April	Mit beiden Händen eine Sonne formen, gleich danach fallende Regentropfen mit den Fingern darstellen.
5	Mai	Mit beiden Armen das Wachsen von Pflanzen verdeutlichen.
6	Juni	Einen nach Futter schnappenden Vogel darstellen.
7	Juli	Mit beiden Händen Sprünge der Grille und des Frosches umsetzen.
8	August	Herzhaft in einen imaginären Apfel beißen.
9	September	Malerbewegungen ausführen.
10	Oktober	Sich gegen den starken Wind stemmen.
11	November	Mit Händen und Armen wallende Nebelbewegungen ausführen.
12	Dezember	Die Arme ausbreiten und kahle Äste darstellen.

- Die Bewegungen können während des Singens ausgeführt werden. Genauso gut können einzelne SuS vor den jeweiligen Strophen (zum Zwischenspiel!) die Bewegungen ausführen, sodass die Klasse daran erkennen kann, welche Strophe nun folgt.
- Die Strophenbilder ebenfalls sichtbar für alle aufhängen. So können einzelne Kinder den Liedablauf an ihnen anzeigen.
- Zur Festigung AH 1 S. 14 bearbeiten. Lösung: L AH 1 S. 285/S. 311. Fortgeschrittene SuS können als Ergänzung KV 19 bearbeiten.

- Das Lied auch zu CD 1 Nr. 34 singen.
- Weitere Anregungen s. DmG S. 5 ff.

3. Das Vor- und Zwischenspiel einüben

- Die Melodie (Metallofon) spielt ein einzelnes Kind.
- Die Xylofon- und Handtrommelstimme sollte im Plenum eingeübt werden. So können sich die SuS beim Musizieren auch abwechseln.
- Wichtig ist, dass der Auftakt berücksichtigt wird, denn Xylofon und Handtrommel setzen erst im ersten vollen Takt und somit beim zweiten Ton der Metallofonmelodie (a') ein.
- Anregungen zum Einüben des Vor- und Zwischenspiels s. DmG S. 15 ff.

4. Das Lied ausgestalten

- Die SuS stellen sich im Kreis auf.
- Zum Vor- und jeweiligen Zwischenspiel gehen die „Monatskinder" nacheinander mit ihren Strophenbildern in die Mitte des Kreises.
- Die SuS im Kreis singen die Strophen und gehen passend zum Melodierhythmus im Kreis. Zu einer Strophe nach rechts, zur nächsten Strophe nach links, dann wieder rechts usw.
- Am Ende kann das Vor- und Zwischenspiel als Nachspiel mehrmals gespielt werden, die „Monatskinder" innerhalb des Kreises marschieren dabei in eine Richtung, die SuS, die den Kreis bilden, in die entgegengesetzte Richtung. Dabei klatschen sie leise den Handtrommelrhythmus mit. Die Musik wird leiser und hört dann ganz auf. Alle verweilen für einen Augenblick still an ihrem Platz.

Überblick

- Fünf Ausschnitte aus der „Musikalischen Schlittenfahrt" von Leopold Mozart hören und Auffälliges herausstellen
- Die Ausschnitte fünf Bildern zuordnen
- Sich zur Musik bewegen
- Instrumente am Klang erkennen, benennen und Instrumentenabbildungen zuordnen
- Zur Musik mit Instrumenten mitspielen

Organisation

- CD B 15 bis 19
- AH 2 S. 6
- Folie 22, 23
- Diverse Rhythmusinstrumente (Glockenkranz, Schellentrommel, Holzblocktrommel, Glöckchen, zwei Tafellineale als Peitsche usw.)

Anmerkung

Leopold Mozart (1719 – 1787) komponierte die „Musikalische Schlittenfahrt" 1756. Dem Werk liegt ein mehrteiliges Programm zugrunde. Für diese Unterrichtseinheit wurden fünf Musikstücke aus diesem Programm ausgesucht.

Schlittenfahrt (CD B 15):

Deutlich zu vernehmen sind die Glöckchen (Glockenkranz, Schellenstab usw.) und die Peitschenhiebe. Die Glöckchen erklingen in einer Achtelnotenbewegung. Das Tempo ist schnell und gleichmäßig und wird durch die schwungvollen Melodielinien der Streich- und Blasinstrumente getragen. Die Glöckchen, Peitschenhiebe und das Tempo verdeutlichen die Schlittenfahrt.

Nach der Schlittenfahrt schütteln sich die Pferde (CD B 16):

Die ruhige Musik der Streicher, Fagotte und Waldhörner wird unterbrochen durch das Erklingen der Schellen. Die Musik stellt das Ausruhen der Pferde, die Schelleneinwürfe das Schütteln der Pferde dar. In diesem Musikausschnitt sind die Schelleneinwürfe insgesamt sechsmal zu hören, wobei die Schellen die ersten vier Male zweimal angespielt und beim fünften und sechsten Male dreimal angespielt werden.

Ein junges Mädchen zittert und schnattert vor Kälte (CD B 17):

Die schnell gespielten, kurzen Töne der Streicher stellen das Zittern des Mädchens dar. Umrahmt werden diese kurzen Töne von einer ruhigen, getragenen, von Fagotten und Streichern gespielten Melodie. Die Lautstärkesteigerung (nach ca. 20 sec) kann als Zunahme der Kälte interpretiert werden.

Mit einem Aufzug der Trompeten und Pauken beginnt der Ball (CD B 18):

Mit dem Aufzug der Trompeten und Pauken wird der Ball eingeleitet. Die Gesellschaft kann nun den Saal betreten.

Zum Schluss tanzen alle einen fröhlichen Kehraus (CD B 19):

Kehraus bezeichnet die Schlussphase einer Tanzveranstaltung. Das gesamte Orchester spielt diesen schwungvollen Schlusstanz. Danach ist der Ball beendet, die Gesellschaft verlässt den Saal.

Unterrichtsverlauf

1. Einstieg

- L. erzählt von Fahrten mit Pferdeschlitten in früheren Zeiten.
- Zur Verdeutlichung betrachten die SuS Bild 3 im SB S. 64 bzw. auf Folie 22.

2. Die Bilder 1 bis 5 beschreiben

Die SuS beschreiben die fünf Bilder im SB S. 64 oder mittels Folie 22. Stichwörter dieser Beschreibungen kann L. schriftlich (auf Karten oder an der Tafel) festhalten. Das hilft den SuS bei der späteren Verknüpfung mit der Musik.

Mögliche Ergebnisse:

Bild 1: Ein junges Mädchen sitzt frierend und zitternd im Schlitten. Aufallend ist ihr verdrießlicher Gesichtsausdruck. Sie hat einen schicken Hut auf und um die Schultern einen Umhang.

Bild 2: Festlich und aufwendig gekleidete Paare tanzen in einem Ballsaal.

Bild 3: Gezogen durch ein kräftiges Pferd fährt der Schlitten durch das Schneegestöber. Auf dem schön verzierten Schlitten sitzt vorne der Schlittenführer und hinten das Mädchen. Hinter dem Mädchen hockt ein Mann, der möglicherweise ein Hausangestellter ist. Das Pferd trabt. Auffallend am Pferd sind auch die Bänder mit den Glöckchen. Der Schlittenführer treibt das Pferd mit Peitschenhieben voran.

Bild 4: Die festlich und aufwendig gekleideten Paare schreiten gemächlich in den Ballsaal hinein.

Bild 5: Das Pferd schüttelt sich, dabei erklingen die Glocken.

3. Die Musik hören

- Anregungen s. DmG S. 20 ff.
- Die SuS erhalten die Aufgabe, die Musik (CD B 15 bis 19) ohne Unterbrechung zu hören und anschließend erste Verknüpfungen zu den Bildern im SB S. 64 herzustellen.

  Mögliche Ergebnisse: „Man hört die Peitschenhiebe."; „Die Tanzmusik kann man gut erkennen."; „Die Glöckchen vom Pferd kommen oft vor."
- Die SuS hören die fünf Ausschnitte erneut und ordnen diese den Bildern zu (hierzu passend Folie 22).
- Die Ausschnitte einzeln hören und dabei jedes Mal die Zuordnung begründen.

4. Die Musik durch Bewegung und Tanz umsetzen

- Eine vertiefende Auseinandersetzung mit der Musik kann erreicht werden, wenn sich die SuS zu ihr bewegen:

CD	Bild	Begründung
B 15	3	Durch den Raum traben.
B 16	5	Sich schütteln, wenn die Schellen spielen (vgl. Anmerkung).
B 17	1	Das Zittern und Bibbern des jungen Mädchens an den geeigneten Stellen (schnelle, kurze Streichertöne) darstellen.
B 18	4	Sich zu zweit an einer Hand fassen und zusammen durch den Raum schreiten.
B 19	2	Sich paarweise tänzerisch drehen.

- Um die Bewegungen und den Tanz zu verfeinern, können sich die SuS durch die Bilder im SB S. 64 anregen lassen.

5. Instrumente hören, zeigen und benennen

- Die SuS beschreiben die Instrumente im SB S. 65 oder auf Folie 23 (Namen, Aussehen, Material, Spielweise, Klang). Im Vordergrund steht nicht eine lexikongleiche Instrumentenbeschreibung. Vielmehr geht es in diesem Schritt darum, vorhandenes Schülerwissen zu aktivieren.
- Die Instrumente sind, im Uhrzeigersinn von oben links beginnend: Fagott, Pauken, Horn, Trompete, Cello, Kontrabass, Peitsche, Glockenkränze, Bratsche, Violinen, Oboe.
- Bei Bedarf können vorbereitend einzelne Instrumente gesondert angehört werden (s. www.rondoweb.de ➔ Instrumenten-Show).
- Hilfreich kann es auch sein, die abgebildeten Instrumente in Kapitel 27 („Überblick Musik") suchen zu lassen. Auf diesem Wege können die SuS beispielsweise die Namen einiger Instrumente herausfinden, sofern dies nötig ist.
- Die SuS hören die Ausschnitte (CD B 15 bis 19) und zeigen auf die Instrumente, die sie erkannt haben.

  Ergebnis:

  B 15: Glockenkranz, Peitsche, Streich- und Blasinstrumente
  B 16: Streicher, Fagott, Horn, Glockenkranz
  B 17: Streicher, Fagott
  B 18: Pauken, Trompete
  B 19: Streichinstrumente, Blasinstrumente, Pauken
- Ergänzend AH 2 S. 6 bearbeiten. Die SuS hören die Ausschnitte B 15, 17 und 18 und ordnen die drei Bilder den abgebildeten Instrumenten zu. Lösung: L AH 2 S. 293/S. 319.
- Ergebnisse vergleichen.

6. Zur Musik spielen

- Zur Schlittenmusik (CD B 15) können die SuS mit Glockenkranz, Schellentrommel, Holzblocktrommel, Tafellinealen usw. mitspielen.
- Die SuS spielen spontan zur Musik. L. sollte allerdings darauf achten, dass das Spiel der SuS nicht die Schlittenmusik übertönt. Die Schellentrommel und die Holzblocktrommel können den Grundschlag spielen.

13. Musik erfinden (II)

Überblick

- Die Bewegung von Seifenblasen mit Stabspielinstrumenten umsetzen
- Über Parameter wie Tonhöhe, Tempo und Klangdauer sprechen
- Zu den Seifenblasenbewegungen passende Spielweisen an den Instrumenten finden
- Eine Klanggestaltung entwickeln
- Ein Seifenblasenkonzert planen und aufführen

Organisation

- AH 1 S. 15
- Metallofon, Xylofon, Glockenspiel, weitere Melodieinstrumente
- Mehrere Seifenblasendosen

Anmerkung

Mit dieser innovativen Unterrichtseinheit haben die SuS viel Spaß. Sie können frei experimentieren und gleichzeitig wichtige Erkenntnisse über ihre Instrumente (Klangeigenschaften, Anordnung der tiefen und hohen Töne) und deren Spielweise gewinnen.

Ein Kind erzeugt Seifenblasen. Die SuS suchen sich eine Seifenblase aus und „verfolgen" sie mit ihrem Instrument, indem sie so lange auf dem Instrument spielen, bis die Seifenblase geplatzt ist. Befindet sich die ausgesuchte Seifenblase hoch in der Luft, müssen höhere Töne angespielt werden. Fällt die Seifenblase, werden die Töne nach und nach tiefer. Platzt die Seifenblase, dann erfolgt ein Schlusston und es wird nicht mehr weitergespielt.

Sehr ansprechend klingt das Seifenblasenkonzert, wenn viele SuS mit unterschiedlichen Instrumenten zusammenspielen.

Zu empfehlen ist die Planung und Aufführung eines Seifenblasenkonzerts.

Für diese Unterrichtseinheit bieten sich statt Seifenblasen auch Luftballons, verschiedenfarbige Federn oder Chiffontücher an. Der Vorteil von Luftballons ist, dass sie besser gesehen und voneinander unterschieden werden können. Nachteilig ist, dass sie sich nur kurz in der Luft halten.

Unterrichtsverlauf

1. Einstieg

- L. bittet ein Kind Seifenblasen zu machen.
- Den Flug der Seifenblasen begleitet L. mit einem Glockenspiel (von hoch zu tief).
- SuS stellen einen Bezug zwischen den fallenden Seifenblasen und dem Spiel auf dem Glockenspiel her. Mögliche Äußerungen: „Die Seifenblasen sind leise, das Spiel auf dem Instrument auch."; „Wenn die Seifenblasen fallen, wird gespielt. Platzen sie, hört das Spielen auf."; „Wenn die Seifenblasen hoch in der Luft sind, dann müssen hohe Töne angespielt werden."; „Die Töne am Instrument werden immer tiefer, weil die Seifenblasen auch immer tiefer gleiten."
- Exemplarisch wird das Spielprinzip einmal verdeutlicht, indem ein Kind Seifenblasen erzeugt und ein anderes Kind die Bewegungen der Seifenblasen mit einem Glockenspiel umsetzt.
- Als Zwischenschritt zwischen Seifenblasenfall und Umsetzung am Instrument können einige SuS das Herabgleiten der Seifenblasen in eine Körperbewegung umsetzen (z. B. langsam in die Hocke gehen oder die hochgehobenen Arme langsam senken).

2. Die Bewegungen der Seifenblasen mit Instrumenten umsetzen

- Die SuS bilden Gruppen. Jede Gruppe erhält eine Seifenblasendose und entsprechend der Anzahl der weiteren Gruppenmitglieder Melodieinstrumente (Glockenspiel, Metallofon, Xylofon usw.).
- Die SuS längere Zeit experimentieren lassen.
- Im Plenum über Ergebnisse und Erfahrungen sprechen. Beispielsweise ist es eine wichtige Erkenntnis für SuS, dass sie ihr Spiel von hoch zu tief genau dem Falltempo der ausgesuchten Seifenblase anpassen müssen. Spielen die SuS zu schnell, kommen sie dann zu schnell am tiefsten Ton an. Obwohl die Seifenblase noch weiter fällt, können sie dann den Fall nicht weiter umsetzen.
- Viele SuS wissen nicht, wo am Instrument die hohen, mittleren und tiefen Töne zu finden sind. Ein Gespräch darüber ist unbedingt erforderlich.
- Zur Erschließung des Zusammenhanges zwischen einer fallenden Seifenblase und der Umsetzung am Instrument bietet sich der Einsatz von AH 1 S. 15 an. Die SuS ordnen umhergleitende Seifenblasen einem Glockenspiel zu. Dabei verwenden sie drei unterschiedliche Buntstiftfarben. Eine Farbe für die hohen, eine für die mittleren und eine für die tiefen Töne.

Mit diesen Farben malen die SuS die entsprechenden Seifenblasen (hoch – mittel – tief) und Tonplättchen (hoch – mittel – tief) aus. Lösung: L AH 1 S. 285/S. 311.

- Nach dieser Reflexionsphase erneut experimentieren. Darauf achten, dass immer ein anderes Kind die Seifenblasen macht.
- Erneut über weitere Erfahrungen und Erkenntnisse sprechen.

  Beispiele:

Gesprächsgegenstand	Ergebnisse
Spielweise	• Glissando: Den Schlägel über die Stäbe sanft von hoch zu tief führen. Oder: • Einzelne Töne sparsam von hoch zu tief spielen. • Leise und sanft spielen.
Tempo	• Langsam ist besser. • Dennoch das Tempo an die Fallgeschwindigkeit der ausgewählten Seifenblase anpassen. Fällt sie schnell, muss schneller gespielt werden. Fällt sie langsam, dann langsamer spielen.
Klangeigenschaften	• Passend sind weiche, dumpfe Klänge. • Auswahl der Schlägel (Filzschlägel) und Spielweise (sanft) spielen dabei eine bedeutsame Rolle.
Klangdauer	• Fliegen die Seifenblasen schnell durch die Luft (meistens unmittelbar nach ihrer Entstehung), dann überwiegen die kürzeren Töne. Gleiten die Seifenblasen dann ruhig und langsamer, dann eher lange Töne spielen.
Schluss	• Platzt eine Seifenblase, erfolgt ein Abschlusston.

- Nach dieser Reflexionsphase erneut experimentieren und das Spiel verfeinern.

3. Ein Seifenblasenkonzert planen und durchführen

- Sehr effektvoll ist es, wenn im Rahmen der Durchführung des Seifenblasenkonzerts der Raum abgedunkelt wird. Dabei mit Spots den „Seifenblasenmacher" und die Seifenblasen gezielt ausleuchten.
- Weitere Anregungen s. DmG S. 25 f.

Erweiterung

- Wie klingt die Musik, wenn die Seifenblasen nach oben gepustet werden?
- Ferner kann diese Übung genauso gut auch mit der Stimme statt mit Instrumenten durchgeführt werden. Hierdurch lernen die SuS viel über ihre eigene Stimme (Stimmumfang, Atmung usw.). Eine Verknüpfung mit SB-Kapitel 5 („Stimmbildung – Spiele mit der Stimme") bietet sich an.

Gewitter – eine Klanggestaltung

zu Seite 67

Überblick

- Ein Gedicht ausdrucksvoll und deutlich artikuliert vortragen
- Ein Gedicht mit Instrumenten gestalten
- Eine Klanggestaltung grafisch notieren
- Eine Klanggestaltung aufnehmen und gemeinsam auswerten

Organisation

- Diverse Instrumente (Pauke, Blockflöte, Handtrommel, Becken, Gong, Triangel, Guiro, Glockenspiel, Xylofon, Metallofon, Cabasa)
- DIN-A3-Blätter
- Aufnahmegerät

Anmerkung

Diese Unterrichtseinheit lässt sich sehr gut fächerübergreifend bearbeiten, denn das Gedicht kann im Deutschunterricht vorbereitet werden (Inhalt, Aussprache, Vortrag usw.).

Das Gedicht regt die Fantasie und die Kreativität der Kinder stark an. Es lohnt sich, in die Detailarbeit Zeit zu investieren, z.B. ist es für die Qualität der Klanggestaltung entscheidend, ob die SuS den Regen mit Instrumenten genauso differenziert darstellen können, wie er im Gedicht beschrieben wird (tropfen, prasseln, plitschern, trommeln, ganz feiner Regen usw.).

Spannend ist es auch, wenn die SuS ihre Klanggestaltung am Ende der Unterrichtseinheit auch einmal ohne das Gedicht vortragen. Denn die SuS werden das Gedicht automatisch in Gedanken verfolgen; gleichzeitig müssen sie gut aufeinander hören können. Denn nur über das Gehör und über die gegenseitigen musikalischen Impulse kann die Klanggestaltung passend umgesetzt werden.

Als Zwischenstufe bietet sich die Verwendung einer zuvor erstellten grafischen Partitur an.

Unterrichtsverlauf

1. Einstieg

- L. legt ein Glockenspiel, eine Handtrommel und eine Pauke vor sich auf den Tisch.
- L. reibt mit der flachen Hand auf der Handtrommel (Wind). Mit den Fingerkuppen tippelt L. leise und zunächst nur vereinzelt auf das Fell der Handtrommel (Regen). L. nimmt nun das Glockenspiel und streicht zwei- bis dreimal von hoch zu tief mit dem Schlägel über die Stäbe (Blitze). Anschließend führt L. einen Trommelwirbel auf der Pauke aus (Donner). Abschließend tippelt L. leise und zunehmend vereinzelt mit den Fingerkuppen auf dem Handtrommelfell (nachlassender Regen, Gewitterende).
- Impuls: „Mit meiner Klanggestaltung wollte ich etwas darstellen. Was könnte das gewesen sein?" Die SuS kommen schnell auf ein Gewitter.
- Um den Bezug zur inhaltlichen Arbeit schon an dieser Stelle anzubahnen, wiederholt L. die einzelnen Elemente seiner eingangs vorgestellten Gewitter-Klanggestaltung kurz und SuS ordnen zu.

2. Das Gedicht vorbereiten und vortragen

- Um einen Gesamteindruck zu gewinnen, liest L. das Gedicht einmal vollständig vor.
- SuS schlagen im SB S. 67 auf und lesen still das Gedicht.
- Als vertiefende Arbeit können einige der farblich und grafisch hervorgehobenen Wörter inhaltsbezogen besprochen werden.

  Impulse: „Was bedeuten die Wörter?"; „Sprich sie so aus, dass man ihre Bedeutung erkennen kann."; „Diese Wörter sind wichtig, weil sie Anhaltspunkte für die Klanggestaltung bieten."
- Das Gedicht strophenweise auf 13 SuS verteilen und vorlesen lassen. Dabei auf Artikulation und Ausdruck achten.
- Einzelne SuS lesen das gesamte Gedicht ausdrucksvoll und deutlich artikuliert vor. Dabei am Anfang etwas mehr mit Pausen, dann schneller und lauter sprechen. Gegen Ende wieder langsamer, ruhig, fast erleichtert und zufrieden.

3. Das Gedicht mit Instrumenten gestalten

- Hier bietet sich Gruppenarbeit an. Anregungen s. DmG S. 26 f.
- Es bieten sich drei verschiedene Arbeitsweisen an:
  1. Die Gruppen werden dem Textinhalt zugeordnet: Eine Gruppe ist für den Regen zuständig, eine andere für den Blitz, eine weitere für den Donner, für die Katze usw.
  2. Alle Gruppen gestalten das gesamte Gedicht.
  3. Das Gedicht wird in Abschnitte aufgeteilt, die von unterschiedlichen Gruppen vertont werden.

- Welche der drei Arbeitsweisen zur Anwendung herangezogen wird, hängt von der Sachkompetenz und den Vorerfahrungen der SuS ab.
- Als Vorbereitung für die Gruppenarbeit bietet es sich an, Arbeitsprozesse exemplarisch im Plenum durchzuführen, z. B. bei Strophe 5. Diesen Satz können zwei SuS mit Glockenspiel und Handtrommel vertonen und im Plenum vortragen.
- Hilfreich kann es auch sein, exemplarisch mit einigen Instrumenten im Plenum oder in den Gruppen zu experimentieren.

Impulse: „Mit welchem Instrument könnt ihr gut den Regen darstellen?“; „Wie kann ein fernes und ein weites Donnergrollen dargestellt werden?“; „Welches Instrument eignet sich besonders für Windgeräusche?“

- Die Gruppenarbeit ein- bis zweimal durch Reflexionsphasen unterbrechen. Dadurch können Zwischenergebnisse präsentiert und rechtzeitig eventuelle Fehler behoben oder Fragen geklärt werden.
- Mögliche Gesamtergebnisse der Gruppenarbeit:

Gedicht	Instrumente	Spielweise
Strophe 1: Der Himmel …	/	/
Strophe 2: Wind fegt …	Handtrommel, Glockenspiel, Blockflöte oder Lotusflöte	Mit der flachen Hand über das Fell der Handtrommel streichen. Mit Glockenspiel und Flöte Vogelgeschrei nachahmen.
Strophe 3: Wolken fast …	Handtrommel, Glockenspiel, Blockflöte oder Lotusflöte, Metallofon mit weichem Schlägel	Spielweise wie oben. Metallofon: Mit einem weichen Schlägel leicht auf die Stäbe tupfen.
Strophe 4: Blitz …	Wind: Handtrommel, Glockenspiel, Blockflöte oder Lotusflöte, Gewitter: Becken oder Gong, Pauke, Guiro	Die Windgeräusche sind weiter zu hören, treten aber in den Hintergrund. Einmal auf das Becken/den Gong schlagen oder auf der Guiro ratschen (Blitz), Trommelwirbel auf der Pauke. Dabei die Lautstärke variieren.
Strophe 5: Zwei Tropfen …	Handtrommel	Mit den Fingerkuppen auf dem Fell der Handtrommel zunächst vereinzelt und leise, dann schneller und etwas lauter tippeln.
Strophe 6: Regenwand …	Handtrommel, Metallofon	Der Regen ist weiter zu hören. Sanft auf dem Metallofon spielen.
Strophe 7: Blitze tollen …	Wind: Handtrommel, Glockenspiel, Blockflöte oder Lotusflöte, Gewitter: Becken oder Gong, Pauke, Guiro Regen: Handtrommel	Wind- und Regengeräusche sind zu hören. Zwei- bis dreimal kräftiger auf das Becken/den Gong schlagen (Blitz), Trommelwirbel auf der Pauke. Dabei die Lautstärke variieren.
Strophe 8: Es plitschert …	Wind: Handtrommel, Glockenspiel, Blockflöte oder Lotusflöte, Gewitter: Becken oder Gong, Pauke, Guiro Regen: Handtrommel, Becken	Bei „platscht“ und „klatscht“ mit den Fingern auf dem Becken tippeln.
Strophe 9: Es rauscht …	Wind: Handtrommel, Glockenspiel, Blockflöte oder Lotusflöte, Gewitter: Becken oder Gong, Pauke, Guiro Regen: Handtrommel, Cabasa	Bei „rauscht“ die Cabasa einsetzen.
Strophe 10: Eine Stunde …	wie oben	Weiter wie oben.
Strophe 11: Dann Donner …	wie oben	Weiterspielen, aber in Lautstärke und Klangdichte nachlassen.
Strophe 12: Regen …	Regen: Handtrommel	Immer leiser werden.
Strophe 13: Himmel …	/	/

- Bei der Gesamtgestaltung ist zu beachten, dass die SuS nicht nur dann spielen, wenn ihr Part im Text vorkommt. Denn diese Art von Signalspiel wird dem Gedicht nur in Ansätzen gerecht. Ein Gewitter ist ja nicht nur Regen, Donner, Blitz, sondern vielmehr ein Zusammenspiel dieser Elemente. Daher wurde in der Beschreibung möglicher Ergebnisse auch die Überlappung von Wind-, Gewitter- und Regengeräuschen berücksichtigt.

4. Klanggestaltungen grafisch notieren

- Als Einstieg zu diesem Unterrichtsschwerpunkt bietet sich die Beschreibung der Notation im SB S. 67 an.
- Das anschließende Unterrichtsgespräch sollte auf zwei Ebenen durchgeführt werden. In der ersten Ebene können die grafischen Symbole den möglichen Klängen zugeordnet werden, z. B.:

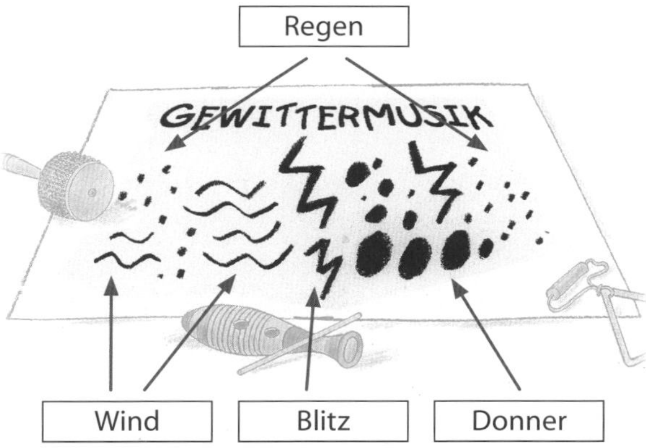

- In der zweiten Ebene kommt die Gesamtgestaltung zur Sprache: Erst gibt es leichten Wind und einzelne Regentropfen. Dann nimmt der Wind zu. Plötzlich zucken zwei Blitze und es donnert. Der Regen fällt weiterhin, aber stark im Hintergrund. Nach einem dritten Blitz ebbt das Gewitter ab. Das Donnergrollen wird leiser, der Regen lässt nach.
- Vor dem Hintergrund dieser zwei Ebenen die Klanggestaltung grafisch notieren.
- Weitere Anregungen s. DmG S. 19 f.

5. Klanggestaltungen aufnehmen

- Wie in der Anmerkung zu dieser Unterrichtseinheit schon vermerkt, sollen die SuS auch ohne das Gedicht eine Aufnahme realisieren.
- Weitere Anregungen s. DmG S. 24 f.

Überblick

- Ein Lied zum Thema Fabrik lernen
- Das Lied mit Körperinstrumenten und Rhythmusinstrumenten begleiten
- Maschinengeräusch-Bausteine mit Stimme und Instrumenten umsetzen
- Balkennotation, Noten und Pausenzeichen miteinander vergleichen
- Fantasiemaschinen malen
- Eine Fabrikmusik erfinden

Organisation

- CD B 20
- CD 1 Nr. 35
- AH 2 S. 7
- KV 20
- Folie 24
- Becken, Pauke, Klanghölzer, weitere Rhythmusinstrumente
- Papier, Stifte

Anmerkung

Diese Unterrichtseinheit lässt sich auch gut fächerübergreifend durchführen: Die Bilder mit den Fantasiemaschinen können im Kunstunterricht angefertigt werden.

Neben dem Erfinden einer „Maschinenmusik" können in dieser Unterrichtseinheit mithilfe von KV 20 Notenwerte (Achtelnote, Viertelnote, Halbe Note) und ein Pausenzeichen (Viertelpause) eingeführt werden. Fortsetzungs- oder Vertiefungsmöglichkeiten finden sich im SB S. 124, 125 und 164.

Im SB S. 68 wird die in Kap. 4 eingeführte Balkennotation aufgegriffen. Neu ist allerdings die Hinzunahme der Pausenwerte (weiß gefüllter Balken). In KV 20 erfolgt dann die Verknüpfung Balken – Note.

Die Illustration im SB S. 69 soll ein Gespräch über Maschinen und die sich ergebenden Geräusche initiieren.

Unterrichtsverlauf

1. Einstieg

- Die SuS beschreiben die Illustration im SB S. 69. Hierzu eignet sich auch Folie 24.

  Impulse: „Was wird mit dieser Maschine hergestellt?"; „Wie schätzt ihr die Lautstärke dieser Maschine ein?"; „Kennt ihr große Maschinen oder Fabriken?"; „Wie stellt ihr euch eine Fabrik von innen vor?"
- L. stellt das Thema dieser Unterrichtseinheit vor.

2. Das Lied lernen

- L. singt das Lied vor (oder CD B 20). Dabei klatscht L. auf „tsching", stampft zu „bum" und patscht zu „ram" und „tam".
- L. und SuS sitzen im Kreis. L. singt langsam die dritte und vierte Zeile des Liedes vor und führt die entsprechenden Bewegungen (klatschen, stampfen, patschen) aus. Die SuS machen nach und nach mit. Oft ist es hilfreich, wenn die SuS nur mit einem Bein stampfen.
- Das gesamte Lied singen und an den gegebenen Stellen begleiten (klatschen, stampfen, patschen). Allmählich das Tempo steigern. Probehalber kann das Lied auch in sehr schnellem Tempo gesungen werden. Eine gute Konzentrationsübung.
- Zur Einhaltung einer sauberen Intonation bietet es sich an, das Lied nun langsam zu singen und den Melodieverlauf mit der Hand anzuzeigen. So werden die Tonhöhenunterschiede verdeutlicht.
- Abschließend zur CD B 20 und zur Play-back-CD (CD 1 Nr. 35) singen und begleiten.

3. Das Lied mit Instrumenten begleiten

- L. stellt für alle SuS gut sichtbar eine Pauke auf und legt ein Becken und ein Paar Klanghölzer dazu. L. spielt alle drei Instrumente kurz an.
- L. bittet die SuS herauszufinden, welches Instrument zu „tsching", welches zu „bum" und welches zu „ram tam" passt. Ergebnis: Zu „tsching" passt das Becken, zu „bum" die Pauke und zu „ram tam" die Klanghölzer.
- Die Klasse in drei Gruppen aufteilen. Gruppe 1 ist für „tsching" zuständig und erhält zwei Becken. Gruppe 2 ist für „bum" zuständig und erhält zwei Pauken (optativ eine Pauke und eine Handtrommel). Gruppe 3 ist für „ram tam" zuständig und erhält zwei Paar Klanghölzer.
- Das Lied langsam singen und als Vorübung mit Körperinstrumenten begleiten (Gruppe 1 „tsching" klatschen, Gruppe 2 „bum" stampfen und Gruppe 3 „ram tam" patschen).
- Erneut singen und nun mit den Instrumenten begleiten. Allmählich das Tempo steigern.
- Zur CD B 20 oder Play-back-CD (CD 1 Nr. 35) spielen.
- Bei Bedarf die Gruppenaufgaben neu verteilen und das Lied noch einmal singen und begleiten.

4. Balkennotation betrachten

- Im SB S. 68 ist die Unterscheidung Ton – Pause und das Eingehen auf die gleiche Länge aller Balken wichtig.
- Zur Festigung kann L. folgende Balkennotation an die Tafel schreiben. Die SuS klatschen und sprechen:

- Es ist wichtig, dass L. oder ein Kind den Rhythmus mitklopft oder mit dem Fuß mittippt. So erhalten die SuS eine gute Orientierung.

5. Maschinengeräusche erzeugen

- Die SuS lernen die Rhythmusbausteine 1 bis 5 im SB S. 69 (auch zu sehen auf Folie 24). Dabei spricht L. vor, SuS sprechen nach.
- Zur Unterstützung kann leise geklatscht werden. Auch Rhythmusinstrumente (Klanghölzer, Handtrommel, Becken, Triangel usw.) können hinzugenommen werden.
- Die SuS betrachten die Maschine im SB S. 69. Um die Rhythmusbausteine noch stärker zu verinnerlichen, überlegen sich die SuS, welcher Rhythmusbaustein am besten zur abgebildeten Maschine passen würde. Alternativ kann auch der Frage nachgegangen werden, welcher Baustein am besten zu welchem Teil der Maschine passen könnte. Beispiel: Baustein 5 zum unteren Maschinenteil (Deckel auf die Flaschen).
- Die SuS erhalten KV 20 und lesen die Tonsilben und Buchstaben vor.
- Auch die Balken genau besprechen. Wie hört sich ein langer, kurzer, weißer … Balken an?
- Die Rhythmusbausteine werden erneut gesprochen. Vertiefend nun aber mit unterschiedlichen Vorgaben, die auch von einem Kind ausgehen können (laut, leise, schnell, langsam, schneller werdend, langsamer werdend usw.). Auch mit Rhythmusinstrumenten durchführen.
- Die SuS arbeiten in Partner- oder Dreiergruppen und stellen mithilfe der Rhythmusbausteine ihre eigene Maschinenmusik zusammen. Erleichtert wird die Arbeit, wenn den SuS viele Rhythmusbausteine zur Verfügung gestellt werden können, sodass sie ihre Maschinenmusik auch als Notat vor sich legen können. Daher KV 20 ggf. mehrmals kopieren und die Bausteine ausschneiden lassen.
- Für ihre Maschinenmusik stehen den SuS mehrere Optionen zur Verfügung. Sie können einzelne Bausteine verwenden, Bausteine kombinieren, einen Baustein als regelmäßige, wiederkehrende Begleitung einsetzen usw.

6. Die Balken mit den Noten vergleichen

- Die SuS betrachten die Noten auf KV 20.

  Impuls: „Wie sieht das Symbol über einem langen, kurzen, mittellangen, weißen … Balken aus?"
- Zur Vertiefung der Pausenwerte kann L. folgendes Tafelbild oder Plakat erstellen:

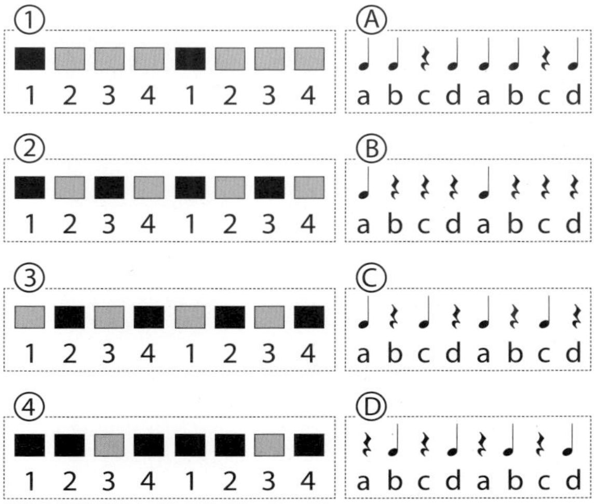

- Lösung: 1 – B; 2 – C; 3 – D; 4 – A
- Als abschließende Ergebnissicherung oder als Hausaufgabe AH 2 S. 7 bearbeiten. Lösung: L AH 2 S. 293.

7. Fantasiemaschinen malen

- Die SuS malen in Partner- oder Gruppenarbeit Bilder mit eigenen Fantasiemaschinen.
- Zu diesen Bildern spielen sie dann ihre Fabrikmusik.
- Das Lied „In der Fabrik, da ist was los" sollte fester Bestandteil dieser Fabrikmusik sein. Es kann zwischendurch oder am Ende eingesetzt werden.

14. Instrumente erkunden (II)

Überblick

- Objekte aus dem näheren Umfeld sammeln und zum Klingen bringen
- Die Klangobjekte nach selbst aufgestellten Kriterien kategorisieren
- Weitere Klangobjekte herstellen
- Die Parameter hoch und tief an mit Wasser gefüllten Flaschen untersuchen
- Mit den Klangobjekten eigene Musikstücke erfinden, aufnehmen und besprechen

Organisation

- AH 2 S. 21
- KV 21
- Küchenreibe und Schere
- Diverse Klangobjekte (s. SB S. 70)
- Material für den Bau weiterer Klangobjekte (vgl. S. 139)
- 25 leere Wasserflaschen
- 5 Krüge mit Wasser
- 5 Tücher

Anmerkung

Das Kapitel „Instrumente erkunden II" wird eingeleitet durch die Unterrichtseinheit „Experimentieren mit Klangobjekten". Die Entscheidung für diesen Unterrichtsinhalt liegt darin begründet, dass SuS mit hoher Motivation und ungezwungen mit diesen Objekten umgehen. Sie brauchen keine Angst vor „richtig" oder „falsch" zu haben. Ferner sind die Klangobjekte nicht so empfindlich wie echte Instrumente. Hier können die SuS ihre Kreativität, Experimentierfreude und Neugierde frei ausleben.

Bleibt aber der Unterricht lediglich auf der Experimentierebene stehen, dann verflachen die Motivation und das Interesse der SuS sehr schnell. Reflexionsphasen, in denen wichtige Erkenntnisse über musikalische Parameter, physikalische Gesetzmäßigkeiten, Spielweisen usw. stattfinden, sind unerlässlich. Genauso wichtig ist es auch, die gewonnenen Erkenntnisse so zu fixieren, dass sie jederzeit abrufbar sind. Denn alles, was im Rahmen dieser Unterrichtseinheit gelernt wird, kann bei der Auseinandersetzung mit weiteren Instrumenten (Orchester, Band usw.) angewendet werden. Denn Kriterien wie Material, Spielweise, Klangeigenschaften, Tonhöhe, Lautstärke usw. sind durchaus übertragbar.

Unterrichtsverlauf

1. Einstieg

- L. spielt zu einem beliebigen Lied auf einer Küchenreibe.
- L.: „Schaut euch einmal um. Mit welchen Gegenständen können wir dieses Lied zusätzlich begleiten?"
- SuS suchen weitere Gegenstände und Klangobjekte. Beispiele: Lineal, Stuhllehne, Papierkorb, Buch auf- und zuklappen, zwei Stifte, mit dem Stift auf dem Heizkörper ratschen, Papier zerreißen usw.
- Zum Lied mit den Klangobjekten spielen.

2. Mit unterschiedlichen Klangobjekten experimentieren

- SuS beschreiben die Bilder 1 bis 5 im SB S. 70.
- Für diese Experimentierphase bietet sich eine Art „Stationenlernen" an. Auf fünf im Klassenraum verteilten Tischen liegt je eines der abgebildeten Klangobjekte. Die SuS gehen alle 5 Minuten von Tisch zu Tisch und experimentieren mit den Klangobjekten. Aus hygienischen Gründen sollten mehrere Flaschen und Tücher vorhanden sein.
- L. und SuS fertigen eine Materialliste für die Klangobjekte im SB S. 70 an. Die Materialliste kann auf einem Plakat oder an der Tafel notiert werden:

  Bild 1: Schuhkarton, mehrere unterschiedlich dicke Gummibänder

  Bild 2: Unterschiedlich große Töpfe, leere Konservendosen, Holzkisten, Kartons, Holzlöffel

  Bild 3: Mehrere Flaschen, ausreichend Wasser, Tücher

  Bild 4: Küchenreibe, Schere oder Schneebesen

  Bild 5: Plastikbecher, Reis oder sehr feine Kieselsteine
- Die SuS bringen Klangobjekte von zu Hause mit.
- Die Klangobjekte auf die Tische legen. Die SuS gehen in Gruppen von Tisch zu Tisch, probieren aus und sammeln erste Eindrücke.
- Kurze Besprechung: „Welches Klangobjekt hat dir gut gefallen?"; „Welches Klangobjekt war laut/leise?"; „Welches Klangobjekt war leicht, welches schwer zu spielen?"

- Nun erfolgen mehrere Durchgänge, die jedes Mal unter einem anderen Gesichtspunkt stattfinden. Beispiele: „Untersucht das Material."; „Untersucht die Spielweise" (vgl. Aufgabe 1 im SB S. 70).
- Es ist empfehlenswert, von jedem Klangobjekt ein Plakat zu erstellen. Neben der Abbildung wird noch eine Kurzbeschreibung notiert.

  Beispiel:

- Abschließend kann für alle Instrumente ein entsprechender Name gefunden werden, der auch auf das Plakat notiert wird, z. B. „Die Gummibandgitarre".
- SuS betrachten das Fragezeichen-Bild im SB S. 70 und schließen daraus, dass noch weitere Klangobjekte gesucht bzw. hergestellt werden sollen.

3. Weitere Klangobjekte herstellen

- Vorschläge mit den SuS sammeln, Materiallisten erstellen und Bauanleitungen aufschreiben.
- Bei Bedarf können die Vorschläge und Bauanleitungen von S. 139 herangezogen werden.

4. Mit unterschiedlich gefüllten Flaschen experimentieren (SB S. 71)

- Die Klasse wird in 5 Gruppen eingeteilt. Jede Gruppe erhält fünf leere Flaschen, einen größeren Krug mit Wasser und ein Tuch.
- Die SuS füllen die Flaschen mit Wasser. Dabei hat jede Flasche eine andere Füllmenge. Da die SuS häufig Schwierigkeiten mit der Benennung von „hoch – tief" haben, wird die Aufgabe zunächst offen formuliert: „Blast die Flaschen an und ordnet sie der Tonhöhe nach."
- Vertiefend werden folgende Aufgaben gestellt: „Mit welcher Flasche könnt ihr den tiefsten Ton blasen?"; „Mit welcher Flasche könnt ihr den höchsten Ton blasen?"
- Im nächsten Schritt erfolgt die Eingrenzung: „Blast die Flaschen an und ordnet sie von tief nach hoch. Tief ist links, hoch ist rechts." Dies entspricht der Anordnung der Töne eines Stabspiel- oder Tasteninstruments.
- Die Ergebnisse vergleichen die SuS mit SB S. 71 oben.
- Die Flaschen und die entsprechenden Wasserstände genau beschreiben.
- Über Erkenntnisse sprechen und diese ggf. schriftlich fixieren. Beispiel: Hat eine Flasche wenig Wasser, ist die Luftsäule länger. Diese Flasche klingt tief. Hat eine Flasche viel Wasser, dann ist die Luftsäule kürzer. Diese Flasche klingt hoch.
- Ggf. in den Gruppen eigene Melodien spielen lassen.
- Als Festigung und Transfer bearbeiten die SuS AH 2 S. 21. Aufgabe 1 kann mithilfe der unterschiedlich gefüllten Flaschen bearbeitet werden. Aufgabe 2 kann als Differenzierungsangebot für die leistungsstärkeren SuS herangezogen werden. Dabei muss L. sichergehen, dass die SuS die Lieder gut kennen. Darüber hinaus bietet es sich an, dass die SuS vor Bearbeitung der Aufgabe 2 die jeweiligen Lieder singen und den Melodieverlauf mit der Hand anzeigen. Lösung: L AH 2 S. 300/S. 325.

5. Eigene Musikstücke erfinden, aufnehmen und besprechen

- In Gruppen eigene Musikstücke erfinden. Anregungen dazu s. DmG S. 26 f.
- Bei Bedarf die Ergebnisse grafisch notieren.
- Musikstücke aufnehmen und besprechen. Anregungen s. DmG S. 24 f.

Erweiterung

- KV 21 bearbeiten.
- Klangobjekte auf den Boden legen. Aufgabe: „Sucht Musikinstrumente aus dem Musikraum und legt sie passend zu den Klangobjekten auf den Boden. Begründet eure Entscheidungen."

  Mögliche Lösung:

  Bild 1: Gitarre
  Bild 2: Pauke, Handtrommel
  Bild 3: Guiro
  Bild 4: Blockflöte, Lotusflöte, Pfeife
  Bild 5: Rasseln, Cabasa, Regenmacher

Überblick

- Instrumente bauen
- Mit den selbst gebauten Instrumenten ein Mitmach-Lied begleiten
- Eine letzte Strophe ausdenken

Organisation

- CD B 21
- CD 1 Nr. 36
- AH 2 S. 8
- Materialien für Instrumentenbau
- Plakate für Materiallisten

Anmerkung

Diese fröhliche, bunte „Spaßseite" soll die SuS animieren, eigene Instrumente zu bauen und diese dann gleich in einem Mitmach-Lied zum Einsatz zu bringen.

Es ist wichtig, dass L. mindestens ein Instrument jeder Instrumentengruppe zuvor selbst gebaut hat. Einerseits kann L. dann gut die Bauphasen einschätzen (Schwierigkeitsgrad, Zeitbedarf usw.), andererseits dienen die L.-Instrumente der Anschauung.

Zusammengefasste Liste für Material, Werkzeug, Bautipps:

Instrumente für Strophe	Material	Werkzeug	Tipps
1	Flaschen mit Verschluss, leere Konservendosen, Kaffeedosen u. Ä., Gummibänder und festes Papier, Reis oder feine Kieselsteine, Knöpfe u. Ä.	Kleber	Dosen mit Reis oder Kieselsteinen füllen. Offene Enden mit festem Papier zukleben oder Papier mit Gummibändern umwickeln.
2	Schläuche, Trichter, Gießkanne	Kleber, feine Säge, spitze Schere oder Handbohrer	Die Schläuche lassen sich gut mit einer feinen Säge zerschneiden. Dabei aber das Mundstück wieder glatt reiben. Die Trichter mit etwas Kleber versehen und in die Schläuche einführen. Ggf. in die Schläuche 3 bis 5 Löcher bohren. So können die „Trompeten" mit unterschiedlichen Tonhöhen gespielt werden.
3	Töpfe, Holzkochlöffel, große Dosen, Kartons, Stäbe, Korken, Faden, durchbohrte Kugeln, Camembert-Schachteln, buntes Papier	Schere, Kleber, Handbohrer oder Nägel, Hammer	Das bunte Papier dient dazu, die „Trommeln" etwas zu verschönern. Schlägelköpfe sind aus Kork. Mit dem Handbohrer ein Loch bohren (oder mit Nagel und Hammer), Kleber hineingeben und Stab einführen. Den Haltegriff durch ein Loch in die Camembert-Schachtel einführen und bekleben. Zusätzlich kann der Stab auch vorsichtig festgenagelt werden.
4	Gummibänder in unterschiedlicher Breite, dünner Draht, Hakenschrauben, Schuhkarton, Holz- oder Blechkisten, Konservendosen, Holzstück oder alte Stifte	Handbohrer, Schere	In eine Holzkiste Hakenschrauben eindrehen und dünnen Draht einspannen. Wenn möglich, ein Loch als Schallloch vorsägen. Konservendosen über die offene Seite mit Gummibändern bespannen. Auf die geschlossene Seite kommt ein Stift als Steg für die Saiten. Über der Dosenöffnung die Saiten zupfen.
5	Holzleisten, Kronkorken, Knöpfe, Nägel, lange Schraube, Schnur	Hammer, Handbohrer, Sandpapier	Kronkorken mit Hammer und Nägeln durchbohren. Es ist oft notwendig, die Holzleisten am Handgriff mit Sandpapier zu glätten.

Es kann hilfreich sein, für die SuS anschauliche Bauanleitungen anzufertigen.

Beispiel:

Ihr braucht:
- 6 Kronkorken
- 3 Nägel
- 1 Hammer
- 1 Holzleiste

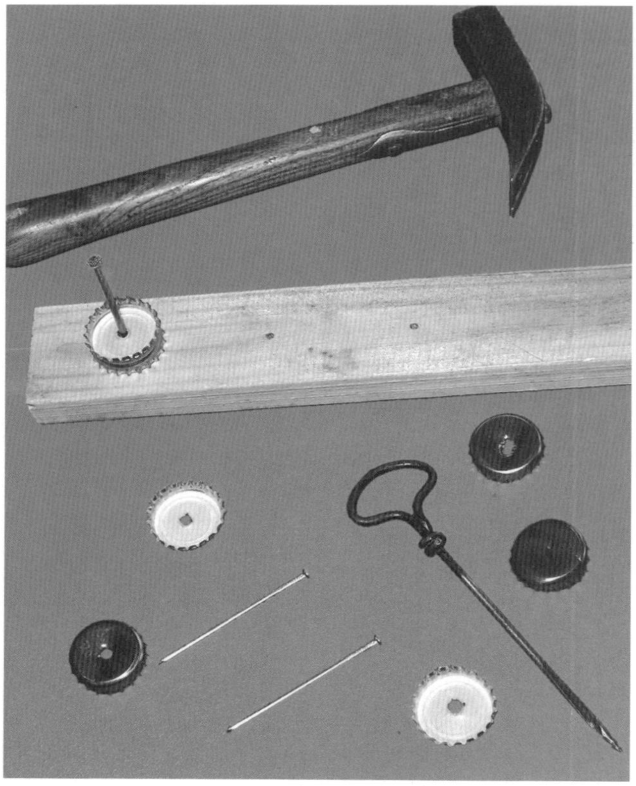

Unterrichtsverlauf

1. Einstieg

- L. legt seine selbst gebauten Instrumente vor sich hin. Es sind insgesamt 5 unterschiedliche Instrumente, passend zu den Strophen.
- SuS hören das Lied (CD B 21), L. spielt frei mit dem jeweils passenden Instrument zu jeder Strophe mit.
- SuS können evtl. schon beim Refrain mitsingen oder mitsummen.
- L. kündigt den Bau von Instrumenten an.

2. Materiallisten erstellen

- Die SuS betrachten im SB S. 72, 73 und stellen fest, dass die Instrumente zwar unterschiedlich sind, aber bezüglich der Spielweise gut zueinander und zu den jeweiligen Strophen passen.
- Mithilfe der Abbildungen im SB S. 72, 73 überlegen sich die SuS, welches Material für den Bau der Instrumente erforderlich ist. L. trägt Ergebnisse auf einem Plakat zusammen (vgl. Anmerkung).

3. Instrumente bauen

- L. muss genau abwägen, was die SuS wirklich selbst bauen können und was evtl. schon im Vorfeld vom L. oder von den Eltern vorgebaut werden muss.
- Die SuS bauen ihre Instrumente in Partnerarbeit (Tipps s. Anmerkung).
- Es ist ratsam, regelmäßig die SuS ins Plenum zusammenkommen zu lassen und Zwischenergebnisse zu präsentieren. So können frühzeitig Schwierigkeiten angesprochen werden und die anderen SuS können evtl. helfen.
- Die SuS geben ihren Instrumenten Namen, z. B. Konservenklinger, Kronkorkenstab, Gummibandgitarre.
- Die Instrumente werden dem Plenum vorgestellt.
- Es ist förderlich, wenn die SuS die Instrumente schon frühzeitig kategorisieren können. Ein naheliegendes Kategorisierungskriterium ist die Spielweise. Unter diesem Gesichtspunkt (zupfen, schlagen, blasen, schütteln) ordnen die SuS ihre selbst gebauten Instrumente ein.
- Zur Vertiefung AH 2 S. 8 bearbeiten. Lösung: L AH 2 S. 294/S. 319.

4. Die Instrumente einsetzen

- Die SuS hören das Lied (CD B 21) und singen nach und nach mit. Achtung: Das Lied wird im Swing-Rhythmus gesungen!
- Auch zur Play-back-CD (CD 1 Nr. 36) singen.
- Nun spielen die SuS jeweils zu den Strophen frei mit. Dabei allerdings nicht den Gesang übertönen.
- Die selbst gebauten Instrumente den im SB S. 70 präsentierten Spielweisen zuordnen. Ergebnis: Strophe 1 = schütteln; Strophe 2 = blasen; Strophe 3 = schlagen; Strophe 4 = zupfen; Strophe 5 = schütteln.
- Erneut zum Lied spielen.

5. Eine passende letzte Strophe erfinden

- L. informiert die SuS, dass zum Abschluss alle gemeinsam singen und musizieren sollen. Dazu fehlt aber ein passender Text.
- Die SuS singen das gesamte Lied und stellen fest, dass lediglich eine halbe Zeile erfunden werden muss.
- L. sammelt Vorschläge der SuS.
- Die Vorschläge immer wieder zur Liedmelodie singen. So kann sofort festgestellt werden, ob die Vorschläge passen bzw. ob sie nachgebessert werden müssen. Beispiele: „Zusammen spiel'n wir alle …"; „Kommt, lasst uns alle spielen …"
- Das gesamte Lied einschließlich der neuen Strophe singen und begleiten.

Überblick

- Die Blockflöte und ihre einzelnen Teile kennenlernen
- Die Tonerzeugung auf der Blockflöte erproben
- Ein einfaches Zwischenspiel einüben

Organisation

- CD B 22 (Zwischenspiel), CD A 58 (Lied)
- CD 1 Nr. 19 (Lied)
- AH 2 S. 9, 10
- KV 88
- Folie 25
- Blockflöten

Anmerkung

Die Blockflöte ist das ideale Instrument, um erste Erfahrungen mit einem Blasinstrument zu sammeln.

In dieser Unterrichtseinheit geht es darum, dass die SuS die Blockflöte kennenlernen und frei erproben (SB S. 74 Aufgabe 1). Anschließend können die SuS mit drei Tönen ein Zwischenspiel zu einem Lied einüben und die typische (und hilfreiche) Rasternotation für Blockflötengriffe kennenlernen.

Die Erprobung soll ungeübten Kindern die Möglichkeit geben, sich spielerisch an das Instrument heranzutasten. Zudem kann auf dieser Stufe gut auf die Blastechnik eingegangen werden. Es muss kontrolliert geblasen werden, sonst übertönt das Instrument.

Die zum Einsatz kommenden Töne (c, a, g, f) sind bewusst gewählt. Mit den Tönen c und a lässt sich am einfachsten ein Kuckucksruf auf der Blockflöte umsetzen. Die Töne a, g und f brauchen die SuS, um eine einfache, aber wirkungsvolle Melodie schnell auf der Blockflöte zu lernen und zu einem Lied zu spielen. Die Motivation ist dadurch sehr hoch.

Es ist wichtig, dass die SuS einen Eindruck bekommen, wie sich das beidhändige Spiel anfühlt. Natürlich ist dadurch der Schwierigkeitsgrad höher. Ein guter Kompromiss ist die Verwendung des Tones f für die rechte Hand. Tiefere Töne sind aufgrund der kleinen Kinderhände immer schwieriger zu spielen.

Für den Ton f wurde hier die deutsche Griffweise verwendet, d. h. nur der Zeigefinger der rechten Hand deckt sein Griffloch ab. Eine Alternative dazu bildet die barocke Griffweise, bei der der Ton f mit dem Zeigefinger, dem Ringfinger und dem kleinen Finger der rechten Hand gegriffen wird. Da dieser sogenannte Gabelgriff jedoch schwieriger zu greifen ist, wurde hier für ein erstes Kennenlernen mit der Blockflöte der einfachere deutsche Griff gewählt.

Je nach Bedarf kann das Griffeüben vertieft werden, indem weitere Lieder oder Liedanfänge an der Blockflöte erprobt werden. Auf KV 88 finden sich leere Raster zum Ausfüllen.

Eindrucksvoll ist es immer, am Realobjekt Erfahrungen zu sammeln und zu neuem Wissen zu gelangen. Es sollte daher rechtzeitig damit begonnen werden, Blockflöten zu besorgen (im Freundeskreis, bei Kollegen … fragen). Da Blockflöten mittlerer Qualität nicht mehr so teuer sind, können auch einige angeschafft werden. Viele Eltern sind auch bereit, für ihr Kind eine Blockflöte zu kaufen. Insbesondere dann, wenn eine weiterführende Beschäftigung mit dem Instrument geplant ist (z. B. die Einrichtung einer Flöten-AG).

Unterrichtsverlauf

1. Einstieg

- Folie 25 zum Einsatz bringen. SuS stellen fest, dass es im Folgenden um die Blockflöte gehen wird.
- L. kündigt an, dass die Blockflöte in dieser Unterrichtseinheit eingehend behandelt wird.
- L. spielt zu CD A 58 das Zwischenspiel von „Guten Morgen, liebe Sonne".

2. Die Blockflöte untersuchen

- L. zeigt eine Blockflöte und führt vor, wie der Flötenkopf vorsichtig abgedreht und wieder auf den Flötenkörper aufgesetzt wird.
- In Partnerarbeit untersuchen die SuS ihre Blockflöten. Dabei soll auch gespielt werden.
- Im Plenum über die Teile der Flöte sprechen. Ergebnisse an der Tafel festhalten.

  Beispiel:

Flötenteile	Beobachtung
Flötenkopf	• Hat eine tiefe, große Einkerbung. • Er ist kurz. • Hat ein Mundstück (Schnabel). • Kann vom Flötenkörper abgezogen werden. • Wenn man in den Flötenkopf hineinbläst, kommt ein hoher, lauter Ton heraus.
Flötenkörper	• Der Flötenkörper ist innen hohl. • Auf dem Flötenkörper befinden sich insgesamt 10 Löcher. • Eines der Löcher ist auf der Rückseite, für den Daumen. • Der Flötenkörper ist lang.

Kernspalt	• Er ist das Loch im Flötenkopf.
Zapfen	• Er ist etwas dünner als der Flötenkörper, damit der Flötenkopf perfekt darauf passt.
Grifflöcher	• Es gibt neun Grifflöcher auf der vorderen und ein Griffloch auf der hinteren Seite des Flötenkörpers. • Die Grifflöcher werden mit den Fingern geschlossen, dann ändert sich die Tonhöhe. • Bei manchen Flöten haben die Grifflöcher unterschiedliche Größen.
Schnabel	• Sieht fast aus wie eine Pfeife. • Es ist das Mundstück der Blockflöte.

- Darüber hinaus über das Material sprechen. Blockflöten werden aus Holz angefertigt. Oft sind sie aber auch aus Kunststoff.
- Zur Festigung der Bezeichnungen der Flötenteile bearbeiten die SuS AH 2 S. 9. Lösung: L AH 2 S. 294/S. 320.
- Weitere Informationen finden die SuS auf www.rondoweb.de/21.

3. Auf der Blockflöte spielen

- Die SuS betrachten im SB S. 74. Oben links experimentiert ein Kind mit einem Flötenkopf.
- Die SuS beschreiben die gelben Linien und die blaue Linie rechts oben.
- Die SuS stellen einen Bezug zum Flötenkopf her und versuchen die Linien klanglich umzusetzen. Ergebnis: Bei den aufwärtsführenden Linien wird beim Hineinblasen der Flötenkopf mit der rechten Hand an der unteren Öffnung zunächst zugehalten und dann kontrolliert und langsam geöffnet. Bei den abwärtsführenden Linien ist es umgekehrt. Um die Wellenlinien umzusetzen, muss die untere Öffnung des Flötenkopfes mit der rechten Hand mit einer gleitenden Bewegung abwechselnd geöffnet und geschlossen werden.
- Nach dieser Experimentierphase spielen die SuS den Kuckucksruf auf ihrer Flöte. Benötigt werden die Töne c und a.
- Die SuS betrachten in Partnerarbeit die Rasternotation und orten die Töne am Instrument. Dabei darauf achten, dass die SuS tatsächlich die linke Hand verwenden. Den Fingersatz entnehmen die SuS ebenfalls den Fotos. Allerdings ist es wichtig, dass L. hier kontrolliert.
- Immer wieder auch auf die Blastechnik achten. Nicht zu viel Luft einatmen, nicht zu kräftig blasen.

4. Mit den Tönen c, a, g, f eigene Melodien erfinden

- Um die Spielfertigkeit zu erhöhen, bietet es sich an, den SuS eine kreative Aufgabe zu stellen: Sie sollen sich Melodien mit den Tönen c, a, g und f ausdenken.
- Dabei immer erst die Rasternotation betrachten und die Töne orten.

5. Das Zwischenspiel von „Guten Morgen, liebe Sonne" einüben

- In der vorangestellten Phase konnten die SuS ihre Spieltechnik optimieren. Nun kann der Schwierigkeitsgrad erhöht werden, indem ein vorgegebenes Zwischenspiel eingeübt wird.
- L. spielt das Zwischenspiel von „Guten Morgen, liebe Sonne" im SB S. 74 zu CD A 58.
- Das Lied „Guten Morgen, liebe Sonne" im SB S. 38 gemeinsam singen und das Zwischenspiel mitsummen.
- Anschließend nur das Zwischenspiel auf den Tonnamen singen.
- Mehrmals durchführen zu CD B 22 und auch zu CD A 58.
- In Partnerarbeit die Rasternotation betrachten und die Töne (a, g, f) auf dem Instrument orten. Gemeinsam langsam Takt für Takt spielen. L. singt die Tonnamen vor. Mehrmals wiederholen, langsam das Tempo erhöhen.
- Zur Festigung AH 2 S. 10 bearbeiten. Hier können die SuS das Zwischenspiel selbst in eine Rasternotation eintragen. Der Notationsprozess hilft den SuS über die Tonabfolge nachzudenken. Ferner können die SuS diese Rasternotation dann auch als Hilfe zum Abspielen verwenden. Lösung: L AH 2 S. 295/S. 320.
- Nun zu CD B 22 spielen.
- Im nächsten Schritt zu CD A 58 und dann zur Play-back-CD (CD 1 Nr. 19) spielen.
- Sollte das Tempo zu hoch sein, dann singt eine Hälfte der Klasse das Lied langsamer, die andere Hälfte spielt auf den Blockflöten. Dann tauschen. Dann nochmals zu den CDs spielen.

6. Eigene Melodien erfinden und Liedanfänge spielen

- Jetzt vertiefend weitere Melodien erfinden oder Liedanfänge bzw. ganze Lieder nach Gehör auf der Blockflöte spielen.
- Wenn die SuS zu Ergebnissen gelangt sind, können sie diese notieren. Dazu KV 88 verwenden.

Überblick

- Instrumente über das Aussehen, die Spielweise und den Klang kennenlernen
- Die Spielweise von Instrumenten mithilfe von Schattenbildern imitieren
- Violine und Querflöte als Soloinstrument kennenlernen

Organisation

- CD B 23 bis 30
- AH 2 S. 11, 12
- Folie 26

Anmerkung

Kenntnisse über Instrumente verhelfen den SuS zu einem wesentlich kompetenteren Musikhören. Ferner kann die Auseinandersetzung mit Instrumenten auch dazu motivieren, selbst ein Instrument zu erlernen.

Erleichtert wird das Kennenlernen von Instrumenten, wenn den SuS Kriterien dafür an die Hand gegeben werden. Naheliegend sind Kriterien wie Aussehen, Klang und Spielweise.

Trompete, Klarinette und Querflöte werden den Blasinstrumenten zugeordnet. Die Klangerzeugung der Trompete wird erreicht, indem der Musiker durch die Vibrationen seiner Lippen auf einem kesselförmigen Mundstück die Luftsäule in der Röhre zum Schwingen bringt. Durch Betätigung der Ventile kann die Luftsäule verkürzt oder verlängert werden. Dadurch entstehen Töne in unterschiedlicher Höhe. Die Klarinette verfügt über ein Rohrblatt am Mundstück, das beim Anblasen vibriert und die Luftsäule in Schwingungen versetzt. Zur Tonhöhenregulierung werden Klappen betätigt (öffnen/schließen). Der Ton bei der Querflöte wird erzeugt, indem der Luftstrom beim Blasen auf die Kante des Anblasloches stößt. Die Tonhöhenveränderung wird bei der Querflöte über das Öffnen und Schließen der Grifflöcher erzielt.

Die Violine und der Kontrabass gehören zur Familie der Streichinstrumente. Der Klang entsteht dadurch, dass Saiten aus Metall, Darm oder Kunststoff mithilfe eines Bogens oder durch Zupfen über einen Resonanzkörper zum Schwingen gebracht werden. Die Tonhöhe hängt einerseits von der Länge, der Dicke und der Spannung der Saite ab. Andererseits kann der Musiker die Tonhöhe direkt beeinflussen, indem er die Saiten durch Hinunterdrücken auf dem Griffbrett verkürzt oder verlängert.

Die Pauke gehört zu den Schlaginstrumenten. Mit zwei Schlägeln wird auf das Fell oder den Kunststoff, der über den Kessel gespannt ist, geschlagen. Die Luft im Kessel gerät in Schwingung, wodurch ein Ton entsteht.

Weitere Informationen über Instrumente finden sich im SB S. 158, 159 und auf www.rondoweb.de/22.

Unterrichtsverlauf

1. Einstieg

- Die SuS nennen ihnen bekannte Orchesterinstrumente.
- L. schreibt diese Instrumente nach Spielweise geordnet an die Tafel.

  Beispiel:

Violine	Trompete	Pauke
Cello	Oboe	Triangel
Kontrabass	Fagott	
	Horn	
	Querflöte	

- L. fragt SuS, warum er die Instrumente in dieser Anordnung notiert hat.
- SuS kommen darauf, dass das Ordnungskriterium die Spielweise ist.
- L. vervollständigt das Tafelbild mit den passenden Überschriften:

Streich-instrumente	**Blas-instrumente**	**Schlag-instrumente**
Violine	Trompete	Pauke
Cello	Oboe	Triangel
Kontrabass	Fagott	
	Horn	
	Querflöte	

- SuS schlagen im SB S. 75 auf – hierzu kann auch Folie 26 verwendet werden – und suchen die von ihnen benannten Instrumente in der Abbildung. Das Tafelbild dementsprechend korrigieren, d. h. fehlende Instrumente (in diesem Fall wäre es die Klarinette) hinzufügen. Anschließend alle Namen der Instrumente im SB S. 75 an der Tafel farblich hervorheben:

Streich-instrumente	**Blas-instrumente**	**Schlag-instrumente**
Violine	Trompete	Pauke
Cello	Oboe	Triangel
Kontrabass	Fagott	
	Horn	
	Querflöte	
	Klarinette	

2. Die Instrumente näher beschreiben (Aussehen, Material, Spielweise)

- Ideal wäre es, wenn L. ein oder mehrere der im SB S. 75 abgebildeten Instrumente mitbringen könnte (über Freunde, Musikschule, Eltern und Geschwister der SuS ...). Vom Realobjekt ausgehend, ist der Prozess des Kennenlernens viel eindrucksvoller.
- Die SuS beschreiben die Instrumente nach den oben genannten Kriterien. Dazu betrachten sie die Instrumenten- und die Schattenbilder im SB S. 75 oder auf Folie 26. L. hält die Ergebnisse an der Tafel fest.

  Beispiel:

Instrumente	Schülerbeschreibung
Violine	• Sie ist aus Holz. • Sie hat vier Saiten. • Sie wird mit einem Bogen gespielt. • Sie ist klein.
Kontrabass	• Er ist das größte Streichinstrument. • Er ist aus Holz. • Er hat vier Saiten (Achtung: Es gibt auch Kontrabässe mit 5 Saiten!). • Er wird mit einem Bogen gespielt oder gezupft.
Pauke	• Ihr Körper ist wie ein großer Kessel. • Auf die Öffnung ist ein Fell gespannt. • Mit zwei Filzschlägeln wird darauf geschlagen.
Trompete	• Sie ist aus Metall. • Man hält sie vor sich und bläst in sie hinein. • Vorne hat sie eine Art Trichter.
Klarinette	• Sie ist aus Holz. • Man hält sie vor sich und bläst in sie hinein. • Sie ist schwarz. • Die Klappen sind silbern. • Sie ist lang.
Querflöte	• Sie ist aus Metall. • Sie wird quer gehalten. • Man bläst in sie hinein. • Sie ist silbern. • Sie hat viele Klappen.

3. Die Instrumente hören

- Die SuS hören alle sechs HB (CD B 25 bis 30) hintereinander, ohne Zwischenhalt. So verschaffen sie sich zunächst einen Überblick.
- Nun hören die SuS die HB einzeln, zeigen auf das jeweilige Instrument und benennen es. Ergebnis: B 25 = Violine; B 26 = Querflöte; B 27 = Klarinette; B 28 = Trompete; B 29 = Kontrabass; B 30 = Pauke.
- Die Schattenbilder zuordnen. Ergebnis: Bild A = Violine; Bild B = Klarinette; Bild C = Trompete; Bild D = Pauke; Bild E = Querflöte; Bild F = Kontrabass.
- CD B 25 bis 30 mehrmals hören und die Spielweise pantomimisch imitieren. Zur Vertiefung der Kenntnisse über die Spielweise der Instrumente bietet es sich an, die Instrumentenabbildungen im SB S. 158, 159 zu betrachten.

4. Zusammenfassung

AH 2 S. 11 bearbeiten. Die SuS verbinden die Instrumentenbilder, die Instrumentennamen und die Schattenbilder passend miteinander. Lösung: L AH 2 S. 295/S. 321.

5. Vertiefung

- Als Vertiefung AH 2 S. 12 bearbeiten. Unterstützend kann im SB S. 156 bis 159 betrachtet werden. Lösung: L AH 2 S. 296/S. 321.
- Die Instrumente – soweit vorhanden – werden erprobt. Nicht vorhandene Instrumente können ausgeliehen (Familie, Bekannte, Musikschule ...) und vorgestellt werden.

6. „Capriccio a-Moll" von Paganini und „Flötenkonzert G-Dur" von Mozart hören

- Die SuS hören CD B 23 und 24 mit der Aufgabe herauszufinden, welches Instrument jeweils im Vordergrund steht. Antwort: Im „Capriccio a-Moll" von Paganini ist es die Violine, im „Flötenkonzert G-Dur" von Mozart ist es die Querflöte.
- Die SuS beschreiben die Musik, insbesondere die Melodieführung beider Soloinstrumente.
- CD B 23 und 24 erneut hören. Per Handzeichen anzeigen, an welchen Stellen die Soloinstrumente spielen.
- Zu CD B 23 und 24 imitieren die SuS die Spielweise der Soloinstrumente in Anlehnung an die Schattenbilder im SB S. 75.

Überblick

- Ein Lied über Orchesterinstrumente singen und darstellen
- Das Lied mit Rhythmusinstrumenten begleiten
- Ein Bewegungsspiel ausführen

Organisation

- CD B 31
- CD 1 Nr. 37
- KV 22, 23
- Becken, Klanghölzer
- Ausreichend Platz für das Bewegungsspiel

Anmerkung

Diese Unterrichtseinheit lässt sich gut mit der Unterrichtseinheit „Instrumente kennenlernen" (SB S. 75) verknüpfen. Im Lied werden die gleichen Instrumente benannt. Die pantomimische Umsetzung der Spielweise der Instrumente kann hier unter Heranziehung der Schattenbilder (SB S. 75) eingeplant werden.

Für die Einstiegsphase sollen Instrumentenbilder an die Tafel angebracht werden. Zur Herstellung dieser Bilder KV 22 vergrößert kopieren und die einzelnen Instrumentenbilder ausschneiden. Die SuS erhalten KV 22 ebenfalls, doch in Normalgröße.

Unterrichtsverlauf

1. Einstieg

- L. bringt die Instrumentenbilder ungeordnet an die Tafel an.
- SuS hören CD B 31 und sprechen kurz über den Inhalt (Orchesterinstrumente, Klangimitation mit der Stimme).
- L. händigt KV 22 und 23 aus. Die SuS schneiden die Bilder aus und legen sie vor sich auf den Tisch.
- SuS hören CD B 31 erneut. Die SuS ordnen die Instrumentenbilder entsprechend der Reihenfolge der Strophen. 2 SuS tun dasselbe mit den großen Bildern an der verdeckten Tafel.
- Die Bilder werden in der richtigen Reihenfolge in KV 23 eingeklebt.

2. Das Lied lernen

- L. singt die erste Strophe mehrmals vor. Die SuS singen nach und nach mit.
- Als Hilfe bietet es sich an, den Melodieverlauf, insbesondere im B-Teil, mit der Hand anzuzeigen.
- In ähnlicher Weise die anderen Strophen einüben.
- Beim Singen des gesamten Liedes ist es hilfreich, die geordneten Instrumentenbilder gut sichtbar aufzuhängen.
- Zu CD B 31 und zur Play-back-CD (CD 1 Nr. 37) singen.
- Es muss darauf geachtet werden, dass die Instrumentenlaute deutlich artikuliert werden. Es bieten sich dazu auch einzelne Übungen an, z. B. sprechen, flüstern, rufen, singen, langsam oder schnell sprechen.
- Weitere Anregungen s. DmG S. 5 ff.

3. Die Spielweise der Instrumente nachahmen

- Gespräch über die Spielweise der im Lied genannten Instrumente. Die SuS machen Vorschläge über Spielweisen pantomimisch vor.
- SuS beschreiben die Schattenbilder im SB S. 75 und ordnen diese der Spielweise der im Lied genannten Instrumente zu. Ergebnis: Bild A = Violine; Bild B = Klarinette; Bild C = Trompete; Bild D = Pauke; Bild E = Querflöte; Bild F = Kontrabass.
- L. oder ein Kind ruft einen Instrumentennamen in die Klasse, die SuS reagieren darauf mit der pantomimischen Darstellung der Spielweise dieses Instruments.
- Das Lied singen (L. begleitet, zu CD B 31 oder CD 1 Nr. 37). Dabei die Spielweise der Instrumente pantomimisch darstellen.

4. Das Lied mit Becken und Klanghölzern begleiten

- Das Lied hören (CD B 31). Die Beckenbegleitung (für Teil A) dazu klatschen, die Klanghölzerbegleitung (für Teil B) dazu patschen.
- Einen Sitzkreis bilden. 2 Becken und 2 Paar Klanghölzer werden verteilt. Das Lied mehrmals in nicht zu schnellem Tempo singen. Dabei werden die Instrumente nach je zwei Strophen weitergereicht.
- Abschließend das Lied im Originaltempo singen und die Spielweise der Instrumente darstellen. Vier SuS begleiten mit Becken und Klanghölzern.

5. Ein Bewegungsspiel gestalten

- Die SuS betrachten die Abbildungen zum Bewegungsspiel im SB S. 76. Sie schließen daraus, dass das Kind in der Kreismitte allein Teil A des Liedes singt. Teil B wird von den Kindern im Kreis gesungen, während sie die Spielweise pantomimisch darstellen.

- Die Klasse in 3 bis 4 Gruppen aufteilen. Im Raum verteilt führen die Gruppen zum Lied (Gesang oder CD B 31) das Bewegungsspiel aus.
- Einigen Kindern wird es noch schwerfallen, intonationssicher zu singen. Es sollte durchaus den Solosängern gestattet werden, ihre Zeile in einer Art Sprechgesang darzubieten. Um dennoch das intonationssichere Singen als längerfristiges Ziel nicht aus den Augen zu verlieren, sollten immer Zwischenübungen eingefügt werden, z. B. den Melodieverlauf mit der Hand anzeigen oder Teil A grafisch auf einem großen Plakat notieren.
- Die rhythmische Stimmigkeit kann jedoch eingefordert werden.

Erweiterung

Die im Lied genannten Instrumente im SB S. 156 bis 159 und in der Instrumentenshow auf www.rondoweb.de suchen.

Überblick
- Ein Lied zum Thema Instrumente singen
- Ein Lied szenisch umsetzen
- Instrumente hören und Abbildungen zuordnen

Organisation
- CD B 32 bis 39
- CD 1 Nr. 38
- AH 1 S. 16, 17
- KV 24
- Folie 27

Anmerkung
Mit diesem fröhlichen Lied und der vertiefenden Arbeit in AH 1 können die SuS sieben Instrumente näher kennenlernen (Namen, Aussehen, Klang).

Unterrichtsverlauf
1. Einstieg
- Die SuS hören das Lied (L.-Vortrag oder CD B 32).
- Mithilfe von Folie 27 Gespräch über den Textinhalt: „Welche Tiere bilden das Orchester?“; „Welche Instrumente spielen sie?“; „In welcher Reihenfolge kommen die Instrumente vor?“

2. Das Lied lernen
- Die SuS hören das Lied (L.-Vortrag oder CD B 32) und singen nach und nach mit.
- L. spricht den Text der ersten Strophe im Melodierhythmus vor, SuS sprechen nach. Im zweiten Durchgang sprechen L. und SuS gemeinsam.
- L. singt die erste Strophe abschnittsweise vor. Die SuS singen nach. Die Atemzeichen können eine Richtlinie für die Einteilung in Abschnitte sein.
- Den Melodieverlauf mit der Hand anzeigen.
- Auf die Takte 7 bis 9 muss gesondert eingegangen werden. Das Einhalten der Viertelnoten fällt den SuS manchmal schwer. Dazu den Text der besagten Takte sprechen und dazu klatschen.
- Zur Festigung des Textes das Lied hören (CD B 32) und das Bild im SB S. 77 betrachten. Stimmt die Reihenfolge der im Lied genannten Instrumente mit der Reihenfolge in der Abbildung überein?
- Nun singen die SuS mehrmals das gesamte Lied, auch zu CD B 32 und zur Play-back-CD (CD 1 Nr. 38).
- L. teilt KV 24 aus. Die SuS singen das Lied und stellen fest, welches Instrument fehlt: die Trommel.
- Das Lied zur Festigung erneut singen.
- Weitere Anregungen s. DmG S. 5 ff.

3. Das Lied szenisch gestalten
- Vorbereitend ordnen die SuS im AH 1 S. 16 die Bären den Instrumenten zu. Lösung: L AH 1 S. 286/S. 312.
- Gespräch über die Spielweise. SuS sollten die Gelegenheit erhalten, die Spielweisen einzeln pantomimisch vorzuführen. Vorschläge, Änderungen, Ergänzungen kommen von der ganzen Klasse.
- L. oder ein Kind ruft einen Instrumentennamen in die Klasse, die SuS reagieren darauf mit einer pantomimischen Darstellung der Spielweise.
- Die SuS singen das Lied zu CD B 32. In den kurzen Soloeinlagen der Instrumente stellen die SuS die Spielweise pantomimisch dar.

4. Die Instrumente
- AH 1 S. 17 bearbeiten. In einer ersten Runde hören die SuS die einzelnen Instrumente (CD B 33 bis 39) in der auf der CD vorgegebenen Reihenfolge und nummerieren sie dementsprechend. Um die Aufgabe für die SuS nicht zu leicht werden zu lassen, wurde die Reihenfolge auf der CD im Vergleich zur Strophenabfolge des Liedes geändert. Die SuS tragen die entsprechenden Ziffern jeweils in das erste Kästchen unter dem Instrument ein. Ergebnis: Saxofon, Querflöte, Trommel, Mundharmonika, Kontrabass, Tuba, Gitarre.
- In der zweiten Runde hören die SuS die einzelnen Instrumente in einer veränderten (vorher einprogrammierten!) Reihenfolge. Die SuS tragen die entsprechenden Ziffern nun jeweils in das zweite Kästchen unter den Abbildungen ein.
- In der dritten Runde hören die SuS die einzelnen Instrumente in einer erneut veränderten Reihenfolge und tragen die Ziffern nun in das jeweils dritte Kästchen ein.
- Weitere Informationen über die Instrumente finden die SuS auf www.rondoweb.de/23.

15. Tänze

Überblick
- Einen Tanz mithilfe von Abbildungen einüben
- Den Tanz im Doppelkreis ausführen

Organisation
- CD B 40
- Folie 28
- Ausreichend Platz zum Tanzen

Anmerkung

Dieser muntere Tanz kann schnell eingeübt werden und sieht in seiner Endfassung heiter und ansprechend aus.

Unterrichtsverlauf

1. Einstieg
- Die SuS hören CD B 40 und stellen die Zweiteiligkeit des Stückes fest.
- Die SuS vollziehen die Gliederung der Musik in Teil A und B nach, indem sie zum A-Teil auf die Zählzeiten 1 und 2 klatschen und zum B-Teil auf die Zählzeiten 1 und 2 stampfen.

2. Einüben des A-Teils
- Zunächst stampfen und klatschen die SuS je dreimal abwechselnd zur Musik des A-Teils. Abfolge: klatschen – stampfen – klatschen – stampfen – klatschen – stampfen – klatschen – stampfen.
- SuS betrachten die Abbildungen zum A-Teil im SB S. 78 oder auf Folie 28. Impuls: „Welche Bewegungen haben wir bisher schon ausgeführt?" Antwort: „Stampfen und klatschen."
- SuS betrachten die noch fehlenden Bewegungen (Stampfschritte rechtsherum/linksherum).
- L. demonstriert die Stampfschritte.
- SuS üben die Stampfschritte mit einem Partner/einer Partnerin ein.
- L. summt oder singt (auf „na", „la", „mh" …) die Melodie des A-Teils im langsamen Tempo. Die SuS führen die Bewegungen zum gesamten A-Teil aus.
- Beim Betrachten der Takte 1, 2, 5 und 6 des A-Teils fällt auf, dass immer auf „1", „und" und „2" gestampft bzw. geklatscht wird. Die vier Stampfschritte erfolgen dann jeweils auf den Zählzeiten 1 und 2.

- Die Schwierigkeit beim Stampfen im ersten Takt liegt darin, dass das „und" aufgrund der punktierten ersten Note nicht gleichzeitig mit dem zweiten Ton kommt, d. h. die SuS stampfen nicht genau zu der zweiten Note, sondern vorher. Sollten die drei Stampfschritte zu unregelmäßig ausfallen, dann könnte als Alternative einmal auf die Zählzeit 1 und einmal auf die Zählzeit 2 gestampft werden, also statt dreimal nur zweimal stampfen.
- Nun zur Musik (CD B 40) probieren. Zum A-Teil den Tanz ausführen, zum B-Teil frei durch den Raum gehen.

3. Einüben des B-Teils
- Den Seitgalopp üben. Dabei laufen die SuS frei im Galopp durch den Raum, auch zur Musik (CD B 40).
- SuS betrachten die Bilder zum B-Teil im SB S. 78 oder auf Folie 28 und stellen fest, dass der Galopp seitlich verläuft.
- Zunächst üben die SuS Seit-ran-Schritte (einen Fuß zur Seite stellen, den anderen Fuß heranziehen) im langsamen Tempo ein.
- L. und SuS sprechen dazu: „rechts – ran, rechts – ran" usw.
- Die SuS stellen sich im Doppelkreis paarweise zugewandt auf und fassen sich bei den Händen.
- Zunächst ohne Musik und im langsamen Tempo in eine Richtung den Seitgalopp einüben.
- Mit Musik (CD B 40) erproben.
- Erneut die Abbildungen im SB S. 78 betrachten. Die SuS stellen fest, dass der Seitgalopp einmal in und einmal gegen die Tanzrichtung verläuft.
- Entsprechend ohne Musik und unterstützt durch das Sprechen („rechts – ran, rechts – ran …"; „links – ran, links – ran …") üben.
- Abschließend mehrmals zur Musik (CD B 40) ausführen.
- Weitere Anregungen s. DmG S. 17 ff.

4. Partnerwechsel
- Sofern die SuS den Tanz gut beherrschen, kann über einen Partnerwechsel nachgedacht werden. Dies wertet den Tanz insgesamt sehr auf.
- Nach jedem Durchgang kann der Außenkreis einen Schritt nach rechts zum neuen Partner rücken.

- Diesen Wechsel mehrmals im langsamen Tempo und zunächst ohne Musik erproben. Erlangen die SuS nach und nach mehr Sicherheit in der Bewegungsausführung und im Partnerwechsel, dann mit Musik (CD B 40) durchführen.

Erweiterung

Sollten sich innerhalb der Lerngruppe fortgeschrittene Instrumentalisten befinden, kann die „Trampelpolka" auch musiziert werden (s. Noten im SB S. 78). Benötigt werden Melodieinstrumente (Flöte, Saiteninstrument, Keyboard oder Klavier). L. kann auf der Gitarre oder einem Tasteninstrument begleiten.

La Raspa Mexicana

Überblick

- Einen traditionellen mexikanischen Tanz kennenlernen
- Verschiedene Schritte und Haltungen erlernen und umsetzen
- Zum Tanz den B-Teil mitsingen

Organisation

- CD B 41
- Folie 29
- Ausreichend Platz zum Tanzen

Anmerkung

Die „Raspa" ist ein weit verbreiteter Tanz in Mexiko. Er wird von allen Altersgruppen gerne getanzt.

Besonders muss auf den Spreizsprung eingegangen werden, der im Grundschritt zu diesem Tanz folgendermaßen ausgeführt wird:

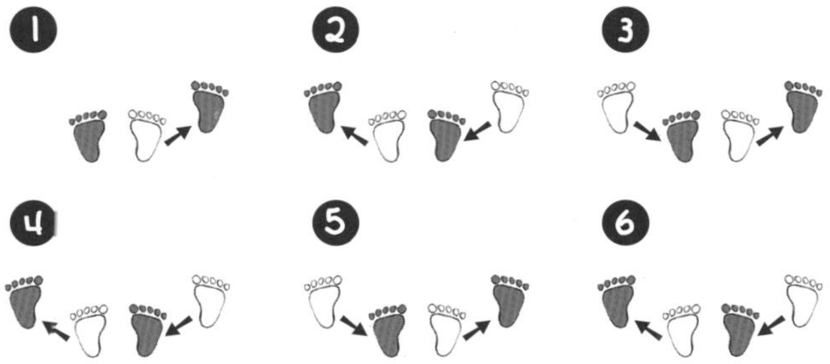

Es muss berücksichtigt werden, dass der ausgestreckte Fuß immer auf der Ferse steht. Ferner gehen die Arme (s. Abbildungen im SB S. 79) immer mit.

Relevant für die korrekte Tanzausführung ist auch die Struktur der Musik. Die SuS müssen diese verinnerlichen.

Struktur:

Vorspiel: instrumental
1. Durchgang: Strophe 1
2. Durchgang: Teil A instrumental, Teil B gesungen
3. Durchgang: Strophe 2
4. Durchgang: Teil A instrumental, Teil B gesungen

Unterrichtsverlauf

1. Einstieg

- Die SuS verteilen sich im Raum, hören die Musik (CD B 41) und laufen zu ihr durch den Raum. So können die SuS die Musik schon zu einem frühen Zeitpunkt körperlich aufnehmen.
- Gespräch über die Musik. Impulse: „Wie ist das Tempo?"; „Wie wirkt die Musik auf euch?"; „Was meint ihr, wie wird danach getanzt?"; „Wie viele unterschiedliche Teile hat die Musik?" (Antwort: 2); „Wie oft kommen diese Teile vor?" (Antwort: insgesamt viermal, mal mit Gesang, mal instrumental im A-Teil, vgl. Anmerkung).
- L. berichtet kurz über den Hintergrund der „Raspa Mexicana".

2. Einüben des B-Teils

- Da der B-Teil etwas einfacher ist, sollte mit ihm begonnen werden. Die SuS hören CD B 41 immer vollständig, dadurch lernen sie das gesamte Stück besser kennen.
- Die SuS betrachten die Abbildungen zum B-Teil im SB S. 79 oder auf Folie 29. Daraus entnehmen sie die Tanzschritte und Tanzbewegungen.
- Zu zweit erproben die SuS den B-Teil zunächst ohne, dann mit Musik (CD B 41).
- Abschließend wird zur Musik des B-Teils getanzt, während des A-Teils werden die Partner gewechselt.

3. Einüben des A-Teils

- Als Vorbereitung für den Spreizsprung stehen die SuS in einem Kreis und stampfen zu CD B 41 (zu den fett gedruckten Silben und Wörtern stampfen):

  „Das **Neu** – es – **te** ist **das** da: Wir **tan** – zen **nur** noch **Ras** – pa!"
- Um ein Gefühl für den Tanz zu bekommen, stampfen die SuS zum A-Teil und drehen sich mit einem Partner (s. 2.) zum B-Teil.
- Der Spreizsprung wird im langsamen Tempo und ohne Musik eingeübt (s. Anmerkung und Folie 29).
- Nach und nach das Tempo steigern.
- Nun zur Musik (CD B 41) ausführen. Dabei zunächst zum A-Teil den Spreizsprung ausführen und zum B-Teil im Grundschlag klatschen.
- Abschließend beide Teile zur Musik (CD B 41) tanzen.

4. Mitsingen

- Es bietet sich an, zum B-Teil mitzusingen. Vielen SuS ist das eine Hilfe beim Tanzen.
- Den Text im Melodierhythmus langsam und deutlich artikuliert sprechen, SuS sprechen erst nach und dann mit.
- Zu CD B 41 singen.
- Abschließend zu CD B 41 tanzen und zum B-Teil mitsingen.

Überblick

- Eine Tanzmusik hören
- Instrumente am Klang und am Aussehen erkennen und benennen
- Zur Musik freie und vorgegebene Tanzbewegungen ausführen
- Einen Tanz zur Musik gestalten

Organisation

- CD B 42
- AH 2 S. 13
- KV 25, 26
- Folie 30, 31
- Ausreichend Platz zum Tanzen

Anmerkung

In dieser Unterrichtseinheit werden zwei Schwerpunkte miteinander verknüpft: Angeregt durch die Tanzmusik erarbeiten die SuS einen Tanz. Gleichzeitig lernen sie verschiedene Instrumente kennen (Aussehen, Klang, Namen).

Unterrichtsverlauf

1. Einstieg

- Die SuS hören CD B 42 und sprechen anschließend im Plenum über ihre Höreindrücke (Tempo, Lautstärke, Charakter, Instrumente usw.).
- KV 25 bearbeiten.
- Ergebnisse vergleichen. Zur Bestätigung CD B 42 erneut hören.

2. Die Struktur des Musikstücks kennenlernen

- Über eine freie Bewegungsgestaltung lernen die SuS schnell die Struktur der Musik kennen (Aufbau A – B). Die SuS verteilen sich im Raum, hören CD B 42 und bewegen sich dazu. Anregungen s. DmG S. 17 ff.
- Es ist wichtig, zurückhaltende SuS mit Impulsen zum Mitmachen zu animieren. Impulse: „Bewege nur deine Arme!"; „Ändere deine Gehrichtung, mal seitlich, mal rückwärts ..."; „Bleib stehen und bewege nur deine Finger!"
- Die SuS führen nun unterschiedliche Bewegungen zum A- und zum B-Teil der Musik (CD B 42) aus. Die Bewegungen suchen sich die SuS selbst aus. Wichtig ist, dass sie die Bewegungen, für die sie sich entschieden haben, zum jeweiligen Teil beibehalten.
- Bei Bedarf kann L. oder auch ein Kind diese Phase steuern, z. B.: „Zum A-Teil gehen, zum B-Teil hüpfen."; „Zum A-Teil nur den Kopf bewegen, zum B-Teil im Kreis gehen."

3. Die Instrumente kennenlernen

- Da die Instrumente eine wesentliche Rolle bei der Tanzgestaltung spielen, müssen die SuS sie zunächst gut kennenlernen. Daher beschreiben die SuS in einem ersten Schritt die im SB S. 80 abgebildeten Instrumente; hier kann auch Folie 30 zum Einsatz kommen. Über Aussehen, Namen, Klang und auch eigene Beziehungen der SuS zu diesen Instrumenten sprechen.
- Die SuS hören die Musik (CD B 42) und stellen fest, dass die Reihenfolge des Auftretens der Bildreihenfolge im SB S. 80, Bild A bis F, entspricht.
- Erneutes Gespräch über die Instrumente durchführen. Dabei immer wieder CD B 42 hören. Die SuS müssen eine Verbindung zwischen Aussehen, Klang und Namen herstellen können.
- Zur Unterstützung dieses Lernprozesses hilft AH 2 S. 13. Zunächst soll geklärt werden, welche Instrumente in welchem Lastwagen sind.

  Lastwagen 1: Gitarre, Klarinette, Akkordeon, Violine, Kontrabass

  Lastwagen 2: Violine, Klarinette, Gitarre, Querflöte, Kontrabass

  Lastwagen 3: Violine, Gitarre, Querflöte, Akkordeon, Kontrabass

  Im nächsten Schritt können die SuS dann feststellen, welche Instrumente auf allen drei Lastwagen vertreten sind. Lösung: L AH 2 S. 296/S. 322.
- Weitere Informationen zu den Instrumenten finden die SuS auf www.rondoweb.de/24.

4. Vorgegebene Tanzbewegungen ausführen

- Alle SuS verteilen sich im Raum. SuS hören CD B 42 und L. ruft zunächst die Tanzbewegung zu Bild E hinein, die SuS führen aus. Dies wird zum gesamten Stück gemacht. So wird der Grundschritt gefestigt.
- SuS betrachten erneut die Bilder A bis F im SB S. 80. L. oder ein im Lesen sicheres Kind liest die Texte in den jeweiligen Bildern vor. Dabei folgendermaßen lesen: „Zum Akkordeon: Auf der Stelle ... Zur Klarinette: Hüpfen am Platz ... Zum Kontrabass ..."
- L.: „Zu welchem Bild habt ihr euch vorhin zur Musik bewegt?" Antwort: Bild E.
- Nun das gesamte Musikstück (CD B 42) hören und dabei tanzen. L. ruft Tanzbewegungen entsprechend der Texte hinein.

- Tanz mehrmals ausführen, dabei immer seltener hineinrufen. Die SuS sollen versuchen, sich die Abfolgen zu merken und direkt in Verbindung mit der Musik auszuführen.
- Einzelne SuS oder kleinere Gruppen dazu animieren vorzutanzen.

5. Den Tanz im SB S. 81 lernen

- Da die SuS die Musik schon gut kennen (Teile, Tempo, Charakter, Instrumente), ist ein Eingehen auf sie nicht mehr erforderlich.
- Die SuS betrachten die Bilder im SB S. 81 oder auf Folie 31. Um einen Bezug zur Vorarbeit im Rahmen der Aufgaben auf S. 80 herzustellen, sollen die SuS zunächst benennen, welche der abgebildeten Tanzbewegungen sie schon ausgeführt haben.
- Ferner ist es im Sinne einer nachhaltigen Tanzerziehung wichtig, dass die SuS die Symbole der Tanznotation kennenlernen und verstehen. Die SuS sollen daher die Abbildungen im SB S. 81 so genau wie möglich beschreiben. In ihren Beschreibungen soll immer eine Verbindung zwischen den Symbolen und den abgebildeten, tanzenden Kindern angestrebt werden.
- Um das Lesen und Verstehen von Tanznotationen zu fördern, sollen die SuS nun in Vierergruppen den Tanz in seiner Grundform einüben. Zunächst ohne, dann zur Musik (CD B 42) ausführen.
- Anregungen zur Gruppenarbeit s. DmG S. 26 f.
- Gruppenergebnisse zur Musik präsentieren und ggf. Korrekturen vornehmen.
- Abschließendes Tanzen mit der ganzen Klasse.
- KV 26 bearbeiten.

Erweiterung

Die Musik hören, das Gruppenbild im SB S. 80 genau beschreiben und dann die Spielweise der Instrumente pantomimisch darstellen (vgl. auch SB S. 75).

Überblick

- Ein Musikstück hören und über rhythmische, melodische und klangliche Auffälligkeiten sprechen
- Titel und Musik in einen inhaltlichen Zusammenhang bringen
- Zu einem Musikstück vorgegebene und eigene Tanzgestaltungen einüben und ausführen

Organisation

- CD B 43
- KV 27
- Folie 32
- Chiffontücher
- Ausreichend Platz zum Tanzen

Anmerkung

Dieses Musikstück aus dem Anfang der 1970er-Jahre ist geprägt durch den damals neu aufgekommenen Synthesizer-Sound.

Für die Jahrgangstufe 1/2 ist ein Einstieg über den programmatisch anmutenden Titel naheliegend. Im A- und B-Teil suggeriert die Musik, dass platzende Maiskörner in der heißen Pfanne umherspringen. Der C-Teil kann dahingehend interpretiert werden, dass das Popcorn genüsslich verspeist wird und sich die Kinder zufrieden und glücklich mit der Hand über den Bauch streichen.

„Popcorn" weist folgenden Aufbau auf (vereinfacht dargestellt):

Teil	Einleitung	A	B	A	B	C	C	A	B	A	Schluss
Takte	6	8	8	8	8	8	8	8	8	8	7

Als Unterstützung für den Vergleich zwischen Titel und Musik (insbesondere mit A- und B-Teil) kann das Herstellen von Popcorn mit den SuS zusammen dienen.

Rezept für Popcorn

1. Speiseöl in einen Topf geben und erhitzen.
2. Wenn das Öl heiß ist, etwa so viele Maiskörner hinzufügen, dass der Boden des Topfes damit bedeckt ist. Den Topf mit dem Deckel schließen.
3. Wenn die Maiskörner zu platzen beginnen (was man deutlich hören kann!), den Topf von der heißen Herdplatte nehmen (Topflappen nicht vergessen!).
4. Den Deckel gut festhalten und den Topf hin und her bewegen.
5. Wenn es im Topf ruhig wird, kann der Deckel vorsichtig abgenommen werden. Das Popcorn dann in eine Schüssel kippen.
6. Das Popcorn mit Puderzucker oder normalem Zucker bestreuen.
7. Zu „Popcorn" (CD B 43) genüsslich das Popcorn verspeisen. Guten Appetit!

Unterrichtsverlauf

1. Einstieg

- Gespräch über Popcorn. Impulse: „Zu welchen Gelegenheiten esst ihr Popcorn?"; „Wie sieht Popcorn aus?"; „Woraus besteht Popcorn?"
- Über die Herstellung von Popcorn sprechen. Einzelne SuS berichten über eigene Erfahrungen oder von Beobachtungen.
- Ggf. kann mit den SuS Popcorn in der Schulküche hergestellt werden. Zur Unterstützung Eltern einladen (Rezept s. Anmerkung).

2. Das Musikstück kennenlernen

- Die SuS hören die Musik (CD B 43) und bringen den Titel des Stücks mit der Musik in Verbindung (s. Anmerkung). Auch über die Teile A – B und C sprechen.
- Zur besseren Unterscheidung der beiden kontrastierenden Teile können die SuS zum A- und B-Teil mit ihren Händen umherspringende platzende Maiskörner darstellen. Im C-Teil reiben sie sich genüsslich den Bauch.
- Als weitere Möglichkeit zum Nachvollzug der Teile bietet es sich an, zum A- und B-Teil die Melodie mit kurzen stimmhaften Lauten zu singen (z. B. „p", „t"). Im C-Teil dann die Melodie genüsslich, so als würde man leckeres Popcorn verspeisen, mitsummen („mmmh").

3. Die Musik zusammenfassend beschreiben

- Über den inhaltlichen Bezug (s. Anmerkung) der Musik sprechen.
- Über die eingesetzten kompositorischen und gestalterischen Mittel sprechen (kontrastierende Melodien, kontrastierender Rhythmus, abgehackte Melodie im A- und B-Teil, lang gezogene Töne im C-Teil, Synthesizer-Klang usw.).
- Über den Schluss sprechen (Instrumentation wird dünner). Durchaus auch Assoziationen der SuS erfragen, z. B.: „Die Tüte Popcorn geht langsam zur Neige."; „Ich hab zu viel Popcorn gegessen, mir wird langsam schlecht."

4. Zur Musik passende Bewegungen mit Chiffontüchern ausführen

- Die SuS beschreiben die Bilder im SB S. 82 oder auf Folie 32.
- Gemeinsam die Beschreibungen lesen.
- Gruppen mit jeweils 6 SuS bilden. Anregungen zur Gruppenarbeit s. DmG S. 26 f.
- Jede Gruppe erhält 6 gelbe und 6 rote Chiffontücher.
- Die SuS betrachten die Abbildungen im SB S. 82 und führen die entsprechenden Bewegungen aus.
- Immer wieder die Musik (CD B 43) einspielen, sodass die SuS stets ihre Bewegungsausführungen der Musik anpassen können.
- Ergebnisse präsentieren (mit Musik).
- Abschließende Präsentation mit der ganzen Klasse.

5. Eigene Tanzgestaltungen ausdenken

- Zunächst im Plenum Ideen sammeln. Dazu verteilen sich die SuS frei im Raum und erproben Bewegungen zur Musik (CD B 43). Impulse s. DmG S. 17 ff.
- Wieder in Sechser-Gruppen entwickeln die SuS eigene Tanzgestaltungen, die dann im Plenum präsentiert werden.

  Beispiele:

  Frei:
  Teil A: wie Maiskörner auf- und abspringen
  Teil B: sich drehen und sich dabei schwebend durch den Raum bewegen

  Gebunden (vgl. SB S. 160, 161):
  Teil A: passend zum Grundschlag Schrittarten wie Nachstellschritt, Seitgalopp usw. einsetzen
  Teil B: sich in Mühlenfassung in ruhigen Schritten drehen

Erweiterung

KV 27 bearbeiten und zu „Popcorn" mit Instrumenten spielen. Die Kästchen mit Kreis bedeuten „spielen", die leeren Kätschen bedeuten „Pause".

Überblick

- Einen Rap kennenlernen
- Einen Raptext sprechen und mit einem rhythmischen Sprech-Pattern begleiten
- Zu einem Rap einfache Tanzfiguren ausprobieren
- Eigene Raptexte erfinden und zu einem Play-back sprechen
- Einen Rap mit Tanzeinlage aufnehmen und besprechen

Organisation

- CD B 44
- CD 1 Nr. 39
- KV 28
- Ausreichend Platz zum Tanzen
- Bildaufnahmegerät

Anmerkung

Die Hip-Hop-Bewegung hat ihren Ursprung in den Ghettos von New York und verstand sich von Anfang an als eine Kultur der Straße. Insbesondere für den verarmten und mit vielen sozialen Spannungen belasteten Stadtteil Bronx ist diese Bewegung prägend. Mittlerweile hat sich der Hip-Hop zu einer weltweiten Jugendkulturbewegung ausgebreitet. Damit verbunden ist auch eine Verwässerung der ursprünglich sehr kruden Texte.

Bestandteile der Hip-Hop-Bewegung sind Rap (Musik), DJing (Musik), Breakdance (Tanz) und Graffiti (Malerei).

Unterrichtsverlauf

1. Einstieg

- SuS stehen im Kreis und hören die Musik (CD B 44). Dazu auf „bum“ patschen und auf „tschak“ klatschen.
- Erneut zur Musik mit Körperinstrumenten patschen und klatschen. Dazu mitsprechen („bum“, „tschak“).
- Gespräch über Rap, Hip-Hop usw. (s. Anmerkung).

2. Den Raptext sprechen

- L. spricht mehrmals den Text rhythmisch vor. Dazu patscht und klatscht er. Die SuS machen nach und nach mit.
- Auf die Achtelpause im letzten Takt (zwischen „links“ und „das“) besonders eingehen. Hilfreich ist es, die Pause vorerst mit einer Geste, einer Bewegung oder einem Stimmlaut zu füllen.
- Einen Kreis bilden. Den Text zur Play-back-CD (CD 1 Nr. 39) mehrmals sprechen.
- Dabei können auch einzelne SuS Textteile, die gemeinsam festgelegt werden, übernehmen und solo vortragen.

3. Den Text begleiten

- SuS stehen im Kreis und sprechen die Begleitung („bum – tschak“). Die Begleitung mit Körperinstrumenten (patschen und klatschen) beibehalten, aber nur noch leise und eher zur rhythmischen Unterstützung des Sprechens einsetzen.
- L. oder fortgeschrittene SuS sprechen dazu den Text.
- Eine Hälfte der Klasse begleitet, die andere Hälfte spricht den Text. Dann die Rollen tauschen.
- Reizvoll kann die Hinzunahme folgender Begleitung (auch als Vor-, Zwischen- und Nachspiel einsetzbar) sein:

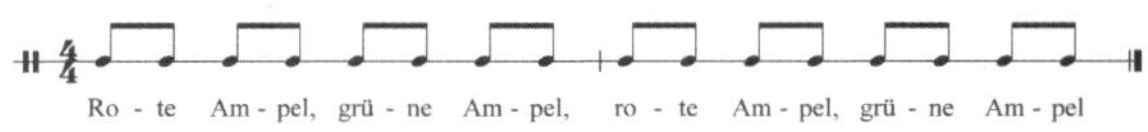

- KV 28 bearbeiten.

4. Tanzfiguren zur Musik erproben

- Die SuS beschreiben die Fotos der tanzenden Kinder im SB S. 83.
- Einzelne SuS stellen zur Musik (CD B 44) Tanzfiguren aus ihrem eigenen Repertoire oder in Anlehnung an die Fotos aus dem SB S. 83 im Plenum vor. Die Zuschauer können begleiten (sprechen/patschen/klatschen) oder den Text mitsprechen.
- Die SuS darauf aufmerksam machen, dass weniger oft mehr ist. Viele SuS wollen die unglaublichsten Bewegungen, Schritte, Sprünge, Drehungen usw. ausführen, ohne sie richtig zu beherrschen. Allein schon in Anbetracht der vorgesehenen Videoaufnahme sollten die SuS realistisch ihre Fähigkeiten und Fertigkeiten einschätzen lernen.
- Kopfstand o. Ä. sollte nicht zugelassen werden. Diese Figur können nur sehr fortgeschrittene Tänzer ausführen. Die Gefahr von Verletzungen an der Halswirbelsäule ist für ungeübte Tänzer zu hoch.

- Einzelne Tanzfiguren in Gruppenarbeit erproben. Anregungen dazu s. DmG S. 26 f.
- Dazu immer wieder die Musik (CD B 44) einspielen. So können die SuS frühzeitig herausfinden, ob ihre Bewegungen zur Musik passen bzw. ob die Bewegungen rein tänzerisch ausführbar sind.
- Präsentation der Gruppenergebnisse zur Musik im Plenum.
- Gesamtpräsentation: Text sprechen, Begleitung und Breakdance.

5. Eigene Texte erfinden

- In Anlehnung ans Original oder ganz frei können die SuS eigene Texte erfinden.
- Hilfreich ist es, zwei bis drei Versuche im Plenum durchzuführen. So erhalten die SuS einen Einblick, wie sie in ihren Gruppen arbeiten können.
- Die SuS sitzen im Kreis. Im ersten Schritt wird ein Thema gesucht, z.B. Schule, Freundschaft oder Streit.
- Einzelne SuS machen spontan Vorschläge, die L. notiert.
- Sollten kaum Ideen in Textform entstehen, dann können die SuS zunächst Stichwörter oder Satzfragmente zu dem ausgewählten Thema suchen. L. notiert. Beispiel Schule: früh aufstehen, Freunde treffen, still sitzen, viel zu tun, Langeweile, Spaß beim Lieblingsfach.
- Die Stichwörter und Satzfragmente werden zu ganzen Sätzen verbunden. Gut geeignet ist der Rhythmus der ersten drei Takte von „Im Straßenverkehr".
- Zur Play-back-CD (CD 1 Nr. 39) werden die Vorschläge erprobt.
- In Gruppenarbeit erfinden die SuS weitere Texte oder ergänzen die im Plenum gemachten Vorschläge. Hin und wieder die Play-back-CD (CD 1 Nr. 39) einspielen. So können die SuS ihre Ergebnisse überprüfen.
- Präsentation der Gruppenergebnisse zur Play-back-CD (CD 1 Nr. 39).

6. Rap und Breakdance aufzeichnen

- Mit den SuS gemeinsam abwägen, ob „Im Straßenverkehr" oder ein eigener Rap aufgenommen wird.
- Anregungen zur Aufnahme s. DmG S. 24 f.
- Die Aufnahme gemeinsam anschauen und besprechen.

16. Fasching, lustige Lieder und Tänze

Überblick

- Ein Faschingslied kennenlernen
- Texte zu einem Faschingslied erfinden
- Den Textinhalt eines Faschingslieds darstellen

Organisation

- CD B 45
- CD 1 Nr. 40
- AH 1 S. 19
- KV 29
- Ausreichend Platz für die Darstellung
- Verkleidung

Anmerkung

Fasching ist für Kinder immer eine ganz besondere Zeit. Mit dem Lied „Maskenball" können alle Kinder ihre Kostüme und Verkleidungen präsentieren.

Dieses Lied sollte kurz vor dem Faschingsfest erlernt werden, sodass es zum Fasching gut beherrscht wird.

Fasching wird in den verschiedenen Regionen Deutschlands in ähnlicher Form gefeiert. Die Begriffe Fasching, Karneval und Fastnacht werden jedoch regional unterschiedlich verwendet. Der Begriff Fasching hat seinen Ursprung in Bayern. Der Begriff Fastnacht wird vor allem in Rheinland-Pfalz (Mainz) und Baden-Württemberg verwendet. Karneval hingegen bezeichnet die Feierlichkeiten in Aachen, Düsseldorf und Köln.

Der jährliche Beginn der Faschingszeit ist der 11.11. Der Höhepunkt der Feierlichkeiten umfasst allerdings die Tage vom schmutzigen Donnerstag (auch Altweiberfastnacht genannt) bis Faschingsdienstag. Ab Aschermittwoch beginnt dann die Fastenzeit, die 40 Tage andauert und an Ostern endet.

Unterrichtsverlauf

1. Einstieg

Gespräch über Fasching (eigene Erlebnisse, Hintergründe usw.).

2. Die Melodie einüben

- L. spricht den Text (Refrain und erste Strophe) im Melodierhythmus vor. Die SuS sprechen nach und nach mit.
- Das rhythmische Sprechen kann mit Körperinstrumenten unterstützt werden.

  Beispiel für Refrain:
- Vom Sprechen ins Singen übergehen. Die SuS singen nach und nach mit.
- Zur Festigung der Melodie zeigen L. und SuS den Melodieverlauf mit der Hand an. Insbesondere die ersten vier Takte müssen genau geübt werden.
- Gelegentlich bereitet den SuS das Einhalten der Pausen Schwierigkeiten. Hilfreich kann es sein, die Pausen mit Gesten, einer Körperbewegung oder einem Stimmlaut zu füllen.
- Weitere Anregungen zum Einüben eines Liedes s. DmG S. 5 ff.

3. Das gesamte Lied lernen

- Die SuS beschreiben das Foto im SB S. 84. Dabei die Verkleidungen benennen. Von links nach rechts: Zauberer, Chinesenmann, Eskimo, Cowboy, Clown, Polizist, Hexe.
- Die SuS hören das gesamte Lied (CD B 45) und zeigen auf dem Bild im SB S. 84 nacheinander auf die in den Strophen genannten verkleideten Kinder.
- Das Lied schrittweise einüben. Zuerst den Text im Melodierhythmus sprechen, dann ins Singen übergehen.
- Zur Festigung bearbeiten die SuS AH 1 S. 19.
- Um die Aufgabe im AH 1 lösen zu können, bietet es sich an, das Lied erneut zu singen und den Melodieverlauf mit der Hand anzuzeigen. Dabei insbesondere auf den Liedanfang achten.

  Die SuS lösen die Aufgaben im AH 1. Ggf. die anderen Lieder ebenfalls singen und den Melodieverlauf des Liedanfangs mit der Hand anzeigen. Lösung: L AH 1 S. 287/S. 313.
- Um die Stropheninhalte zu festigen, KV 29 bearbeiten.

Text	Begleitung mit Körperinstrumenten
Mas – ken – ball,	Dreimal mit beiden Händen gleichzeitig patschen.
Mas – ken – ball,	Dreimal mit beiden Händen gleichzeitig seitlich auf den Bauch klopfen.
Mas – ken	Zweimal mit beiden Händen gleichzeitig patschen.
sieht man	Zweimal mit beiden Händen gleichzeitig seitlich auf den Bauch klopfen.
ü – ber – all.	Dreimal klatschen.

4. Den Text erweitern

- Statt der vorgegebenen Namen können die SuS Namen aus der Klasse einsetzen und eigene Reime erfinden. Hilfreich ist es, wenn beim Erfinden der Reime von der Verkleidung ausgegangen wird.

  Beispiele:

Schritt 1: Verkleidung	Schritt 2: Reime erfinden
Bär	Der Arno tapst umher, er ist ein dicker Bär.
Lehrerin	Zu Kim schaut einmal hin, sie ist die Lehrerin.
Springreiter	Ein Reiter ist der Paul, mit seinem alten Gaul.

- Die neuen Texte zur Play-back-CD (CD 1 Nr. 40) singen.

5. Das Lied singen und gestalten

- Einen Kreis bilden und das Lied singen.
- Die angesprochenen Kinder gehen in die Mitte des Kreises und führen passende Bewegungen zu ihren Verkleidungen aus.

Überblick

- Eine Fastnachtspolonaise einüben
- Grundlegende Tanzfiguren und ihre Bezeichnungen kennenlernen
- Musikstücke für weitere Polonaisen aussuchen und umsetzen

Organisation

- CD B 46
- AH 2 S. 14
- Folie 33
- Ausreichend Platz zum Tanzen

Anmerkung

Umzüge spielen zur Faschingszeit eine große Rolle. Diese „Fastnachtspolonaise" soll einerseits natürlich Spaß machen. Andererseits sollen die SuS aber auch grundlegende Figuren und die dazu passenden Bezeichnungen kennenlernen.

Unterrichtsverlauf

1. Einstieg

- L. kommt auf Fasching zu sprechen und wirft das Wort „Fastnachtspolonaise" in den Raum.
- Die SuS berichten über eigene Erfahrungen, Erlebnisse, Informationen usw.
- L. ergänzt bei Bedarf.

2. Die Figuren einüben (I)

- SuS beschreiben die abgebildeten sechs Tanzfiguren im SB S. 85 bzw. auf Folie 33.
- Die SuS bilden sechs Gruppen. Gruppe 1 beschäftigt sich mit Bild 1, Gruppe 2 mit Bild 2 usw.
- Bei der Aufgabenverteilung auf die Gruppen ist darauf zu achten, dass anspruchvollere Figuren (z.B. die Gasse) von fortgeschritteneren SuS bearbeitet werden.
- Die Gruppen erarbeiten ihre jeweiligen Figuren selbstständig mithilfe der Abbildungen. Hin und wieder die „Fastnachtpolonaise" (CD B 46) einspielen. So können die SuS immer wieder in Bezug auf die Musik üben.
- L. agiert unterstützend. Bei der Gasse beispielsweise entsteht oft das Problem, dass die SuS beim Aufrücken immer weniger Platz bekommen. Es kann helfen, eine Linie auf den Fußboden zu zeichnen. Bis dort müssen die aufrückenden SuS gehen und sich erneut anstellen.
- Eine Polonaise funktioniert dann am besten, wenn die SuS gleichmäßig zur Musik schreiten. Dazu müssen sie herausfinden, welche von der Musik ausgehenden Impulse oder Instrumente ihnen beim gleichmäßigen Schreiten helfen. Das sind (nicht nur bei der „Fastnachtspolonaise") fast immer Bass und Schlagzeug. Diese Instrumente mit den SuS genau heraushören (CD B 46).
- Zur Festigung dieser Hörphase zur Musik nur klatschen, dann nur durch den Raum schreiten.
- Erneut die einzelnen Figuren zur Musik erproben. Nach dieser vorangestellten Hörübung werden die SuS feststellen, dass das Schreiten viel besser funktioniert.
- Präsentation der Ergebnisse und Reflexion. Beispielsweise können Beobachter auf die Schritte achten. Viele Polonaisen misslingen, weil die SuS zu große oder zu unterschiedlich große Schritte machen. Das muss angesprochen werden.

3. Die Figuren einüben (II)

- Die Gruppen werden neu gemischt. SuS aus den Gruppen mit den etwas anspruchsvolleren Figuren (Teilung, Zweierreihe, Gasse, Kreis) übernehmen nun die L.-Rolle und bringen der Klasse ihre Figuren bei. Dazu immer wieder die Musik einspielen. L. agiert im Hintergrund und greift lediglich bei Bedarf ein.
- Für die Ausführung einer Polonaise ist es auch wichtig, dass die SuS die Bezeichnungen der Figuren lernen, was ihnen leichter fällt, sobald sie die Figuren einmal ausgeführt haben.

  Es ist wichtig, dass SuS schon in frühem Alter mit Fachbegriffen umgehen können (vgl. DmG S. 27). Daher sollten sie im SB S. 85 die Bezeichnungen lesen, dann prägt sich auch die dazu passende Figur besser ein. Ggf. werden die Figuren kurz ausgeführt. Zur Sicherung dieser Phase bearbeiten die SuS AH 2 S. 14. Dort verbinden die SuS mit einer Linie die Bezeichnungen der Tanzfiguren mit den entsprechenden Bildern. Anschließend schreiben die SuS den passenden Begriff unter die entsprechenden Bilder. Lösung: L AH 2 S. 297/S. 322.
- Die Klasse oder die einzelnen Gruppen verteilen sich im Raum. Die SuS hören die Musik und L. ruft nach und nach die Bezeichnungen in die Runde. Die SuS reagieren darauf und führen die entsprechenden Figuren aus.

4. Weitere Lieder und Musikstücke aussuchen

- Beispiele: „Die Lollypops", Georg Phillip Telemann: Polonaise (aus: Der getreue Music-Meister), Frédéric Chopin: Polonaise Nr. 6 As-Dur, op. 53; W. Böhm-Thorn: „Die Faschings-Polonaise"; Volker Rosin: „Kinderpolonaise"
- Reizvoll sind insbesondere die Polonaisen von Chopin und Telemann. Hier stellen die SuS fest, dass aufgrund der ruhigeren Musik und der veränderten Klangfarbe (andere Instrumente) andere Figuren und Schritte erforderlich sind.

Überblick

- Ein Tierlied singen und mit Instrumenten begleiten
- Tiergeräusche mit der Stimme imitieren
- Eigene Strophen erfinden

Organisation

- CD B 47
- CD 1 Nr. 41
- KV 30
- Metallofon, Handtrommel, Klanghölzer, Becken

Anmerkung

In diesem Lied geht es um lautmalerische Ausdrücke: Es macht den SuS großen Spaß, eigene Strophen mit weiteren Tieren zu erfinden und dabei auszuprobieren, wie die neuen Tierstimmen klingen.

Unterrichtsverlauf

1. Einstieg

Die SuS hören das Lied (CD B 47) und sprechen über den Textinhalt (Tierlied, Tierstimmen usw.).

2. Das Lied lernen

- L. singt die erste Strophe des Liedes vor. Dabei zeigt er den Melodieverlauf mit der Hand an.
- Gespräch über den Aufbau des Liedes. Die SuS stellen fest, dass das Lied drei Teile hat, dass Teil A und B ähnlich sind und dass im C-Teil Pausen sind.
- L. spricht den Text der ersten Strophe im Melodierhythmus vor. Die SuS sprechen nach und nach mit.
- Bei Bedarf die Pausen im C-Teil füllen (patschen, schnipsen, Geste, Stimme). Dadurch werden die Pausen besser eingehalten. Um den rhythmischen Fluss nicht zu durchbrechen, sollten auch die beiden letzten Takte mit begleitet werden.

  Beispiel:

p.re: auf den rechten Oberschenkel patschen
p.li: auf den linken Oberschenkel patschen
p.beid: gleichzeitig auf beide Oberschenkel patschen

- L. singt die erste Strophe zeilenweise mehrmals vor, die SuS singen nach und nach mit.
- Die erste Strophe nun gemeinsam mehrmals hintereinander zur L.-Begleitung oder Playback-CD (CD 1 Nr. 41) singen.
- Das gesamte Lied ausdrucksstark singen (zu CD B 47, CD 1 Nr. 41 oder L.-Begleitung).
- KV 30 bearbeiten.

3. Das Lied mit Instrumenten begleiten

- L. legt ein Metallofon, eine Handtrommel mit Schlägel, Klanghölzer und ein Becken vor sich hin.
- Die SuS und L. singen das Lied zur Play-back-CD (CD 1 Nr. 41). L. spielt einzelne Instrumentalstimmen dazu. Die SuS erhalten somit einen ersten Höreindruck der Liedbegleitung.
- Die Rhythmusinstrumente können im Rhythmus der Metallofonstimme oder frei gespielt werden.
- Zu beachten ist, dass das Lied mit einem Auftakt beginnt. Das bedeutet, dass erst bei „bin" mit dem Spielen begonnen wird.
- Weitere Anregungen zum Einüben einer Liedbegleitung s. DmG S. 15 ff.

4. Weitere Strophen erfinden

- Die SuS betrachten im SB S. 86. Sie stellen fest, dass dort Tiere abgebildet sind, die nicht im Lied vorkommen.
- Die SuS erfinden mithilfe der Bilder neue Strophen, z. B. „Ich bin ein kleines Zebra … Wi - a, wi - a.“; „Ich bin ein kleiner Kuckuck … Ku - ckuck, Ku - ckuck.“
- Durchaus können die SuS auch weitere Tiere hinzufügen, z. B. „Ich bin ein kleines Schweinchen … Oink - oink, oink - oink.“

Überblick

- Methoden der Liedaneignung kennenlernen und anwenden
- Ein Lied durch Bewegungen und Gesten gestalten

Organisation

- CD B 48
- CD 1 Nr. 42
- Handtrommel mit Schlägel
- Ausreichend Platz zum Tanzen

Anmerkung

Dieses bekannte Kinderlied eignet sich gut für eine szenische Darstellung. Von Vorteil ist auch, dass sich das Lied aufgrund der eingängigen Melodie und der vielen Textwiederholungen sehr schnell lernen lässt.

Unterrichtsverlauf

1. Einstieg

- Die SuS hören das Lied (CD B 48).
- Gespräch über den Textinhalt: „Wer könnte Rummelbummel sein?"; „Wer ist im Haus und schaut hervor?" usw.

2. Das Lied lernen

- L. spricht den Refrain des Liedes abschnittsweise (entsprechend der Atemzeichen) im Melodierhythmus deutlich und ausdrucksvoll vor. Die SuS sprechen nach.
- Wenn die SuS den Refrain schon gut beherrschen, dann spricht L. den Text der Strophen 1 bis 5 vor. Vor jeder Strophe sprechen die SuS alleine den Refrain.
- Erneut Refrain (SuS) und Strophen im Melodierhythmus sprechen. Die SuS suchen selbst Textteile der Strophen aus, die sie schon mitsprechen können. Beispielsweise kommt „und die Trommel . . ." in jeder Strophe vor. Diesen Satz können die SuS schnell übernehmen.
- L. singt den Refrain und die erste Strophe vor und zeigt den Melodieverlauf mit der Hand an. Die SuS machen nach und nach mit.
- Genauso mit den Strophen 2 bis 5 verfahren.
- Weitere Anregungen zum Einüben einer Liedmelodie s. DmG S. 5 ff.
- Das Lied auch zur Play-back-CD (CD 1 Nr. 42) singen.

3. Das Lied gestalten

- Das Lied singen.
- Textarbeit: Gespräch über Eigenschaften der Figuren. Die Hexe ist alt, die Kröte ist fett, die Hummel ist dick. Gespräch über Handlungen: Rummelbummel geht spazieren und klopft an ein kleines Haus, die Hexe rührt in einem Topf herum, die Kröte dreht sich dreimal um, die Hummel macht ein lautes Gesumm, die Rübe fällt auf einmal um.
- Die SuS verteilen sich im Raum und stellen die Figuren dar. L. ruft in den Raum „Rummelbummel" und alle SuS bewegen sich entsprechend (geht spazieren und klopft an ein kleines Haus). Dann ruft L. „alte Hexe" und die SuS bewegen sich wie eine alte Hexe und rühren in einem Topf herum usw.
- Diese Übung kann ggf. wiederholt werden, indem CD B 48 oder CD 1 Nr. 42 dazu abgespielt wird.
- Aus der Lerngruppe heraus werden SuS ausgesucht, die Rummelbummel, eine Hexe, eine Kröte, eine Hummel und eine Rübe darstellen.
- „Rummelbummel" erhält eine Handtrommel mit Schlägel.
- Die SuS machen Vorschläge zur textgerechten Gestaltung. Ggf. können auch die Abbildungen im SB S. 87 herangezogen werden.
- Das Lied singen und gleichzeitig gestalten.

Überblick

- Ein Faschingslied singen
- Tanzbewegungen zum Lied einüben

Organisation

- CD B 49
- CD 1 Nr. 43
- Ausreichend Platz zum Tanzen
- ggf. kurz klingende Rhythmusinstrumente (z. B. Klanghölzer, Guiro, Holzblocktrommel)

Anmerkung

Dieses bekannte Faschingslied darf auf keiner Faschingsfeier fehlen. Die im Cha-Cha-Cha-Rhythmus aufgenommene Musik sorgt für eine freudige Umsetzung auf gesanglicher und tänzerischer Ebene. Die letzten Takte jeder Zeile lassen sich gut durch Stampfen oder Rhythmusinstrumente hervorheben.

Unterrichtsverlauf

1. Einstieg

- Die SuS hören das Lied (L.-Vortrag oder CD B 49).
- Gespräch über den Textinhalt: „Was ist an diesem Text so merkwürdig?"; „Wer tanzt mit wem?"; „Was für einen Tanz tanzen die beiden Tiere?"; „Passen die Tiergeräusche zu den genannten Tieren?"; „Welches Tier findest du am lustigsten?" usw.

2. Das Lied lernen

- L. spricht die erste Strophe des Liedes zeilenweise im Melodierhythmus deutlich und betont vor. Die SuS sprechen nach. Dabei immer am Schluss jeder Zeile stampfen oder klatschen (kurz – kurz – lang).
- Hilfreich kann es sein, wenn einzelne SuS die Zeilen 3 und 4 alleine sprechen.
- L. singt die erste Strophe vor und zeigt den Melodieverlauf mit der Hand an. Die SuS machen nach und nach mit.
- Über die Zweiteiligkeit des Liedes sprechen (wichtig für den Tanz!): Strophe 1, Teil A: „Trat ich .."; Teil B: „Und die Hühner ..."; Strophe 2, Teil A: „Max, der Esel ..."; Teil B: „Mieze bellte ...".
- Nun das gesamte Lied mehrmals hintereinander singen.
- Es kann sich anbieten, einfache Strophenbilder mit Sprechblasen in der Textreihenfolge an der Tafel oder auf einem Plakat zu skizzieren, z. B. eine Katze mit der Sprechblase „wau, wau". Das kann den SuS helfen, sich den Text besser einzuprägen.
- Abschließend zur Play-back-CD (CD 1 Nr. 43) oder zur L.-Begleitung singen. Das Klatschen oder Stampfen nicht vergessen.
- Ggf. das Klatschen und Stampfen durch das Spielen auf kurz klingenden Rhythmusinstrumenten ersetzen (z. B. Klanghölzer, Guiro, Holzblocktrommel).

3. Zum Lied tanzen

- Die Tanzabbildungen im SB S. 88 beschreiben und durch einzelne SuS vormachen lassen.
- SuS verteilen sich im Raum.
- Den Liedtext zunächst im Melodierhythmus langsam sprechen und die Bewegungen dazu ausführen.
- Nun genauso, aber zum Lied (selbst singen oder zur CD B 49).
- Im Kreis oder in der Gasse (s. SB S. 160) aufstellen und die Bewegungen zur Musik (selbst singen oder CD B 49) ausführen.

4. Weitere Tanzbewegungen erfinden

- Hier bietet sich Gruppenarbeit an. Anregungen dazu s. DmG S. 26 f.
- Anregungen können sich die SuS auch aus dem SB S. 160, 161 holen.
- Beispiel: Teil A: 4 bis 6 SuS bilden einen Kreis und fassen sich an den Händen. Zeile 1: 6 Schritte in eine Richtung gehen, dann 3-mal stampfen; Zeile 2: 6 Schritte in die andere Richtung gehen, dann 3-mal stampfen. Teil B: Den Kreis auflösen und sich in eine Reihe stellen. Gemeinsam 6 Schritte vorwärtsgehen, dann 3-mal stampfen, 6 Schritte rückwärtsgehen, dann 3-mal stampfen.

Überblick

- Zu einem von der Handtrommel gespielten Grundschlag Marionettenbewegungen erproben
- Hörmerkmale eines Musikstücks beschreiben
- Einen Tanz zu einem Musikstück gestalten

Organisation

- CD B 50
- Handtrommel mit Schlägel
- Eine Marionette
- Ausreichend Platz zum Tanzen

Anmerkung

1967 gewann Sandie Shaw mit ihrem legendären Barfuß-Auftritt den Eurovision Song Contest in Wien mit „Puppet On a String".

Durch die kurzen, zackigen Begleittöne (Fagott) im A-Teil des Stücks werden Assoziationen von einer kleinen Jahrmarkt-Bühne geweckt, auf der Marionetten ein Spiel oder einen Tanz aufführen. Teil B hingegen lässt an sich drehende Karussells denken. Die Instrumentierung unterstützt die Jahrmarkt-Atmosphäre zusätzlich.

Die Struktur von „Puppet On a String":

Einleitung – Teil A – Teil B – Teil A – Teil B – Teil A – Teil A – Schluss

Unterrichtsverlauf

1. Einstieg

- SuS sitzen im Kreis. L. präsentiert den SuS eine Marionette.
- Die SuS beobachten die Bewegungen der Marionette.
- L. gibt die Marionette herum, einige SuS bewegen sie.
- Die SuS beschreiben die Marionettenbewegungen.

2. Marionettenbewegungen erproben

- Die SuS verteilen sich im Raum. L. (später auch SuS) spielt den Grundschlag auf einer Handtrommel.
- Die SuS setzen sich in Bewegung und erproben Marionettenbewegungen.
- Damit die Bewegungen an Vielfältigkeit gewinnen, gibt L. Impulse: „Bewegt eure Arme … nur einen Arm, hebt in hoch …"; „Versucht den Kopf wie eine Marionette zu bewegen."; „Probiert mit eurem Oberkörper Marionettenbewegungen aus … beugt euch vor … zur Seite …" usw.
- Das Grundschlagtempo flexibel einsetzen, aber dennoch darauf achten, dass die SuS sich danach bewegen.

3. Das Lied kennenlernen

- Die SuS hören „Puppet On a String" (CD B 50) und sprechen über ihre Höreindrücke.
- Die SuS verbinden ihre Höreindrücke mit den zuvor ausgeführten Bewegungsübungen (s. 2.).
- Das Lied erneut hören (CD B 50) und über die Struktur sprechen (s. Anmerkung). Unterscheidungsmerkmale lassen sich vor allem in der Melodie, im Stimmausdruck der Sängerin und in der Instrumentierung erkennen.
- Die SuS hören das Lied (CD B 50). Zum A-Teil melden sie sich mit einem, zum B-Teil mit zwei Fingern. Die Unterscheidung beider Teile ist wichtig für den Marionettentanz.

4. Einen Marionettentanz gestalten

- Die SuS hören das Lied, bewegen sich frei durch den Raum und führen Marionettenbewegungen aus. Darauf achten, dass die Bewegungen in Teil A und in Teil B Unterschiede aufweisen.
- Die Abbildungen im SB S. 89 beschreiben.
- Entsprechend der Abbildungen den Marionettentanz einüben. Zunächst ohne Musik, dann nur mit Handtrommel (Grundschlag) und schließlich zur Musik (CD B 50).
- Sehr reizvoll ist es, Teile des Tanzes frei zu gestalten. Hier können die SuS ihre erprobten Marionettenbewegungen einbringen. Beispiel:

  Einleitung: SuS setzen sich langsam in Bewegung.

  Teil A: SuS führen jeder für sich Marionettenbewegungen aus.

  Teil B: Wie A.

  Teil A: Marionettentanz (s. SB S. 89).

  Teil B: Marionettentanz (s. SB S. 89).

  Teil A: SuS führen zu zweit Marionettenbewegungen aus.

  Teil A: SuS führen zu zweit Marionettenbewegungen aus.

  Schluss: Marionetten fallen in sich zusammen.

17. Frühling

Überblick

- Den 1. Satz aus dem „Frühling“ der „Vier Jahreszeiten“ von Antonio Vivaldi kennenlernen
- Die Inhalte aus dem außermusikalischen Programm der Musik zuordnen
- Den Verlauf der Musik an einer Bildleiste mitzeigen
- Ein Bewegungsspiel mit Materialien zur Musik ausführen

Organisation

- CD B 51
- Folie 34, 35
- Plakat mit vereinfachter Notation
- Stichwortkarten
- Materialien für das Bewegungsspiel
- Ausreichend Platz für das Bewegungsspiel

Anmerkung

In dieser Unterrichtseinheit bietet sich der fächerübergreifende Unterricht gut an. Der Frühling als Jahreszeit, das Sonett als lyrisches Gedicht und die Musik Vivaldis bilden die Grundlagen dafür.

In seinem Werk „Die vier Jahreszeiten“ beschreibt Antonio Vivaldi den Frühling, den Sommer, den Herbst und den Winter in einem Zyklus von vier Konzerten mit jeweils drei Sätzen. Jedem dieser vier Konzerte liegt ein (wahrscheinlich von Vivaldi selbst verfasstes) Sonett (= klingendes Gedicht) zugrunde, das das jeweilige außermusikalische Programm bildet.

„Der Frühling“ ist ein Konzert in drei Sätzen für Soloviolline, Streicher und Basso Continuo (= Generalbass). Der erste Satz weist für die SuS der Jahrgangsstufe 1/2 eine gut nachvollziehbare Beziehung zwischen Programm und Musik auf.

Beim Hören der Musik fällt vor allem der Wechsel von lauten (mehr Instrumente) und leisen (weniger Instrumente) Teilen auf.

Aufbau des „Frühlings“:

- Ritornell (= wiederkehrender Teil): Ankunft des Frühlings
- 1. Zwischenteil: Singen und Zwitschern der Vögel
- verkürztes Ritornell
- 2. Zwischenteil: leises Säuseln des Windes und Murmeln der Quellen
- verkürztes Ritornell
- 3. Zwischenteil: Herannahen eines Gewitters mit Blitz und Donner
- verkürztes Ritornell
- 4. Zwischenteil: Vogelgezwitscher
- Ritornell
- 5. Zwischenteil: Vogelgezwitscher
- Ritornell

Weitere Informationen über Vivaldi findet man unter www.rondoweb.de -> Komponisten-Galerie.

Die Anfangsmelodie des A-Teils wurde vereinfacht und in F-Dur notiert, um eine Spielbarkeit (Blockflöte, Glockenspiel, Keyboard usw.) durch fortgeschrittene SuS zu ermöglichen.

Unterrichtsverlauf

1. Einstieg

- L. liest den Sonett-Auszug im SB S. 90 langsam und ausdrucksvoll vor.
- Gespräch über den Inhalt und über eigene Erfahrungen mit dem Frühling: „Wie wird die Natur beschrieben?“; „In wie viele inhaltliche Teile kann der Text eingeteilt werden?“ (3); „Wie erlebt ihr den Frühling?“

2. Erste Begegnung mit der Musik

- L. liest den Text erneut vor. L. informiert die SuS, dass es dazu eine passende Musik gibt.
- Die SuS hören die Musik (CD B 51). Anschließend sprechen sie über ihre ersten Höreindrücke.
- Zur Vertiefung des Gesprächs wird der Text direkt mit der Musik verglichen, z. B.: „An welcher Stelle hört ihr die Vögel singen ... den Wind säuseln ... die Quellen murmeln?“; „Wann kommt das Gewitter in der Musik vor?“; „Wann scheint erneut die Sonne?“

3. Alternative zur ersten Begegnung mit der Musik

- Ggf. kann der Sonett-Auszug in Gruppenarbeit vertont werden. Anregungen zur Gruppenarbeit s. DmG S. 26 f.

  Beispiel:

Text	Vertonung
Der Frühling ist gekommen.	Frei auf dem Glockenspiel, der Triangel, Handtrommel (mit der Hand auf dem Fell reiben) usw. spielen.
Freudig begrüßen ihn die Vögel mit lieblichem Gesang.	Wie zuvor, dazu Lotusflöte und Blockflöte (einfache Melodien, Triller).
Sanft säuselt der Wind	Wie am Anfang, aber etwas zurückhaltender. Im Vordergrund stehen Windgeräusche (Stimme) und die Handtrommel (reiben).

und leise murmeln die Quellen.	Wie am Anfang, aber leise. Auf- und abwärtsführende Bewegungen mit einem weichen Schlägel auf einem Metallofon. Vereinzeltes Rauschen mit dem Regenstab.
Der Himmel wird schwarz.	Tiefe Töne auf Bassklangstäben, einzelne Töne auf der Pauke.
Blitze zucken und Donner grollen.	Vereinzelte Schläge mit hartem Schlägel auf ein Becken, Trommelwirbel auf der Pauke, freies Spiel auf Bassklangstäben.
Die Vögel verstummen.	Weiter wie zuvor. Vogelgeräusche mit Lotus- und Blockflöte verstummen plötzlich.
Mit dem neuen Sonnenschein beginnen sie wieder zu singen.	Wie am Anfang, dazu lauter werdende Lotusflöte und Blockflöte (einfache Melodien, Triller).

- Mit dieser praktischen, aktiven Auseinandersetzung verfügen die SuS über gemeinsame musikalische Erfahrungen, die eine Begegnung mit Vivaldis Musik erheblich optimieren können (gestalterische Merkmale, Instrumente und Struktur vergleichen).

4. Das Musikstück und ihre Teile näher kennenlernen

- Um die Teile besser unterscheiden zu können, müssen die SuS den A-Teil (Ritornell) genau kennen. Neben dem Hören hilft auch das Verfolgen der Melodie am Notenbild. L. setzt dazu Folie 34 ein.
- Die SuS hören den A-Teil (CD B 51) und zeigen den Melodieverlauf mit der Hand an. In den Zwischenteilen (= Couplets) hören die SuS zu und versuchen den Übergang zum jeweils folgenden A-Teil zu antizipieren.
- Erneutes Hören (CD B 51). L. und dann einzelne SuS zeigen den Melodieverlauf des A-Teils auf Folie 34 an. Die anderen SuS zeigen den Verlauf am Notenbild im SB S. 90 an.
- Einzelne SuS können die Melodie auf einem Instrument spielen (Blockflöte, Glockenspiel, Keyboard ...). Die anderen SuS singen die Melodie auf Tonsilben („na", „du" usw.).
- Nachdem die SuS den A-Teil nun gut kennengelernt haben, setzen sie sich mit den Zwischenspielen auseinander. Dazu im ersten Schritt die Bilder B bis F im SB S. 90 oder auf Folie 34 beschreiben.
- Anschließend den Text erneut lesen und die Bilder den passenden Textstellen zuordnen.
- Die SuS tragen Klangerwartungen zusammen. Dabei betrachten sie die Bilder und überlegen, wie diese Bilder klingen könnten.

  Beispiel:

  Bild B: Vogelgezwitscher, helle Klangfarbe, leichte, fröhliche Musik
  Bild C: Wasserplätschern, Wind, Insekten, helle Klangfarbe, ruhige Musik
  Bild D: Laute, unruhige Musik, Trommeln
  Bild E: Vogelgeräusche verstummen
  Bild F: Vogelgezwitscher, helle Klangfarbe, leichte, fröhliche Musik, Ruhe
- L. notiert die Äußerungen der SuS auf Stichwortkarten und hängt diese nach den Bildern sortiert an die Tafel.
- Mithilfe der zusammengetragenen Klangerwartungen fällt es den SuS dann wesentlich leichter, die Bilder der Musik zuzuordnen. Die Musik hören (CD B 51), dabei zeigen die SuS auf die jeweiligen Bilder im SB S. 90.
- Die Musik (CD B 51) erneut hören und den Verlauf der Musik an der unteren Bildleiste zeigen.
- Es kann in Betracht gezogen werden, abschließend die Begriffe „Ritornell" und „Couplet" einzuführen. Der Zeitpunkt ist hier gut, weil die SuS diese Begriffe nach der ausführlichen Auseinandersetzung mit der Musik durchaus mit Inhalten füllen können.

5. Ein Bewegungsspiel mit Materialien gestalten

- Vorausgesetzt, die SuS kennen die Musik schon gut, kann ein Bewegungsspiel gestaltet werden.
- Die Abbildungen im SB S. 91 oder auf Folie 35 beschreiben.
- 6 Gruppen bilden. Jede Gruppe erhält die Aufgabe, einen Teil des Bewegungsspiels zu bearbeiten, d. h. Gruppe 1 Teil A, Gruppe 2 Teil B usw. Anregungen zur Gruppenarbeit s. DmG S. 26 f.
- Entsprechend den Abbildungen üben die SuS ihr jeweiliges Bewegungsspiel zunächst ohne Musik, aber mit Materialien ein.
- Nun zur Musik (CD B 51) erproben.
- Dann die Ergebnisse besprechen und ggf. überarbeiten.
- Wenn das Bewegungsspiel sicher beherrscht wird, sind anschließend mehrere Durchgänge empfehlenswert. Dabei wechseln die Gruppen jedes Mal ihre Aufgaben.

Erweiterung

Das Bewegungsspiel aufführen. Anregungen dazu s. DmG S. 25 f.

Überblick

- Ein Frühlingslied kennenlernen
- Den Wechsel von Dreivierteltakt zu Zweivierteltakt erkennen
- Zum Lied ein Vor-, Zwischen- und Nachspiel mit Instrumenten spielen

Organisation

- CD B 52
- CD 1 Nr. 44
- KV 31
- Blockflöte oder anderes Melodieinstrument
- Xylofon, Metallofon

Anmerkung

Durch dieses Lied können die SuS nachhaltige Erfahrungen im Erkennen von Taktart und Taktwechsel sammeln.

Unterrichtsverlauf

1. Einstieg

Die SuS hören das Lied (CD B 52) und sprechen anschließend über den Textinhalt. Impulse: „Was ändert sich durch den Eintritt des Frühlings?" (Ein Vogel singt, ein Blümlein blüht, die Sonne scheint); „Was meint der Textdichter mit „Märzenwald"?"

2. Das Lied einüben

- L. spricht den Text des Refrains abschnittsweise langsam und ausdrucksvoll im Melodierhythmus vor. Die SuS sprechen nach und nach mit.
- L. singt den Refrain auf Tonsilben vor („na", „la", „du" …) und zeigt den Melodieverlauf mit der Hand an. Die SuS singen nach und nach mit und zeigen ebenfalls den Melodieverlauf mit der Hand an.
- Die abwärtsführende Melodielinie ab dem drittletzten Takt muss zwecks sauberer Intonation sehr genau eingeübt werden. Neben dem Anzeigen des Melodieverlaufs hilft auch das Betrachten der Noten im SB S. 92. Die SuS können den abwärtsführenden Verlauf dadurch gut nachvollziehen. Helfen kann auch, die Noten auf ein Blatt zu kopieren und die Notenköpfe durch eine farbige Linie zu verbinden.
- Wenn die Melodie des Refrains gut beherrscht wird, kann der Text hinzugenommen werden.
- Zu CD B 52 singen. Die SuS hören, summen oder singen (Textfragmente) leise die Strophen mit, beim Refrain singen dann alle. Ebenfalls mit der Play-back-CD (CD 1 Nr. 44) ausprobieren.
- L. spricht nun den gesamten Text der ersten Strophe im Melodierhythmus vor. SuS sprechen mit.
- Nach und nach in den Gesang übergehen.
- Zur L.-Begleitung oder Play-back-CD (CD 1 Nr. 44) mehrmals hintereinander die erste Strophe samt Refrain singen.
- In ähnlicher Form die Strophen 2 und 3 einüben.

3. Den Taktwechsel bearbeiten

- L. und SuS klatschen den Grundschlag und sprechen den Liedtext vor. Insbesondere im vierten Takt des Refrains werden die SuS den Taktwechsel genau spüren. Denn bei „bei" wird gefühlsmäßig eigentlich eine Halbe Note erwartet. Tatsächlich ist es aber eine Viertelnote.
- Die SuS können auch das Notenbild betrachten und dabei die Anzahl der Noten in den Takten 4 und 5 vergleichen. Ein Blick zum Anfang des Liedes (Taktangabe) ist ebenfalls zuträglich.
- Zur Vertiefung und Festigung KV 31 bearbeiten.

4. Ein Vor-, Zwischen- und Nachspiel zum Lied einüben

- Die Melodie kann von einzelnen SuS (Blockflöte, Glockenspiel, Keyboard …) übernommen werden.
- Die Metallofonbegleitung kann auf zwei SuS verteilt werden.
- Anregungen zum Einüben eines Vor-, Zwischen- und Nachspiels s. DmG S. 10 ff.

Überblick

- Ein Frühlingslied lernen
- Das Kuckucksmotiv (Rufterz) singen und auf Instrumenten spielen
- Den Kuckucksruf aus einem Orchesterwerk heraushören

Organisation

- CD B 53, 54
- CD 1 Nr. 45
- AH 1 S. 18, 19
- AH 2 S. 21
- KV 32
- Glockenspiel, Xylofon, Metallofon
- Melodieinstrumente der SuS (Blockflöte, Gitarre, Keyboard …)
- Klanghölzer, Handtrommel

Anmerkung

Der Kuckucksruf ist jedem bekannt. Daher bietet er sich gut als Aufhänger für diverse musikalische Aktivitäten an (hören, singen, musizieren).

Der charakteristische Ruf des Kuckucks ist der Reviergesang des Männchens, der zwischen April und Juli weit zu hören ist. Die Töne des Rufs liegen eine kleine Terz auseinander. Der erste Ton ist hoch, der zweite tief. Der erste Ton wird stärker betont.

Der Kuckuck ist ungefähr so groß wie eine Taube, sein Gefieder ist grau-braun-weiß gescheckt. Bekannt ist dieser Vogel auch durch sein Brutverhalten, denn er legt seine Eier in Nester fremder Vögel, die die Eier dann ausbrüten. Der Kuckuck zieht im Winter nach Afrika und kehrt ca. Ende April wieder zurück.

In der letzten Arbeitsphase in dieser Unterrichtseinheit sollen die SuS den Kuckucksruf aus einem Orchesterwerk heraushören. Es ist „Der Kuckuck in der Tiefe des Waldes“ aus dem Werk „Karneval der Tiere“ von Camille Saint-Saëns.

Unterrichtsverlauf

1. Einstieg

- L. spielt den Kuckucksruf (c – a) auf einem Instrument (Glockenspiel, Metallofon usw.) vor.
- Die SuS finden den Namen des Vogels heraus.
- Gespräch über den Kuckuck (s. Anmerkung).
- Einige SuS führen den Kuckucksruf spontan auf einem Instrument oder mit der Stimme aus.

2. Das Lied einüben

- SuS hören das gesamte Lied (L.-Vortrag oder CD B 53).
- Das Lied erneut hören, die SuS melden sich, wenn sie den Kuckucksruf im Lied hören (Takte 1 und 2).
- Als Zusatzaufgabe für fortgeschrittene SuS kann nach weiteren Kuckucksrufen im Lied gesucht werden. In den Takten 8, 9 und 10 ist, durch die Halbe Note etwas erschwert, auch eine kleine Terz zu hören.
- Die Takte 1, 2, 8, 9 und 10 näher betrachten. Diese Phase bereitet die SuS nebenbei auch auf die instrumentale Begleitung (s. 4.) vor.
- L. singt langsam und deutlich artikuliert die erste Strophe vor. Die SuS singen nach und nach mit. Dabei den Melodieverlauf mit der Hand anzeigen. Hilfreich sind die Handbewegungen vor allem für die intonationssichere Umsetzung der nahe beieinanderliegenden Töne in Takt 3, 4 und 11, 12 und dem sicheren Erreichen des c″ (Takt 9 und 10).
- Die erste Strophe nun mehrmals deutlich artikuliert und schwungvoll zur Play-back-CD (CD 1 Nr. 45) oder L.-Begleitung singen.
- Den Text der zweiten Strophe im Melodierhythmus mehrmals gemeinsam sprechen.
- Wenn der Text sicher beherrscht wird, in den Gesang übergehen.
- Mehrmals das gesamte Lied singen (zu CD B 53, CD 1 Nr. 45 oder zur L.-Begleitung).

3. Die Rufterz festigen

- Stabspielinstrumente und von den SuS mitgebrachte Melodieinstrumente (Blockflöte, Gitarre, Keyboard …) liegen bereit.
- L. schreibt die Tonnamen c und a an die Tafel.
- Die SuS suchen sich einen Partner/eine Partnerin, nehmen sich gemeinsam ein Instrument und führen den Kuckucksruf aus.
- Instrumente und/oder Partner nach einer Weile tauschen.
- Kinder, die auf der Blockflöte spielen möchten, können sich Anregungen im SB S. 74 holen.
- Im nächsten Schritt können Echospiele durchgeführt werden. L. spielt auf einem Instrument den Kuckucksruf vor, die SuS antworten auf ihren Instrumenten.

- Genauso, aber nur singend („Ku – ckuck“, „la – la“, „no – no“, „A – li“, „An – na“, „Jo – nas“ usw.). Dabei den Tonhöhenverlauf mit der Hand anzeigen.
- Einzelne Kinder können die L.-Rolle übernehmen.
- Zur Festigung AH 1 S. 18 bearbeiten. Die SuS spielen oder singen den Kuckucksruf und malen dann die richtige grafische Notation des Kuckucksrufes aus. Lösung: L AH 1 S. 286/S. 312.
- Als Zusatzaufgabe bearbeiten die SuS Aufgabe 2 im AH 1 S. 18. Dabei malen die SuS die Instrumente aus, mit denen der Kuckucksruf gespielt werden kann. Lösung: L AH 1 S. 286/ S. 312.

  Begründung für die SuS: Alle drei Instrumente sind Melodieinstrumente, die anderen abgebildeten Instrumente sind Rhythmusinstrumente.
- Bei Bedarf kann auch AH 1 S. 19 bearbeitet werden. Die SuS ordnen vorgegebenen Liedtiteln in Balkennotation notierte Liedanfänge zu. Ggf. die anderen Lieder ebenfalls singen und den Melodieverlauf des jeweiligen Liedanfangs mit der Hand anzeigen. Lösung: L AH 1 S. 287/ S. 313.
- Großen Spaß bereitet die Bearbeitung von AH 2 S. 21. Mit unterschiedlich viel mit Wasser gefüllten Flaschen sollen die SuS Liedanfänge spielen. Da auf dieser Seite die Rangfolge der unterschiedlich gefüllten Flaschen schon vorgegeben ist, geht es hier nun darum, die Flaschen entsprechend zu füllen und dann den Liedanfang darauf zu spielen. Eine vorangestellte Behandlung der Unterrichtseinheit „Experimentieren mit Klangobjekten“ (SB S. 70, 71) ist dafür nicht erforderlich.

4. Die Begleitung einüben

- Gemeinsam die grafische Notation im SB S. 93 beschreiben.
- Das Augenmerk der SuS auf den Kuckucksruf lenken. Durch die vorherige ausführliche Erfahrung mit Instrumenten und Stimme werden die SuS leicht an mehreren Stellen die Rufterz entdecken. Diese Rufterz wird mit Xylofon und Metallofon gespielt.
- Die Klanghölzer- und Handtrommelbegleitung in der Notation beschreiben. Die SuS finden die Anzahl der Schläge heraus und stellen einen Zusammenhang mit den Wortsilben des Textes her.
- Den Text sprechen und dazu klatschen. L. spielt zwecks Klangorientierung mit Klanghölzern oder Handtrommel mit.
- Im Klassenraum legt L. nebeneinander ein Xylofon, ein Metallofon, ein Paar Klanghölzer und eine Handtrommel auf den Boden.
- Die SuS ordnen sich den Instrumenten zu.
- L. und SuS sprechen den Liedtext im langsamen Tempo. Ein Kind pro Gruppe spielt dazu auf dem entsprechenden Instrument. Dann kommt das nächste Kind ans Instrument. Erneut sprechen und spielen usw.
- Die SuS, die gerade nicht spielen, sprechen den Text und führen die Spielbewegungen in der Luft aus.
- Es ist wichtig, dass alle SuS hinter den Instrumenten sitzen oder stehen. Denn so können sie die Spielweise gut beobachten. Zusätzlich werden so auch Verwechslungen (seitenverkehrtes Spielen) bei den Stabspielinstrumenten vermieden.
- Genauso, aber mit Gesang und L.-Begleitung oder CD B 53 oder Play-back-CD (CD 1 Nr. 45). Dabei beide Strophen singen.
- Instrumente bei Bedarf wechseln.
- Zur Festigung des Rufterz-Spiels mit Stabspielinstrumenten KV 32 bearbeiten.

5. Den Kuckucksruf heraushören

- Die SuS hören ohne Vorankündigung CD B 54. Sie sollen selbst einen Bezug zum Thema „Kuckucksruf“ herstellen.
- Die SuS hören die Musik erneut und geben jedes Mal ein Handzeichen, wenn sie den Kuckucksruf in der Musik heraushören.

Erweiterung

- Evtl. kann der Hörvorgang durch eine Bewegungsgestaltung erweitert werden. Die SuS gehen leise und langsam zur Musik im Raum umher. Ertönt ein Kuckucksruf, dann bleiben die SuS stehen und rufen leise „Ku – ckuck“.
- Diese Übung setzt voraus, dass die SuS die Musik gut kennen. Um die Bewegungsgestaltung korrekt ausführen zu können, müssen die SuS also genau wissen, wann ein Kuckucksruf zu hören sein wird (antizipierendes Hören).

Überblick

- Ein Osterlied kennenlernen
- Dazu ein Spiel mit dem musikalischen Schwerpunkt „laut – leise" spielen

Organisation

- CD B 55
- CD 1 Nr. 46
- AH 1 S. 20
- Ein schönes Osterei
- Bastelmaterial

Anmerkung

Mit diesem einfachen Osterlied sollen die SuS einem Kind bei der Suche nach einem versteckten Osterei helfen. Befindet sich das Kind in der Nähe des versteckten Eis, singen die SuS lauter. Entfernt sich das Kind vom Ei, wird zunehmend leiser gesungen. Ist das Kind weit vom Osterei entfernt, dann singen die SuS sehr leise.

Unterrichtsverlauf

1. Einstieg

- Ein Kind verlässt den Raum, L. versteckt das Ei.
- Das Kind sucht das Ei. Ist das Kind weit weg vom Osterei, dann rufen die SuS „kalt". Ist das Kind näher, dann rufen alle SuS „warm". Ist das Kind ganz nah an dem Osterei, dann rufen die SuS „heiß".
- Genauso gut können die Rufe der Kinder durch Instrumente ersetzt werden. Ist das Kind weit weg vom Osterei, dann spielen die SuS leise auf ihren Instrumenten. Ist das Kind näher, dann spielen sie etwas lauter. Ist das Kind ganz nah an dem Osterei, dann spielen sie laut.
- Das Spiel zwei- bis dreimal spielen.
- Die SuS beschreiben das Bild im SB S. 94 und stellen einen Bezug zum gerade gespielten Spiel her.
- L. teilt den SuS mit, dass statt den Rufen („kalt", „warm", „heiß") nun gesungen werden soll. Impuls: „Wie können wir dem suchenden Kind singend helfen, das Osterei zu finden?" Mögliche Antworten: „Wenn das Kind weit weg ist, singen wir langsam, wenn das Kind näher am Osterei ist, singen wir schneller."; „Wenn das Kind weit weg ist, singen wir leiser, ist das Kind näher am Osterei, singen wir lauter."
- L. erklärt den SuS, dass der Schwerpunkt „laut – leise" umgesetzt wird.

2. Das Lied einüben

- Das Lied hören (L.-Vortrag oder CD B 55) und über den Text sprechen. Auch evtl. einzelne Begriffe klären (Blühkätzchen = Weidenkätzchen; lugt aus dem Kasten = schaut aus dem Vogelhäuschen heraus).
- L. singt die erste Strophe abschnittsweise auf Tonsilben vor, die SuS singen nach.
- Um eine sichere Intonation zu erlangen, zeigen L. und SuS den Melodieverlauf mit der Hand an.
- Den Text der ersten Strophe im Melodierhythmus abschnittsweise vor- (L.) und nachsprechen (SuS). Nach und nach in den Gesang übergehen.
- Zur Play-back-CD (CD 1 Nr. 46) mehrmals singen.
- In ähnlicher Weise die Strophen 2 und 3 einüben.
- Weitere Anregungen zum Einüben eines Liedes s. DmG S. 5 ff.
- Zur Festigung des Textes bearbeiten die SuS im AH 1 S. 20. Die SuS hören das Lied (L.-Vortrag oder CD B 55) und nummerieren die Bilder entsprechend der Strophenreihenfolge. Lösung: L AH 1 S. 287/S. 313. Als Zusatzaufgabe „verstecken" (= malen) die SuS ein kleines Osterei in eins der Bilder und lassen es von einem anderen Kind suchen.
- Wenn das Lied sicher beherrscht wird, dann mit den SuS über die Osterzeit sprechen (eigene Erfahrungen, Erlebnisse, Sinn des Osterfestes usw.).

3. Mit dem Lied ein Osterei suchen

- Nachdem das Lied gut beherrscht wird, spielen die SuS das „Osterei-Such-Spiel". Dabei auf die Einstiegsphase zurückgreifen.
- Als Vorübung singen die SuS das Lied mehrmals hintereinander nach einem abgesprochenen Zeichen leise, mittellaut und laut. Als Vertiefung und als gute Hörübung bietet es sich an, zur Play-back-CD (CD 1 Nr. 46) zu singen. L. oder ein Kind ändert am Lautstärkeregler die Lautstärke, vor allem mitten im Lied. Die SuS müssen dann dementsprechend ihre Singlautstärke anpassen.
- Oft sind die SuS so damit beschäftigt, dem suchenden Kind zu helfen und die richtige Lautstärke zu finden, dass sie den Text vergessen oder Textzeilen verwechseln. Daher kann das Lied durchaus zunächst auf Silben („no", „la", „du" …) gesungen werden.

Erweiterung

- Gemeinsam mit anderen Kollegen/innen kann fächerübergreifend Osterschmuck gebastelt werden.
- Bastelvorschläge und Bastelideen:

Bastelanleitung für Osterhasen zum Aufhängen

1. Aus braunem Karton oder Tonpappe Osterhasen aus einer Buchvorlage (oder Internet) ausschneiden.
2. Aus schwarzem Papier die Augen und aus weißem Papier die Pupillen ausschneiden.
3. Die Barthaare aus schwarzem Papier und Nase und Mund aus rotem Papier schneiden.
4. Die Teile sorgfältig zusammenkleben.
5. Den Stummelschwanz aus einem Wattebällchen auf die Rückseite kleben.
6. Abschließend die Osterhasen an Fenstern befestigen, mit einer Schnur an den Osterstrauß hängen oder als Mobile aufhängen.

Bastelanleitung Ostervase/Ostereierbecher

1. Einen leeren Joghurtbecher gut reinigen. Große Becher für eine Ostervase und kleine Becher für einen Eierbecher verwenden.
2. Den Becher mit der Öffnung nach unten auf einen bunten Karton oder auf buntes Papier stellen und die Öffnung nachzeichnen. Das Ganze wiederholen, sodass zwei Kreise entstehen.
3. Um die zwei Kreise ein Blütenmuster malen.
4. Die Blütenmuster und die Innenkreise dieser Muster ausschneiden.
5. Die Muster auf die Becherseite aufkleben.
6. Den Becher mit weiteren Mustern (Osterei, Blumen, Osterhase …) auf der Außenseite verzieren.

Ostereier suchen

1. Ein grünes DIN-A4-Blatt in vier gleich lange und breite Streifen schneiden.
2. Jeden Streifen wie einen Kamm einschneiden, das sind die Gräser auf der Wiese.
3. Die vier eingeschnittenen Streifen an der festen Kante untereinander auf ein grünes DIN-A4-Blatt kleben.
4. Kleine Ostereier und Osterhasen auf ein Blatt malen und ausschneiden.
5. Die Ostereier und Osterhasen im Gras verstecken und vom Tischnachbarn suchen lassen.

Osterhasennest

1. Ein Stück braunes Papier oder Pappe in der Größe von etwa 20 x 30 cm ausschneiden und das Papier in der Mitte falten.
2. Auf eine Seite eine Häschenfigur malen und die Figur doppelt ausschneiden.
3. Beide Hasenfiguren bemalen und verschönern.
4. Beide Häschen an die Seiten einer flachen Schachtel in der Größe von ca. 15 x 15 cm kleben.
5. Als Stummelschwanz einen Wattebausch an die Hasenfiguren kleben.
6. Die Schachtel mit etwas Moos, Gras oder Pflanzen auslegen.
7. Ostereier hineinlegen.
8. Statt der Osterhasen können auch Ostereier, Blumen oder Tierfiguren aus buntem Karton verwendet werden.

Überblick

- Ein Regenlied kennenlernen
- Eine Regenmusik mit Instrumenten gestalten
- Die Regenmusik als Vor-, Zwischen- und Nachspiel zum Lied spielen
- Das Lied mit Instrumenten begleiten
- Eine Aufnahme von Lied, instrumentaler Begleitung und Regenmusik erstellen

Organisation

- CD B 56
- CD 1 Nr. 47
- AH 1 S. 23
- Xylofon, Metallofon
- Diverse Instrumente für die Regenmusik (Triangel, Klanghölzer, Handtrommel, Rassel, Regenmacher, Glockenspiel)
- Papier für Notationen
- Wachsmalstifte

Anmerkung

Dieses Lied lässt sich gut mit einer Klanggestaltung zum Thema Regen anreichern. Die Anforderungen an die SuS sind dabei vielschichtig: Es wird gesungen, musiziert und improvisiert.

Unterrichtsverlauf

1. Einstieg

- Die SuS hören das Lied (L.-Vortrag oder CD B 56). Gespräch über den Textinhalt: „Welches Ereignis wird besungen?"; „Welcher Monat wird angesprochen? Was für eine Jahreszeit ist da?"; „Habt ihr eine Erklärung dafür, warum man besonders im Mai pudelnass werden kann?" (Das Wetter ist im April/Mai oft recht unbeständig und man kann plötzlich von Regenschauern überrascht werden).
- SuS berichten über eigene Erfahrungen mit dem Regen. Impuls: „Seid ihr auch schon einmal so richtig nass geworden?"

2. Das Lied einüben

- Die erste Strophe im Melodierhythmus sprechen. Dabei Schlüsselwörter gestisch hervorheben. Das soll den Textaneignungsprozess unterstützen.

  Beispiel:

Schlüsselwörter	Geste
… fällt ein Regen	Mit den Fingern beider Hände fallende Regentropfen darstellen.
… macht nass	Mit den Händen an der Kleidung zupfen.
… meine Haare	Sich mit den Händen durch die Haare fahren.
… deine Kleider	Auf andere SuS zeigen.
… die Bäum'	In der Luft mit den Fingern den Umriss eines Baumes skizzieren.
… das Gras	Leicht in die Hocke gehen und „nasses Gras" mit den Händen fühlen.

- Wenn der Text beherrscht wird, singt L. das Lied zeilenweise vor. Die SuS singen nach. Die Gesten beibehalten.
- Die gesamte erste Strophe mehrmals zur Playback-CD (CD 1 Nr. 47) oder L.-Begleitung singen.
- L. trägt den Text der 2. Strophe vor, SuS erfinden passende Gesten zu Schlüsselwörtern.

  Beispiel:

Schlüsselwörter	Geste
Die Vögelein weinen	Weinen gestisch und mimisch darstellen.
… die Maus lacht	Lachen gestisch und mimisch darstellen.
… mich friert es an den Beinen	Sich die Beine reiben.
… nass meine Schuh	Auf die Schuhe zeigen.

- Den Text mit den Gesten mehrmals im Melodierhythmus sprechen, dann nach und nach in den Gesang übergehen. Die Gesten stets beibehalten.
- Genauso mit der dritten Strophe verfahren.

  Beispiel:

Schlüsselwörter	Geste
… tanzen	Springen oder 2 bis 3 Tanzschritte vollführen oder Tanzbewegungen mit den Händen/Fingern ausführen.
Die Musik macht die Maus	Geigenspiel darstellen (Haltung, Bogenführung).
… die Schuhe	Auf die Schuhe zeigen.
… fröhlich nach Haus	Mit den Fingern Gehschritte darstellen.

- Das Lied mehrmals singen (zur L.-Begleitung, CD B 56 und/oder CD 1 Nr. 47).

3. Eine Regenmusik gestalten und grafisch notieren

- Die SuS beschreiben das Bild im SB S. 95 oben und stellen einen Zusammenhang her zwischen dem Regen, den Instrumenten und der grafischen Notation.
- Zur Festigung und inhaltlichen Vorbereitung der nächsten Schritte bearbeiten die SuS im AH 1 S. 23. Die SuS kreuzen die Instrumente an, die sich zur Gestaltung einer Regenmusik eignen. Lösung: L AH 1 S. 288/S. 314.
- Instrumente (u.a. s. Abbildung SB S. 95) in die Mitte des Unterrichtsraums legen.
- Einzelne SuS erproben exemplarisch an den unterschiedlichen Instrumenten, wie Regen vertont werden kann, z.B. mit den Fingern leicht auf das Handtrommelfell trommeln, einzelne Glockenspieltöne anschlagen, die Rassel vorsichtig hin und her bewegen.
- Die SuS erproben im Plenum exemplarisch einige Vertonungsmöglichkeiten, z.B.: „Es beginnt zu regnen.“; „Der Regen nimmt an Stärke zu.“; „Der Regen lässt nach.“
- Gruppen von jeweils 4 bis 5 SuS bilden. Anregungen dazu s. DmG S. 26 f.
- Einige Kriterien ansprechen, z.B. Lautstärkeunterschiede erkennbar machen, sich Zeit lassen, differenzierter Instrumenteneinsatz.
- Ggf. Zwischenpräsentationen einplanen. So haben die SuS ein zeitnahes Ziel und es kann rechtzeitig auf Fragen oder Unklarheiten eingegangen werden.
- Präsentation der Ergebnisse und Reflexion. Hier bietet es sich an, auf die o.g. Kriterien zurückzugreifen. Wichtig ist aber auch, dass die SuS auch losgelöst von den Kriterien Auffälliges benennen.
- Um eine Wiederholbarkeit der Ergebnisse zu sichern, notieren die SuS ihre Gruppenergebnisse grafisch auf einem Plakat. Anregungen dazu s. DmG S. 19 f.
- Sehr aufschlussreich ist es, wenn die Gruppen ihre Notationen untereinander austauschen und sie sich dann gegenseitig vorspielen.
- Abschließend das Lied singen und die Regenmusik einer oder einzelner Gruppen als Vor-, Zwischen- und Nachspiel einsetzen.

4. Das Lied mit Instrumenten begleiten

- Sollten die SuS noch wenig Erfahrung mit beidhändigem Spiel haben, dann können die Xylofon- und Metallofon-Stimmen geteilt werden. Ein Kind spielt die obere, ein anderes Kind die untere Stimme.
- Beim Spielen zum Lied den Auftakt berücksichtigen. Die Begleitung beginnt erst bei der zweiten Note (z.B. Strophe 1: „Mai“).
- Anregungen s. DmG S. 15 ff.

5. Lied, Begleitung und Regenmusik aufnehmen

Anregungen dazu s. DmG S. 24 f.

18. Musik begegnen

Überblick

- Über Musik im Alltag sprechen (Musik im Tageslauf, Musik zu besonderen Anlässen, Musik an verschiedenen Orten)
- Musik zu unterschiedlichen Anlässen kennenlernen
- Musik unterschiedlichen Bildern zuordnen

Organisation

- CD C 1 bis 10
- KV 33
- Folie 36
- Stichwortkarten

Anmerkung

Musik ist sehr vielfältig und man trifft sie an verschiedenen Orten, auch in der näheren Umgebung von Kindern. Damit sollen sich die SuS, angeregt durch die Bilder der Doppelseite 96, 97 im SB und die Musikbeispiele auf der CD (C 1 bis 10), auseinandersetzen.

Um einem unkontrollierten Musikkonsum vorzubeugen, ist es wichtig, dass die Schule einen Beitrag zu einem bewussteren Umgang mit Musik leistet: Dazu gehört die Auseinandersetzung mit Musik im Alltag und mit den unterschiedlichen Funktionen von Musik.

Unterrichtsverlauf

1. Einstieg

- SuS berichten, wann und wo sie Musik hören. L. notiert die Angaben der SuS auf Stichwortkarten und bringt diese an die Tafel an.

  Mögliche Ergebnisse:

  Frühstück | Schule | Fest

- Vertiefend weist L. darauf hin, dass Musik oft auch unbewusst gehört wird.

  Mögliche Ergebnisse:

  Frühstück | Schule | Fest | Einkaufen | Fernsehen

- SuS überlegen, welche Musik bei den notierten Hörsituationen gehört wird. L. notiert die Antworten der SuS auf Stichwortkarten und hängt sie zu den zuvor notierten Hörsituationen.

  Mögliche Ergebnisse:

  Frühstück: Popmusik, Klassik, Unterhaltungsmusik …
  Schule: Lieder, Musik mit Instrumenten, Klassik
  Fest: Tanzmusik, Rap
  Fernsehen: Filmmusik
  Einkaufen: Popmusik, Instrumentalmusik

2. Die Bilder beschreiben

- Die SuS beschreiben die Bilder im SB S. 96, 97 oder auf Folie 36.
- Die SuS überlegen, welche Musik zu den Bildern passen könnte.
- Die SuS suchen Überschriften für die Bilder. L. notiert die Überschriften auf Stichwortkarten oder an die Tafel.

  Mögliche Ergebnisse:

  Bild 1: Straßenmusik
  Bild 2: Kaufhausmusik
  Bild 3: Kirmesmusik
  Bild 4: Fastnachtsmusik
  Bild 5: Tanzmusik
  Bild 6: Orgelmusik
  Bild 7: Hausmusik
  Bild 8: Radiomusik
  Bild 9: Fernsehmusik
  Bild 10: Konzertmusik

- Zwecks Verknüpfung des Lerninhalts mit der Erfahrungswelt der Kinder vergleichen die SuS die Überschriften mit ihren Angaben in der Einstiegsphase.

3. Die Hörbeispiele den Bildern zuordnen

- Die SuS hören alle HB (CD C 1 bis 10), ohne sie zu kommentieren. So verschaffen sich die SuS zunächst einen guten Überblick.
- Die SuS schlagen im SB S. 96, 97 auf, hören die HB (CD C 1 bis 10) erneut hintereinander weg und nehmen eine erste Zuordnung vor.
- Die HB (CD C 1 bis 10) nun einzeln hören und den Bildern zuordnen. Im Unterrichtsgespräch Begründungen für die Zuordnung zusammentragen.
- Ergebnis:

  C 1: Bild 9
  C 2: Bild 7
  C 3: Bild 4
  C 4: Bild 5
  C 5: Bild 3
  C 6: Bild 10
  C 7: Bild 2
  C 8: Bild 6
  C 9: Bild 8
  C 10: Bild 1

- Zur Vertiefung und Festigung KV 33 bearbeiten.

Überblick

- Über die eigenen Hörgewohnheiten und die der Familienmitglieder sprechen
- Über musikalische Aktivitäten der eigenen Familie berichten
- Hörbeispiele unterschiedlichen Personen zuordnen

Organisation

- CD C 11 bis 16
- KV 34
- Folie 37

Anmerkung

Oft erfolgen die ersten Begegnungen von Kindern mit Musik zu Hause. Sie hören nebenbei die Musik der Eltern, der Geschwister usw. mit. Genauso prägend für viele Kinder ist es, wenn Familienmitglieder ein Instrument spielen oder im Chor oder einer Band singen. Häufig wird hier der Grundstein für die Herausbildung von musikalischen Vorlieben und für die zukünftige, musikbezogene Entwicklung gelegt. Dabei ist es oft so, dass die Akzeptanz oder Ablehnung eines Musikstücks, eines Musikstils oder einer musikalischen Tätigkeit eher mit außermusikalischen Komponenten in Zusammenhang steht. Hat beispielsweise ein Kind ein gutes Verhältnis zu seinem älteren Bruder, dann findet es die Musik, die er hört, und das Instrument, das er spielt, meistens auch gut. Eine musikimmanente Motivation spielt natürlich auch eine Rolle, oft aber entwickelt sie sich erst im Laufe der Zeit.

Das Bild im SB S. 98 und Aufgabe 1 dienen als Unterrichtseinstieg. Es handelt sich um eine Beispiel-Familie mit ihren persönlichen musikalischen Vorlieben. Die SuS betrachten das Bild und vor allem die CD-Cover, hören die Musikbeispiele (CD C 11 bis 16) und ordnen zu.

Anschließend übertragen die SuS die Fragestellung auf sich und ihre eigene Familie (Was hören meine Geschwister, Eltern, Großeltern …?) und sprechen im Unterricht darüber.

Unterrichtsverlauf

1. Einstieg

Die SuS beschreiben das Bild im SB S. 98 bzw. auf Folie 37.

Impulse: „Welche Familienmitglieder seht ihr?“; „Was haben die einzelnen Personen vor sich liegen?“; „Was befindet sich noch auf dem Tisch?“; „Was macht die Familie gerade?“

2. Die Lieblingsmusikstücke der abgebildeten Familie kennenlernen

- Die SuS hören die HB (CD C 11 bis 16) einzeln. L. nennt dabei die Zuordnung:

  C 11: Mutter
  C 12: Sohn
  C 13: Großvater
  C 14: Vater
  C 15: Tochter
  C 18: Großmutter

- Mit dieser Hörphase wird das nachgestellte Unterrichtsgespräch über die Hörgewohnheiten der eigenen Familie angeregt.

3. Über die Hörgewohnheiten der eigenen Familie sprechen

- Die SuS sprechen über die Hörgewohnheiten der eigenen Geschwister, Eltern, Großeltern usw.

  Impulse: „Sind die Hörgewohnheiten in eurer Familie ähnlich wie im gerade besprochenen Beispiel?“; „Hören deine Eltern auch die Musik, die die abgebildeten Eltern hören (CD C 11 und 14)?“; „Wann hört ihr und eure Familie Musik?“; „ Wie oft hört ihr Musik?“; „Mit welcher Haltung hören du und deine Familie Musik?“; „Hört ihr die Musik alleine, zu zweit, in einer Gruppe?“; „Womit hört ihr in eurer Familie überwiegend Musik? Radio? CD-Player? mp3-Player?“
- SuS beschreiben die Musik, die in ihrer Familie gehört wird. Ggf. kann L. aus den Äußerungen der SuS ein Tafelbild erstellen.
- Zur Ergänzung kann KV 34 bearbeitet werden.
- Es ist wichtig, Klischee- und Vorurteilsbildung zu vermeiden. Daher stets betonen, dass Familienmitglieder durchaus auch ganz andere Musik und Musikstile hören können.

Überblick

- Eigene Lieblingsmusik der Klasse vorstellen (CD, eigene Darbietung ...)
- Über die Entstehung von musikalischen Vorlieben sprechen

Organisation

- KV 35
- Medien und Instrumente für die Präsentationen der SuS
- Tonpappe für Auftrittsablauf

Anmerkung

Über die Musik finden Menschen oft zueinander. Diese Unterrichtseinheit kann dazu beitragen. Denn einzelne SuS stellen ihre Lieblingsmusik vor. Immer wieder kommt es vor, dass insbesondere musikalische Darbietungen andere Kinder motivieren, selbst aktiv mit Musik umzugehen.

Es ist wichtig, dass über die bloße Präsentation der Lieblingsmusik hinaus auch Gespräche stattfinden. Die SuS, die ihre Lieblingsmusik vorstellen, sollen auf jeden Fall auch begründen, warum sie dieses Stück gut finden. Dabei sind die Gründe meist vielfältig. Es können rein musikalische Aspekte sein (Sound, Rhythmus, Tempo). Genauso gut können auch außermusikalische Argumente zählen („Der Star gefällt mir.“; „Mein älterer Bruder hört das immer.“; „Es erinnert mich an den letzten Strandurlaub.“ ...).

Unterrichtsverlauf

1. Einstieg

- Die SuS beschreiben das Bild im SB S. 99. Im Gespräch stellen sie fest, dass ein Mitschüler seiner Klasse einen Rap vorstellt.
- L. fragt die SuS, was für ein Lieblingsmusikstück sie vorstellen würden und in welcher Form.
- L. sollte die SuS ermutigen, ihre Lieblingsmusik selbst vorzuspielen oder vorzusingen. So ist die musikbezogene Aktivität wesentlich höher.
- SuS und L. legen einen Auftrittsablauf fest, der gut sichtbar für alle im Klassenraum ausgehängt wird.

2. Lieblingsmusik vorstellen

- Jedes Kind erhält KV 35. Zu Hause malen die SuS im oberen Bereich der KV ein Bild, das in Bezug zur eigenen Lieblingsmusik steht (Instrument, Sänger, CD-Cover, Textinhalt ...). Darunter notieren sie den Titel der Lieblingsmusik. In der nächsten Zeile tragen die SuS dann stichwortartig eine Begründung ein. In der dritten Zeile notieren die SuS dann, wie sie zu ihrem Lieblingsstück gekommen sind, z.B. weil es immer im Radio lief, von der Schwester, durch einen Videoclip ...
- Einzelne SuS stellen ihre Lieblingsmusik gemäß dem Auftrittsablaufplan vor. Erst hängen sie ihre ausgefüllte KV 35 an die Wand, dann erfolgt die Präsentation.
- Gespräch zwischen Klasse und vortragendem Kind über die Gründe, warum ihm diese Musik gefällt (Melodie, Rhythmus, Tempo, Text, Sänger, Erinnerungen an den Urlaub, Sportfest ...).
- Am Ende der Unterrichtseinheit betrachten alle SuS die an der Wand hängenden ausgefüllten KV. Zusammen suchen sie nach Gemeinsamkeiten.

  Impulse: „Welche Begründungen wurden am häufigsten genannt?“; „Gibt es Stücke, die von mehreren Kindern genannt wurden?“; „Über welche Person oder über welches Medium seid ihr am häufigsten zu eurer Lieblingsmusik gekommen?“

Überblick

- Eine Erkennungsmelodie einer Fernsehsendung zuordnen
- Fernseherfahrungen und -gewohnheiten thematisieren

Organisation

- CD C 17 bis 20
- CD 2 Nr. 1

Anmerkung

SB S. 100 stellt den Einstieg in diese Unterrichtseinheit dar. SB S. 101 bietet eine Vertiefung in die Thematik durch eine Auseinandersetzung mit der Titelmusik der jeweiligen Kinderserie. Gleichzeitig soll aber auch über die Funktion der Musik („Erkennungsmelodien") gesprochen und auch über die Serien an sich berichtet werden.

Eine Erkennungsmelodie führt oft dazu, dass zu Gehörtem, also zur Melodie, Assoziationen entstehen. Aufgabe 2 setzt dies um.

Unumgänglich ist ein ausführliches Gespräch über die persönlichen Medienerfahrungen der SuS. So früh wie möglich sollten die SuS angehalten werden, bewusst mit ihrem Fernsehkonsum umzugehen. Darüber hinaus haben die Schule und selbstverständlich auch der Musikunterricht die Aufgabe, SuS zu informierten, aufgeklärten und kritischen Nutzern des Mediums Fernsehen zu erziehen. Hilfreiche Informationen dazu bietet die Bundesprüfstelle für jugendgefährdende Medien (www.bundespruefstelle.de).

Unterrichtsverlauf

1. Einstieg

- Die SuS hören das Lied „Der, die, das" (CD C 17) und singen spontan mit.
- Gespräch über den Hintergrund des Liedes.

  Impulse: „Woher kennt ihr dieses Lied?" (Sesamstraße); „Denkt einmal an den Ablauf der Sendung. Wann hört ihr das Lied?" (am Anfang und am Ende der Sendung); „Wie nennt man Musikstücke oder Lieder, die immer in gleicher Form zu einer Sendung gespielt werden?" (Erkennungsmelodie)
- L. fragt SuS, ob sie noch weitere Erkennungsmelodien kennen. Die SuS nennen Beispiele und summen, singen oder pfeifen die Melodien vor.
- Einzelne SuS fassen zusammen: Eine Fernsehsendung kann man allein an der Musik erkennen, die am Anfang zu hören ist.

2. Das Lied singen

- Da das Lied „Der, die, das" bei Kindern äußerst bekannt ist, kann sofort zu CD C 17 oder zur L.-Begleitung gesungen werden. In den Pausen (Takte 2, 4 und 6) kann geklatscht werden.
- Es bietet sich an, das Lied auf verschiedene Gruppen aufzuteilen, z. B.: Gruppe 1 singt Takt 1 und 2, Gruppe 2 singt Takt 3 und 4, Gruppe 3 singt Takt 5 und 6, Gruppe 4 singt Takt 7 und 8. Zeile drei und vier singt die ganze Klasse gemeinsam.
- Zur Play-back-CD (CD 2 Nr. 1) singen.
- Über die „Sesamstraße" sprechen (Inhalt, Zielgruppe, mitwirkende Figuren ...).

3. Die Erkennungsmelodien den Kindersendungen zuordnen

- Die SuS beschreiben im SB S. 101 und ordnen die Titel der Kindersendungen den Bildern 1 bis 3 zu. Ergebnis: Bild 1 = Die Sendung mit der Maus; Bild 2 = Unser Sandmännchen; Bild 3 = Spongebob Schwammkopf.
- Gespräch über die Sendungen (Inhalt, Figuren usw.). Darüber hinaus sollte auch die Art der Sendung angesprochen werden. „Unser Sandmännchen" und „Spongebob Schwammkopf" sind Unterhaltungssendungen für Kinder, „Die Sendung mit der Maus" ist eine Wissenssendung für Kinder.
- Die SuS singen, pfeifen oder summen die Erkennungsmelodien der drei Sendungen, sofern sie sie kennen.
- Die SuS hören CD C 18 bis 20 hintereinander und ohne Kommentar. Dadurch verschaffen sie sich einen Überblick.
- Nun werden die HB den Sendungen zugeordnet. Ergebnis:

  C 18: „Unser Sandmännchen"
  C 19: „Spongebob Schwammkopf"
  C 20: „Die Sendung mit der Maus"
- L. fragt die SuS, was ihnen beim ersten Hören der Musik (CD C 18 bis 20) sofort durch den Kopf ging. Beispiele: Titel der Sendung? Figuren aus der Sendung? Szenen aus der Sendung? Nach Beantwortung dieser Fragen kann nochmals über die Funktion einer Erkennungsmelodie, über das Wort „erkennen" usw. gesprochen werden.

4. Über eigene Fernsehgewohnheiten sprechen

- Die SuS berichten über ihre Fernsehgewohnheiten (Lieblingssendung, Zeitpunkt, Zeitdauer …).
- L. achtet darauf, dass die genannten Sendungen tatsächlich für die Altersstufe geeignet sind. Darüber hinaus soll den SuS mitgeteilt werden, dass der Fernsehkonsum 5 Stunden pro Woche nicht übersteigen sollte. Es muss bedacht werden, dass viele Kinder zusätzlich noch vor dem Computer sitzen.
- Über Vorteile beim Fernsehen sprechen (Beispiele: Spaß, Information, Entspannung, Wissensaneignung, Horizonterweiterung).
- Über Nachteile beim Fernsehen sprechen (Beispiele: problematische Inhalte, Bewegungsmangel, keine primären Erfahrungen).
- Über Alternativen zum Fernsehkonsum sprechen (Beispiele: ein Instrument lernen, Sport treiben, sich mit Freunden verabreden, etwas selbst bauen oder experimentieren).

Überblick

- Musikbeispiele erkennen und Orten oder Situationen zuordnen
- Über Aufgabe und Wirkung der Musik sprechen

Organisation

- CD C 21 bis 28
- AH 1 S. 21
- Folie 38
- Stichwortkarten
- Zahlenkarten von 1 bis 8
- Drei verschiedenenfarbige Buntstifte

Anmerkung

Musik ist überall und auch immer in der eigenen, näheren Umgebung. Manchmal muss man sie aber erst entdecken. Diese Unterrichtseinheit leistet einen wichtigen Beitrag zu solch einem „Entdeckungsspaziergang". Die SuS sollen ihr klangliches und musikalisches Umfeld kennenlernen.

Wichtig ist auch, dass die SuS Musik und andere Klänge im eigenen, persönlichen Umfeld zu- und einordnen können (Aufgabe 2).

Unterrichtsverlauf

1. Einstieg

- Die SuS beschreiben die Doppelseite 102, 103 im SB oder Folie 38.
- Als Vorbereitung auf Aufgabe 1 beschreiben die SuS die Orte 1 bis 8 genauer.

2. Zuordnung Hörbeispiel – Ort

- Die SuS tragen zunächst Klangerwartungen zusammen. Dabei überlegen sie sich, wie die einzelnen Orte und Situationen „klingen" könnten.
- Für das Zusammentragen von Klangerwartungen werden acht Gruppen gebildet. Jede Gruppe bearbeitet einen Ort.
- Die Gruppen präsentieren nacheinander ihre Ergebnisse. Die jeweils anderen Gruppen können ggf. mit weiteren Vorschlägen Ergänzungen vornehmen. L. schreibt Ergebnisse stichwortartig auf und bringt die Stichwortkarten an der Tafel an.

  Beispiele:

Ort	Klangerwartung
1	• Flötentöne, Melodie, Vordergrund • Weitere Instrumente, Hintergrund
2	• Glockengeläut • Orgelmusik • Kirchenlieder • Wortfetzen (Predigt)
3	• Popmusik, Rap, Rock • Gespräche
4	• Musik mit Gitarre, Klarinette, Kontrabass • Applaus • schnelle, fröhliche Musik • Jazz
5	• Trommelwirbel • Applaus • Zirkuskapelle • Rufe
6	• Operngesang • Orchestermusik • Applaus
7	• Stimmengewirr • Gläser-Anstoßen • Festmusik • Volksmusik • Gesang (Band und Besucher) • Blasinstrumente
8	• Drehorgelmusik • Applaus

- Einzelne SuS imitieren mit ihren Stimmen die angesprochenen Orte. Die anderen SuS benennen die Orte.
- Die SuS verschaffen sich einen Überblick über die HB (CD C 21 bis 28), indem sie sie ohne Unterbrechung und Kommentare hören.
- L. fragt SuS, ob sie schon das eine oder andere HB zuordnen können. Dazu die Stichwortkarten betrachten.
- Die SuS erhalten Zahlenkarten (von 1 bis 8) und hören nun die HB (CD C 21 bis 28) einzeln. Nach jedem HB heben die SuS die Karte mit der entsprechenden Zahl des Ortes hoch.
- Ergebnisse besprechen.

  Impulse: „Wie hat die jeweilige Musik auf euch gewirkt?"; „Wie seid ihr auf die Zuordnungen gekommen?"; „Welches HB konntet ihr leicht, welches schwer zuordnen? Warum?"

3. Mehrere Hörspaziergänge durchführen

- Die SuS öffnen im AH 1 S. 21 und legen drei verschiedenfarbige Buntstifte bereit.

- Die SuS hören die HB (CD C 21 bis 28) in der auf der CD vorgesehenen Reihenfolge und fahren mit ihrem Buntstift von Ort zu Ort. Verfahren: Die SuS hören das erste HB (C 21). Erkennen sie den Ort (Zirkuszelt), dann tragen sie dort mit ihrem Buntstift eine „1" ein. Anschließend hören sie das nächste HB (C 22). Nun fahren sie mit ihrem Buntstift vom Zirkus bis zum Festzelt. Dort angekommen, tragen sie dann eine 2 ein usw.
- Ergebnisse vergleichen.

  C 21: Zirkuszelt
  C 22: Festzelt
  C 23: Opernhaus
  C 24: Jugendgruppe
  C 25: Musikschule
  C 26: Kirche
  C 27: Kleine Straßenband
  C 28: Drehorgelspieler
- Die Übung mit neuer Farbe und veränderter HB-Reihenfolge erneut durchführen. Dabei die Zahlen nicht vergessen.
- Den dritten Durchgang mit der dritten Farbe genauso durchführen.
- Statt mit der CD kann diese Übung auch nur mit der Stimme durchgeführt werden.

Erweiterung

Ggf. kann ein eigener Hörspaziergang in der näheren Umgebung der SuS mit Aufnahmegeräten durchgeführt werden.

Verlaufsvorschlag:

- Gruppen bilden. Jede Gruppe wird von einem Erwachsenen betreut (L. oder Elternteil).
- Jede Gruppe erhält ein Aufnahmegerät. Anregungen zur Aufnahme s. DmG S. 24 f.
- Durch die nähere Umgebung gehen und Geräusche und Musik aufnehmen.
- Alternativ kann in einem Unterrichtsgespräch herausgefunden werden, an welchen Stellen der näheren Umgebung auffällige Geräusche und Musik zu hören sind. L. fixiert diese Ergebnisse an der Tafel oder auf Stichwortkarten. Erst dann gehen die Gruppen los. Dadurch sind die Hörspaziergänge zielgerichteter und die Durchführung ist zügiger.
- Beim Aufnehmen ist darauf zu achten, dass die Aufnahmen unbedingt kurz gehalten werden (ca. 15 – 20 sec). Längere Aufnahmen langweilen die Hörer. Alternativ können die Aufnahmen mit einem einfachen Verfahren am Computer zurechtgeschnitten werden. Anregungen dazu s. DmG S. 24 f.
- Ergebnisse vorstellen.
- Reizvoll ist es, wenn einige Gruppen einzelne Aufnahmen vorspielen und die Klasse dann herausfinden muss, um welchen Ort in der näheren Umgebung es sich handelt.

19. Tiere in der Musik

Überblick

- Ein Spiellied kennenlernen und ausdrucksvoll singen
- Das Lied mit Instrumenten begleiten
- Eine Präsentation vorbereiten und durchführen (Ablauf, Instrumente, Verkleidung)

Organisation

- CD C 29
- CD 2 Nr. 2
- AH 1 S. 22
- KV 65
- Blockflöte (oder anderes Melodieinstrument), Triangel, Holzblocktrommel
- Xylofon, Metallofon
- Leeres Plakat (für Absprachen)
- Requisiten
- Ausreichend Platz für die Präsentation

Anmerkung

Da die Liedmelodie vielen SuS bekannt sein dürfte, können die Unterrichtsschwerpunkte zügig auf das Erlernen des Textes, auf das Instrumentalspiel und auf die szenische Gestaltung gelegt werden.

Unterrichtsverlauf

1. Einstieg

- Über die Beschreibung der Abbildungen im SB S. 104 kommen die SuS auf das Lied „Ein Vogel wollte Hochzeit machen".
- SuS hören das Lied (L.-Vortrag oder CD C 29) und singen in Teilen schon mit (z. B. „Videralala ...").

2. Das Lied lernen

- Die Liedmelodie stellt für die SuS kein Problem dar. Vielmehr liegen die Schwierigkeiten im Text (Reihenfolge, Handlung). Daher beschreiben die SuS erneut detailliert die Bilder im SB S. 104. L. singt einzelne Strophen vor (oder CD C 29), sodass die SuS einen Bezug vom Bild zum Text herstellen können.
- Einzelne SuS lesen Strophen vor.
- L. spricht den Text im Melodierhythmus vor, SuS sprechen nach. Dabei zeigen sie auf das entsprechende Vogelbild auf S. 104.
- Ein Kind ruft einen Textteil in die Klasse, die SuS vervollständigen den Text, z. B. Kind: „Der Pfau", SuS: „... mit seinem bunten Schwanz, der führt die Braut zum Hochzeitstanz."; Kind: „Frau Nachtigall ...", SuS: „... Frau Nachtigall, die sang mit ihrem schönsten Schall."
- Zur Festigung AH 1 S. 22 bearbeiten. Die SuS tragen Rangzahlen entsprechend der Abfolge der Strophen ein. Lösung: L AH 1 S. 288/S. 314.
- Das Lied mehrmals entsprechend der Textaussage ausdrucksvoll (feierlich, stolz, lieblich, frech, traurig usw.) singen, auch zu CD C 29, zu CD 2 Nr. 2 und zur L.-Begleitung. Als Merkhilfe für den Text zeigen die SuS bei Bedarf auf die Bilder im SB S. 104 oder im AH 1 S. 22.
- KV 65 bearbeiten.

3. Instrumentalstimmen einüben

- Die Melodiestimme des Vor-, Zwischen- und Nachspiels können einzelne SuS übernehmen und zu Hause vorbereiten. Die Melodie kann mit jedem Melodieinstrument gespielt werden.
- Die rhythmische Begleitung des Vor-, Zwischen- und Nachspiels (Triangel, Holzblocktrommel) können ebenfalls einzelne SuS oder kleinere Gruppen übernehmen.
- Zur Aneignung der Begleitung klatschen die SuS die Xylofonstimme (Viertelnoten) und sprechen die Notennamen dazu: d – d – c – c – h – h – a – a – d – d – c – c – h – a – g.
- Über Auffälligkeiten sprechen (Tonwiederholungen, Änderungen im vorletzten und letzten Takt).
- Anschließend wieder klatschen, aber zum Lied (L.-Vortrag oder CD C 29).
- Die Metallofonbegleitung ähnlich einführen. Notennamen: g – d – g – d – g – d – g – d – g.
- Ebenfalls über Auffälligkeiten sprechen (Halbe Noten, Regelmäßigkeiten, vorletzter und letzter Takt).
- Weitere Anregungen s. DmG S. 10 ff. und 15 ff.

4. Das Lied szenisch darstellen

- Es ist notwendig, dass alle getroffenen Absprachen auf ein Plakat notiert werden. So können SuS und L. die Informationen jederzeit schnell und für alle nachvollziehbar abrufen.
- Die SuS legen fest, wer welche Strophe darstellen soll.

- Die SuS üben ihre Strophe ein. Der Strophentext ist die Grundlage für die Darstellung.
- Die SuS besprechen in ihren Gruppen die Verkleidung (Tücher, Hüte, Vogelmasken usw.). Anregungen geben auch die Bilder im SB S. 105.
- Zu CD C 29 oder zum Gesang immer wieder die Darstellung erproben.
- Der Ablauf wird festgelegt. Beispiel: Vorspiel, Strophe 1 bis 5, Zwischenspiel, Strophe 6 bis 9, Zwischenspiel, Strophe 10 bis 13, Nachspiel.
- Bei der Aufführung stehen die SuS im Halbkreis. Sie singen und spielen. Aus dem Halbkreis treten die SuS hervor, die mit ihrer Darstellung an der Reihe sind.

Erweiterung

Die Vogelmasken können im Unterricht, evtl. in Zusammenarbeit mit anderen Kollegen/innen, angefertigt werden.

Vogelmasken basteln

Material:

- Tonpappe (Farbe je nach Vogelart)
- Papier
- Lineal
- Schere
- Kleber
- Bleistift
- einen schwarzen Filzstift
- Gummiband
- Locher

Anleitung:

1. Zuerst eine Maskenschablone anfertigen. Dazu ein Blatt Papier falten (Faltrand links).
2. Auf den Faltrand eine halbe Maske zeichnen (s. Skizze 1). Höhe und Breite sollten ca. 10 cm betragen. Am Faltrand muss die Maske schmaler sein (ca. 3 cm), denn an dieser Stelle wird später der Schnabel befestigt.

   Skizze 1:

3. Die halbe Maske ausschneiden, dann das Papier auseinanderfalten. Nun ist es eine komplette Maske.
4. Die Maske auf die Tonpappe legen und den Umriss mit einem Bleistift auf die Tonpappe übertragen (s. Skizze 2).

   Skizze 2:

5. Die Maske anschließend ausschneiden.
6. Für den Schnabel ebenfalls auf einem Papier eine Schablone mithilfe eines Lineals herstellen:

   Skizze 3:

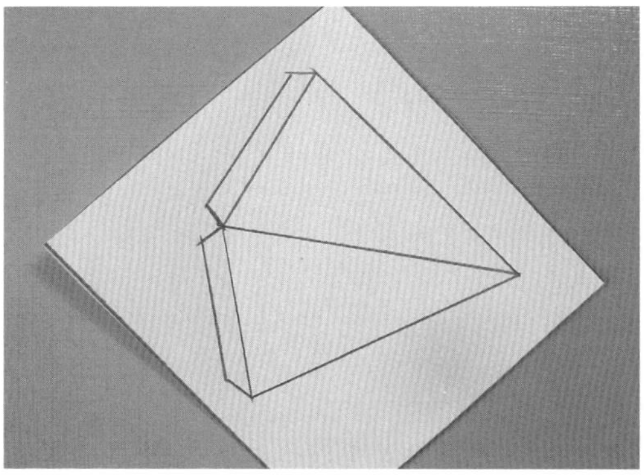

7. Die Schnabelschablone ausschneiden und auf eine rote oder orangefarbene Tonpappe legen. Den Umriss der Schnabelschablone abzeichnen.
8. Die inneren Linien der Schablone mit der Schere lediglich einritzen, damit sich die Tonpappe besser falten lässt. Damit die eingeritzten Linien gerade werden, das Lineal anlegen.
9. An den Falträndern Kleber verteilen und den Schnabel an der Vogelmaske befestigen.
10. Mit schwarzem Filzstift die Augenränder nachmalen, ggf. Federn oder anderen Schmuck an die Maske kleben.
11. An der linken und an der rechten Seite die Maske lochen.
12. An diesen Löchern wird das Gummiband festgeknotet.

Überblick

- Ein Lied zur Konzentrationsförderung singen
- Zu einem Lied passende Gesten ausführen
- Einzelne Wörter des Textes verkürzen und anschließend wieder aufbauen
- Zu einem Lied eigene Strophen erfinden

Organisation

- CD C 30
- CD 2 Nr. 3
- AH 2 S. 15

Anmerkung

Dieses Lied erfordert ein erhebliches Maß an Konzentration und Koordination beim Vortragen. Die SuS müssen den Ab- und Aufbau der Wörter „Wanze" und „tanzen" bewältigen, die dadurch entstandenen Pausen entsprechend einhalten und gleichzeitig die Gesten weiter ausführen.

Unterrichtsverlauf

1. Einstieg

- SuS hören das Lied (CD C 30). L. macht die Bewegungen (SB S. 106) dazu.
- Gespräch über Auffälligkeiten (Ab- und Aufbau der Wörter „Wanze" und „tanzen", Beibehaltung der Handbewegungen, Schwierigkeitsgrad).

2. Das Lied lernen

- SuS betrachten die Abbildung mit dem Wortabbau und -aufbau im SB S. 106 und entdecken das zugrundeliegende Prinzip.
- L. und SuS sprechen beide Wörter („Wanze", „tanzen") ab- und aufbauend langsam und deutlich artikuliert vor.
- Da die Melodie sehr einprägsam ist, können die SuS ihre Aufmerksamkeit sofort auf die richtige Textumsetzung richten. Das Lied langsam singen. Mit deutlichen Gesten (z.B. Zeigefinger vor dem Mund oder abwehrende Handbewegung) die Pauseneinhaltung unterstützen.
- Das Lied zur CD (C 30 oder CD 2 Nr. 3) singen.
- S. 15 im AH 2 bearbeiten. Die SuS tragen in Aufgabe 1 die Wörter „Wanze" und „tanzen" in vorgegebene Kästchen ab- und aufbauend ein. Als Zusatzaufgabe oder als Hausaufgabe bearbeiten die SuS Aufgabe 2: Die Wörter „Amsel" und „singen" tragen die SuS ab- und aufbauend in die dafür vorgesehenen Kästchen ein. Lösung: L AH 2 S. 297/S. 323.
- Das Lied erneut singen. Bei Bedarf zeigen die SuS den Ab- und Aufbau beider Wörter auf S. 15 im AH 2 an.

3. Die Gesten hinzufügen

- Wenn die SuS insbesondere den Wortabbau und -aufbau schon sicher beherrschen, kann mit der Einübung der Gesten begonnen werden. Die SuS beschreiben die abgebildeten Gesten im SB S. 106.
- In Partnerarbeit führen die SuS die Gesten aus. Dazu stets den Text im zunächst langsamen Tempo sprechen.
- Im Plenum die Gesten zum gesprochenen Text ausführen.
- Das Lied dazu singen, das Tempo allmählich steigern.
- Zu CD C 30 oder CD 2 Nr. 3 singen und Gesten ausführen.

4. Eigene Strophen erfinden

- Tiere und typische Tätigkeiten dieser Tiere finden.
- Die Wortpaare (z. B. Fliege/fliegen, Katze/kratzen) auf- und abbauen.

  Beispiel:

  Katze – tapsen
  Katz – taps
  Kat – tap
  Ka – ta
  K – t
  / – /
  K – t
  Ka – ta
  … – …
- Den Text mit den neuen Wortpaaren sprechen (Partnerarbeit).
- Das Lied mit ausgesuchten Wortpaaren mit der ganzen Klasse singen (zu CD 2 Nr. 3 oder L.-Begleitung).

Überblick

- Ein Tierlied singen
- Pausen mit Gesten, Geräuschen usw. füllen
- Als Hilfe zum Auswendiglernen des Textes Strophenbilder anfertigen
- Den Refrain mit Instrumenten begleiten

Organisation

- CD C 31
- CD 2 Nr. 4
- KV 36, 37
- Metallofon, Bassklangstäbe

Anmerkung

Dieses schwungvolle und humorvolle Lied kann im Unterricht vielseitig eingesetzt werden. Beispielsweise eignet es sich auch für eine szenische Gestaltung.

Unterrichtsverlauf

1. Einstieg

- Die SuS hören das Lied (CD C 31) und singen nach und nach den Refrain mit.
- Gespräch über den Textinhalt (Figuren, Handlung, Schluss usw.).

2. Die erste Strophe des Liedes lernen

- L. spricht den Text der ersten Strophe abschnittsweise im Melodierhythmus vor. In den Pausen abwechselnd schnipsen, klatschen, patschen o. Ä. Die SuS sprechen nach und füllen ebenfalls die Pausen.
- L. singt die erste Strophe des Liedes und den Refrain abschnittsweise vor, die SuS singen nach. Die „Pausenfüller" beibehalten.
- Die erste Strophe mit Refrain mehrmals zu CD 2 Nr. 4 singen.

3. Strophenbilder anfertigen

- L. informiert die SuS, dass zu jeder Strophe ein Bild gemalt werden soll.
- Im gemeinsamen Gespräch eruieren SuS und L., welches Motiv zur ersten Strophe passen würde. Beispiel: Der Frosch sitzt stolz und gut gelaunt in seinem roten Cabrio.
- L. liest die zweite Strophe des Liedes vor. SuS machen Vorschläge für ein Bildmotiv.
- Ebenso mit den Strophen 3 bis 6 verfahren. Ggf. kann L. die Vorschläge an der Tafel festhalten.
  Beispiele:
  Strophe 1: Der Frosch fährt stolz und gut gelaunt in seinem roten Cabrio umher.
  Strophe 2: Der Frosch fährt erwartungsfroh zu Babett. In einer Gedankenblase ist Babett zu sehen.
  Strophe 3: Das rote Cabrio steht vor dem Haus, Babett steht am Fenster und hält sich die Ohren zu.
  Strophe 4: Babett sitzt glücklich und entspannt neben ihrem Radio.
  Strophe 5: Der Frosch sitzt traurig in seinem Cabrio.
  Strophe 6: Der Frosch lächelt wieder.
- L. und SuS vereinbaren, worauf die Bilder gemalt werden sollen (Leporello, DIN-A4-Blatt, kleines Plakat ...). Leporello und DIN-A4-Blatt haben den Vorteil, dass sie handlicher sind und zudem mit nach Hause genommen werden können. Als DIN-A4-Blatt kann KV 36 verwendet werden. In vorgegebenen Rahmen können die SuS ihre Bilder hineinmalen. Beim Malen hin und wieder das Lied hören (CD C 31).

4. Die Strophen 2 bis 6 lernen

- SuS hören das Lied (CD C 31). Dabei zeigen sie den Liedfortgang an ihren Bildern an.
- Die SuS geben mit eigenen Worten den Liedinhalt wieder und zeigen dabei auf das entsprechende Bild.
- SuS lernen die Strophen 2 bis 6. L. spricht den Text der zweiten Strophe abschnittsweise im Melodierhythmus vor (mit Pausenfüllern). Die SuS sprechen nach. Dabei liegen die Bilder gut sichtbar vor ihnen.
- SuS tragen einzelne Strophen auswendig vor. Es muss zunächst nicht in der Liedreihenfolge geschehen.
- Gemeinsames Sprechen der Liedstrophen.
- Nun mehrmals singen, auch zu CD C 31 und CD 2 Nr. 4.
- SuS nehmen ihre Bilder mit nach Hause und üben den Text.

5. Das gesamte Lied singen

Beim Singen des gesamten Liedes ist darauf zu achten, dass die SuS entsprechend der Textaussage ausdrucksvoll singen. Beispiele: Strophe 1: stolz, froh; Strophe 2: erwartungsvoll; Strophe 3: genervt, leicht verärgert und ungeduldig; Strophe 4: entspannt, vergnügt; Strophe 5: traurig; Strophe 6: leicht, wieder froh.

6. Den Refrain mit Instrumenten begleiten

- Sollte den SuS das beidhändige Spielen (Metallofonstimme) noch zu schwerfallen, kann die Stimme auf zwei SuS verteilt werden.
- Die Begleitung kann mit KV 37 eingeübt werden.
- Anregungen zum beidhändigen Spielen und zum Einüben einer Liedbegleitung s. DmG S. 15 ff.

Erweiterung

Das Lied szenisch gestalten.

Überblick

- Ein Spiellied über Tiere kennenlernen und ausdrucksvoll singen
- Einen Dreivierteltakt nachvollziehen können
- Zum Lied ein Vor-, Zwischen- und Nachspiel mit Instrumenten spielen
- Einen Liedtext szenisch darstellen

Organisation

- CD C 32
- CD 2 Nr. 5
- KV 38 bis 40
- Schere, Kleber
- Blockflöte oder anderes Melodieinstrument
- Metallofon
- Requisiten für die szenische Darstellung
- Ausreichend Platz für die szenische Darstellung
- Bildaufnahmegerät

Anmerkung

Neben den praktischen Aktivitäten (singen, musizieren, darstellen) können die SuS in dieser Unterrichtseinheit nachhaltige Erfahrungen mit dem Dreivierteltakt sammeln.

Unterrichtsverlauf

1. Einstieg

- Die SuS hören das Lied (CD C 32) und sprechen anschließend über den Liedinhalt. Impulse: „Welche Tiere kommen vor?"; „Welche Strophe ist euch besonders im Gedächtnis geblieben?"; „Welches Tier fällt hier besonders aus dem Rahmen? (Hund) Warum?"; „Könnt ihr die Tiere in der Liedreihenfolge aufzählen?"
- Das Lied erneut hören, um damit Aussagen aus dem Gespräch zu bestätigen oder zu widerlegen.

2. Den Refrain einüben

- L. spricht den Refrain im Melodierhythmus. Dabei betont sprechen und den Dreivierteltakt berücksichtigen. Die SuS sprechen nach und nach mit.
- Allmählich in den Gesang übergehen. Dazu auf die Zählzeit 1 klatschen, auf die Zählzeiten 2 und 3 patschen (Betonung des Dreivierteltaktes).
- Das Lied hören (CD C 32) und zum Refrain mitsingen. Klatschen und Patschen dazu weiter ausführen.
- Zur Festigung des Dreivierteltaktes KV 38 bearbeiten. Die SuS singen den Refrain und klatschen/patschen dazu. Anschließend malen sie auf der KV die jeweils ersten Balken rot und die anderen blau aus.
- Erneut das Lied hören (CD C 32), den Refrain betont mitsingen und ggf. dazu klatschen/patschen.

3. Das Lied lernen

- Beginnend mit der ersten Strophe, spricht L. den Liedtext im Melodierhythmus abschnittsweise vor. Die SuS sprechen nach und nach mit. Dabei den Auftakt beachten.
- L. geht in den Gesang über, SuS singen mit.
- Die gesamte erste Strophe mit Refrain zur Playback-CD (CD 2 Nr. 5) mehrmals hintereinander singen. Zum Refrain klatschen/patschen oder sich im Dreivierteltakt wiegen.
- Den Text der Strophen 2 bis 8 bearbeiten. Dazu betrachten die SuS KV 39 und beschreiben die Strophenbilder. Darauf achten, dass die SuS auch die Handlungen der Tiere ansprechen (z.B. „Das Küken schlüpft aus dem Ei."). Diese Beschreibung bereitet das Einüben der Strophentexte inhaltlich vor.
- L. spricht langsam und deutlich die einzelnen Strophen abschnittsweise vor. Die SuS sprechen nach und betrachten dabei bei Bedarf die Strophenbilder (KV 39), die sie geordnet und in der richtigen Reihenfolge auf KV 40 geklebt haben.
- Die SuS bearbeiten KV 40 und üben damit den Text oder einzelne Strophen ein.
- Das Lied mehrmals zu CD C 32, zu CD 2 Nr. 5 oder zur L.-Begleitung singen. Dabei stets auf ausdrucksvolles Singen achten.

  Beispiel:

  Strophe 1: fröhlich, auffordernd
  Strophe 2: fragend, dann freudig
  Strophe 3: fröhlich, mit Nachdruck
  Strophe 4: müde, erschöpft
  Strophe 5: begeistert
  Strophe 6: etwas behäbig
  Strophe 7: fröhlich, begeistert
  Strophe 8: beschwingt, mitreißend

4. Ein Vor-, Zwischen- und Nachspiel einüben

- Die Melodiestimme spielen einzelne fortgeschrittene SuS (Blockflöte oder anderes Melodieinstrument).
- Die Metallofonbegleitung übernehmen 2 bis 4 SuS. Die beiden Stimmen können auf zwei SuS aufgeteilt werden.
- Anregungen s. DmG S. 10 ff. und 15 ff.

5. Den Inhalt des Liedes szenisch darstellen

- Zunächst ist es wichtig, dass alle SuS die Möglichkeit erhalten, das Lied szenisch umzusetzen. Daher verteilen sich die SuS frei im Raum. L. ruft Textfragmente hinein, die sich bewegungstechnisch gut umsetzten lassen, z.B.: „Watschelt wie die Enten durchs Gras!"; „Schlüpft aus einem Ei!"; „Geht mit Mühe wie ein großer Schwan an Land!"
- Die SuS bleiben weiterhin im Raum verteilt. Sie hören das Lied (CD C 32) und setzen den Text spontan um.
- Sollte die Klasse zu groß oder an solche freien Arbeitsphasen nicht gewöhnt sein, kann die Klasse geteilt werden. Eine Hälfte agiert, die andere Hälfte beobachtet und/oder singt zur CD C 32 mit. Dann wechseln.
- Nun werden die Rollen verteilt und der Inhalt des Liedes schrittweise umgesetzt.
- Wie in der Abbildung im SB S. 109 zu sehen ist, stehen die SuS im Halbkreis und reihen sich nach und nach in die Polonaise ein. Bis sie sich eingereiht haben, führen sie ihre strophentypischen Bewegungen aus.
- Ggf. kann es für die Bewegungsausführungen besser sein, wenn sich die SuS bei der Polonaise nicht festhalten, denn so haben sie ihre Hände frei.
- Anregungen für die Herstellung von Vogelmasken s. S. 186, Unterrichtseinheit „Ein Vogel wollte Hochzeit machen".

6. Die Darstellung aufnehmen

Anregungen dazu s. DmG S. 24 f.

Überblick

- Ein Tierlied kennenlernen
- Tierfiguren passend zum Melodierhythmus bewegen
- Tierlaute mit der Stimme imitieren
- Das Musikstück „Hühner und Hähne" von Camille Saint-Saëns hören
- Zum Musikstück an vereinbarten Stellen mit Bewegungen und Gesten reagieren

Organisation

- CD C 33, 34
- CD 2 Nr. 6
- KV 41, 42
- Tonpapier
- Schere, Kleber
- Flache, eckige Stäbe
- Ausreichend Platz für die Bewegungsgestaltung

Anmerkung

Der Dreivierteltakt erleichtert in erheblichem Maße die Bewegungsgestaltung mit den Tierfiguren. Allerdings ist es erforderlich, durch Vorübungen den SuS die Gelegenheit zu geben, Erfahrungen mit dieser Taktart zu sammeln.

Mithilfe des Liedes, den Tierstimmenimitationen und der Bewegungsgestaltung mit den Tierfiguren sind die SuS auf die Auseinandersetzung mit dem Musikstück „Hühner und Hähne" aus dem „Karneval der Tiere" von Camille Saint-Saëns gut vorbereitet. Das Hühnergegacker erscheint als Motiv mehrmals innerhalb des Werkes. Es tritt meistens einzeln auf, hin und wieder ist es ineinandergeschoben. Es sind immer die gleichen Tonfolgen, die durch das Klavier und die Violinen erzeugt werden. Der Hahnenschrei ist insgesamt dreimal zu hören. Er wird zweimal durch das Klavier und einmal durch die Klarinette interpretiert.

Unterrichtsverlauf

1. Einstieg

- Die SuS verteilen sich im Raum.
- L. ruft Tiernamen (z. B. „Hahn", „Kuh", „Schwein") in die Klasse, SuS setzen typische Bewegungen dieser Tiere um und imitieren mit der Stimme die entsprechenden Tierlaute. Auf die Einhaltung einer mittleren Lautstärke achten.
- Im nächsten Schritt die Klasse in fünf Gruppen einteilen. Jede Gruppe ist für ein Tier aus dem Lied im SB S. 110 zuständig, z. B. Gruppe 1 sind die Hähne, Gruppe 2 die Hühner usw.
- Auf ein Signal hin setzen sich alle SuS in Bewegung, imitieren mit der Stimme die Tierlaute und setzen typische Bewegungen der Tiere um. Das ergibt ein unglaubliches Tierstimmengewirr!
- Auf ein Signal hin verstummen alle Tiere und „frieren ein" (= verharren in ihrer letzten Position). Zum erneut ertönenden Signal fahren sie mit der Umsetzung und der Tierstimmenimitation fort.
- Die SuS hören das Lied (CD C 33) und stellen eine Verbindung zwischen Lied und Vorübungen her, z. B.: „Im Lied treten die gleichen Tiere auf."; „Im Lied werden auch Tiergeräusche nachgemacht."

2. Das Lied singen

- L. singt die erste Strophe abschnittsweise vor und zeigt den Melodieverlauf mit der Hand an. Die SuS singen nach und zeigen ebenfalls den Melodieverlauf mit der Hand an.
- Die Handzeichen helfen, insbesondere die Tonunterschiede am jeweiligen Zeilenende genau zu intonieren.
- Es ist wichtig, auf richtige und deutliche Artikulation bei der stimmlichen Umsetzung der Tierlaute zu achten.
- In der dritten Zeile kann die Anzahl der Tierlaute (in der ersten Strophe „dock") für Verwirrung sorgen. Deshalb diese Passage zunächst sehr langsam singen oder im Melodierhythmus sprechen und dabei mit den Fingern die „dock"-Anzahl mitzählen (7-mal „dock", 1-mal „dei").
- Die erste Strophe nun mehrmals zur Play-back-CD (CD 2 Nr. 6) zur Festigung singen.
- Nun die Strophen 2 und 3 in ähnlicher Form einüben.
- Weitere Anregungen zum Einüben eines Liedes s. DmG S. 5 ff.

3. Die Tierfiguren einsetzen

- Mithilfe der KV 41 und 42 fertigen die SuS Tierfiguren an.
- Um den Dreivierteltakt und damit den Melodierhythmus körperlich zu verinnerlichen, bewegen sich die SuS zum Lied (CD C 33) im Raum umher und imitieren die Tiergeräusche.
- Nach dieser Übung kommen die Tierfiguren zum Einsatz. Die SuS singen das Lied (zur L.-Begleitung, zu CD C 33 oder zu CD 2 Nr. 6). Dabei bewegen sie ihre Tierfiguren im Dreivier-

teltakt. An den Stellen, an denen die Tierlaute zu hören sind, können die SuS ihre Tierfiguren frei bewegen.

4. „Hühner und Hähne“ aus „Karneval der Tiere“ von Camille Saint-Saëns hören

- Die SuS hören „Hühner und Hähne“ (CD C 34) ohne Vorbereitung. Sie sollen spontan auf das Werk reagieren und einen Bezug zur Thematik herstellen. Aufgrund der deutlichen Tiergeräusch-Imitationen werden die SuS schnell auf Hühner und Hähne kommen.
- Die SuS hören das Musikstück (CD C 34) erneut und melden sich, wenn sie das Hühnergegacker hören. Jedesmal wenn der Hahnenschrei ertönt, erheben sie sich von ihren Plätzen.
- Die SuS machen Vorschläge, in welcher Form das Hühnergegacker und der Hahnenschrei noch umgesetzt werden können. Auch die Tierfiguren (Hähne, Hühner) können erneut eingesetzt werden.
- Die Musik (CD C 34) hören und die Vorschläge der SuS erproben.

Überblick

- Ein Tierlied singen
- Tierlaute mit der Stimme imitieren
- Tierlaute den entsprechenden Tieren zuordnen
- Ein Vor-, Zwischen- und Nachspiel zu einem Lied spielen

Organisation

- CD C 35
- CD 2 Nr. 7
- AH 2 S. 16
- KV 43
- Folie 39
- Blockflöte oder anderes Melodieinstrument
- Triangel

Anmerkung

Vom Liedtext ausgehend sollen die SuS eine Verbindung zwischen Text, Bild und Tierlaut herstellen. Mit diesem Ansatz werden auch die jahrgangsentsprechende inhaltliche Textarbeit und das Lesen gefördert (s. auch AH 2 S. 16).

Unterrichtsverlauf

1. Einstieg

- Die SuS betrachten die Tierbilder im SB S. 111 oder auf Folie 39 und lesen die auf den Karten notierten Tierlaute.
- Die SuS stellen fest, dass Tierlaut und danebenstehendes Tierbild nicht zusammenpassen. Daher ordnen sie die Tierlaute den Tierbildern korrekt zu. Um diesen Arbeitsprozess zu optimieren, bearbeiten die SuS KV 43.
- Die SuS hören das Lied (CD C 35) und verschaffen sich dadurch einen ersten Eindruck.

2. Die erste Strophe des Liedes lernen

- Mit kleineren L.-Hilfen lesen einzelne SuS die erste Strophe des Liedes (SB S. 111). Anschließend sprechen die SuS den Text gemeinsam.
- L. spricht den Text der ersten Strophe im Melodierhythmus zeilenweise vor, die SuS sprechen nach. Zuträglich ist es, wenn L. und SuS auf zwei Fingern den Melodierhythmus dazu klatschen. Das Klatschen auf zwei Fingern hat den Vorteil, dass der Text nicht übertönt wird.
- In ähnlicher Weise die weiteren Strophen bearbeiten.
- Stets die Tierlaute deutlich und ausdrucksvoll sprechen.
- In der 7. Strophe sind dann alle Tiere im Chor zu hören.
- Da das Lied über eine recht eingängige Melodie verfügt, können die SuS nun das Lied sogleich zur CD (C 35) oder zur L.-Begleitung singen.
- Abschließend auch zur Play-back-CD (CD 2 Nr. 7) singen.

3. Ein Vor-, Zwischen- und Nachspiel zum Lied spielen

- Dieses Vor-, Zwischen- und Nachspiel wird lediglich von 2 bis 3 SuS gespielt.
- Das Vorspiel beginnt mit der Triangel, die die grafisch notierten Klänge umsetzt (zwei stärker angeschlagene Töne, die langsam verklingen, einmal langsames Hin-und-her-Schlagen in der oberen Ecke). Die Blockflöte (oder ein anderes Melodieinstrument) setzt danach ein.

4. Weitere Liedstrophen erfinden

- Aus dem Gedächtnis heraus nennen die SuS (ggf. in Partnerarbeit) verschiedene Tiere.
- Zusammen mit dem Partner/der Partnerin sprechen sie den Text mit den neuen Tiernamen im Melodierhythmus.
- Diesen Arbeitsprozess durch AH 2 S. 16 unterstützen. Die SuS sehen verschiedene Tiere und ordnen ihnen die passenden Tierlaute zu. Anschließend schreiben sie diese unter die entsprechenden Abbildungen. Lösung: L AH 2 S. 298/S. 323.
- Die Klasse sucht bis zu sieben neue Tiernamen aus und singt das neue Lied zur Play-back-CD (CD 2 Nr. 7). Ggf. fertigt L. schnelle Tierskizzen an der Tafel an. So können sich die SuS die Reihenfolge besser merken.

Überblick

- Ein Pferdelied kennenlernen
- Das Traben der Pferde rhythmisch umsetzen (Körperinstrumente, Instrumente)
- Das Lied mit Instrumenten begleiten
- Zum Lied eine Bewegungsgestaltung mit Steckenpferden erfinden
- Zum Lied einen einfachen Tanz ausführen

Organisation

- CD C 36
- CD 2 Nr. 8
- KV 44
- Steckenpferde
- Röhrentrommel, Holzblocktrommel, Schellenstab
- Metallofon, Xylofon (mit fis!)
- Ausreichend Platz für die Bewegungsgestaltung

Anmerkung

Dieses eingängige Lied kann recht zügig erlernt werden. Die beiden ersten Zeilen (Teil A) sind rhythmisch und melodisch (mit Ausnahme des letzten Tons der jeweiligen Zeile) identisch. Die beiden Zeilen des B-Teils sind es ebenfalls. Allerdings müssen diese minimalen Abweichungen gezielt thematisiert werden, denn oft werden sie beim Singen vernachlässigt.

Unterrichtsverlauf

1. Einstieg

- Gespräch über Pferde.

  Impulse: „Reitet jemand von euch?"; „Wo kann man in eurer Umgebung reiten?"; „Welche Pferderassen kennt ihr?"; „Oft entstehen richtige Freundschaften zwischen Tier und Mensch ... kennt ihr das? Vielleicht aus einem Buch oder einer Geschichte?"; „Es gibt genaue Bezeichnungen für die Gangart und das Laufen eines Pferdes (traben, galoppieren) ...?"
- Mit der Stimme oder mit der Zunge schnalzend imitieren die SuS das Traben der Pferde.
- Die SuS hören das Lied (CD C 36) und begleiten es mit den Trabgeräuschen.
- Die SuS hören das Lied erneut und singen zunächst den Refrain mit.

2. Das Lied lernen

- Die SuS lesen den Liedtext (SB S. 112) in Stillarbeit.
- L. stellt inhaltliche Fragen zu den Strophen. Es sollte von den SuS angesprochen werden, dass das Pferdchen fleißig fressen soll, denn bald wird es für einen Ausritt von der Weide geholt.
- Die drei Strophen werden auf drei SuS verteilt. Jedes Kind liest nun eine Strophe vor, die anderen SuS verfolgen den Text im SB S. 112.
- L. spricht nun den Text im Melodierhythmus, die SuS sprechen nach und nach mit.
- Den B-Teil evtl. einige Male wiederholen. Durch den häufigen Wechsel von Viertel- und Achtelnoten ist der Melodierhythmus für die SuS etwas kompliziert. Leises Mitklatschen (auf zwei Fingern) kann den Aneignungsprozess erleichtern.
- L. singt das Lied vor, SuS singen nach.
- Zu CD C 36 singen.
- Auf die Schlusstakte der jeweiligen Notenzeilen gesondert eingehen. Sind die Töne in unterschiedlicher Höhe (Zeile 1 und 3), stehen die SuS beim hohen Ton (g) und beim tiefen Ton (d) gehen sie in die Hocke. Bei den Schlusstakten der Zeilen 2 und 4 bleiben die SuS stehen, pendeln aber leicht, um die zwei Töne körperlich zu verdeutlichen.
- Nun das Lied singen und die Bewegungen ausführen. Die SuS merken so deutlich den Unterschied zwischen den verschiedenen Zeilenenden. Genauso wichtig ist es aber auch, die Frage zu stellen: „Welche Zeilen haben ein gleiches Ende?" (Zeile 1, 3 und 2, 4).
- Um das Singen durch die ausladenden Körperbewegungen nicht zu beeinträchtigen, übertragen die SuS die Bewegungen auf die Hände (rechte oder linke Hand). Ende der Zeilen 1 und 3: Hand erst hoch auf Brusthöhe, dann tief auf Bauchhöhe. Ende der Zeilen 2 und 4: Hand zeigt die gleiche (Bauch-)Höhe an.
- Nun das gesamte Lied mehrmals singen (L.-Begleitung, CD C 36 und CD 2 Nr. 8), Handbewegungen nach und nach einstellen.

3. Das Lied mit Instrumenten begleiten

- Die Trabgeräusche (s. Einstieg) erneut zum Lied (CD C 36) ausführen.
- L. spielt die Metallofonbegleitung zur CD C 36 vor (Achtung: gilt nur für Teil A!). Die SuS stellen einen Bezug zu den Trabgeräuschen her.
- Die SuS sitzen im Kreis, patschen (links – rechts, also mit links beginnend) und sprechen dabei „g" (links) und „d" (rechts). Die Patschbewegungen entsprechen den Spielbewegungen am Metallofon.
- Anschließend alles auf das Instrument übertra-

gen. Die SuS erhalten ein Instrument und üben zu zweit. Ein Kind spricht die Tonnamen, das andere Kind spielt. Dann wechseln. Sollten nicht genug Metallofone vorhanden sein, können zusätzlich weitere Stabspielinstrumente (Glockenspiele, Xylofone) herangezogen werden.

- In dieser Phase ist es immer wichtig, dass die SuS das Lied zu hören bekommen (L.-Gesang oder CD C 36). Denn dadurch können sie sofort überprüfen, ob sie die Begleitung schon beherrschen oder noch weiter üben müssen.
- In ähnlicher Weise die Xylofonstimme (B-Teil) einüben.
- Weitere Anregungen s. DmG S. 15 ff.
- Die rhythmische Begleitung (Holzblocktrommel, Schellenstab) sollten SuS übernehmen, die das Tempo gut einhalten können.
- Das Lied kann auch mit einer Röhrentrommel begleitet werden. Allerdings ist die Röhrentrommel schwieriger zu spielen. Dennoch lohnt es sich, die SuS probieren zu lassen. Der erste und der dritte Ton sind tief, der zweite und der vierte Ton sind hoch.

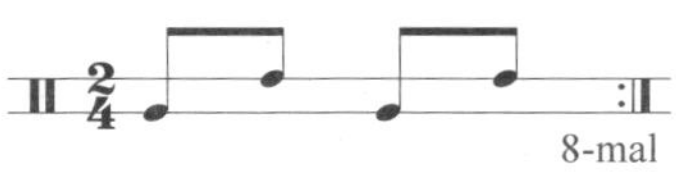

- Auch hier immer wieder zwecks Fortschrittsüberprüfung und Einbettung der Stimmen in den Gesamtzusammenhang mit dem Lied (CD C 36) üben.
- KV 44 für das Einüben der Begleitung nutzen.

4. Eine Bewegungsgestaltung mit gebastelten Steckenpferden erfinden

- SuS basteln Steckenpferde. Bastelanleitung s. u.
- Die SuS verteilen sich mit ihren Steckenpferden frei im Raum. L. ruft: „Schreiten!", die SuS erproben diese Gangart. Ebenso mit „Traben!" und „Galoppieren!" Ggf. kann es erforderlich sein, für diese Übung die Klasse zu teilen. Eine Hälfte agiert, die andere Hälfte beobachtet. In kurzen Abständen die Rollen tauschen.
- Eine Klassenhälfte verteilt sich mit den Steckenpferden im Raum. Die andere Klassenhälfte singt. Zu CD C 36 und dem Gesang dieser Klassenhälfte bewegen sich die anderen passend zur Musik beim A-Teil in eine Richtung, beim B-Teil dann in die andere Richtung. Dann werden die Rollen getauscht.
- Die Erfassung der Zweiteiligkeit des Liedes ist wichtig für den später auszuführenden Tanz.
- Gruppen von 4 bis 6 SuS bilden. Die SuS überlegen sich diverse Gestaltungen. Anregungen zur Gruppenarbeit s. DmG S. 26 f.
- Mögliche Ergebnisse: Teil A: Steckenpferde galoppieren in der ersten Zeile in einer Richtung im Kreis und zur zweiten Zeile dann in die andere Richtung. Teil B: „Reiter" bilden eine Schlange und galoppieren angeführt vom ersten Reiter durch den Raum.
- Den SuS viel Zeit zum Ausprobieren und Genießen lassen. Mehrmals wiederholen und dabei die SuS anregen, Neues zu erproben.

Steckenpferde basteln

Material:

- eine alte Wollsocke
- Bastelwatte
- braunen, weißen oder schwarzen Filz
- ein langer Stock, z. B. Besenstiel (Rundholz)
- Schnur
- ein Seil oder eine Kordel (ca. 2 m)
- zwei große Knöpfe
- Nähnadel, Faden
- Kleber
- Tacker

Anleitung:

- Den Fußteil der Socke bis zur Ferse mit Bastelwatte füllen.
- Den langen Stock in die Socke stecken und den restlichen Sockenteil mit der Watte fest ausfüllen.
- Den „Hals" mit einer Schnur zuschnüren.
- Ohren aus Filz ausschneiden und annähen oder antackern.
- Zwei Knöpfe (= Augen) an die Socke annähen.
- In ein rechteckiges Filzstück Fransen in die beiden langen und in eine kurze Seite schneiden.
- Das Filzstück an den Pferdekopf annähen, sodass die oberen Stirnfransen zwischen den beiden Ohren nach vorn fallen.
- Aus dem Seil ein Zaumzeug knoten und es um den Pferdekopf herumbinden.

5. Einen Tanz ausführen

- Dies ist ein Zusatzangebot, das in Absprache mit den SuS durchgeführt werden kann.
- Im A-Teil gehen oder traben die SuS paarweise mit Kreuzfassung (vgl. SB S. 161) frei im Raum umher. Beim Gehen liegen dem Schritt Viertelnoten zugrunde, beim Traben Achtelnoten.
- Zum B-Teil stehen sich die Paare gegenüber und klatschen sich gegenseitig in die Hände. Grundlage sind Viertelnoten oder Achtelnoten. Dies hängt von der Fertigkeit der Paare ab.

Überblick

- Ein Schlangenlied kennenlernen
- Den Liedtext in unterschiedlichem Tempo und unterschiedlicher Lautstärke sprechen
- Das Lied mit Instrumenten begleiten
- Ein Bewegungsspiel zum Lied erfinden

Organisation

- CD C 37
- CD 2 Nr. 9
- KV 45, 46
- Xylofon, Metallofon
- Papier, Kleber, Schere
- Ausreichend Platz für das Bewegungsspiel

Anmerkung

Dieses Schlangenlied ist ein sehr besonderes Lied. Die Melodie spiegelt die Schlangenbewegungen gut wider. Außerdem hat dieses Lied eigentlich kein Ende, passend zum Liedtitel („kilometerlange Riesensuperschlingelschlange"). Die Zeilen 2 bis 5 können beliebig oft wiederholt werden.

Zeile 1 ist melodisch identisch mit Zeile 5. Lediglich das erste Wort der 5. Zeile ist anders. Diese Erkenntnis, die unbedingt im Unterricht herausgearbeitet werden sollte, erleichtert das Lernen des Liedes.

Unterrichtsverlauf

1. Einstieg

- L. spricht den Liedtext mehrmals vor. Gespräch über den Textinhalt.
- Nachdem der Textinhalt erschlossen wurde, wird die Klasse in fünf Gruppen aufgeteilt.
- Gruppe 1 spricht Zeile 1 (SB S. 113) vor, die anderen Gruppen hören zu. Gruppe 2 liest dann Zeile 2 vor usw.
- Nun beginnt Gruppe 2 mit dem Vorlesen der Zeile 1, Gruppe 3 hat nun den Text von Zeile 2, Gruppe 4 liest Zeile 3 vor, Gruppe 5 ist zuständig für Zeile 4 und Gruppe 1 liest Zeile 5. Dies geht so weiter, bis jede Gruppe einmal jede Zeile gelesen hat.
- Nun sprechen L. und SuS gemeinsam mehrmals den gesamten Text. Dabei wird die erste Zeile nur einmal gesprochen, die Zeilen 2 bis 5 werden dann mehrmals wiederholt. Dabei Tempo und Lautstärke variieren (schnell, langsam, langsamer werdend, leise, lauter werdend usw.).
- KV 45, 46 bearbeiten.

2. Das Lied lernen

- Da nun der Text gut verinnerlicht wurde, kann an der Melodie gearbeitet werden. L. singt das Lied vor (oder CD C 37), damit die SuS einen ersten Eindruck von der Melodie erhalten.
- L. singt das Lied erneut vor und zeigt den Melodieverlauf mit der Hand an. Die SuS zeigen den Melodieverlauf ebenfalls an und singen nach und nach mit.
- Über die Handbewegungen sprechen und einen Bezug zum Liedtitel herstellen („Die Hände bewegen sich wie Schlangenlinien.").
- Das Lied auch zur Play-back-CD (CD 2 Nr. 9) singen.
- Weitere Anregungen zum Erlernen eines Liedes s. DmG S. 5 ff.

3. Das Lied mit Instrumenten begleiten

- Einige SuS können das Lied zusätzlich mit Instrumenten begleiten (Xylofon, Metallofon).
- Anregungen zum Einüben einer Liedbegleitung und zum beidhändigen Spielen (Metallofonstimme) s. DmG S. 10 f. und 15 ff.

4. Sich zum Lied bewegen

- Die SuS bilden Gruppen von 5 bis 8 Kindern.
- Die SuS fassen sich an den Händen oder legen ihre Hände auf die Schultern des davorgehenden Kindes und gehen, das Lied singend oder hörend (CD C 37), durch den Raum. Der „Schlangenkopf" führt.
- Dabei mehrmals die Richtung wechseln, sich an Hindernissen (Stühlen, Tischen, Schulranzen …) vorbeischlängeln, auch auf Zehenspitzen gehen usw.
- Das Lied einmal hören (CD C 37) und sich in Schlangenlinien durch den Raum bewegen (z.B. spiralförmig, in kleinen Kurven oder eckig). Ist das Lied zu Ende, notieren die SuS ihren zurückgelegten Weg auf einem Blatt Papier. Diese Übung fördert die Wahrnehmungsfähigkeit und das Raumgefühl der SuS.

Überblick

- Musikalische Kontraste in einem Musikstück entdecken
- Die entdeckten Kontraste kriterienbezogen (Tempo, Lautstärke, Melodieverlauf) beschreiben
- Tierbewegungen nachahmen und auf Instrumenten begleiten
- Ein Bewegungsspiel zum Musikstück umsetzen

Organisation

- CD C 38
- AH 2 S. 17
- KV 47
- Folie 40
- Handtrommel, Triangel
- Metallofon
- Ausreichend Platz für das Bewegungsspiel

Anmerkung

Der „Königliche Marsch der Löwen" stammt aus dem Werk „Karneval der Tiere" von Camille Saint-Saëns. Der vollständige Titel lautet „Introduktion und königlicher Marsch der Löwen".

In diesem Musikstück fallen zwei Motive auf, die die Löwen und zwei ihrer charakteristischen Eigenschaften gut darstellen. Motiv A (s. SB S. 114 oben links) charakterisiert, erkennbar am Marschtempo, das Schreiten des Löwen. Motiv B (s. SB S. 114 oben rechts) stellt durch die chromatisch auf- und absteigenden Tonfolgen das Brüllen des Löwen dar.

Zur Bearbeitung des Stücks im Unterricht und dessen Vertiefung anhand der S. 17 im AH 2 ist es erforderlich, den gesamten Ablauf des „Königlichen Marschs der Löwen" zu berücksichtigen: Einleitung (Introduktion) – kurzes Zwischenspiel – Motiv A – Motiv B – Motiv A – Motiv B (einmal).

Unterrichtsverlauf

1. Einstieg

- L. schreibt an die Tafel den stummen Impuls: „Königlicher Marsch der Löwen".
- SuS äußern sich dazu. L. führt das Gespräch zur Musik hin.

  Impulse: „Wie könnte eine Musik zu dieser Überschrift klingen?"; „Welche Worte helfen uns, musikalische Vorstellungen zu entwickeln?" (königlich, Marsch, Löwen).
- Die SuS stellen ihre Klangerwartungen zusammen, z. B.: „Die Musik wird erhaben, feierlich, stolz, laut ... klingen."; „Die Musik wird marschähnlich sein."; „Instrumente erzeugen Löwengeräusche." L. notiert die Aussagen der SuS an der Tafel.
- Die SuS hören die Musik (CD C 38) und äußern spontan erste Höreindrücke. Dabei können die zuvor an der Tafel notierten Klangerwartungen das Gespräch anreichern.
- Fazit: Teil A = das Schreiten des Löwen; Teil B = das Brüllen des Löwen.

2. Das Musikstück analysieren

- Die SuS hören die Musik (CD C 38) und vollziehen den Aufbau des Stücks nach.
- Zur Unterstützung dieses Prozesses bearbeiten sie AH 2 S. 17. Im ersten Aufgabenblock kreuzen die SuS an, welche Instrumente in diesem Stück zu hören sind. Im zweiten Aufgabenblock kreuzen die SuS an, wie oft Teil A gespielt wird. Im dritten Aufgabenblock müssen die SuS herausfinden, welches Instrument die Einleitung spielt. Im vierten Aufgabenblock ordnen die SuS vorgegebene Melodielinien dem Notenbild des B-Teils zu. Lösung: L AH 2 S. 298/S. 324.
- L. kategorisiert die Äußerungen der SuS (s. Einstieg) und fasst sie in Kriterien für die Höranalyse zusammen (s. u. Tabelle).
- SuS hören die Musik (CD C 38) und beschreiben beide Teile.

  Ergebnis:

Teil	Kriterien	Beschreibung
A	Tempo	Langsam
	Lautstärke	Erst leise, dann laut; beim zweiten Durchgang leise, dann lauter werdend
	Melodieverlauf	Etwas abgehackt, keine größeren Sprünge
B	Tempo	Schnell, rasend
	Lautstärke	Lauter werdend, in der Mitte der Melodie sehr laut, dann wieder leiser werdend
	Melodieverlauf	Nebeneinanderliegende Tonfolgen aufwärts, dann abwärts

- SuS betrachten die Notenbilder im SB S. 114 oder auf Folie 40. Insbesondere im Notenbild B lässt sich das Brüllen mit der entsprechenden aufbäumenden Bewegung gut erkennen.

3. Tierbewegungen nachahmen und mit Instrumenten begleiten

- Die SuS beschreiben die beiden Fotos und die beiden Bilder im SB S. 114 oder auf Folie 40. Dabei stellen sie einen Bezug zur Musik her (Teil A: Die Löwen schreiten. Teil B: Die Löwen brüllen).
- Die SuS führen die entsprechenden Tierbewegungen aus. Dazu verteilen sie sich frei im Raum. Ertönt die Handtrommel, dann schreiten sie wie ein Löwe. Ertönt die Triangel, dann imitieren sie das Aufbäumen und Brüllen des Löwen.
- Handtrommel und Triangel können auch von einzelnen SuS gespielt werden.
- Es bietet sich an, statt der Triangel die chromatisch auf- und absteigenden Tonfolgen auf einem Metallofon zu spielen. Mit zwei Schlägeln spielt L. oder ein Kind auf dem Metallofon schnelle von tief nach hoch und von hoch nach tief führende Wirbel.
- KV 47 mit einbeziehen: Die Kästchen mit Kreis bedeuten „spielen", die leeren Kästchen bedeuten „Pause".

4. Zur Musik ein Bewegungsspiel gestalten

- Zur Musik führen die SuS die entsprechenden Bewegungen aus.
- Anschließend machen die SuS Vorschläge für ein Bewegungsspiel.

  Beispiel:

  Einleitung und kurzes Zwischenspiel: Die Löwen, die verstreut im Raum umhergingen oder noch schliefen, kommen nun zu einer Gruppe um ihren Anführer herum zusammen.

  Motiv A: Die Löwen schreiten locker aufgeteilt hinter ihrem Anführer her. Bei lauter werdender Musik werden ihre Schritte fester. Sie werden auf etwas aufmerksam.

  Motiv B: Die Löwen richten sich auf und brüllen.

  Motiv A: Sie schreiten weiter hinter dem Anführer her. Das Schreiten der Musik anpassen (zunächst sehr geschmeidig, fast federnd, dann stampfend).

  Motiv B: Die Löwen richten sich wieder auf und brüllen.

Überblick

- Ein Musikstück hören und über Hörauffälligkeiten sprechen
- Einen Bezug zwischen Musikstück und Titel herstellen
- Zu einem Musikstück mitspielen
- Zu einem Musikstück eine thematisch gebundene Bewegungsgestaltung mit Chiffontüchern erfinden
- Eine Bildaufnahme erstellen und auswerten

Organisation

- CD C 39
- AH 2 S. 18
- KV 48
- Folie 41
- Stifte
- Chiffontücher
- Ausreichend Platz für die Bewegungsgestaltung
- Bildaufnahmegerät

Anmerkung

Das Stück „Aquarium" stammt aus dem Werk „Karneval der Tiere" von Camille Saint-Saëns.

Der Bezug zwischen Musik und Titel ist sehr deutlich und für SuS gut nachvollziehbar. Die leichten Wellenbewegungen werden in Teil A durch die Querflöte und die Violine dargestellt. Dazu gesellt sich die Glasharmonika (ersatzweise Celesta oder Glockenspiel), die die nach oben schwebenden Luftbläschen vertont. Der A-Teil vermittelt den Eindruck von leichten Wellenbewegungen im Aquarium, von Algen, die sich leicht wiegen, und Fischen, die ruhig im Wasser schwimmen.

In Teil B dominieren die beiden Klaviere mit abwärtsführenden Sechzehntel-Bewegungen. Darunter sind vom Cello, der Bratsche und Violine erzeugte Liegeklänge (s. SB S. 162) zu hören. Insgesamt vermittelt der B-Teil den Eindruck von Fischen, die sich in die Tiefe fallen lassen oder gezielt in die Tiefe schwimmen.

In Teil C (Schlussteil) vermischen sich die Teile A und B. Am prägnantesten sind die letzten Takte. Es erfolgt eine deutliche Abwärtsbewegung (Klaviere), die Melodie verharrt einige Sekunden im tiefen Bereich, dann entschwebt sie wieder in die Höhe. Den Schlusspunkt setzen Klavier und Glasharmonika.

Als vertiefende Arbeit im Unterricht bietet es sich an, die Höreindrücke grafisch umzusetzen. Dazu kann auch AH 2 S. 18 dienen.

Der Formverlauf:

Teil A	Teil B	Teil A	Teil B	Teil A	Teil C
Wellenbewegungen	Abwärtsbewegungen	Wellenbewegungen	Abwärtsbewegungen	Wellenbewegungen	wie A und B, Schluss
8 Takte	4 Takte	8 Takte	4 Takte	8 Takte	11 Takte

Das Schema soll den SuS nur einen generellen Überblick verschaffen. Insbesondere für die Bewegungsgestaltung mit den Chiffontüchern, in der die SuS spontan und frei die Musik aufnehmen und umsetzen sollen, ist eine enge Anbindung an dieses Schema nicht hilfreich.

Unterrichtsverlauf

1. Einstieg

- Die SuS beschreiben das Aquarium-Foto im SB S. 115 oder auf Folie 41.
- Die SuS berichten über Aquarien, Zierfische, eigene Erfahrungen mit Aquarien usw.
- Die SuS hören das Musikstück (CD C 39), ohne dass zuvor der Titel genannt wurde, und stellen einen Bezug zum Foto her.

2. Das Musikstück analysieren

- Die SuS hören das Musikstück (CD C 39) zwei- bis dreimal und identifizieren die Wellenbewegungen, die schwebenden Luftbläschen und die Abwärtsbewegungen in der Musik. Mit Handbewegungen und Gesten können diese Höreindrücke nachgeahmt und dadurch gefestigt werden.
- Assoziationsbildung: Die SuS sprechen über die musikalischen Merkmale und verbinden sie mit den Eigenschaften eines Aquariums und dessen Innenleben (mögliche Ergebnisse s. Anmerkung).
- AH 2 S. 18 bearbeiten. Anregungen dazu s. DmG S. 19 f.
- Zur Musik den Mitspielsatz auf KV 48 spielen.

3. Zur Musik ein Bewegungsspiel gestalten

- L. nimmt Bezug auf das eingangs durchgeführte Gespräch über Aquarien (s. Einstieg).
- SuS beschreiben erneut das Innere eines Aquariums, L. notiert stichwortartig an der Tafel, z.B. verschiedenartige Fische, Algen, Luftblasen, Steine, Sand.
- L.: „Aus unserem Klassenraum machen wir jetzt ein Aquarium. Ihr seid die Fische (klein, groß, schwarz, rot, bunt …), die Algen, Sand,

Steine, Luftblasen usw. Ordnet euch bitte zu und nehmt euch die passenden Tücher."

- Die „Fische" können rote, schwarze und blaue Chiffontücher nehmen, die „Sandkörner" gelbe, die „Algen" grüne, die „Luftblasen" weiße.
- L.: „Zur Musik stellt ihr jetzt ein Aquarium dar."
- Die SuS suchen sich einen passenden Platz im Raum, die Musik ist zu hören (CD C 39) und die SuS bewegen sich entsprechend ihrer Rolle und der Musik.
- Nachdem die SuS ihre erste Erfahrung mit der Bewegungsdarstellung gemacht haben, kann über Details gesprochen werden. Als Anregung kann die Abbildung im SB S. 115 dienen. Hier kann auch Folie 41 verwendet werden.
- Erneuter Durchgang.

4. Eine Bildaufnahme erstellen und auswerten

- Anregungen s. DmG S. 24 f.
- In der Nachbesprechung darauf eingehen, dass die Fische sich auch manchmal gar nicht bewegen, dass sie manchmal zu zweit schwimmen, dass sich der Sand auch bewegen kann, wenn ein Fisch nahe vorbeigeschwommen ist usw.

20. Spiel- und Tanzlieder

Überblick

- Ein Spiellied kennenlernen
- Atem- und Stimm-Spiele durchführen
- Tierstimmen imitieren
- Ein Lied szenisch gestalten

Organisation

- CD C 40
- CD 2 Nr. 10
- „Pappkarton-Bummelbahn"
- Kreide oder Seile
- Ausreichend Platz für die szenische Gestaltung

Anmerkung

Dem Liedkontext entsprechend können diverse Atem- und Stimm-Spiele der eigentlichen Behandlung des Liedes vorangestellt werden. Diese Atem- und Stimm-Spiele können dann in die abschließende Gestaltung mit einbezogen werden.

Für die szenische Gestaltung wird eine „Pappkarton-Bummelbahn" benötigt (s. SB S. 116). Je zwei Kinder stecken in großen Pappkartons. Die Pappkartons haben „Fenster". Die „Fenster" sind ausgeschnitten, sodass die Kinder hinaussehen können. Das hintere Kind hält sich jeweils am Vordermann fest. Das vordere hält den Karton fest (Griffe aus Pappe oder zwei handbreite Löcher in den Karton schneiden).

Mit einer Kreidelinie wird der Weg vorgezeichnet. Es ist auch möglich, mit Kreide (vereinfacht) Gleise zu skizzieren. Das geht schnell, aber leider wird die Kreide beim Spiel meist auch genauso schnell wieder weggewischt. Als Alternative kann man Klebebänder benutzen. Als weitere Alternative bietet es sich an, mehrere Seile zu einem langen Seil zusammenzubinden. Dieses Seil wird dann als „Weg" auf den Boden gelegt.

Unterrichtsverlauf

1. Einstieg

- L. macht diverse Laute (Tiere, Auto, Feuerwehr, Lokomotive usw.) vor, die SuS machen nach. Diese Phase kurz halten.
- Über Lokomotiven, Waggons usw. sprechen. Das Gespräch auf Dampflokomotiven und Bummelbahnen lenken.

2. Atem- und Stimm-Spiele als inhaltliche Annäherung an das Lied

- Die SuS stehen frei im Raum und imitieren das Geräusch einer Dampflokomotive mit der Stimme. Einatmen: „ffff", ausatmen: „tsch". Bei schnellerem Tempo nur „tsch, tsch, tsch".
- Jedes Kind ist eine „Dampflokomotive", imitiert sie stimmlich und bewegt sich entsprechend durch den Raum.
- L. gibt Impulse, z.B.: „Schneller werden ... langsamer werden ... Halt! ... langsam ... schnell."
- Die SuS führen ihr „Dampflok-Atem-und-Stimm-Spiel" weiter aus.
- L. ruft in die Runde: „Kleine Pause auf der Reise, steht ne Kuh auf dem Gleise!" Die SuS verlangsamen ihre Geräusche bis zum Stillstand. Dann rufen alle SuS: „Muuh!"
- L. ruft anschließend: „Die Kuh ist weg, die Reise kann weitergehen!" Die SuS setzen ihre „Dampflokomotiv"-Geräusche fort. Dabei langsam („ffff" – „tsch") in Gang kommen, bis zu einem schnelleren Tempo (nur „tsch, tsch, tsch").
- L. ruft nun: „Kleine Pause auf der Reise – geht ein Schaf auf dem Gleise!", SuS verlangsamen ihre Fahrt bis zum Halt, rufen „Määh!" und setzen ihre Fahrt dann fort.
- Genauso mit den Strophen 3 bis 5 verfahren. Bei der Katze, die zu schlafen scheint, wäre zu überlegen, ob die SuS nichts sagen, sondern still sind. Das entspricht der Textaussage eher und bildet auch einen guten Kontrast zu den anderen Strophen.
- Hilfreich für dieses Stimm-Spiel ist eine Festlegung auf folgende Geräuscherzeugung:

langsam	schneller	schnell	langsamer	Halt!
„ffff" – „tsch" – „fff" – „tsch" ...	genauso, aber schneller werdend	„tsch, tsch, tsch" ...	„ffff" – „tsch" – „fff" – „tsch", langsamer werdend	ein auslaufendes „tsch"

3. Das Lied lernen

- L. singt das Lied vor (oder CD C 40). Die SuS stellen den engen Zusammenhang zwischen den Atem- und Stimm-Spielen und dem Lied fest.
- Den SuS fällt es leichter, ein Lied einzuüben, wenn auf Wiederholungen geachtet wird. Die SuS hören das Lied (CD C 40) und stellen fest, dass die erste und die dritte Zeile textlich und melodisch identisch sind.
- Anregungen zum Einüben des Liedes s. DmG S. 5 ff.
- Die SuS singen nun das gesamte Lied zur L.-Begleitung (oder CD C 40) und zur Play-back-CD (CD 2 Nr. 10).

- Die Tierlaute können nach Vorgabe (z. B. leise, hoch, leiser werdend) erzeugt werden.
- Die Rolle des „Sprechers" („Kleine Pause ...") übernehmen einzelne SuS (ein Kind pro Strophe).

4. Das Lied szenisch gestalten

- Die SuS beschreiben das Bild im SB S. 116. Sie erkennen, dass sie eine „Pappkarton-Bummelbahn" und „Gleise" benötigen (s. Anmerkung).
- Die Requisiten werden beschafft und für ihren Zweck vorbereitet.
- Einzelne SuS verteilen sich auf dem „Gleis" (vgl. SB S. 116).
- Fünf SuS festlegen, die jeweils zu einer Strophe die Sprecherfunktion übernehmen.
- Das Lied singen. Im langsamen Tempo „fährt" die „Pappkarton-Bummelbahn" auf den „Gleisen". Diese „Zugreise" ist für die „Bummelbahn-Kinder" sehr anspruchsvoll. Denn sie müssen ihr Gehtempo so anpassen, dass sie genau zum Strophenende an das Hindernis (Kuh, Schaf usw.) gelangen.
- Es können weitere Tiere hinzugefügt werden, z. B.:

  ... grunzt ein Schwein auf dem Gleise.
  ... steht ein Pferd auf dem Gleise.
  ... kläfft ein Hund auf dem Gleise.

Wir gehen durch den großen Wald zu Seite 117

Überblick

- Ein Spiellied kennenlernen
- Zu einem Lied eine instrumentale Begleitung auf Rhythmusinstrumenten erfinden
- Ein Bewegungsspiel gestalten

Organisation

- CD C 41
- CD 2 Nr. 11
- Rhythmusinstrumente (Handtrommel, Becken, Klanghölzer)
- Ausreichend Platz für das Bewegungsspiel

Anmerkung

An diesem Lied können sich alle SuS entsprechend ihrer Vorlieben beteiligen: Sie können singen, musizieren und szenisch gestalten.

Unterrichtsverlauf

1. Einstieg

- Zur Einstimmung und als effektives Sensibilisierungs- und Wahrnehmungstraining spielen die SuS das Spiel „Im großen Wald“: Die SuS werden in zwei Gruppen aufgeteilt. Eine Gruppe – die Bäume – steht im Raum verteilt. Jeder „Baum“ macht mit der Stimme oder mit Körperinstrumenten leise Waldgeräusche (Astknacken, Blätterrascheln, Wind usw.). Die zweite Gruppe durchquert mit geschlossenen Augen den Wald, ohne einen Baum zu berühren. Dann die Rollen tauschen.
- SuS hören das Lied (L.-Vortrag oder CD C 41) und stellen einen Bezug zum Spiel „Im großen Wald“ her.

2. Das Lied lernen

- L. spricht den Text des Liedes im Melodierhythmus. Die SuS sprechen nach und nach mit. Damit haben die SuS zunächst einen Gesamteindruck gewonnen.
- L. spricht einzelne Abschnitte vor, SuS sprechen nach. Die Abschnitte sind:

  Teil A: Wir gehen … die Bäume stehn.
  Teil B: Da kommt … wilder Wind.
  Teil C: Es regnet … geschwind!
- Zur Festigung spricht ein Kind, das den Text schon beherrscht, Teil A vor, die restliche Klasse spricht nach. Ein anderes Kind spricht Teil B und ein drittes Kind spricht Teil C vor. Auch mit unterschiedlichem Tempo, unterschiedlicher Lautstärke usw. vorsprechen lassen. Dabei stets auf eine deutliche Aussprache achten.
- L. singt in den gleichen Abschnitten das Lied vor, die SuS singen nach. Dabei den Melodieverlauf mit der Hand anzeigen. Für den Übergang vom d' zum h' (Takt 10) ist dies sehr hilfreich.
- Das Lied auch zur Play-back-CD (CD 2 Nr. 11) singen.

3. Das Lied mit Instrumenten begleiten

- Das Lied singen (mit L.-Begleitung oder CD C 41) und zum A-Teil passend zum Melodierhythmus stampfen, zum B-Teil klatschen und zum C-Teil patschen.
- Die SuS bilden Dreiergruppen und erhalten je Gruppe drei unterschiedliche Rhythmusinstrumente.
- Die zuvor durchgeführte Begleitung mit Körperinstrumenten wird nun auf die Rhythmusinstrumente übertragen.
- Ausgehend von dieser Begleitung erfinden die SuS ihre eigenen Begleitungen. Impulse: „Anstatt im A-Teil zu jedem Ton zu spielen, versucht es mal zu jedem zweiten Ton.“; „Spielt einmal schnell und zweimal langsam.“; „Versucht die Instrumente entsprechend ihrer Klangeigenschaften einzusetzen. Das Becken beispielsweise klingt lange nach …“
- Die SuS immer wieder daran erinnern, während des Erfindungsprozesses das Lied zu singen. So können sie sofort überprüfen, ob die erfundenen Begleitungen zum Lied passen und ob sie überhaupt spielbar sind.
- Darauf hinweisen, dass das Lied mit einem Auftakt beginnt. Daher bei Teil A erst ab der zweiten Melodienote spielen.
- Mögliches Ergebnis:

4. Ein Bewegungsspiel gestalten

- Die SuS klären die Spielhandlung anhand der Bilder im SB S. 117.
- Die Klasse wird in drei Gruppen eingeteilt (Singgruppe, Instrumentalgruppe, Spielgruppe). Außerdem wird noch ein Kind benötigt, das den Zauberspruch aufsagt.
- Die Hälfte der Spielgruppe verteilt sich im Raum und stellt die Bäume dar. Die andere Hälfte geht passend zum Lied durch den Wald (Teil A).
- Im B- und C-Teil suchen die Kinder Schutz vor dem Regen und verstecken sich unter den Bäumen.
- Zum Zauberspruch tauscht die Spielgruppe ihre Rollen.
- Nachdem das Bewegungsspiel sicher beherrscht wird, können die Gruppen auch tauschen. Beispielsweise können die Spieler nun die Instrumente bedienen, die Instrumentalisten singen und die Singgruppe ist jetzt die Spielgruppe. Mehrmals durchführen und immer wieder tauschen.

Überblick

- Eine Regenmusik mit Instrumenten erfinden
- Ein Regenlied kennenlernen
- Einen Tanz mit Schirmen zum Lied ausführen
- Zu einem Musikstück mit Klanghölzern spielen

Organisation

- CD C 42, 43
- CD 2 Nr. 12
- AH 1 S. 23
- Instrumente für die Regenmusik (z. B. Regenstab, Klanghölzer, Rassel, Glockenkranz, Handtrommel)
- Klanghölzer, Becken
- Schirme
- Ausreichend Platz für den Tanz

Anmerkung

Auffallend an diesem ansprechenden Regenlied ist vor allem der Taktwechsel. Dienlich ist es, vorbereitende Übungen für eine Verinnerlichung der unterschiedlichen Taktarten durchzuführen. Das Bewusstsein für die unterschiedlichen Taktarten kommt dem Gesang sehr zugute.

Am „Prélude Nr. 15 Des-Dur" von Frédéric Chopin erkennen die SuS die klangliche Darstellung von perlenden Regentropfen durch das Klavier. Im zweiten Teil des Préludes wird deutlich, wie der Regen an Intensität zunimmt. Um die SuS schnell auf zwei wesentliche Merkmale dieses Werkes aufmerksam zu machen, wurden beide Teile nur in Auszügen für die CD aufgenommen. Das Abspielen des kompletten Stückes würde die SuS dieser Jahrgangsstufe überfordern.

Unterrichtsverlauf

1. Einstieg

- In einem Gespräch werden die SuS für den Regen sensibilisiert.

  Impulse: „Wie hört sich Regen an?"; „Klingt er immer gleich?"; „Wovon hängt der unterschiedliche Klang des Regens ab? (von der Intensität des Regens und von der Oberfläche, auf die er fällt)"
- Einige SuS berichten über eigene Erlebnisse oder Erfahrungen mit dem Regen.

2. Eine Regenmusik erfinden

- Die SuS imitieren den Klang des Regens, indem sie mit den Fingerkuppen leise auf den Tisch trommeln.

  Impulse: „Ganz leise fallen die Tropfen ... Die Tropfen werden dick und schwer ... Der Regen nimmt zu ... Die Regenwolken verziehen sich langsam ... Letzte Tropfen fallen ... Der Regen hört auf ..."
- Die SuS betrachten die Abbildung im SB S. 118 oben. Sie stellen fest, dass eine Regenmusik auch mit Instrumenten erzeugt werden kann.
- Die SuS suchen die im SB S. 118 abgebildeten Instrumente, fügen noch weitere hinzu und erproben exemplarisch Regengeräusche.
- Zur Unterstützung dieser Unterrichtsphase bietet sich der Einsatz von AH 1 S. 23 an. Die SuS müssen die dort abgebildeten Instrumente auf ihre Eignung für die Gestaltung einer Regenmusik überprüfen. Die SuS kreuzen die infrage kommenden Instrumente an. Lösung: L AH 1 S. 288/S. 314.
- In Gruppenarbeit erfinden die SuS ihre Regenmusik. Anregungen können sie den exemplarischen Erprobungen entnehmen. Darüber hinaus muss den SuS bewusst sein, dass ihre Regenmusik aus aufkommendem und wieder abflauendem Regen bestehen soll.
- L. informiert die SuS, dass die Regenmusik als Vor- und Nachspiel zu einem Lied eingesetzt werden soll.

  Mögliches Ergebnis:

Vorspiel	Nachspiel
Die Klanghölzer spielen leise und vereinzelte Klänge. Die Handtrommel (mit den Fingerkuppen) setzt etwas später ein. Nach einer Weile kommen Regenstab und Rasseln dazu. Es regnet jetzt intensiver.	Vom intensiven Regenfall ausgehend verstummen nach und nach die Instrumente. Zunächst verstummen die Rasseln, dann der Regenstab, anschließend die Handtrommel. Am Schluss bleiben nur die Klanghölzer. Ein Beckenschlag stellt den wiederkommenden Sonnenschein und der Glockenkranz die nun wieder singenden Vögel dar.

- Anregungen zur Gruppenarbeit s. DmG S. 26 f.

3. Das Lied lernen

- Die SuS hören das Lied (L.-Vortrag oder CD C 42) und achten besonders auf den Text.
- Gespräch über den Textinhalt.
- L. spricht Strophe 1 (Teil A) und den Refrain (Teil B) abschnittsweise im Melodierhythmus vor. Die SuS sprechen nach und nach mit.
- Genauso mit den Strophen 2 und 3 (mit Refrain) verfahren.
- Als Unterstützung für die Textaufnahme erfinden die SuS Gesten zur Darstellung des Textinhaltes, z. B. bei „Und regnet's mir zum Dach herein" imitieren die SuS fallende Regentropfen mit ihren Fingern.
- L. singt das Lied vor (oder CD C 42), die SuS singen zunächst nur den Refrain mit.
- Nach mehrmaliger Wiederholung singen die SuS auch die Strophen mit. Dabei führen sie ihre Gesten weiterhin aus.

4. Den Taktwechsel thematisieren

- Um dem Charakter des Liedes auch gesanglich gerecht zu werden, ist es erforderlich, den Taktwechsel zu thematisieren. Die SuS singen das Lied oder hören es (CD C 42) mit der Aufgabe, die beiden Teile A und B genau zu unterscheiden.
- Die SuS stellen fest, dass das Lied im B-Teil einen ganz anderen Charakter erhält („irgendwie zum Schunkeln ...").
- SuS betrachten die Taktangaben in der Liednotation ($\frac{2}{4}$-Takt und $\frac{6}{8}$-Takt).
- L. klatscht Viertelnoten und zählt „1, 2". Dabei betont er die Zählzeit 1 stärker. Die SuS machen mit.
- Nach und nach vom Zählen in den Text der ersten Strophe übergehen. SuS machen mit.
- L. klatscht nun Viertelnoten und zählt von 1 bis 6. Dabei betont er die Zählzeit 1 stärker. Die Zählzeit 4 betont L. ebenfalls, aber nicht ganz so stark wie die Zählzeit 1. Die SuS machen mit.
- Nach und nach vom Zählen in den Text des Refrains (Teil B) übergehen. SuS machen mit.
- Zusätzlich kann noch mit Hilfswörtern und Hilfssätzen gearbeitet werden. Klatschend und wie gehabt betonend sprechen L. und SuS für den $\frac{2}{4}$-Takt beispielsweise „Eins – zwei – Reis – brei". Für den $\frac{6}{8}$-Takt sprechen L. und SuS beispielsweise „Eins – zwei – drei – vier – fünf – sechs – schleich' – so – leis' – wie – 'ne – Hex'".
- Das Lied nun mehrmals zu unterschiedlichen Begleitungen singen (L.-Begleitung, CD C 42 und CD 2 Nr. 12).

5. Einen Schirmtanz gestalten

- Die SuS verteilen sich paarweise mit einem aufgespannten Schirm im Raum.
- Gestaltungsvorschlag:

Strophe	Teil	Gestaltung
1	A	Ein Kind sitzt auf dem Boden unter dem Schirm. Das andere Kind trommelt sanft mit den Fingern auf den Schirm und imitiert somit den Regenklang.
	B	Beide SuS gehen unter dem Schirm spazieren.
2	A	Nun sitzen beide Kinder unter dem Schirm auf dem Fußboden und begutachten ihre Strümpfe.
	B	Wie 1B
3	A	Ein Kind hält den Regenschirm. Das andere Kind entfernt sich mit beiden Händen über dem Kopf und kommt genau zu Beginn des B-Teils wieder zum Regenschirm zurück.
	B	Wie 1B

- Es ist zu empfehlen, die Klasse in drei Gruppen (Instrumentengruppe, Singgruppe, Tanzgruppe) aufzuteilen.
- Die gesamte Gestaltung (Vorspiel – Gesang und Regenschirmtanz – Nachspiel) mehrmals wiederholen. Auch die Rollen tauschen.

6. Das „Prélude Nr. 15 Des-Dur" von Frédéric Chopin hören

- Die SuS hören die Musik (CD C 43) ohne vorbereitenden Kommentar und sprechen anschließend über ihre Höreindrücke.

  Impuls: „Könnt ihr einen Zusammenhang zwischen Musik und Regen erkennen?"
- Die SuS hören das Musikstück (CD C 43) erneut und stellen fest, dass das Klavier perlende Regentropfen imitiert.
- Die SuS erfinden eine Regenmusik zur Musik, z.B. im ersten Teil leise auf den Klanghölzern spielen, im zweiten Teil allmählich lauter werden.

Überblick

- Ein Regenlied kennenlernen
- Zu einem Lied Gesten und Bewegungen ausführen
- Ein Lied im Kanon singen

Organisation

- CD C 44
- CD 2 Nr. 13
- Folie 42

Anmerkung

Dieses freche Regenlied kann auch im Kanon gesungen werden. Für die Jahrgangsstufe 1/2 ist es schon ein großer Erfolg, wenn der Kanon zweistimmig gesungen werden kann. Alternativ kann die 1. und 2. Stimme im Kanon im Melodierhythmus gesprochen werden.

Die Gesten und Bewegungen (s. Aufgabe 1 im SB S. 119) machen den SuS viel Spaß. Darüber hinaus aber helfen sie den SuS, den Text zu lernen. Aber auch für das Singen im Kanon stellen sie eine gute Unterstützung dar.

Unterrichtsverlauf

1. Einstieg

Die SuS hören das Lied (L.-Vortrag oder CD C 44) und sprechen anschließend über den Textinhalt.

2. Das Lied lernen

- L. spricht den gesamten Text im Melodierhythmus vor und klatscht in den Takten 5 und 7 (s. Notenbild SB S. 119). Die SuS sprechen und klatschen nach und nach mit.
- Die SuS betrachten die Fotos im SB S. 119 oder auf Folie 42 und üben die Gesten und Bewegungen ein.
- SuS und L. sprechen den Text im Melodierhythmus und führen die Gesten und Bewegungen aus.
- L. singt das Lied abschnittsweise vor, die SuS singen nach und nach mit. Hilfreich ist es, den Melodieverlauf mit der Hand anzuzeigen und die Einhaltung der Pausen in den Takten 5 und 7 durch Klatschen zu sichern.
- Das Lied mehrmals zur L.-Begleitung oder zu CD C 44 und zu CD 2 Nr. 13 singen. Dabei immer die Gesten und Bewegungen ausführen.

3. Das Lied im Kanon singen

Anregungen s. DmG S. 5 ff.

Überblick

- Ein Spiellied kennenlernen
- Zu einem Spiellied paarweise tanzen

Organisation

- CD C 45
- CD 2 Nr. 14
- Ausreichend Platz zum Tanzen

Anmerkung

Dieses sehr bekannte Spiellied wird von SuS immer wieder gerne gesungen und tänzerisch umgesetzt.

Spielerisch und mit viel Spaß lernen die SuS erste Grundlagen zum Schwerpunkt Tanzen kennen (Paarkreis, Nachstellschritte).

Unterrichtsverlauf

1. Einstieg

- Die SuS hören das Lied (L.-Vortrag oder CD C 45) und singen den B-Teil spontan mit.
- SuS, die das Lied schon kennen, können berichten. Oft erzählen die SuS, dass sie zum Lied getanzt haben. Viele SuS kennen auch andere Textversionen.

2. Das Lied, die Gesten und die Bewegungen lernen

- Da unterschiedliche Textversionen im Umlauf sind, muss der Text zunächst genau eingeübt werden. So entstehen keine störenden Verwechslungen beim gemeinsamen Singen.
- L. spricht den Text des gesamten Liedes im Melodierhythmus vor und führt die Gesten angedeutet mit einem imaginären Partner aus. Die SuS sprechen mit und führen die Gesten und Bewegungen ebenfalls „in der Luft“ aus.
- Das Lied zur L.-Begleitung (oder CD C 45) singen und die Bewegungen zu den Strophen andeuten.
- Die SuS stellen sich paarweise zusammen und führen zunächst zum gesprochenen Text die Bewegungen aus. Tipp: bei „trab, trab, trab“ Wechselschritt rechts – links – rechts, bei „tick, tick, tick“ z. B. an die eigene Schläfe tippen oder gegenseitiges Anticken der Zeigefinger mit dem Partner, bei „Ei, das hast du ...“ sich verneigen, bei „Noch einmal das schöne ...“, den Partner mit Gesten zum Wiederholen des Tanzes auffordern.
- Zum B-Teil drehen sich die Paare mit Nachstellschritten (s. SB S. 161).
- Ggf. kann das Lied in verteilten Rollen gesungen werden, z. B. Strophe 1: Partner a, Teil B (Refrain): alle; Strophe 2: Partner b, Teil B (Refrain): alle usw.
- Nun singen und tanzen die SuS das gesamte Lied. Auch zu CD C 45 und CD 2 Nr. 14 singen.

Überblick

- Ein Spiellied kennenlernen
- Zu einem Lied passende Bewegungen mit Materialien ausführen

Organisation

- CD C 46
- CD 2 Nr. 15
- AH 2 S. 19
- KV 49, 50
- Blockflöte (oder anderes Melodieinstrument)
- Metallofon
- Kleber, Schere
- Materialien (Blätter, Tücher, Federn usw.)
- Ausreichend Platz für die Bewegungsgestaltung

Anmerkung

Dieses Fantasie anregende Lied sollte im Unterricht am besten im Herbst eingesetzt werden.

Unterrichtsverlauf

1. Einstieg

- Die SuS erhalten KV 49, schneiden die Bilder aus und legen sie dann vor sich auf den Tisch.
- Die SuS hören das Lied (CD C 46 oder L.-Vortrag) und betrachten dabei die vorliegenden Bilder. Sie stellen einen Zusammenhang zwischen Lied und Bildern her.
- Die SuS hören das Lied erneut (CD C 46 oder L.-Vortrag) und ordnen die Bilder entsprechend der Strophenreihenfolge.
- Auf KV 50 kleben die SuS die Bilder in der richtigen Reihenfolge ein.

2. Das Lied lernen

- L. spricht den Text der ersten Strophe im Melodierhythmus vor. Die SuS sprechen mit. Dabei auf deutliche Artikulation achten.
- L. singt die erste Strophe vor und zeigt den Melodieverlauf mit der Hand an. Die SuS singen und zeigen nach und nach mit.
- Die Takte 4 und 5 („… wir, dass …") müssen gesondert eingeübt werden. Zunächst langsam singen und den Melodieverlauf mit der Hand anzeigen. Dann auch auf Silben („na", „la" usw.) singen. Für die Erarbeitung des Tonsprungs d'' – g' bietet sich die „Fünf-Finger-Methode" (s. DmG S. 5 ff.) an.
- Die erste Strophe nun mehrmals singen, auch zur Play-back-CD (CD 2 Nr. 15).
- Die Strophen 2 bis 5 einüben wie oben (erst im Melodierhythmus sprechen, dann singen). Als Texthilfe KV 50 oder die Bilder im SB S. 121 verwenden.
- Zur Festigung bearbeiten die SuS AH 2 S. 19. Die in eine Wolke hineingeschriebenen Wörter (Vögel, Segelschiffe, Struwwelpeter, Bäume, Wolken) tragen die SuS in die entsprechenden Lücken ein. Unterstützt wird die Zuordnung durch die passenden Bilder hinter den Lücken. Lösung: L AH 2 S. 299/S. 324.

3. Ein Vor- und Zwischenspiel einbeziehen

- Die Melodie spielen lediglich ein bis drei SuS. Sie üben die Melodie selbstständig ein.
- Die Melodie kann auch von einem anderen Melodieinstrument gespielt werden (Keyboard, Klavier, Geige, Xylofon …).
- Die Metallofonbegleitung kann von der ganzen Klasse eingeübt werden. So können dann alle SuS aussuchen, ob sie singen, spielen oder musizieren wollen.
- Anregungen zum beidhändigen Spielen und zum Einüben einer Instrumentalstimme s. DmG S. 10 ff. und 15 ff.

4. Ein Bewegungsspiel zum Lied ausführen

- Die SuS betrachten die Bilder im SB S. 121 und machen Vorschläge zur Materialbeschaffung. Die Blätter können gesammelt oder auch aus Papier ausgeschnitten werden. Statt der Federn können auch weiße Kissen verwendet werden.
- Die Klasse wird in drei Gruppen aufgeteilt: Singgruppe, Instrumentalgruppe und Spielgruppe.
- Es ist wichtig, das Zwischenspiel immer zu spielen. Während des Zwischenspiels können die SuS entspannt ihre Materialien wechseln und sich auf die nächste Darstellung vorbereiten.

Überblick

- Ein Bewegungslied mit dem Schwerpunkt „laut – leise" kennenlernen
- „Laut – leise"-Dynamik in Bewegung umsetzen
- „Laut – leise"-Dynamik mit Stimme und Instrumenten im Liedkontext umsetzen

Organisation

- CD C 47
- CD 2 Nr. 16
- AH 1 S. 29
- KV 51
- Metallofon, Handtrommel
- Diverse Instrumente für die Einstiegsphase
- Ausreichend Platz für die Bewegungsgestaltung

Anmerkung

Parameter der Musik müssen erfahrbar gemacht werden, bevor sie kognitiv verankert werden. Mit diesem Lied und den Zusatzangeboten erfahren die SuS wesentliche Aspekte des Schwerpunktes „laut – leise" auf unterschiedlichen Wegen (singen, musizieren, sich bewegen, malen). Ein Bezug zum näheren Umfeld und zur Erfahrungswelt der Kinder wird insbesondere durch KV 51 hergestellt.

Unterrichtsverlauf

1. Einstieg

- Die SuS verteilen sich im Raum.
- L. spielt mit einer Handtrommel einen einfachen Rhythmus vor. Spielt L. lauter, heben die SuS ihre Arme. Spielt L. sehr laut, sind die Arme vollständig in die Höhe gestreckt. Wird das Spiel leiser, senken die SuS die Arme. Spielt L. sehr leise, gehen die SuS in die Hocke. Spielt L. gar nicht, berühren die SuS mit ihren Fingern den Boden.
- Nun umgekehrt. Nur jedes zweite Kind erhält ein Instrument (sonst wird es zu laut). L. steht aufrecht mit gestreckten Armen, die SuS spielen laut auf ihren Instrumenten. Senkt L. die Arme und geht langsam in die Hocke, spielen die SuS immer leiser. Berührt L. den Boden mit seinen Fingern, so herrscht absolute Stille. L. führt diese Bewegungen auch in unterschiedlicher Abfolge mehrmals durch, SuS reagieren mit ihrem Instrumentalspiel. Instrumententausch nicht vergessen.
- Dieses Spiel mehrmals durchführen, auch einzelne Kinder als „Dirigenten" wählen.
- Die SuS hören das Lied (CD C 47) und stellen einen Bezug zu den gerade durchgeführten Übungen her.

2. Weitere Auseinandersetzung mit „laut – leise"

- Die SuS beschreiben die beiden Bilder im SB S. 122: „Links, das ist Herr Laut, er stampft wie ein Elefant. Rechts, das ist Herr Leis, er schleicht wie ein Luchs."
- Die SuS verteilen sich im Raum. L. ruft: „Herr Laut stampft wie ein Elefant!" Die SuS stampfen umher. L. ruft: „Herr Leis schleicht wie ein Luchs!" Die SuS schleichen umher.
- L. ruft: „Herr Laut singt laut wie ein Elefant!" Die SuS singen laut frei erfundene Melodien. L. ruft: „Herr Leis singt leise wie ein Luchs!" Die SuS singen leise frei erfundene Melodien.
- Die SuS holen sich ihre Instrumente aus der Einstiegsphase. L. ruft: „Herr Laut spielt laut wie ein Elefant!" Die SuS spielen laut auf ihren Instrumenten. L. ruft: „Herr Leis spielt leise wie ein Luchs!" Die SuS spielen leise auf ihren Instrumenten. Da nur jedes zweite Kind ein Instrument hat, müssen die Instrumente weitergegeben und die Übung wiederholt werden.
- Nach dieser aktiven Arbeitsphase erfolgt eine Stillarbeit. Die SuS erhalten KV 51 und beschreiben die Bilder. Sie finden heraus, welches Bild „laut" und welches Bild „leise" ist.
- Die SuS malen die Bilder entsprechend aus.
- Gespräch über weitere „laute" oder „leise" Gegenstände, Maschinen, Tätigkeiten usw.
- AH 1 S. 29 bearbeiten. In der ersten Aufgabe versehen sie die unterschiedlich großen Punkte von leise zu laut mit Rangzahlen. In der zweiten Aufgabe notieren die SuS die Punkte von leise zu laut und spielen diese Notation mit einem Melodieinstrument nach. Lösung: L AH 1 S. 290/ S. 316. In Partnerarbeit schreiben die SuS in Aufgabe 3 eigene Laut-Leise-Notationen auf und spielen sie dann auf einem Instrument.

3. Das Lied lernen

- Die SuS haben mit drei für das Lied relevanten Ebenen (singen, musizieren, sich bewegen) Erfahrungen gesammelt und können sich nun dem Lied widmen.
- L. singt das Lied abschnittsweise unter Berücksichtigung der Lautstärkeunterschiede vor. Die SuS singen nach und nach mit. Darauf achten, dass die SuS die Lautstärkeunterschiede auch berücksichtigen.

- Um zu lautes Singen einzelner Kinder zu vermeiden, gilt die Devise: „Du musst deine Nachbarn noch hören können."
- Zur Festigung können auch einzelne SuS das Lied singen. Ein Kind übernimmt die lauten (Herr Laut), ein anderes Kind die leisen (Herr Leis) Teile. Genauso gut kann diese Aufteilung auch von Klassenhälften übernommen werden.
- Das Lied auch zur Play-back-CD (CD 2 Nr. 16) singen.

4. Die Liedbegleitung einüben

- Evtl. die Instrumentalübungen aus den Phasen 1 und 2 wiederholen.
- Die Liedbegleitung besprechen (Töne, laut – leise, Symbole).
- Die Liedbegleitung mit der ganzen Klasse einüben. Anregungen dazu s. DmG S. 10 ff. und 15 ff.

5. Gesamtpräsentation

- Die Klasse wird in zwei Gruppen aufgeteilt. Eine Gruppe singt das Lied und bewegt sich dazu entsprechend der Textaussage durch den Raum. Die zweite Gruppe begleitet das Lied mit den Instrumenten.
- Ggf. können auch drei Gruppen das Lied gestalten (Singgruppe, Bewegungsgruppe, Instrumentalgruppe).

Erweiterung

Die SuS können ein riesiges „Laut-leise-Plakat" mit Bildern aus Zeitschriften, Prospekten, Fotos usw. erstellen und in der Schule aushängen.

Überblick

- Ein Echolied kennenlernen
- Ein Echolied auf zwei Gruppen aufteilen und singen
- Echospiele mit Stimme, Körperinstrumenten und Musikinstrumenten gestalten
- Ein Musikstück hören und thematisch zuordnen
- Ein Musikstück mit unterschiedlichen Chiffontüchern darstellen

Organisation

- CD C 48, 49
- CD 2 Nr. 17
- AH 1 S. 29
- KV 52
- Metallofon, Handtrommel, Triangel
- Rote und gelbe Chiffontücher

Anmerkung

Echo – dieses Ereignis fasziniert Kinder sehr.

Klänge oder Töne bestehen aus Schallwellen. Wenn diese Schallwellen gegen ein großflächiges Hindernis (z.B. Felswand, Höhle, Brücke oder Wald) stoßen und verzögert reflektieren, dann ist ein Echo zu hören, das immer leiser als das „Original" ist. Die Schallwellen lassen sich zum Zwecke der Anschaulichkeit mit einem Gummiball vergleichen, den man gegen eine Wand wirft und der abprallt und zurückgeflogen kommt.

In dieser Unterrichtseinheit wird das Phänomen „Echo" mit einem Lied, einem Instrumentalspiel und einem Hörbeispiel aufgegriffen.

Für die Tanzgestaltung müssen die Forte- und Piano-Teile in der Musik von Valentin Hausmann (CD C 49) sicher geortet werden. Im Rahmen der Vorbereitung durch L. können die aufgezeichneten Melodienoten mit ihren Lautstärkebezeichnungen helfen:

Unterrichtsverlauf

1. Einstieg

- Die SuS hören das Lied (CD C 48) und finden anschließend heraus, dass es sich um ein Echolied handelt.
- Gespräch über das Echo-Phänomen.

  Impulse: „Habt ihr schon mal ein Echo gehört?"; „Wo?"; „Habt ihr eine Vorstellung darüber, wie ein Echo entsteht?" (s. Anmerkung).

2. Allgemeine Echospiele durchführen

- L. klatscht einen einfachen Rhythmus vor, ein Kind klatscht nach. Impuls: „Ist das ein Echo oder eine reine Wiederholung?" Die SuS stellen fest, dass das Echo immer leiser als die ursprüngliche Vorgabe ist.
- Klatsch-Echospiele erneut durchführen, auch von Kind zu Kind.
- L. ruft den Namen eines Kindes in die Klasse, das Kind antwortet als Echo. Es spricht also seinen Namen leiser nach. Diese Übung mehrmals ohne L.-Beteiligung durchführen.
- Auf einer Triangel spielt L. einen einfachen Rhythmus vor, ein Kind, das auch eine Triangel hat, spielt nach. Mit weiteren Instrumenten diese Übung durchführen.
- Zur Vertiefung kann AH 1 S. 29 bearbeitet werden: In der ersten Aufgabe versehen die SuS die unterschiedlich großen Punkte von leise zu laut mit Rangzahlen. In der zweiten Aufgabe notieren die SuS die Punkte von leise zu laut und spielen diese Notation mit einem Melodieinstrument nach. Lösung: L AH 1 S. 290/S. 316. In Partnerarbeit schreiben die SuS bei Aufgabe 3 eigene Laut-Leise-Notationen auf und spielen sie dann auf einem Instrument.

3. Die Echospiele im SB S. 123 durchführen

- Die SuS betrachten im SB S. 123 die Echospiele. Auch die Bezeichnungen „f" und „p" werden angesprochen. Aufgrund der vorangestellten Übungen werden die SuS schnell darauf kommen, dass „f" laut (= forte) und „p" leise (= piano) heißt. L. nennt die Bezeichnungen „forte" und „piano".
- Die SuS betrachten das Metallofon-Echospiel. SuS, die schon Noten lesen können, spielen vor. Ansonsten singt L. die eintaktige Melodie auf den Tonnamen (c – c – a) vor, die SuS singen nach. Dann erfolgt der Transfer auf das Instrument. Sind zu wenig Metallofone vorhanden, können andere Stabspielinstrumente verwendet werden.

- Die Rhythmus-Echospiele können von SuS, die Noten lesen können, vorgeklatscht werden. Ansonsten klatscht L. vor.
- Die SuS werden in acht Gruppen eingeteilt. Zwei Metallofongruppen, zwei Klatschgruppen, zwei Handtrommelgruppen und zwei Triangelgruppen.
- In diesen Gruppen führen die SuS die Echospiele aus. Dabei immer darauf achten, dass das Echo leiser klingt.
- Sicherlich wird es hier und dort notwendig sein, gezielt über die Spielweise bei geringer Lautstärke zu sprechen. Evtl. können einzelne SuS oder L. an den Instrumenten das Spiel mit geringer Lautstärke vorführen und die Spielweise (Handhabung, Haltung, Schlagtechnik usw.) beschreiben. Es können auch kurze Leisespielübungen durchgeführt werden. Beispiel: Jedes zweite Kind hat ein Instrument. Sie spielen frei darauf. Geht L. (oder ein Kind) langsam in die Hocke, verringert sich die Lautstärke. Berührt L. dann noch mit seinen Fingern den Boden, spielen alle sehr leise.
- Nun werden die Rollen getauscht und die Kinder erhalten eine neue Aufgabe, z. B.: Die beiden Metallofongruppen spielen jetzt mit der Triangel den Triangelrhythmus, die Triangelgruppe den Handtrommelrhythmus usw.
- Den Rollentausch weiter durchführen, bis jede Gruppe einmal die Metallofonmelodie, den Klatsch-, den Handtrommel- und den Triangelrhythmus ausprobiert hat.
- Vertiefend können weitere Echospiele mit Melodieinstrumenten anhand der KV 52 durchgeführt werden. Alle Melodien bestehen aus den schon bekannten Tönen c und a. Als Zusatzangebot können fortgeschrittene SuS selbst weitere Echospiele erfinden und diese notieren.

4. Das Lied lernen

- Nach diesen Echospielen, in denen auch Echospiele mit der Stimme erprobt wurden, sind die SuS nun gut vorbereitet und können das Lied lernen.
- Das Lied hören (CD C 48) und den Text im SB S. 123 verfolgen.
- Die Klasse in zwei Gruppen aufteilen (Gruppe „f" und Gruppe „p") und den Text mehrmals sprechen. Dabei auf die Umsetzung und Einhaltung der Lautstärkevorgaben achten.
- Rollen tauschen.
- Zu Recht monieren einige SuS, dass sich „Sauerbraten" und „Trauerladen" nicht reimt. Mögliche Alternativen: „Sauerbraten – falsch geraten", „Sauerbraten – alter Spaten", „Sauerbraten – meine Paten", „Sauerbraten – gute Taten".
- Die Melodie bedarf keiner vorbereitenden Übungen und kann, nachdem der Text beherrscht wird, gleich gesungen werden (auch zu CD C 48 und CD 2 Nr. 17).

5. „Echo" von Valentin Hausmann bearbeiten

- Ohne Vorankündigung hören die SuS CD C 49. Sie werden aufgrund der unterschiedlichen Lautstärken bei gleichbleibender Melodie schnell den Zusammenhang mit der Thematik (Echo) erkennen.
- Die SuS hören das Musikstück aufmerksam und melden sich jedes Mal, wenn „forte"-Stellen zu hören sind.
- Wenn die „forte"- und „piano"-Teile sicher lokalisiert werden, dann können die SuS zu den „forte"-Teilen rote und zu den „piano"-Teilen gelbe Chiffontücher schwingen. Im Idealfall erhält jedes Kind ein rotes und ein gelbes Chiffontuch. Andernfalls bekommt eine Klassenhälfte rote, die andere Klassenhälfte gelbe Chiffontücher.
- Diese Darstellung mehrmals durchführen. Gruppen hin und wieder tauschen.

Erweiterung

- Das Echo mit den Sätzen/Wörtern aus dem Lied und eigenen Wörtern/Sätzen draußen (Höhle, Wald, Felsen, Brücke) erproben.
- Das Lied auf zwei Gruppen verteilt im Wald singen.

21. Technik und Umwelt

Überblick

- Ein Musikstück hören und die musikalische Steigerung (Tempo, Lautstärke) erkennen
- Einen Zusammenhang zwischen Musikstück und Eisenbahn herstellen
- Ein rhythmisches Spielstück für Stimmen und Instrumente einüben
- Notenwerte handelnd kennenlernen
- Ein Eisenbahnspiel gestalten

Organisation

- CD C 50
- AH 2 S. 20
- KV 53
- Folie 43
- Rhythmusinstrumente (z. B. Schellenstab, Rassel, Dosenrassel, Handtrommel, Klanghölzer)
- Ausreichend Platz für die Spielgestaltung

Anmerkung

Der Einstieg in diese Unterrichtseinheit erfolgt über das Werk „Die kleine Eisenbahn von Caipira" des brasilianischen Komponisten Heitor Villa-Lobos (1887 – 1959).

„Caipira" bezeichnet die Gegend (und auch die Menschen) im ländlichen Gebiet hinter São Paulo. Die Gegend ist hügelig, mit vielen dichten Wäldern. Die Erde ist rötlich.

Das Musikstück stellt eine Bahnfahrt mit einem von einer Dampflokomotive angetriebenen Passagierzug dar. Deutlich zu vernehmen sind der langsame Start des Zuges, die in Fahrt kommende Lokomotive, das Signal während der Fahrt und schließlich die Ankunft im Zielbahnhof, verbunden mit dem langsamer werdenden Zug bis hin zum endgültigen Halt. Das Quietschen der Bremsen und das Ausstoßen des Dampfes sind gut zu hören.

Über das Spielstück lernen die SuS handelnd die Notenwerte kennen. Ein Rückgriff auf S. 68, 69 ist empfehlenswert.

Unterrichtsverlauf

1. Einstieg

- L. bringt eine kleine Dampflokomotive (Modelleisenbahn o. Ä.) oder ein Bild einer Dampflokomotive mit in den Unterricht.
- Die SuS beschreiben sie.
- L. lenkt das Gespräch auf die Geräusche einer solchen Lokomotive.
- Die SuS imitieren Dampflokomotiv-Geräusche. L. ruft eine Tempoangabe in den Raum, SuS reagieren mit ihren Geräuschen darauf.

  Beispiel:

langsam	schneller	schnell	langsamer	Halt!
„ffff" – „tsch" – „fff" – „tsch" …	genauso, aber schneller werdend	„tsch, tsch, tsch" …	„ffff" – „tsch" – „fff" – „tsch", langsamer werdend	ein auslaufendes „tsch"

2. „Die kleine Eisenbahn von Caipira" hören

- Ohne Vorankündigung hören die SuS das Musikstück (CD C 50). Schnell stellen sie fest, dass es sich um eine Bahnfahrt mit einem von einer Dampflokomotive angetriebenen Zug handelt.
- SuS suchen Begründungen für ihre Feststellung. Beispiele: „Man hört, wie die Lokomotive startet."; „Der Zug wird immer schneller."; „Ungefähr in der Mitte des Stücks hört man das Signal, vielleicht stehen Tiere auf den Gleisen."; „Die Bahn wird am Schluss langsamer, sie ist angekommen."; „Man hört, wie die Lokomotive Dampf ablässt."
- Zusammenfassendes Gespräch über Tempo und Lautstärke. Die SuS hören das Musikstück erneut (CD C 50) und stellen fest, dass beim Anfahren des Zuges die Lautstärke und das Tempo zunehmen. Die Abnahme von Tempo und Lautstärke hingegen ist deutlich beim Eintreffen des Zuges im Zielbahnhof zu vernehmen.
- L. berichtet kurz über den Hintergrund der Komposition (Brasilien, Menschen, Klima, Musik, Lebensfreude, Vegetation, Caipira usw). SuS ergänzen durch eigene Informationen. L.: „Stellt euch vor, ihr seid Passagiere der Eisenbahn von Caipira. Hört die Musik, schließt eure Augen und versucht euch die Landschaft, die Tiere, die Menschen usw. vorzustellen …" Die SuS hören die Musik (CD C 50).
- Die SuS berichten.

3. Das rhythmische Spielstück einüben

- Die SuS sitzen im Kreis und führen mit ihrer Stimme leise Eisenbahngeräusche aus. Tempo: langsam (s. Tabelle oben).
- L. spricht daraufhin: „Rä – der rat – tern" und dann „Ei – sen – bahn, Ei – sen – bahn" und dann „Im – mer schnel – ler tsch tsch" (s. SB S. 124).
- Jetzt führen die SuS schnellere Eisenbahngeräusche aus (s. Tabelle oben).
- Die SuS sprechen die drei Rhythmen (SB S. 124

oder Folie 43) nach. Das Sprechen durch Patschen unterstützen.

Beispiel:

Text	Patschen	Tempo
Rä – der rat – tern	rechts – links – rechts – links	langsam
Ei – sen – bahn	rechts – links – beide gleichzeitig	langsam
Im – mer schnel – ler tsch tsch	rechts – links – rechts – links – gleichzeitig – gleichzeitig	schneller werdend

- Die SuS betrachten die Notation im SB S. 124 oder auf Folie 43 und beschreiben sie. Zunächst sollte nur auf die Verbindung Wort/Silbe – Balken eingegangen werden.
  Impulse: „Findet kurze ... mittellange ... lange Balken und nennt die darunterstehenden Wörter/Silben."; „Klatscht lange, mittellange und kurze Balken."; „Wie passen die Balken zueinander?" (In einen langen Balken passen zwei mittellange und vier kurze Balken).
- Als kreative Weiterführung bearbeiten die SuS KV 53.
- Nun sprechen die SuS mehrmals alle drei Rhythmen und patschen ggf. dazu.
- Instrumente werden hinzugenommen. Dazu wird die Klasse in drei Gruppen aufgeteilt. Eine Gruppe übernimmt den ersten, die zweite den zweiten und die dritte den dritten Rhythmus. Sollten die Gruppen zu groß sein, dann können sechs Gruppen gebildet werden. Zwei Gruppen übernehmen den ersten Rhythmus, die nächsten zwei Gruppen den zweiten Rhythmus usw.
- Die SuS sprechen und spielen mit den Instrumenten dazu. Rasseln klingen präziser, wenn sie nicht frei in der Luft gespielt, sondern auf den Oberschenkeln geschlagen werden. Der Schellenstab sollte in die Hand geschlagen werden. So wird das unkontrollierte Nachklingen weitgehend vermieden.
- Die Rhythmen werden, nachdem sie schon gut beherrscht werden, an die nächste Gruppe weitergegeben. Diese Rotation immer weiter fortführen, bis jede Gruppe einmal alle Rhythmen eingeübt hat.
- Sprechend und mit Instrumenten spielend stellen die Gruppen vor jeder Rotation ihre Ergebnisse vor. Hilfreich kann es sein, dass L. mit einem anderen Instrument (z. B. Xylofon, Kuhglocke, tiefe Trommel) das Metrum vorgibt und bei der Gruppenpräsentation mitspielt.
- Abschließend das rhythmische Spielstück gestalten. Die Gruppen spielen zusammen, eine Gruppe beginnt, die anderen setzen nach und nach ein, leichte Temposteigerungen einbauen, einen Zwischenstopp einplanen usw.
- Hilfreich ist es, wenn L. das Tempo mit seinem Instrument steuert.

4. Die Notenwerte kennenlernen

- Die SuS betrachten die Notation des rhythmischen Spielstücks im SB S. 124. Sie beschreiben die Noten (Aussehen) über den kurzen, mittellangen und langen Balken.
- L. notiert diese unterschiedlichen Noten mehrmals an die Tafel.
- L. zeigt auf eine Note, SuS benennen den dazugehörigen Balken (kurz, mittellang oder lang). Alle weiteren Noten nach und nach anzeigen und den dazugehörigen Balken benennen lassen.
- L. schreibt die Bezeichnungen der Notenwerte neben den entsprechenden Noten an die Tafel:

  ♪ : Achtelnote, kurzer Balken

  ♩ : Viertelnote, mittellanger Balken

  𝅗𝅥 : Halbe Note, langer Balken
- Zur Festigung AH 2 S. 20 bearbeiten. Lösung: L AH 2 S. 299/S. 325.
- Versuchsweise notiert L. einige Notenwerte an die Tafel (ohne Balken), SuS klatschen nach.

5. Ein Eisenbahnspiel gestalten

- Eine Hälfte der Klasse spricht das rhythmische Spielstück nach einem zuvor abgesprochenen Ablauf (vgl. 3.) und begleitet sich dabei mit den Instrumenten. L. steuert das Tempo und den Zusammenhalt mit seinem Instrument.
- Die andere Hälfte der Klasse geht durch den Raum. Dabei immer auf eine passende Tempoumsetzung achten.
- Einige SuS können dabei Lokomotivgeräusche mit der Stimme imitieren.

Überblick

- Ein Sprechstück einüben und in verteilten Rollen vortragen
- Die Ganze Note kennenlernen
- Kenntnisse über die Halbe Note, die Viertel- und die Achtelnote festigen
- Zu einem Musikstück Roboterbewegungen ausführen

Organisation

- CD C 51
- KV 54
- Folie 44
- Handtrommel
- Ausreichend Platz für die Roboterbewegungen

Anmerkung

Eingebettet in einen kindgemäßen Kontext (Roboter) wird in dieser Unterrichtseinheit das Thema Notenwerte weiter behandelt. Das, was im SB auf den S. 68, 69 und 124 schon thematisiert wurde, wird hier aufgegriffen und vertieft. Neu hinzu kommt die Ganze Note.

Unterrichtsverlauf

1. Einstieg

- L. bringt einen Spielfigur-Roboter mit in den Unterricht oder zeigt ein Foto eines Roboters.
- Die SuS beschreiben, L. lenkt das Gespräch auf die Sprach- und Bewegungsausführung eines Roboters.

2. Das Sprechstück bearbeiten

- Die SuS lesen die verschiedenen Stimmen von „Wir sind Roboter aus Witten" im SB S. 125 oder auf Folie 44 vor.
- SuS betrachten die Balkennotation. Sie stellen fest, dass es vier verschiedene Balkenlängen gibt.
- L. spricht alle vier Stimmen vor. Die SuS achten auf das Tempo.
- Folgernd stellen die SuS fest, dass das Sprechtempo von der Länge der Balken abhängt.
- L. spricht die erste Stimme vor, SuS sprechen nach. Auf deutliche Aussprache und gleichmäßiges Sprechtempo achten.
- Genauso mit der zweiten, dritten und vierten Stimme verfahren.
- Nachdem die SuS den Text beherrschen, verteilen sie sich im Raum. Sie sprechen die erste Stimme und gehen passend zum Sprechtempo durch den Raum. Um die Tempoeinhaltung zu unterstützen, spielt L. mit einer Handtrommel dazu.
- Genauso mit der zweiten, dritten und vierten Stimme verfahren. Immer auch auf deutliches Sprechen achten.
- L. greift Gespräch über Roboter (s. Einstieg) auf. SuS experimentieren mit ihren Stimmen und finden ihren eigenen, passenden Roboterstimmklang.
- Zu zweit oder in Kleingruppen sprechen die SuS alle vier Stimmen mit Roboterstimmen. Die SuS sollten dabei durch den Raum gehen. Dies hilft der Tempoeinhaltung (das Tempo wird „sichtbar") und gleichzeitig bereitet es die Phase der Auseinandersetzung mit den Notenwerten (s. 3.) vor.
- L. verteilt die Stimmen auf vier Gruppen. Die Gruppen üben ihre Stimmen ein.
- Nachdem jede Gruppe ihre Stimme sicher beherrscht, planen die SuS einen Ablauf für das Sprechstück. Dabei können die Stimmen nacheinander, aber auch zusammen gesprochen werden.

3. Die Notenwerte bearbeiten

- Die SuS verteilen sich im Raum.
- Alle vier Gruppen sprechen ihren Text gleichzeitig. Dabei geht jede Gruppe passend zu ihrem Sprechtempo durch den Raum. L. unterstützt die Tempoeinhaltung mit einer Handtrommel.
- Einzelne Gruppen können auch nebeneinander hergehen und sprechen. Ergebnis: Die erste Robotergruppe macht vier Schritte pro Takt. Jeder Schritt entspricht einer Viertelnote. Die zweite Robotergruppe macht acht Schritte pro Takt. Jeder Schritt entspricht einer Achtelnote. Die dritte Robotergruppe macht zwei Schritte pro Takt. Jeder Schritt entspricht einer Halben Note. Die vierte Robotergruppe macht einen Schritt pro Takt. Jeder Schritt entspricht einer Ganzen Note.
- Durch diesen Einstieg erfahren die SuS sehr genau, in welcher Relation die Notenwerte zueinander stehen.
- Die SuS betrachten die Notenwerte und stellen einen Bezug zu den Balken und den Texten her, z. B.: „Zu einem kurzen Balken passt die Achtelnote, sie wird schnell gesprochen."

- Näheres Eingehen auf die Ganze Note. Auch hier helfen die Balken für einen anschaulichen Vergleich mit den Achtel-, Viertel- und Halben Noten, die den SuS schon von S. 124 bekannt sind.
- Zur Festigung setzt L. KV 54 ein. Aus einem vorgegebenen Notendepot nehmen sich die SuS Noten heraus und tragen sie über den Balkennotationen ein. Anschließend klatschen sie die Rhythmen (Partnerarbeit, dann Plenum).

4. Zu „Die Roboter" von Kraftwerk Roboterbewegungen ausprobieren

- Die SuS hören das Musikstück (CD C 51) und stellen fest, dass es sich um eine Robotermusik handelt. SuS begründen ihre Entscheidung. Beispiele: „Im Text heißt es „Wir sind die Roboter"."; „Die Musik ist eintönig, etwas abgehackt."; „Die Stimme klingt blechern wie bei Robotern."
- Die SuS verteilen sich frei im Raum und probieren zur Musik (CD C 51) Roboterbewegungen aus.
- Das Sprechstück und die Musik von Kraftwerk können auch verbunden werden. Die SuS sprechen in Gruppen das Sprechstück und gehen durch den Raum. Nach dem Schluss („... 's ist aus.") setzt dann die Musik (CD C 51) ein. Die SuS bewegen sich nun frei im Raum und führen Roboterbewegungen aus.
- Als Nachspiel kann dann wieder das Sprechstück mit den passenden Gehbewegungen eingesetzt werden.

Erweiterung

Roboterverkleidung basteln (Anregungen s. Bilder im SB S. 125) und eine Roboterpräsentation mit dem Sprechstück und der Musik von Kraftwerk im Rahmen eines Schulfestes, Elternabends o. Ä. durchführen.

Überblick

- Ein Lied zum Thema Müll kennenlernen
- Mit Abfallprodukten eine Liedbegleitung erarbeiten

Organisation

- CD C 52
- CD 2 Nr. 18
- KV 55
- Abfallprodukte als „Instrumente" für die Liedbegleitung

Anmerkung

Dieses Lied soll dazu anregen, sich mit dem Thema Müll zu befassen. Ausgehend vom Lied können im fächerübergreifenden Unterricht Aspekte wie Ursachen des Mülls, Müllvermeidung, Mülltrennung, Müllverwertung usw. thematisiert werden.

Vor dem Beginn dieser Unterrichtseinheit sollten Abfallprodukte gesammelt werden (von SuS, Eltern, Kollegen/innen, Hausmeistern ...). Anregungen geben die Abbildungen im SB S. 126.

Unterrichtsverlauf

1. Einstieg

- L. bringt einige Abfallprodukte mit in den Unterricht. Die SuS beschreiben sie kurz.
- Ausführliches Gespräch über Abfall oder Müll. Mögliche Themenschwerpunkte: Verursacher des Mülls, Mülltrennung, Müllverwertung, Müllvermeidung.
- SuS stellen einen Bezug zwischen den Abfallprodukten und der Musik her. Mögliche Äußerungen: „Mit diesen Abfallprodukten kann man Musik machen."; „Die Abfallprodukte kann man zum Klingen bringen."; „Es gibt Lieder über Müll."

2. Das Lied lernen

- Die SuS hören das Lied (L.-Vortrag oder CD C 52), damit sie zunächst einen Gesamteindruck haben.
- Die SuS hören das Lied (CD C 52) erneut und achten auf den Text.
- Gespräch über den Text.

  Impulse: „Welche Produkte wurden zu Müll?" (Auto, Kleid, Glas, Stiefel); „Was sagt der Text in der letzten Strophe aus?"; „Der Autor schreibt „... vielleicht ...", was kann verhindern, dass die Erde zu Müll wird?"
- L. spricht den Text der ersten Strophe im Melodierhythmus vor, die SuS sprechen nach.
- Eine wesentliche Problemstelle dieses Liedes ist das Einhalten der Pausen. Hilfreich ist es, beim Sprechen alle Pausen mit einer Geste oder einem Klang zu füllen.
- Den Text der Strophen 2 bis 5 genauso einüben.
- Melodisch lässt sich das Lied recht leicht einüben. Lediglich die letzten drei Takte können zu Intonationsschwierigkeiten führen, da die beiden Tonsprünge unterschiedlich groß sind und die Töne aufgrund der langen Pausen neu angesetzt werden müssen. Diese drei Takte sollten isoliert behandelt werden. Helfen können das Anzeigen des Melodieverlaufs mit der Hand und/oder die Fünf-Finger-Methode (vgl. DmG S. 8).
- Das Lied mehrmals zur L.-Begleitung, zu CD C 52 und CD 2 Nr. 18 singen.

3. Abfallprodukte sammeln und trennen

- Die von den SuS, Eltern, Hausmeister usw. gesammelten Abfallprodukte werden im Klassenraum deponiert.
- Die SuS trennen die Produkte nach Material (Glas, Plastik, Papier, Metall). Über den Sinn von Mülltrennung sprechen.
- Die SuS bilden „Musikgruppen": die „Metallgruppe", die „Glasgruppe" und die „Plastikgruppe".
- KV 55 bearbeiten.

4. Zum Lied spielen

- Zum Lied mit den Abfallprodukten spielen.
- Möglichkeit 1: Die zuvor mit den Körperinstrumenten gefüllten Pausen werden jetzt mit den „Instrumenten" gespielt. Beispiel: Klatschen wird durch die „Metallgruppe" ersetzt, stampfen wird nun von der „Plastikgruppe" umgesetzt, schnipsen von der „Glasgruppe".
- Möglichkeit 2: Die SuS singen das Lied ohne „Pausenfüller" (klatschen, stampfen, schnipsen). Zu den letzten drei Takten spielen die SuS frei auf ihren „Instrumenten".
- Möglichkeit 3: Die SuS erfinden ein Vor-, Zwischen- und Nachspiel auf ihren „Instrumenten" und gestalten damit das Lied.

Überblick

- Ein Lied zum Thema Umwelt kennenlernen
- Besondere Liedmerkmale wie Rhythmus, Melodieführung usw. erfahren
- Das Lied mit Instrumenten („Müllinstrumenten", Metallofon, Xylofon) begleiten

Organisation

- CD C 53
- CD 2 Nr. 19
- „Müllinstrumente"
- Metallofon, Xylofon

Anmerkung

Dieser schwungvolle Boogie von Hans-Joachim Scheurlen beschäftigt sich mit dem Thema Umweltschutz. Über das Singen und Musizieren (auch mit „Müllinstrumenten") erfolgt ein positiver emotionaler Zugang zu dieser Thematik.

Unterrichtsverlauf

1. Einstieg

- L. bringt leere Verpackungen und leere Plastikflaschen mit in den Unterricht. Die SuS beschreiben die Produkte kurz.
- Ausführliches Gespräch über Umweltschutz. Mögliche Themenschwerpunkte: „Wer belastet die Umwelt?"; „Womit belastet jeder von uns die Umwelt im Alltag?" (z. B.: unnötige Verpackungen, Licht brennen lassen, Müll nicht trennen); „Wie kann Umweltbelastung vermieden oder reduziert werden?" (Mülltrennung, Müllverwertung, Müllvermeidung).

2. Das Lied kennenlernen

- Die SuS hören das Lied (CD C 53) und stellen einen Bezug zum Thema Umweltschutz her.
- Aufgrund der relevanten Bedeutung des Themas sollte ein ausführliches Gespräch über den Liedtext erfolgen. Ein Eingehen auf die zentrale Aussage der einzelnen Strophen bietet sich an.

  Beispiel:

  Strophe 1: Sauberes Wasser und frische Luft sollen geschont werden. Aufforderung zum Mitmachen.

  Strophe 2: Müllvermeidung bei der Verpackung anstreben.

  Strophe 3: Nicht alles wahllos in den Müll werfen. Müll muss sortiert werden.

  Strophe 4: Die Energievorräte sind begrenzt.

  Strophe 5: An die Zukunft denken und die schöne Welt erhalten.
- Die SuS hören das Lied (CD C 53) und singen spontan mit (z. B. Refrain).

3. Das Lied lernen

- L. und SuS singen die Melodie von Refrain und Strophe 1 auf Tonsilben („na", „du", „mh" ...).
- Wenn die SuS sich innerhalb der Melodie einigermaßen orientieren können, dann erneut auf Tonsilben singen und den Melodieverlauf mit der Hand anzeigen.

  Impuls: „An welchen Stellen sind die Melodieverläufe gleich und wo gibt es Veränderungen?"
- Die SuS stellen Folgendes fest:

  Zeile 1 und 2:

Takte	1	2	3	4
Melodie	gleich	gleich	anders	anders

  Zeile 3 und 4:

Takte	1	2	3	4
Melodie	gleich	gleich	gleich	anders

- Es ist wichtig, dass alle SuS diese Melodiemerkmale nachvollziehen können. Daher singt L. (oder CD C 53) das Lied erneut. Die SuS melden sich an den Stellen, an denen Veränderungen zu hören sind.
- Nun den Refrain und die erste Strophe mit Text singen.
- Die Melodie des Liedes besonders üben (langsam singen, auf Tonsilben singen, Melodieverläufe mit der Hand anzeigen, Melodieverläufe grafisch aufzeichnen).
- Die Texte der Strophen 2 bis 5 einüben. Zuerst im Melodierhythmus die Texte abschnittsweise vor- (L.) und nachsprechen (SuS). Dabei den Rhythmus (Boogie!) deutlich betonen. Durch Klatschen und Patschen die Umsetzung des Melodierhythmus unterstützen.
- Zur Festigung des Textes spricht L. den Anfang einer Strophe vor (die ersten vier bis fünf Worte), die SuS sprechen den Strophentext weiter.
- Anschließend mehrmals das gesamte Lied singen, auch zu CD C 53 und CD 2 Nr. 19.

4. Das Lied begleiten

- Die SuS besorgen Abfallprodukte, wie z. B. Kartons, Dosen, einen kaputten Kleiderbügel, Plastikflaschen usw. (zur Anregung s. auch SB S. 126).
- Mit diesen „Instrumenten" begleiten die SuS den Refrain des Liedes. Dazu hören sie zunächst das Lied erneut (CD C 53) und zählen die Zählzeiten laut Taktangabe ($\frac{4}{4}$-Takt) im Refrain mit (1, 2, 3, 4 …).
- Vorschlag zur Begleitung: Die Klasse in zwei Hälften aufteilen. Gruppe 1 spielt mit ihren „Instrumenten" immer auf die Zählzeiten 1 und 3, Gruppe 2 immer auf 2 und 4. So entsteht ein klanglich sehr interessantes Wechselspiel in der Begleitung, das in etwa dem Grundschlag einer Boogie-Schlagzeugstimme entspricht.
- Anregungen zum Einüben der Metallofon- und Xylofonstimme zur Begleitung der Strophen s. DmG S. 10 ff. und 15 ff.

22. Geburtstag

Weil heute dein Geburtstag ist

zu Seite 128

Überblick

- Ein Geburtstagslied kennenlernen
- Auf Instrumenten Zwischenspiele und ein Nachspiel zum Lied spielen
- Eigene Zwischenspiele erfinden

Organisation

- CD C 54
- CD 2 Nr. 20
- KV 56

Anmerkung

Dieses fröhliche Geburtstagslied von Robert Kurt Hängekorb und Siegfried Bimberg endet mit einer guten Stimmübung: einen Raketenstart imitieren.

Unterrichtsverlauf

1. Einstieg

- L. bringt ein Foto oder Bild eines Feuerwerks mit in den Unterricht.
- Die SuS beschreiben das Bild und überlegen, zu welchen Anlässen ein Feuerwerk gemacht wird. Beispiele: Silvester, Ende eines (Rock)-Konzerts, Frühlingsfest, nach einem Fußball-Endspiel.
- Sofern die SuS nicht darauf kommen, informiert L., dass auch zu Geburtstagen kleinere Feuerwerke stattfinden können.

2. Eine Rakete starten lassen

- Die SuS beschreiben die Abbildungen im SB S. 128.
- In Anlehnung an die Abbildungen mehrere Raketenstarts mit der gesamten Klasse durchführen.
- Dabei darauf achten, dass die SuS vor allem vor dem „tschsch" und dem „aaaa" in den Bauch einatmen, nicht in den Brustkorb. Beim „aaaa" darauf achten, dass die SuS langsam und kontrolliert ausatmen.
- Auf eine kontrollierte Lautstärkezunahme achten.

3. Das Lied lernen

- Die Melodie zeilenweise auf Tonsilben („na", „la", „mu" usw.) singen, den Melodieverlauf mit der Hand anzeigen. Dies ist besonders für die zweite Zeile wichtig.
- Wenn die Melodie beherrscht wird, dann gleich die erste Strophe mehrmals singen. Zur Abwechslung kann mal langsam, schnell, langsamer werdend, fast unhörbar leise usw. gesungen werden.
- Zur Festigung der Melodie bearbeiten die SuS KV 56. Abschließend vergleichen die SuS die Balkennotation mit der Notation des Liedes im SB S. 128.
- Die SuS singen nun gemeinsam mit L. im langsamen Tempo die Strophen 2 und 3. Um den Text schneller zu lernen, begleiten L. und SuS ihren Gesang mit zum Text passenden Gesten. Beispiel für Strophe 2: Einen Blumenstrauß mit beiden Händen, einen Tisch und das Hineinstellen von Blumen in eine Vase andeuten. Beispiel für Strophe 3: Mit beiden Händen die Form eines großen Kuchens andeuten. Das Einladen mit heranwinkenden Handbewegungen darstellen.
- Das Lied zur Festigung nun mehrmals singen, auch zu CD C 54 und zur Play-back-CD (CD 2 Nr. 20).
- Zum Abschluss das Lied singen und am Ende den zuvor eingeübten Raketenstart ausführen.

Überblick

- Ein Geburtstagslied kennenlernen
- Auf Instrumenten Zwischenspiele und ein Nachspiel zum Lied spielen
- Eigene Zwischenspiele erfinden

Organisation

- CD C 55
- CD 2 Nr. 21
- KV 56, 57, 88
- Xylofon, Glockenspiel, Metallofon und Blockflöte (oder anderes Melodieinstrument)
- Schön geschmückter Stuhl für das Geburtstagskind
- Geburtstagshut

Anmerkung

Ein Geburtstag ist für Kinder immer etwas Besonderes. An diesem Tag gibt es Glückwünsche, Geschenke und leckeres Essen. Das Geburtstagskind darf sich oft auch etwas Schönes für diesen Tag wünschen.

Auch in der Schule stehen Geburtstagskinder an ihrem Tag im Vordergrund. Jedes Fach kann etwas dazu beitragen, um diesen besonderen Tag für das Kind noch schöner zu gestalten. Im Musikunterricht kann einem Geburtstagskind mit dem Lied „Wenn ein Kind Geburtstag hat", einschließlich der Zwischenspiele und dem Nachspiel, eine große Freude bereitet werden.

Unterrichtsverlauf

1. Einstieg

- Die SuS hören das Lied (CD C 55) und stellen fest, dass es sich um ein Geburtstagslied handelt.
- L. weist auf die Zwischenspiele und auf das Nachspiel hin. Diese werden von einzelnen SuS auf unterschiedlichen Instrumenten für das Geburtstagskind gespielt.

2. Das Lied lernen

- L. singt die Melodie abschnittsweise (immer zwei Takte) auf Tonsilben („la", „me", „no" usw.) vor. Die SuS singen nach.
- Die SuS zeigen den Melodieverlauf mit der Hand an. Mit dieser methodischen Hilfe finden sie heraus, dass das Lied aus drei unterschiedlichen Melodiebausteinen besteht. Dabei wird der erste Melodiebaustein wiederholt: Baustein 1 = Takt 1, 2 und 3, 4; Baustein 2 = Takt 5 und 6; Baustein 3 = Takt 7 und 8. Das Wissen darüber erleichtert die Liedaneignung deutlich.
- KV 56 bearbeiten.
- Die SuS lesen den Text der ersten Strophe im SB S. 129.
- Im langsamen Tempo singen L. und SuS die erste Strophe. Dabei auf deutliche Aussprache und genaue Intonation achten.
- Die erste Strophe nun zur Play-back-CD (CD 2 Nr. 21) singen.
- Die SuS lesen die Strophen 2 bis 4. Anschließend sprechen L. und SuS langsam und mit deutlicher Aussprache im Melodierhythmus die drei Strophen.
- Die SuS hören das Lied erneut (CD C 55) und überprüfen, ob bei der Aufnahme tatsächlich die Reihenfolge der Instrumente eingehalten wurde (Xylofon, Glockenspiel, Metallofon, Blockflöte). Ein Blick auf die Bilder im SB S. 129 bestätigt den Höreindruck nun auch optisch.
- Das Lied nun mehrmals zu CD C 55 und zu CD 2 Nr. 21 singen. Zu den Zwischenspielen und dem Nachspiel können die SuS auf einem imaginären Instrument (Stabspielinstrument für die Zwischenspiele, Blockflöte für das Nachspiel) „mitspielen".

3. Die Zwischenspiele und das Nachspiel einüben

- Die Blockflötenmelodie (Nachspiel) übernimmt ein fortgeschrittenes Kind. Diese Melodie kann auch mit einem anderen Melodieinstrument (Keyboard, Violine …) gespielt werden.
- Das Nachspiel beginnt mit der schon bekannten Liedanfangsmelodie. Es gibt Kinder, die die Liedmelodie schon nach dem Gehör auf ihrem Instrument bis zum Ende spielen können.
- Genauso gut können die SuS auch eigene, kürzere Melodiefortführungen für das Nachspiel erfinden.

  Beispiel für eine zweitaktige Melodie:

  Beispiel für eine viertaktige Melodie:

- Bei Bedarf können die SuS in KV 88 (Blockflötengrifftabelle zum Ausfüllen) den Fingersatz in die Raster eintragen.

- Die Zwischenspiele 1 bis 3 üben alle SuS ein. Hilfreich ist es insbesondere für die SuS, die an den Stabspielen spielen, die Notennamen der Zwischenspiele zu notieren. Dies können die SuS in Partnerarbeit gut mit KV 57 umsetzen. Dort notieren sie die Notennamen unter das jeweilige Griff-symbol ihres Zwischenspiels. Im ersten Schritt erhalten die SuS KV 57 und tragen mit L.-Hilfe unter die abgebildeten Noten die Notennamen ein. Ergebnisse:

  Zwischenspiel 1: f – e – d – c

  Zwischenspiel 2: f – – – c – c

  Zwischenspiel 3: f – g – f
- Die Melodien der Zwischenspiele auf den Notennamen singen und dazu im Melodierhythmus klatschen.
- Mithilfe der KV 74 üben die SuS die Zwischenspiele ein. Sie zeigen auf die abgebildeten Tonplättchen und singen oder sprechen die Notennamen.
- Nachdem die SuS den Ablauf der Melodien an KV 74 nachvollzogen haben, üben sie nun an den Instrumenten die Melodien ein.
- Weitere Anregungen s. DmG S. 10 ff.

4. Eigene Zwischenspiele erfinden

- Damit auch die leistungsschwächeren SuS sich an dieser Phase erfolgreich beteiligen können, müssen Hilfen angeboten werden. Die SuS entscheiden selbst, ob sie diese Hilfen in Anspruch nehmen oder nicht.
- Naheliegend ist es, von Bekanntem auszugehen, z. B.: „Spiele die Melodie rückwärts.“; „Lass einen Ton der Melodie aus.“; „Benutze die schon bekannten Töne, aber ändere die Reihenfolge.“
- Die SuS brauchen in dieser Phase Zeit zum Erproben. Daher den Zeitrahmen weit fassen.
- Es kann hilfreich sein, diese Phase in Gruppen- oder Partnerarbeit durchzuführen. Im gegenseitigen Austausch entstehen meistens gute Ideen. Anregungen dazu s. DmG S. 26 f.

Überblick
- Ein Geburtstagslied kennenlernen
- Ein Bewegungsspiel zum Lied ausführen

Organisation
- CD C 56
- CD 2 Nr. 22
- Ausreichend Platz für das Bewegungsspiel

Anmerkung

Dieses schwungvolle, sehr bekannte Geburtstagslied von Rolf Zuckowski lässt sich aufgrund der eingängigen Melodie schnell erlernen.

Die Bewegungsgestaltung untermalt den fröhlichen Charakter dieses Liedes.

Unterrichtsverlauf

1. Einstieg
- Die SuS hören das Lied (CD C 56) und singen ggf. im B-Teil (Refrain) mit.
- Gespräch über das Lied („Es ist ein Geburtstagslied, hat zwei Teile ...") und über den eigenen Bezug zum Lied („Ich kenne es aus/von ...").

2. Das Lied lernen
- L. spricht den Refrain abschnittsweise im Melodierhythmus vor, die SuS sprechen nach. Der Lernprozess kann durch den Text untermalende Gesten unterstützt werden.
- Auf deutliche Aussprache achten.
- L. singt die Melodie des Refrains abschnittsweise vor, die SuS singen nach. Die untermalenden Gesten können beibehalten werden.
- Das Lied hören (CD C 56) und zum Refrain mitsingen.
- Auch zur Play-back-CD (CD 2 Nr. 22) durchführen. L. singt die Strophen, SuS singen den Refrain.
- Wenn der Refrain sicher beherrscht wird, dann können die Strophentexte gelernt werden. L. spricht vor und untermalt die Textaussage mit Gesten. Die SuS sprechen mit und führen ebenfalls die Gesten aus.
- Evtl. Klärung des Begriffs „Schwarte" (wörtlich: das mit Rinde überdeckte erste und letzte Brett beim Zersägen eines Baumstammes; Redensart für: bis zur Erschöpfung, bis es nicht mehr geht, bis zum Überdruss).
- Die Klasse wird in drei Gruppen eingeteilt. Jede Gruppe beschäftigt sich mit je einer Strophe.
- Evtl. können die Gruppen noch einmal geteilt werden, sodass sechs Gruppen entstehen (Gruppe 1 und 2: Strophe 1 usw.). Die Gruppen lesen und sprechen ihre Texte.
- Im Plenum singt L. das gesamte Lied mehrmals vor (oder CD C 56). Die jeweiligen Gruppen singen ihre Strophe mit. Sichere SuS können, wenn sie wollen, schon die anderen Strophen mitsingen. Den Refrain singen alle mit.

3. Das Bewegungsspiel einüben
- Die SuS betrachten die Bilder im SB S. 130. Dabei stellen sie selbst Vermutungen an, wie das Bewegungsspiel gestaltet werden könnte.
- Gestaltung: Zum A-Teil (Strophen) gehen die SuS an den Händen gefasst im Kreis um das Geburtstagskind herum. Zum B-Teil (Refrain) bleiben sie stehen und klatschen passend zur Musik.
- Die SuS hören das Lied (CD C 56) und melden sich bei den Übergängen von Teil A zu Teil B. Die klare Unterscheidung beider Teile ist eine Grundvoraussetzung für die richtige Ausführung des Bewegungsspiels.
- Die SuS verteilen sich im Raum. Sie hören das Lied (CD C 56). Zum A-Teil gehen sie passend zur Musik frei durch den Raum. Zum B-Teil bleiben sie stehen und klatschen zur Musik.
- Die SuS bilden Gruppen von jeweils acht Kindern. In den Gruppen üben sie nun das Bewegungsspiel mithilfe der beiden Bilder im SB S. 130 ein.
- Mehrmals zur Musik (CD C 56) erproben.
- Abschließend werden die Gruppen aufgelöst und das Bewegungsspiel zur Musik (CD C 56) mit der gesamten Klasse durchgeführt.
- Zur Einhaltung des Kreises bietet es sich an, Orientierungspunkte am Boden zu setzen (Kreide oder Klebeband).

Überblick

- Ein Geburtstagslied kennenlernen
- Den Liedtext mit Gesten und Bewegungen darstellen
- Ein instrumentales Ständchen einüben und vortragen

Organisation

- CD C 57
- CD 2 Nr. 23
- KV 58, 59
- Papier (DIN-A4) mit Liedüberschrift
- Schere, Kleber
- Blockflöte oder anderes Melodieinstrument
- Metallofon, Xylofon

Anmerkung

Viele SuS mögen dieses Geburtstagslied von Dorothée Kreusch-Jacob sehr. Es ist ruhig, besinnlich und sanft. Ganz anders als die meisten Geburtstagslieder für die Jahrgangsstufe 1/2.

Wenn die SuS das Lied gut beherrschen, dann können sie es einem Geburtstagskind vorsingen und ihm nach jeder Strophe etwas überreichen (selbst gemalte Bilder, Gegenstände …).

Unterrichtsverlauf

1. Einstieg

Die SuS hören das Lied (L.-Vortrag oder CD C 57) und sprechen anschließend über ihre ersten Höreindrücke. Beispiele: „Dieses Geburtstagslied ist ganz anders als die anderen. Es ist so ruhig.“; „Es werden meistens Dinge verschenkt, die man sonst nicht verschenkt.“

2. Das Lied lernen

- Die SuS hören die Play-back-CD (CD 2 Nr. 23) und summen die Melodie mit.
- Ab ca. Strophe 3 zeigt L. den Melodieverlauf mit der Hand an. Die SuS zeigen mit.
- SuS sammeln sechs Tonsilbenvorschläge. Beispiele: „na“, „no“, „de“, „le“, „mo“, „du“. Diese Tonsilben werden auf die sechs Strophen verteilt. Die SuS singen nun die Liedmelodie auf diesen Tonsilben zur Play-back-CD (CD 2 Nr. 23). Hin und wieder den Melodieverlauf mit der Hand anzeigen.
- Die SuS erhalten KV 58. Sie schneiden die Strophenbilder aus.
- Die SuS hören das Lied (CD C 57) und legen die Strophenbilder entsprechend der Strophenreihenfolge auf ihren Tisch. Zur Bestätigung hören sie das Lied erneut.
- Die SuS kleben die Strophenbilder in KV 59 ein.
- L. spricht die Schlüsselwörter („Regenbogen“, „Seifenblasen“, „weiße Wolke“, „Kieselstein“, „Luftballon“, „Kuchenherz“) im für die Liedmelodie charakteristischen, punktierten Rhythmus vor (punktierte Viertelnote). Die SuS sprechen nach. Ggf. können L. oder einige Kinder den Grundschlag klatschen:

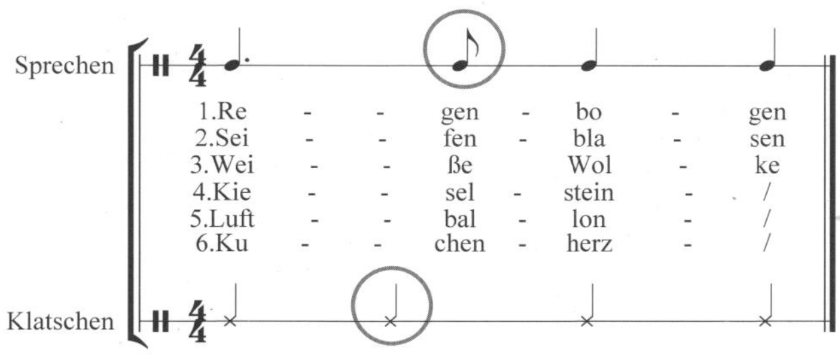

- Um die SuS zu einer sicheren Ausführung der punktierten Viertelnote zu führen, muss ihnen das Verhältnis Grundschlag – Punktierung bewusst gemacht werden. Dabei kommt es vor allem auf das Klatschen auf die Zählzeit 2 und die darauffolgende, etwas später gesprochene Achtelnote an.
- Diese Schlüsselwörter mehrmals deutlich und präzise rhythmisiert sprechen.
- L. spricht den gesamten Text der ersten Strophe, SuS sprechen mit.
- Die SuS suchen nach Gehör die punktierte Viertelnote an anderen Stellen (Takt 1, 3, 5, 7).
- Mithilfe der Strophenbilder (KV 59) werden nun die weiteren Strophen gesprochen.
- Evtl. können zur Übung die Strophen auf sechs Gruppen aufgeteilt werden.
- Nun das Lied singen. Da zuvor die Summ- und Tonsilbenübung gemacht wurde, werden die SuS schnell in die Melodie hineinfinden. Als Textmerkhilfe immer die Strophenbilder (KV 59) verwenden.
- Mehrmals zu CD C 57 und zu CD 2 Nr. 23 singen.

3. Den Liedtext mit Gesten und Bewegungen darstellen

- Hilfreich für die Erschließung dieses langen Textes ist auch die Einbeziehung von Gesten und Bewegungen.

Beispiele:

Strophe 1: Mit beiden Armen einen weiten Regenbogen darstellen.

Strophe 2: Das Aufsteigen von Seifenblasen mit Fingern und Händen umsetzen.

Strophe 3: Eine große Wolke mit den Händen in die Luft malen.

Strophe 4: Einen imaginären Kieselstein von der rechten in die linke Hand geben.

Strophe 5: An einer imaginären Schnur einen fliegenden Luftballon halten. Dann nach vorne reichen, so als würde man den Luftballon weitergeben wollen.

Strophe 6: Mit den Händen ein Kuchenherz in die Luft malen.

- Um die Darstellung noch eindrucksvoller zu gestalten, können auch Materialien hinzugenommen werden. 2 bis 3 Kinder können Seifenblasen machen, die Wolken können mit weißen Chiffontüchern dargestellt werden, ein Kieselstein kann weitergereicht werden usw. Die SuS in Ruhe Ideen zur Gestaltung mit Materialien entwickeln lassen.

4. Ein Ständchen einüben

- Die Blockflötenmelodie übernimmt ein spielsicheres Kind. Diese Melodie kann auch mit einem anderen Melodieinstrument (Keyboard, Violine …) gespielt werden.
- Die Metallofonstimme kann aufgeteilt werden (Kind A spielt die obere, Kind B die untere Stimme).
- Die Metallofon- und Xylofonstimmen werden von allen SuS eingeübt, unabhängig davon, ob sie sie spielen werden oder nicht. Dadurch können alle SuS jederzeit einspringen und sie haben vor allem den Lernprozess mitgemacht.
- Anregungen zum Einüben der Metallofon- und Xylofonstimme s. DmG S. 10 ff.

23. Sommer

Überblick

- Ein Sommerlied kennenlernen
- Grafisch notierte Melodieteile vergleichen und den Textteilen zuordnen

Organisation

- CD D 1
- CD 2 Nr. 24
- Folie 45

Anmerkung

Um die Singkompetenz und die Intonationssicherheit der SuS zu erhöhen, sollte immer, wenn es sich anbietet, vertiefend an einem Lied gearbeitet werden. Es gilt, Tonvorstellungen im Gedächtnis der Kinder zu verankern. Dieser langwierige Prozess kann gut durch Visualisierung (grafische Notation, Balkennotation) unterstützt werden.

„Trarira, der Sommer, der ist da!", dieses bekannte Sommerlied aus der Pfalz, eignet sich dafür sehr gut: Es hat drei gut erkennbare Teile. Und Teil 1 und 3 sind rhythmisch identisch, melodisch aber verschieden. Damit können die SuS gut vergleichend arbeiten.

Unterrichtsverlauf

1. Einstieg

- Die SuS beschreiben das Bild im SB S. 132 oder auf Folie 45.
- Ausgehend von dieser Beschreibung sprechen die SuS über den Sommer (Aktivitäten, Stimmung, Natur usw.).

2. Das Lied lernen

- L. singt die erste Strophe des Liedes vor und zeigt den Melodieverlauf mit der Hand an. Die SuS singen und zeigen mit.
- Ggf. muss auf die Schlusswendung („… der Sommer, der ist da!") im langsamen Tempo und betont singend gesondert eingegangen werden.
- Die erste Strophe zur Play-back-CD (CD 2 Nr. 24) singen.
- Nun spricht L. den Text der Strophen 2 und 3 im Melodierhythmus vor. Die SuS sprechen nach und nach mit.
- Den Melodieverlauf mit der Hand anzeigend, singen L. und SuS die Strophen 2 und 3.
- Abschließend singen die SuS mehrmals das gesamte Lied, auch zu CD D 1 und zu CD 2 Nr. 24.

3. Die Liedteile A, B und C vergleichen und Unterschiede herausstellen

- Die SuS hören das Lied (CD D 1 oder L.-Vortrag) mit der Aufgabe, das Lied in Teile einzuteilen. Die Antworten sind erfahrungsgemäß sehr divergent: Von 3 bis 6 Teilen lauten die Angaben.
- Die SuS singen nun das Lied und achten dabei auf ihre Atmung. Entsprechend der Atemzeichen teilen die SuS das Lied in der Regel in vier Teile ein.
- Nun singen die SuS die erste Strophe im langsamen Tempo und zeigen dabei den Melodieverlauf mit der Hand an. Die SuS achten besonders auf die Textzeile „Wir wollen in den Garten und woll'n des Sommers warten." Sie stellen dabei mithilfe ihrer Handbewegungen fest, dass sich die Melodie wiederholt. Daher handelt es sich hier nur um einen Melodieteil. Ergebnis: Das Lied hat die Teile A, B und C.
- Die SuS beschreiben insbesondere die Melodieteile A und C. Hilfreich kann es auch sein, dass die SuS die Melodieteile grafisch notieren.

  Beispiel:

  Teil A und C sind rhythmisch gleich, melodisch aber unterschiedlich. Die ersten drei Töne bilden einen Bogen. Der zweite Melodieteil geht am Ende aufwärts.

  Rhythmisch wie Teil A, melodisch unterschiedlich. Die ersten drei Töne gehen aufwärts. Im zweiten Melodieteil geht der Melodieverlauf am Ende abwärts.

4. Die grafisch notierten Melodieverläufe den Textteilen zuordnen

- Mit dem bisher erlangten Wissen über das Lied betrachten die SuS die Balkennotation im SB S. 132 bzw. auf Folie 45.
- Zur Heranführung an die Notation singen die SuS die abgebildeten Melodieverläufe auf Tonsilben („na", „la", „no" usw.). Ggf. können die SuS den Melodieverlauf auch mit der Hand anzeigen.
- Die SuS stellen fest, dass die obere Balkennotation dem C-Teil und die untere Balkennotation dem A-Teil des Liedes entspricht.
- Abschließend das Lied mehrmals singen, auch zur Play-back-CD (CD 2 Nr. 24).

Summ, summ, summ

Überblick

- Ein Sommerlied kennenlernen
- Lautspiele mit unterschiedlichen Konsonanten durchführen
- Lautstärke und Tonhöhe verändern
- Ein themenbezogenes Musikstück hören und über die Höreindrücke sprechen

Organisation

- CD D 2, 3
- CD 2 Nr. 25
- AH 1 S. 24
- AH 2 S. 21

Anmerkung

Laut- und Stimmspiele machen den SuS am meisten Spaß, wenn sie in einen Gesamtkontext eingebunden werden. Ausgehend vom Lied „Summ, summ, summ", das einige SuS bestimmt schon kennen, folgen dann mithilfe der Bilder 1 bis 4 im SB S. 133 unterschiedliche Bienen-Lautspiele.

Abschließend hören die SuS den „Hummelflug" (CD D 3) von Nikolaj Rimskij-Korsakow (1844 – 1908). Dieses weltbekannte Stück ist Teil der Oper „Das Märchen vom Zaren Saltan" (1899). Die Komposition stellt, deutlich von der Solovioline getragen, eine Hummel dar, die hektisch durch die Luft schwirrt.

Es ist für die SuS bestimmt von Interesse, wenn L. erwähnt, dass die Violine in der Aufnahme (D 3) von David Garrett gespielt wird. David Garrett hatte damit von Mai 2008 bis April 2010 einen Eintrag im Guiness-Buch der Rekorde als schnellster Geiger. In einer Fernsehshow in England spielte er den „Hummelflug" fehlerfrei in nur 65,25 Sekunden, was umgerechnet 13 Noten pro Sekunde bedeutet.

Unterrichtsverlauf

1. Einstieg

Die SuS hören das Lied (CD D 2 oder L.-Vortrag) und äußern sich spontan dazu. Impulse: „Habt ihr schon mal Bienen genau beobachtet?"; „Was könnt ihr über Bienenwaben erzählen?"; „Mögt ihr Honig?"

2. Das Lied lernen

- Dieses einfache Lied kann schnell gelernt werden. Daher kann L. sofort mit dem Singen der ersten Strophe beginnen. Die SuS singen nach und nach mit.
- In den Strophen 2 und 3 spricht L. zunächst nur jeweils die zweite Zeile im Melodierhythmus vor („Such in Blumen, such in Blümchen, dir ein Tröpfchen, dir ein Krümchen!"; „Kehre heim mit reicher Habe, bau uns manche volle Wabe!"). Die anderen Zeilen kennen die SuS schon von Strophe 1. Die SuS sprechen mit.
- Nun das gesamte Lied mehrmals singen, auch zu CD D 2 und zur Play-back-CD (CD 2 Nr. 25).
- Vertiefend kann AH 2 S. 21 bearbeitet werden. Lösung: L AH 2 S. 300/S. 325. Zuträglich ist es, wenn zuvor die Unterrichtseinheit „Experimentieren mit Klangobjekten" (insbesondere SB S. 70) umgesetzt wurde.

3. Lautspiele gestalten

- Die SuS imitieren mit ihren Stimmen den Flug einer Hummel.

  Impulse: „Die Hummel kommt näher …"; „Die Hummel fliegt ganz weit entfernt von uns, wir können sie gerade noch sehen …"; „Die Hummel fliegt Wellenlinien: rauf und runter …"; „Probiert mal die Hummelstimme mit „w" … mit „n" … mit „sch"."
- Die SuS beschreiben die Bilder 1 bis 4 im SB S. 133. Sie stellen einen Bezug zu der gerade durchgeführten Übung her. Im Detail stellen sie außerdem fest, dass unterschiedliche Hummelflugbahnen dargestellt werden.
- In Partnerarbeit oder in Dreiergruppen erarbeiten die SuS die Bilder 1 bis 4. Es kann hilfreich sein, dass ein Kind die Fluglinie im SB mit dem Finger anzeigt, das andere Kind (bei Dreiergruppen die anderen Kinder) gestaltet mit der Stimme.
- Die SuS zwei- bis dreimal im Plenum versammeln, um Zwischenergebnisse abzufragen. Dabei auf eine exakte Umsetzung von hoch und tief, laut und leise achten. Bei Bild 4 beispielsweise kommt die Biene von weit her (leise), nähert sich dem Kind (lauter werdend), fliegt am Kind vorbei (laut) und entfernt sich dann (leiser werdend).
- Auf die richtige Atmung achten. Die SuS sollen in den Bauch, nicht in den Brustkorb einatmen. Darüber hinaus ist es wichtig, dass die SuS nicht die Schultern hochziehen (vgl. SB S. 26).
- Die SuS bearbeiten AH 1 S. 24. In Partnerarbeit zeichnen die SuS in ein vorgegebenes Bild selbst erdachte Hummel-Flugrouten ein und setzen sie anschließend stimmlich um.

4. Ein Vor-, Zwischen- und Nachspiel mit Bienengeräuschen erfinden

- Nachdem die Ergebnisse der Zweier- oder Dreiergruppen vorgestellt wurden, sprechen die SuS über ein Vor-, Zwischen- und Nachspiel zum Lied.
- Neben den Stimmgeräuschen erproben sie auch Kazoos und mit Papier umwickelte Kämme.
- Mögliche Gestaltung:

Vorspiel	Lautspiele, z. B. Bild 3
Strophe 1	Singen
Zwischenspiel 1	Lautspiele, z. B. Bild 4
Strophe 2	Singen
Zwischenspiel 2	Lautspiele, z. B. Bild 1 und 2
Strophe 3	Singen
Nachspiel	Mit Kazoo und Kamm, Stimme leiser werdend

5. Den „Hummelflug" hören

- Die SuS hören den „Hummelflug" (CD D 3) ohne Vorankündigung.
- In der Regel gelingt es den SuS sofort, einen Bezug zum Lied („Summ, summ, summ") und zu den Lautspielen herzustellen.
- Die SuS hören das Musikstück (CD D 3) erneut und verfolgen den auf- und abführenden Melodieverlauf (Solovioline) mit der Hand. Sie beschreiben daraufhin, dass es sich um eine sehr unruhig umherfliegende Hummel handelt. Diese Aussage begründen die SuS mit dem schnellen Tempo des Stücks, mit den Lautstärkeunterschieden und mit dem Melodieverlauf (vgl. Handbewegungen).
- Evtl. Gespräch über die hohe Anforderung an die Musiker, insbesondere an den Soloviolinisten, Gespräch über David Garrett usw.

Überblick

- Ein Sommerlied kennenlernen
- Eine Klanggestaltung zum Thema Sommer mit Klangmaterialien, Instrumenten und Stimme erfinden
- Mit ausgewählten Instrumenten nach den Strophen kurze Klangeinlagen spielen
- Eine Gesamtpräsentation nach einem Ablaufplan ausführen

Organisation

- CD D 4
- Für die Klanggestaltung: Klanghölzer, Metallofon, Handtrommel, Triangel, Kazoo, Kamm, Papier
- Für die Klangeinlagen: Glockenspiel, Klanghölzer, Triangel, Handtrommel

Anmerkung

Dieses Wiesenkonzert greift viele Themenschwerpunkte des Musikunterrichts auf: Stimmexperimente, Klanggestaltungen mit Instrumenten und Materialien, Instrumentalspiel und Gesang.

Unterrichtsverlauf

1. Einstieg

- Die SuS beschreiben das Bild im SB S. 134.
- Gespräch über Geräusche auf einer Sommerwiese (diverse Insekten, leichter Wind, evtl. Bach …).

2. Ein Wiesenkonzert gestalten

- Einzelne SuS erhalten Instrumente und Klangmaterialien (s. Organisation) und erproben mit ihnen Tiergeräusche exemplarisch im Plenum.
- Andere SuS erzeugen im Plenum exemplarisch Tierstimmengeräusche. Anregungen dafür können dem Bild im SB S. 134 entnommen werden, z.B.: „Versuche die Geräusche eines Grashüpfers mit der Stimme zu imitieren."
- Um den Ideenreichtum der SuS zur Entfaltung zu bringen, werden die SuS in Gruppen von 3 bis 5 Kindern aufgeteilt. Im Wechsel experimentieren sie mit den Instrumenten, den Materialien und ihren Stimmen. Anregungen zur Gruppenarbeit s. DmG S. 26 f.
- Die Gruppen präsentieren ihre Ergebnisse.
- Mit dem Metallofon können einige SuS die angegebene Melodie spielen oder frei auf den Tönen d, g und h spielen.
- Diese Ergebnisse stellen schon einzelne Komponenten des Wiesenkonzerts dar. Die SuS besprechen nun einen möglichen Ablauf des Wiesenkonzerts.

  Beispiel:

Windgeräusche mit Handtrommel	etwas lauter werdend	leiser werdend			Windgeräusche (Handtr. und Stimme), lauter werdend		Windgeräusche (Handtr. und Stimme), leiser werdend
	Melodie (Metallofon) setzt ein.	weiter		Melodie (Metallofon)	weiter		Melodie (Metallofon), leiser werdend
	Grashüpfergeräusche leise		Grashüpfergeräusche, laut				Grashüpfergeräusche, leiser werdend
		Käfer- und Eidechsengeräusche			Käfer- und Eidechsengeräusche		
			Klappern mit Klanghölzern				Klappern mit Klanghölzern
				leise Triangelklänge		leise Triangelklänge	

3. Das Lied lernen

- Die SuS hören den Refrain des Liedes („Zwei Mauseohren …") (L.-Vortrag oder CD D 4) und singen nach und nach mit.
- Die Tonsprünge (= Intervalle) h' – d' (Takt 1 „Oh – ren") und h' – a' (Takt 2 „gern, ins") müssen gesondert geübt werden. Dabei kann die Fünf-Finger-Methode (s. DmG S. 5 ff.) helfen.
- Das Erreichen und Halten (punktierte Viertelnote) des h' in den Takten 2 und 3 sollte ebenfalls mit verschiedenen Übungen unterstützt werden: das Anzeigen des Melodieverlaufs, den Melodieverlauf mit einer Körperbewegung umsetzen (z. B. sich strecken) … Dabei immer auf die richtige Zwerchfellatmung achten. Nicht in den Brustkorb einatmen.
- Die SuS lesen die Strophen 1 bis 4 im SB S. 135. Die Abbildungen unterstützen das Textverständnis.
- Die SuS hören das Lied (CD D 4) und singen mit. Nachdem die SuS einen ersten Überblick über das Lied erhalten haben, können die Strophen auf mehrere Kinder verteilt werden.
- Erneut zu CD D 4 und/oder L.-Begleitung singen.

4. Die Klangeinlagen nach den Strophen gestalten

- Die SuS hören erneut die Musik (CD D 4) und achten auf die Klangeinlagen nach den Strophen. Im Nachgespräch nennen die SuS einige der Instrumente, die zu hören waren. Darüber hinaus beschreiben sie Merkmale dieser Klangeinlagen: „Man spielt frei."; „Es sind Klänge."
- L. legt eine Handtrommel, eine Triangel, Klanghölzer und ein Glockenspiel auf einen Tisch.

  Impuls: „Ihr hört die Musik erneut. Stellt dabei fest, in welcher Reihenfolge die Instrumente auftreten." Ergebnis: Klanghölzer, Handtrommel, Triangel, Glockenspiel.
- Die SuS betrachten im SB S. 135 und bestätigen die Reihenfolge der Instrumente.
- Die grafischen Zeichen geben Hinweise zur Gestaltung der Klangeinlagen.
- Die Klasse wird in 4 Gruppen geteilt. Gruppe 1 erhält Klanghölzer und spielt die Klangeinlage nach der ersten Strophe, Gruppe 2 erhält Handtrommeln und spielt die Klangeinlage nach der zweiten Strophe, Gruppe 3 ist mit den Triangeln für die Klangeinlage nach der dritten Strophe zuständig und Gruppe 4 spielt mit Glockenspielen nach der vierten Strophe.
- Auf leises und ruhiges Spielen hinweisen. Zur Spielweise ggf. die Vorschläge im SB S. 135 besprechen und ausprobieren.
- Die Klangeinlagen zu CD D 4 spielen. Einzelne SuS fungieren als Sprecher („Ein dicker Käfer …").
- Zuträglich ist es, wenn insgesamt viermal zur CD D 4 gespielt wird, wobei die Instrumente jedes Mal weitergereicht werden.

5. Den Ablaufplan einbeziehen

- Die SuS hören CD D 4 und verfolgen dabei den Ablaufplan im SB S. 135. Als Orientierungshilfe nennt L. entsprechend der fortlaufenden Musik die jeweiligen Buchstaben (A, B, C …).
- Die SuS übernehmen unterschiedliche Rollen, z. B.:

  6 Kinder: Wiesenkonzert
  10 Kinder: Gesang (Refrain)
  4 Kinder: Sprecher (Strophen)
  4 Kinder: Klangeinlagen
  1 Kind: Sprecher Schluss (Spalte L)
- Beim Proben mit dem Ablaufplan muss gesondert auf die Spalten I, J und K eingegangen werden, denn oft wissen die Instrumentalisten nicht, wann sie einsetzen sollen (Klanghölzer bei I, Triangel bei J und Handtrommel bei K). Um die Übergänge ansprechend zu gestalten, kann ein Signal vereinbart werden. Dieses Signal kann ein Blickkontakt sein, eine bestimmte abschließende Spielweise o. Ä. Es kann ggf. auch ein Dirigent eingesetzt werden, der den Ablaufplan während des Singens und Musizierens mitzeigt. Hier müsste der Ablaufplan allerdings auf ein Plakat gezeichnet werden.
- Abschließend spielen und musizieren die SuS das gesamte Wiesenkonzert nach dem Ablaufplan.

Überblick

- Pflanzen- und Tiernamen rhythmisch sprechen
- Pflanzen- und Tiernamen grafischen Bausteinen (= Balkennotation) zuordnen
- Mit weiteren Pflanzen- und Tiernamen Sprechstücke erfinden, notieren und vortragen

Organisation

- AH 2 S. 22
- KV 60 bis 63
- Folie 46
- Schere, Kleber
- Magnettafel, Magnete

Anmerkung

In dieser Unterrichtseinheit sollen die SuS Begriffe mit grafischen Notationen verbinden. Es ist eine neue Aufgabe, die aber durchaus auf das schon vorhandene Wissen der SuS zurückgreift und aufbaut. Die SuS haben schon Wörter rhythmisiert, mit Balken gearbeitet und sogar die kombinierte Balken-Noten-Notation kennengelernt und angewendet (z.B. SB S. 24, 25, 68, 69, 124, 125). In einem kreativen Arbeitsprozess wenden die SuS Gelerntes aktiv und selbstständig an.

Ob der Inhaltsschwerpunkt dieser Unterrichtseinheit von den SuS tatsächlich verstanden wurde, kann gut mit Aufgabe 3 überprüft werden, in der es um das Erfinden und Notieren eigener Sprechstücke geht.

Bei dieser Unterrichtseinheit findet der Lernprozess auf vielfältige Weise in den Bereichen Ergebnissicherung, Anschaulichkeit und Förderung der Kreativität statt.

Unterrichtsverlauf

1. Einstieg

- L. spricht die Pflanzen- und Tiernamen rhythmisch vor, SuS sprechen nach. Bei Bedarf auch klatschen.

  Impuls: „Sucht weitere Pflanzen- und Tiernamen und sprecht sie rhythmisch vor." Die SuS tragen spontan eigene Beispiele vor, L. und SuS sprechen nach.
- L. kündigt an, dass in diesem Sinne weitergearbeitet werden soll.

2. Die Pflanzen- und Tiernamen den grafischen Bausteinen (= Balkennotation) 1 bis 4 zuordnen

- Nachdem die SuS einen Einblick in einen der Arbeitsschwerpunkte dieser Unterrichtseinheit in der Einstiegsphase erhalten haben, betrachten sie im SB S. 136 oder Folie 46. Dabei sollte L. den SuS genug Zeit lassen und mit gezielten Impulsen die Entdeckung der Zusammenhänge ermöglichen.
- Die SuS werden feststellen, dass Pflanzen- und Tiernamen und Balkennotation zusammengehören, aber auf der SB-Seite ungeordnet sind.
- Die SuS lesen die unter den Bildern stehenden Pflanzen- und Tiernamen.
- L. spricht die Pflanzen- und Tiernamen rhythmisch vor, SuS sprechen nach. Dazu kann auch geklatscht werden.
- Zur Festigung und Vorbereitung der Zuordnung der Pflanzen- und Tiernamen zu den grafischen Bausteinen (= Balkennotation) bietet es sich an, dass L. oder ein Kind einen Begriff vorklatscht und die anderen müssen dann herausfinden, um welchen Pflanzen- oder Tiernamen es sich handelt.
- Die SuS beschreiben die grafischen Bausteine 1 bis 4 und vergleichen sie miteinander. Kriterien sind die Anzahl der Balken pro Baustein und die Länge der Balken.
- Zur Vertiefung KV 62 bearbeiten.

Erweiterung

- AH 2 S. 22 bearbeiten.
- Dann auf KV 63 die grafischen Bausteine den Notenwerten zuordnen.
- Zur Förderung einer noch höheren Eigeninitiative bearbeiten die SuS KV 60 in Partnerarbeit und kleben die Bilder, die grafischen Bausteine und die Notenbausteine in KV 61 ein.

Überblick

- Ein Sommer-Sprechstück kennenlernen
- Viertaktige Zwischenspiele mit Körperinstrumenten erfinden
- Eine rhythmische Begleitung mit der Stimme ausführen
- Eigene Sprechstücke erfinden

Organisation

- CD D 5
- KV 64

Anmerkung

Reizvoll an dieser Unterrichtseinheit ist das Erfinden selbst erdachter Zwischenspiele und deren Einbau ins Sprechstück.

Durch das Erlernen des Sprechstücks verfügen die SuS über ein gutes Repertoire an Rhythmusbausteinen. Das erleichtert ihnen dann das Erfinden eigener Zwischenspiele.

Die stimmliche Begleitung ist wichtig, weil sie beim Vortrag für Orientierung sorgt. Darüber hinaus ergibt sich dadurch eine ansprechende Abgrenzung zu den selbst erdachten Zwischenspielen, die ja nur mit Körperinstrumenten ausgeführt werden.

Die Notation des Sprechstücks erfolgt in einer kombinierten Noten-Balken-Notation. Die SuS können beim Erlernen des Sprechstücks die Balkennotation oder die traditionelle Notation verwenden. Da zumindest die Balkennotation den SuS aus den Unterrichtseinheiten der S. 24, 25, 68, 69, 124, 125 und 136 vertraut ist, kann die Erarbeitung des Sprechstücks den SuS durchaus in Eigenregie überlassen werden.

Unterrichtsverlauf

1. Einstieg

- Die SuS hören das Sprechstück (CD D 5) und äußern spontan ihre ersten Höreindrücke.
- In einem vertiefenden Gespräch soll deutlich werden, dass es sich um ein Sprechstück handelt (also kein Gesang) und dass das Sprechstück aus drei unterschiedlichen Teilen besteht.

2. Das Sprechstück lernen

- Die SuS betrachten im SB S. 137.
- Da sich die SuS mit der Balkennotation schon auskennen, sollte durchaus der Versuch unternommen werden, das Sprechstück von den SuS in Eigenarbeit zu erschließen.
- Im Plenum besprechen die SuS die Notation. Äußerungen sofort an einem Beispiel umsetzen, da so die Aussagen auf musikalischer Ebene überprüft werden können. Mögliche Ergebnisse:
  „Es gibt zwei unterschiedlich lange Balken."
  „Die kurzen Balken werden kurz, die langen Balken lang gesprochen."
  „Weiße Balken sind Pausen."
- Anschließend ein vertiefendes Gespräch über die Noten über den Balken. Auch hier gelten die Parameter kurz – lang – Pause und deren Umsetzung in Symbole (hier: traditionelle Notation). Dieser Schritt ist wichtig, weil damit eine Eingewöhnung im Umgang mit der traditionellen Notation erfolgt. Außerdem wird den SuS dadurch die Möglichkeit eröffnet, das Sprechstück nicht nur über die Balkennotation, sondern auch über die traditionelle Notation zu erarbeiten.
- KV 64 bearbeiten.
- Die Klasse in sechs Gruppen aufteilen. Zwei Gruppen erarbeiten den ersten, zwei Gruppen den zweiten und zwei Gruppen den dritten Sprechteil.
- Bevor die SuS an die Gruppenarbeit gehen, sollten Arbeitshilfen im Plenum besprochen werden, z. B.:
  - Einen Einzähler wählen.
  - Der Einzähler zählt „1 – 2, 1 – 2."
  - Hilfreich ist es, wenn die SuS mit dem Fuß den Grundschlag leise mitklopfen.
- Um den Bezug Zählen (= Grundschlag) – Sprechen sichtbar zu machen, bearbeiten die SuS KV 64. Unter den Notationen sind Füße abgebildet. Die SuS malen diese Füße aus. Dadurch erkennen sie Folgendes:
  - Die langen Balken (= Viertelnoten) passen genau zu einem Schlag.
  - Auf einen Schlag kommen zwei kurze Balken (= zwei Achtelnoten).
  - Die Pause (= Viertelpause) hat die Länge eines Schlages.
  - Jeder Teil wird wiederholt. Das bedeutet, dass die Übergänge Schluss – Anfang geübt werden müssen.
- Mit diesen Arbeitshilfen, die auch an Beispielen (z. B. Einhaltung der Pausen in Takt 5 und 6 zeigen) verdeutlicht werden, gehen die SuS zur Gruppenarbeit über. Anregungen s. DmG S. 26 f.
- Die Gruppen präsentieren ihre Ergebnisse.

3. Die Begleitung einüben und einbeziehen

- L. und SuS sitzen im Kreis. L. stampft mit dem Fuß (Zählzeit 1: „bum") und klatscht (Zählzeit 2: „tschak"). Die SuS machen mit.
- L. und SuS sprechen die Begleitung (s. SB S. 137 unten) „bum" – „tschak" gemeinsam. Nach und nach das Stampfen und Klatschen einstellen. Die Begleitung ist nur eine Stimmbegleitung. Das Stampfen und Klatschen könnte zu Interferenzen bei den Zwischenspielen (nur Körperinstrumente!) führen.
- Dabei auf Tempoeinhaltung achten. Es kann helfen, wenn L. mit einer Handtrommel den Grundschlag übernimmt. Die SuS können mit dem Fuß den Grundschlag ebenfalls mitklopfen.
- Zuträglich ist es auch, wenn die SuS durch den Raum gehen und dabei die Begleitung „bum" – „tschak" sprechen. Dadurch finden sie ihr eigenes „Klassentempo", das dann auch übernommen werden sollte.
- Die SuS sprechen die Begleitung „bum" – „tschak", L. spricht dazu das Sprechstück. Somit haben die SuS eine klare Zielvorstellung.
- Einzelne SuS übernehmen die Begleitung. Die anderen Kinder sprechen das Sprechstück. Dabei die Gruppenaufteilungen beibehalten.

4. Viertaktige Zwischenspiele auf Körperinstrumenten erfinden

- Angeregt durch die Begleitung („bum" – „tschak"), die mit Stampfen und Klatschen eingeübt wurde, erfinden die SuS viertaktige Zwischenspiele in Gruppenarbeit.
- Mit den SuS besprechen, dass nur Körperinstrumente (klatschen, patschen, stampfen, schnipsen …) und keine Stimme eingesetzt werden sollen.
- Dabei ist es wichtig, dass die SuS in ihren Gruppen einen Einzähler wählen und beim Erfinden immer mitzählen.

  Mögliche Ergebnisse:

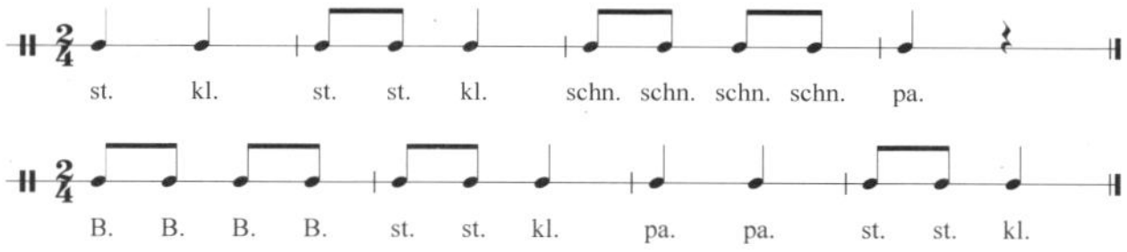

st.: stampfen mit einem Fuß
kl.: klatschen
schn.: schnipsen
pa.: patschen
B.: abwechselnd links und rechts seitlich an den Bauch patschen

5. Gesamtvortrag

- Die Sprechteile, die Begleitung, das Vor- und Zwischenspiel auf Gruppen verteilen.
- Entsprechend der Vorgabe im SB S. 137 spielen die SuS wie folgt:
  1. Vorspiel, bestehend aus der Begleitung („bum" – „tschak"), 4 Takte
  2. Sprechen („Diese Hitze …"), Begleitung dazu
  3. Zwischenspiel 1, Körperinstrumente, Begleitung dazu
  4. Sprechen („Sonnenschein …"), Begleitung dazu
  5. Zwischenspiel 2, Körperinstrumente, Begleitung dazu
  6. Sprechen („Affenhitze …"), Begleitung dazu
  7. Nachspiel, nur Begleitung, leiser werdend

6. Eigene Sprechstücke erfinden

- Um Überforderung zu vermeiden, sollten die Zwischenspiele, die Begleitung und der Aufbau beibehalten werden. Die SuS erfinden lediglich achttaktige Sprechstücke, die dann auch wiederholt werden können.
- Auch hier bietet sich Gruppenarbeit an. Anregungen dazu s. DmG S. 26 f.
- Jede Gruppe muss einen Einzähler festlegen.
- SuS, die nicht auf Anhieb auf neue Ideen kommen, können das Vorhandene umgestalten. Beispiele: Eine schon vorhandene Strophe umtexten. Vorhandene Strophen kombinieren (Rhythmus) und mit einem neuen Text versehen. Rhythmische Anregungen aus den vorhandenen Zwischenspielen für die Gestaltung neuer Strophen entnehmen.
- Im Plenum sammeln L. und SuS Themen, z. B. Winter, Schule, Freundschaft …
- Nachdem die Gruppen ihre achttaktigen Sprechstücke vorgestellt haben, wählt die Klasse drei bis vier Stücke davon aus, die dann gemeinsam mit der schon vorhandenen Begleitung und den schon vorhandenen Zwischenspielen vorgetragen werden.

Überblick

- Ein Ferienlied kennenlernen
- Ein Lied mit Instrumenten begleiten

Organisation

- CD D 6
- CD 2 Nr. 26
- Xylofon, Bassklangstäbe

Anmerkung

„Endlich wieder Ferien!“ – wer hat das nicht schon erfreut ausgerufen!

Dieses schmissige Lied von Roland Leibold passt genau zu der ausgelassenen, fröhlichen Stimmung am letzten Schultag.

Unterrichtsverlauf

1. Einstieg

- SuS hören das Lied (L.-Vortrag oder CD D 6).
- SuS fassen den Inhalt des Liedtextes zusammen.
- Vom Liedtext ausgehend, berichten SuS über alles, was sie mit dem Thema Ferien in Verbindung bringen (Erwartungen, eigene Erlebnisse, Stimmung, Gefühle, Pläne usw.).

2. Das Lied lernen

- L. singt die erste Liedstrophe abschnittsweise vor und zeigt den Melodieverlauf mit der Hand an. Die SuS singen nach und nach mit und zeigen ebenfalls den Melodieverlauf an.
- Schwierigkeiten bezüglich der Intonation könnten den SuS die Takte 7 und 8 bereiten. Hier muss L. sehr langsam und betont vorsingen und den Melodieverlauf anzeigen.
- Hilfreich ist es auch, wenn L. beide Takte sichtbar macht. Dazu hängt L. drei selbst angefertigte, unterschiedliche Melodieverläufe an die Tafel. Die SuS singen mehrmals beide Takte und zeigen den Melodieverlauf mit der Hand an. Schließlich finden sie heraus, welches der richtige Melodieverlauf an der Tafel ist.

Beispiel 1: 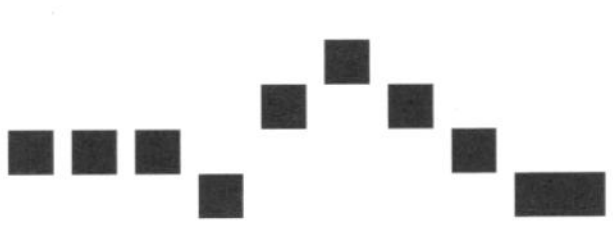

Beispiel 2: 

Beispiel 3: 

Lösung: Beispiel 1.

- Die erste Strophe nun mehrmals singen, auch zur Play-back-CD (CD 2 Nr. 26).
- Nun lesen die SuS die Strophen 2 und 3.
- L. und SuS sprechen die Strophen 2 und 3 mehrmals im Melodierhythmus. Nach und nach in den Gesang übergehen.
- Das Lied mehrmals zu unterschiedlicher Begleitung singen (L.-Begleitung, CD D 6 und CD 2 Nr. 26).

3. Das Lied mit Instrumenten begleiten

- L. schreibt die Tonnamen der Xylofon- und der Bassklangstäbebegleitung an die Tafel:

  Xyl: d e d e | d e d e | g a g a | d e d e |
  a h a h | g a g a | d e d e | g - - - ||

  Bass: g - g - | g - g - | c - c - | g - g - |
  d - d - | c - c - | a a d d | g - - - ||

- L. und SuS hören die Play-back-CD (CD 2 Nr. 26). Dazu klatschen sie den Rhythmus der Xylofonbegleitung und sprechen die Tonnamen dazu.
- Genauso mit der Bassklangstäbebegleitung verfahren.
- Oft tendieren die SuS dazu, die Xylofonbegleitung im doppelten Tempo (Achtel- statt Viertelnoten) zu begleiten. Um das zu vermeiden, sprechen alle SuS „Fe - rien“ im Tempo des Liedes (also in Viertelnoten) und klatschen dazu (auch in Viertelnoten). L. singt dazu den Text der ersten Zeile. Dabei wird den SuS deutlich, dass beispielsweise bei „End - lich wie - der ...“ nur bei „End -“ und bei „wie -“ gesprochen/geklatscht wird. Genauso wichtig ist aber die Erfahrung, dass das Wort „Fe - rien“ genau mit dem Klatschen/Sprechen der SuS übereinstimmt (Viertelnoten). Diese beiden Erkenntnisse geben den SuS große Sicherheit.
- Bei der Bassklangstäbebegleitung muss gesondert auf die Takte 7 und 8 eingegangen werden. Hier hilft mehrmaliges Sprechen und Klatschen.
- Die Klasse wird aufgeteilt. Zur Play-back-CD (CD 2 Nr. 26) spricht und klatscht eine Klassenhälfte die Xylofonbegleitung, die andere Klassenhälfte spricht und klatscht die Bassklangstäbebegleitung. Dann wird gewechselt.
- Die SuS üben nun die instrumentale Begleitung im Plenum ein. Anregungen dazu s. DmG S. 15 ff.

Überblick

- Ein Lied über den Löwenzahn kennenlernen
- Mit Glockenspielen pentatonisch improvisieren
- Die Improvisationen als Vor-, Zwischen- und Nachspiel zum Lied einsetzen
- Zum Lied eine Bewegungsgestaltung mit Materialien erfinden

Organisation

- CD D 7
- CD 2 Nr. 27
- Glockenspiele
- Dünne Fäden
- Weiße und gelbe Chiffontücher
- Ausreichend Platz für die Bewegungsgestaltung

Anmerkung

Die SuS sollen mit vorgegeben Tönen improvisieren und auf dieser Grundlage ein Vor-, Zwischen- und Nachspiel erfinden. Wichtig ist, den SuS viel Zeit zum Ausprobieren an den Glockenspielen zu lassen. Insbesondere das Nachspiel bietet sich hier gut an, da können die SuS mit viel Zeit (Zwischenspiele engen hier ein) improvisieren und Melodien entstehen lassen.

Die vorgegebenen Töne für die Improvisation sind pentatonisch, d. h. spielt man auf diesen Tönen, wird es immer „passen". Zum Lied passt es ebenfalls, denn der Refrain weist auch diese Pentatonik auf.

Unterrichtsverlauf

1. Einstieg

- L. bringt eine Pusteblume (Löwenzahn mit Fallschirmchen) mit in den Unterricht.
- In einer Art Brainstorming tragen die SuS Informationen, Wissen, Erfahrungen usw. zum Thema Pusteblume zusammen.

2. Das Lied lernen

- L. singt die ersten beiden Takte des Liedes vor („Löwenzahn, Löwenzahn"), die SuS singen nach.
- Die SuS singen leise weiter „Löwenzahn, Löwenzahn". Darüber singt L. den Refrain des Liedes. Dadurch erhalten die SuS einen ersten Einblick in die Pentatonik.
- L. singt nun die erste Strophe vor und zeigt den Melodieverlauf mit der Hand an. Die SuS singen nach und nach mit und zeigen ebenfalls den Melodieverlauf mit der Hand an.
- Die SuS schlagen im SB S. 139 auf. Sie beschreiben den Melodieverlauf an den Noten. Zur Verdeutlichung erhält jedes Kind vier dünne Fäden. Alle SuS legen vorsichtig diese Fäden über die Noten der Zeilen 1 bis 4. So können sie den Melodieverlauf des Liedes deutlich erkennen.
- Die SuS singen nun mehrmals das ganze Lied (Refrain und Strophe 1), auch zur Play-back-CD (CD 2 Nr. 27).
- Das Lied erneut singen, den Melodieverlauf mit der Hand anzeigen. Einzelne SuS legen nun die Fäden ohne Notenvorlage auf ihren Tisch. Dabei immer singen.
- Die SuS lesen die Strophen 2 und 3.
- Gemeinsames Sprechen der Strophen 2 und 3 im Melodierhythmus. Nach und nach in den Gesang übergehen.
- Zur Festigung das Lied mehrmals singen, auch zu CD D 7 und zu CD 2 Nr. 27.

3. Mit den Tönen f, g, a, c und d auf dem Glockenspiel improvisieren

- Die SuS beschreiben die Abbildung im SB S. 139 oben. Sie stellen fest, dass ein Kind auf einem Glockenspiel spielt und dabei an fliegende Löwenzahn-Fallschirmchen denkt.
- In Partnerarbeit (ein Glockenspiel für zwei Kinder) improvisieren die SuS mit den Tönen f, g, a, c und d.
- Hin und wieder darauf hinweisen, dass das Schwebende, Gleitende der fliegenden Fallschirmchen sich in den Improvisationen widerspiegeln soll.

4. Die instrumentale Begleitung einüben

- Zum Lied spielen die SuS die Begleitung im SB S. 139 auf den Glockenspielen.
- L. schreibt die Tonnamen der Begleitung an die Tafel. Die Viertelnoten, die schneller als die Halben Noten gespielt werden, müssen mit einem geringeren Abstand zueinander notiert werden. Taktstriche müssen ebenfalls mitnotiert werden.
- L. und SuS sprechen die Notennamen im Rhythmus der Begleitung und klatschen passend dazu.
- Wenn dieser Schritt sicher beherrscht wird, erfolgt die Übertragung auf die Instrumente. Anregungen s. DmG S. 15 ff.

5. Eine Bewegungsgestaltung mit gelben und weißen Chiffontüchern erfinden

- Eine Hälfte der Klasse improvisiert erneut mit den Tönen f, g, a, c und d.
- Die andere Hälfte der Klasse bewegt sich zu der Improvisation mit den Chiffontüchern frei im Raum.
- L erinnert die SuS daran, dass das Gleitende, Schwebende der Löwenzahn-Fallschirmchen in der Musik und in der Bewegung umgesetzt werden soll.
- Die SuS singen das Lied und achten insbesondere auf den Textinhalt.
- Mit dem Textinhalt als Grundlage entwickeln sie ihre Bewegungsgestaltung.

  Beispiel:

  Strophe 1: Weiße und gelbe Chiffontücher gleichmäßig auf halber Körperhöhe bewegen.

  Strophe 2: Weiße und gelbe Chiffontücher flach am Boden schwenken, bis zum Ende der Strophe alle Tücher am Boden liegen.

  Strophe 3: Alle weißen Chiffontücher schweben in eine Richtung fort.
- Beim Vorspiel agieren die SuS mit den Chiffontüchern noch nicht.
- Bei den Zwischenspielen bewegen sie sich mit den Tüchern frei durch den Raum. Im ersten Zwischenspiel nur die gelben, im zweiten Zwischenspiel nur die weißen Chiffontücher.
- Beim Nachspiel bewegen sie die Chiffontücher weiter (vgl. 3. Strophe), bis sie nach und nach auf dem Boden landen.

6. Abschluss

Das Lied mit Vor-, Zwischen- und Nachspiel, der Begleitung und der Bewegungsgestaltung mehrmals proben und ggf. zur Aufführung bringen.

24. Märchen spielen

24.

Überblick

- Ein Märchen kennenlernen
- Ein zum Märchen passendes Lied singen
- Mit Instrumenten das Lied begleiten
- Eine Melodie für ein Vor-, Zwischen- und Nachspiel erfinden
- Mit Instrumenten passend zu einem Bild eine Klanggestaltung entwickeln
- Zu einem Musikstück einen Tanz ausführen
- Eine Aufführung mit zusätzlichen Dialogen planen
- Ein Märchenspiel aufnehmen (Bild und Ton)

Organisation

- CD D 8, 9
- CD 2 Nr. 28
- AH 2 S. 23 (1702-72)
- KV 74, 88
- Melodieinstrument (z. B. Blockflöte oder Metallofon)
- Diverse Stabspielinstrumente
- Xylofon, Triangel
- Diverse Rhythmus- und Melodieinstrumente (Klanggestaltung)
- Ausreichend Platz zur Klanggestaltung und zum Tanzen
- Verkleidung
- Bildaufnahmegerät

Anmerkung

Märchen bieten zahlreiche Umsetzungsmöglichkeiten für den Unterricht. Über das Singen, Musizieren, Sprechen, Erfinden, Tanzen, Improvisieren, szenische Spielen usw. sollen die SuS in dieser Unterrichtseinheit aktiv und kreativ mit einem Auszug aus „Schneewittchen und die sieben Zwerge" umgehen.

Dieses Märchen lässt sich gut in drei Teile gliedern. Der zweite Teil wird von den SuS mit den oben aufgezählten Aktivitäten präsentiert. Die Teile 1 und 3 des Märchens kann eine kleine Gruppe von SuS zusammengefasst als Sprecher im Rahmen der Präsentation vortragen. Auch im zweiten Teil empfiehlt sich die Einbeziehung eines Sprechers/einer Sprecherin.

Zusammenfassung des Märchens „Schneewittchen und die sieben Zwerge":

Teil 1:

Es war mitten im Winter. Da saß eine Königin am Fenster und nähte. Sie stach sich dabei mit der Nadel in den Finger und es fielen drei Tropfen Blut in den Schnee. Sie dachte: „Hätt ich doch ein Kind so weiß wie Schnee, so rot wie Blut und so schwarz wie Ebenholz." Bald bekam sie ein Töchterlein und sie nannte es Schneewittchen. Als die Königin starb, nahm sich der König eine andere Frau. Diese wollte von niemandem an Schönheit übertroffen werden. Sie fragte deshalb den Spiegel: „Spieglein, Spieglein an der Wand, wer ist die Schönste im ganzen Land?" Der Spiegel antwortete: „Frau Königin, ihr seid die Schönste hier, aber Schneewittchen ist tausendmal schöner als ihr." Die Königin war voller Neid und Zorn und wollte Schneewittchen durch den Jäger töten lassen. Dieser aber hatte Mitleid mit dem um Erbarmen bittenden Mädchen und ließ es am Leben. Es lief durch den Wald und kam am Abend zu einem kleinen Häuschen. Darin war alles klitzeklein: Da stand ein Tischlein mit sieben kleinen Tellern, mit sieben Messerlein und Gäbelein und sieben Becherlein. Weil Schneewittchen so hungrig und durstig war, aß es ein wenig Gemüse und Brot von jedem Tellerchen und trank einen Tropfen Wein aus jedem Becherchen. Dann schlief es vor Müdigkeit in einem kleinen Bett ein.

Teil 2:

Als es dunkel war, kamen die sieben Zwerge, die in den Bergen nach Silber, Gold und Edelsteinen gegraben hatten, nach Hause. Sie merkten, dass jemand von ihren Tellerchen gegessen und aus ihren Becherchen getrunken hatte und waren sehr verwundert. Da sahen sie Schneewittchen und freuten sich über sie. Sie weckten es nicht auf. Als Schneewittchen am anderen Morgen aufwachte, erzählte sie den Zwergen alles, was sich zugetragen hatte. Sie durfte bei ihnen wohnen und sie kümmerten sich fürsorglich umeinander.

Teil 3:

Als die Königin wieder den Spiegel befragte, sagte ihr dieser, dass Schneewittchen bei den sieben Zwergen hinter den Bergen lebte. Die Königin verkleidete sich als Krämerin und verkaufte Schneewittchen einen Schnürriemen, den sie ihm so eng band, dass es bewusstlos wurde. Doch die Zwerge retteten es, als sie nach Hause kamen. Da versuchte die Königin es als altes Weib mit einem giftigen Kamm. Aber wieder konnten die Zwerge Schneewittchen vor dem Tod bewahren. Schließlich kam die Königin als Bauersfrau verkleidet mit einem vergifteten Apfel. Als Schneewittchen hineinbiss, fiel es wie tot um. Die Zwerge legten es in einen Glassarg. Als ein Königssohn Schneewittchen sah, bat er um den Sarg. Diener trugen ihn auf den Schultern fort. Da stolperten sie über einen Strauch, sodass Schneewittchen den vergifteten Apfel ausspuckte. Es erwachte und war wieder lebendig. Es ging mit dem Königssohn auf dessen Schloss. Dort feierten sie Hochzeit. Auch die böse Stiefmutter wurde zu dem Fest geladen. Als sie Schneewittchen erkannte, konnte sie sich vor Angst und Schrecken nicht mehr regen. Sie musste zur Strafe in glühenden Schuhen so lange tanzen, bis sie tot umfiel.

Unterrichtsverlauf

1. Einstieg

- Allgemeines Gespräch über Märchen. Impulse: „Welche Märchen kennt ihr?"; „Welche Märchen haben euch besonders gefallen?"; „Was sind überhaupt Märchen?"
- SuS hören CD D 8 ohne vorherige Titelnennung.
- Die SuS finden heraus, dass es sich um ein Lied zu dem Märchen „Schneewittchen und die sieben Zwerge" handelt.
- SuS fassen mit Hilfestellung des L. den Inhalt des Märchens zusammen.

2. Das Lied lernen

- L. singt die Liedmelodie auf Tonsilben oder Konsonanten („no", „mm" ...) vor. Die SuS singen nach und nach mit.
- Die SuS lesen den Text der ersten Strophe im SB S. 140.
- Zur Festigung sprechen L. und SuS den Text im Melodierhythmus.
- Nach und nach gehen SuS und L. in den Gesang über.
- Gesondert muss sicherlich auf die Schlusswendung eingegangen werden. In diesem Fall lernen die SuS die Schlusswendung besser, wenn der musikalische Zusammenhang gewahrt bleibt. Daher empfiehlt es sich, mit der Übung ab Anfang der zweiten Zeile („Wir fahren tief ...") zu beginnen. Die Schlusswendung, um die es letztlich geht, muss dann akzentuierter gesungen werden.
- Nachdem der Gesamtzusammenhang nachvollzogen wurde und falls weiterer Übungsbedarf besteht, kann ab Takt 6, Zählzeit 4 („... und suchen ...") gesungen werden.
- Um die Übungsphase effektiv und abwechslungsreich zu gestalten, singen L. und SuS langsam, schnell, langsamer werdend, leise, laut, auf Tonsilben usw. Anregungen dazu s. DmG S. 5 ff.
- Die SuS lesen die 2. und 3. Strophe des Liedes im SB S. 141.
- Nach einem Gespräch über den Inhalt singen L. und SuS beide Strophen gemeinsam.
- Abschließend das gesamte Lied mehrmals singen (zur L.-Begleitung, CD D 8 und CD 2 Nr. 28).

3. Das Lied mit Instrumenten begleiten

- Zu CD 2 Nr. 28 klatscht L. den Rhythmus der Xylofonbegleitung und spricht (besser: singt) die Tonnamen dazu (f – c – d – c, Schluss: f – c – f). Die SuS machen nach und nach mit.
- Die SuS suchen die Töne auf KV 74 und markieren sie dort.
- Die Eingangsübung wiederholen. Statt zu klatschen, zeigen die SuS auf die entsprechenden Tonplättchen auf KV 74.
- Die Klasse wird in Dreiergruppen aufgeteilt. Jede Dreiergruppe erhält ein Stabspielinstrument. Aufgabenverteilung:

  Kind 1 spricht leise die Tonnamen und klatscht (auch leise) dazu.

  Kind 2 zeigt im ersten Durchgang auf die Tonplättchen des Instruments, im zweiten und dritten Durchgang spielt es darauf.

  Kind 3 singt das Lied (Orientierung und Einbettung der Begleitung in den Gesamtzusammenhang).
- Die Rollen innerhalb der Dreiergruppen tauschen, sodass jedes Kind einmal alles gemacht hat.
- Zur Einübung der Triangelbegleitung reicht es aus, wenn L. und SuS das Lied singen und auf die Zählzeiten 1 und 3 klatschen.
- Diese Übung wiederholen (evtl. zu CD D 8 oder zu CD 2 Nr. 28), dabei spielen zwei bis drei SuS leise und kontrolliert auf je einer Triangel mit.
- Sowohl bei der Xylofon- als auch bei der Triangelbegleitung muss der Auftakt berücksichtigt werden, d. h. der erste Ton wird erst bei „sind" (Strophe 1), „Wald" (Strophe 2) und „– witt –" (Strophe 3) gespielt.

4. Einzelne SuS erfinden ein Vor-, Zwischen- und Nachspiel

- Einzelne SuS (Solisten) erhalten die Aufgabe, mit den Tönen f, g, a und c eine Melodie für ein Vor-, Zwischen- und Nachspiel zu erfinden.
- L. spielt den vorgeschlagenen Anfang der Melodie im SB S. 140 auf einem Melodieinstrument vor. Die Solisten spielen nach und notieren die Tonfolge: c – a – a – g – a – f (Blockflöte: KV 88; Stabspielinstrument: KV 74).
- L. unterstützt das Erfinden der Melodie durch Impulse, z. B. „Orientiert euch am Lied, ihr könnt es ja schon gut singen."; „Verwendet für die

Fortsetzung zunächst nur zwei Töne, z. B. g und a. Schluss ist immer auf f."

Beispiel 1:

Beispiel 2:

Beispiel 3:

5. Eine Klanggestaltung mit Instrumenten erfinden

- Die SuS beschreiben die Zeichnung im SB S. 140. Dabei genau auf die unterschiedlichen Aktivitäten der sieben Zwerge eingehen.
- In der Mitte des Klassenraums liegen Instrumente, z. B. Metallofon, Becken, Klanghölzer, Triangel, Guiro, Rassel. Einzelne SuS erproben exemplarisch Klangmöglichkeiten für die Aktivitäten der Zwerge.

  Beispiele:

Aktivität	Klangliche Umsetzung
Edelsteine werden in die Schubkarre geschaufelt	Für das Schaufeln: Auf der Guiro gleichmäßig ratschen. Für die Edelsteine: Mehrere Rasseln verwenden.
Hämmern am Boden	Mit Klanghölzern und/oder Holzblocktrommel entsprechende Klopfgeräusche erzeugen.
Hämmern am Felsen	Mit der Triangel hämmernde Geräusche im Wechsel mit dem Becken erzeugen. Dabei sofort nach dem Schlag das Instrument abdämpfen.
Sprechen, rufen, staunen …	Mit Maultrommel, Kazoo, Lotusflöte … entsprechende Laute erzeugen.
Begutachtung einzelner Edelsteine, die dann in den Korb kommen	Auf dem Metallofon mit harten Schlägeln frei spielen.

- Die SuS erfinden nun angeregt durch diese Plenumsphase eine eigene Klanggestaltung in Gruppen.
- Darauf achten, dass die Klanggestaltung leise und mit vereinzelten Klängen beginnt. Nach und nach kommen mehr Klänge hinzu, die Arbeit im Bergwerk nimmt an Intensität zu.
- Die Klanggestaltung kann in Gruppen oder auch im Plenum erarbeitet werden.

6. Zur Musik „Zug der Zwerge" aus der „Lyrischen Suite" von Edvard Grieg eine Tanzgestaltung erfinden

- Die SuS verteilen sich frei im Raum.
- Um den Charakter und die Struktur der Musik aufzunehmen, hören die SuS den „Zug der Zwerge" (CD D 9) und bewegen sich im Raum frei umher.
- Die SuS stellen fest, dass die Musik aus einem etwas schnelleren, hektischeren und lauteren Teil und einem leisen, sanften, eher lieblicheren Teil besteht. Der schnellere, hektische Teil kommt am Anfang und am Ende der Musik vor, der sanfte Teil dazwischen.
- Gespräch über Zuordnung der Musik zu den Zwergen und zu Schneewittchen. Die SuS stellen fest, dass der schnelle und hektische Teil der Musik die Zwerge verkörpert, während der sanfte Teil gut zu Schneewittchen passt.
- Die SuS sprechen darüber, wie sich Zwerge bewegen und wie sie sich die Bewegungen von Schneewittchen vorstellen.
- Die SuS setzen erneut die Musik (CD D 9) in Bewegung um, beziehen aber dabei die Erkenntnisse aus dem vorangestellten Gespräch mit ein.
- Die SuS betrachten das Bild von Schneewittchen und den sieben Zwergen im SB S. 141 und ordnen die Abbildung den schnelleren Teilen der Musik zu: Die Zwerge hüpfen um Schneewittchen herum.
- Im sanften Teil der Musik können sich die Zwerge auf den Boden setzen und Schneewittchen bei einem freien, zur Musik passenden Tanz zuschauen.
- AH 2 S. 23 (1702-72) bearbeiten.

7. Den Ablauf von „Wir sind die sieben Zwerge" proben

- Die SuS betrachten den Ablaufplan im SB S. 141 und vergegenwärtigen sich den Ablauf.
- Genauso gut können sie Vorschläge für andere Ablaufmöglichkeiten unterbreiten. Beispielsweise kann die Präsentation mit der Klanggestaltung beginnen.
- Ebenso kann die Klanggestaltung leise und das Lied (1. Strophe) begleitend eingesetzt werden.
- Ferner kann über den Einsatz von Sprechern/Sprecherinnen nachgedacht werden. Sie erzählen zusammengefasst den ersten und dritten Teil des Märchens (s. Anmerkung) und betten damit den Ablauf in den Gesamtzusammenhang ein.
- Da die SuS die einzelnen Bestandteile des Ablaufs schon beherrschen, kommt es jetzt darauf an, eine gute Organisation zu finden, die einen reibungslosen Ablauf gewährleistet. Jedes Kind muss genau wissen, was seine Aufgabe und wo sein Platz ist. Darüber hinaus muss jedes Kind genau wissen, welche Medien (Instrumente, Verkleidung usw.) es benötigt. Kleine Karten für die Hand der SuS können helfen.
- Wichtig ist es auch, einen guten Übergang zwischen Klanggestaltung (3) und Zwischenspiel (4) zu finden. Ein Signal, eine vereinbarte Geste, ein bestimmtes rhythmisches Motiv könnte den Solisten (Zwischenspiel, bei 4) deutlich machen, dass sie nun einsetzen sollen.

8. Eine Aufführung planen

- Auch hier ist es wichtig, dass die SuS die Rollen, Aufgaben und Medien genau zuordnen können.
- L. notiert alles zur Sicherheit in einer Tabelle, z. B.:

SuS	Aufgabe(n)/ Rolle	Medien	Sonstiges
Kaspar	Zwerg Nr. 3	Großes Hemd, Gürtel, Zipfelmütze, Sandalen	/
usw.			

- Weitere Kurzauftritte mit kleineren Dialogen könnten im ersten und dritten Teil des Märchens eingebaut werden, z. B. Stiefmutter spricht mit dem Spiegel; Jäger lässt Schneewittchen laufen; Schneewittchen trifft die verkleidete Stiefmutter.
- Weitere Anregungen dazu s. DmG S. 25 f.

9. Das Märchen aufnehmen (Bild und Ton)

Anregungen dazu s. DmG S. 24 f.

Überblick

- Die Geschichte von „Peter und der Wolf" kennenlernen
- Zu den Schlüsselszenen Bilder malen
- Instrumente und Melodien den Personen und Tieren zuordnen
- Begründungen für die Zuordnung finden
- Unter Einsatz der Bilder und der Musikausschnitte das Märchen erzählen

Organisation

- CD D 10 bis 17
- AH 1 S. 25
- AH 2 S. 23 (1702-82)
- Folie 47
- Lange Papierbahn
- Papier, Buntstifte, Wachsmalkreide, Kleber

Anmerkung

Sergej Prokofjew schrieb das musikalische Märchen „Peter und der Wolf" 1936. Dieses Werk für einen Sprecher und Orchester bietet eine ganze Reihe von Ansatzpunkten für den Unterricht an. Über die reizvolle Geschichte können einige Orchesterinstrumente eingeführt werden. Die Geschichte kann auch durch die SuS szenisch dargestellt werden. Oft wird „Peter und der Wolf" auch als exemplarisches Werk aus der Programmmusik im Unterricht höherer Klassenstufen erneut bearbeitet.

Für den Unterricht ist es wichtig, dass die SuS die Charakterisierung der im Märchen auftretenden Figuren nachvollziehen können. Die SuS sollen beim Hören der Motive der Figuren Klänge, Rhythmen und Melodieverläufe aufnehmen und mit dem Vogel, der Ente, der Katze, dem Großvater, dem Wolf, Peter und den Jägern in Verbindung bringen. Hören die SuS beispielsweise das Motiv des Großvaters, können sie sich wirklich den Großvater, seinen Gang, seine Stimmlage usw. vorstellen. Genauso ergeht es ihnen mit den Motiven der anderen Figuren. Für dieses Erlebnis sollen die SuS ausreichend Zeit und Raum im Unterricht erhalten.

Die Zeichnung auf der Doppelseite 142, 143 im SB hat den Schwerpunkt, die mitwirkenden Menschen und Tiere zu präsentieren. Die Handlung an sich vergegenwärtigen sich die SuS über die Geschichte, die vom L. (oder von einigen Kindern, die die Geschichte oder Teile davon kennen,) erzählt wird. Um die Handlung festzuhalten, sollen die SuS Bilder von Schlüsselszenen anfertigen.

Die Geschichte von Peter und der Wolf, nacherzählt:

An einem schönen strahlenden Morgen ging Peter vergnügt hinaus in den Garten.

Dort, auf einem Baum, saß Peters Freund, der Vogel. Er zwitscherte fröhlich.

Da watschelte die Ente heran. Sie wollte im Gartenteich schwimmen gehen.

Als der Vogel die Ente sah, flog er zu ihr und meinte hämisch: „Du bist gar kein richtiger Vogel, du kannst nicht mal fliegen!" – „Und du bist auch kein richtiger Vogel, da du nicht schwimmen kannst!"

So gab ein Wort das andere, während die Ente auf dem Teich schwamm und der Vogel durch das Gras hüpfte.

Da sah Peter die Katze durchs Gras schleichen. Diese wollte den Vogel fangen, da er gerade so unachtsam war.

Aber Peter warnte den Vogel und dieser flog schnell auf den Baum.

Die Ente schnatterte die Katze böse an, und die Katze schlich um den Baum und den Vogel herum.

Der Großvater kam verärgert aus dem Haus, weil Peter vergessen hatte, die Gartentür zu schließen. Er erinnerte Peter an den gefährlichen Wolf, aber Peter ließ sich keine Angst einjagen!

Der Großvater schloß die Gartentür und ging mit Peter wieder ins Haus.

Der Wolf kam aus dem Wald zu Peters Haus.

Alle erschraken: Die Katze kletterte auf den Baum und die Ente watschelte vor Schreck an Land. Der Wolf verfolgte sie, fing sie und fraß sie auf.

Neben der Katze, auf einem fernen Ast, saß der Vogel, und der Wolf lief um den Baum und beobachtete die beiden.

Peter hatte keine Angst und kletterte, mit einem langen Seil bewaffnet, von der Gartenmauer in den Baum hinauf. Er befahl dem Vogel, dem Wolf um den Kopf herumzufliegen. Dies tat der Vogel, und das ärgerte den Wolf sehr, denn er konnte ihn nicht fangen.

Dadurch war der Wolf abgelenkt, und Peter fing den Wolf mit dem Seil beim Schwanz. Der Wolf war in die Falle getappt! Das ärgerte ihn noch viel mehr!

Da kamen die Jäger aus dem Wald und schossen auf den Wolf. Doch das wollte Peter nicht! Er hatte eine viel bessere Idee: Der Wolf wurde in den Zoo gebracht! Alle gingen hintereinander her: Peter, die Jäger, der Wolf, der Großvater und die Katze.

Der Großvater war immer noch ein bisschen verärgert und ängstlich.

Aber Peter und sein Freund, der Vogel, jubelten und freuten sich.

... und im Bauch des Wolfes quakte die Ente jämmerlich.

Unterrichtsverlauf

1. Einstieg

- Die SuS beschreiben die Abbildungen im SB S. 142, 143 oder auf Folie 47. Sie nennen die Figuren, erkennen das Märchen, sprechen über die abgebildeten Instrumente usw.
- Einzelne Kinder erzählen die Handlung oder Teile der Handlung von „Peter und der Wolf".
- L. liest die zusammengefasste Geschichte von „Peter und der Wolf" (s. Anmerkung) vor. Die SuS verfolgen die Handlung an den Bildern im SB S. 142, 143, indem sie auf die Figuren zeigen.

2. Bilder zu den Schlüsselszenen malen

- L. liest die Geschichte erneut vor. Die SuS achten beim Zuhören auf mögliche Schlüsselszenen.
- L. und SuS legen Schlüsselszenen fest.
  Beispiel:
  1. Peter geht auf die Wiese.
  2. Der Vogel sitzt im Baum.
  3. Die Ente schwimmt im Teich.
  4. Ente und Vogel streiten.
  5. Die Katze schleicht durch das Gras.
  6. Der Großvater kommt aus dem Haus.
  7. Großvater und Peter gehen ins Haus zurück.
  8. Der große, graue Wolf kommt aus dem Wald.
  9. Der Wolf verschlingt die Ente.
  10. Katze und Vogel sitzen je auf einem Ast im Baum, der Wolf schleicht mit gierigen Blicken um den Baum herum.
  11. Peter holt ein Seil.
  12. Der Vogel ärgert den Wolf.
  13. Peter lässt das Seil mit der Schlinge vom Ast hinunter.
  14. Der am Schwanz festgebundene Wolf versucht sich zu befreien.
  15. Die Jäger kommen aus dem Wald.
  16. Der Triumphzug beginnt.
- Einzeln oder zu zweit ordnen sich die SuS einer Szene zu, die sie dann auf DIN-A4-Blätter malen sollen.
- Diese DIN-A4-Blätter werden in der entsprechenden Reihenfolge auf die lange Papierbahn geklebt.
- Die Papierbahn wird als Verlaufsplakat an die Wand gehängt.
- Oft fällt es den Kindern schwer, Tiere und Personen zu malen. Alternativ bietet es sich an, dass L. Schablonen der Figuren anfertigt, die auf die Blätter geklebt werden. Die SuS malen diese Figuren dann an und schmücken die Seite passend zur Geschichte aus.

3. Die Instrumente und Melodien den mitwirkenden Personen und Tieren zuordnen

- L. frischt das Gespräch der Einstiegsphase auf, indem er die SuS an den Bezug zwischen Instrumenten und Personen/Tieren erinnert.
- L. kündigt an, dass nun sieben kurze Musikstücke (CD D 10) gehört werden. In diesem Hörbeispiel werden die Personen/Tiere musikalisch (Instrument und Motiv) vorgestellt. Im Rahmen des Hörprozesses kann es hilfreich sein, die aufgeklappte Doppelseite des SB (S. 142, 143) vor sich auf den Tisch zu legen.
- Für den weiteren Hörprozess ist es wichtig, dass die SuS Begründungen für die Zuordnungen finden.
  Impulse: „Wie geht denn ein Großvater?"; „Wie klingt seine Stimme?"; „Macht einmal das Quaken einer Ente mit eurer Stimme nach. Jetzt hört die Musik erneut. Was fällt auf?"; „Warum passt die „Wolfmusik" so gut zum Wolf? Was habt ihr beim Hören der Musik empfunden?"; „Wie ist Peters Wesen? Wie spiegelt sich das in der Musik wider?"
- Im nächsten Schritt betrachten die SuS die im SB auf S. 142 abgebildeten Instrumente, benennen sie und beschreiben, soweit es geht, ihren Klang.
- Die SuS hören CD D 10 erneut und stellen Vermutungen zur instrumentalen Besetzung an.
- Die SuS tragen ihre Ergebnisse zusammen.
- Weitere Informationen über die hier thematisierten Instrumente finden die SuS mithilfe des Mediencodes www.rondoweb.de/25.

4. Die Musikausschnitte einzelnen Szenen zuordnen

- Mit dem unter 3. erlangten Wissen sind die SuS gut vorbereitet, komplexere Musikausschnitte zu hören und einzelnen Szenen zuzuordnen.
- L. oder einzelne SuS fassen die Geschichte von „Peter und der Wolf" zusammen. Dadurch sind allen SuS Inhalt und Verlauf der Geschichte gegenwärtig.

- Die SuS hören die Musikausschnitte (CD D 11 bis 17) ohne Kommentare. Dadurch verschaffen sie sich einen Überblick und können schon, jeder für sich, erste Bezüge herstellen.
- Die SuS hören nun die Musikausschnitte (CD D 11 bis 17) erneut. Nach jedem Ausschnitt erfolgt ein Unterrichtsgespräch. In diesem Gespräch können die SuS mithilfe des zuvor unter 3. erworbenen Wissens begründete Bezüge zu einzelnen Szenen herstellen.
- Als Impuls kann L. an die Instrumentierung und an die Melodien erinnern. Dazu kann bei Bedarf auch erneut CD D 10 angespielt werden.
- Nachdem im Unterrichtsgespräch erste Vermutungen über die Zusammenhänge zwischen den Musikausschnitten und den Szenen herausgestellt wurden, bearbeiten die SuS AH 1 S. 25. Im ersten Schritt beschreiben sie die abgebildeten Szenen.
- Im zweiten Schritt hören sie die Musikausschnitte (CD D 11 bis 17). Nach jedem Musikausschnitt ordnen sie das passende Szenenbild zu und nummerieren es. Lösung: L AH 1 S. 289/S. 315.
- Vertiefend bearbeiten die SuS AH 2 S. 23 (1702-82). Hilfreich und sinnvoll ist es, diesen Arbeitsprozess durch den Einsatz der Musik (CD D 11 bis 17) zu unterstützen. Darüber hinaus ist es empfehlenswert, die Instrumentenabbildungen im SB S. 142 im Blick zu behalten. Dadurch können das Hören und das anschließende Zuordnen erleichtert werden. Lösung: L AH 2 S. 300.

5. Das Märchen vortragen

- Die SuS wählen einen oder mehrere Sprecher.
- Während diese das Märchen vortragen, zeigt eine kleine Gruppe von SuS den Verlauf des Märchens an der Papierbahn an.
- Eine Dreiergruppe ist zuständig für die zeitgenaue Einspielung der Präsentation (CD D 10) und der Musikausschnitte (CD D 11 bis 17). Helfen kann dabei die schon bearbeitete S. 25 in AH 1.
- Den Vortrag mehrmals üben, auch hin und wieder andere SuS aus der Klasse die Aufgaben übernehmen lassen.

Erweiterung

- Den Vortrag vor Eltern, anderen Klassen, bei einer Schulfeier... vorführen.
- Das gesamte Werk hören. L. oder SuS bringen die CD mit. Aufgrund der sehr intensiven Vorbereitung und Einführung in das Werk wird es den SuS nicht schwerfallen, dem gesamten Werk zu folgen. Auf eine bequeme Sitzhaltung aller SuS achten. Bei Bedarf kann auch das SB (S. 142, 143) beim Hören betrachtet werden.

25. Lieder und Tänze aus verschiedenen Regionen

Überblick

- Ein Lied aus Bayern kennenlernen
- Die Pausen im Lied mit passenden Geräuschen füllen

Organisation

- CD D 18
- CD 2 Nr. 29
- Fahrradklingel, Glockenkranz, Tröte

Anmerkung

„I bin da Fritzi Federl“ ist ein neueres, humorvolles Lied aus Bayern, das durchaus auch für Nicht-Bayern singbar ist.

Für SuS, die Bayern nicht kennen, muss hier und dort über den Text gesprochen werden. Beispiele:

Zugspitze:

Die Zugspitze liegt südwestlich von Garmisch-Partenkirchen. Sie ist mit 2962 Metern der höchste Berg Deutschlands. Über den Westgipfel verläuft die Grenze zwischen Deutschland und Österreich. An den Seiten der Zugspitze befinden sich drei Gletscher. Der Gipfel der Zugspitze kann heute über Bergwege oder über drei Seilbahnen erreicht werden. An der Zugspitze befinden sich das bekannte Münchner Haus und die Wiener-Neustädter-Hütte, die jährlich von tausenden Besuchern aufgesucht werden. Darüber hinaus gibt es an der Zugspitze eine Station, in der meteorologische und klimatische Forschungen betrieben werden.

Kampenwand:

Auf dem Berggipfel der 1669 Meter hohen Kampenwand steht das größte Gipfelkreuz Bayerns. Die Kampenwand liegt in den Chiemgauer Alpen. Den Namen hat dieser Berg von seinem Aussehen: Von Weitem ist er als eine große Wand sichtbar. Der Gipfelgrat ist gezackt wie der Kamm eines Hahnes. Im Sommer wird an der Kampenwand Drachen- und Gleitschirmfliegen betrieben. Auch Mountainbiker suchen die Kampenwand für ihren Sport auf; Fritzi Federl soll dort auch schon gesichtet worden sein.

Unterrichtsverlauf

1. Einstieg

- SuS hören das Lied (CD D 18) und stellen Vermutungen über dessen Herkunft an.
- Ggf. informiert L. die SuS über Bayern und über den bayerischen Dialekt. SuS, die darüber etwas wissen, sollen berichten. Fotos der Zugspitze usw. können die Erzählungen unterstützen.
- Einzelne Wörter vergleichen, z.B.: „I hab“ – „Ich habe“; „vui“ – „viel“; „i woaß“ – „ich weiß“.
- Das Lied erneut hören (CD D 18) und den Refrain („Holla Radl ...“) mitsingen.

2. Den Refrain lernen

- L. singt die Refrainmelodie auf Tonsilben („na“, „da“, „mu“ usw.) vor und zeigt den Melodieverlauf mit der Hand an. Die SuS singen nach und nach mit und zeigen ebenfalls den Melodieverlauf mit der Hand an.
- Zur Festigung setzt L. die Play-back-CD (CD 2 Nr. 29) ein. Zum Refrain singen SuS und L. auf Tonsilben dazu.
- L. spricht den Liedtext des Refrains langsam und deutlich artikuliert im Melodierhythmus vor. Die SuS sprechen nach und nach mit.
- Für SuS, die den bayerischen Dialekt nicht beherrschen, müssen einzelne Wörter geklärt werden, z.B. Radl = Fahrrad; drah di' = dreh dich.
- Nun singen L. und SuS gemeinsam den Refrain, zunächst noch im langsamen Tempo.
- Da der Refrain wiederholt wird, können die SuS schon zum jetzigen Zeitpunkt am Ende des ersten Durchgangs eine Fahrradklingel oder einen Glockenkranz erklingen lassen.
- Die SuS hören das Lied (CD D 18) und singen den Refrain jedes Mal mit.

3. Die erste Strophe lernen

- L. spricht den Text der ersten Strophe langsam und deutlich artikuliert im Melodierhythmus vor. Die SuS sprechen nach und nach mit.
- Bei Bedarf einzelne Wörter oder Satzteile langsam und deutlich sprechen.
- Beim Sprechen die Pausen mit Geräuschen (schnipsen, leichtes Stampfen usw.) füllen.
- L. singt die erste Strophe abschnittsweise vor und zeigt dabei den Melodieverlauf mit der Hand an. Die Visualisierung des Melodieverlaufs mit zuvor von L. angefertigten grafischen Notationen (Punkte oder Linien) kann auch in Erwägung gezogen werden.
- Es empfiehlt sich, die Abschnitte kurz zu halten, z.B. immer bis zur nächsten Pause.
- Die SuS zeigen den Melodieverlauf ebenfalls mit der Hand an und singen nach und nach mit.
- Gespräch über den Textinhalt und über einzelne Wörter.
- Die erste Strophe nun mehrmals singen, auch zur Play-back-CD (CD 2 Nr. 29).

4. Das gesamte Lied lernen

- Für SuS, die den bayerischen Dialekt nicht beherrschen, sollte an dieser Stelle der Text sinngemäß in die hochdeutsche Sprache übersetzt werden.

  Strophe 1:

  „Ich bin der Fritzi Federl, bin ein Elefant, habe ein besonderes Fahrrad, Mountainbike genannt.
  Heute fahre ich auf die Zugspitze, morgen auf die Kampenwand.
  Geht es mir zu schnell nach unten, wird der Gleitschirm aufgespannt.
  Holla Rad, dreh dich, Rad, dreh dich, Rad, dreh dich herum! Ich fahre hinauf, nehme einen Imbiss und kehre um."

  Strophe 2:

  „Mein Bike wiegt nur 10 Kilo. Das macht so viel aus:
  Ich brauche fast gar nicht zu treten, wenn ich hinaufsause!
  Und geht es dann wieder nach unten, möchte ich Erster sein.
  Mit den 100 Zentnern ist da wirklich nichts dabei.
  Holla ..."

  Strophe 3:

  „Ich habe am Hals ein Glöckchen, das macht bim, bim, bim!
  Dann weiß jeder, dass ich um die Kurve komme.
  „Grüß Gott!", sage ich recht herzlich und hänge einen Jodler dran.
  Viele reiben sich die Augen und der eine oder andere kennt mich schon.
  Holla ..."

  Strophe 4:

  „Ich bin der Fritzi Federl, singe mein Lied so gern.
  Hänge ich erst am Gleitschirm, kann mich jeder hören.
  Ich spiele auf der Trompete, unter mir liegt der Wald,
  das Lied vom Fritzi Federl, das jedem Radfahrer gefällt.
  Holla ..."

  Strophe 5:

  „Ich habe eine kleine Hütte, darin steht ein Kanapee.
  Da lege ich mich nieder, gleich beim ersten Schnee.
  Im Ofen knistert das Feuer. Draußen pfeift der Wind.
  Und ich träume davon, dass ich das erste Veilchen finde.
  Holla ..."

- Diese Phase kann dadurch aufgelockert werden, indem L. hier und dort einzelne bayerische Wörter oder Satzteile vorspricht und die SuS selbst versuchen, die Bedeutung herauszufinden.
- Beginnend mit der zweiten Strophe spricht L. den Text in kurzen Abschnitten im Melodierhythmus deutlich und langsam vor, die SuS sprechen nach.
- Nach und nach geht L. ins Singen über.
- Ebenso mit den Strophen 3 bis 5 verfahren.
- Oft ist es hilfreich, wenn die Strophen auf Gruppen aufgeteilt werden.
- Das Lied mehrmals zu CD D 18 und zu CD 2 Nr. 29 singen.

5. Die Pausen füllen

- Die Pausen in der Liedmelodie mit Fahrradklingeln, Glockenkränzen, Tröten usw. füllen.
- Eine gute Orientierung bietet dafür CD D 18. Mit den SuS gemeinsam die Stellen, an denen gespielt werden kann, heraushören.

D'Bäure hot d'Katz verlorn

zu Seite 145

Überblick

- Ein Lied aus Schwaben kennenlernen
- Einen Liedtext pantomimisch darstellen

Organisation

- CD D 19
- CD 2 Nr. 30

Anmerkung

„D'Bäure hot d'Katz verlorn" ist ein ansprechendes, eingängiges und humorvolles Lied, das recht gut überall im deutschsprachigen Raum gesungen werden kann.

Eine altersgerechte Umsetzung der von den Rahmenlehrplänen geforderten Auseinandersetzung mit Liedern aus anderen Regionen und Ländern ist dann gegeben, wenn die SuS ein Lied kennenlernen, es singen und den Inhalt wiedergeben können. Daher richten sich die Anmerkungen auf eine Auseinandersetzung mit dem Lied (singen), der Sprache bzw. Mundart (Schwäbisch) und dem Textinhalt.

Übersetzung des Liedtextes ins Hochdeutsche:

Strophe 1:

„Die Bäuerin hat die Katze verloren, sie weiß nicht, wo sie ist.
Sie sucht in allen Winkeln: „Mulle*, Mulle, wo bist du?""

Strophe 2:

„Im Hof, im Garten, wie jammert sie so sehr:
„O Mulle, liebe Mulle, so komm doch zu mir."

Strophe 3:

„Ich koche dir ein Süppchen, mache Brotstückchen hinein.
O Mulle, liebe Mulle, komm doch wieder nach Hause!"

Strophe 4:

„Was fällt jetzt der Bäuerin ganz plötzlich ein? Dort oben auf dem Speicher, im Heu drinnen, könnte sie sein!"

Strophe 5:

„Sie steigt mit Herzklopfen die Leiter hinauf, sie ist ganz außer Atem und macht die Falltüre auf."

Strophe 6:

„Sie blickt hin und her, jetzt höre, wie sie lacht:
„Potztausend, meine Mulle, ein Schläfchen hat sie gemacht."

Strophe 7:

„Jetzt, da ich dich gefunden habe, bin ich aber froh.
O Mulle, liebe Mulle, jetzt bist du wieder da!"

*Mulle: Name der Katze

Ein Gespräch über Schwaben wird sicherlich auch notwendig sein. Leben die SuS in oder in der Nähe von Schwaben, dann können sie selbst viel berichten. Leben die SuS weiter entfernt, kann L. kurz über die geografische Lage (Süddeutschland), die Bundeslandzugehörigkeit (Baden-Württemberg und Bayern) und die eine oder andere Stadt (Stuttgart, Tübingen, Reutlingen, Augsburg, Ulm) berichten.

1. Einstieg

- L. erzählt die Geschichte von der Bäuerin, die ihre Katze verzweifelt sucht und schließlich wiederfindet (s. Anmerkung).
- Die SuS hören das Lied (CD D 19). Schnell wird den SuS die Sprache auffallen.
- L. teilt den SuS mit, dass es sich um ein Lied im schwäbischen Dialekt handelt.
- Gespräch über Schwaben (s. Anmerkung).

2. Das Lied lernen

- L. erzählt erneut die Geschichte der Bäuerin.
- Die SuS hören das Lied (CD D 19) und summen mit oder versuchen auch den Text in den Wiederholungen mitzusingen.
- L. singt das Lied abschnittsweise vor, die SuS singen nach.
- Da vielen SuS die mundartgerechte Aussprache Schwierigkeiten bereiten wird, reicht es aus, wenn die SuS hier und dort mitsingen (z. B. in den Wiederholungen). Ansonsten kann der Text auf verschiedene Gruppen aufgeteilt werden, sodass die SuS nur eine Strophe intensiv lernen müssen.
- Die SuS beschreiben anschließend das Bild im SB S. 145 und ordnen es der entsprechenden Strophe zu (6. Strophe).
- Das Lied mehrmals zu CD D 19 und zu CD 2 Nr. 30 singen.

3. Das Lied pantomimisch darstellen

- Da den SuS der Textinhalt schon bekannt ist, kann sofort mit der pantomimischen Umsetzung begonnen werden.
- Die Umsetzung kann in Partnerarbeit stattfinden (eine Bäuerin, eine Katze). Genauso gut kann die gesamte Klasse geteilt werden, sodass ein Teil die Rolle der Bäuerin, der andere Teil die Rolle der Katze übernimmt.
- Im ersten Schritt kann L. den Liedtext vorsprechen, die SuS üben die Umsetzung dazu ein.

- Anschließend zu CD D 19 und CD 2 Nr. 30 durchführen.
- Dann die Rollen tauschen.

Erweiterung

Bei Bedarf kann ein Vor-, Zwischen- und Nachspiel zum Lied musiziert werden.

Vor-, Zwischen- und Nachspiel

Überblick

- Ein Lied aus Brandenburg kennenlernen
- Die Strophen darstellen (Tücher in verschiedenen Farben, Kleidungsstücke, Bilder)
- Weitere Strophen erfinden
- Zum Lied mit Instrumenten musizieren

Organisation

- CD D 20
- CD 2 Nr. 31
- KV 65, 74
- Xylofon, Metallofon, Bassklangstäbe (d und g), Glockenspiel
- Tücher in verschiedenen Farben, Kleidungsstücke, Bilder

Anmerkung

Vom Liedtext ausgehend lässt sich „Grün, grün, grün sind alle meine Kleider" sehr gut mit Materialien darstellen.

Die Begleitung mit Bassklangstäben greift die Erfahrungen auf, die die SuS im SB S. 57 („Gatatumba") gesammelt haben.

Unterrichtsverlauf

1. Einstieg

- Die SuS hören das Lied (L.-Vortrag oder CD D 20) und sprechen über den Text (Farben, Berufe usw.).
- L. fragt die SuS, welche Farben im Lied vorkommen und in welcher Reihenfolge. SuS hören daraufhin das Lied erneut (L.-Vortrag oder CD D 20).

2. Das Lied lernen

- Die eingängige Liedmelodie lernen die SuS sehr schnell. Daher sollte der Arbeitsschwerpunkt auf das Erlernen des Liedtextes gelegt werden.
- L. spricht den Text aller Strophen im Melodierhythmus hintereinander weg. Die SuS sprechen nach und nach mit.
- Im nächsten Schritt singen L. und SuS gemeinsam das Lied. Besondere Übungen sind hier in der Regel nicht erforderlich. Ansonsten s. DmG S. 5 ff.
- KV 65 bearbeiten.
- Das Lied mehrmals zur L.-Begleitung, zu CD D 20 und zur Play-back-CD (CD 2 Nr. 31) singen. Dazu nach Wunsch und Interesse die Strophen mit Materialien (vgl. Aufgabe 2) darstellen. Die Klasse bildet einen Kreis und die verkleideten Kinder laufen einzeln in die Mitte des Kreises und vollführen typische, zu dem jeweiligen Beruf passende Bewegungen.

3. Weitere Strophen erfinden

- L. weist auf die 6. Strophe im SB S. 146 hin. Die SuS stellen fest, dass hier der Text fehlt und dass sie selbst Texte erfinden können.
- Die SuS sammeln Farbnamen, die L. an die Tafel notiert.
- Anschließend suchen sie Berufe, die zu den Farben passen könnten, z. B. gelb – Postmann; rot – Feuerwehrmann; braun – Landwirt.
- Es können genauso gut auch die schon vorhandenen Farben verwendet werden. Die SuS suchen dann passende neue Berufe, z. B. blau – Polizist; grün – Gärtner.
- Wichtig ist außerdem, dass auch die weibliche Form eingesetzt wird, z. B. weiß – Kinderärztin.
- Die neuen Strophen stets gemeinsam singen, auch zur Play-back-CD (CD 2 Nr. 31).

4. Zum Lied musizieren

- Die SuS erhalten KV 74.
- L. spricht die Tonnamen der Bassklangstäbe-Begleitung im Rhythmus der Begleitung (g – a – d – g – g – a – d – g). SuS sprechen mit und zeigen auf die entsprechenden Tonplättchenabbildungen auf KV 74.
- Anschließend erhält jedes zweite Kind ein Stabspielinstrument (Glockenspiel, Metallofon, Xylofon, Bassklangstäbe). Die SuS üben die Bassklangstäbe-Begleitung auf ihren Instrumenten in Partnerarbeit ein.
- Nun zum Lied spielen. Zunächst sollte zum eigenen Gesang gespielt werden, weil so das Tempo entsprechend der Bedürfnisse der SuS gesteuert werden kann.
- Ein Einsatz der CD (D 20) und der Play-back-CD (CD 2 Nr. 31) ist aus harmonischen Gründen in diesem Fall nicht möglich.
- Instrumente innerhalb der Partnergruppen tauschen und erneut musizieren.
- Das Vor-, Zwischen- und Nachspiel genauso einüben. Anregungen s. DmG S. 10 ff. und 15 ff.

Überblick

- Ein Lied aus England kennenlernen
- Das Lied in verteilten Rollen singen
- Zu einem Lied weitere Strophen erfinden

Organisation

- CD D 21
- CD 2 Nr. 32
- KV 66, 67
- Schere, Kleber

Anmerkung

Das Singen von Liedern in anderen Sprachen ist sehr förderlich für den Spracherwerb.

Um den Lernprozess zu fördern, können Bild- und Stichwortkarten gut helfen (s. KV 66). KV 66 sollte vergrößert kopiert werden, sodass die Bilder auch zwecks Visualisierung an die Tafel gehängt werden können.

Unterrichtsverlauf

1. Einstieg

- SuS hören das Lied (CD D 21). Sofort fällt ihnen auf, dass der Liedtext in englischer Sprache ist.
- SuS hören das Lied (CD D 21) erneut und versuchen einzelne Worte oder Satzfragmente zu erkennen. Möglicherweise werden einige SuS die Worte „farm" oder „chicks" erkennen.
- Außerdem wird den SuS auffallen, dass im Text Tiergeräusche nachgeahmt werden.
- L. trägt das Lied im langsamen Tempo vor, die SuS singen spontan an einigen Stellen mit.

2. Das Lied lernen

- Die vergrößerten Bilder der KV 66 hängen ungeordnet an der Tafel.
- Die SuS beschreiben die Bilder und üben die englische Aussprache der Tiernamen.
- Die SuS hören das Lied (CD D 21) und ordnen die Bilder entsprechend der Strophenabfolge.
- Die Bilder werden in KV 67 eingeklebt.
- Im nächsten Schritt bittet L. die SuS das Lied (CD D 21) erneut zu hören und auf die Textwiederholungen zu achten. Die SuS stellen fest, dass sich der Text von Strophe zu Strophe nur sehr geringfügig ändert. Diese Erkenntnis hilft vielen SuS, den Text schnell zu lernen.
- Kurzes Gespräch über den Textinhalt.
- L. singt die erste Strophe im langsamen Tempo und deutlich artikuliert abschnittsweise vor. Die SuS singen nach.
- L. unterstützt die Textaussage ggf. mit Gesten, z. B. bei „here", „there" und „ev'rywhere".
- Genauso mit den weiteren Strophen verfahren.
- Wenn die SuS den Text und die Liedmelodie schon einigermaßen beherrschen, singen L. und SuS das Lied gemeinsam mehrmals zur L.-Begleitung, zu CD D 21 und/oder zur Playback-CD (CD 2 Nr. 32).

3. Das Lied in verteilten Rollen singen

- Fünf SuS übernehmen je eine Strophe als Vorsänger, die Klasse ist lediglich für das „E – I – E – I – O!" zuständig.
- Auch hier das Lied mehrmals singen und immer wieder die SuS ermuntern, den Solopart zu übernehmen.

4. Weitere Strophen erfinden

- Mit den SuS weitere 5 bis 8 Tiernamen suchen. L. schreibt die Tiernamen an die Tafel.
- Es muss bedacht werden, dass die englische Tierbezeichnung nur einsilbig sein sollte, sodass das Liedmetrum beibehalten werden kann.
- L. notiert die englische Bezeichnung neben den deutschen Tiernamen und daneben das Tiergeräusch. Mögliches Tafelbild:

  Hunde – dogs – woof-woof
  Katzen – cats – miaow-miaow
  Bienen – bees – ssss-ssss
  Hahn – cock – dock-dock
  Ameisen – ants – srrr-srrr
  Frösche – frogs – quack-quack

Doucement, les fleurs se balancent

zu Seite 148

Überblick

- Ein Lied aus Frankreich kennenlernen
- Zum Lied eine Bewegungsgestaltung ausführen

Organisation

- CD D 22
- CD 2 Nr. 33
- Papierblüten oder Chiffontücher

Anmerkung

Dieses sanfte Lied aus Frankreich eignet sich gut für eine Bewegungsgestaltung mit Materialien.

Das Lied lässt sich schnell lernen. Die Melodie ist eingängig. Der französische Text kann aufgrund der vielen Wiederholungen schnell aufgenommen werden.

Für die korrekte Aussprache ist es ratsam, CD D 22 zu hören.

Sinngemäße Übersetzung:

Strophe 1:

„Sacht wiegen sich die Blumen, sacht, sacht.
Im Wind, im Wind wiegen sich die Blumen.
Im Wind, im Wind, sacht, sacht."

Strophe 2:

„Sacht tanzt der ganze Garten, sacht, sacht.
Im Wind, im Wind tanzt der ganze Garten.
Im Wind, im Wind, sacht, sacht."

Strophe 3:

„Sacht singen alle, sacht, sacht.
Im Wind, im Wind singen alle.
Im Wind, im Wind, sacht, sacht."

Unterrichtsverlauf

1. Einstieg

- Die SuS hören das Lied (CD D 22 oder L.-Vortrag) und äußern sich anschließend zu Melodie, Tempo, Sprache usw.
- L. oder Französisch sprechende Kinder sprechen einige französische Worte vor, die SuS sprechen nach.

2. Das Lied lernen

- L. spricht den Liedtext der ersten Strophe im Melodierhythmus sehr langsam und deutlich artikuliert abschnittsweise vor. Die SuS sprechen nach.
- Nach und nach in den Gesang übergehen.
- Weitere Anregungen zum Einüben von Liedern s. DmG S. 5 ff.
- Ebenso mit der zweiten und dritten Strophe verfahren.
- Das gesamte Lied mehrmals singen, auch zu CD D 22 und zur Play-back-CD (CD 2 Nr. 33).

3. Eine Bewegungsgestaltung ausführen

- Die SuS betrachten die Abbildungen im SB S. 148 und beschreiben die Bewegungsgestaltung. Dadurch haben sie schon eine gewisse Vorstellung von der Gestaltung, was den Arbeitsprozess deutlich erleichtert und beschleunigt.
- Als Blumen können angefertigte Papierblumen oder zu Blüten geformte Chiffontücher verwendet werden. (Papierblumen können im Kunstunterricht hergestellt werden.)
- Vorschlag für eine Bewegungsgestaltung:
  - Aufstellung im Kreis. Die Kinder halten mit angewinkelten, etwas nach oben gestreckten Armen in jeder Hand eine Blume.
  - Strophe 1: Zu den ersten 8 Takten wiegen sie sich auf der Stelle leicht hin und her, zu den nächsten 8 Takten werden die Arme unregelmäßig und stärker hin und her bewegt (seitlich und auch vor- und rückwärts). In der Mitte des Kreises sind einige Schüler ohne Blumen, die den Wind darstellen.
  - Strophe 2: Die den Kreis bildenden Kinder drehen sich mit Bewegungen wie oben 8 Takte auf der Stelle rechtsherum, danach 8 Takte auf der Stelle linksherum. Die Kinder innerhalb des Kreises pusten wie der Wind.
  - Strophe 3: Die Kinder gehen 8 Takte gegen die Tanzrichtung im Kreis, danach 8 Takte in Tanzrichtung. Die Kinder innerhalb des Kreises pusten wie der Wind.

Überblick

- Ein Lied aus der Türkei kennenlernen
- Ein Lied beidhändig auf dem Xylofon begleiten
- Ein Lied szenisch umsetzen
- Die Liedmelodie als Zwischenspiel mit einem Melodieinstrument spielen

Organisation

- CD D 23
- CD 2 Nr. 34
- KV 74
- Folie 48
- Xylofon
- Melodieinstrumente
- Ausreichend Platz für die szenische Umsetzung

Anmerkung

Dieses recht bekannte Lied aus der Türkei ist für den Musikunterricht gut geeignet. Der Text ist einfach und kurz. Pro Strophe kommen lediglich zwei neue Wörter vor. Die einfache, nur viertaktige Melodie bereitet den SuS beim Erlernen keinerlei Schwierigkeiten.

Dieses Lied ist sehr repräsentativ für türkische Musik. Beispielsweise ist die Xylofonbegleitung (g – d) der Saz-Spielart entnommen. Die zwei bekanntesten Saz-Stimmungen sind a – d – e und a – d – g. Dabei wird auf der Doppelsaite a die Melodie gespielt, auf den beiden weiteren Doppelsaiten (z. B. d und g) dann die Begleitung.

Auch das Hörbeispiel (CD D 23), das mit zwei Saz-Musikern und zwei türkischen Kindern (Gesang) aufgenommen wurde, spiegelt das wider.

Unterrichtsverlauf

1. Einstieg

- Die SuS hören das Lied (CD D 23) und sprechen über dessen Herkunft. SuS, die aus der Türkei stammen, können über den Text, die Musik, das Instrument (Saz-Abbildung im SB S. 149 unten oder Folie 48) und die Türkei berichten.
- SuS lesen die sinngemäße Textübersetzung unter den Bildern 1 bis 8 im SB S. 149.
- Gespräch über den Kranich (s. Abbildung im SB S. 149 oben bzw. auf Folie 48). Ein Kranich ist ein großer, langbeiniger Vogel. Er wird ca. 1,2 Meter groß. Sein Schnabel ist kräftig und sein Hals ist lang. Der Kranich ist ein Zugvogel, der mit anderen Kranichen in Keilformation fliegt.
- Die SuS hören erneut das Lied (CD D 23) und singen nach und nach mit.

2. Das Lied lernen

- Die SuS hören das Lied (CD 2 Nr. 34) und singen die Melodie auf Tonsilben oder einzelnen Lauten („mmmh", „na", „la" usw.) mit.
- Anschließend hören die SuS CD D 23 und achten insbesondere auf die Aussprache.
- L. spricht den Text aller Strophen im Melodierhythmus langsam und deutlich vor. Die SuS sprechen nach.
- Nun sprechen SuS und L. gemeinsam den gesamten Text im Melodierhythmus.
- Einzelne SuS können die neu hinzukommenden Wörter anschließend auch alleine vorsprechen.
- Nun singen L. und SuS das Lied im langsamen Tempo.
- Abschließend im Originaltempo zu CD D 23 oder CD 2 Nr. 34 singen.

3. Das Lied mit dem Xylofon begleiten

- Die SuS erhalten KV 74 und suchen auf ihr die Tonplättchen g und d.
- Die SuS hören das Lied (CD D 23) und zeigen jeweils zur Zählzeit 1 gleichzeitig auf die Tonplättchenabbildungen g und d auf KV 74.
- Ab der 5. Strophe, immer zu CD D 23, zeigen die SuS dann abwechselnd auf g (Zählzeit 1) und auf d (Zählzeit 2). Letzteres bringt einen etwas lebhafteren Charakter in die Begleitung hinein. Diese Begleitstruktur findet sich häufig in der traditionellen türkischen Musik.
- Zu CD D 23 können die SuS dann in Partnerarbeit auf Stabspielinstrumenten spielen. Zu Übungszwecken können durchaus auch andere Stabspielinstrumente (Glockenspiele, Metallofone, Bassklangstäbe) verwendet werden.
- Anschließend mehrmals zum Lied spielen. Eine Gruppe musiziert, die andere Gruppe singt. Dann wechseln.
- Es sollte auch ohne CD musiziert/gesungen werden.

4. Ein Vor-, Zwischen- und Nachspiel musizieren

- Musikalisch fortgeschrittenere SuS können mit einem Melodieinstrument (Gitarre, Keyboard, Stabspielinstrument, Blockflöte …) die Liedmelodie lernen und sie als Vor-, Zwischen- und Nachspiel musizieren.
- Die Xylofonbegleitung wird beibehalten.

- Die Zwischenspiele können an den gleichen Stellen wie bei CD D 23 eingesetzt werden. Genauso gut können die Zwischenspiele aber auch nach jeder Strophe eingesetzt werden. Das bietet dem Kind, das den Text szenisch umsetzt, mehr Möglichkeiten zur freien Entfaltung.

5. Das Lied szenisch umsetzen

- Die Klasse wird in drei Gruppen eingeteilt. Eine Gruppe musiziert, die zweite Gruppe singt, die dritte Gruppe setzt, angeregt durch die Bilder 1 bis 8 im SB S. 149, den Liedtext szenisch um.
- Nach zwei Durchgängen die Rollen tauschen. Am Ende dieser Phase muss jede Gruppe einmal alle Aktivitäten (musizieren, singen, darstellen) durchgeführt haben.
- Ein Kind wird als ‚Kranich-Darsteller/in' ausgewählt.
- Mit Seilen wird ein großer See ausgelegt. Genauso gut kann der See auch mit Kreide auf den Fußboden gemalt werden.
- Am „Seeufer" sitzen die Musiker/innen in einer Gruppe.
- Die Sänger/innen stehen daneben, auch in einer Gruppe.
- Das Lied wird vorgetragen, das ausgewählte Kind stellt den Text szenisch dar.

Erweiterung

Dieses Lied bietet sich zusammen mit der szenischen Gestaltung sehr gut für Aufführungen an.

Überblick

- Ein Lied aus Afrika kennenlernen
- Passend zum Gesangstempo einen Stein weitergeben
- Nach jedem Lieddurchgang ein weiteres Rhythmusinstrument zur Begleitung hinzufügen

Organisation

- CD D 24
- Pauke, Handtrommel, Klanghölzer, Schellenstab
- Ggf. afrikanische Trommel (Djembe) für freies Spiel
- Mehrere gut geformte Steine (von den SuS mitgebracht)
- Ausreichend Platz für einen Sitzkreis

Anmerkung

Steinspiele unterschiedlichster Art gibt es in vielen Kulturen dieser Erde. Besonders schön sind die Steinspiele aus Afrika. In Gruppen sitzen die Menschen zusammen und reichen sich Steine weiter. Dazu wird meistens ein Lied gesungen und die Teilnehmer müssen das Tempo des Liedes beim Weiterreichen der Steine beibehalten. Sie dürfen ihre Bewegungen weder schneller noch langsamer ausführen.

Vor Beginn dieser Unterrichtseinheit soll jedes Kind einen eigenen, wohlgeformten Stein mitbringen, der gut in der Hand liegt.

Um in die Unterrichtseinheit hineinzufinden, können eingangs einige Steinspiele durchgeführt werden.

Beispiele:

Steine kennenlernen

Immer vier bis fünf SuS sitzen im Kreis auf dem Boden. Jeder Kreis hat einen Spielführer. In der Mitte des Kreises liegen die vier/fünf Steine der SuS. Der Spielführer zeigt auf ein Kind. Dieses Kind holt sich seinen Stein und präsentiert ihn der Gruppe (Aussehen, Form, Gewicht usw.). Dann erneut mit dem nächsten Kind, bis alle Steine vorgestellt wurden.

Den eigenen Stein erkennen

Die Steine werden wieder in die Mitte gelegt und mit einem Tuch bedeckt. Der Spielführer deutet erneut auf ein Kind, das nun seinen Stein erfühlen muss. Anschließend mit dem nächsten Kind usw.

Der wandernde Stein

Acht bis zehn SuS sitzen im Kreis auf dem Fußboden. Von L. ausgehend werden alle Steine nacheinander in die Runde gegeben und weitergereicht. Erkennt ein Kind seinen Stein wieder, dann legt er ihn vor sich hin. Das Spiel ist beendet, wenn jedes Kind seinen eigenen Stein vor sich hat. Das Spiel kann erschwert werden, indem die SuS nur durch das Ertasten der Steine ihren eigenen Stein wiederfinden. Dazu müssen die SuS das Spiel mit geschlossenen Augen ausführen.

Das „Steinlied aus Afrika" wurde in Ghana ursprünglich nach der Feldarbeit gesungen.

Singgemäße Textübersetzung:

„Klatsch in die Hände,
nimm etwas (von der Ernte) ab.
Gib weiter, gib mir etwas ab.
Gut, gut, schüttle dich."

Unterrichtsverlauf

1. Einstieg

- Die oben genannten Steinspiele durchführen.
- Die SuS bilden mehrere Kreise von jeweils 8 SuS und setzen sich auf den Boden. Ein Stein wird langsam und im gleichmäßigen Tempo weitergereicht. Er darf dabei nicht auf den Boden fallen.
- L. spielt gleichmäßig den Melodierhythmus des Steinliedes auf einer Handtrommel dazu.

- Nach und nach werden weitere Steine hinzugenommen und weitergereicht.
- L. begleitet weiterhin mit der Handtrommel und spricht nun den Liedtext im Melodierhythmus dazu.

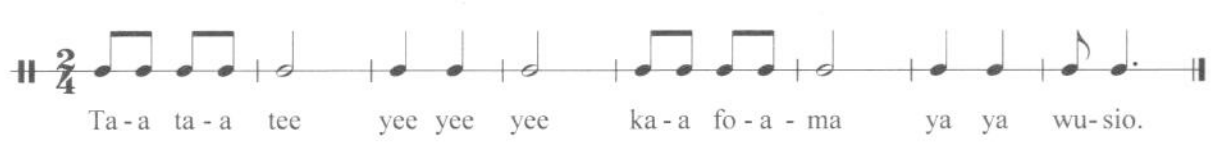

- Die SuS reichen weiterhin unter Berücksichtigung des Sprechtempos ihre Steine weiter.
- Statt zu sprechen, singt nun L. das Lied dazu. Einzelne SuS sollten versuchen mitzusingen oder mitzusummen. Dabei weiterhin die Steine weiterreichen.
- Gespräch über Herkunft des Liedes, über Steinspiele in Afrika usw.

2. Das Lied lernen

- L. singt das Lied abschnittsweise vor, SuS singen nach.
- Ggf. darüber sprechen, dass in Afrika auch heute noch fast alle Lieder auf diese Weise gelernt werden.

- Auf das Glissando am Ende des Liedes (auf die Silbe „sio“) besonders achten. Es soll kontrolliert ausgeführt werden.
- Zum Lied nun erneut die Steine im Kreis weitergeben. Ggf. versuchen, den Kreis zu vergrößern (halbe bis ganze Klasse).
- Optativ kann eine Klassenhälfte singen, die andere Klassenhälfte führt das Steinspiel aus. Dann wechseln.
- Zur Festigung singen die SuS das Lied zu CD D 24.

3. Die instrumentale Begleitung einüben

- Die SuS hören das Lied (CD D 24) und achten dabei auf die Instrumente.
- Über das Gehörte sprechen.

  Impulse: „Welche Instrumente habt ihr gehört?“; „Könnt ihr einen der Rhythmen schon klatschen?“
- L. stellt in die Mitte des Raumes eine Pauke, eine Handtrommel (mit Schlägel), einen Schellenstab und ein Paar Klanghölzer.
- Einzelne SuS spielen kurz auf den Instrumenten und benennen sie. So werden die Klangeigenschaften erneut in Erinnerung gerufen.
- Nun hören die SuS das Lied (CD D 24) erneut und stellen fest, in welcher Konstellation und Reihenfolge die Instrumente zum Einsatz kommen. Ergebnis:
  - Vorspiel (afrikanische Trommel). Die Trommel spielt während des ganzen Liedes.
  - Das Lied wird zweimal gesungen. Zur afrikanischen Trommel spielen nun Pauke und Klanghölzer.
  - Zwischenspiel (afrikanische Trommel, Pauke, Klanghölzer)
  - Das Lied wird erneut zweimal gesungen. Es kommt die Handtrommel hinzu.
  - Zwischenspiel (afrikanische Trommel, Pauke, Klanghölzer, Handtrommel)
  - Das Lied wird zweimal gesungen. Der Schellenstab kommt hinzu.
  - Nachspiel mit allen Instrumenten
- Einzelne SuS probieren die Rhythmen an den Instrumenten (Pauke, Klanghölzer, Handtrommel, Schellenstab) aus. Beispielsweise kann ein Kind mit dem Paukenrhythmus beginnen. Ist der Rhythmus richtig, setzen L. und die ganze Klasse klatschend ein. Genauso mit der Handtrommel, den Klanghölzern und dem Schellenstab verfahren.
- Die SuS vergleichen die Stimmen untereinander und stellen fest, dass Pauke und Handtrommel im zweiten Takt gleich spielen.

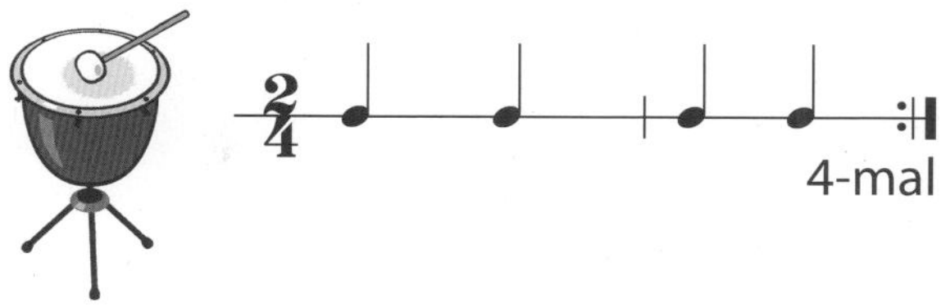

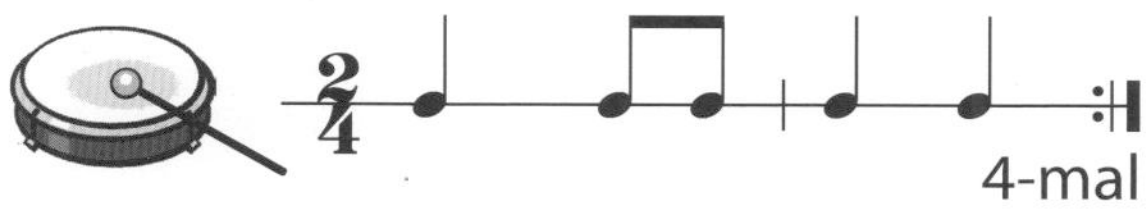

Der Klanghölzer- und der Schellenstab-Rhythmus sind identisch.

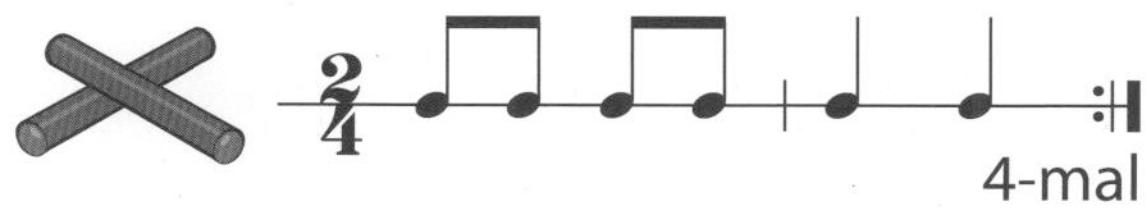

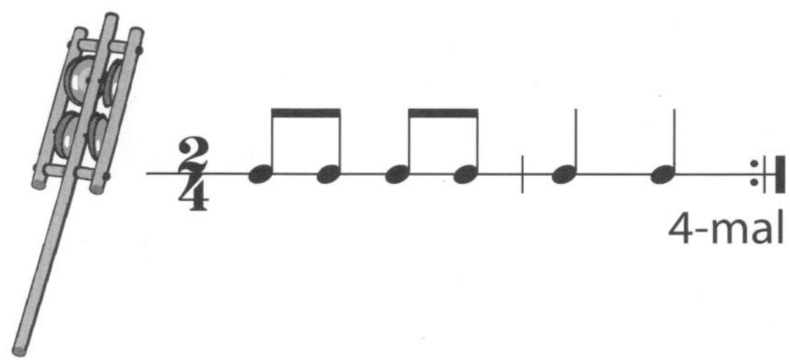

Mit diesem Wissen fällt den SuS das Zusammenspiel wesentlich leichter.

- Das Lied nun mehrmals hintereinander singen und jeweils durch eine andere Instrumentengruppe begleiten lassen.
- Zwischenspiele (L. evtl. auf Djembe frei dazu) einbauen.
- Zu CD D 24 spielen und den Aufbau der Rhythmusbegleitung übernehmen.

4. Endgestaltung

- Die Klasse in drei Gruppen aufteilen. Eine Gruppe führt das Steinspiel aus, die zweite Gruppe singt das Lied und die dritte Gruppe spielt mit Instrumenten dazu.
- Nach jedem Lieddurchgang kommt ein weiteres Instrument hinzu.
- Oft ist es hilfreich, wenn die Zwischenspiele aus acht Takten bestehen (Länge des Liedes). So können die SuS während der Zwischenspiele in Gedanken weitersingen, um den Einsatz nicht zu verpassen.
- Die Djembe kann auch ein Kind spielen.
- Beispiel:
  - Vorspiel (Pauke)
  - Lied einmal singen, Pauke dazu

- Zwischenspiel (8 Takte), Pauke
- Lied einmal singen, Pauke und Klanghölzer dazu
- Lied einmal singen, Pauke und Klanghölzer dazu
- Lied einmal singen, Pauke, Klanghölzer und Handtrommel dazu
- Zwischenspiel (8 Takte), Pauke, Klanghölzer, Handtrommel
- Lied einmal singen, Pauke, Klanghölzer, Handtrommel und Schellenstab dazu
- Nachspiel mit allen Instrumenten und Djembe (ausklingen lassen)

Nun stell nach hier und stell nach da

zu Seite 151

Überblick

- Ein Tanzlied lernen
- Einen Tanz zum Lied lernen und ausführen

Organisation

- CD D 25
- CD 2 Nr. 35
- Folie 49
- Ausreichend Platz zum Tanzen

Anmerkung

„Nun stell nach hier und stell nach da" stammt aus Südbrasilien. Dieses Tanzlied ist in Brasilien außerordentlich bekannt, besonders in Kindergärten und unteren Klassen (bis Klasse 3). Zu diesem Lied wird immer getanzt. Der dazugehörige Tanz heißt „Pèzinho" (Aussprache: Pesinjo). Das bedeutet „Füßchen".

Die Begegnung mit einer anderen Kultur sollte immer so authentisch wie möglich vollzogen werden. Daher entspricht die im SB S. 151 abgebildete Tanzversion der Originalfassung. Beim Tanzen ist es wichtig, dass der nach vorne gesetzte Fuß (Teil A) deutlich mit der Fußspitze auf den Fußboden tippt. Im Rahmen der Drehungen (Teil B) müssen die SuS gleichmäßig acht Schritte gehen (nicht hüpfen oder laufen!).

Durch die Einbeziehung der Instrumentalzwischenspiele (Liedmelodie!) ist das HB (CD D 25) relativ lang. Das kommt der Tanzeinübung mit CD sehr zugute.

Geeigneter Ablauf: Kurzes Vorspiel – Lied mit Gesang – Lied instrumental – Lied mit Gesang – Lied instrumental, am Ende ausklingend

Unterrichtsverlauf

1. Einstieg

- Die SuS hören das Tanzlied (CD D 25) und singen oder summen nach und nach dazu.
- L. gibt Hintergrundinformationen (s. Anmerkung).

2. Das Lied lernen

- Da die Liedmelodie sehr einfach und eingängig ist und der kurze Text den SuS keinerlei Schwierigkeiten bereitet, kann gleich mit dem Singen des Liedes begonnen werden. Es empfiehlt sich CD D 25 heranzuziehen. Dabei das Lied mehrmals hören und die SuS nach und nach mitsingen lassen.
- Auch zur Play-back-CD (CD 2 Nr. 35) singen.

3. Den Tanz erarbeiten

- Die SuS singen das Lied zu CD D 25. Als Einstieg in die Tanzerarbeitung bewegen die SuS im A-Teil ihre Füße immer auf die Zählzeit 1 und 3 abwechselnd vor und zurück.
  Zum B-Teil drehen sie sich im Kreis, indem sie acht Schritte rechtsherum und acht Schritte linksherum gehen.
- In dieser Form das Lied mehrmals wiederholen und tänzerisch gestalten.
- Die SuS betrachten die Abbildungen im SB S. 151 oder auf Folie 49. Sie vergleichen dabei die Abbildungen mit den gerade ausgeführten Tanzbewegungen. Mögliche Äußerungen der SuS: „Im A-Teil müssen wir uns an den Händen fassen."; „Es gibt auch Schritte seitwärts."; „Im B-Teil müssen wir uns auch drehen, aber eingehakt."
- Ohne Musik (langsamer!) üben die SuS jeder für sich und frei verteilt im Raum den A-Teil ein. Dabei immer sprechen: „vor – zurück", „seit – zurück", insgesamt viermal mit dem rechten Fuß, zur Wiederholung dann viermal mit dem linken Fuß.
- Zur Musik (CD D 25) ausführen. Dabei zu den instrumentalen Zwischenspielen ebenfalls tanzen. Im B-Teil können sich die SuS drehen oder am Platz stehen bleiben und klatschen.
- Immer wieder an das Sprechen erinnern. SuS, die schon sicherer sind, sollten nicht mehr laut sprechen, sondern nur in Gedanken. Sehr sichere SuS sollten schon probieren, das Lied zu singen.
- Nun mit einem Partner/einer Partnerin erproben. Zunächst ohne, dann mit Musik.
- Den B-Teil nun entsprechend der Abbildungen im SB S. 151 bzw. auf Folie 49 einbeziehen.

Anmerkung

Zum B-Teil können sich die SuS selbst weitere Tanzbewegungen ausdenken. Beispiele: Mit dem Partner/der Partnerin jeweils vier Schritte vor- und zurückgehen; gegenseitig in die Hände klatschen.

26. Komponisten – gestern und heute

Überblick

- Ausschnitte aus dem Leben und Schaffen von Wolfgang Amadeus Mozart mithilfe von Bildern, Informationen, Anekdoten und Musikstücken kennenlernen
- Ausschnitte aus ausgewählten Werken von Wolfgang Amadeus Mozart hören
- Zu „Eine kleine Nachtmusik" eine Begleitung mit Körperinstrumenten erfinden

Organisation

- CD D 26 bis 32
- AH 2 S. 24, 25
- KV 68 bis 70
- Schere, Kleber

Anmerkung

SuS interessieren sich dann für einen Komponisten aus früheren Zeiten, wenn er ihnen durch Bilder, lebendige und spannende Geschichten usw. nähergebracht wird.

Auf der Doppelseite 152, 153 wird vor allem der „kleine" Mozart portraitiert, denn so können die SuS gut Bezüge zu und Vergleiche mit ihrem eigenen Leben herstellen und der Lerninhalt ist ihnen nahe. Daher wird im SB S. 152 zunächst das Zuhause Mozarts vorgestellt: Salzburg, Mozarts Geburts- und Wohnhaus und Szenen aus dem Leben als Kleinkind, mit einer Schwerpunktsetzung auf musikalische Aspekte.

Auf S. 153 geht es dann um seine Reisen und Erfolge (exemplarisch München und Wien). Dabei werden auch Bezüge zu Mozarts Musik hergestellt. Eine für SuS sehr beeindruckende Information ist, dass Mozart die in London mit großem Erstaunen und Zuspruch aufgenommene Sinfonie Nr. 1 als Achtjähriger (wenig älter also als die SuS selbst) schrieb.

Ein wesentlicher Bestandteil ist die L.-Erzählung, die durch zusätzliche Angebote wie Internetrecherche, Bildmaterial aus Kinderbüchern oder den Einsatz einer Hörspiel-CD oder eines Audiobooks (z. B. „Mozart – Hits für Kinder", von Marko Simsa) ergänzt werden kann.

L. erzählt von Mozart und die SuS betrachten dabei die Bilder im SB S. 152, 153. Es ist nicht notwendig, den gesamten Text detailliert vorzulesen. Textbeispiel:

Zu Bild 1, S. 152:

Wolfgang Amadeus Mozart wurde am 27. Januar 1756 in Salzburg, Österreich, geboren.

Der Vater, Leopold Mozart, war ein sehr gebildeter Mann. Er war Musiker, Komponist und Instrumentallehrer (Violine). Die „Musikalische Schlittenfahrt" (SB S. 64) stammt von ihm. Mozart wuchs umgeben von Musik auf. Im Hause Mozart wurde geprobt, musiziert, Schüler kamen zum Violinunterricht usw.

Zu Bild 2, S. 152:

Wolfgang Amadeus Mozarts viereinhalb Jahre ältere Schwester Maria Anna, genannt Nannerl, war eine sehr begabte Klavierspielerin. Schon als Dreijähriger verbrachte Wolfgang Stunden an ihrer Seite und beobachtete ihr Spiel sehr genau. Er wollte alles sofort nachmachen.

Das Klavier wurde sein liebstes Spielzeug. Mit seinen kleinen Fingern spielte er einzelne Töne und Melodien und erfreute sich an den schönen Klängen. Bald spielte er viele Melodien, die er auch veränderte und ergänzte. Zunehmend erfand Wolfgang auch eigene Melodien.

Sein Vater, der Wolfgang oft beim Klavierspielen beobachtete, bemerkte das außergewöhnliche Talent seines Sohnes. „Ein Wunder, welch ein Wunder!", dachte Leopold Mozart immer wieder.

Zu Bild 3, S. 152:

Wolfgang und seine Schwester Maria Anna besuchten nie eine Schule. Sie lernten alles von ihrem Vater: Klavier und Violine spielen, Komponieren, Lesen, Schreiben, Rechnen, Französisch, Italienisch usw.

Der kleine Mozart war äußerst lernbegierig und nahm alles leicht und schnell auf. Der Vater schrieb einmal in sein Notenbüchlein: „Dieses Menuett hat der Wolfgangerl um halb zehn Uhr abends in einer halben Stunde gelernt." Ältere Schüler hätten dafür Wochen oder gar Monate gebraucht.

Im Alter von vier Jahren machte Wolfgang Amadeus Mozart auch schon erste Versuche im Komponieren. Da er gerade erst das Notenschreiben gelernt hatte und stetig von seiner Begeisterung angetrieben war, tropfte ihm dauernd Tinte von der Feder und alles war beschmiert. Alle lachten darüber. Als der Vater aber die Noten genauer betrachtete und erkannte, was für tolle Kompositionen Wolfgang schon in diesem frühen Alter schrieb, kamen ihm die Tränen vor Rührung.

Zu Bild 4, S. 152:

Zwei Jahre später, im Alter von sechs Jahren, spielte Wolfgang bereits hervorragend Violine, Klavier und

Orgel. Darüber hinaus konnte er frei improvisieren. Einige seiner ersten Klavierstücke stammen auch aus dieser Zeit.

Zu Bild 5, S. 153:

Als Sechsjähriger unternahm Wolfgang Amadeus Mozart mit seiner Familie eine erste Konzertreise. Die Reise war ein voller Erfolg. Das Publikum war über das Talent des kleinen Wolfgang und seiner Schwester vollkommen begeistert. Die Auftritte fanden in kleineren Sälen und in Palästen vor reichen Adligen statt.

Zu Bild 6, S. 153:

Die zweite große Reise fand im selben Jahr statt. Sie führte diesmal nach Wien, die Hauptstadt Österreichs. In prächtigen Palästen gaben die Kinder täglich mindestens zwei Konzerte vor Fürsten und Grafen.

Der Höhepunkt dieser Reise war der Auftritt vor der Kaiserfamilie im prächtigen Spiegelsaal des Schlosses Schönbrunn. Der kleine Mozart freute sich so sehr über die freundliche Aufnahme im Schloss, dass er der Kaiserin Maria Theresia auf den Schoß sprang, sie umarmte und küsste.

Das Kaiserpaar war von den Konzerten der beiden Kinder so begeistert, dass sie zur Belohnung zwei teure Kleider für ihre Konzerte und 100 Golddukaten bekamen. Das war mehr Geld, als Vater Leopold in einem ganzen Jahr verdiente.

Es folgten danach noch sehr viele Reisen, z. B. nach London, Paris und mehrmals nach Wien.

Zu Bild 7, S. 153:

In London schrieb Wolfgang als Achtjähriger seine erste Sinfonie. Da er immer noch nicht ordentlich und sauber Noten schreiben konnte, übernahm seine Schwester diese Aufgabe. Das Werk heißt „1. Sinfonie, Es-Dur". Es wurde in vielen Städten stets mit großem Erfolg aufgeführt.

Ein weiterer Schwerpunkt in der Begegnung der SuS mit Wolfgang Amadeus Mozart ist selbstverständlich die Musik. Es geht dabei nicht so sehr darum, die Musik gründlich zu analysieren. Vielmehr ist es wichtig, die Vielfalt zu erfahren. Das kann für die Jahrgangsstufe 1/2 sehr gut an den zur Verfügung stehenden HB verdeutlicht werden (Soloinstrumente, Gesang, Orchester ...).

Die ausgewählten Musikbeispiele sind:

1. „1. Sinfonie, Es-Dur" (CD D 26)

Das Motiv, die Überleitungen (Streicher) und die ruhigeren Streicherpassagen sind auffallende Merkmale dieses HB. Wie erwähnt, es handelt sich hier um Mozarts erste Sinfonie, die er als Achtjähriger schrieb.

2. „Eine kleine Nachtmusik" (CD D 27)

Dieses Werk zählt zu den beliebtesten und bekanntesten Werken Mozarts. Er schrieb diese Serenade im Jahre 1787. Insgesamt besteht das Werk aus vier Sätzen. Zu hören ist hier ein Auszug aus dem ersten Satz, dem „Allegro". Das markante Motiv (Streicher) und die darauffolgende beschwingte Melodie sind deutliche Erkennungsmerkmale.

3. „Klavierkonzert Nr. 20" (CD D 28)

Aus der Fülle der Klavierkonzerte Mozarts (23!) ragt unter anderem das „Konzert für Klavier und Orchester Nr. 20, d-Moll" heraus. Mozart schrieb es 1786. Erst einen Tag vor der Uraufführung hat Mozart es fertigstellen können. Teile der Noten mussten aber noch geschrieben werden und das Orchester musste das Werk auch noch einstudieren. Dennoch wurde das Konzert auf Anhieb ein Erfolg. Zu hören ist hier ein Auszug aus dem zweiten Satz, der „Romance".

4. „Klarinettenkonzert" (CD D 29)

Mozart mochte die Klarinette sehr. Ihm gefielen ihr warmer Klang und ihr Reichtum an Klangfarben. Das „Konzert für Klarinette und Orchester, A-Dur" komponierte Mozart 1791, in seinem Todesjahr. Das Klarinettenkonzert widmete er dem Klarinettisten Anton Stadler. Zu hören ist ein Auszug aus dem dritten Satz, dem „Rondo".

5. „Sinfonie Nr. 40" (CD D 30)

Die „Sinfonie Nr. 40, g-Moll" ist eine der bekanntesten seiner mehr als 50 Sinfonien. Er komponierte sie im Jahre 1788. Diese Sinfonie ist eine Komposition für großes Orchester mit jeweils zwei Querflöten, Oboen, Klarinetten, Fagotten und Hörnern. Zu hören ist ein Auszug aus dem ersten Satz, „Molto Allegro".

6. „Klaviersonate Nr. 13" (CD D 31)

Mozart war ein sehr guter Pianist. Daher schrieb er auch eine Vielzahl von Klavierkonzerten, Sonaten usw. Mit diesen Werken gelang es ihm, den Hörern die große Vielfalt an Klangmöglichkeiten des Klaviers zu zeigen. Zu hören ist hier ein Auszug aus dem ersten Satz, „Allegro".

7. „Requiem" (CD D 32)

Das „Requiem" ist eine Totenmesse für Gesangssolisten, vierstimmigen Chor und großes Orchester. Es ist das letzte Werk, das Mozart vor seinem Tode komponiert, aber nicht mehr vollenden konnte. Den Schluss der Messe sollen andere Komponisten geschrieben haben. Zu hören ist hier ein Auszug aus dem „Adagio" des „Introitus". Nach der instrumentalen Einleitung setzt der Chor mit dem Psalm „Requiem aeternam, dona eis, Domine; et lux perpetua luceat eis" (Herr, gib ihnen die ewige Ruhe, und das ewige Licht leuchte ihnen) ein.

Wichtig ist, dass die SuS auch einen Auszug aus Mozarts erster Sinfonie hören können. Wie oben schon erwähnt, schrieb Mozart diese Sinfonie als Achtjähriger. Mit dieser Information werden die SuS den Ausschnitt natürlich sehr genau hören, da sie ja nur wenig jünger sind.

Zuträglich ist dabei auch das Bestreben nach einem aktiven Umgang mit Musik. Daher soll „Eine kleine Nachtmusik" mit Körperinstrumenten begleitet werden. Damit der Schwierigkeitsgrad weder unter- noch überschritten wird, ist im SB S. 153 ein Auszug des Anfangs dieses Werkes als Notation für Körperinstrumente abgebildet. In diesem Sinne können dann die SuS die Begleitung weiter erfinden. Genauso gut kann hier auch KV 70 eingesetzt werden.

Unterrichtsverlauf

1. Einstieg, Alternative 1:

- L. schreibt drei Komponistennamen an die Tafel:

Wolfgang Amadeus Mozart

Ludwig van Beethoven

Joseph Haydn

- Die SuS hören „Eine kleine Nachtmusik" (CD D 27), nicht länger als 1 Minute.
- Die SuS stellen Vermutungen über den Komponisten dieses Werkes an.

Einstieg, Alternative 2:

Die SuS tragen verbal alles zusammen, was sie über Wolfgang Amadeus Mozart wissen. Dafür steht sein Name ebenfalls an der Tafel.

2. Sich über Wolfgang Amadeus Mozarts Leben informieren

- Die SuS schlagen die Doppelseite 152, 153 im SB auf. Sie beschreiben die Bilder und lesen die kurzen Texte (ggf. hilft L.) unter den Bildern.
- Nun erzählt L. Einzelheiten zu jedem Bild (s. Anmerkung).
- Diese Erzählungen können ergänzt werden durch die Hinzuziehung einer Hör-CD oder eines Audiobooks (s. Anmerkung).
- Zur Festigung bearbeiten die SuS den Lückentext aus dem AH 2 S. 24. Lösung: L AH 2 S. 301/ S. 326.

3. Ausschnitte aus ausgewählten Werken von Wolfgang Amadeus Mozart hören

- Die SuS hören nun die einzelnen Werksauszüge (CD D 26 bis 32) und sprechen über ihre Höreindrücke. Diese Gespräche finden unmittelbar nach dem Hören des jeweiligen HB statt, nicht erst nach dem Hören aller Beispiele.
- L. kann die Unterrichtsgespräche mit den Informationen über die Musik (s. Anmerkung) anreichern.
- Weitere Anregungen zum Musikhören s. DmG S. 20 ff.
- Die SuS brauchen oft etwas Zeit, um sich in ein Werk hineinzuhören. Helfen kann es, wenn sie die Möglichkeit haben, Höreindrücke in Bilder umzusetzen. Im AH 2 S. 25 können die SuS zu „Eine kleine Nachtmusik" (CD D 27), „Klavierkonzert" (CD D 28), „Klarinettenkonzert" (CD D 29) und „Requiem" (CD D 32) jeweils ein Bild malen.

4. „Eine kleine Nachtmusik" mit Körperinstrumenten begleiten

- Die SuS hören die Musik (CD D 27), L. patscht zu den ersten 5 Takten im Metrum der Musik mit.
- L. fordert SuS auf, sein Patschen durch den Einsatz anderer Körperinstrumente zu ersetzen oder zu ergänzen. Genauso gut kann auch die Notation im SB S. 153 unten betrachtet und umgesetzt werden.
- Um den Erfindungsprozess in Gang zu setzen, erhalten die SuS den Auftrag, die CD D 27 erneut zu hören und frei mit Körperinstrumenten zu begleiten. Ein Hinweis auf eine sparsame Begleitung kann untermauert werden, indem L. den SuS mitteilt, dass die Begleitung wiederholbar sein muss und eine geringere Anzahl von Bewegungen leichter zu merken ist.
- Mit diesen Vorgaben gehen die SuS in die Gruppenarbeit und entwickeln eine Begleitung mit Körperinstrumenten. Im Idealfall erhalten alle Gruppen die Musik (CD-Player und CD oder mp3-Player mit Station) und gehen in getrennte Räume. Sollte das nicht möglich sein, dann arbeiten die Gruppen im Musikraum und L. spielt immer wieder die Musik (CD D 27) ein. So können die SuS prüfen, ob ihre Überlegungen umsetzbar sind oder verändert werden müssen.
- Anregungen zur Gruppenarbeit s. DmG S. 26 f.
- Alternativ dazu kann eine vorgegebene Begleitung eingeübt werden (KV 70).

5. Die Unterrichtseinheit abschließen

- Zum Abschluss der Unterrichtseinheit bearbeiten die SuS KV 68, 69 in der Schule oder zu Hause. Auf KV 69 finden die SuS eine Figur, die den kleinen Mozart beim Violinespielen darstellt. Im dazugehörigen Ausschneidebogen (KV 68) bemalen die SuS vorgefertigte Schablonen, schneiden sie aus und bekleben damit die Figur.
- Die Bilder werden im Musikraum oder im Klassenraum aufgehängt.

Überblick

- Ein Lied von Robert Metcalf kennenlernen und an den entsprechenden Stellen mitsingen
- Ausgehend vom Textinhalt über Wut, Streit und Enttäuschung beim Spielen und i. A. sprechen
- Ein Rollenspiel zum Thema „Streit" einüben und aufführen
- Robert Metcalf als einen zeitgenössischen Kinderliedermacher kennenlernen
- Sich über die Arbeit von Robert Metcalf informieren und darüber sprechen

Organisation

- CD D 33
- Evtl. www.rondoweb.de, Internetzugang, Laptop, Beamer

Anmerkung

SuS in der Altergruppe der Jahrgangsstufe 1/2 hören oft Musik von Kinderliederautoren.

Die Entscheidung, Robert Metcalf auf dieser Doppelseite zu portraitieren, gründet darauf, dass er ein bekannter und erfolgreicher Künstler ist, der aber gleichzeitig etwas Neues für die SuS darstellt.

Robert Metcalf ist schon lange mit Erfolg im Geschäft und äußerst kreativ und produktiv (ca. 12 Musik-CDs, 4 Hörspiele, 9 Liederbücher, ca. 10 CDs zum Einsatz im Englischunterricht, 4 Bücher, Mitarbeit in Kindersendungen usw.). Viele seiner Produktionen weisen einen deutlichen Bezug zu pädagogischen Themen auf.

Auf der anderen Seite hat er nicht einen so hohen Bekanntheitsgrad, wie z. B. Rolf Zuckowski, Detlef Jöcker oder Volker Rosin, über die schon oftmals geschrieben wurde, d. h. hier lernen die SuS einen für sie vielleicht neuen Kinderliedermacher kennen, der aber durchaus Interessantes zu bieten hat.

Neu und genauso spannend für die SuS ist seine Musik. Die meisten Stücke sind durch Jazz und Swing geprägt, so auch „Sechs gewürfelt".

Weitere Informationen über Robert Metcalf: www.robert-metcalf.de.

Die SuS singen zum Lied die Chorpassagen mit (s. SB S. 154, Textfärbung). Durch die häufige Wiederholung des Refrains ist ihr Singanteil recht hoch.

In „Sechs gewürfelt" geht es darum, dass der Ich-Erzähler während eines Spiels monologisch seine Gefühle, Überlegungen usw. darlegt. Es wird beschrieben, wie er sich ärgert, wie er sich freut und wie er, als er endlich eine Sechs gewürfelt hat, nun seine Mitspieler rauszuwerfen gedenkt.

Die von allen Rahmenlehrplänen geforderte Thematisierung von Konflikten (Konflikte erkennen, benennen, Lösungsstrategien entwickeln ...) sollte in allen Fächern und somit auch im Musikunterricht stattfinden.

Unterrichtsverlauf

1. Einstieg

- Die SuS hören das Lied (CD D 33) und stellen fest, dass es sich um ein Brettspiel handelt, dass der Ich-Erzähler sich ärgert, sich dann aber freut, weil er endlich eine Sechs gewürfelt hat.
- Die SuS hören das Lied (CD D 33) erneut und singen die farbigen Textstellen mit.
- Hilfreich ist es, wenn an dieser Stelle das Video von Robert Metcalf gesehen wird: www.rondoweb.de ➔ Links ➔ Rondo 1/2 ➔ S. 154. Sollte das Betrachten des Videos über Internet nicht möglich sein, kann den SuS der Pfad mitgegeben werden, sodass sie das Video zu Hause betrachten und in der folgenden Unterrichtsstunde von ihren Eindrücken berichten können.

2. Über Konflikte beim Spielen sprechen

- Das Lied (CD D 33) erneut hören und die farbigen Textstellen mitsingen.
- Gespräch über Brettspiele.

  Impulse: „Welche Brettspiele kennt ihr?"; „Habt ihr gewonnen/verloren?"; „Wie ging es euch dabei?"; „Wie ging es euren Mitspielern dabei?"
- L. und SuS sprechen über Konflikte beim Spielen.

  Impulse: „Wie können Konflikte entstehen?"; „Welche Konflikte können auftreten?"; „Welche Lösungen kommen infrage?"
- Die beiden Fotos im SB S. 154 können dem Unterrichtsgespräch weitere Impulse geben.

3. Ein Rollenspiel zum Thema „Streit" einüben und aufführen

- Um eine Ergebnisvielfalt zu erlangen, bietet es sich an, die Klasse in Gruppen von jeweils vier bis fünf SuS einzuteilen. Anregungen zur Gruppenarbeit s. DmG S. 26 f.

- Im ersten Schritt müssen die SuS ein Thema finden, z. B. Brettspiel, Ballspiel, Spiel mit Lieblingstier (vgl. Fotos im SB S. 154), Fernsehen usw.
- Die SuS müssen die Konfliktsituation genau benennen, z. B.: Ein Kind streitet ab, dass es beim Völkerball getroffen wurde.
- Die SuS beschreiben nun genau die Gefühle und Gedanken der betroffenen Personen (Wut, Ohnmacht, Enttäuschung …).
- Nun überlegen sich die SuS, welche konstruktiven Lösungen sich anbieten.
- Die SuS proben ihre Rollenspiele in den Gruppen. Anregungen dazu s. DmG S. 26 f. Aufführungen planen, durchführen und nachbereiten.

4. Den Kinderliederautor Robert Metcalf kennenlernen

- L. oder ein Kind liest den Text im SB S. 155 oben vor.
- Inhaltliche Klärung des Textes. Impulse: „Wie alt ist Robert Metcalf jetzt?"; „Wo ist er geboren und wo lebt er jetzt?"; „Was bedeutet „selbstständiger Sänger und Liedermacher"?"; „Was hat sich Robert Metcalf selbst beigebracht?"; „Was ist eine „schwarze Melone"?"
- Sofern im Klassenraum ein Internetanschluss vorhanden ist, kann auch Robert Metcalfs Website angesehen werden (s. Anmerkung).
- Die SuS beschreiben die Fotos im SB S. 155. Dabei sollen sie die Fotos und die darauf abgebildeten Tätigkeiten genau und sprachlich korrekt beschreiben. Anregungen dazu s. DmG S. 27.
- Auch auf den Garderobenständer mit der schwarzen Melone hinweisen.

Erweiterung

Die Arbeit von Robert Metcalf, insbesondere beim Komponieren, mit der von Wolfgang Amadeus Mozart (SB S. 152, 153) vergleichen.

27. Überblick Musik

Überblick

- Musikinstrumente in der Schule kennenlernen
- Kriterien zur Unterscheidung von Instrumenten kennenlernen und anwenden
- Instrumente hörend unterscheiden

Organisation

- CD D 34, 35
- AH 1 S. 26, 30
- AH 2 S. 26, 27
- KV 71 bis 73
- Diverse Schulinstrumente (s. SB S. 156, 157)
- Papier für Instrumentenplakat
- Instrumentenfotos oder -abbildungen
- Instrumentennamenkarten
- Schere, Kleber
- Evtl. Internetzugang
- Ausreichend Platz für die Gruppenarbeit

Anmerkung

Es ist wichtig, dass die SuS so früh wie möglich Instrumente kennenlernen und unterscheiden können. Um dies schnell zu erreichen und nachhaltig zu sichern, müssen die SuS Kategorien kennenlernen, nach denen sie Instrumente untersuchen können:

- Aussehen
- Material
- Spielweise
- Klang
- Gruppenzugehörigkeit (z. B. Melodie- oder Rhythmusinstrument)

Mithilfe dieser Kriterien lernen die SuS dann auch leicht die Namen der Instrumente, was eine wichtige Voraussetzung für einen reibungslosen, kompetenzorientierten Musikunterricht ist (vgl. DmG S. 27).

Zuträglich ist es auch, wenn die SuS sich selbst informieren können. Alle abgebildeten Instrumente können auf www.rondoweb.de ➔ Instrumenten-Show angesehen und angehört werden. Dies ist eine sehr spannende Aufgabe für die leistungsstärkeren oder besonders interessierten SuS der Klasse (im Unterricht oder zu Hause).

In Aufgabe 3 (SB S. 157) müssen die SuS zusammenspielende Instrumente einzeln identifizieren. Diese anspruchsvolle Aufgabe fördert das selektive Hören.

Unterrichtsverlauf

1. Einstieg

- L. öffnet die Musikinstrumentenschränke.
- Die SuS betrachten die Instrumentenabbildungen im SB S. 156, 157.
- Die SuS vergleichen die Abbildungen mit den vorhandenen Instrumenten in den Instrumentenschränken.
- Die vertretenen Instrumente werden in die Mitte des Raumes gelegt.
- Die SuS beschreiben sie, erzeugen Klänge, nennen ihre Namen usw.

2. Name, Klang und Spielweise der Instrumente kennenlernen

- Die SuS werden in Dreiergruppen aufgeteilt.
- Die Grupppen erhalten jeweils zwei bis drei Instrumente. Aufgabe der Gruppen ist es dann, die Instrumente im Plenum vorzustellen. Kriterien: Name, Klang und Spielweise.
- Unterstützt werden kann die Gruppenarbeit durch das Internet und/oder die Abbildungen im SB S. 156, 157. Dort können die SuS die Spielweise gut erkennen.
- Während der Erprobungsphasen in der Gruppenarbeit kann auch AH 1 S. 30 bearbeitet werden. Lösung: L AH 1 S. 290/S. 316.
- Sollten abgebildete Instrumente im Musikraum nicht vorhanden sein, dann können sie dennoch über eine Beamer-Präsentation (www.rondoweb.de) vorgestellt werden.
- Die Ergebnisse werden präsentiert.
- Zur Sicherung der Instrumentennamen bearbeiten die SuS KV 71, 72.
- Ratsam ist auch die Erstellung eines kleinen Plakats mit den Abbildungen der Instrumente und den dazugehörigen Namenkarten darunter.
- Als Zusatz- oder Hausaufgabe bearbeiten die SuS das Instrumenten-Sudoku im AH 2 S. 26. Dabei schneiden die SuS aus dem Ausschneidebogen Instrumentenbilder aus, die sie in die entsprechenden Kästchen legen. Nach Überprüfung auf Richtigkeit werden die Instrumente dann eingeklebt. Diese AH-Seite lässt sich aber auch als Auffrischung zu einem späteren Zeitpunkt bearbeiten. Lösung: L AH 2 S. 301/S. 326.

3. Instrumente hören und den Abbildungen zuordnen

- Verdeckt hinter einem großen Tuch, der Tafel, eines umgelegten Tisches o. Ä. spielen L. oder einzelne SuS vier bis fünf Instrumente an. Nach jedem erklungenen Instrument müssen die SuS herausfinden, um welches Instrument es sich handelt.
- Diese Arbeitsphase kann ebenfalls durch das SB unterstützt werden, indem die SuS das gehörte Instrument auf der Doppelseite 156, 157 suchen und auf die Abbildung zeigen.
- Zur Festigung bearbeiten die SuS AH 1 S. 26. Die abgebildeten Instrumente werden verdeckt dreimal in beliebiger Reihenfolge vorgespielt. Die SuS nummerieren sie entsprechend in den dafür vorgesehen Kästchen.
- Vertiefend können drei Instrumente dreimal hintereinander gespielt werden. Beim vierten Durchgang lässt L. (oder Kind) ein Instrument aus. Frage: „Welches Instrument hat gefehlt?"; „Wie klingt es?"; „Wie wird es gespielt?"
- AH 2 S. 27 bearbeiten. Lösung: L AH 2 S. 302/ S. 327.

4. Instrumente hörend erkennen (Vertiefung 1)

- Die SuS hören CD D 34 und versuchen, die zusammenspielenden Instrumente einzeln zu identifizieren.
- Diese Aufgabe ist relativ anspruchsvoll. Daher die SuS die HB mehrmals hören lassen.
- Hilfreich ist es auch, wenn die SuS zunächst ihre Aufmerksamkeit nur auf die leicht erkennbaren Instrumente (Bassklangstäbe, Glockenspiel) richten. In dem Moment, in dem die SuS diese Instrumente klar erkannt und über das gesamte HB hörend verfolgt haben, sind sie für sie „gesichert". Nun können sie sich voll und ganz auf die Suche nach weiteren Instrumenten begeben.
- Ergebnis CD D 34: Glockenspiel, Bassklangstäbe, Triangel, Klanghölzer, Rassel.

5. Instrumente hörend erkennen (Vertiefung 2)

- Die SuS hören CD D 35 und stellen fest, in welcher Reihenfolge die Instrumente zu hören sind.
- Ergebnis CD D 35: Guiro, Schellentrommel, Vibraslap, Holzblocktrommel, Gong.
- Sollte den SuS diese Aufgabe noch etwas schwerfallen, kann L. z. B. die Triangel vorspielen und die SuS fragen, ob dieses Instrument dabei ist. Nach diesem unmittelbaren Höreindruck der Triangel hören die SuS CD D 35 und stellen fest, dass es sich um andere Instrumente handelt.
- Genauso gut kann gefragt werden, welches Instrument sofort erkannt wurde (Gong). Damit kann dieses Instrument erst einmal „abgehakt" werden und die SuS können sich auf die weiteren vier Instrumente konzentrieren.

6. Einteilen der Instrumente nach Kategorien

- Die Einteilung ist nicht immer eindeutig. In Zweifelsfällen gemeinsam mit den SuS eine Entscheidung treffen. Dabei aber anmerken, dass es auch andere Lösungen gibt.
- Um Missverständnisse zu vermeiden, sollte mit einer eindeutigen Kategorisierungseinteilung begonnen werden, z. B. Melodie- oder Rhythmusinstrument.
- Zur Kategorie Material (Holz, Metall, Fell): Bei der Entscheidungsfindung ist letztlich der Tonerzeuger relevant. Eine Schulpauke ist beispielsweise überwiegend aus Holz. Dennoch ist sie kein Holzinstrument, sondern ein Fellinstrument.
- Einige Kategorisierungsmöglichkeiten: Material, Gruppenzugehörigkeit (Melodie- oder Rhythmusinstrument), Klangeigenschaften (hoch, tief, dunkel, hell, rau, sanft ...), Aussehen, Spielweise.
- L. und SuS legen eine Kategorie fest, die Klasse legt die Instrumente im Musikraum entsprechend zusammen. Dadurch lernen die SuS die Instrumente, ihre Eigenschaften und Namen gut kennen.
- KV 73 bearbeiten.

Erweiterung

- Im Internet recherchieren (www.rondoweb.de).
- Die im SB S. 156, 157 abgebildeten Instrumente auf anderen SB-Seiten suchen (z. B. Guiro → S. 67).

Überblick

- Musikinstrumente über das Aussehen, den Klang und die Spielweise kennenlernen
- Instrumente hörend erkennen und unterscheiden

Organisation

- CD D 36 bis 41
- AH 1 S. 27, 28
- AH 2 S. 27, 28
- KV 73
- Folie 50
- Evtl. Internetzugang, Laptop, Beamer

Anmerkung

Orchesterinstrumente faszinieren Kinder von jeher. Das Aussehen, der Klang, die Spielweise, das Material, das sind Aspekte, die ihre Aufmerksamkeit anziehen. Gleichzeitig sind diese Aspekte auch wichtige Kriterien, mit denen SuS Instrumente besser kennenlernen und voneinander unterscheiden können.

Die im SB S. 158, 159 abgebildeten Instrumente können auch über www.rondoweb.de → Instrumentenshow angesehen und -gehört werden. Es lohnt sich sehr, diese Informationsquelle in den Unterricht mit einzubeziehen.

Unterrichtsverlauf

1. Einstieg

- Die SuS betrachten die Doppelseite 158, 159 im SB oder Folie 50.
- Die SuS betrachten nun genauer die Orchesterabbildung (s. SB S. 158 oben) und suchen die dazu passenden fotografierten Instrumente. Zugeordnet werden können Violine, Cello, Kontrabass, Klarinette, Querflöte, Oboe, Fagott, Trompete und Pauke.

2. Die Instrumente beschreiben

- Die SuS beschreiben die abgebildeten Instrumente. Mögliche Kriterien: Größe, Spielweise, Material, Vergleiche.
- KV 73 bearbeiten.
- Schwer ist für SuS die Unterscheidung Klarinette/Oboe. Ein guter Anhaltspunkt sind die deutlich unterschiedlichen Mundstücke.
- Die SuS berichten über ihre eigenen Begegnungen mit den abgebildeten Instrumenten.
- Als Zusatzaufgabe oder Aufgabe für Zuhause bearbeiten die SuS AH 1 S. 27. Lösung: L AH 1 S. 289/S. 315.
- Ebenfalls an dieser Stelle und auch als Zusatzaufgabe oder Hausaufgabe können die SuS AH 2 S. 27 bearbeiten. Das Instrumenten-Rätsel setzt allerdings voraus, dass die SuS auch die Namen einiger Schulinstrumente (s. SB S. 156, 157) kennen (Glockenspiel, Triangel, Rassel). Lösung: L AH 2 S. 302/S. 327.

3. Instrumente hören I

- Sehr lohnend ist es, wenn die SuS die abgebildeten Instrumente sehen und hören können. Daher kann an dieser Stelle eine Präsentation mit dem Beamer eingeschoben werden. Mithilfe von www.rondoweb.de → Instrumentenshow können die SuS gute Eindrücke über die Instrumente gewinnen.
- Die SuS hören nun CD D 37 bis 41, ordnen zu und stellen fest, in welcher Reihenfolge die Instrumente zu hören sind.
- Ergebnis: CD D 37: Keyboard; CD D 38: Querflöte; CD D 39: Pauke; CD D 40: Klavier; CD D 41: Trompete.
- Zur Festigung bearbeiten die SuS AH 1 S. 28. Sie hören dabei die Instrumente dreimal in beliebiger Reihenfolge (CD D 37 bis 41) und tragen die entsprechende Nummerierung in die dafür vorgesehenen Kästchen unter den Abbildungen ein. Zu empfehlen ist, dass L. die Reihenfolge jeweils am CD-Player programmiert, da die SuS hin und wieder die Abfolgen mehrmals hören wollen. Darüber hinaus wird so der Hörfluss nicht durch störendes Suchen und Schalten beeinträchtigt.

4. Instrumente hören II

- Nun hören die SuS CD D 36. Hier sind fünf Instrumente gleichzeitig zu hören. Ergebnis: Gitarre, Violine, Klarinette, Pauke, Kontrabass.
- Für diese anspruchsvolle Aufgabe werden einige SuS Hilfe benötigen. Hilfreich kann es sein, wenn zunächst von den klar identifizierbaren Instrumenten ausgegangen wird. Impuls: „Welches Instrument erkennst du leicht?" Bei CD D 36 sind Pauke und Kontrabass leicht zu erkennen. Von dieser Erkenntnis aus vertiefen sich die SuS in die Suche nach den weiteren drei Instrumenten.
- AH 2 S. 28 bearbeiten. Erst Instrumentennamen den Abbildungen zuordnen. Dann CD D 36 hören und herausfinden, welche beiden Instrumente zu hören waren. Lösung: L AH 2 S. 302/S. 327.

Überblick

- Aufstellungen, Schrittarten und Fassungen kennenlernen und im Rahmen von eigenen Tanzgestaltungen anwenden

Organisation

- Folie 51, 52

Anmerkung

Die im SB S. 160, 161 bzw. auf Folie 51 und 52 abgebildeten Aufstellungen, Schrittarten und Fassungen sollen die SuS anregen, eigene Tänze zu gestalten und Tanzbegriffe zu erlernen.

Diese Doppelseite sollte nicht isoliert, sondern bei der Durchführung folgender Unterrichtseinheiten eingesetzt werden:

Unterrichtseinheit	SB-Seite
Durch die Straßen auf und nieder	48
Musikalische Schlittenfahrt	64, 65
Trampelpolka	78
La Raspa Mexicana	79
Musik zum Tanzen	80, 81
Popcorn	82
Fastnachtspolonaise	85
Tanz der Marionetten	89
Eine kilometerlange Riesensuperschlingelschlange	113
Brüderchen, komm tanz mit mir	120
Wir sind Roboter aus Witten	125
Wir sind die sieben Zwerge	140, 141
Nun stell nach hier und stell nach da	151

Überblick

- Sich über die unterschiedlichen Notationsarten (grafische Notation, Balkennotation, herkömmliche Notation) einen Überblick verschaffen
- Verschiedene Klangarten mit Instrumenten erproben und ihre Notationsweise kennenlernen
- Unterschiedliche Lautstärken körperlich umsetzen und vorgegebenen Notationen zuordnen
- Eigene Notationen zum Schwerpunkt „Lautstärke" erstellen
- Tempo durch Bewegung darstellen und Notationen untersuchen

Organisation

- AH 1 S. 29, 30
- AH 2 S. 29, 30
- Folie 53 bis 56
- Schere, Papier, Stifte
- 4 Wortkarten mit den Bezeichnungen der Klangarten (SB S. 162)
- Magnete und Magnettafel
- Melodie- und Rhythmusinstrumente
- Ausreichend Platz für die Bewegungsgestaltungen

Anmerkung

Auf den S. 162 bis 165 finden SuS zusammengefasst die wesentlichen Informationen über den Themenschwerpunkt Notation.

Im Unterricht bieten sich zwei Einsatzmöglichkeiten an: L. kann in Form eines Lehrgangs einzelne Themenbausteine (z. B. Klangarten oder Tempo) behandeln. Genauso gut können einzelne Bausteine ergänzend oder vertiefend zu den entsprechenden SB-Seiten herangezogen werden, z. B. Baustein „Lautstärke" zu SB S. 122. Im Folgenden wird der Einsatz der Seiten in Form eines Lehrgangs dargestellt.

Unterrichtsverlauf zum Baustein „Musik verschiedenartig notieren" (SB S. 162)

1. Einstieg

- Die SuS beschreiben die drei unterschiedlichen Notationsarten (grafische Notation, Balkennotation, herkömmliche Notation).
- Die SuS suchen im SB entsprechende Beispiele für die drei Notationsarten. Beispiele für grafische Notation: S. 16, 17, 20, 49, 67 usw.

  Beispiele für Balkennotation: S. 24, 25, 37, 68, 69, 124, 125 usw.

  Beispiele für herkömmliche Notation: fast alle instrumentalen Liedbegleitungen.

2. Die Notationen näher kennenlernen

- L. spielt mit einem Melodieinstrument die drei Notationen im SB S. 162 bzw. auf Folie 53 in veränderter Reihenfolge vor. Bei der grafischen Notation reicht es aus, wenn L. die ersten drei Punktklänge, den Bewegungsklang, den nach oben führenden Gleitklang (Pfeil) und einen der Liegeklänge interpretiert. Der Liedauszug von Volker Rosin stammt aus dem SB S. 72.
- Die SuS stellen fest, in welcher Reihenfolge L. die Notationen vorgespielt hat.
- Im Rückgriff auf das L.-Spiel sprechen die SuS über Auffälligkeiten. Beispielsweise lässt die grafische Notation dem Spielen mehr Freiraum, insbesondere beim Umsetzen des Bewegungs- und Gleitklanges. Die Umsetzung der Punktklänge weisen hingegen einen höheren Präzisionsgrad auf und könnten ansatzweise mit den beiden anderen Notationsarten verglichen werden.

Unterrichtsverlauf zum Baustein „Klangarten" (SB S. 162)

1. Einstieg

- L. skizziert an der Tafel einige Punktklänge, Liegeklänge, Gleitklänge und Bewegungsklänge.
- Auf den anderen Tafelflügel hängt L. Wortkarten mit den Bezeichnungen „Punktklänge", „Liegeklänge", „Gleitklänge" und „Bewegungsklänge".
- L. liest die Bezeichnungen laut vor, SuS ordnen sie den grafischen Zeichen zu.
- Die SuS schlagen im SB S. 162 auf oder betrachten Folie 53 und verifizieren ihre Vermutungen (Zuordnung Bezeichnungen – grafische Zeichen).
- Einzelne Kinder hängen die Wortkarten passend unter die grafischen Zeichen an der Tafel.

2. Klangarten mit Instrumenten umsetzen

- Die SuS bilden acht Gruppen. Jede Gruppe erhält ein Melodie- und ein Rhythmusinstrument.
- In den Gruppen setzen die SuS die Notationen von S. 162 klanglich um.
- Immer wieder die Gruppenarbeit kurz unterbrechen und im Plenum Zwischenergebnisse abfragen. So können Fragen frühzeitig geklärt und Überlegungen neu in Gang gesetzt wer-

den. Beispielsweise ist es oft erforderlich, über die Umsetzung von „hoch – tief" zu sprechen. Allen SuS muss bewusst sein, dass eine nach unten führende Linie klanglich von hoch nach tief umgesetzt werden muss. Gleichzeitig müssen alle SuS Kenntnis darüber haben, wo an ihren Instrumenten die hohen und wo die tiefen Töne liegen.

- Weitere Anregungen zur Gruppenarbeit s. DmG S. 26 f.
- Ergebnispräsentation.
- Zur Festigung spielt L. oder ein Kind Klänge vor, SuS ordnen bei aufgeschlagenem SB S. 162 zu.

Unterrichtsverlauf zum Baustein „Lautstärke" (SB S. 163)

1. Einstieg

- Das Lied „Herr Laut ging mal spazieren" (SB S. 122) singen. Den Textinhalt besprechen.
- Gespräch über Lautstärke.

  Impulse: „Was ist Lautstärke?"; „Welche Lautstärkeunterschiede gibt es?"; „Welche Lautstärke ist für euch angenehm?"
- SuS nennen „laute" und „leise" Gegenstände aus ihrem Umfeld.
- SuS bearbeiten AH 2 S. 29. Sie schneiden die neun Bilder aus dem Ausschneidebogen aus und kategorisieren sie in „Laut", „Mittellaut" und „Leise". Nach Besprechung der Zwischenergebnisse kleben die SuS die Bilder in S. 29 ein. Lösung: L AH 2 S. 303/S. 328.

2. Lautstärke körperlich umsetzen

- Die SuS beschreiben die Tätigkeiten und Körperhaltungen der abgebildeten Kinder (SB S. 163 oben oder Folie 54).
- Gespräch über Umsetzungsmöglichkeiten von Lautstärke. Beispiele: Leise = die SuS schleichen. Laut = die SuS stampfen.
- Die SuS verteilen sich im Raum.
- L. (oder ein Kind) spielt mit einer Handtrommel Punktklänge in unterschiedlicher Lautstärke. Die SuS bewegen sich zur Lautstärke passend durch den Raum.

3. Lautstärke grafisch umsetzen

- L. notiert die grafischen Darstellungen von leise, laut, leiser werdend, lauter werdend (vgl. SB S. 163) an die Tafel.
- Auf einer Handtrommel spielt L. die Notationen in beliebiger Reihenfolge. SuS ordnen zu und begründen.
- L. nennt die Begriffe „leise", „laut", „leiser werdend" und „lauter werdend". SuS ordnen die Begriffe den Notationen zu.
- Die SuS vergleichen mit SB S. 163.
- Die SuS bearbeiten Aufgabe 1 im AH 1 S. 29. Dort ordnen sie mit Rangzahlen vorgegebene Punkte von leise zu laut. Lösung: L AH 1 S. 290/S. 316.
- In Aufgabe 2 zeichnen die SuS die Punkte von leise zu laut auf und setzen diese Notation dann mit einem Instrument um. Lösung: L AH 1 S. 290/S. 316.
- In Aufgabe 3 schreibt ein Kind eine eigene „Laut-leise-Notation" auf, das andere Kind spielt sie. Dann werden die Rollen getauscht. Das erste Kind soll nun die Notation des zweiten Kindes spielen.

Unterrichtsverlauf zum Baustein „Tempo" (SB S. 163)

1. Einstieg

- Die SuS verteilen sich im Raum.
- L. spielt einzelne Punktklänge in unterschiedlichem Tempo auf einer Handtrommel.
- Die SuS reagieren darauf, indem sie beispielsweise bei schnellem Tempo durch den Raum laufen, bei langsamer werdendem Spiel ihr Schritttempo verlangsamen.

2. Die Notationen untersuchen

- L. hängt die Karten der vier Notationen (SB S. 163 unten) an die Tafel.
- L. spielt die Notationen in beliebiger Reihenfolge vor, die SuS ordnen zu.
- L. notiert die Bezeichnungen unter die Notationen: „Langsam", „Schnell", „Langsamer werdend" und „Schneller werdend".
- Über die den Notationen zugrundeliegenden Prinzipien sprechen. Beispiel: „Sind die Abstände zwischen den Punkten lang, ist das Tempo langsam. Sind die Abstände hingegen kurz, dann ist das Tempo schnell. Verringern sich die Abstände, so wird das Tempo schneller. Vergrößern sich die Abstände, so wird das Tempo langsamer."

3. Die Notationen mit Instrumenten umsetzen

- Die SuS erhalten Rhythmusinstrumente. Um den Lautstärkepegel gering zu halten und um die Konzentration zu erhöhen, bietet sich die Partnerarbeit an. Zwei SuS erhalten ein Instrument und wechseln sich beim Spielen ab.

- L. und später die SuS legen an der Tafel unterschiedliche Notationen zusammen.
- Die Partnergruppen setzen diese Notationen mit ihren Rhythmusinstrumenten um.
- L. oder ein Kind legt vier verschiedene Notationen zusammen.
- L. oder ein Kind spielt eine dieser Notationen mit einem Rhythmusinstrument. Die SuS finden heraus, um welche der vier Notationen es sich handelt.
- Umgekehrt: Ein Kind spielt einige Punktklänge mit unterschiedlichem Tempo vor. Ein anderes Kind legt das Gehörte an der Tafel nach. Hierzu kann Folie 54 eingesetzt werden.

Unterrichtsverlauf zu den Bausteinen „Tonhöhe" und „Tonfolgen" (SB S. 164)

1. Einstieg

- Die SuS beschreiben die im SB S. 164 bzw. auf Folie 55 oben abgebildeten Balken.
- L. spielt die Balken mit einem Melodieinstrument vor.
- Gespräch über das zugrundeliegende Notationsprinzip. Das Gespräch mit Hinweisen auf die Balken im SB S. 164 illustrieren.

2. Die Beispiele mit Instrumenten umsetzen

- Die SuS erhalten Melodieinstrumente.
- L. vergewissert sich, dass die SuS genau wissen, wo sich die hohen, mittleren und tiefen Töne des Instruments befinden.
- In Partnerarbeit setzen die SuS die Notationen zum Themenschwerpunkt „Tonhöhe" um.
- Abschließend spielt ein Kind ein Notationsbeispiel vor. Die SuS finden heraus, um welche Notation es sich handelt.

Unterrichtsverlauf zu den Bausteinen „Tonlängen" und „Pausen" (SB S. 164)

1. Einstieg

- Die Beispiele im SB S. 164 oder auf Folie 55 untersuchen und besprechen.
- Die Beziehung der Balken und Noten untereinander verstehen.

2. Tonlängen durch Bewegung und Klänge umsetzen

- SuS verteilen sich frei im Raum.
- L. nennt verschiedene Notationen, die SuS setzen es entsprechend um, z. B. kurze Töne oder kurze, schnelle Schritte.
- AH 2 S. 30 bearbeiten. Lösung: L AH 2 S. 303/ S. 328.
- AH 1 S. 30 bearbeiten. Lösung: L AH 1 S. 290/ S. 316.

Unterrichtsverlauf zu den Bausteinen „Namen der Töne", „Dreiklänge" und „Fünftonreihe" (SB S. 165)

1. Einstieg

- Die SuS beschreiben die Beispiele im SB S. 165 bzw. auf Folie 56.
- Dabei stellen sie fest, dass die Noten auf oder zwischen den Linien notiert werden.
- Die Hilfslinie des c' gesondert besprechen.

2. Beispiele hören

Zwecks Herstellung eines musikbezogenen Kontextes spielt L. die einzelnen Beispiele mit einem Melodieinstrument (am besten Tasteninstrument oder Gitarre wegen der Dreiklänge) vor. Die SuS können das Gehörte in Bewegung umsetzen, indem sie zu den Halben Noten langsam schleichen, zu den Viertelnoten gehen und zu den Achtelnoten laufen.

3. Beispiele im SB suchen

Abschließend suchen die SuS im SB nach weiteren Beispielen:

Töne auf den Linien: Liednoten und Begleitungen durchsuchen.

Töne in den Zwischenräumen: Liednoten und Begleitungen durchsuchen.

Dreiklänge (gebrochen): z. B. S. 5 Takt 2, 3.

4. Einzelne Töne im SB suchen

Die SuS suchen einzelne Noten im SB. Hilfreich ist es, wenn L. bereits eine Seitenabfolge vorgibt.

Impuls: „Wer findet im SB auf den S. 1 bis 13 ein g, a, h, d ...?"

Lösungen Arbeitsheft 1 (1702-81)

Die Lösungen enthalten

- alle Seiten mit eindeutigen Lösungen
- eine Seite mit einer beispielhaften Lösung zur Erläuterung

Nicht im Lösungsteil enthalten sind

- Seiten mit individueller Lösung
- der Ausschneidebogen

In der folgenden Übersicht sind diejenigen AH-Seiten, zu denen es Lösungen gibt, mit einem ✓ gekennzeichnet.

AH-Seite	Schülerbuch Seite	Lösung
Rhythmusinstrumente – Klänge – Zeichen	16	✓
Melodieinstrumente – Klänge – Zeichen	17	✓
Welches Instrument fehlt?	16, 17	✓
Die richtige Singhaltung	26	✓
Das Weck-Konzert	37	✓
Der Herbst ist da	42	✓
Bilder zur Musik	35, 42	✓
Liedanfänge zuordnen	6, 9, 20, 46	✓
Durch die Straßen	48	✓
Helle und dunkle Klänge	49	✓
Nikolaus-Geschenke	52	✓
Knecht Ruprecht	53	✓
Der Jahreskreis	63	✓
Hohe, mittlere und tiefe Töne	66	✓
Das Bärenorchester	77	✓
Das Bärenorchester – Instrumente erkennen	77	
Kuckuck!	93	✓
Liedanfänge zuordnen	23, 48, 84, 93	✓
Has, Has, Osterhas	94	✓
Den richtigen Weg hören	102, 103	
Die Vogelhochzeit	104	✓
Regenmusik	95, 118	✓
Sssssumm!	133	
Peter und der Wolf	142, 143	✓
Schulinstrumente hören und erkennen	156, 157	
Instrumenten-Puzzle	159	✓
Instrumente hören und erkennen	158, 159	
Laut und leise	122, 123, 163	✓
Hallklänge	156, 157, 164	✓
Ausschneidebogen		

Es sind mehrere Lösungen möglich.

Rhythmusinstrumente – Klänge – Zeichen

zu Seite 16

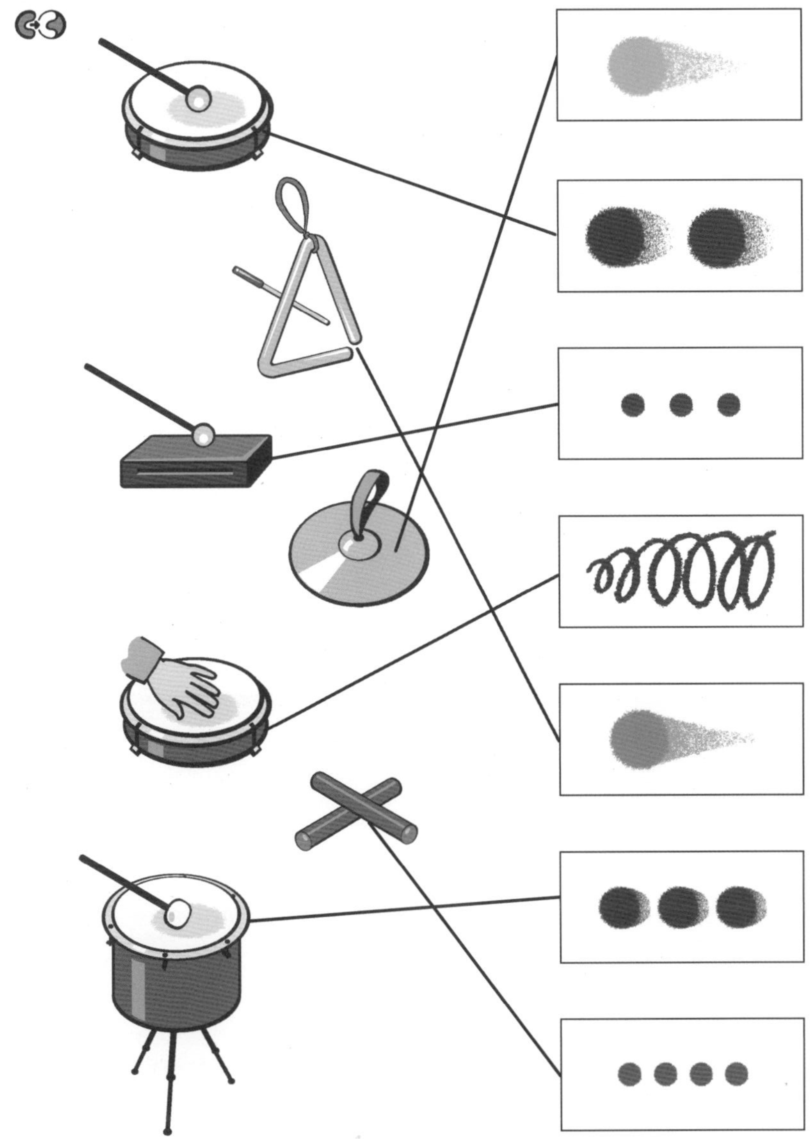

Jedes Instrument mit dem passenden Klangzeichen verbinden (mehrere Lösungen möglich)

Es sind mehrere Lösungen möglich.

Melodieinstrumente – Klänge – Zeichen

zu Seite 17

1.

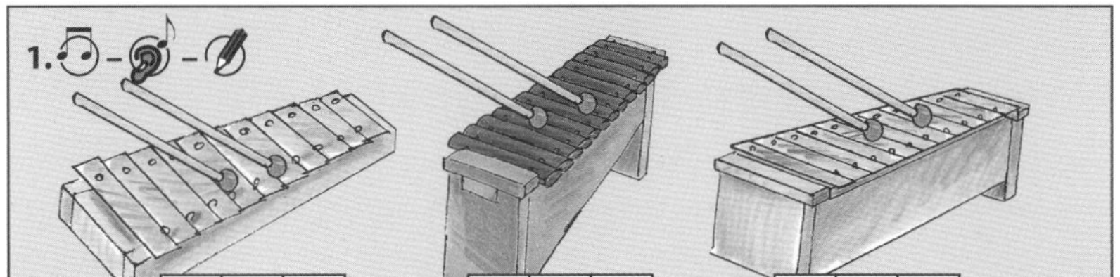

1	...	...	2	1	...	3	...	...

2.

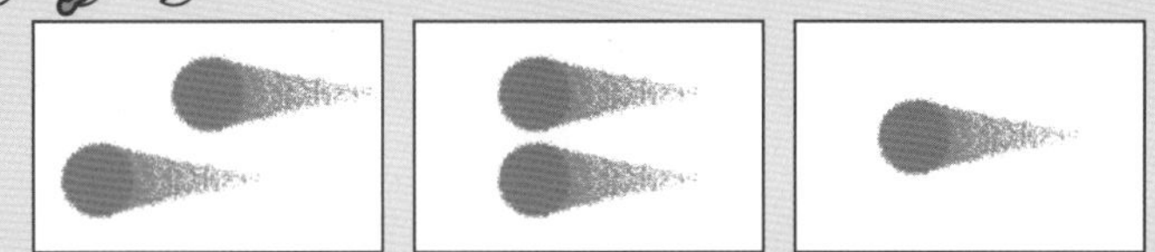

2	1	...	1	...	...	3	...	...

3.

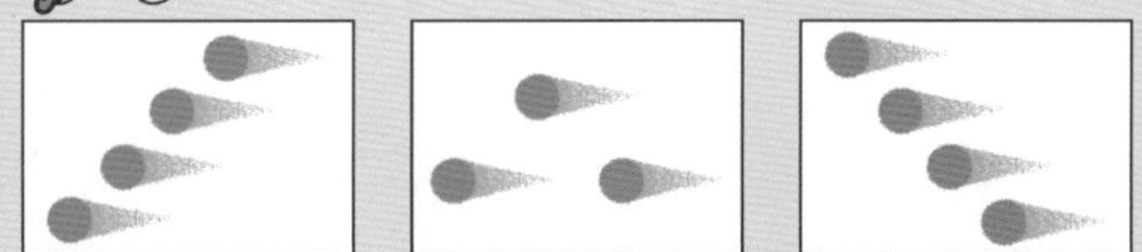

1	...	...	3	1	...	2	...	...

4.

3	1	...	2	...	...	1	...	...

1. Die Instrumente dreimal in beliebiger Reihenfolge spielen lassen und entsprechend nummerieren
2. Die Metallofon-Klangzeichen dreimal in beliebiger Reihenfolge spielen lassen und entsprechend nummerieren
3. Die Glockenspiel-Klangzeichen dreimal in beliebiger Reihenfolge spielen lassen und entsprechend nummerieren
4. Die Xylofon-Klangzeichen dreimal in beliebiger Reihenfolge spielen lassen und entsprechend nummerieren

Die richtige Singhaltung

zu Seite 26

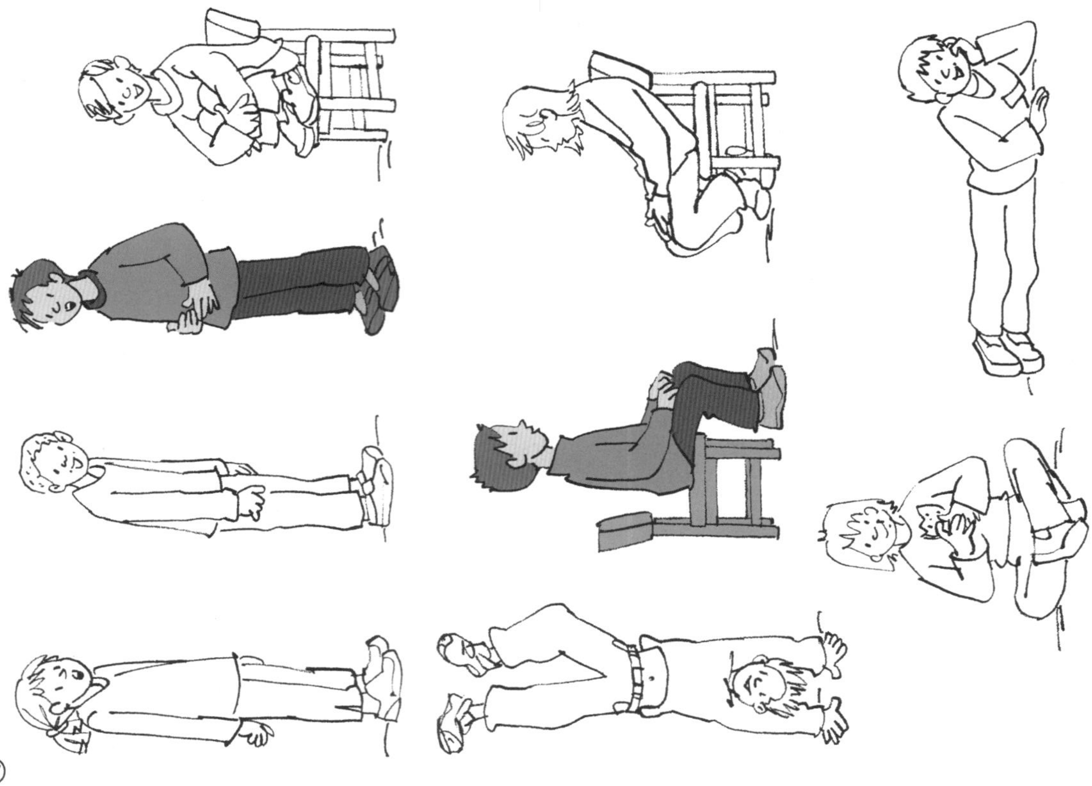

Die Bilder ausmalen, in denen die richtige Singhaltung dargestellt wird

5

Welches Instrument fehlt?

zu Seite 16, 17

1.

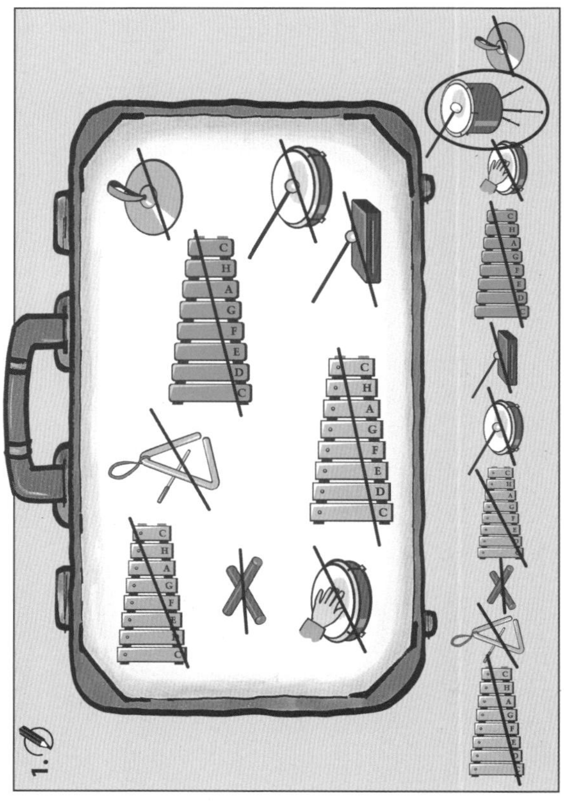

2.

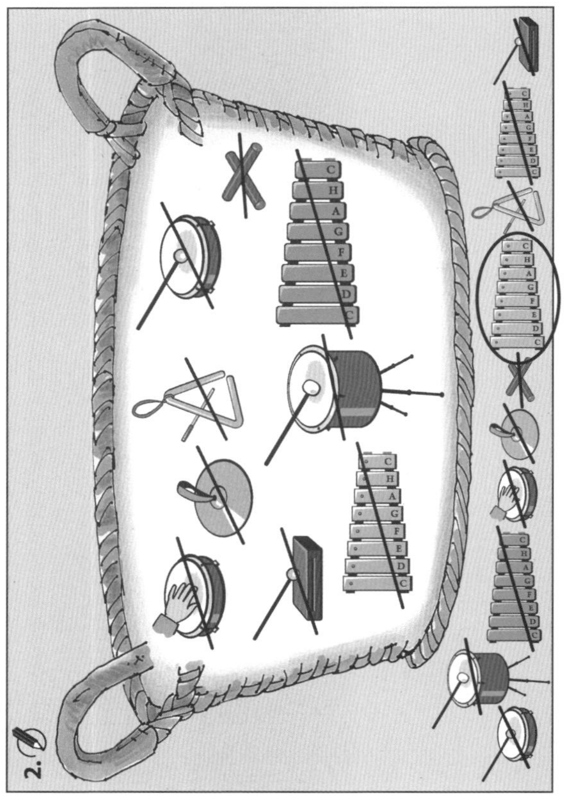

1. Das im Koffer fehlende Instrument in der Reihe darunter suchen und einkreisen
2. Das im Korb fehlende Instrument in der Reihe darunter suchen und einkreisen

4

Das Weck-Konzert

zu Seite 37

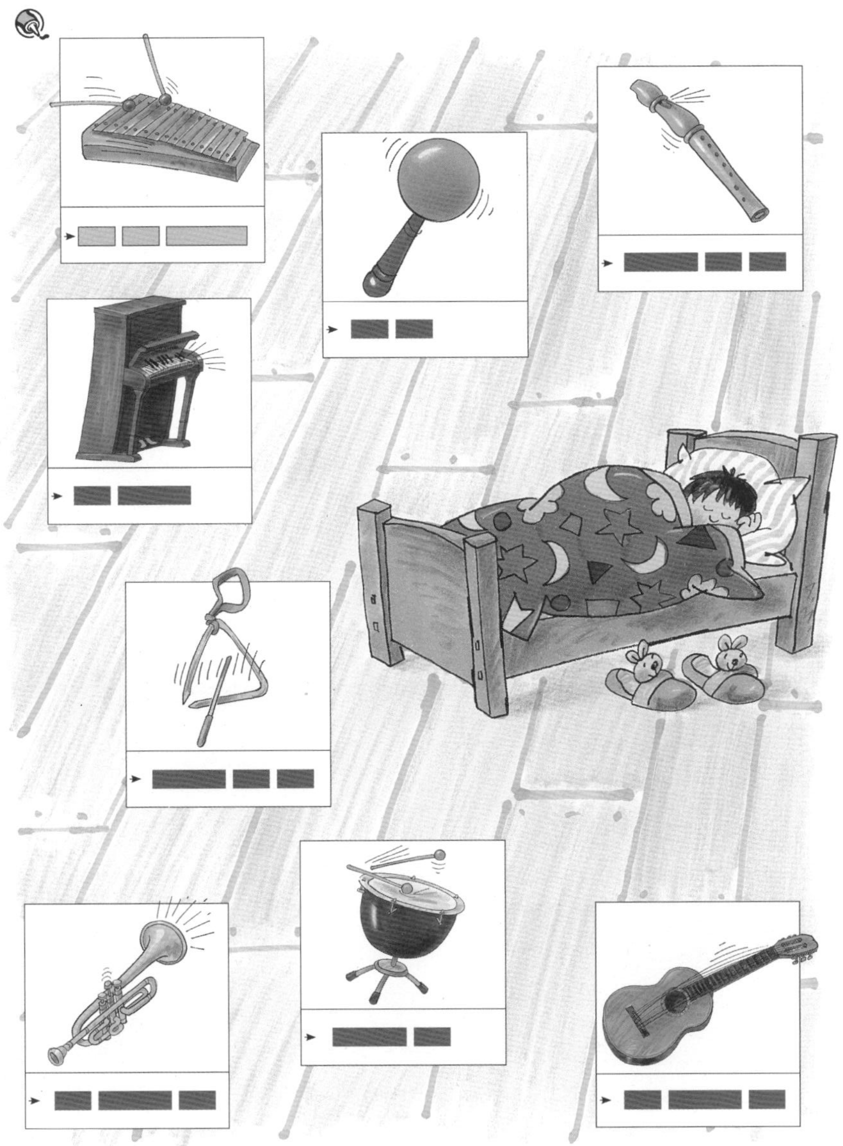

Die Instrumentennamen in Form von Rhythmusbausteinen auf Seite 31 ausschneiden und unter die passenden Instrumente kleben

Der Herbst ist da

zu Seite 42

Das Lied singen und den Melodieverlauf mit der Hand anzeigen; die Liedteile A, B und C der jeweils passenden Blätternotation zuordnen

Bilder zur Musik

zu Seite 35, 42

1.

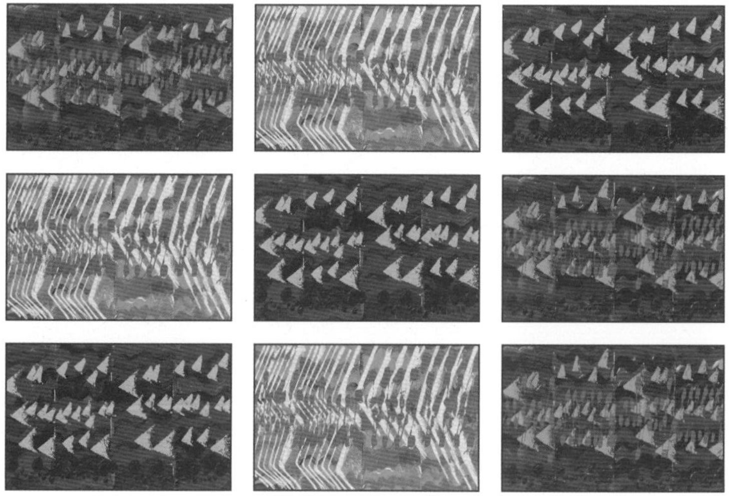

☐
☐
☒

2.

☐
☐
☐

1. A 54 hören und zur dreiteiligen Musik die passende Bilderreihe ankreuzen
2. Partnerarbeit: A 63 hören und sich zu jeder Strophe ein Strophenbild ausdenken; die Bilder in drei verschiedenen Kombinationen in die leeren Felder malen; der Partner kreuzt die richtige Bilderreihe an

Liedanfänge zuordnen

zu Seite 6, 9, 20, 46

Guten Morgen, guten Morgen …

Nebel, Nebel, weißer Hauch …

Nachts ist alles dunkel …

Wir werden immer größer …

Die vier Lieder singen; die Liedanfänge den grafischen Notationen zuordnen

Durch die Straßen

zu Seite 48

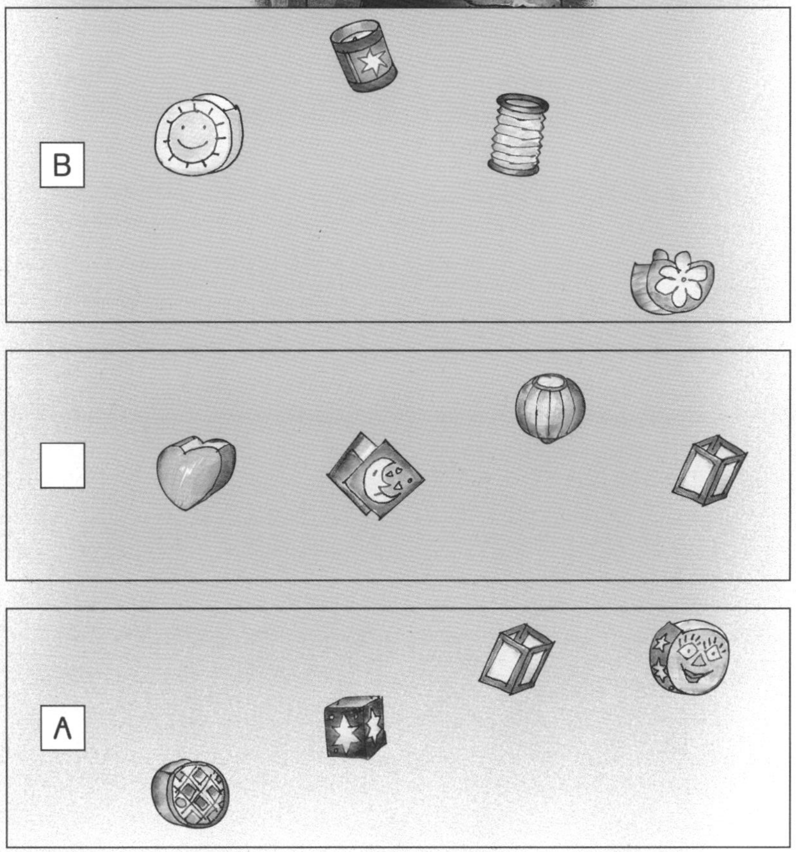

Das Lied singen und den Melodieverlauf mit der Hand anzeigen; eine Laternen-Notation entspricht dem Anfang von Teil A, eine andere dem Anfang von Teil B; diese beiden mit „A" und „B" kennzeichnen

Helle und dunkle Klänge

zu Seite 49

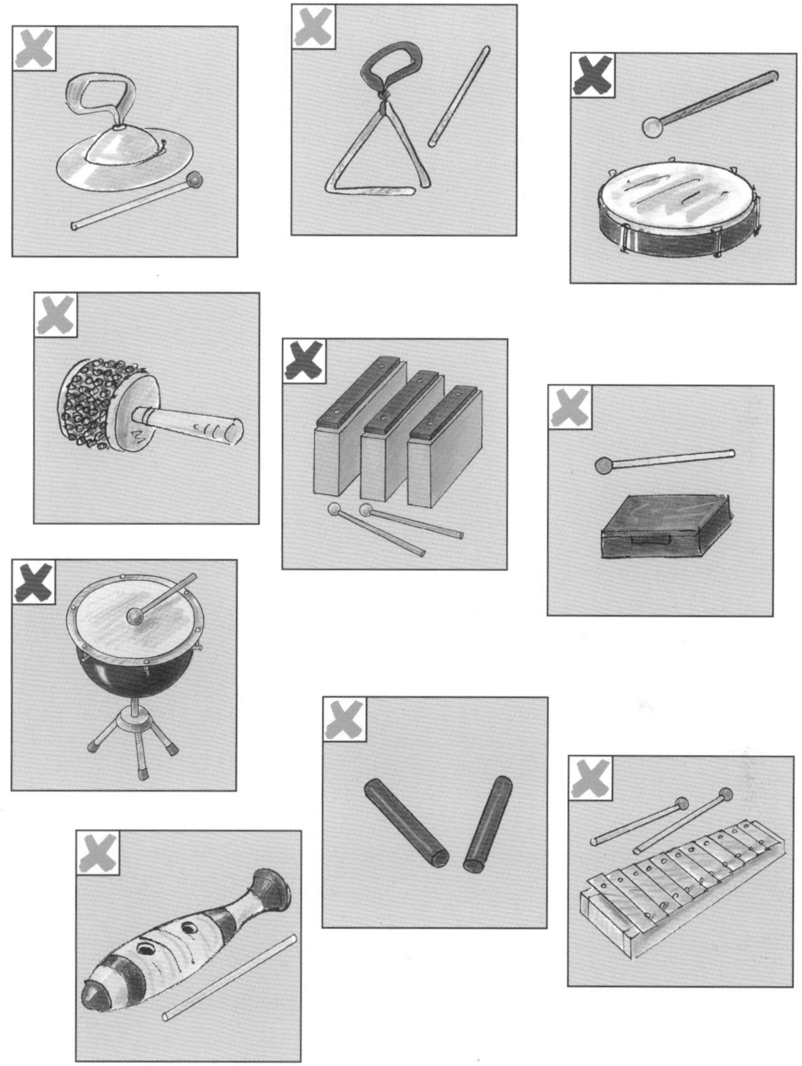

Die Instrumente erproben; die hell klingenden Instrumente orange ankreuzen, die dunkel klingenden violett ankreuzen

Nikolaus-Geschenke

zu Seite 52

Die grafischen Notationen und das jeweils passende Geschenk mit einer Linie verbinden;
Geschenke: Apfelsinen, Nüsse, Puppenkleid, Fußball, Zimtsterne, Teddybär, Blockflöte

Knecht Ruprecht

zu Seite 53

A 72 hören; die drei Bilder auf Seite 31 ausschneiden und dem Ablauf der Musik entsprechend einkleben; die eingepackten Geschenke ausmalen

Der Jahreskreis

zu Seite 63

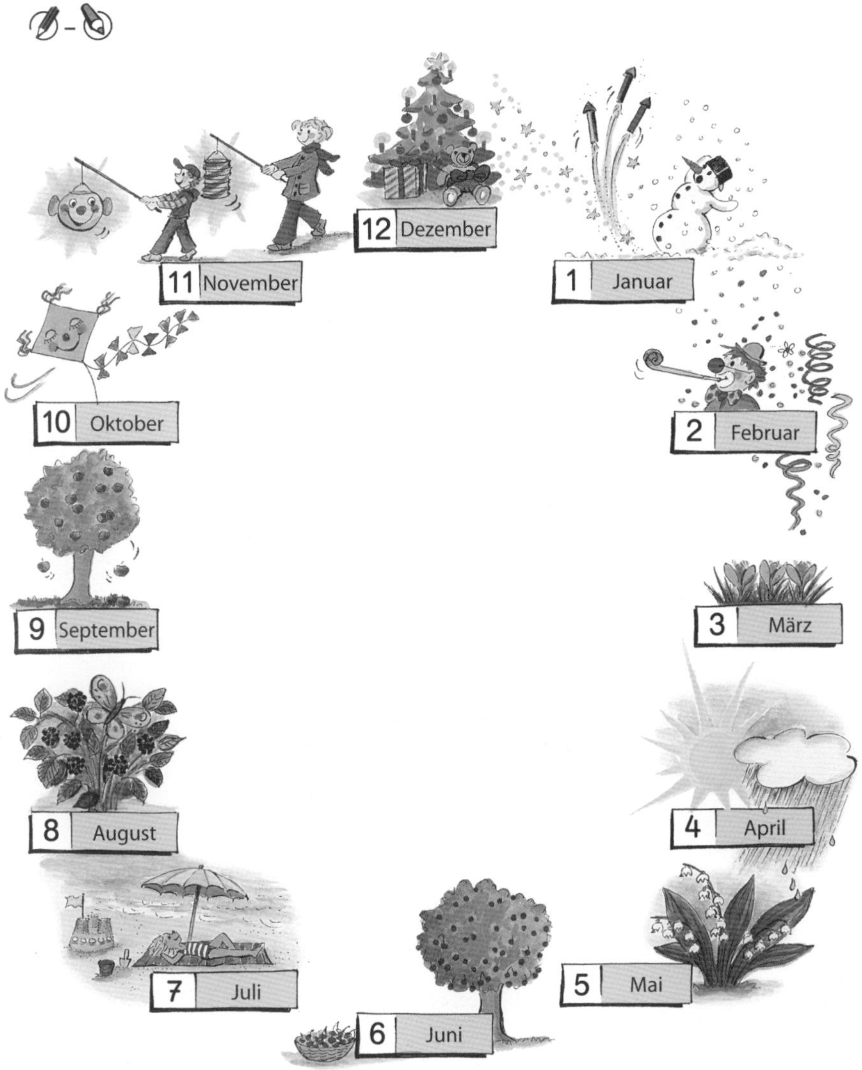

Zu den Monatsnamen die entsprechenden Monatszahlen eintragen; einen Monat auswählen und dazu in den Kreis ein Bild malen

Hohe, mittlere und tiefe Töne

zu Seite 66

Das Glockenspiel erproben; für die vier hohen, die vier mittleren und die vier tiefen Seifenblasen je eine Farbe wählen und damit die Seifenblasen und die entsprechenden Glockenspiel-Stäbe ausmalen

Das Bärenorchester

zu Seite 77

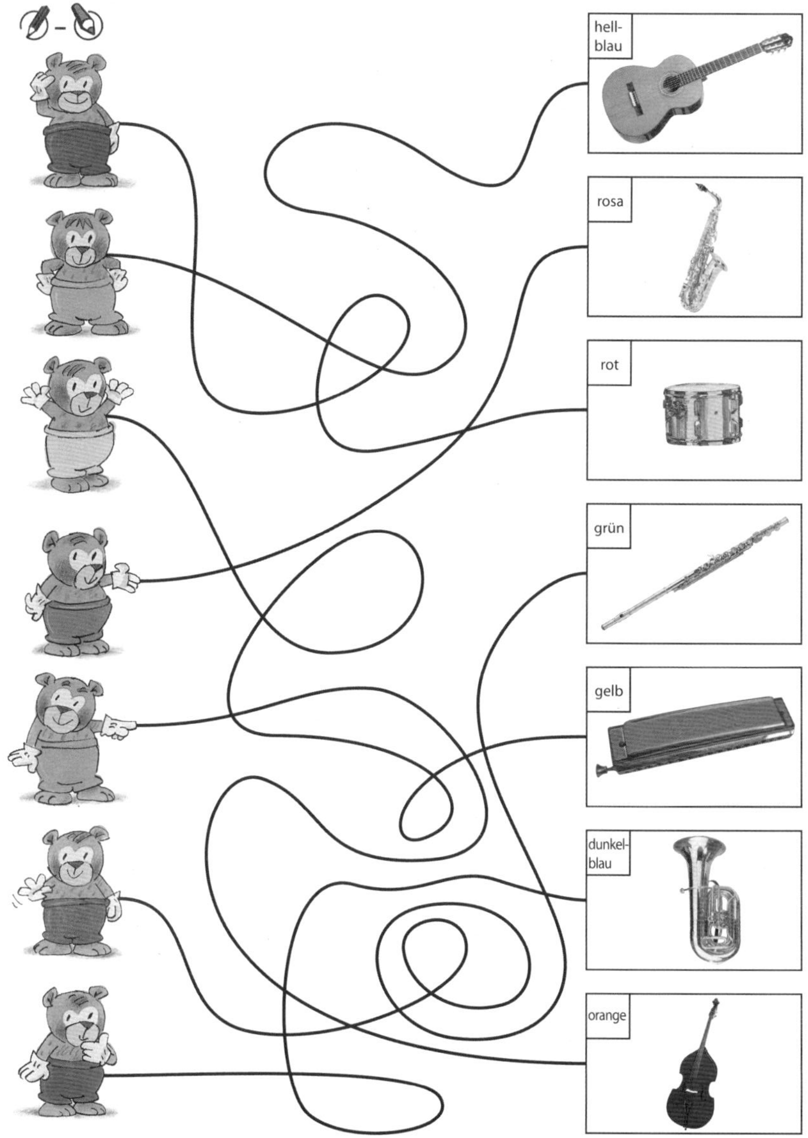

Durch Nachfahren der Linien die Bären zu ihren Instrumenten führen; die Instrumente mit der passenden Bärenfarbe markieren

Kuckuck!

zu Seite 93

1.

2.

1. Kuckucksrufe mit Instrumenten spielen; die grafische Notation des richtig singenden Kuckucks farbig ausmalen
2. Diejenigen Instrumente ausmalen, mit denen der Kuckucksruf gespielt werden kann

Liedanfänge zuordnen

zu Seite 23, 48, 84, 93

Durch die Straßen auf und nieder …

Bruder Jakob, Bruder Jakob …

Kuckuck, Kuckuck …

Maskenball, Maskenball …

Die vier Lieder singen; die Liedanfänge den grafischen Notationen zuordnen

Has, Has, Osterhas

zu Seite 94

Die Bilder entsprechend den Strophen nummerieren; Partnerarbeit: In einem der Bilder ein Osterei verstecken und es vom Partner suchen lassen

Die Vogelhochzeit

zu Seite 104

Die Bilder entsprechend der Liedstrophen nummerieren

Regenmusik

zu Seite 95, 118

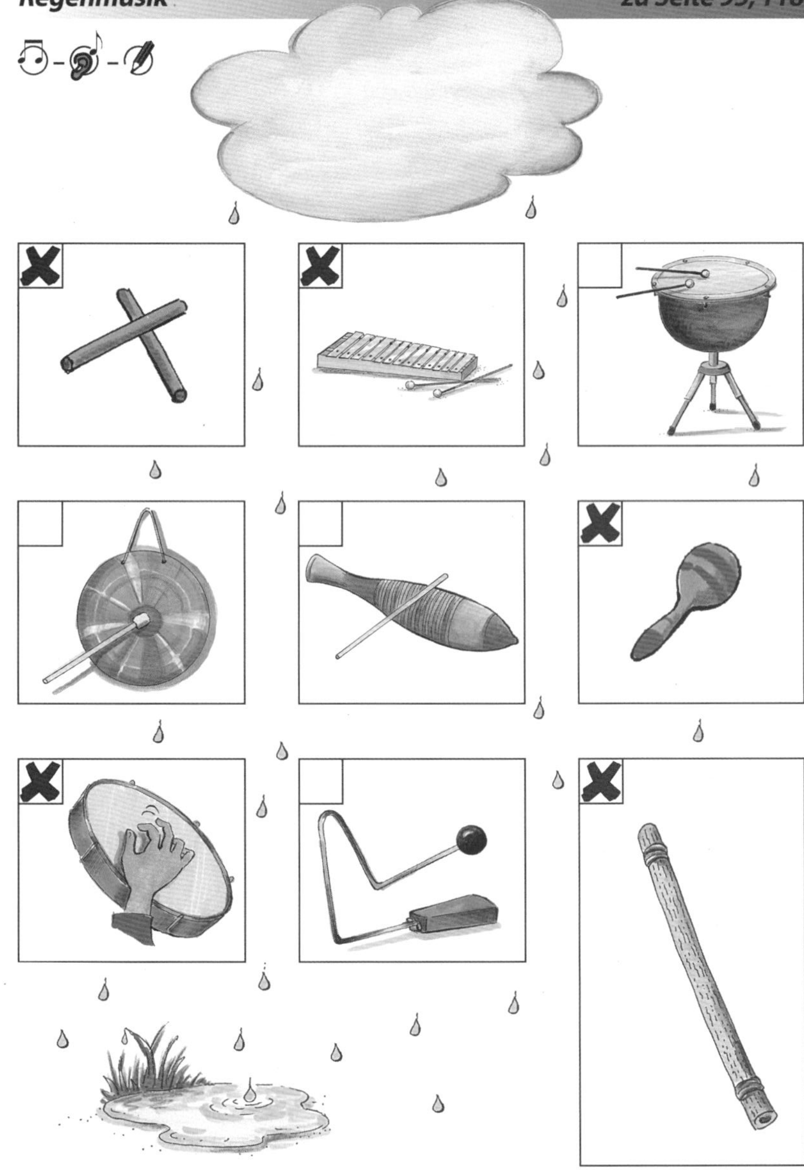

Die Instrumente erproben und diejenigen ankreuzen, die für die Gestaltung einer Regenmusik geeignet sind

Peter und der Wolf

zu Seite 142, 143

D 11 bis 17 hören; die Bilder zuordnen und entsprechend nummerieren

Instrumenten-Puzzle

zu Seite 159

Die Bilder auf Seite 31 ausschneiden, das Puzzle richtig zusammensetzen und aufkleben

Laut und leise

zu Seite 122, 123, 163

1.

4	2	5	1	6	3

2.

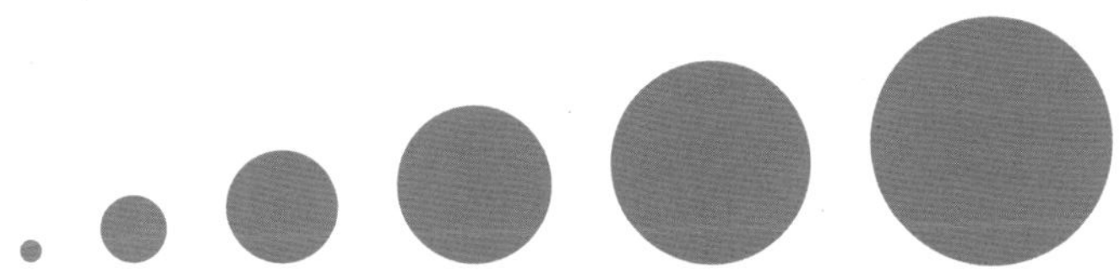

3.

1. Die Punkte von leise zu laut mit Rangzahlen versehen
2. Die Punkte von leise zu laut aufzeichnen und mit einem Instrument spielen
3. Eigene Laut-Leise-Notationen aufschreiben und spielen

Hallklänge

zu Seite 156, 157, 164

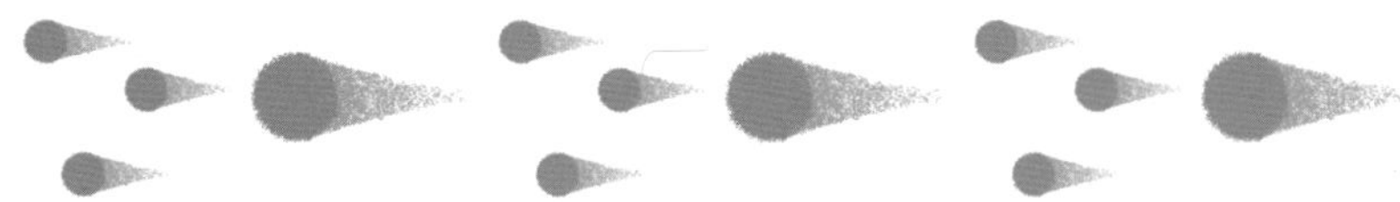

Die Instrumente erproben und diejenigen ankreuzen, die zur Erzeugung von Hallklängen geeignet sind

Lösungen Arbeitsheft 2 (1702-82)

Die Lösungen enthalten

- alle Seiten mit eindeutigen Lösungen

Nicht im Lösungsteil enthalten sind

- Seiten mit individueller Lösung
- der Ausschneidebogen

In der folgenden Übersicht sind diejenigen AH-Seiten, zu denen es Lösungen gibt, mit einem ✓ gekennzeichnet.

AH-Seite	Schülerbuch Seite	Lösung
Sieben dicke Riesen	24, 25	✓
Morgenstimmung	39	✓
Weihnachtsmusik	54, 55	✓
Die Schneeballschlacht	60	✓
Musikalische Schlittenfahrt	64, 65	✓
Maschinenmusik	68, 69	✓
Selbst gebaute Instrumente	72, 73	✓
Die Blockflöte	74	✓
Auf der Blockflöte spielen	74	✓
Instrumente – Aussehen, Namen, Spielweisen I	75	✓
Instrumente – Aussehen, Namen, Spielweisen II	75	✓
Auf Konzertreise	80	✓
Tanzfiguren	85	✓
Auf der Mauer	106	✓
Tierlaute	111	✓
Königlicher Marsch der Löwen	114	✓
Aquarium	115	
Komm, stell dich mal mit mir in den Wind	121	✓
Eisenbahnmusik	124	✓
Tonhöhen	22, 70, 71, 93, 133	✓
Auf der Sommerwiese	136	
Peter und der Wolf	142, 143	✓
Wolfgang Amadeus Mozart	152, 153	✓
Musik von Mozart – meine Bilder	152, 153	
Instrumenten-Sudoku	156, 157	✓
Instrumenten-Rätsel	156 bis 159	✓
Orchesterinstrumente kennenlernen	158, 159	✓
Von laut zu leise	163	✓
Tonlängen	164	✓
Ausschneidebogen		

Sieben dicke Riesen

zu Seite 24, 25

Ordne die Reimanfänge den Balken zu.

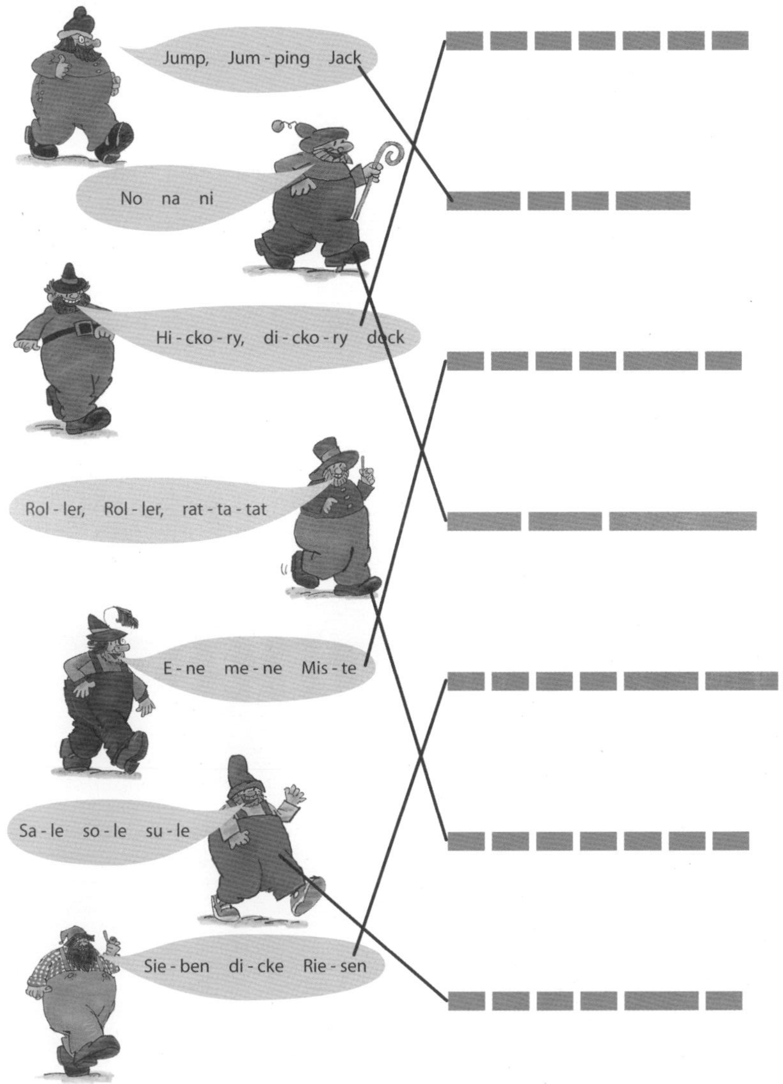

Die Reimanfänge mit der jeweils passenden grafischen Notation verbinden

Morgenstimmung

zu Seite 39

Welche Notenzeile passt zur Musik?
Verbinde die Notenköpfe mit einer farbigen Linie.

A 59 hören, dabei die Melodielinie mit der Hand anzeigen; die dazu passende Notenzeile finden und die Notenköpfe mit einer farbigen Linie verbinden

Weihnachtsmusik — *zu Seite 54, 55*

Welche Instrumente hörst du? Kreuze an und zähle dann zusammen.

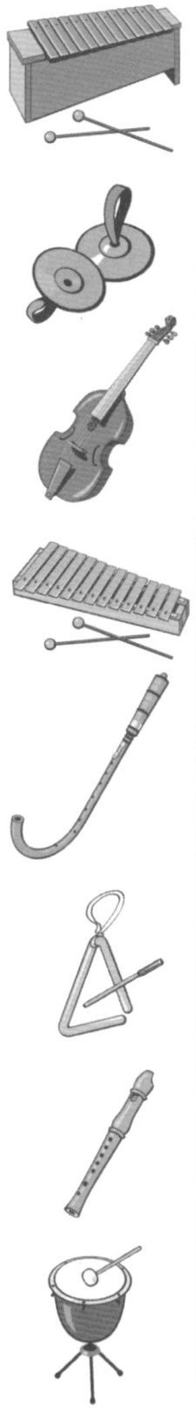

	1	2	3	4	5	6	Insgesamt
				X			1
			X		X	X	3
				X			1
		X	X				2
	X						1
			X			X	2
	X			X	X	X	4
			X		X	X	3

B 1 bis 6 hören; nach jedem Ausschnitt die gehörten Instrumente ankreuzen; die Kreuze jedes einzelnen Instruments zusammenzählen und die Summe in das jeweils letzte Kästchen eintragen

Die Schneeballschlacht — *zu Seite 60*

Welche Schneebälle sind so angeordnet wie die Noten unten? Male sie aus.

volkstümlich

Das Lied „A, a, a, der Winter, der ist da!" singen und den Melodieverlauf mit der Hand anzeigen; die Melodielinie des B-Teils in das Bild eintragen, indem die entsprechenden Schneebälle ausgemalt werden

Musikalische Schlittenfahrt

zu Seite 64, 65

Welche Instrumente passen zu welchem Bild? Höre und ordne zu.

● B 17, 15 und 18 hören; die drei Bilder mit den jeweils dazugehörigen Instrumenten verbinden

Maschinenmusik

zu Seite 68, 69

Welche Noten gehören zu welchen Balken? Ordne zu und male aus.

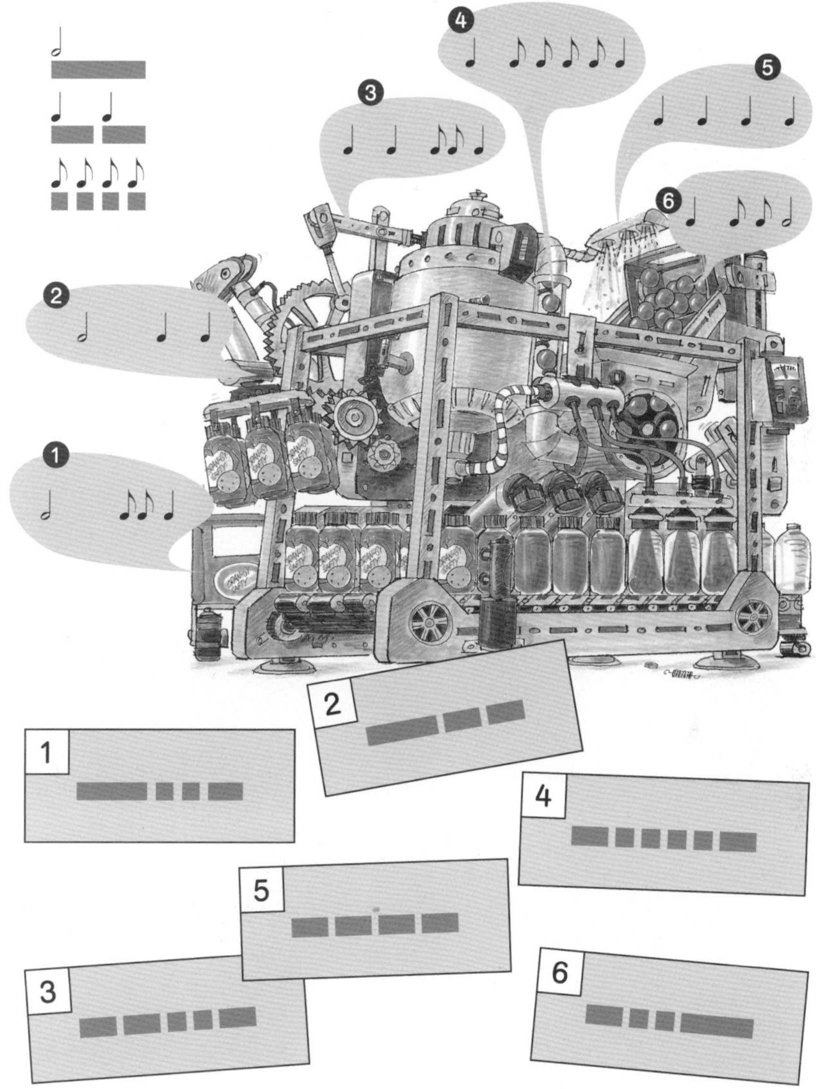

Die Noten in Gedanken den grafischen Notationen zuordnen und die Balken entsprechend ausmalen

Selbst gebaute Instrumente

zu Seite 72, 73

Kreuze die Instrumente in der richtigen Farbe an.

X = zupfen X = schlagen X = blasen X = schütteln

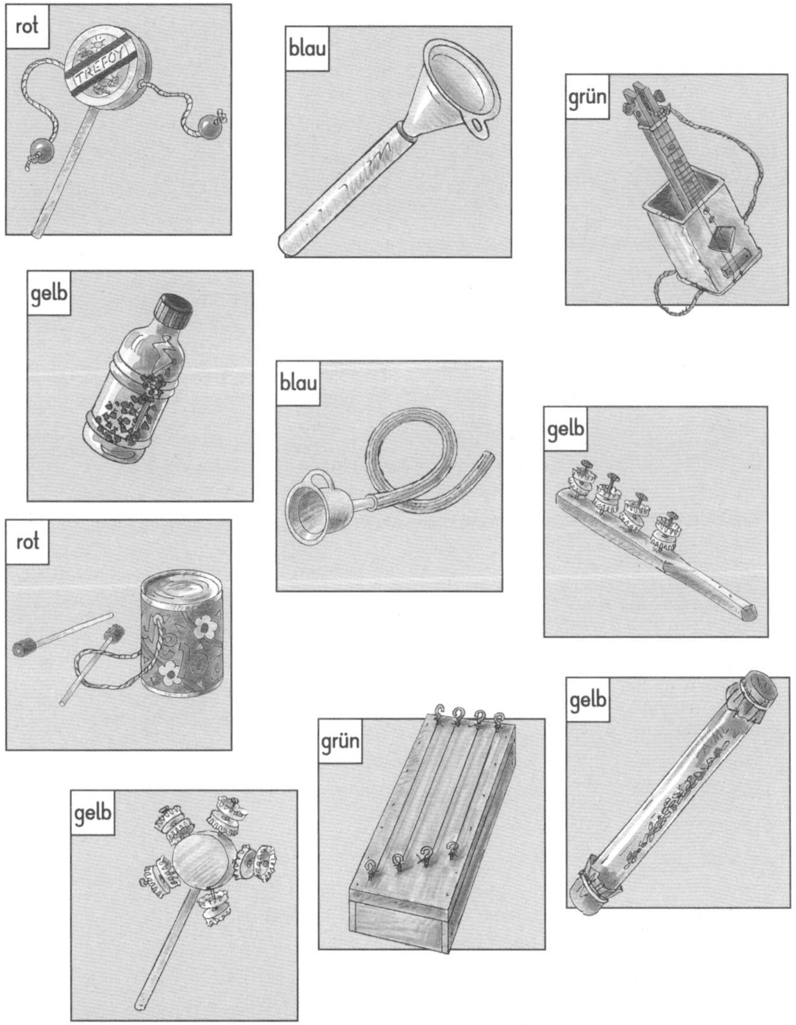

Die Blockflöte

zu Seite 74

Beschrifte die Teile der Blockflöte.

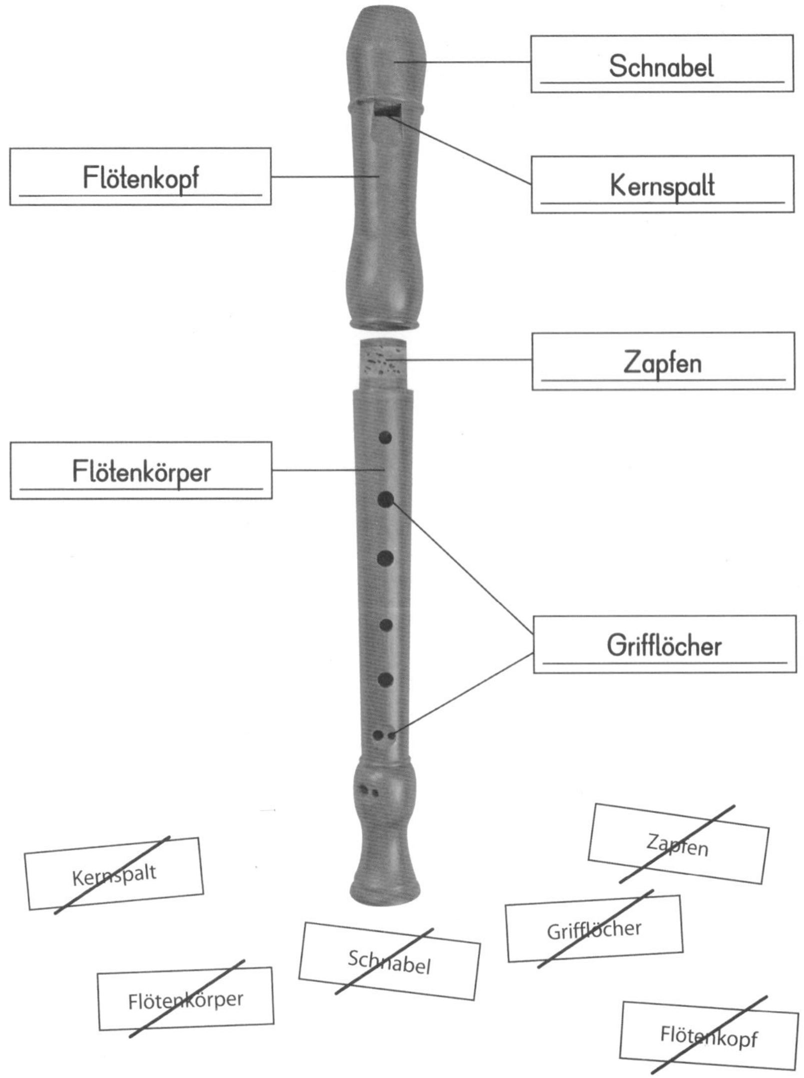

Auf der Blockflöte spielen

zu Seite 74

Spiele auf der Blockflöte und fülle die Grifftabelle aus.

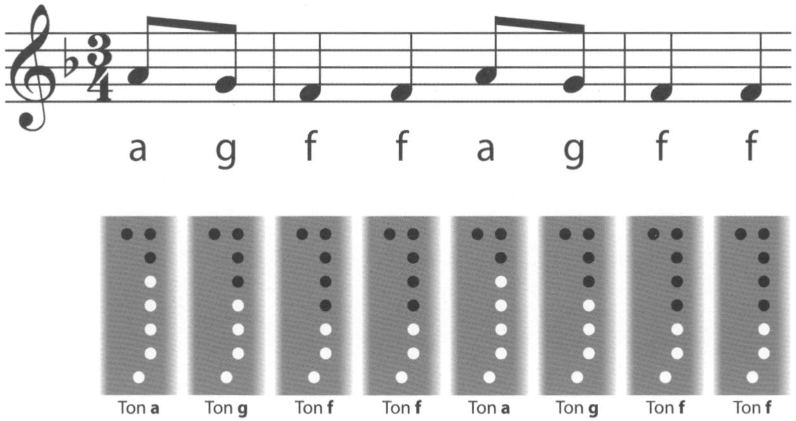

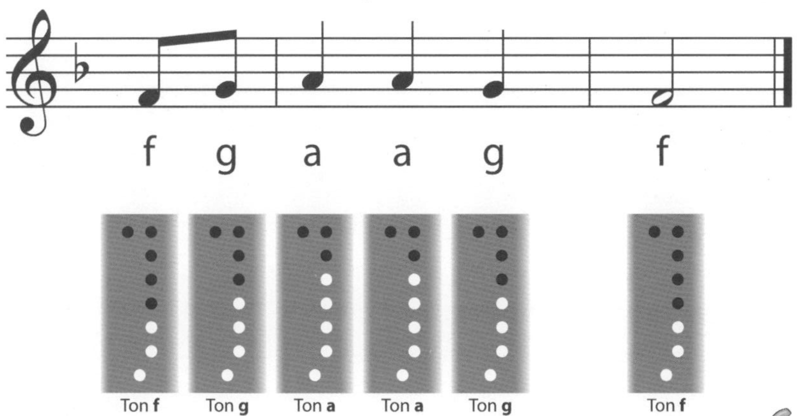

Das Zwischenspiel zu „Guten Morgen, liebe Sonne" auf der Blockflöte spielen und dann die Grifftabelle ausfüllen

Instrumente – Aussehen, Namen, Spielweisen I

zu Seite 75

Ordne die Instrumente den Namen und den Schattenbildern zu und markiere die Instrumente mit verschiedenen Farben.

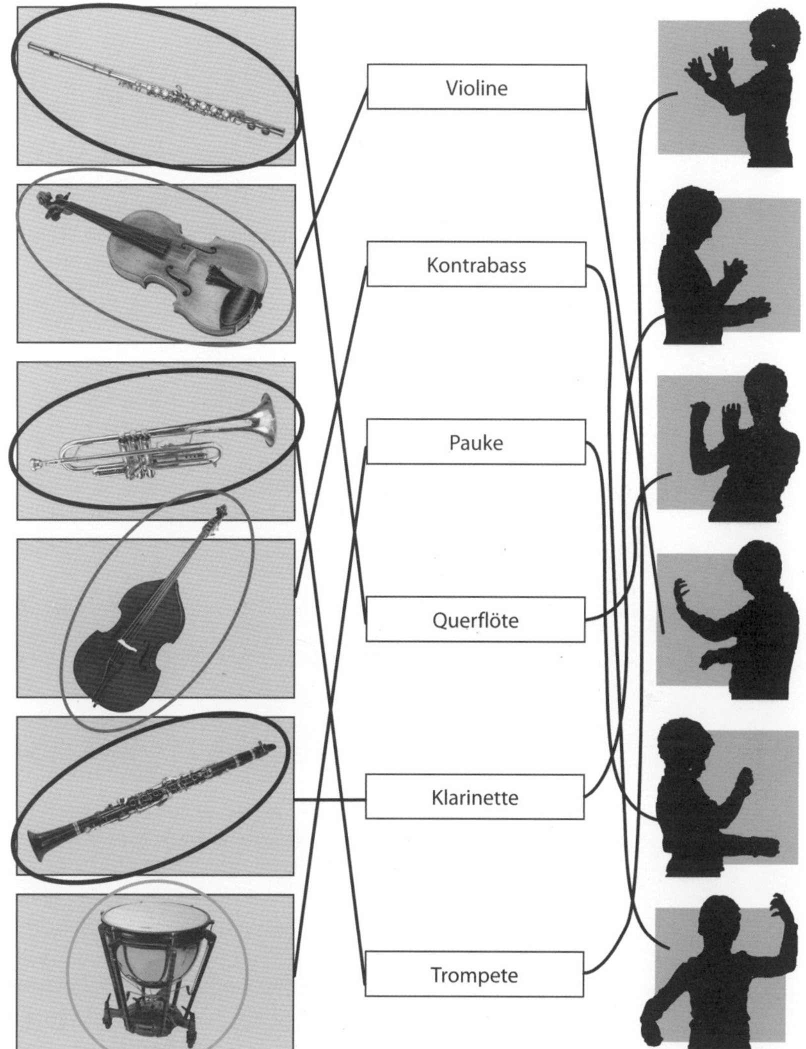

Die zusammengehörenden Schattenbilder, Instrumentennamen und Abbildungen jeweils durch Linien verbinden; die Blasinstrumente, die Streichinstrumente und das Schlaginstrument jeweils mit einer anderen Farbe einkreisen

Instrumente – Aussehen, Namen, Spielweisen II

zu Seite 75

Ordne die Instrumente den Namen und den Schattenbildern zu.

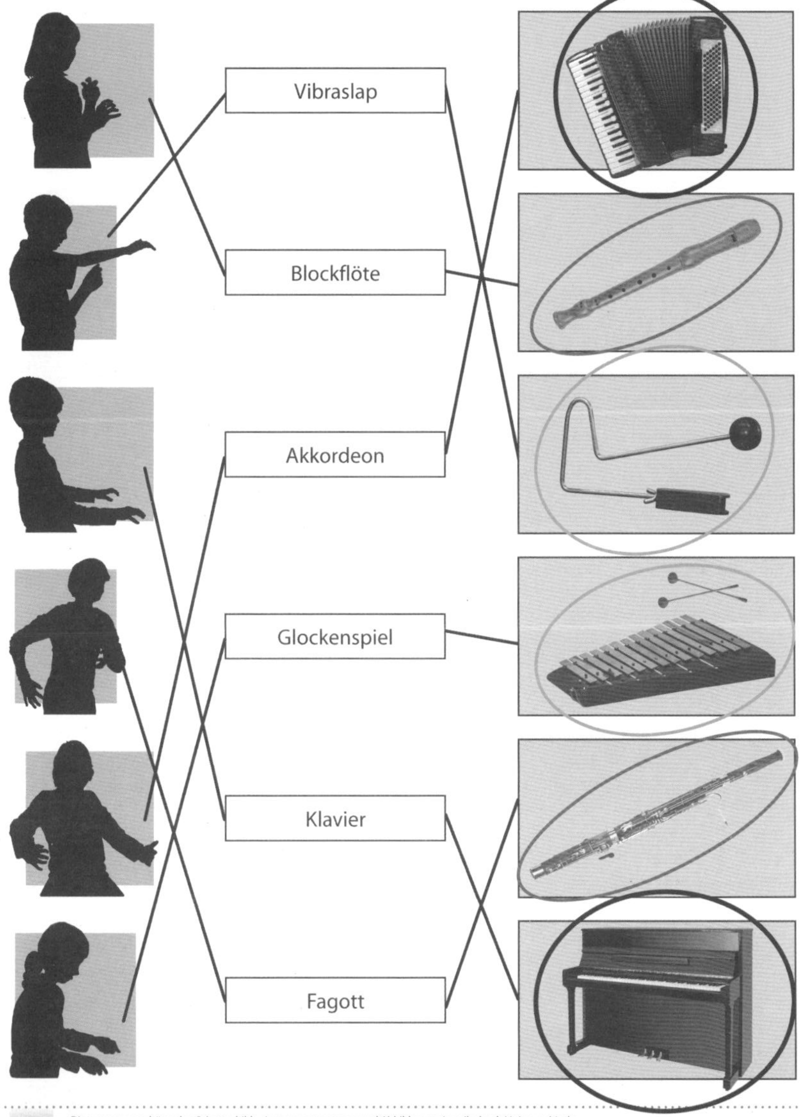

Die zusammengehörenden Schattenbilder, Instrumentennamen und Abbildungen jeweils durch Linien verbinden; die Schulinstrumente, die Blasinstrumente und die Tasteninstrumente jeweils mit einer anderen Farbe einkreisen

Auf Konzertreise

zu Seite 80

Welche Instrumente sind auf allen drei Lastwagen zu sehen?
Kreise ein und schreibe auf.

Diese Instrumente sind auf allen drei Lastwagen zu sehen:

Gitarre — Violine — Kontrabass

Drei Musikgruppen fahren auf Konzerttournee; ihre Instrumente haben sie auf Lkw geladen; diejenige Instrumente einkreisen, die auf allen 3 Lkw zu sehen sind; deren Namen notieren; Instrumente: Akkordeon, Gitarre, Klarinette, Kontrabass, Querflöte, Violine

Tanzfiguren

zu Seite 85

Ordne die Wörter den Bildern zu und schreibe sie auf.

Gasse

Zweierreihe

Gasse

Zweierreihe

Kreis

Kreis

Umzug

Umzug

Teilung

Schlange

Teilung

Schlange

Die Bilder mit den passenden Namen der Tanzfiguren verbinden und die Wörter unter das jeweilige Bild schreiben

Auf der Mauer

zu Seite 106

1. Trage den Abbau und den Aufbau der Wörter ein.

W	A	N	Z	E		T	A	N	Z	E	N
W	A	N	Z			T	A	N	Z		
W	A	N				T	A	N			
W	A					T	A				
W						T					
W						T					
W	A					T	A				
W	A	N				T	A	N			
W	A	N	Z			T	A	N	Z		
W	A	N	Z	E		T	A	N	Z	E	N

2. Trage den Abbau und den Aufbau der Wörter ein.

A	M	S	E	L		S	I	N	G	E	N
A	M	S	E			S	I	N	G		
A	M	S				S	I	N			
A	M					S	I				
A						S					
A						S					
A	M					S	I				
A	M	S				S	I	N			
A	M	S	E			S	I	N	G		
A	M	S	E	L		S	I	N	G	E	N

1. Den Ab- und Aufbau der Wörter entsprechend eintragen
2. Den Ab- und Aufbau der Wörter entsprechend eintragen

Tierlaute

zu Seite 111

Trage die richtigen Tierlaute ein.

gackgackgack | töröö | krah | grunz | miau | sssss | kuckuck | i-ah | piep | brumm | summ summ | wuffwuff

i-ah

kuckuck

töröö

miau

piep

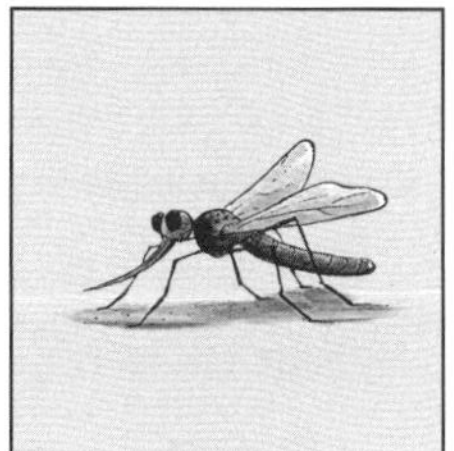

sssss

gackgackgack

summ summ

krah

Die richtigen Tierlaute zu den passenden Bildern schreiben

Königlicher Marsch der Löwen

zu Seite 114

Höre die Musik und kreuze die richtigen Antworten an.

1. Welche Instrumente spielen in diesem Stück?
   - [X] Klavier, Geige, Cello, Kontrabass
   - [ ] Querflöte, Oboe, Klarinette, Fagott
   - [ ] Geige, Cello, Trompeten, Pauken

2. Wie oft wird Teil A gespielt?

   Teil A = 

   - [ ] fünfmal
   - [X] zweimal
   - [ ] viermal

3. Welches Instrument spielt die Einleitung?
   - [ ] Tuba
   - [X] Klavier
   - [ ] Cello

4. Welche Melodielinie passt zur Melodie von Teil B?

   Teil B = 

   - [ ] 
   - [ ]
   - [X]

C 38 hören und die richtigen Antworten ankreuzen

Komm, stell dich mal mit mir in den Wind — zu Seite 121

Trage die richtigen Wörter ein.

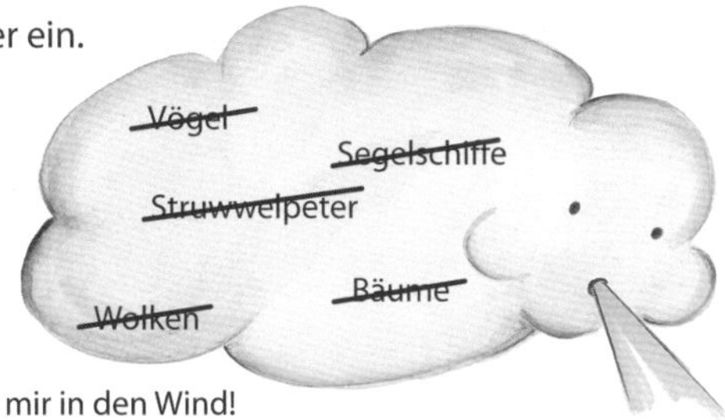

1. Komm, stell dich mal mit mir in den Wind!
   Dann spielen wir, dann spielen wir,
   dass wir zwei starke **Bäume** sind.

2. Komm, lass dich einfach treiben im Wind!
   Dann spielen wir, dann spielen wir,
   dass wir zwei **Segelschiffe** sind.

3. Komm, lass die Haare zausen im Wind!
   Dann spielen wir, dann spielen wir,
   dass wir zwei **Struwwelpeter** sind.

4. Komm, lass die Arme fliegen im Wind!
   Dann spielen wir, dann spielen wir,
   dass wir zwei schnelle **Vögel** sind.

5. Komm, mach dich leicht und weich im Wind!
   Dann spielen wir, dann spielen wir,
   dass wir zwei weiße **Wolken** sind.

Dorothée Kreusch-Jakob

Die Wörter aus der Wolke in die passenden Lücken eintragen

Eisenbahnmusik — zu Seite 124

1. Schreibe die passenden Noten über die Balken.

2. Schreibe die passenden Noten über die Balken. Klatsche und sprich den Text.

1. Die passenden Notenwerte über den Balken eintragen; jede verwendete Note aus dem Notenpool durchstreichen
2. Die passenden Notenwerte über den Balken des neuen „Eisenbahnrhythmus" eintragen; jede verwendete Note aus dem Notenpool durchstreichen; den Rhythmus klatschen und sprechen

Tonhöhen *zu Seite 22, 70, 71, 93, 133*

1. Jede Flasche stellt einen Ton dar. Ordne die Flaschen von tief zu hoch.

5	1	3	4	2

2. Ordne die Flaschen nach der Melodie des Liedanfangs.

Kuckuck, Kuckuck

1	3	2	4	5	7	6	8

Großer König Tinizong

1	2	3	4	5	7	6

Summ, summ, summ

1	2	6	3	5	4	7	8

1. Die Flaschen von tief nach hoch mit Rangzahlen versehen
2. Die Flaschen entsprechend der Töne der jeweiligen Liedanfänge ordnen und mit Rangzahlen versehen

Peter und der Wolf *zu Seite 142, 143*

Welches Instrument gehört zu welchem Bild? Trage ein.

Violine

Querflöte

Fagott

Horn

Pauke

Klarinette

Oboe

~~Klarinette~~ ~~Pauke~~ ~~Querflöte~~ ~~Horn~~ ~~Oboe~~ ~~Fagott~~ ~~Violine~~

Die Namen der Instrumente unter das jeweils passende Bild schreiben

Wolfgang Amadeus Mozart

zu Seite 152, 153

Trage die richtige Lösung ein.

1. Wolfgang Amadeus Mozart wurde im Jahre **1756** geboren.
   (1856 – 1756 – 1956)

2. Mozarts Geburtsstadt ist **Salzburg**.
   London – Paris – Salzburg

3. Wolfgang Amadeus Mozart wurde **Wolferl** genannt und seine Schwester Maria Anna wurde **Nannerl** genannt.
   Woga – Gangi – Wolferl/Marie – Nannerl – Anni

4. Wolferl und Nannerl besuchten nie eine Schule. Sie wurden vom **Vater** unterrichtet.
   Nachbarn – Gärtner – Vater

5. Wolferl schrieb seine erste Sinfonie mit **acht** Jahren.
   achtundzwanzig – acht – achtundsechzig

Den Lückentext vervollständigen

Instrumenten-Sudoku

zu Seite 156, 157

Schneide die Bilder auf Seite 31 aus und klebe sie an der richtigen Stelle ein.

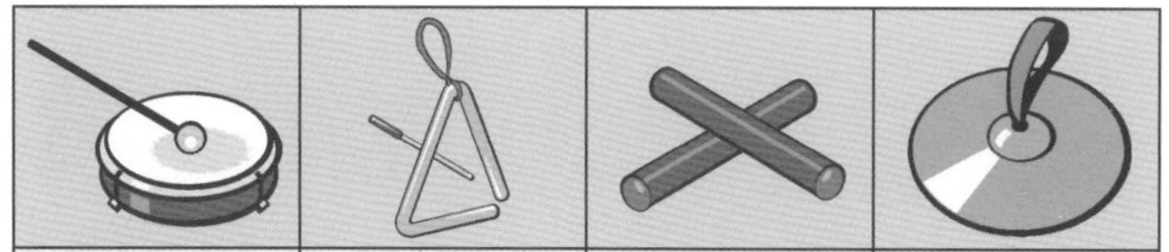

Handtrommel	Triangel	Klanghölzer	Becken

Die Instrumente auf Seite 31 ausschneiden und so auf dem Gitter verteilen, dass in jeder Spalte, jeder Zeile und in jedem Vierer-Feld jedes Instrument nur einmal vorkommt

Instrumenten-Rätsel zu Seite 156 bis 159

Löse das Rätsel und finde das Lösungswort.

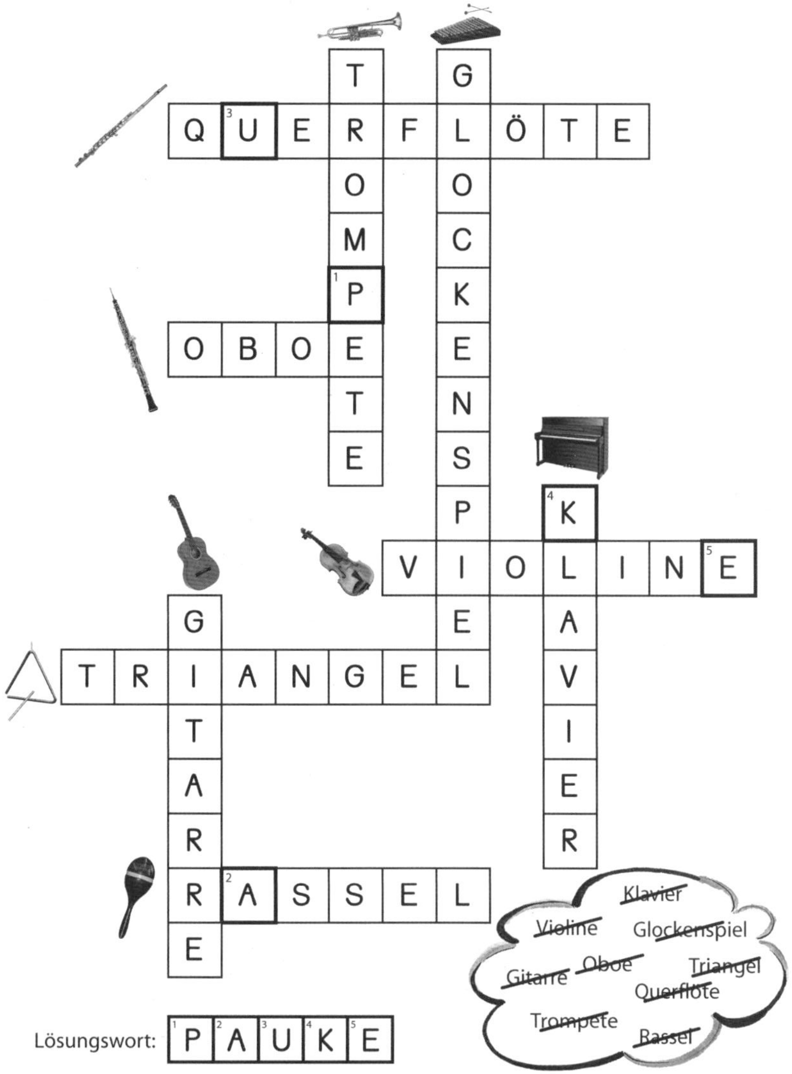

Lösungswort: P A U K E

Die richtigen Instrumentennamen in das Rätsel eintragen; die Kästchen mit den Nummern bilden das Lösungswort

Orchesterinstrumente kennenlernen zu Seite 158, 159

Ordne die Instrumente den Namen zu.
Welche zwei Instrumente hörst du? Schreibe auf.

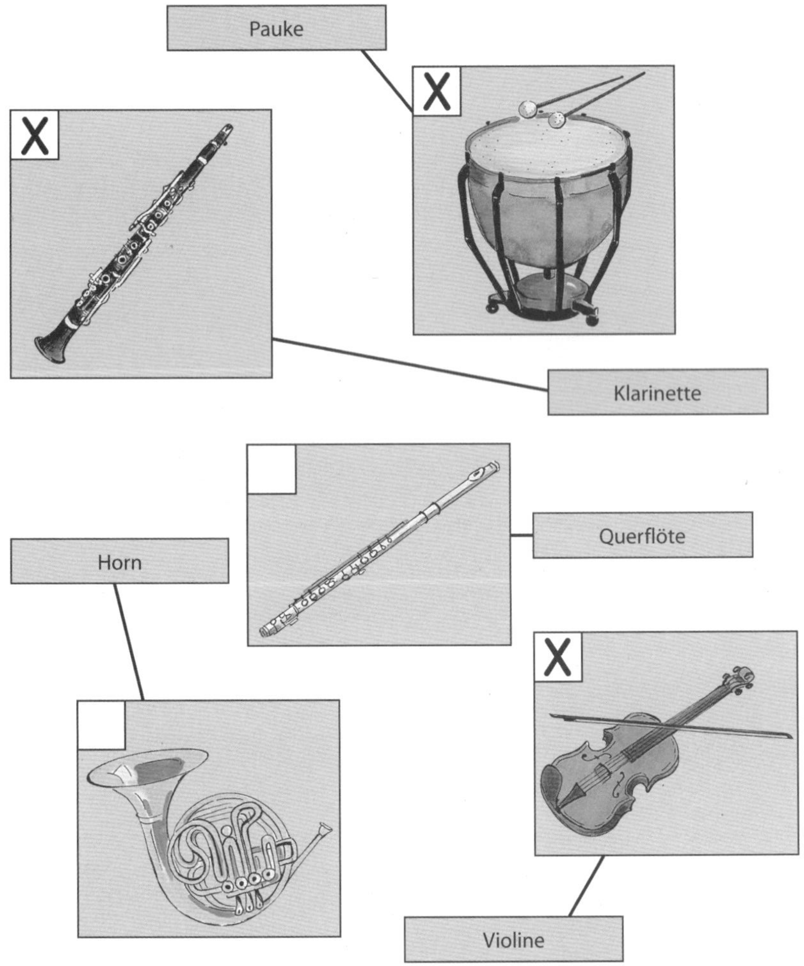

Es sind diese zwei Instrumente zu hören:

Klarinette / Pauke Violine

Die Instrumentennamen mit den Abbildungen durch eine Linie verbinden; zwei Instrumente ankreuzen, die auf D 36 zu hören sind; die zwei Instrumentennamen aufschreiben

Von laut zu leise — zu Seite 163

Schneide die Bilder auf Seite 31 aus und klebe sie an der richtigen Stelle ein.

Laut

Mittellaut

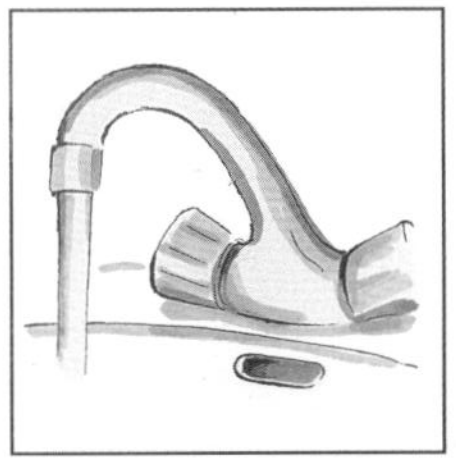

Leise

Die Bilder auf Seite 31 ausschneiden und passend einkleben

Tonlängen — zu Seite 164

1. Ordne die Noten den Balken zu.

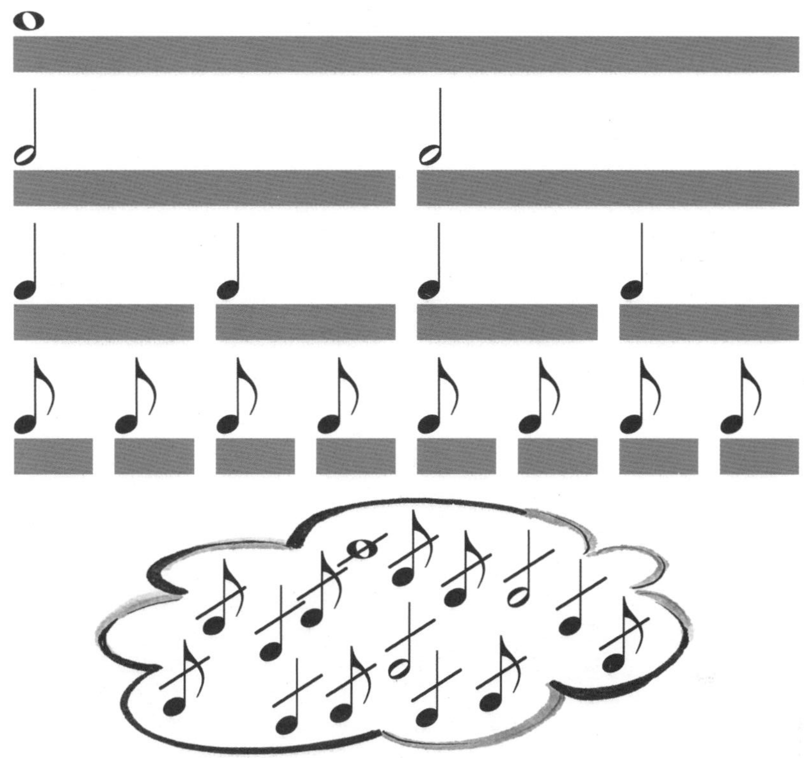

2. Verbinde die Noten mit den richtigen Balken.

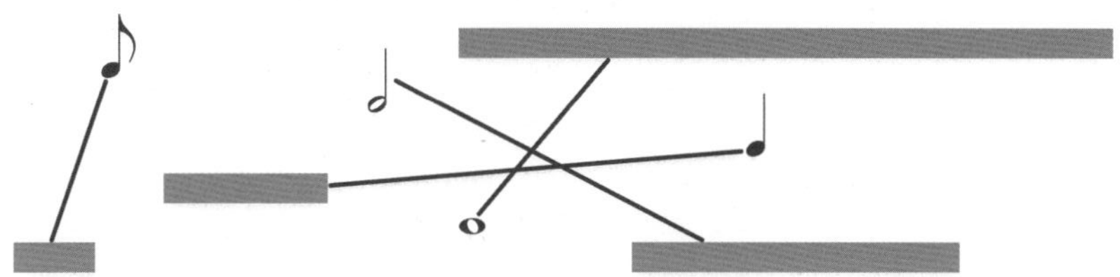

1. Die passenden Notenwerte über den Balken eintragen; jede verwendete Note aus dem Notenpool durchstreichen
2. Die Notenwerte mit einer Linie mit dem jeweils dazu passenden Balken verbinden

Lösungen Arbeitsheft 1 (1702-71)

Die Lösungen enthalten

- alle Seiten mit eindeutigen Lösungen
- eine Seite mit einer beispielhaften Lösung zur Erläuterung

Nicht im Lösungsteil enthalten sind

- Seiten mit individueller Lösung
- der Ausschneidebogen

In der folgenden Übersicht sind diejenigen AH-Seiten, zu denen es Lösungen gibt, mit einem ✓ gekennzeichnet.

AH-Seite	Schülerbuch Seite	Lösung
Rhythmusinstrumente – Klänge – Zeichen	16	✓
Melodieinstrumente – Klänge – Zeichen	17	✓
Welches Instrument fehlt?	16, 17	✓
Die richtige Singhaltung	26	✓
Das Weck-Konzert	37	✓
Der Herbst ist da	42	✓
Bilder zur Musik	35, 42	✓
Liedanfänge zuordnen	6, 9, 20, 46	✓
Durch die Straßen	48	✓
Helle und dunkle Klänge	49	✓
Nikolaus-Geschenke	52	✓
Knecht Ruprecht	53	✓
Der Jahreskreis	63	✓
Hohe, mittlere und tiefe Töne	66	✓
Das Bärenorchester	77	✓
Das Bärenorchester – Instrumente erkennen	77	
Kuckuck!	93	✓
Liedanfänge zuordnen	23, 48, 84, 93	✓
Has, Has, Osterhas	94	✓
Den richtigen Weg hören	102, 103	
Die Vogelhochzeit	104	✓
Regenmusik	95, 118	✓
Sssssumm!	133	
Peter und der Wolf	142, 143	✓
Schulinstrumente hören und erkennen	156, 157	
Instrumenten-Puzzle	159	✓
Instrumente hören und erkennen	158, 159	
Laut und leise	122, 123, 163	✓
Lange und kurze Töne	156, 157, 164	✓
Ausschneidebogen		

Es sind mehrere Lösungen möglich.

Rhythmusinstrumente – Klänge – Zeichen *zu Seite 16*

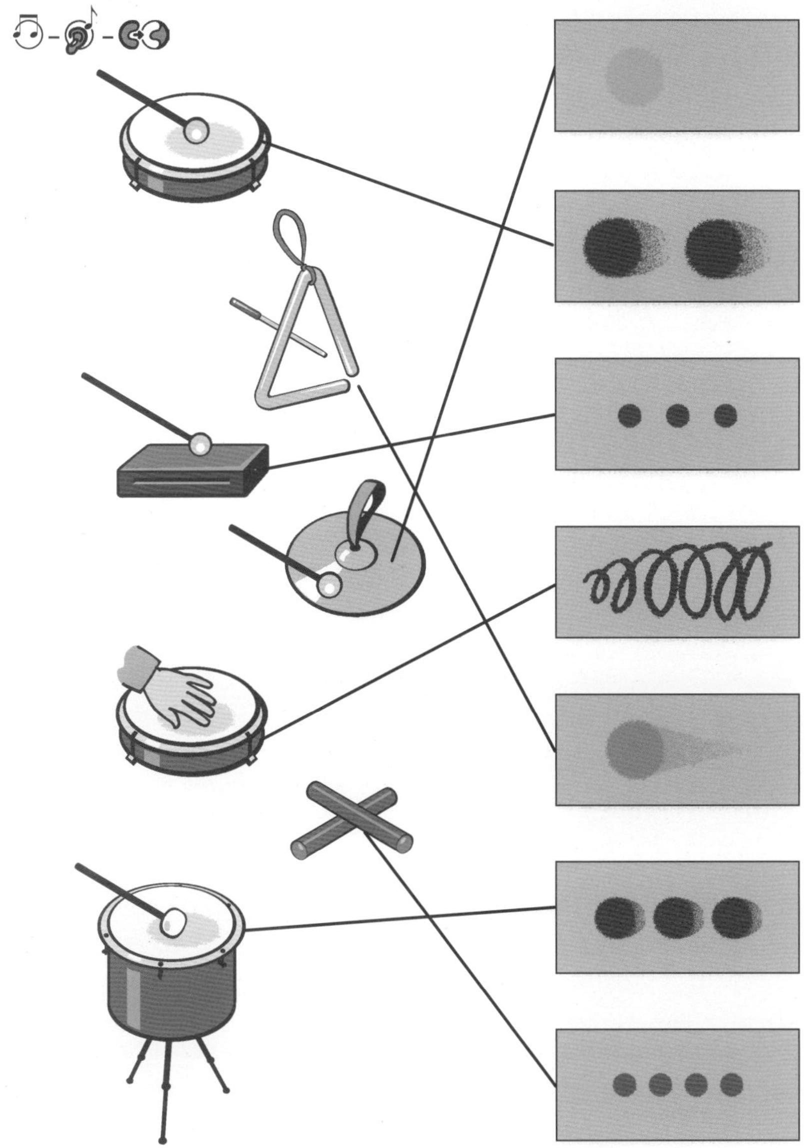

Mit den Instrumenten experimentieren; dabei durch leichtes Berühren die unterschiedlichen Schwingungen der Instrumente erfahren; jedes Instrument mit dem passenden Klangzeichen verbinden (mehrere Lösungen möglich; Zuordnung begründen)

Es sind mehrere Lösungen möglich.

Melodieinstrumente – Klänge – Zeichen *zu Seite 17*

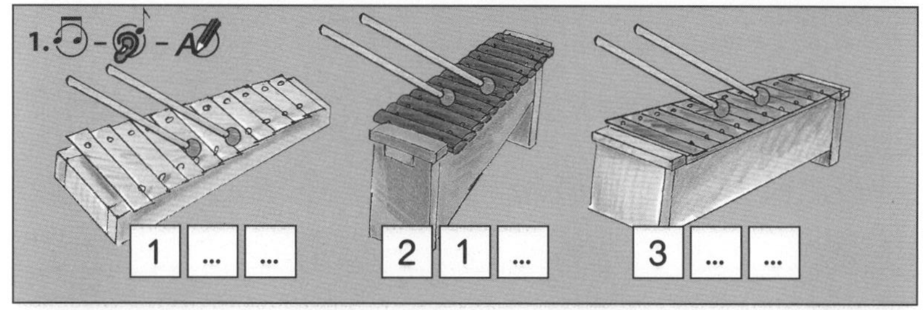

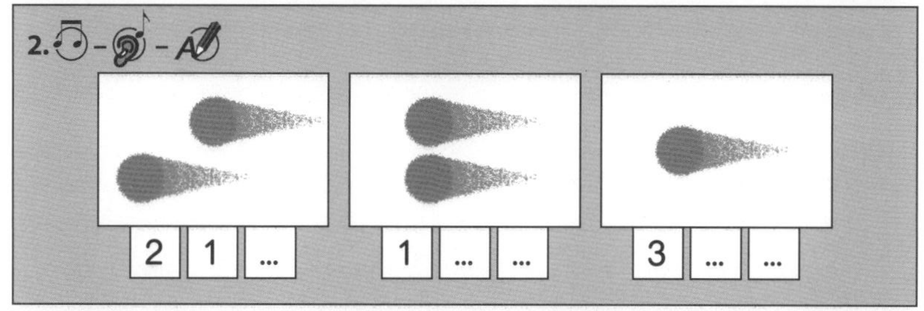

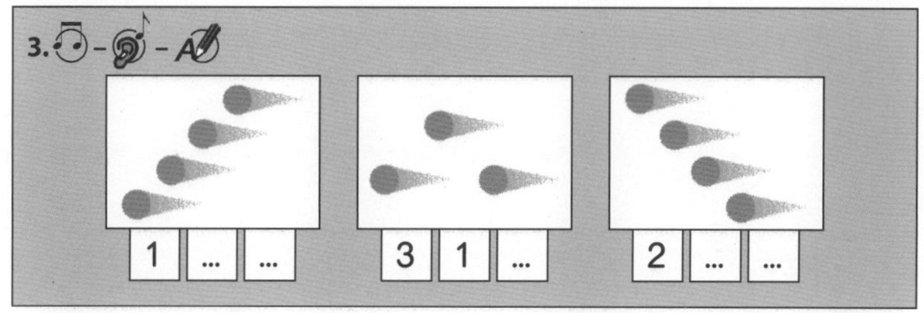

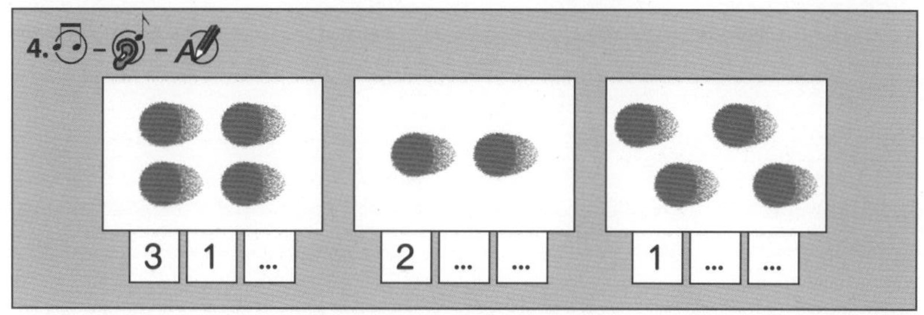

1. Die Instrumente dreimal in beliebiger Reihenfolge spielen lassen und entsprechend nummerieren
2. Die Metallofon-Klangzeichen dreimal in beliebiger Reihenfolge spielen lassen und entsprechend nummerieren
3. Die Glockenspiel-Klangzeichen dreimal in beliebiger Reihenfolge spielen lassen und entsprechend nummerieren
4. Die Xylofon-Klangzeichen dreimal in beliebiger Reihenfolge spielen lassen und entsprechend nummerieren

Welches Instrument fehlt?

zu Seite 16, 17

1.

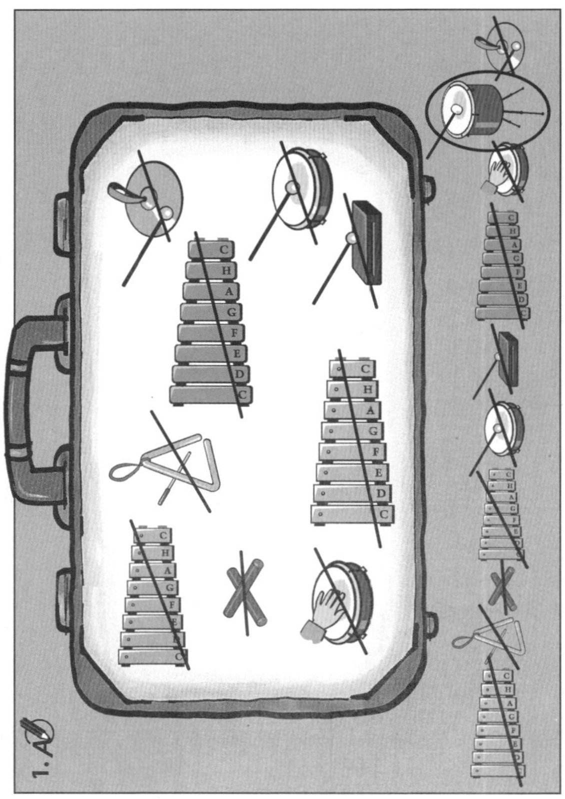

2.

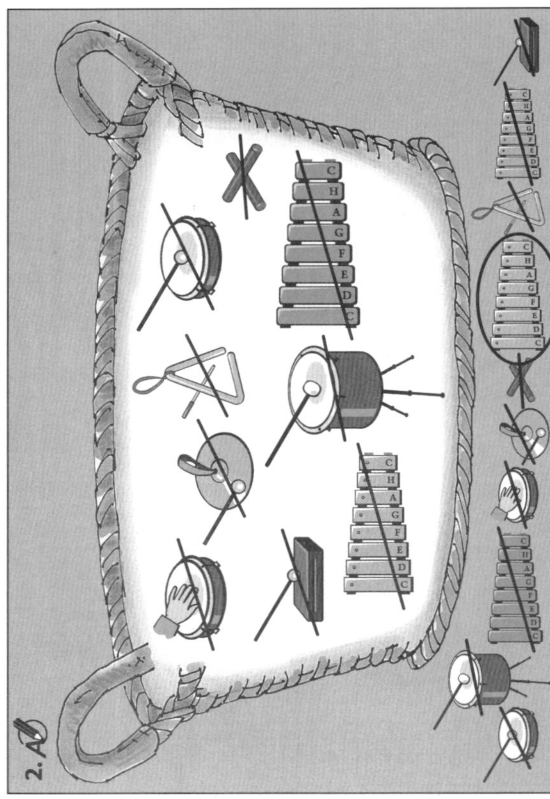

1. Die Instrumente im Koffer mit der Instrumenten-Reihe darunter vergleichen; das im Koffer fehlende Instrument in der Reihe darunter suchen und einkreisen
2. Die Instrumente im Korb mit der Instrumenten-Reihe darunter vergleichen; das im Korb fehlende Instrument in der Reihe darunter suchen und einkreisen

Die richtige Singhaltung

zu Seite 26

Die Bilder ausmalen, in denen die richtige Singhaltung dargestellt wird

Das Weck-Konzert

zu Seite 37

Die Instrumentennamen auf Seite 31 ausschneiden und unter die passenden Instrumente kleben

Der Herbst ist da

zu Seite 42

Das Lied singen und den Melodieverlauf mit der Hand anzeigen; die Liedteile A, B und C der jeweils passenden Blätternotation zuordnen; den Liedteil kennzeichnen, der zweimal gesungen wird, abschließend beim erneuten Singen die Liedteile szenisch darstellen

Bilder zur Musik

zu Seite 35, 42

1.

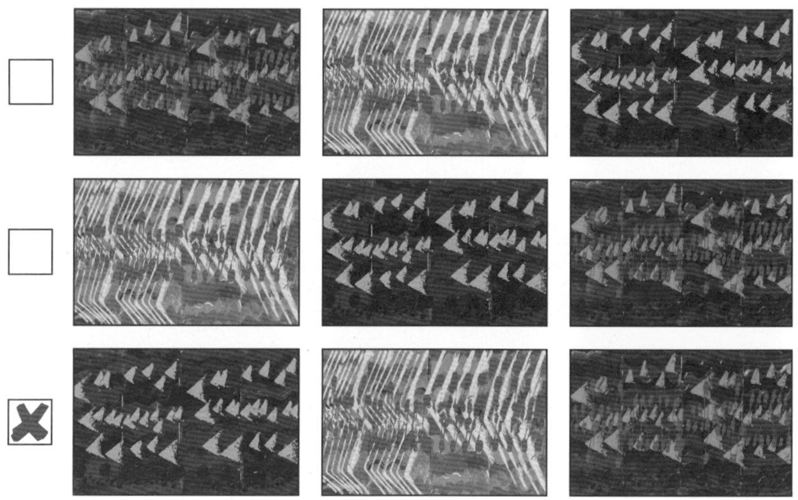

2. *(individuelle Lösung)*

1. A 54 hören und zur dreiteiligen Musik die passende Bilderreihe ankreuzen
2. Partnerarbeit: A 63 hören und sich zu jeder Strophe ein Strophenbild ausdenken; die Bilder in drei verschiedenen Kombinationen in die leeren Felder malen; der Partner kreuzt die richtige Bilderreihe an

Liedanfänge zuordnen

zu Seite 6, 9, 20, 46

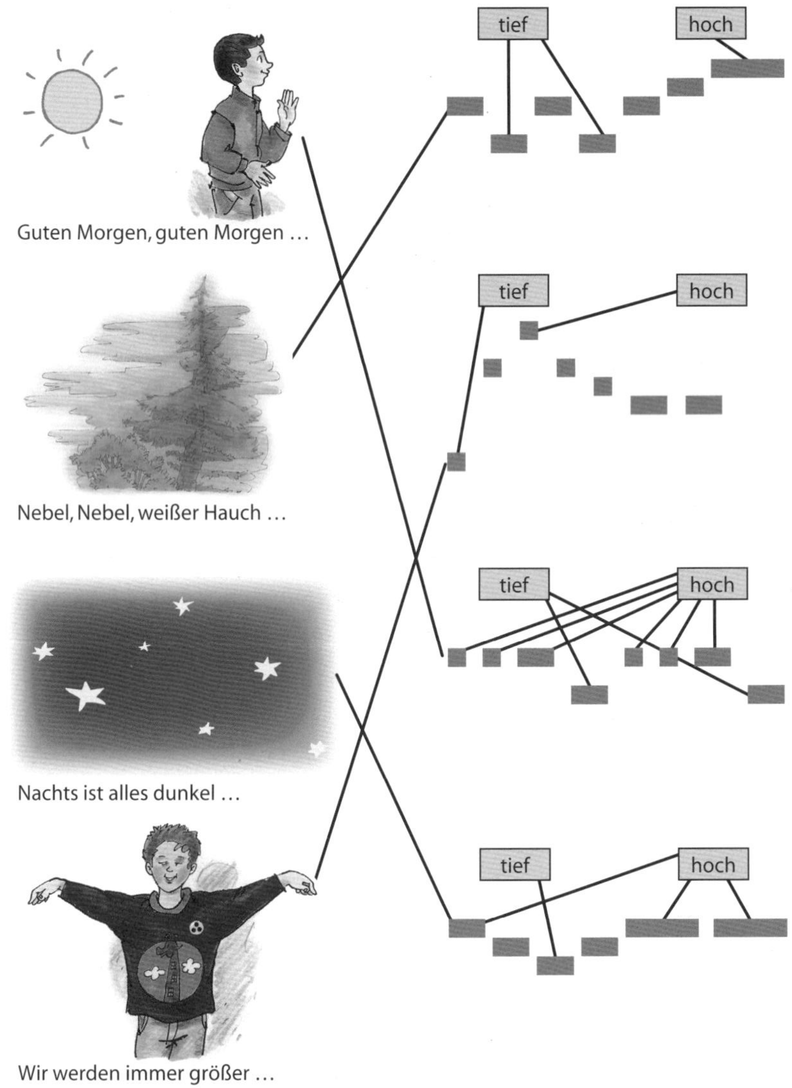

Die vier Lieder singen; den Melodieverlauf mit der Hand anzeigen; die Liedanfänge den grafischen Notationen zuordnen; die Karten „tief" und „hoch" beim erneuten Singen den tiefsten bzw. höchsten Balken zuordnen

Durch die Straßen

zu Seite 48

A	Strophe
B	Refrain

Das Lied singen und den Melodieverlauf mit der Hand anzeigen; eine Laternen-Notation entspricht dem Anfang von Teil A, eine andere dem Anfang von Teil B; diese beiden und die Wortkarten „Strophe" und „Refrain" mit „A" und „B" kennzeichnen

Es sind mehrere Lösungen möglich.

Helle und dunkle Klänge

zu Seite 49

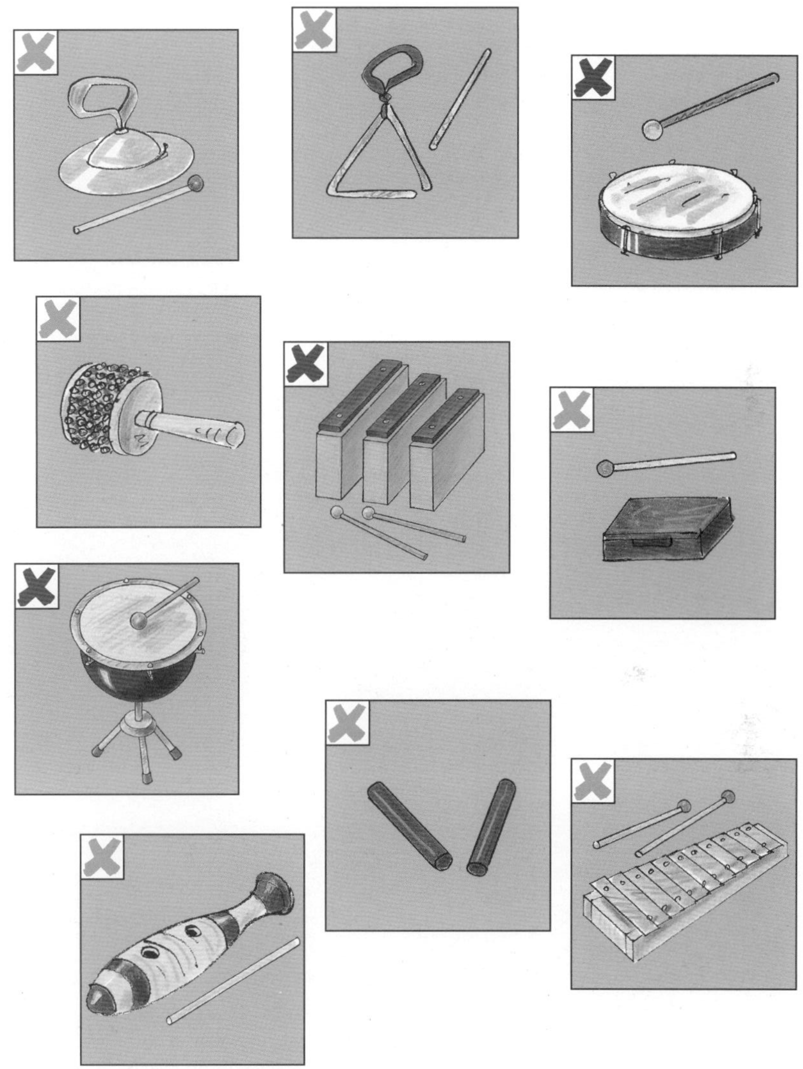

Die Instrumente erproben; mit geschlossenen Augen bei den hellen Tönen die Arme heben und bei den dunklen Tönen die Arme senken; die hell klingenden Instrumente orange ankreuzen, die dunkel klingenden violett ankreuzen (mehrere Lösungen möglich; Zuordnung begründen)

Nikolaus-Geschenke

zu Seite 52

Die grafischen Notationen und das jeweils passende Geschenk mit einer Linie verbinden

Knecht Ruprecht

zu Seite 53

Robert Schumann ist der **Komponist** von „Knecht Ruprecht“.

Sohn Komponist Maler

1. A 72 hören; die drei Bilder auf Seite 31 ausschneiden und dem Ablauf der Musik entsprechend einkleben
2. Den Lückentext richtig ausfüllen

Der Jahreskreis

zu Seite 63

Zu den Monatsnamen die entsprechenden Monatszahlen eintragen; mit den Tanz-Bausteinen einen Tanz zum Lied gestalten

Hohe, mittlere und tiefe Töne

zu Seite 66

Das Glockenspiel erproben; den Fall der Seifenblasen mit der Stimme (na, ssss, no …) umsetzen; für die vier hohen, die vier mittleren und die vier tiefen Seifenblasen je eine Farbe wählen und damit die Seifenblasen und die entsprechenden Glockenspiel-Stäbe ausmalen; unterschiedliche Tonhöhen auf dem Glockenspiel spielen und diese durch Bewegungen darstellen

Das Bärenorchester

zu Seite 77

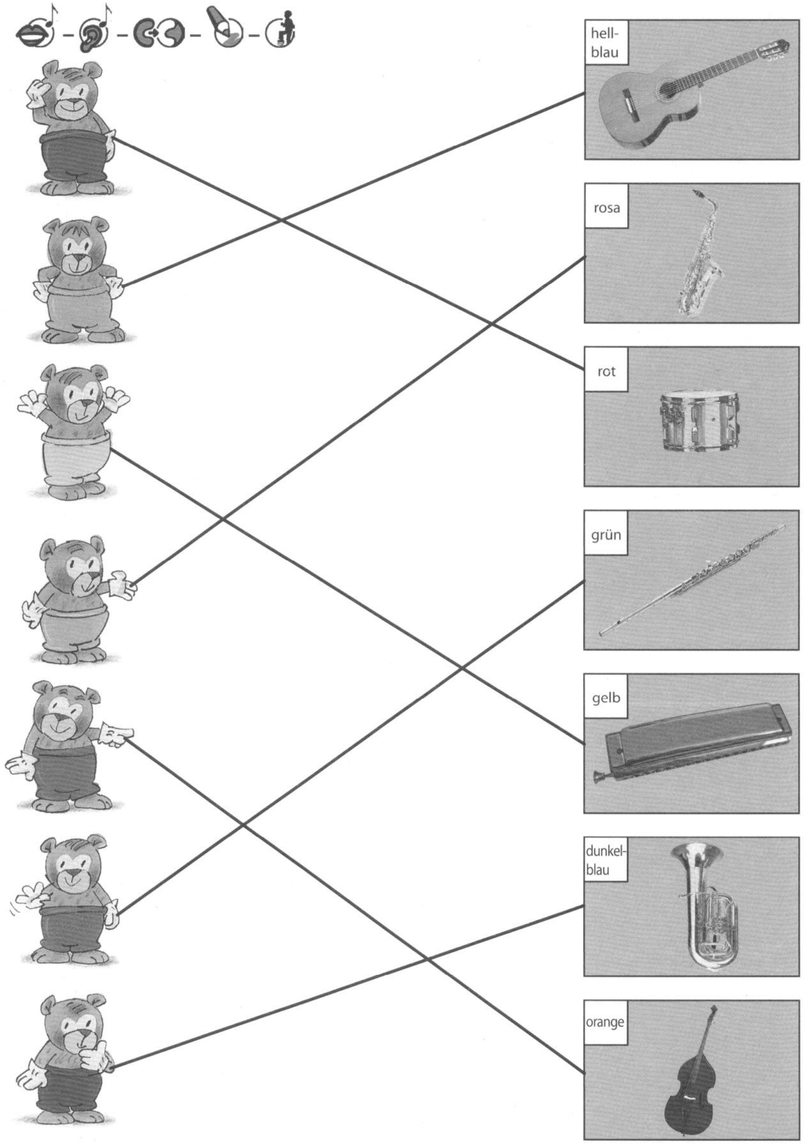

Das Lied singen und die Bären zu ihren Instrumenten führen; die Instrumente mit der passenden Bärenfarbe markieren; das Lied erneut singen und den Textinhalt szenisch darstellen

Kuckuck!

zu Seite 93

1.

2.

1. Kuckucksrufe mit Instrumenten spielen; die grafische Notation des richtig singenden Kuckucks farbig ausmalen
2. Diejenigen Instrumente ausmalen, mit denen der Kuckucksruf gespielt werden kann

Liedanfänge zuordnen

zu Seite 23, 48, 84, 93

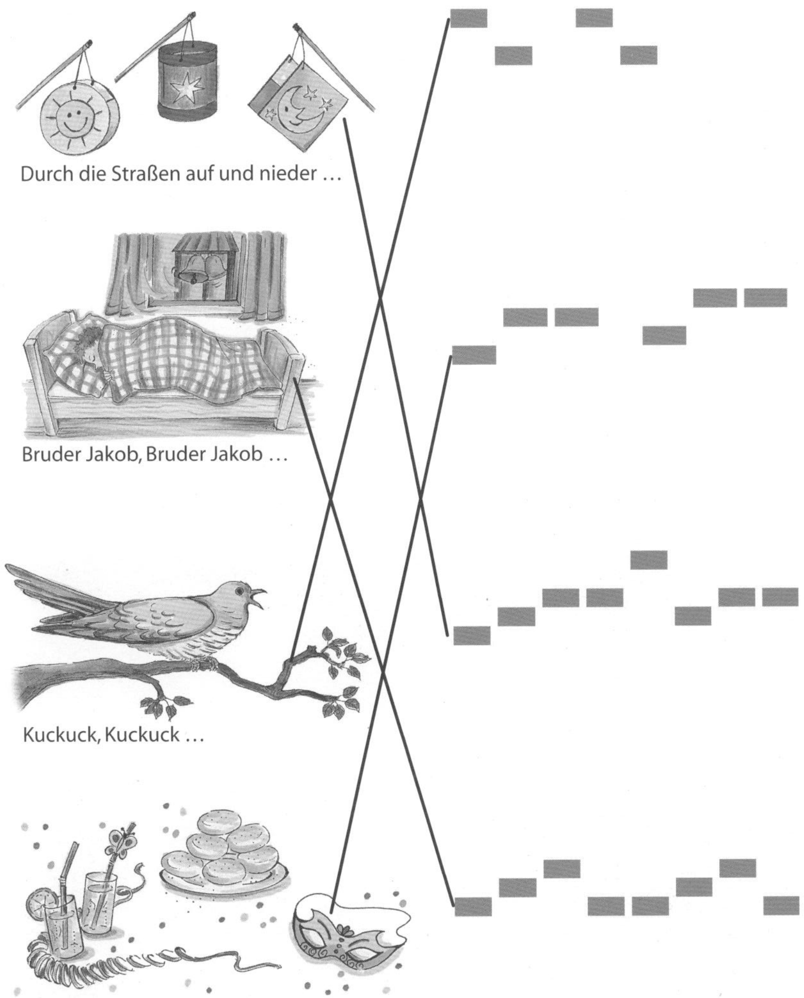

Die vier Lieder singen; die Liedanfänge den grafischen Notationen zuordnen

Has, Has, Osterhas

zu Seite 94

Die Bilder entsprechend den Strophen nummerieren; Partnerarbeit: In einem der Bilder ein Osterei verstecken und es vom Partner suchen lassen; Ostereier mit Serviettentechnik basteln und ebenfalls verstecken (Klassenraum, Schulhof)

Die Vogelhochzeit

zu Seite 104

Das Lied singen und die Bilder entsprechend der Liedstrophen nummerieren; das Lied mithilfe der Bilder abschnittsweise in Gruppen singen; einen Kreistanz ausführen, bei dem zu jeder Strophe zwei Kinder in die Mitte gehen und den Liedtext szenisch gestalten

Regenmusik

zu Seite 95, 118

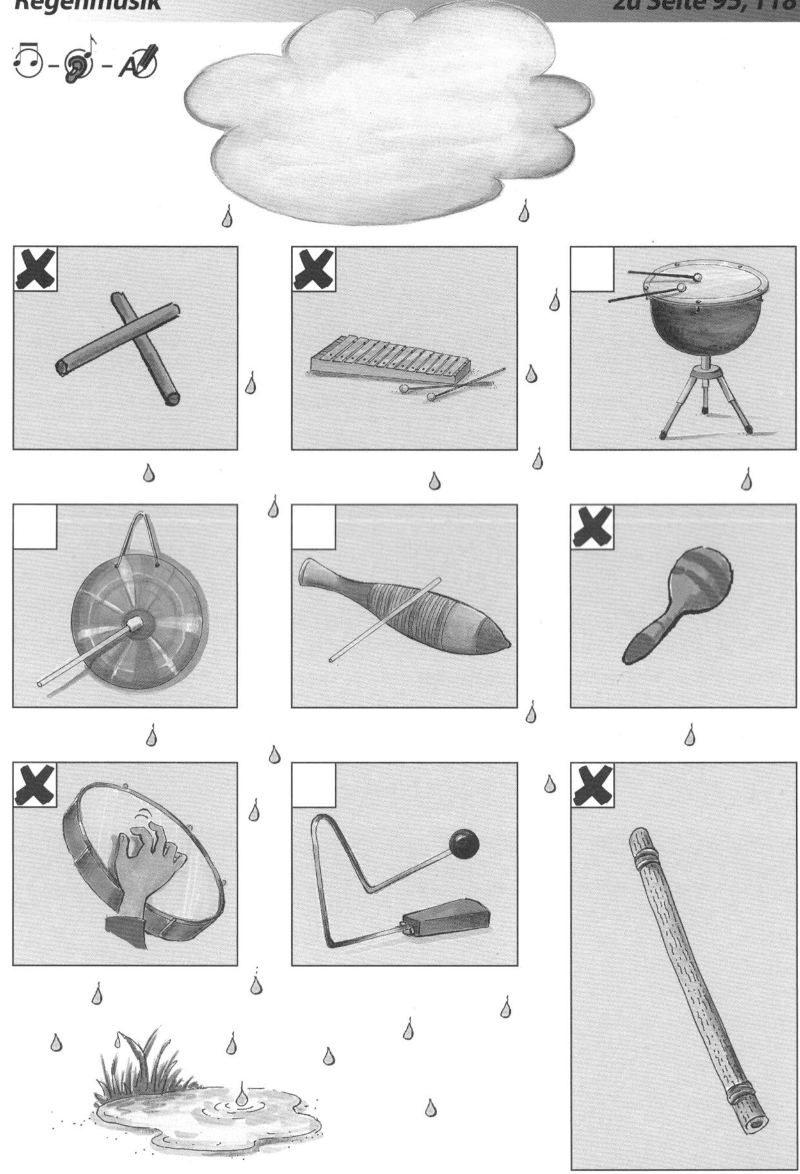

Die Instrumente erproben und diejenigen ankreuzen, die für die Gestaltung einer Regenmusik geeignet sind

Peter und der Wolf

zu Seite 142, 143

D 11 bis 17 hören; die Bilder zuordnen und entsprechend nummerieren; die Geschichte von „Peter und der Wolf" auch szenisch umsetzen

25

Instrumenten-Puzzle

zu Seite 159

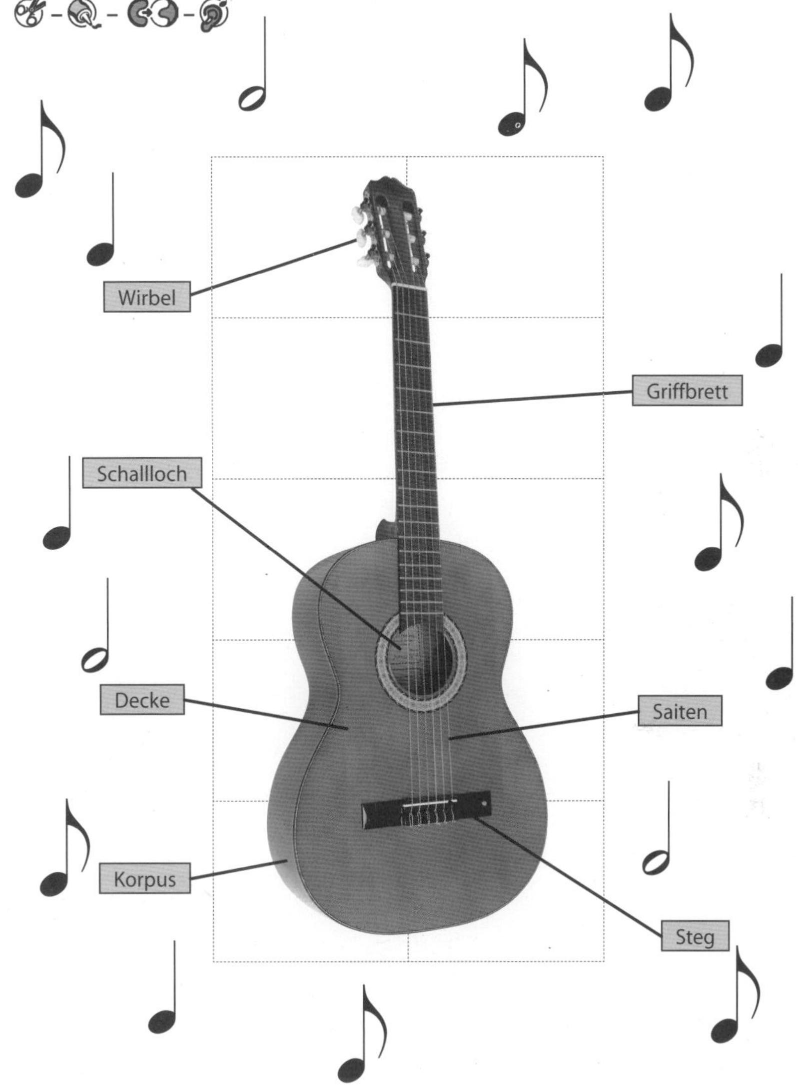

Die Bilder auf Seite 31 ausschneiden, das Puzzle richtig zusammensetzen und aufkleben; Begriffe zuordnen; Gitarrenmusik hören und beschreiben

27

Laut und leise

zu Seite 122, 123, 163

1.

4	2	5	1	6	3

2.

3.

(individuelle Lösung)

1. Die Punkte von leise zu laut mit Rangzahlen versehen
2. Die Punkte von leise zu laut aufzeichnen und mit einem Instrument spielen; sich dazu entsprechend bewegen
3. Eigene Laut-Leise-Notationen aufschreiben und spielen

Lange und kurze Töne

zu Seite 156, 157, 164

☒ lang ☒ kurz

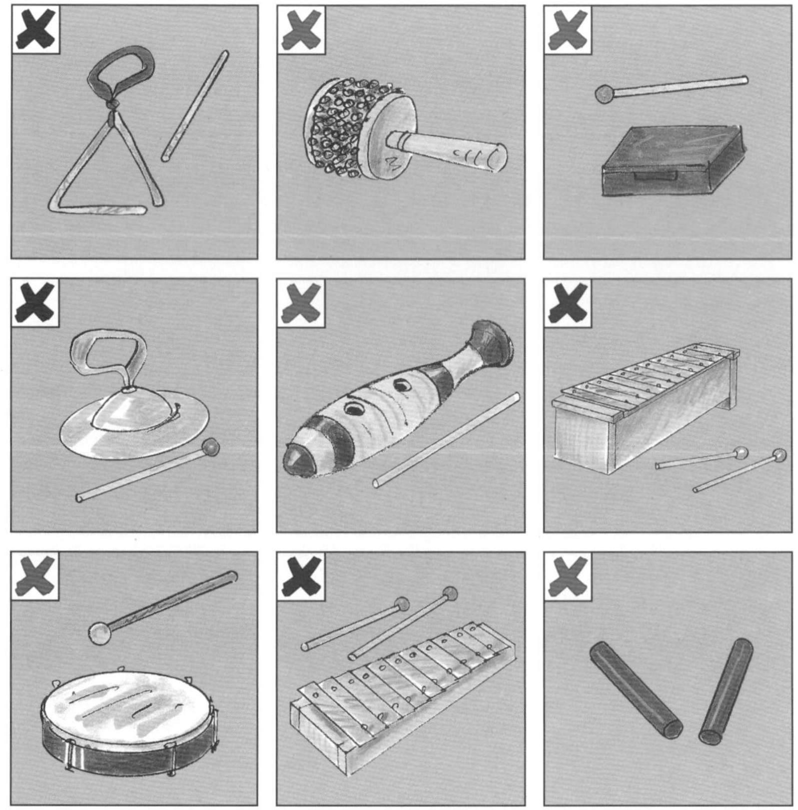

Die Instrumente erproben und diejenigen schwarz ankreuzen, die eher zur Erzeugung von langen Tönen geeignet sind, und diejenigen rot ankreuzen, die eher zur Erzeugung von kurzen Tönen geeignet sind

Lösungen Arbeitsheft 2 (1702-72)

Die Lösungen enthalten

- alle Seiten mit eindeutigen Lösungen

Nicht im Lösungsteil enthalten sind

- Seiten mit individueller Lösung
- der Ausschneidebogen

In der folgenden Übersicht sind diejenigen AH-Seiten, zu denen es Lösungen gibt, mit einem ✓ gekennzeichnet.

AH-Seite	Schülerbuch Seite	Lösung
Sieben dicke Riesen	24, 25	✓
Morgenstimmung	39	✓
Weihnachtsmusik	54, 55	✓
Die Schneeballschlacht	60	✓
Musikalische Schlittenfahrt	64, 65	✓
Maschinenmusik	68, 69	
Selbst gebaute Instrumente	72, 73	✓
Die Blockflöte	74	✓
Auf der Blockflöte spielen	74	✓
Instrumente – Aussehen, Namen, Spielweisen I	75	✓
Instrumente – Aussehen, Namen, Spielweisen II	75	✓
Auf Konzertreise	80	✓
Tanzfiguren	85	✓
Auf der Mauer	106	✓
Tierlaute	111	✓
Königlicher Marsch der Löwen	114	✓
Aquarium	115	
Komm, stell dich mal mit mir in den Wind	121	✓
Eisenbahnmusik	124	✓
Tonhöhen	22, 70, 71, 93, 133	✓
Auf der Sommerwiese	136	
Tanz der sieben Zwerge	141	
Wolfgang Amadeus Mozart	152, 153	✓
Musik von Mozart – meine Bilder	152, 153	
Instrumenten-Sudoku	156, 157	✓
Rätsel	156 bis 159	✓
Orchesterinstrumente kennenlernen	158, 159	✓
Von laut zu leise	163	✓
Tempo	163	✓
Ausschneidebogen		

Sieben dicke Riesen

zu Seite 24, 25

Sprich die Reimanfänge, zähle die Silben und ordne sie den Balken zu.

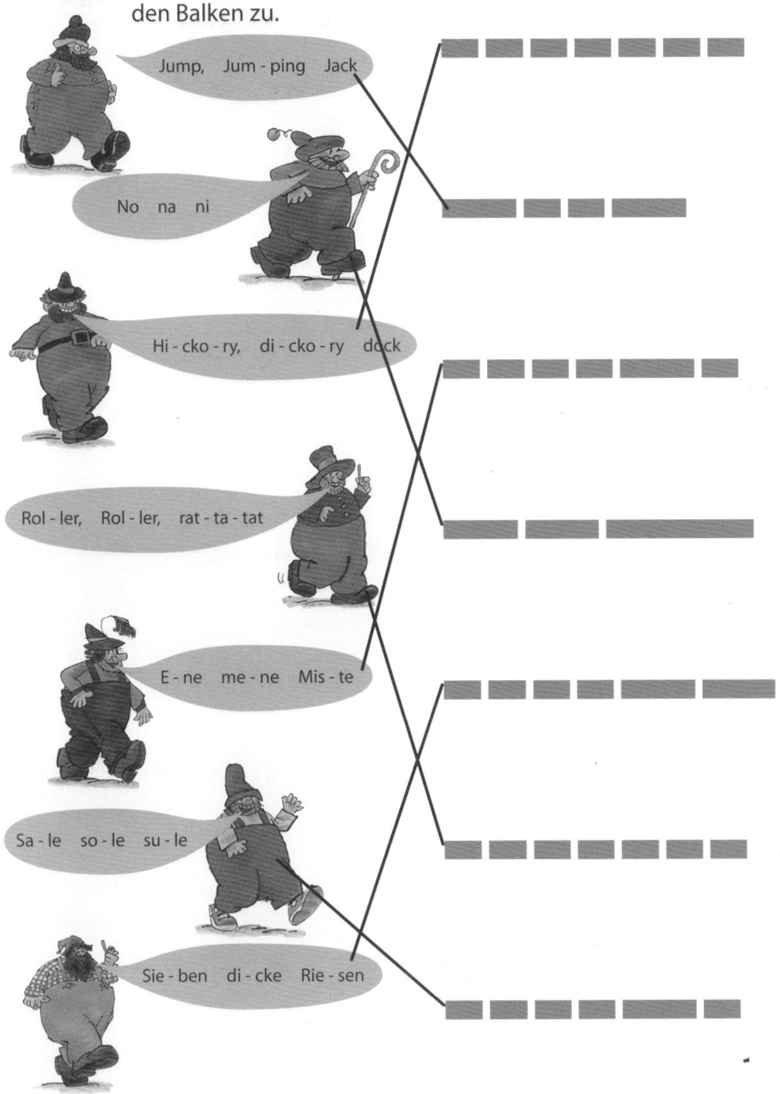

Die Reimanfänge sprechen, die Silben zählen und mit der jeweils passenden grafischen Notation verbinden

Morgenstimmung

zu Seite 39

Höre die Musik und male dazu.
Welche Notenzeile passt zur Musik?
Verbinde die Notenköpfe mit einer farbigen Linie.

❶ A 59 hören und die Musik grafisch oder in einem Bild umsetzen; ❷ A 59 erneut hören und dabei die Melodielinie mit der Hand anzeigen; die dazu passende Notenzeile finden und die Notenköpfe mit einer farbigen Linie verbinden

Weihnachtsmusik

zu Seite 54, 55

Welche Instrumente hörst du? Kreuze an und zähle dann zusammen.

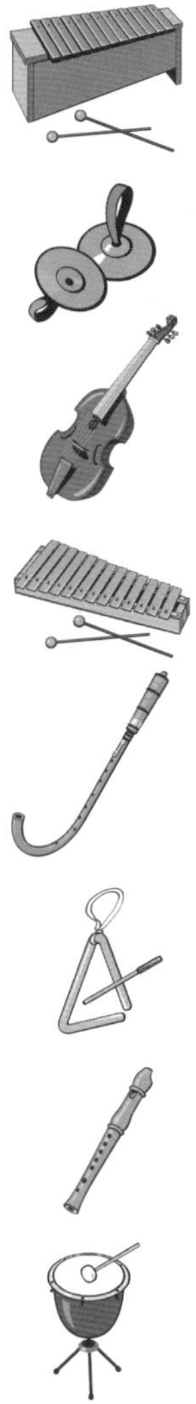

	1	2	3	4	5	6	Insgesamt
	☐	☐	☐	☒	☐	☐	1
	☐	☐	☒	☐	☒	☒	3
	☐	☐	☐	☒	☐	☐	1
	☐	☒	☒	☐	☐	☐	2
	☒	☐	☐	☐	☐	☐	1
	☐	☐	☒	☐	☐	☒	2
	☒	☐	☐	☒	☒	☒	4
	☐	☐	☒	☐	☒	☒	3

B 1 bis 6 hören; nach jedem Ausschnitt die gehörten Instrumente ankreuzen; die Kreuze jedes einzelnen Instruments zusammenzählen und die Summe in das jeweils letzte Kästchen eintragen

Die Schneeballschlacht

zu Seite 60

Singe das Lied „A, a, a, der Winter, der ist da".
Welche Schneebälle sind so angeordnet wie der B-Teil des Lieds?
Male sie aus.

Das Lied „A, a, a, der Winter, der ist da!" singen und den Melodieverlauf mit der Hand anzeigen; die Melodielinie des B-Teils in das Bild eintragen, indem die entsprechenden Schneebälle ausgemalt werden

Musikalische Schlittenfahrt

zu Seite 64, 65

Welche Instrumente passen zu welchem Bild? Höre und ordne zu.

B 17, 15 und 18 hören und über die Klangeigenschaften der Instrumente sprechen; die drei Bilder mit den jeweils dazugehörigen Instrumenten verbinden

Selbst gebaute Instrumente

zu Seite 72, 73

Spiele auf den Instrumenten und kreuze sie in der richtigen Farbe an.

X = zupfen X = schlagen X = blasen X = schütteln

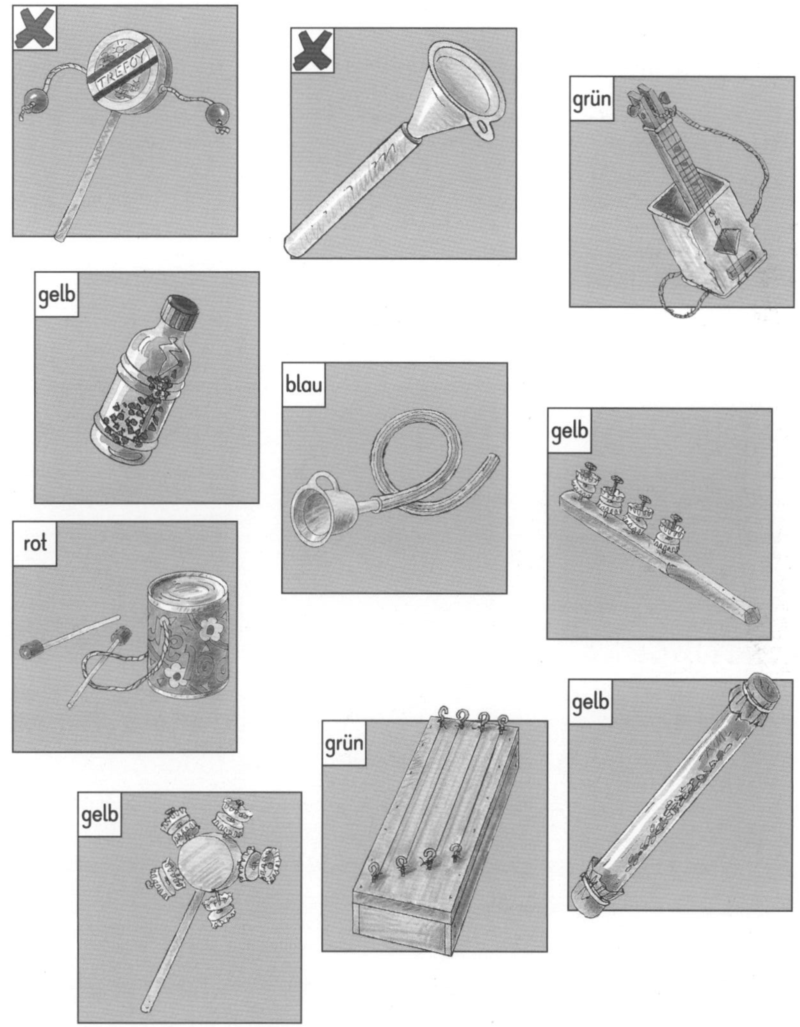

Die Instrumente spielen, nach Spielweise ordnen und mit den entsprechenden Farben kennzeichnen

Die Blockflöte

zu Seite 74

Beschrifte die Teile der Blockflöte.

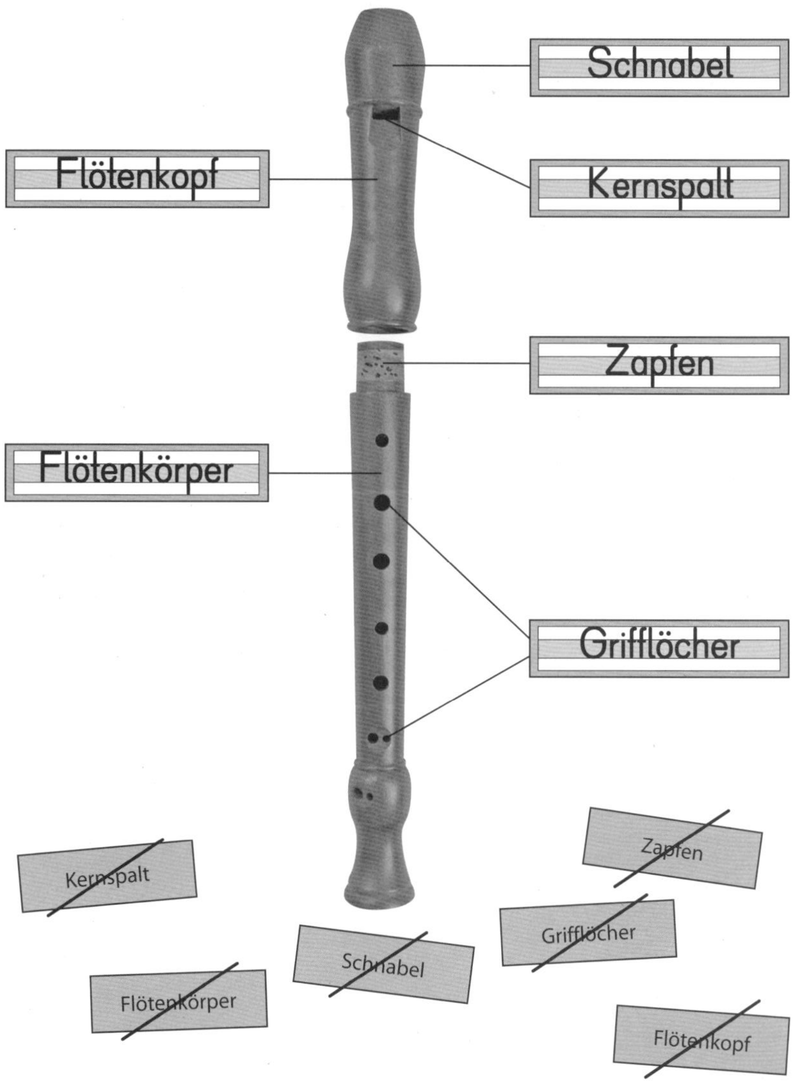

Begriffe zuordnen und an der passenden Stelle eintragen

Auf der Blockflöte spielen

zu Seite 74

Klatsche den Rhythmus, spiele auf der Blockflöte und fülle die Grifftabelle aus.

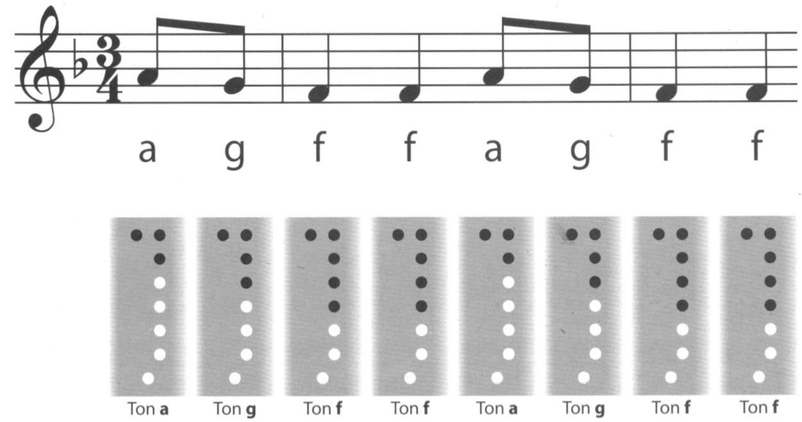

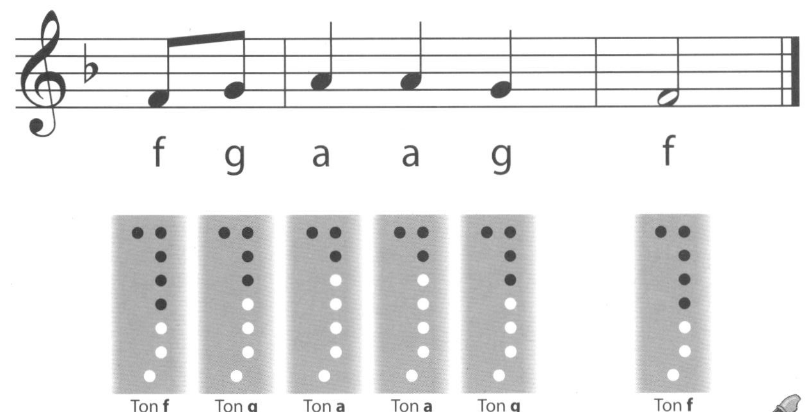

Den Melodierhythmus des Zwischenspiels zu „Guten Morgen, liebe Sonne" mit Körperinstrumenten umsetzen; das Zwischenspiel auf der Blockflöte spielen und dann die Grifftabelle ausfüllen

Instrumente – Aussehen, Namen, Spielweisen I — zu Seite 75

Ordne die Instrumente den Namen und den Schattenbildern zu und markiere die Instrumente mit verschiedenen Farben.

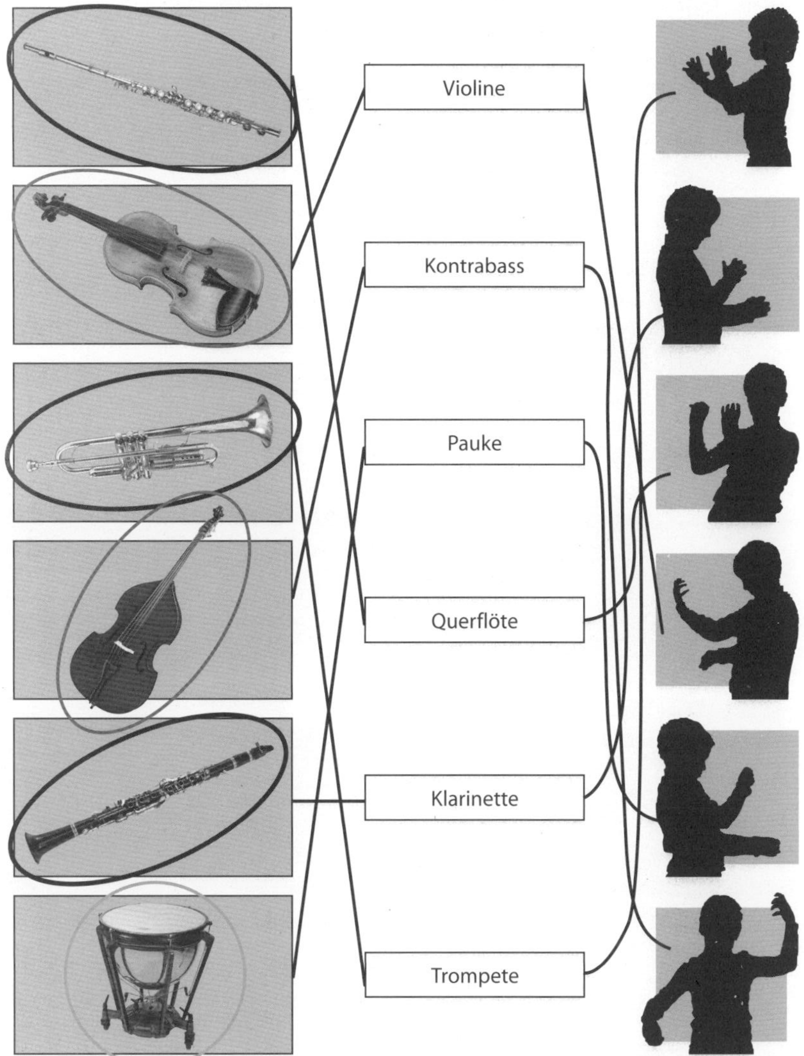

Die zusammengehörenden Schattenbilder, Instrumentennamen und Abbildungen jeweils durch Linien verbinden; die Blasinstrumente, die Streichinstrumente und das Schlaginstrument jeweils mit einer anderen Farbe einkreisen

Instrumente – Aussehen, Namen, Spielweisen II — zu Seite 75

Ordne die Instrumente den Namen und den Schattenbildern zu. Mach die Bewegungen nach und spiele damit ein Ratespiel.

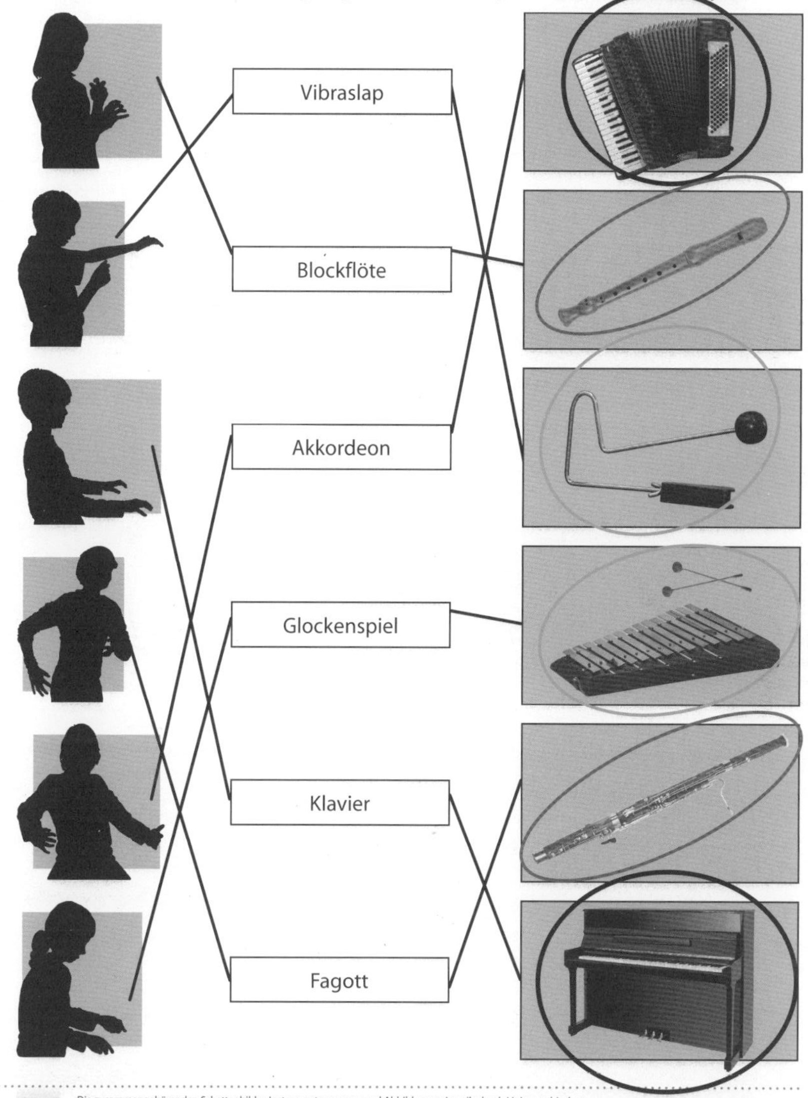

Die zusammengehörenden Schattenbilder, Instrumentennamen und Abbildungen jeweils durch Linien verbinden; die Schulinstrumente, die Blasinstrumente und die Tasteninstrumente jeweils mit einer anderen Farbe einkreisen; ein pantomimisches Ratespiel machen

Auf Konzertreise

zu Seite 80

Welche Instrumente sind auf allen drei Lastwagen zu sehen? Kreise ein und schreibe auf.

Diese Instrumente sind auf allen drei Lastwagen zu sehen:

Gitarre | Violine | Kontrabass

Drei Musikgruppen fahren auf Konzerttournee; ihre Instrumente haben sie auf Lkw geladen; diejenige Instrumente einkreisen, die auf allen 3 Lkw zu sehen sind; deren Namen notieren; Instrumente: Akkordeon, Gitarre, Klarinette, Kontrabass, Querflöte, Violine

Tanzfiguren

zu Seite 85

Tanze die Figuren nach. Ordne die Wörter den Bildern zu und schreibe sie auf. Erfinde einen Tanz mit den Figuren.

Gasse

Zweierreihe

Gasse

Zweierreihe

Kreis

Kreis

Umzug

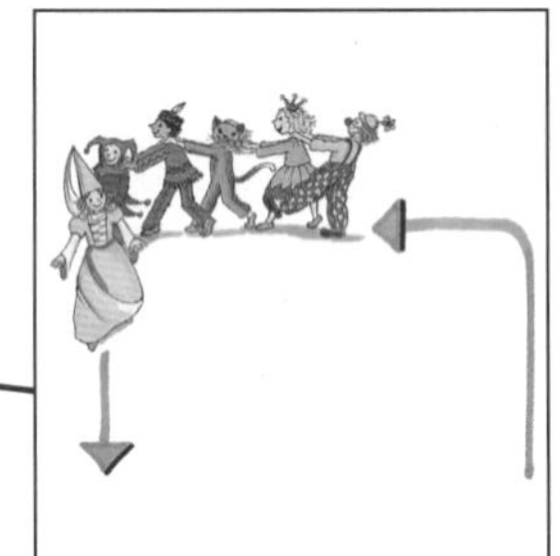

Umzug

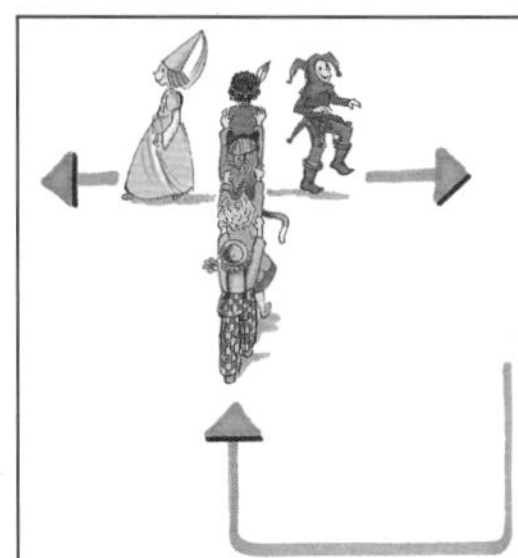

Teilung

Schlange

Teilung

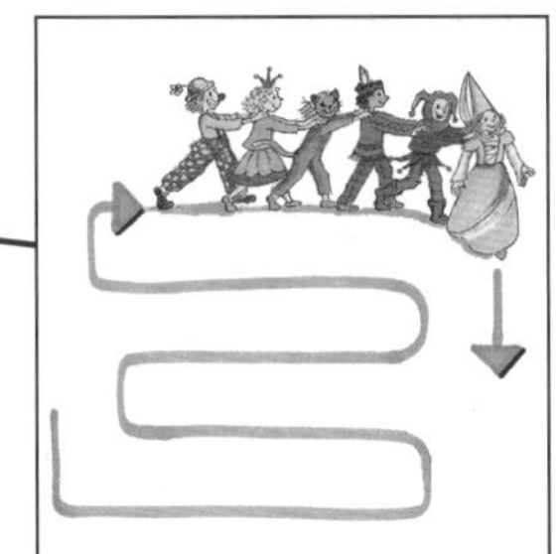

Schlange

Die Figuren nachtanzen; die Bilder mit den passenden Namen der Tanzfiguren verbinden und die Wörter unter das jeweilige Bild schreiben; aus den Tanzfiguren einen eigenen Tanz entwickeln

Auf der Mauer — zu Seite 106

1. Trage den Abbau und den Aufbau der Wörter ein.

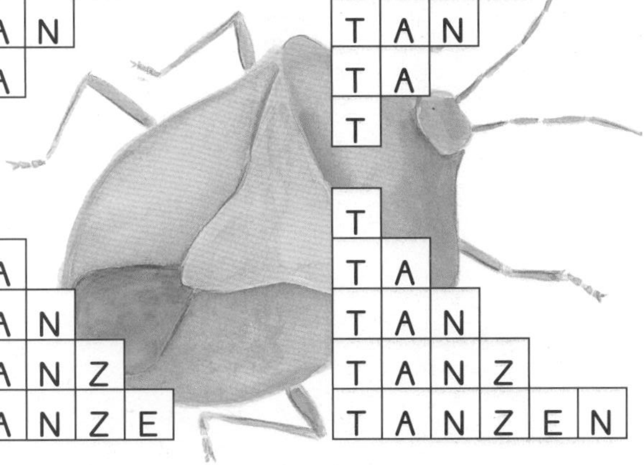

W	A	N	Z	E	
W	A	N	Z		
W	A	N			
W	A				
W					
W					
W	A				
W	A	N			
W	A	N	Z		
W	A	N	Z	E	

T	A	N	Z	E	N
T	A	N	Z		
T	A	N			
T	A				
T					
T					
T	A				
T	A	N			
T	A	N	Z		
T	A	N	Z	E	N

2. Trage den Abbau und den Aufbau der Wörter ein.
Singe das Lied „Auf der Mauer" mit diesen Wörtern.

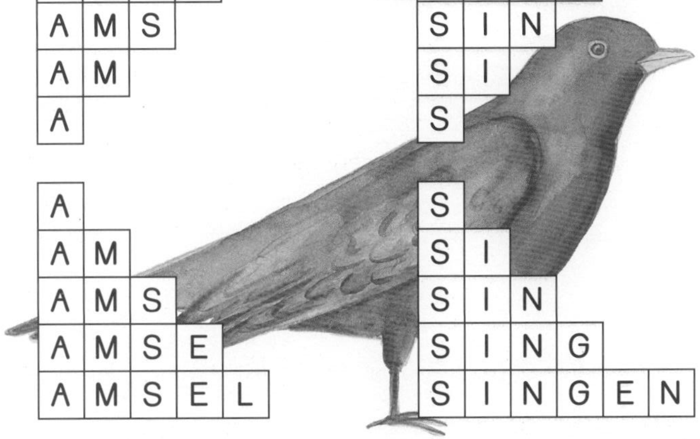

A	M	S	E	L	
A	M	S	E		
A	M	S			
A	M				
A					
A					
A	M				
A	M	S			
A	M	S	E		
A	M	S	E	L	

S	I	N	G	E	N
S	I	N	G		
S	I	N			
S	I				
S					
S					
S	I				
S	I	N			
S	I	N	G		
S	I	N	G	E	N

1. Den Ab- und Aufbau der Wörter entsprechend eintragen
2. Den Ab- und Aufbau der Wörter entsprechend eintragen und das Lied „Auf der Mauer" mit diesen Wörtern singen

Tierlaute — zu Seite 111

Sprich die Tierlaute und spiele damit ein Ratespiel.
Trage die richtigen Tierlaute unter die Bilder ein.

~~gackgackgack~~ ~~töröö~~ ~~krah~~ grunz ~~miau~~ ~~sssss~~ ~~kuckuck~~ ~~i-ah~~ ~~piep~~ brumm ~~summ summ~~ wuffwuff

Esel

i-ah

Kuckuck

kuckuck

Elefant

töröö

Katze

miau

Rotkehlchen

piep

Mücke

sssss

Gans

gackgackgack

Biene

summ summ

Krähe

krah

Die Tierlaute sprechen und damit ein Ratespiel spielen; die Tierlaute zu den passenden Bildern schreiben; Achtung: Drei Laute bleiben übrig

Königlicher Marsch der Löwen — zu Seite 114

Höre die Musik und kreuze die richtigen Antworten an.

1. Welche Instrumente spielen in diesem Stück?
   - [X] Klavier, Geige, Kontrabass
   - [ ] Querflöte, Klarinette, Saxofon
   - [ ] Geige, Trompeten, Pauken

2. Wie oft wird Teil A gespielt?
   - [ ] fünfmal
   - [X] zweimal
   - [ ] viermal

3. Welches Instrument spielt die Einleitung?
   - [ ] Tuba
   - [X] Klavier
   - [ ] Kontrabass

4. Welche Melodielinie passt zur Melodie von Teil B?

Teil B = 

- [ ] 
- [ ] 
- [X] 

1. Instrumente einzeln hören (B 25/27/29/33, D 38 – 41); C38 hören und die richtige Antwort ankreuzen
2. C 38 hören und die richtige Antwort ankreuzen
3. Instrumente einzeln hören (B 29/38, D 40); C 38 hören und die richtige Antwort ankreuzen
4. C 38 hören und die richtige Antwort ankreuzen

Komm, stell dich mal mit mir in den Wind — zu Seite 121

Trage die richtigen Wörter ein.
Singe das Lied und
bewege dich dazu.

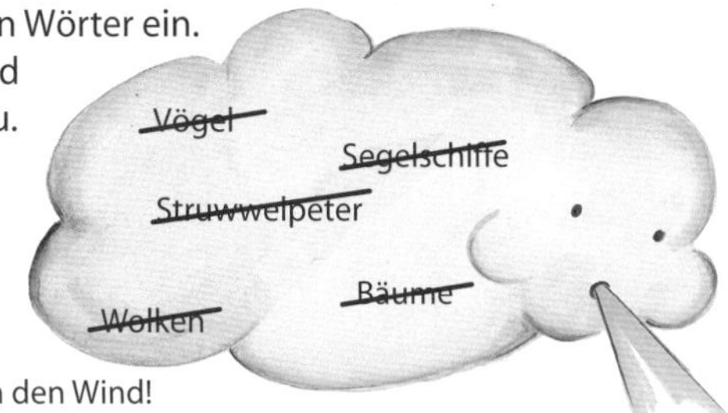

1. Komm, stell dich mal mit mir in den Wind!
   Dann spielen wir, dann spielen wir,
   dass wir zwei starke **Bäume**  sind.

2. Komm, lass dich einfach treiben im Wind!
   Dann spielen wir, dann spielen wir,
   dass wir zwei **Segelschiffe**  sind.

3. Komm, lass die Haare zausen im Wind!
   Dann spielen wir, dann spielen wir,
   dass wir zwei **Struwwelpeter**  sind.

4. Komm, lass die Arme fliegen im Wind!
   Dann spielen wir, dann spielen wir,
   dass wir zwei schnelle **Vögel**  sind.

5. Komm, mach dich leicht und weich im Wind!
   Dann spielen wir, dann spielen wir,
   dass wir zwei weiße **Wolken**  sind.

Dorothée Kreusch-Jakob

Das Lied singen und die dazu passenden Bewegungen ausführen; die Wörter aus der Wolke in die richtigen Lücken eintragen

Eisenbahnmusik

zu Seite 124

Klatsche und sprich den Text. Male die passenden Balken über den Text. Erfinde eine Eisenbahnmusik. Achte dabei auf die Wortkarten.

schnell

langsamer werdend

langsam

laut

schneller werdend

leise

Den Text klatschen und sprechen; die passenden Balken über dem Text eintragen; jeden verwendeten Balken-Baustein durchstreichen; eine Musik gestalten, die eine Eisenbahnfahrt mit Start und Ziel darstellt; sich dabei von den Wortkarten anregen lassen

Tonhöhen

zu Seite 22, 70, 71, 93, 133

1. Jede Flasche stellt einen Ton dar. Ordne die Flaschen von tief zu hoch.

5 1 3 4 2

2. Singe die Liedanfänge und ordne die Flaschen nach der Melodie des Liedanfangs.

Kuckuck, Kuckuck 1 3 2 4 5 7 6 8

Großer König Tinizong 1 2 3 4 5 7 6

Summ, summ, summ 1 2 6 3 5 4 7 8

1. Flaschen unterschiedlich hoch mit Wasser füllen; Flaschen anblasen und von tief nach hoch mit Rangzahlen versehen
2. Die Liedanfänge singen und die Melodieverläufe mit der Hand anzeigen; die Flaschen anblasen, entsprechend der Töne der jeweiligen Liedanfänge ordnen und mit Rangzahlen versehen

Wolfgang Amadeus Mozart

zu Seite 152, 153

Trage die richtige Lösung ein.

1. Wolfgang Amadeus Mozart wurde im Jahre **1756** geboren.
   (1856 – 1756 – 1956)

2. Wolfgangs Geburtsstadt ist **Salzburg**.
   London – Paris – Salzburg

3. Wolfgang und seine Schwester besuchten nie eine Schule. Sie wurden vom **Vater** unterrichtet.
   Nachbarn – Gärtner – Vater

4. Wolfgang war ein berühmter **Komponist**.
   Maler – Komponist – Tänzer

5. Wolfgang schrieb seine erste Sinfonie mit **acht** Jahren.
   achtundzwanzig – acht – achtundsechzig

 Den Lückentext vervollständigen

Instrumenten-Sudoku

zu Seite 156, 157

Schneide die Bilder auf Seite 31 aus und klebe sie an der richtigen Stelle ein.

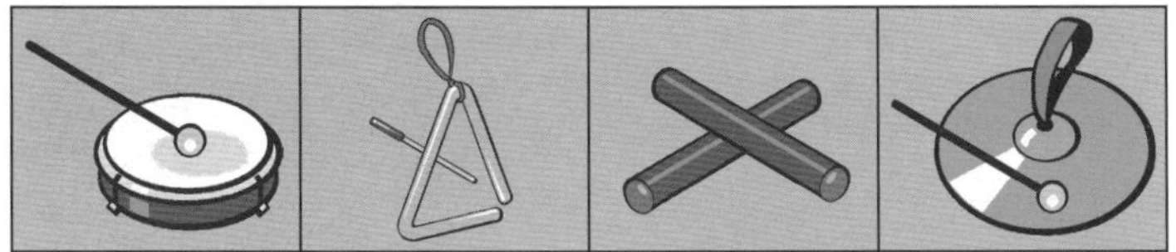

Handtrommel | Triangel | Klanghölzer | Becken

 Die Instrumente auf Seite 31 ausschneiden und so auf dem Gitter verteilen, dass in jeder Spalte, jeder Zeile und in jedem Vierer-Feld jedes Instrument nur einmal vorkommt; das Sudoku auch mit den Instrumenten im Musikraum spielen

Rätsel

zu Seite 156 bis 159

Löse das Rätsel und finde das Lösungswort.

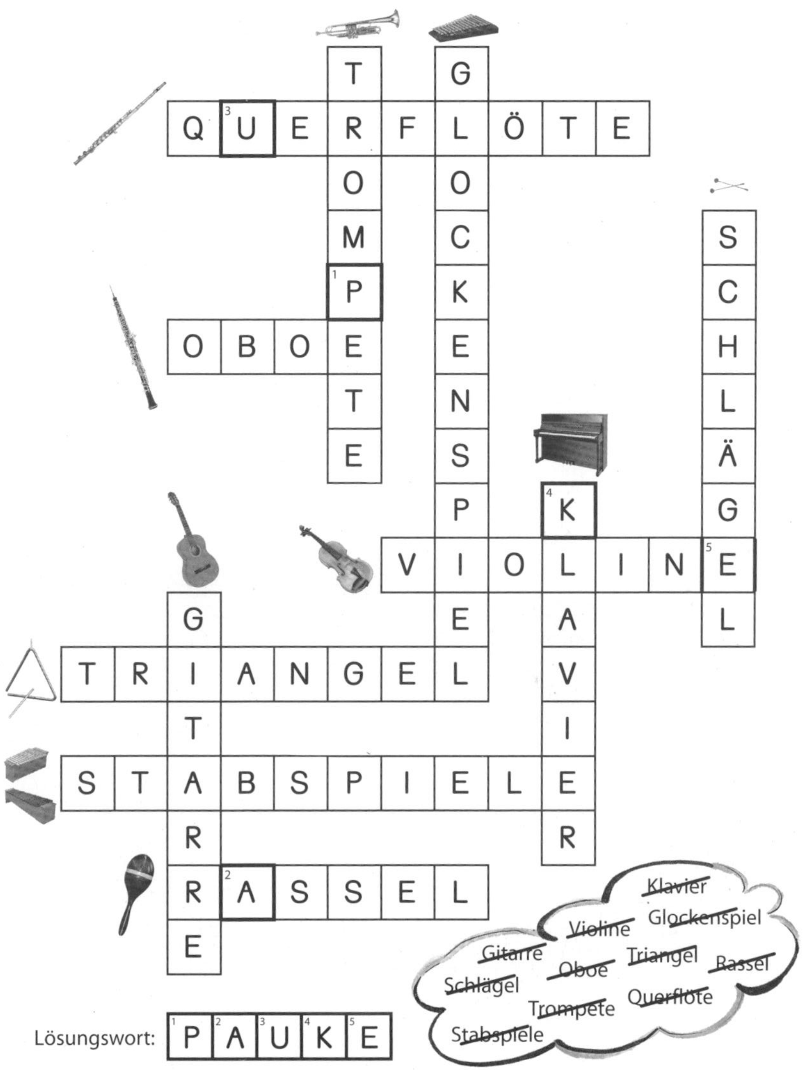

Lösungswort: P A U K E

Orchesterinstrumente kennenlernen

zu Seite 158, 159

Ordne die Instrumente den Namen zu.
Welche zwei Instrumente hörst du? Schreibe auf.

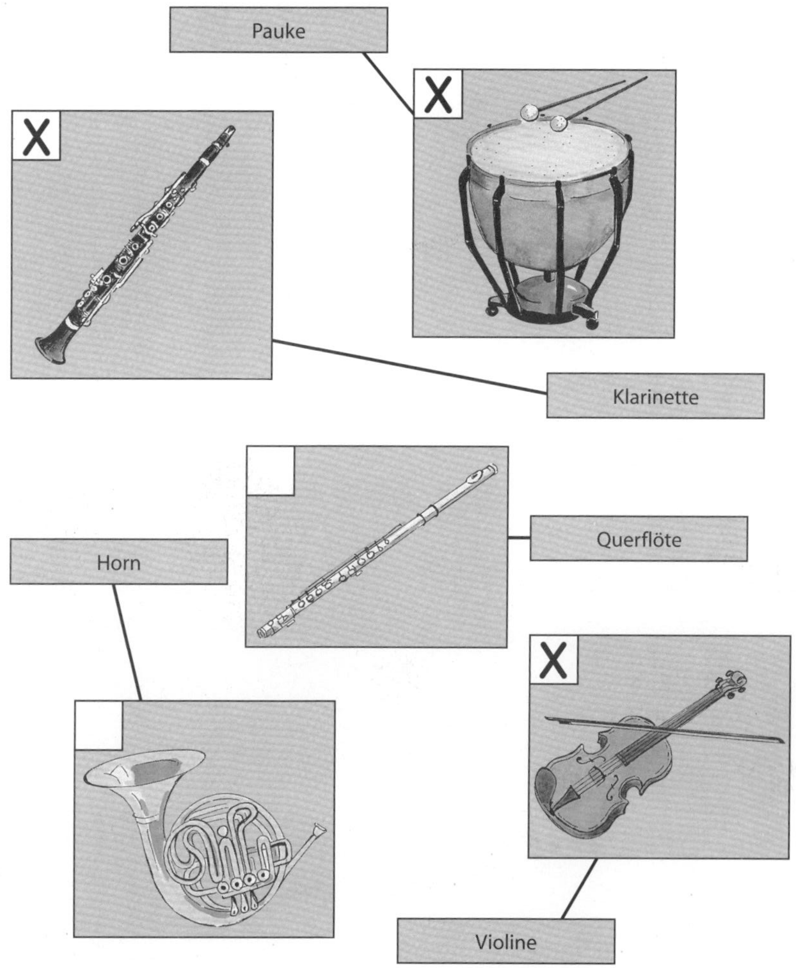

Es sind diese zwei Instrumente zu hören:

Klarinette/Pauke

Violine

Von laut zu leise — zu Seite 163

Schneide die Bilder auf Seite 31 aus und klebe sie an der richtigen Stelle ein.

laut

mittellaut

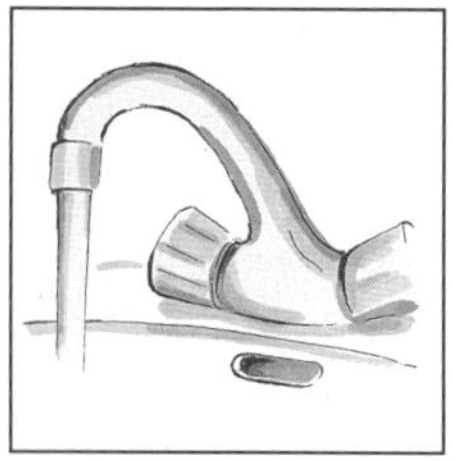

leise

Die Bilder auf Seite 31 ausschneiden und passend einkleben

Tempo — zu Seite 163

Spiele die Tempo-Bausteine und ordne sie den Wortkarten zu.

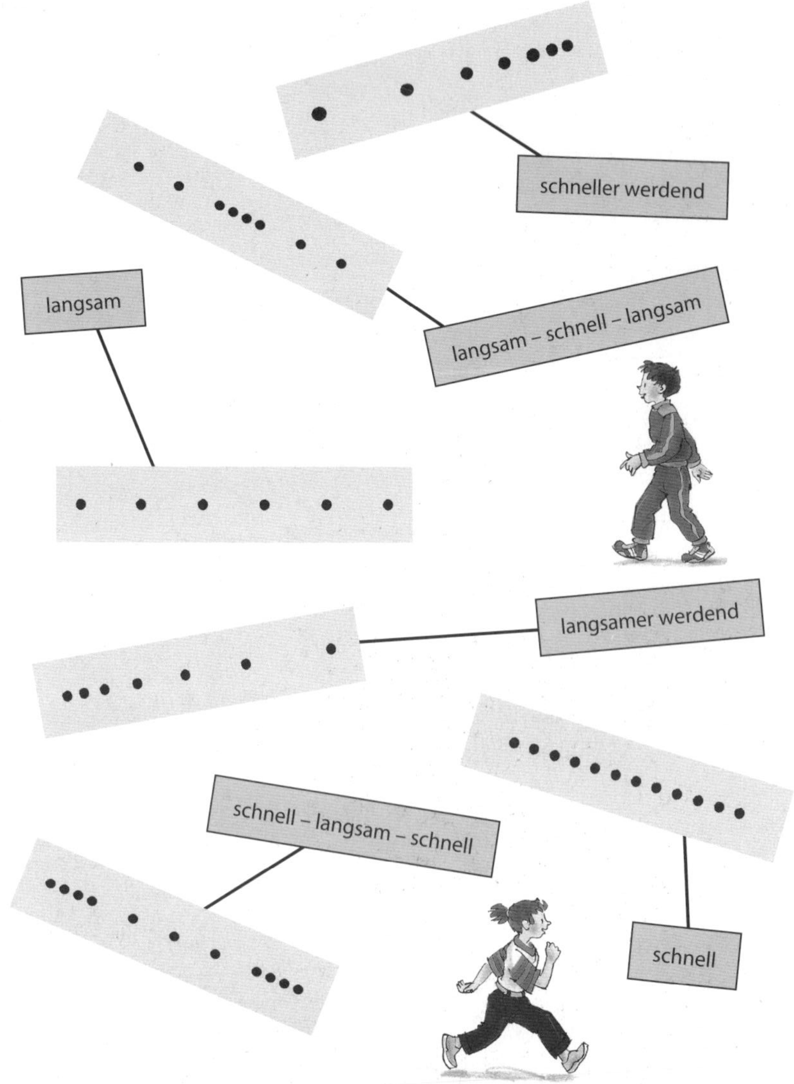

Die Tempo-Bausteine klatschen oder auf einem Rhythmusinstrument spielen und mit der jeweils passenden Wortkarte verbinden